改正民法講義

総則編　物権編　債権編

親族編　相續編　施行法

細井重久註釋

明治三十四年訂正第十版

改正民法講義

總則編　物權編　債權編
親族編　相續編　施行法

日本立法資料全集　別巻　1172

信山社

注記

一　本文の可読性について

細井重久註釋『改正民法講義　總則編 物權編 債權編 親族編 相續編 施行法』（明昇堂、訂正第一〇版、一九〇一〔明治三四〕年）（以下、本書という）は、印刷状態がよくなく、本文の可読性に問題がある箇所が散見される。おそらくは、版を重ねた結果、原版が痛んだためであろう。

復刻に際しては、本書訂正版のうち版の浅いものを引き続き探索することもありえたが、現存部数が少ないため、その見通しはつきにくいこと、また、当時の読者が接したであろう姿のままの復刻が復刻版本来のあり方ともいえることなどを考慮した結果、敢えて、印刷状態のよくない訂正第一〇版を底本とし、当時の姿になるべく忠実に復刻する方針を採用することとした。

一　頁番号について

本書には、活字の組み間違いや印刷状態等に起因する頁番号の狂いや欠けが散見される。

本書は逐条註釈書であるため、条文を順に追っていくことで、乱丁・落丁とは区別できることや、本文について右のような方針を採ったことから、頁番号についても、敢えて修正しないこととした。

なお、頁番号に問題があるのは、次の箇所である。

目録三、四、六、本文一六、四六、八四、一〇四、一三九、一五二、一五四、一六六、一八三、一八八、二三二、二七六、三一〇、三一四、三七一、四三五、四三六、四四〇、四八六、四九一、五〇〇、五一三、五一七、五一九、五二〇、五八六～五八八、五九〇、相續編本文一〇、三〇、三六、四一、五九、九九、一〇〇、一一六、施行法本文三九

〔信山社編集部〕

細井重久註釋

改正民法講義

總則編　物權編
債權編　親族編
相續編　施行法

大阪書肆　明昇堂發行

民法講義序

民法者邦家之要典也。故爲國民者必不可不記矣。而擧其大綱、則曰總則。曰物權。曰債權。曰親族。曰相續。是也、總則者、規定人物法行時期。物權者、規定屬諸物權利、債權者規定關諸債權利。如親族相續者。係人事之大倫大典、今也會民法實施之時矣、方今之時。欲全權利義務。正六親之彝倫、固身家之基礎者。主而讀此典。不可不熟知其所以然也、今之本邦者。非古之本邦、爲今之國民者、不得不遵奉今之法律。斯法稱曰民法、爲國民者、不識之而可乎哉。法章者一字一句。悉皆關權利義務、若夫。暗于法、則不知有可主張之權利。不識有可負擔之義務、以處當世。

若是而。不可謂今日之民。特如親族相續而編。必不可不識焉。徒墨守舊慣。則大齟齬目的。雖深悔噬臍。不可及也。其若戸主與家族之關係、婚姻。親子。親權。後見。親族會議。扶養之義務。若家督相續。遺產相續。相續之承認。其權之拋棄。遺言之方式。必不可不明記也。若夫一朝誤處置。則縮少自己之權利負不測之義務矣。是以。欲雖芻蕘蠶戸之子弟。令易讀之。深切叮嚀義解之。且施傍訓。以成一卷。其語鄙俚。雖固不免大方之譏。抑亦老婆心也。童蒙閲了之。於處當世。不無少補云爾。

明治戊戌孟夏

城南　適堂逸史撰

凡例

一本書《ほんしよ》は現行《げんかう》の民法《みんぽう》を平易《へいい》簡單《かんたん》に講義《かうぎ》したるものなり而《しか》して其語《そのご》は頗《すこぶ》る鄙《ひ》俚なれども其鄙《そのひ》俚《り》なる所《ところ》は大《おほい》に意《い》を用《もち》ゐたる所《ところ》にして主《しゆ》として解《かい》し易《やす》からんことを欲《ほつ》したるが故《ゆゑ》なり

一本書講義《ほんしよかうぎ》中力《ちうつと》めて例證《れいしよう》を擧《あ》げたれども恐《おそら》く數例《すうれい》を擧《あ》ぐれば紙《し》數《すう》增して浩瀚《かうかん》の書《しよ》となる故《ゆゑ》に思考《しかう》し難《がた》き箇所《かしよ》のみ例證《れいしよう》を擧《あ》げたり其他《そのた》は各《おのおの》實事《じつじ》に照《てら》し某家《ぼうか》の某件《ぼうけん》は某條某項《ぼうでうぼうかう》に相當《さうたう》すと考出《かうしゆつ》して研究《けんきう》すべし

一條中第《でうちうだい》何百何十何條乃至《でうないし》第《だい》何百何十何條及《でうおよ》び第何百何十何條《でう》第何項《かう》の規定《きてい》は此條《このでう》に準用《じゆんよう》すとある所《ところ》、其《その》第何百何十何條《でう》と云《い》ふは何事《なにごと》の規定《きてい》なりと明《あきら》かに書《しよ》したるもあれども是《こ》れ亦《また》恐《おそら》く斯《か》くせざれば斯《か》るものは其前《そのまへ》に遡《さかのぼ》り或《あるひ》は後《のち》へ下《さが》り見《み》て其條下《そのでうか》を取調《とりしら》ぶべし

一正文《せいぶん》の語《ご》の例《たと》へば相續債權者等《さうぞくさいけんしやとう》の語《ご》を通語《つうご》に解《かい》されたるもあれども一々之《いちいちこれ》を解《と》くときは其文《そのぶん》

冗長《じょうちょう》に亘《わた》るを以《もつ》て詳《くは》しく解《と》きたる所《ところ》に近《ちか》きは法律語《はふりつご》のまゝにて記《しる》せり故《ゆゑ》に其能《そのよ》く解《と》きたる語を諳記《あんき》し置《お》くべし

一條下《でうか》毎《ごと》に理由《りいう》を解《と》かざるは一目《いちもく》して其理由《そのりいう》の知《し》り易《やす》きものある故《ゆゑ》なり理由《りいう》の解《かい》しがたきは力《つと》めて解《と》きたれは既《すで》に知《し》りたる理由《りいう》を以《もつ》て他《た》に推《お》して覧《み》るべし

譯述者識

改正日本民法講義目錄

朕帝國議會ノ協贊ヲ經タル民法第千七十九條及第千八十一條ノ規定ニ依ル遺言ノ確認ニ關スル法律ヲ裁可シ玆ニ之ヲ公布セシム

御名御璽

明治三十三年二月六日

内閣總理大臣　侯爵山縣有朋
陸軍大臣　子爵桂太郎
海軍大臣　山本權兵衞
司法大臣　淸浦奎吾

法律第十三號

第一條　民法第千七十九條ノ規定ニ依リ軍人軍屬ノ爲シタル遺言ノ確認ハ左ノ區別ニ從ヒ之ヲ請求スヘシ

一　陸軍ニ在リテハ遺言當時遺言者ノ屬シタル陸軍官衙團隊ノ軍法會議ノ理事又ハ遺言ヲ爲シタル地ヲ管轄スル陸軍軍法會議ノ理事ニ請求スヘシ若其ノ軍法會議ノ設置ナク若ハ廢セラレタル場合ニ於テハ遺言者ノ住所地又ハ相續開始地ヲ管轄スル陸軍軍法會議ノ理事ニ請求スヘシ

二　海軍ニ在リテハ遺言當時遺言者ノ屬シタル海軍官衙團隊所在地又ハ其ノ附近ノ軍法會議ノ主理ニ請求スヘシ若遺言ヲ爲シタル者カ艦船乘込員ナル場合ニ於テ便宜海軍軍法會議ノ主理ニ請求スヘシ

第二條　民法第千八十一條本文ノ場合ニ該當スル遺言ノ確認ハ便宜海軍軍法會議ノ主理ニ請求スヘシ

第三條　民事訴訟法裁判所職員ノ除斥及鑑定ニ關スル規定非訟事件手續法第六條第八條第九條第十一條第十二條第十四條第十七條乃至第十九條第三十二條第百九條第二項ノ規定及民事訴訟費用法ノ規定ハ本法ノ事件ニ之ヲ準用シ其ノ規定中裁判所及判事ニ屬スル職務ハ理事又ハ主理之ヲ行ヒ書記ニ屬スル職務ハ錄事之ヲ行フ但シ上訴ニ關スル規定ハ準用ノ限ニ在ラス

改正日本民法講義

第一編　總則

本編《ほんぺん》は日本民法全体《ぜんたい》に關《くわん》する規則にして民事上《みんじじやう》の凡《すべて》の法律に適用《てきよう》すへき原則《げんそく》を示《しめ》したる者にて本民法而已《ほんみんぽふのみ》ならす民事上に關する權利《けんり》義務《ぎむ》を定めたる法律は吾々《われ〳〵》一個人《いつこじん》の間《あひだ》は勿《もち》論《ろん》吾々一個人と政府《せいふ》の間に於ける權利義務の關係《くわんけい》に對して定めたる法律なりとも特別《とくべつ》の法律が存《そん》せざる限《かぎ》りは本總則《ほんそうそく》の規定に從ふべき者なり

第一章　人

本章《ほんしやう》の人と稱《しよう》するは吾々各個《かくこ》人《じん》を指したる者なり抑《そもそ》も權利義務の關係は人が本源《ほんげん》にして此の人なる者が權利義務發生《はつせい》の原因《げんいん》たる者なり故に先つ民法の卷首《くわんしゆ》に於て一般《いつぱん》の法律に必要《ひつえう》なる原則則《げんそくすなは》ち人及人の權利を得べき時期《じき》又たは人が法律上完全《くわんぜん》に働《はたら》きを爲し得べき年齢《ねんれい》其他人が法律上の働を爲すに付て要用なる住居等《ぢうきよとう》に付き其據《よ》る可き處を定めたる之

第一節　私權《しけん》ノ享有《きやういう》

本節《ほんせつ》は私權を得るに就《つ》きての規定《きてい》なり夫れ私權とは公權《こうけん》に對《たい》する語にして則ち官吏《くわんり》と成るの權或は議員《ぎゐん》を選擧《せんきよ》する權の如き公《おほやけ》の權利に關せざる土地《とち》所有《しよいう》の權とか公債《こうさい》を所有す

る權の如き通常一個人《つうじやういつこじん》と一個人との關係に止《とゞ》まる如き權利を云ふなり

第一條　私權《しけん》ノ享有《きやうゆう》ハ出生ニ始《はじ》マル

本條《ほんでう》は私權を有し得べき時期《じき》を示《しめ》したる者なり則ち私權を得るは人が生れ出たる時に始めて權利の所有《しよいう》を爲し得べきことにて腹中《ふくちう》に有るときの如きは權利を有する能はざるなり

第二條　外國人ハ法令《はふれい》又ハ條約《でうやく》ニ禁止《きんし》アル場合ヲ除ク外私權ヲ享有ス

本條は外國人《ぐわいこくじん》が私權を有し得る事に付き規定《きてい》せり則ち外國人は法律或は勅令《ちよくれい》其他條約等《でうやくとう》に禁《きん》せざる限りは私權を有することを得るなり

第二節　能力

本節は吾々人間が法律的行動《はふりつてきかうどう》を爲し得べき年齡《ねんれい》或は資格等《しかくとう》に付き規定せり即ち獨立《どくりつ》して萬般《ばんばん》の行《おこな》ひを爲すべき時の手續《てつゞき》及は物の善惡《ぜんあく》を判別《はんべつ》するの力《ちから》なくして行《おこな》ひたる時の處置《しよち》方等《かたとう》に付ての規則《きそく》なりとす

第三條　滿《まん》二十年ヲ以テ成年《せいねん》トス

本條は法律が一人前《いちにんまへ》の仕事《しごと》を爲し得べしと認《みと》めたる年《とし》なり則ち人は二十歲位《にじつさいくらゐ》になれば大《たい》抵物《ていもの》の善惡邪正《ぜんあくじやせい》を辨《べん》じ得べき者なれば獨立《どくりつ》して法律的《はふりつてき》の行を爲すも差支《さしつか》へなき年とせり

第四條　未成年者《みせいねんしや》カ法律《はふりつ》行爲《かうゐ》ヲ爲スニハ其法定代理人ノ同意ヲ得ルコ

トヲ要ス但單《たん》ニ權利ヲ得又ハ義務ヲ免ルヘキ行爲ハ此限ニ在ラス

前項ノ規定ニ反スル行爲ハ之ヲ取消スコトヲ得

本條は未成年者《みせいねんしや》則ち法律にて一人前の年齢に至らざる者と認めたる者が法律行爲《はふりつかうゐ》所謂《いはゆる》賣買《ばいゝ》の契約《けいやく》を爲すべき如き場合《ばあひ》の手續《てつゞき》を定《さだ》めたり則ち未だ成年《せいねん》に達《たつ》せざる幼者《ようしや》が右《みぎ》の如き契約を爲さんと欲せば法《はふ》律上にて當然幼者《たうぜんようしや》の代理《だいり》を爲すべき人の許《ゆる》し承知《しようち》するを要用《えうよう》とするなり併《しか》しながら唯《たゞ》土地《とち》の所有權《しよいうけん》を貰《もら》ひ受《う》ゝるとか借錢《しやくせん》を返《かへ》すの義務を免《まぬか》るゝ如き行ひならば別《べつ》に法律上の代理人《だいりにん》の同意《どうい》を得るにも及ばずとなり

若《も》しも前項《ぜんこう》に示《しめ》したる旨《むね》に背《そむ》き法律上の代理人の承諾を得ずして爲したる時は其の契約を取消《とりけ》し止める事を得るなり

第五條　法定代理人《はふていだいりにん》カ目的《もくてき》ヲ定《さだ》メテ處分《しよぶん》ヲ許シタル財產《ざいさん》ハ其目的《そのもくてき》ノ範《はん》圍內《かない》ニ於テ未成年者《みせいねんしや》隨意《ずいゝ》ニ之ヲ處分《しよぶん》スルコトヲ得目的《もくてき》ヲ定《さだ》メスシテ處分ヲ許シタル財產ヲ處分スル亦同シ

本條は法律上の代理人が斯々《かく〳〵》の事柄《ことがら》は行ふも可なりと目的《もくてき》を明《あきらか》に定《さだ》めて財產《ざいさん》を自由にすることを幼者則ち未成年者に許したる時の定《さだ》め方《かた》なり例へば法律上の代理人が幼者に向ひ或る地面《ぢめん》を引當《ひきあて》にして金圓《きんゑん》を借《か》るべき旨を許したる時は賣方《うりかた》に付《つい》ては幼者が多少《たせう》高き利息《りそく》にても勝手《かつて》に借り入《い》るゝことを得《う》るなり然《しか》れども若し見込《みこみ》を定めずして只此《たゞこ》の地面《ちめん》

は自由《じゆう》にするも宜《よろ》しと言《い》ひたる時は勝手《かつて》に其の地面を賣渡《うりわた》す事も引當《ひきあて》にして金《かね》を借《か》るも構《かま》はざるなり是《こ》れ別《べつ》に見込を立てずに勝手にすべしとの許しを與《あた》へたればなり

第六條　一種《しゆ》又ハ數種ノ營業《えいげふ》ヲ許《ゆる》サレタル未成年者《みせいねんしや》ハ其營業《えいげふ》ニ關《くわん》シテハ成年者《せいねんしや》ト同一ノ能力《のうりよく》ヲ有《いう》ス

前項《ぜんこう》ノ場合《ばあい》ニ於テ未成年者カ未《いま》タ其營業ニ堪《た》ヘサル事跡《じせき》アルトキハ其法定代理人ハ親族《しんぞく》編《へん》ノ規定《きてい》ニ從《したが》ヒ其許可《きよか》ヲ取消《とりけし》シ又ハ之ヲ制限スルコトヲ得

一種又《いつしゆまた》は五六種《ごろくしゆ》と區域《くいき》を定《さだ》めて商賣《しやうばい》することを許《ゆる》されたる幼年者《ようねんしや》は其の商賣《しやうばい》に就《つい》ては一《いち》人前《にんまへ》の男《をとこ》と同《おな》じ資格《しかく》則ち働《はたら》きを爲すことを得るなり

前項《ぜんこう》の如く幼年者に商賣を爲すことを許したるも兎角損失《とかくそんしつ》を致《いた》し到底《たうてい》商賣することが出《で》來《き》ざるの模様《もやう》あるときは幼年者の法律上代理人《はふりつじやうだいりにん》たる人は親類《しんるい》の間柄《あひだがら》を定めたる規則に依《よ》り商賣を爲すの許しを取り消《け》し止《や》めて商賣を廢《はい》さしむるか又は商賣の品《しな》を縮《ちゞ》め手狹《てぜま》にし幼年者が力相當《ちからさうたう》の商賣に改《あらた》めしむることが出來《でき》るなり

第七條　心神喪失《しんしんさうしつ》ノ常況《じやうきやう》ニ在ル者ニ付テハ裁判所《さいばんしよ》ハ本人、配偶者《はいぐうしや》、四親等內《しんとうない》ノ親族《しんぞく》、戸主《こしゆ》、後見人《こうけんにん》、保佐人《ほさにん》又ハ檢事《けんじ》ノ請求《せいきう》ニ因《よ》リ禁治產《きんちさん》ノ宣告ヲ爲スコトヲ得

仕《つか》に精神《せいしん》か乱《みだ》れ狂《くる》ひ或《あるい》は俗《ぞく》に云ふ阿呆《あはう》の如き者に付《つ》き其の當人又《とうにんまた》は夫《をつと》或は妻《つま》の一人か其の氣《き》違《ちが》ひの如き人より四代迄目上《よだいまでめうへ》の親類《しんるゐ》か目下《めした》の親類《しんるゐ》か又は一家《いつか》の主人《しゆじん》が後見《こうけん》する人か保佐《ほさ》をする人又《また》は檢事《けんじ》か何《いづ》れか其内《そのうち》の一人《いちにん》の願《ねが》ひ出《い》づる者《もの》あれば裁判所《さいばんしよ》は其の氣違《きちが》ひの如き人間《にんげん》が自分《じぶん》の財産なりとも勝手《かつて》にすることが成《な》らぬと言渡《いひわたし》を爲すことを得《う》るなり

第八條　禁治産者《きんちさんしや》ハ之ヲ後見《こうけん》ニ付ス

前條《ぜんでう》に述《の》べたる如く禁治産《きんちさん》を言ひ渡《わた》されたる者には後見人《こうけんにん》を付けて其の人の財産を始《はじ》め萬事《ばんじ》を取《と》り締《しま》り扱《あつか》はしむるなり

第九條　禁治産者ノ行爲《かうゐ》ハ之ヲ取消《とりけ》スコトヲ得

自分《じぶん》の財産なりとも勝手に處分《しよぶん》することを禁《きん》ぜられたる者が借《か》り貸《か》しとか賣買《うりかひ》の如き法《はふ》律上《りつじやう》の行ひを爲したる時は取消《とりけ》し止《や》むる事を得るなり

第十條　禁治産ノ原因止《げんいんや》ミタルトキハ裁判所ハ第七條ニ掲《かゝ》ケタル者ノ請求《せいきう》ニ因リ其宣告ヲ取消《とりけ》スコトヲ要ス

禁治産《きんちさん》の言渡《いひわたし》を受《う》けたる者其《そ》の原因止《げんいんや》みたる時乃《ときすなは》ち氣狂者《きちがひしや》が元《もと》の通《とほ》りの眞人間《まにんげん》に成《な》りたる時は裁判所は第七條に有る親族《しんぞく》或は後見人等《こうけんにんら》の願《ねが》ひ求《もと》めがあらば先《さ》きの禁治産の言渡を取《と》り消すべしと法律《はふりつ》の言ひ付《つ》けなり

第十一條　心神《しんしん》耗弱者《こうじやくしや》、聾者《ろうしや》、啞者《あしや》、盲者《まうしや》及浪費者《らうひしや》ハ準禁治産者《じゆんきんちさんしや》トシ

ヲ之ニ保佐人《ほさにん》ヲ附《ふ》スルコトヲ得

心神耗弱者《しんしんかうじやくしや》卽ち腦病《のうびやう》とか身体《しんたい》の甚《はなはだ》しく弱《よわ》りたる等《とう》より茫然《ぼうぜん》としたる者、聾者《ろうしや》、啞者《あしや》、盲《もう》者及《しやおよ》び浪費者《らうひしや》卽ち無益《むえき》に金錢《きんせん》を費《ついや》し放蕩者《はうたうしや》以上《いじやう》の如き者には保佐人《ほさにん》を附《つ》くることを得るなり是等《これら》の者は氣違《きちがひ》の如き者と異《こと》にして一時《いちじ》心氣《しんき》が弱《よわ》りたるか或は少《すこ》しく身体不完全《しんたいふくわんぜん》等《とう》の類《るゐ》にて全《まつた》く本心《ほんしん》がなき者に非《あら》ず少しく缺点《けつてん》が有ると云ふ可き者なり故に唯禁治《たゞきんぢ》に準《なぞら》へて保佐人を付け其の行《おこな》ひを補《おぎな》ひ助《たす》くる迄《まで》にして保佐人が全《まつた》く引受《ひきう》け扱《あつか》ふには非ざるなり

第十二條　準禁治産者《じゆんきんちさんしや》カ左ニ揭《かゝ》ケタル行爲《かうゐ》ヲ爲スニハ其保佐人ノ同意ヲ得ルコトヲ要ス

一　元本《げんぽん》ヲ領收《りやうしう》シ又ハ之ヲ利用《りよう》スルコト

二　借財《しやくざい》又ハ保證《ほしよう》ヲ爲スコト

三　不動産《ふどうさん》又ハ重要《ぢゆうよう》ナル動産ニ關《くわん》スル權利《けんり》ノ得喪《とくさう》ヲ目的《もくてき》トスル行爲ヲ爲スコト

四　訴訟行爲《そしようかうゐ》ヲ爲スコト

五　贈與《ぞうよ》、和解《わかい》又ハ仲裁契約《ちうさいけいやく》ヲ爲スコト

六　相續《さうぞく》ヲ承認《しようにん》シ又ハ之ヲ拋棄《はうき》スルコト

七　贈與《ざうよ》若クハ遺贈ヲ拒絶《きよぜつ》シ又ハ負擔附《ふたんつき》ノ贈與若クハ遺贈ヲ受諾スルコト

八　新築《しんちく》、改築《かいちく》、増築《ざうちく》又ハ大修繕《だいしうぜん》ヲ爲スコト」

九　第六百二條ニ定メタル期間《きかん》ヲ超《こ》ユル賃貸借《ちんたいしやく》ヲ爲スコト」

裁判所ハ場合《ばあい》ニ依リ準禁治産者《じゆんきんちさんしや》カ前項《ぜんかう》ニ揭《かゝ》ケサル行爲ヲ爲スニモ亦其保佐人《ほさにん》ノ同意アルコトヲ要《えう》スル旨《むね》ヲ宣告《せんこく》スルコトヲ得

前二項ノ規定《きてい》ニ反《はん》スル行爲ハ之ヲ取消《とりけ》スコト得

本條は準禁治産《じゆんきんちさん》の言渡《いひわたし》を受《う》けたる者が保佐人《ほさにん》の同意《どうい》贊成《さんせい》を得《え》ざれば自分《じぶん》が勝手に行ふことを得ざる事柄《ことがら》を書《か》き列《つら》ねたり則ち一《いち》は貸金《かしきん》の元金《もときん》を受取《うけと》ることと又は之を商賣《しやうばい》の資本《しほん》などにせんとすることと二は金《きん》を借り受《う》け又は人の借錢《しやくせん》したるを引き受《うけ》けることと三は不動産《ふどうさん》則ち土地《とち》家屋《かおく》の如き者又は金高《きんだか》の多《おほ》き動産《どうさん》則ち上等《じやうとう》の家財類等《かざいるゐとう》の權利《けんり》を得《え》或は讓《ゆづ》り渡《わた》すことを目的《もくてき》とする行ひを爲すことと四は訴《うつた》へ爭《あらそ》ひを爲すことと五は財産を與《あた》へ遣《や》ることと或は爭《あらそ》ふたる事を讓《ゆづ》り合《あ》ふて示談《じだん》することと又は爭ひの事件《じけん》を仲裁人《ちうさいにん》の判斷《はんだん》に任《まか》すの約束《やくそく》をすることと六は財産或は家督《かとく》を相續《さうぞく》することと又は相續すべき權利を棄《す》てることと七は他人《たにん》より與《あた》へらるゝ品物若《しなものも》しくは他人《たにん》が死《し》して後與《のちあた》へんと云ふ品物を拒《こば》み斷《ことは》ることと又は義務《ぎむ》が附《つ》き居《お》る贈與《ざうよ》、遺贈《いぞう》則ち品物を貰《もら》ひ受くるも其品物《そのしなもの》に就《つ》ぎ或る人へ何程《なにほど》づゝか金錢《きんせん》なり品物なりを送《おく》り與ふ可《べ》き義務ある贈り物を申受《まをしうく》ること八は新《あたら》しく家《いへ》を建《た》てること又は改《あらた》め建《た》てること増《ま》し建《だ》てすること又は大《おほい》なる修覆《しうふく》を爲すこと九は第六百二條に定めたる期限《きげん》より長《なが》き賃貸借《ちんたいしやく》の約束《やくそく》を取《と》り結《むす》ぶこと是等《これら》の事は大抵損失利益《たいていそんしつりえき》に關係《くわんけい》すること多《おほ》き者なれば保佐人の許《ゆる》しを得ざれば行《おこな》ふこと能はずとせり

時と場合に依りて準禁治産者《じゆんきんちさんしや》が行ふことは甚《はなは》た危《あやう》しと見ゆるときは裁判所《さいばんしよ》は前《まへ》に示《しめ》したる事柄《ことがら》に非《あら》ざるも保佐人の許《ゆるし》を得て行ふべしと言渡《いひわた》すことを得《う》るなり

前《まへ》の二項《こう》の定《さだ》め方《かた》に違《たが》ひて行ひたることは取《と》り消《け》し止《や》めることを得るなり

第十三條　第七條及ヒ第十條ノ規定《きてい》ハ準禁治産ニ之ヲ準用《じゆんよう》ス

本條は第七條及ひ第十條にて定《さだ》めたる禁治産者《きんちさんしや》に用ゆる規則は準禁治産者《じゆんきんちさんしや》にも用《もち》ひ得ることを示《しめ》せり則ち第七條にて配偶者親族《はいぐうしやしんぞく》等が禁治産の言渡《いひわたし》を請求《せいきう》する場合に裁判所が之を爲すことを得《う》るが如く準禁治産に就《つい》ても第七條に規定せる人々より請求ありたるときは裁判所《さいばんしよ》は準禁治産の言渡を爲すことを得《う》るなり又第十條の禁治産の原因止《げんいんや》みたるときは禁治産の言渡《いひわたし》を取《と》り消《け》すことを必要《ひつよう》とする如《ごと》く準禁治産者に對《たい》しても其原因《そのげんいん》が止みたるとき準禁治産の言渡《いひわたし》を取《と》り消《け》すべしとの定《さだ》めを用ゆとなり

第十四條　妻《さい》カ左ニ掲《かゝ》ケタル行爲ヲ爲《な》スニハ夫《をつと》ノ許可《きよか》ヲ受クルコトヲ要ス

一　第十二條第一項第一號乃至第六號ニ揭タル行爲ヲ爲スヿ

二　贈與《ぞうよ》若クハ遺贈《いぞう》ヲ受諾《じゆだく》シ又ハ之ヲ拒絶《きよぜつ》スルコト

三　身體《しんたい》ニ羈絆ヲ受クヘキ契約《けいやく》ヲ爲スコト

前項ノ規定ニ反スル行爲ハ之ヲ取消スコト得

本條は妻《つま》が夫《おつと》の許可《きよか》を得《え》ざれば獨立《どくりつ》して爲すこと能はざる行ひに付《つい》ての規定《きてい》なり則《すなは》ち第一は準禁治産者に就《つい》て定めたる第十二條の第一項第一號《いちごう》より第六號迄《まで》の事柄を爲すことゝ第二は贈與《ぞうよ》の契約《けいやく》若くは遺贈《ゐぞう》の契約にて金錢其他《きんせんそのた》の品物《しなもの》を貰《もら》ふことを承知《しようち》し又《また》は之《これ》を斷《ことわ》ることゝ第三は自分《じぶん》の身体《しんたい》の自由《じゆう》にならざる契約則《すなは》ち人の家《いへ》に雇《やと》はるゝ如き契約を爲すことゝ是等《これら》の三個《さんか》の塲合《ばあひ》を見るに前《まへ》の二個《にこ》は權利義務《けんりぎむ》を得《え》或《あるひ》は失《うしな》ふことに關係《くわんけい》する者なれば準禁治産者が後見人《こうけんにん》などの許《ゆる》しを得《え》ると同《おな》じく妻《つま》は夫《おつと》の許可《きよか》を得《え》ざる可らざるなり終《おはり》の一個《いつこ》の塲合《ばあひ》は言ふ迄もなきことなるべし妻《つま》は已《すで》に夫《おつと》の在《あ》る有りて其の命《めい》に從《したが》ふべき義務《ぎむ》ある者なれば勝手《かつて》に自分《じぶん》の身体《しんたい》を束縛《そくばく》せらるゝ如《ごと》き行ひを爲すことを得《え》ず必《かなら》ず夫《おつと》の許可《きよか》を得べしとなり以上三項《いじやうさんこう》の塲合に若《も》し夫《おつと》の許《ゆる》しを得《え》ずして約束《やくそく》を取《と》り結《むす》びたるときは取《とり》消《け》し止《や》めることを得べしとなり

第十五條　一種《しゆ》又ハ數種ノ營業《えいげふ》ヲ許《ゆる》サレタル妻ハ其營業《えいげふ》ニ關《くわん》シテハ獨《どく》立人《りつじん》ト同一ノ能力《のうりよく》ヲ有《いう》ス

本條は未《いま》だ成年《せいねん》に達《たつ》せざる時《とき》に商賣《しやうばい》を爲すことを許《ゆる》されたる場合《ばあひ》と同《おな》じ働《はたら》きを爲すことを得るなり則ち妻《つま》が夫《をつと》の許《ゆる》しを得《え》て一種《いつしゆ》又《また》は五六種《ごろくしゆ》の商賣《しやうばい》を爲すことを許《ゆる》されたるときは其商賣《そのしやうばい》に付ては人《ひと》の指圖《さしづ》も取締《とりしまり》も受《う》けず自分勝手《じぶんかつて》に取り行《おこな》ふことを得るとなり

第十六條　夫《ふ》ハ其與《そのあた》ヘタル許可《きよか》ヲ取消《とりけ》シ又ハ之ヲ制限《せいげん》スルコトヲ得但其取消又ハ制限ハ之ヲ以テ善意《ぜんい》ノ第三者ニ對抗《たいかう》スルコトヲ得ス

此の條《でう》は夫《をつと》が妻の商賣《しやうばい》を爲すに付て有《いう》する所《ところ》の權利《けんり》を定《さだ》めたり則ち夫《をつと》は一旦《いつたん》妻《つま》に商賣《しやうばい》を爲すことを許《ゆる》したるも妻《つま》が十分《じふぶん》に商《あきなひ》を爲すの力《ちから》なきか其他《そのた》の理由《りゆう》あるときは其の許《ゆるし》を取り消《け》し止《や》めしめ又《また》は商賣《しやうばい》することを手《て》狹《せま》にすべしと限《かぎ》り縮《ちゞ》めるを得《う》るなり併《しか》しながら其の取り消したることと又は其の商賣《しやうばい》の爲す方《かた》を狹《せま》くしたることを知《し》らずに取り引きを爲したる人に對《たい》しては妻《つま》は商賣《しやうばい》をするの權利《けんり》が無《な》くして爲したる事故《ことゆゑ》假合《たと》ひ義務を負《お》ふたりとも其の義務《ぎむ》を盡《つく》さずとも宜《よ》しとか又《また》は夫《をつと》の許《ゆるし》を取《と》り消《け》したる後《のち》なれば一旦約束《いちたんやくそく》したる事《こと》を取り消すなどの言《い》ひ張《は》ることが出來《でき》ずとのことゝ是れ其妻《つま》を相手《あひて》に商賣《しやうばい》を爲したるの人は是迄《これまで》其の妻《つま》なる人《ひと》が商賣《しやうばい》を爲し居《ゐ》たる者《もの》なれば引續《ひきつゞ》き商賣の出來る人と信《しん》じ夫の許《ゆるし》を取り消したる事は少《すこ》しも知らず誠《まこと》に善意《ぜんい》にて取り引きしたる者なればなり

第十七條　左ノ場合《ばあひ》ニ於テハ妻《さい》ハ夫《ふ》ノ許可《きよか》ヲ受クルコトヲ要セス

一　夫《ふ》ノ生死分明《せいしぶんめい》ナラサルトキ

二　夫カ妻《さい》ヲ遺棄《ゐき》シタルトキ」

三　夫カ禁治産者《きんちさんじや》又ハ準禁治産者ナルトキ

四　夫カ瘋癲《ふうてん》ノ爲《た》メ病院《びやうゐん》又ハ私宅《したく》ニ監置《かんち》セラルルトキ

五　夫カ禁錮《きんこ》一年以上ノ刑《けい》ニ處《しよ》セラレ其刑ノ執行中《しつかうちう》ニ在ルキ

六　夫婦ノ利益相反《りえきあいはん》スルトキ

本條は妻《つま》が夫《をつと》の許《ゆるし》を受《う》けずとも商賣《しやうばい》を爲すことを得《う》る六個《ろくこ》の場合を定《さだ》めたり則ち[illegible]夫《をつと》が家出《いへで》を爲せし儘《まゝ》歸宅《たく》せず死《し》せしか未《いま》だ生存《せいぞん》し居《を》るや明《あきら》ならざるとき第二は夫《をつと》が[illegible]擲《な》り捨《す》て顧《かへり》みざるとき第三は夫か禁治産又は準禁治産の言渡《いひわたし》を受けし者なる時第四は六が氣《き》が狂《くる》ふて病院《びやうゐん》又は自分《じぶん》の宅《たく》に押《お》し込《こ》められたる時第五は夫が一年以上の禁錮《きんこ》の刑《けい》に處せられ其の刑役《けいえき》に就《つ》き居《を》るとき第六は夫婦《ふうふ》の利益相反《りえきあいはん》するとき譬《たと》へば妻《つま》が或る商賣《しやうばい》を爲して利益《りえき》を得るることが夫の商賣に差《さ》し響《ひゞ》き損失《そんしつ》になる時《とき》の如《ごと》し以上《いじやう》六個の場合《ばあひ》は五個迄は多くは許可《きよか》を得《う》ることが出來《でき》ざる時なり第六の場合は相方共《さうはうとも》商賣を爲さんとするときには已《や》むを得《え》ざることにて若し妻《つま》は許《ゆる》しを得《え》んとするも夫《をつと》は許さゞるべし故に許を得ずして爲すことを得ると定めたり

第十八條　夫カ未成年者《みせいねんしや》ナルトキハ第四條ノ規定ニ依《よ》ルニ非サレハ妻ノ行爲ヲ許可スルコトヲ得ス

本條は未成年《みせいねん》の夫が妻の商賣を許《ゆる》すに付ての定め方なり此の場合は夫が自分《じぶん》すら一人前《いちにんまへ》の働《はたら》きを勝手《かつて》にすることを許《ゆる》されざる年なれば妻《つま》が商賣《しやうばい》を爲すに付ては第四條に從《したが》ひ法律上の代理人《だいりにん》の同意贊成《どういさんせい》を得ざれば許可を與《あた》ふる能《あた》はざるなり

第十九條　無能力者《むのうりよくしや》ノ相手方《あいてかた》ハ其無能力者カ能力者ト爲リタル後之ニ對《たい》シテ一个月以上ノ期間《きかん》内ニ其取消シ得ヘキ行爲ヲ追認《ついにん》スルヤ否《いな》ヤヲ確答《かくとう》スヘキ旨《むね》ヲ催告《さいこく》スルコトヲ得若シ無能力者カ其期間内ニ確答ヲ發セサルトキハ其行爲ヲ追認シタルモノト看做ス

無能力者カ未《いま》タ能力者トナラサル時ニ於テ夫又ハ法定代理人《はふていだいりにん》ニ對《たい》シ前項ノ催告ヲ爲スモ其期間内ニ確答ヲ發セサルトキ亦同シ但法定代理人ニ對シテハ其權限内《けんげんない》ノ行爲ニ付テノミ此《この》催告《さいこく》ヲ爲スコト得

特別《とくべつ》ノ方式《はうしき》ヲ要スル行爲ニ付《につ》テハ右ノ期間内ニ其方式ヲ踐《ふ》ミタル通《つう》知ヲ發セサルトキハ之ヲ取消シダルモノト看做ス

準禁治産者及ヒ妻ニ對シテハ第一項ノ期間内ニ保佐人《ほさにん》ノ同意《どうい》又ハ夫ノ許可《きよか》ヲ得テ其行爲ヲ追認《ついにん》スヘキ旨《むね》ヲ催告スルコトヲ得若シ準禁治産者又ハ妻カ其期間内ニ右ノ同意又ハ許可ヲ得タル通知ヲ發セサルトキハ之ヲ取消シタルモノト看做ス

本條は無能力者《むのうりよくしや》を相手《あいて》として契約《けいやく》を爲したる場合に就《つい》ての規定《きてい》なり無能力者即《すなは》ち未成年《みせいねん》者《しや》などゝ約束《やくそく》を爲したる人は若《も》し其の無能力者が一人前《いちにんまへ》と成りたる時《とき》其の無能力者なりし人に向《むか》ひて先《さ》きに約束《やくそく》を取り結《むす》びたるを取り消し得る不完全《ふくわんぜん》の行《おこな》ひを今日《こんにち》に於て取り消さずに彼の約束《やくそく》は約束通《どほり》にすることゝ認《みと》めらるゝや或《あるひ》は斷然《だんぜん》取り消し止めらるゝやと二月以上《いじやう》の期限《きげん》を定め確《たしか》なる返事《へんじ》を送《おく》るべしと催促《さいそく》することを得るなり若《も》しも無能力者が其の期限《きげん》の內《うち》に確なる答《こたへ》を出《いだ》さゞるときは無能力たりし時《とき》に約束したる事柄《ことがら》を追《おつ》て承《しよう》知《ち》したる者と見《み》て差支《さしつか》へ無しと法律の定めなり

第二項も前項《ぜんこう》と異《こと》にして無能力者が未《いま》だ能力者《のうりよくしや》とは爲らざるも無能力者の夫若しくは法律上の代理人に對《たい》し前項にて精《くは》しく述《の》べたる如き催促《さいそく》を爲すことを得るなり此のとき右《みぎ》の人々が確なる答をせざるときは是亦た承知したる者と見て宜しとのことなり但し法律上の代理人に對《たい》しては代理人が法律上《はふりつじやう》行ひ得べき權利《けんり》ある行《おこな》ひ丈《だけ》に付き催促し得るなり

無能力者が特別《とくべつ》の方式《はうしき》を踏《ふ》み行《おこな》ふことが要用《えうよう》なる者なれば前《まへ》に云へる如く一年《いちねん》以上にて期日《きじつ》を定《さだ》め催促《さいそく》を爲したるに其の儀式《ぎしき》を行《おこな》ひたるの通知《つうち》が無《な》かりしならば無能力者が方《はう》式《しき》を蹈《ふ》み行ふ可き約束《やくそく》を取り消したる者と見て可なりとの定めなり

準禁治產《じゆんきんちさん》の言渡を受《う》けたる者及び夫《をつと》の許を得て約束《やくそく》などを爲し得る妻なる人に對《たい》しては第一項に定めたる期限《きげん》の內に其の者等《ものら》が約束を爲したる事柄《ことがら》を保佐人《ほさにん》の承諾《しやうだく》や又は夫の

許を得て取《と》り消《け》さずに認《みと》め履《り》行《かう》することを催促《さいそく》し得るなり若し其の期限《きげん》の内に保佐人《ほさにん》の同意又は夫《をつと》の許《ゆるし》を得《え》たりとの通知《つうち》が無《な》ければ準禁治産者又は妻は先《さき》に約束したる事柄《ことがら》を行ふの心なく取消したる者と見るべきなりとの法律の定めを云ふ

第二十條　無能力者カ能力者タルコトヲ信セシムル爲メ詐術《さじゆつ》ヲ用《もち》ヰルトキハ其行爲ヲ取消スコトヲ得ス

無能力者《むのうりよくしや》が約束等を爲すに當《あた》り無能力にても甚《はなは》だ都合《つがふ》惡しく先方《せんぱう》の相手分も十分《じふぶん》の約束をせざるべしと思《おも》ひ自分《じぶん》を信用《しんよう》せしめん爲めに詐《いつは》りの手段《しゆだん》を用ゐて約束事《やくそくごと》を取り結《むす》びたる如《ごと》きときは其後自分《そののちじぶん》に損害《そんがい》の來《く》るは明《あきら》かに見ゆるとも先《さ》きの約束《やくそく》を取り消すことが出來ざるなり何故《なにゆえ》かと云へば假令《たと》ひ無能力者《むのうりよくしや》たりとも詐《いつは》りの謀《はかりごと》を用《もち》ふることを得る程のものなれば無能力は表面上而已《へうめんじやうのみ》にて内實《ないじつ》は相應《さうおう》の智慮分別《ちりよふんべつ》が出來十分熟考《じゆくかう》の上《うへ》に約束したる者と見ることを得べきなり故《ゆえ》に一旦《いつたん》約束したるものを取り消すことは法律が許さぬなり

第三節　住所《ぢうしよ》

夫《そ》れ人《ひと》は各《おのおの》住所を有《いう》する者なり住所は吾々《われわれ》が日常《にちじやう》の行動《かうどう》は勿論法律的《もちろんはふりつてき》行爲を爲すに付ても大《おほい》に其の必要《ひつよう》を感《かん》ずるなり譬《たと》へば或《あ》る物品《ぶつぴん》の取引《とりひき》を住所《ぢうしよ》に於《おい》て行ふべしなどの約束《やくそく》の時は一定《いつてい》の住所を必要《ひつよう》とす其他訴訟《そのたそしよう》を爲すに當《あた》り訴狀《そじやう》の送達所《そうたつじよ》として住所を定《さだ》むるの要《えう》

わり又は訴訟上《そしやうじやう》の期日《きじつ》の計算《けいさん》の如《ごと》きも住所に依り長《なが》き期限《きげん》を得るの場合則《ばあひすなは》ち住所より裁《さい》判所迄《ばんしよまで》の里數等《りすうとう》の計算《けいさん》を要するときの如《ごと》き尤《もつと》も住所を確定《くわくてい》せざるべからず本節《ほんせつ》は是等《これら》の事に付き規定せるなり

第二十一條　各人《かくじん》ノ生活《せいくわつ》ノ本據《ほんきよ》ヲ以テ其住所トス

本民法《ほんみんぱふ》に於て住所を定《さだ》むるは吾々《われ〳〵》各個《かくこ》人《じん》が平常安居《あんきよ》し生活を營《いとな》むの本元の居る所を以て其住所とするなり譬《たと》へば甲乙《かうおつ》の二個所《にかしよ》に商店《しやうてん》を有し此の商業に依り活計《くわつけい》を爲し居ると雖も其の中甲《かう》の地を本宅《ほんたく》とし此の所《ところ》にて起臥飮食《きぐわいんしよく》せば之を以て住所とすべきなり

第二十二條　住所《ぢゆうしよ》ノ知《し》レサル場合ニ於テハ居所《きよしよ》ヲ以テ住所ト看做《みな》ス

若《もし》も前條の如くならずして何《いづ》れが其の者の本宅《ほんたく》か明瞭《めいれう》ならざるときは其の當人《たうにん》が居る所を以て住所と見做すなり

第二十三條　日本ニ住所ヲ有セサル者ハ其日本人タルト外國人《ぐわいこくじん》タルトヲ問《と》ハス日本ニ於ケル居所ヲ以テ其住所ト看做《みな》ス但法例《はふれい》ノ定《さだ》ムル所ニ從ヒ其住所ノ法律《はふりつ》ニ依《よ》ルヘキ場合ハ此限ニ在ラス

日本國内《につぽんこくない》に一定の住所が無き者《もの》は日本人なるも外國《ぐわいこく》の人なる其の居る所を以て住所と見認むるなり但《たゞ》し法律命令等にて其本人《ほんにん》の住所の法律に依り支配《しはい》すべき場合は居る所《ところ》を以て直《たゞ》ちに住所とする譯《わけ》には行《ゆ》かず外國《ぐわいこく》の人《ひと》ならば各其本國《ほんごく》の住所の法律を調《しら》べ適用《てきよう》すべし

きなり若《も》し日本人《にほんじん》ならば已《や》むを得《え》ず居《を》る所を以て住所と看做すより外なきなり

第二十四條　或行爲《あるかうゐ》ニ付キ假住所《かりぢうしよ》ヲ選定《せんてい》シタルトキハ其行爲ニ關《くわん》シテハ之ヲ住所ト看做ス

或《あ》る行爲《かうゐ》に付き假《か》り住所を選定《せんてい》したるときは則ち大阪《おほさか》の人が廣島《ひろしま》に出張《しゆつちやう》し廣島の人に對《たい》し訴《うつたへ》を爲す時《とき》の如《ごと》き假《かり》に住所《ぢうしよ》を選《えら》び定めざる可からず此の時は其の訴の事柄《ことがら》に就《つい》ては廣島に定めたる假住所《かりぢうしよ》を以て本住所と同一に見るべしとなり

第四節　失踪《しつそう》

失踪《しつそう》とは家出《いへで》の儘《まゝ》何《いづ》れの地《ち》に居るか又は生《い》き居る事か死せるか少《すこ》しも其の行衛《ゆくゑ》樣子《やうす》が明《あきら》かならざる事なり本節《ほんせつ》は是等《これら》の場合に於ける處置《しよち》方《かた》を擧《あ》げ示せり

第二十五條　從來《じうらい》ノ住所又ハ居所《きよしよ》ヲ去《さ》リタル者カ其財產《ざいさん》ノ管理《くわんり》人《にん》ヲ置カサリシトキハ裁判所ハ利害關係人《りがいくわんけいにん》又ハ檢事《けんじ》ノ請求ニ因リ其財產ノ管理ニ付キ必要《ひつえう》ナル處分《しよぶん》ヲ命《めい》スルコトヲ得本人ノ不在中《ふざいちう》管理人ノ權限カ消滅シタルトキ亦同シ

本人カ後日《ごじつ》ニ至《いた》リ管理人ヲ置キタルトキハ裁判所ハ其管理人、利害關係人又ハ檢事《けんじ》ノ請求《せいきう》ニ因《よ》リ其命令《めいれい》ヲ取消スコトヲ要ス

是迄《これまで》住み來《きた》りたる住所又は居所《きよしよ》を立《た》ち去り行衛《ゆくゑ》が知れざる者が自分《じぶん》の財產《ざいさん》を支配《しはい》する

人《ひと》を頼《たの》み置かざりし時に裁判所《さいばんしよ》に於ては利害《りがい》關係人則ち彼の立ち去りて行衛《ゆくゑ》知《し》れざる者に貸金《かしきん》がある如き人又は檢事《けんじ》の求《もと》め有りたる時は其の行先《ゆくさき》知れざる者の財産《ざいさん》の取《と》り扱《あつか》ひ方《かた》に付き必要《ひつえう》と認《みと》めたる處置《しよち》を言ひ付くるを得るなり又本人《ほんにん》が一時留守《るす》中兼《ちうかね》て極《き》め置きたる管理人《くわんりにん》が瘋癲人《ふうてんにん》と成りたる爲め管理人たるの權利《けんり》が無《な》くなりたる時の如き亦同じく裁判所に於て前《まへ》に述《の》べたる人々《ひとびと》よりの請求に依り要用《にうよう》の處分方《しよぶんかた》を命《めい》ずるを得るなり

第一項《だいいつかう》に述べたる行衛《ゆくゑ》の知れざる者又は一時留守《るす》なりし者が後日《ごにち》に還《かへ》り來るか居所分明に成り自《みづか》ら管理人《くわんりにん》を置くときは裁判所は其の新《あらた》に委任《ゐにん》せられたる管理人利害《りがい》の關係《くわんけい》を有する人又は檢事《けんじ》の求《もと》めたるときは先《さき》に裁判所にて管理人を定め財産《ざいさん》の要用《にうよう》なる處置《しよち》を爲さしめたる如き命令を取り消すべきなり

第二十六條　不在者《ふざいしや》カ管理人ヲ置キタル場合ニ於テ其不在者ノ生死《せいし》分明ナラサルトキハ裁判所ハ利害關係人又ハ檢事ノ請求ニ因リ管理人ヲ改任《かいにん》スルコトヲ得

不在者《ふざいしや》が自分《じぶん》の財産《ざいさん》を支配《しはい》するの管理人を頼《たの》み置き家出《いへで》を爲したる後未《いま》だ生存《せいぞん》し居るや死去《しきよ》せしや明《あきら》かならざるときも裁判所は不在者に利害《りがい》の係《かゝ》り有る者又は檢事《けんじ》の求めある時は管理人を改《あらた》め任《にん》することを得るなり是れ不在者の生死《せいし》分明《ぶんめい》ならざれば一時死去せし人も同じき如し若《も》し管理《くわんり》を依頼《いらい》したる人の死せるならば管理の委任《にん》も解《と》ける譯《わけ》なる而

己《おのれ》ならず委任したる人は其の生死《せいし》分明《ぶんめい》ならざるに加《くは》へて其人《そのひと》の選任《せんにん》し置《お》きたる管理人《くわんりにん》も如何《いか》なる者か不在者《ふざいしや》に利害《りがい》の關係《くわんけい》を有する如き人は心安《こゝろやす》んずることあたはざるべし故《ゆゑ》に裁判所は右等の人より要求《ようきう》あらば取り調《しら》べの上《うへ》改《あらた》め任《にん》ずるを得るなり

第二十七條　前二條ノ規定ニ依リ裁判所ニ於テ選任《せんにん》シタル管理人《くわんりにん》ハ其管理スヘキ財産ノ目錄《もくろく》ヲ調製《てうせい》スルコトヲ要ス但其費用《ひよう》ハ不在者《ふざいしや》ノ財産ヲ以テ之ヲ支辨ス

不在者ノ生死《せいし》分明《ぶんめい》ナラサル場合ニ於テ利害關係人又ハ檢事ノ請求アルトキハ裁判所ハ不在者カ置《お》キタル管理人ニモ前項《ぜんこう》ノ手續《てつゞき》ヲ命《めい》スルコトヲ得

右ノ外總《すべ》テ裁判所カ不在者ノ財産ノ保存《ほぞん》ニ必要《ひつえう》ト認《みと》ムル處分《しよぶん》ハ之ヲ管理人ニ命スルコトヲ得

前《まへ》の二條《にでう》に依り裁判所が管理人を選《えら》び任《にん》じたるときに管理人は自分《じぶん》が預《あづか》る支配《しはい》すべき財《ざい》産《さん》の目錄《もくろく》を作《つく》り財産の有り高帳簿上《たかちやうぼじやう》の貸高等《かしだかとう》一見《いつけん》して明《あきら》なる樣《やう》に表《へう》を作ることが必要なり但《たゞ》し其等《それら》の事に付ての費用《ひよう》は不在者の財産の中より支拂《しはら》ふなり

不在者が生き居るや死《し》去せしや分明《ぶんめい》ならざるときに於て利害《りがい》の關係《くわんけい》を有する人又《ひとまた》は檢事《けんじ》の請求《せいきう》あらば裁判所は不在者が置きたる管理人にも前項《ぜんこう》の如く目錄帳《もくろくちやう》等を作らしむるこ

とを命《めい》ずることを出來《でき》るなりかく目錄《もくろく》を調製《てうせい》せしむるは管理人の處爲《しよゐ》は主《おも》に財產《ざいさん》に關《くわん》する者なれば確實《くわくじつ》を期《き》する爲なり

右二項の外《ほか》不在者の財產《ざいさん》の支配方《しはいかた》に付き要用《えうよう》なりと認《みと》むる處置《しよち》は裁判所之《これ》を管理人に言ひ付ける事を得べきなり

第二十八條　管理人カ第百三條ニ定メタル權限《けんげん》ヲ超《こ》ユル行爲ヲ必要トスルトキハ裁判所ノ許可ヲ得テ之ヲ爲スコトヲ得不在者ノ生死分明ナラサル場合ニ於テ其管理人カ不在者ノ定メ置キタル權限ヲ超ユル行爲《かうゐ》ヲ必要トスルトキ亦同シ

管理人《くわんりにん》が第百三條に定《さだ》めたる權利《けんり》卽《すなは》ち特《とく》に權限を定めざる場合に代理人が行《おこな》ひ得るの權利を超《こ》へて財產を處置《しよち》するの要用《えうよう》あるときは裁判所の許《ゆるし》を得《え》て行《おこな》ふことを得るなり又不在者の生死《せいし》明《あきら》かならざるときに不在者が選《えら》び置きたる管理人が不在者の定めたる權利以上の行《おこな》ひを爲すの要用《えうよう》あるときは亦同《またおな》じく裁判所の許《ゆるし》を得て爲すべしとなり

第二十九條　裁判所ハ管理人《くわんりにん》ヲシテ財產ノ管理及ヒ返還《へんくわん》ニ付キ相當《さうたう》ノ擔保《たんぽ》ヲ供《きよう》セシムルコトヲ得

裁判所ハ管理人ト不在者トノ關係其他《くわんけいそのた》ノ事情《じじやう》ニ依リ不在者ノ財產中ヨリ相當ノ報酬《ほうしう》ヲ管理人ニ與《あた》フルコトヲ得

裁判所《さいばんしよ》は管理人が財産に支配《しはい》し支配したる財産を返《かへ》すに付《つ》き間違《まちがひ》なき様《やう》相當《さうたう》の引受《ひきうけ》を爲すの人或は物を出《いだ》すことを言《い》ひ付《つ》くることを得るなり

裁判所は管理人と不在者《ふざいしや》との關係即ち管理人を始《はじ》め不在者を少《すこ》しも知《し》らざる者なりしとか義俠心《ぎけふしん》より世話《せわ》を爲し居るとか管理人は始《はじめ》より自分《じぶん》の費用《ひよう》而已《のみ》にて誠實《せいじつ》に不在者の財産を支配し居れりとか其他《そのた》の事情《じじやう》あるときは不在者の財産の中《うち》より相當《さうたう》の働《はたら》き賃《ちん》を與ふることを得るなり

第三十條　不在者ノ生死カ七年間分明《ぶんめい》ナラサルトキハ裁判所ハ利害關係人ノ請求ニ因リ失踪《しつそう》ノ宣告《せんこく》ヲ爲スコトヲ得

戰地《せんち》ニ臨《の》ミタル者、沈沒《ちんぼつ》シタル船舶《せんぱく》中《ちう》ニ在リタル者其他死亡《しばう》ノ原因《げんいん》タルヘキ危難《きなん》ニ遭遇《さうぐう》シタル者《もの》ノ生死カ戰爭《せんそう》ノ止《や》ミタル後、船舶ノ沈沒シタル後又ハ其他ノ危難ノ去リタル後三年間分明ナラサルトキ亦同シ

不在者《ふざいしや》が家出《いへで》を爲したる後《のち》七年の間《あひだ》死去せしや生存《せいそん》せしや明《あきら》かならざるときは裁判所《さいばんしよ》は不在者に對《たい》し貸金《かしきん》などの權利を持《も》ち居る人の求《もと》めに因りて失踪即《しつそうすなは》ち行先不分明《ゆくさきふぶんめい》なる者との言渡《いひわたし》を爲すことを得るなり

戰爭《せんそう》に出陣《しゆつぢん》したる者、破船《はせん》し沈《しづ》みたる船《ふね》の中に乘《の》り込《こ》み居たる者其他《そのた》何分大抵《なにぶんたいてい》の人は死

去することが當然《たうぜん》なるべき危《あやう》き目《め》に逢《あ》ひたる者即《すなは》ち非常《ひじやう》に大《おほ》きく場所《ばしよ》も廣《ひろ》き地震《ぢしん》とか大洪水《こうずゐ》にて到底《たうてい》逃《に》げ路《みち》もなく船《ふね》もなかりし所に居たる人の如し是等《これら》の厄難《さいなん》に逢《あ》ひたる人々《ひとびと》が戰爭《せんそう》の止《や》みしより、船《ふね》の沈《しづ》みたるより又は其の他の危《あやう》さが過《す》ぎ去《さ》りたるより三年間死せしか未《いま》だ生存《せいそん》し居《を》るか明《あきら》かに分《わか》らざる時も亦同じく損得《そんとく》の係《かゝ》はりある人《ひと》よりの求《もと》めにて裁判所は失踪《しつそう》即ち行衛《ゆくゑ》が分《わか》らずなりしものとの宣告《せんこく》を爲すことを得るなり

第三十一條 失踪ノ宣告《せんこく》ヲ受ケタル者ハ前條ノ期間滿了《まんれう》ノ時ニ死亡《しばう》シタルモノト看做ス

前《まへ》の條《でう》に擧《あ》げたる期限《きげん》が過《す》ぎ去《さ》り失踪《しつそう》の言渡《いひわたし》を受けたる者《もの》は其の時《とき》に死《し》えたる者と看做《みな》すなり故に相續人《さうぞくにん》が有る人なれば其の財産などの所有權《しよいうけん》は相續人に移《うつ》るなり

第三十二條 失踪者ノ生存《せいそん》スルコト又ハ前條ニ定メタル時《とき》ト異《こと》ナリタル時ニ死亡シタルコトノ證明《しやうめい》アルトキハ裁判所ハ本人又ハ利《り》害關係《がいくわんけい》人《にん》ノ請求ニ因リ失踪ノ宣告ヲ取《とり》消《け》スコトヲ要ス但失踪ノ宣告《せんこく》後《ご》其取消前ニ善意《ぜんい》ヲ以テ爲シタル行爲《かうゐ》ハ其效力ヲ變《へん》セス

失踪ノ宣告ニ因リテ財産《ざいさん》ヲ得タル者ハ其取消ニ因《よ》リテ權利《けんり》ヲ失《うしな》フモ現《げん》ニ利益ヲ受《う》クル限度《げんど》ニ於テノミ其財産ヲ返還《へんくわん》スル義務《ぎむ》ヲ負《お》フ

失踪者《しつそうしや》と言渡《いひわた》され死したる者と見《み》なされたる人が全《まつた》く死去《しきよ》したるに非《あら》ず一時《いちじ》知《し》れぬ迄に

て其の實生《じつい》きて居ることが明《あきら》かになり又は前條《ぜんでう》の第一項にては七年《しちねん》第二項にて三年の後死去たる者と看做《みな》されたるに其の時より早《はや》きか遲《おそ》きか兎《と》に角《かく》異《こと》なりたる時に死したるの證據《しようこ》が確《たし》かなるときも裁判所は未《いま》だ生きて居る本人《ほんにん》か又は死去したる者に利害の關係即ち取引などある人の請求《せいきう》に因り失踪《しつそう》したる者との言渡《いひわたし》を取《と》り消さゞる可からず但《たゞ》し失踪の言渡ありたる後《のち》其の言渡を取り消す迄《まで》に失踪《しつそう》は確《たしか》なる者と信《しん》じて行ひたる事柄《ことがら》は管理人にても其他の人にて十分《じふぶん》其の效力《かうりよく》が有りて決して損失《そんしつ》となる樣《やう》の事なく飽《あく》まで死去したる人に爲したると同一の效《かう》があるなり何《なん》となれば堂々《だう〳〵》たる裁判所が巳《すで》に認《みと》めて失踪《しつそう》したる者と爲したる位の者なれば之に對し善意《ぜんい》にて事柄《ことがら》を爲したる人等には少《すこ》しも欠点《けつてん》なければなり

第二項本項《ほんこう》は失踪者として言渡《いひわた》しあり其の者の財産《ざいさん》を得たる人有りたる後ちに至り失踪言渡の取り消ありたる時《とき》の處置《しよち》方《かた》を示《しめ》したるなり此場合に於て失踪者の相續人《さうぞくにん》たる人が失踪言渡の有りたる後《のち》財産を相續《さうぞく》し得たりとせんに程《ほど》なく失踪言渡の取り消し有りて其人が未《いま》だ生存《せいぞん》し居ることが明《あきら》かになりたれば一旦《いつたん》得たる權利を失《うしな》ふなり何故なれば失踪者極《きま》れば始《はじ》めて財産を得べきものなりしに全《まつた》く生《い》きて居ること明《あきら》かなれば先《さ》きに得べからざる權利を得たるものなり故《ゆゑ》に言渡の取り消さるゝ時は權利《けんり》を失《うしな》ふの理《り》なり而して其の權利を失ふに依《よ》り返還《へんくわん》すべき財産も現在自分《げんざいじぶん》に利益《りえき》を得たる丈《だけ》の程度《ていど》にて返《かへ》せば足る

なり故に拾万圓の價《あたひ》を得たる者なるに返還《へんくわん》の時二十万圓なれば拾万圓丈《だけ》の利益《りえき》を得たる者故其丈返《だけかへ》せば返還の義務《ぎむ》は濟《す》むべきなり

第二章　法人《ほふじん》

法人とは會社《くわいしや》其の他多人數《たにんず》の寄《よ》り合《あ》ひたる者を法律が人と認《みと》めたる者を云ふなり譬《たと》へば多《おほ》くの人が集合《しうがふ》して商業《しやうげう》を成《な》さんとするときに各《おのく》の人が財産を持《も》ち集《あつま》り各の人が商業を為す如き様《やう》にては或《るひ》は各人《かくじん》の意見《いけん》が合《あは》ざる有り或《あるひ》は一の大《おほい》なる商業を為すには各人より委任状《ゐにんじやう》を取り或は一々皆々の人より承諾《しやうだく》を得ざる可からず到底長々《たうていなが〱》一致《いつち》して働《はたら》きを為すこと能《あた》はざる可し故《ゆゑ》に此の不便《ふべん》を除《のぞ》き活潑《くわつぱつ》に事業《じげう》なり商業なりを為さしめんと欲せば衆人《しうじん》の集合團結《しうがふだんけつ》したる者を人と見做《みな》し此人《このひと》に各人《かくじん》より出《いだ》したる財産を移《うつ》し此の人をして權利を得せしめ義務《ぎむ》を負はしむる等獨立《とうどくりつ》したる人として此人の名を以て取引等《とりひきなど》を為せば前陳《ぜんちん》の不便《ふべん》なきは勿論《もちろん》十分活潑《くわつぱつ》に働《はたら》かしむることを得べし而《しか》して固《もと》より人の形《かたち》あるに非《あら》ず衆人《しうじん》の集合《しうがふ》したる者に與《あた》ふるの名稱《めいしやう》なれば此人に代りて常《つね》に事務を取扱《とりあつか》ふ人四五名を選ばざる可からず而して資本《しほん》として財産《ざいさん》を出したる各人《かくじん》は各持ち出したる財産の權利を此の人に移《うつ》し自分等《じぶんら》は其の人が商業なにを為して利益《りえき》を得たる部分《ぶぶん》の分配《ぶんぱい》を受け取る如き仕組《しくみ》にすれば其の利益少《りえきすくな》からざるなり故《ゆゑ》に法律は此等の團結《だんけつ》を認《みと》めて人とする事を許したり是《こ》れ則《すなは》ち法人《はふじん》なり前《まへ》に述《の》べたる例《れい》の如きは所謂《いはゆる》會社の如き者にして法律《はふりつ》が人と認《みと》

むる處の者なり已《すで》に人と認むる者なれば其の人の名稱《めいしやう》や其の人の本籍《ほんせき》即ち會社《くわいしや》などの何れに有るやを定《さだ》めざる可からず故に愈々《いよいよ》法律上《はふりつじやう》の人が出で來りたる時は登記簿《とうきぼ》に夫等の事を登記せしめ其の在り家《か》を定《さだ》むるなり本章は是等《これら》の人の成立《せいりつ》其他法人に關《くわん》する萬般《ばんぱん》の事を規定《きてい》せり尙は精《くは》しきは條《でう》を追ひ擧《あ》げ示せり

第一節　法人《はふじん》ノ設立《せつりつ》

本節《ほんせつ》は如何《いか》にして法人が成立するや如何なる者は法人たるを得べきや愈《いよく》法人が成立《なりたち》たるときは如何《いか》なる處置《しよち》を爲すべきや其他法人《はふじん》の權利義務《ぎむ》等《とう》に關《くわん》し規定せり

第三十三條　法人ハ本法《ほんぱう》其他ノ法律ノ規定《きてい》ニ依ルニ非サレハ成立《せいりつ》スルコトヲ得ス

本條は法人《はふじん》の成立方《なりたち》を定《さだ》めたり則ち法人は本民法《ほんみんぱふ》の定むる所又は其他の法律の定《さだ》めたる所に依り始《はじ》めて成立《せいりつ》するなり故《ゆゑ》に法律にて許《ゆる》したる者に非《あら》されば如何なる團結《だんけつ》にても法人たること能はざる者なり

第三十四條　祭祀《さいし》、宗教《しうけう》、慈善《じぜん》、學術《がくじゆつ》、技藝《ぎげい》其他公益《こうえき》ニ關《くわん》スル社團《しやだん》又ハ財團《ざいだん》ニシテ營利《えいり》ヲ目的《もくてき》トセサルモノハ主務官廳《しゆむくわんちやう》ノ許可ヲ得テ之ヲ法人ト爲スコトヲ得

神佛《しんぶつ》の祭《まつり》を執行《しつかう》するに付き組合《くみあひ》を設《まう》け周旋《しうせん》を爲す如き者之が爲め募集《ぼしう》したる金錢其の他

の物品《もつぴん》の一纏《ひとまと》めにしたる者、或は宗旨《しうし》に關《くわん》しての衆人《しうじん》の組合會、慈惠《じけい》の趣旨《しゆし》に出たる計《けい》畫《くわく》、學問《がくもん》、或は美術等《びじゆつとう》の藝道《げいだう》に付ての團結《だんけつ》の如き凡《すべ》て社會《しやくわい》の利益の爲めに計る所ある組合又其等の趣旨《しゆし》にて財産の寄《よ》せ集《あつ》めたる者にて私《わたくし》の人が利益《りえき》を得るが爲にせし者に非《あら》ずは主務官廳《しゆむくわんちやう》則ち商賣《しやうばい》に關係する團結《だんけつ》なれば農商務省《のうしやうむしやう》、宗教等《しうけうとう》に關《くわん》せる者なれば内務省等の免許を得て法人とする事が出來るなり

第三十五條　營利《えいり》ヲ目的トスル社團《しやだん》ハ商事《しやうじ》會社設立ノ條件ニ從《したが》ヒ之ヲ法人ト爲スコトヲ得

前項ノ社團法人ニハ總《すべ》テ商事會社ニ關《くわん》スル規定《きてい》ヲ準用《じゆんよう》ス

商賣などを爲して利益《りえき》を得んと欲《ほつ》する組合《くみあひ》、團結《だんけつ》の如きは商事《しやうじ》に就《つい》て定めたる會社法の規則に依り法人と爲し得るなり

前項《ぜんこう》に定めたる團結《だんけつ》などには商事《しやうじ》に關する會社の規則を悉《ことごと》く用ゆるなり

第三十六條　外國《ぐわいこく》法人ハ國、國ノ行政區劃《ぎやうせいくくわく》及ヒ商事會社ヲ除《のぞ》ク外《ほか》其成立ヲ認許《にんきよ》セス但法律又ハ條約《でうやく》ニ依リテ認許セラレタルモノハ此限ニ在ラス

前項ノ規定ニ依リテ認許セラレタル外國法人ハ日本ニ成立スル同種ノ者ト同一ノ私權《しけん》ヲ有《いう》ス但外國人カ享有《きやういう》スルコトヲ得サル權利《けんり》及ヒ

法律又ハ條約中ニ特別ノ規定アルモノハ此限ニ在ラス

外國《ぐわいこく》に於て法人《はふじん》と認《みと》めたる者にして我《わ》が國《くに》にて法人と認むる者は國《くに》則ち英吉利《いぎりす》とか佛蘭西《ふらんす》とかの國《くに》、國の行政區畫《ぎやうせいくぐわく》則ち外國《ぐわいこく》にて行政上にて定めたる區域縣《くいきけん》及部の如き者、及び商事《しやうじ》に關したる會社等なり此外《このほか》は外國の者は法人と認《みと》むる者無し併《しか》しながら別《べつ》に法律又《はふりつまた》は條約《でうやく》等にて認め許さるゝ者は其の者丈《ものだけ》法人《はふじん》と認むることを有るなり

前項《ぜんこう》の定むる所にて日本《にほん》の地にて法人《はふじん》と認めらるゝ外國法人は日本に成《な》り立ち居るものと同じ種類《しゆるゐ》の法人と同《おな》じ權利を有《いう》することを得るなり但《たゞ》し外國人が有することを得さる權利則ち現時《げんじ》の土地《とち》所有權《しよいうけん》の如《ごと》き者、及《およ》び法律《はふりつ》又は條約中《でうやくちう》にて外國人は何々の權利は有するとを得ずと禁《きん》じたる者等《ものとう》は外國法人は所有《しよいう》することを得ざるなり

第三十七條　社團法人《しやだんはふじん》ノ設立者《せつりつしや》ハ定款《ていくわん》ヲ作リ之ニ左ノ事項ヲ記載スルコトヲ要ス

一　目的《もくてき》
二　名稱
三　事務所
四　資産《しさん》ニ關《くわん》スル規定《きてい》
五　理事《りじ》ノ任免《にんめん》ニ關スル規定

六　社員《しやゐん》タル資格《しかく》ノ得喪《とくさう》ニ關スル規定

何某《なにがし》會社或は何某社などの團結《だんけつ》を爲し法人を設《もう》け立てたる者ども其の會社に就《つい》ての規則《きそく》を作り其の規則《きそく》中には下の事柄《ことがら》を書き載《の》すべきなり則ち第一は目的《もくてき》譬《たと》へば本《ほん》組合は一の學《がく》校《かう》を取り設け貧窮《ひんきう》にして學校に入ることを得ざる如き者にて筆墨《ふですみ》を與へ書籍《しよせき》を貸付《かしつく》るとか又は何某社なる者を取り結《むす》び某神社《ぼうじんしや》の永久保存《えいきうほぞん》する事或は年々修繕《しゆうぜん》を爲すなどの目的を云ふなり第二は其の團結《だんけつ》の名稱《めいしよう》則ち何々社とか何々組《ぐみ》とかの名前なり第三は事務所《じむしよ》則ち會社、組合の仕事《しごと》を取り扱《あつか》ふ場所が何れに置《い》くかなどのこと第四は法人の財産の集め方《かた》其の財産の取り扱《あつか》ひ方などの規則第五は理事《りじ》則ち專ら會社の事務を扱ふ支配人《しはいにん》の人の用ゐ方或は免職《めんしよく》せしむるときの手續等《てつゞきとう》の事第六は社員《しやゐん》たる資格《しかく》の得失《とくしつ》則ち何程《なにほど》のを出せば社員《しやゐん》たるの資格《しかく》ありとか社の目的に反《はん》したる行ひを爲す者は社員《しやゐん》たるの資格《しかく》を失ふとかの規則なり以上《いじやう》の事柄《ことがら》を記述《きじゆつ》せば其の社の如何なる者か其の社の財産《ざいさん》は如何に運轉《うんてん》するか社會に有益《いうえき》なる者か否《いな》や等《とう》一見して明かなるべし

第三十八條　社團法人ノ定款《ていくわん》ハ總社員ノ四分ノ三以上ノ同意《どうい》アルトキニ限《かぎ》リ之ヲ變更《へんかう》スルコトヲ得但定款ニ別段《べつだん》ノ定アルトキハ此限ニ在ラス

定款ノ變更ハ主務官廳《しゆむくわんちやう》ノ認可《にんか》ヲ受クルニ非サレハ其效力《そのかうりよく》ヲ生セス

何某社《なにそれしや》或は何々組等《なみとう》の法人の定款《ていくわん》則ち規則は社員總体《そうたい》の四分の三以上の同意《どうい》賛成《さんせい》したるときに非《あら》ざれば改《あらた》め變《か》ゆることを得ざるなり但し社《しや》の規則《きそく》にて社員《しやゐん》總体の半分以上の賛成あれば社則を變ずることを得るなどの定めあれば必ずしも本條の四分の三以上の賛成が無くとも改《あらた》め變《へん》ずることを得べきなり

第二項假令ひ社《しや》の規則などを變じたりとも主務官廳《しうむくわんちやう》の許を受けざる以上は役《やく》に立《た》たぬなり故に規則を易《か》へたるときは社を取締《とりしま》るの役所《やくしよ》に屆出て許を受くることを必要《ひつえう》なり

第三十九條　財團法人ノ設立者ハ其設立《せつりつ》ヲ目的《もくてき》トスル寄附行爲《きふかうい》ヲ以テ第三十七條第一號乃至第五號ニ掲ケタル事項ヲ定ムルコトヲ要ス

財團法人《ざいだんほふじん》則ち何某寺院《じゐん》を維持《ゐじ》する資本を作るの目的にて何某社《なにそれしや》と稱する金貸《かねかし》を營《いとな》む所を設《まう》け之を法人と爲したる者は其の設立せしとき重《おも》に寄附《きふ》の金品《きんぴん》を募《つの》る方法を以て目的とするなどのときは第三十七條の規則に從《したが》ひ其の名前《なまへ》或は資本を集《あつ》め何某寺を修覆《しうふく》するなどの事第五號迄の事柄《ことがら》を定める事を必要《ひつえう》とするなり

第四十條　財團法人ノ設立者カ其名稱、事務所又ハ理事任免《にんめん》ノ方法《はうはふ》ヲ定メスシテ死亡シタルトキハ裁判所ハ利害關係人又ハ檢事ノ請求ニ因リ之ヲ定ムルコトヲ要ス

寺院《じゐん》の資本を作るとか其他寄附金《きふきん》にて公《おほや》けの道路《どうろ》を開通《かいつう》するなどの目的にて資本を募り

集《あつ》むるの組合《くみあひ》を設《もう》けたる者が其の名前《なまへ》、其の募《つの》り集《あつ》むる事務《じむ》を扱ふの場所竝に事務を扱ふの人の用ひ方《かた》或は罷《や》めしむる規則《きそく》などを定めずして死去《しきよ》したるときは裁判所は利害《りがい》關係人則ち其等の組合《くみあひ》を設ける爲めに一時金を融通《ゆつう》せし者の如き又は檢事《けんじ》などが社會公衆《こうしう》の利益を保護《ほご》する爲めにとて以上の事柄《ことがら》を定むることを請求《せいきう》ありたるときは其求めに應《おう》じ取り調《しべ》の上定め遣《つか》はす可きなり

第四十一條　生前《せいぜん》處分《しよぶん》ヲ以テ寄附行爲《きふかうゐ》ヲ爲ストキハ贈與《ぞうよ》ニ關スル規定ヲ準用ス

遺言《ゐげん》ヲ以テ寄附《きふ》行爲ヲ爲ストキハ遺贈《ゐぞう》ニ關スル規定ヲ準用ス

前條《ぜんでう》に述べたる財團《ざいだん》の法人等に對し己れの死《し》せざる中《うち》に財團法人に引渡すことを以て金錢其他物品《ぶつぴん》を寄附する時は贈與《ぞうよ》の契約《けいやく》に付て定めたる規則を用ひ此の寄附も贈與として取扱ふなり則ち寄附者《きふしや》より財團《ざいだん》の法人に贈與するなり

若しも遺言《いごん》則ち吾《わ》が死したる後《の》ちに何程《なにほど》の金圓を何某組《なにそれぐみ》の募集金《ぼしうきん》に寄附すべしなどと言ひ殘《のこ》して死したるときは遺贈《いぞう》の契約に付て定めたる法則を用ひ該寄附《がいきふ》を遺贈として取り扱ふなり

第四十二條　生前處分ヲ以テ寄附行爲《きふかうゐ》ヲ爲シタルトキハ寄附財産ハ法人設立ノ許可アリタル時ヨリ法人ノ財産ヲ組成ス

遺言《ゐげん》ヲ以テ寄附行爲ヲ爲《な》シタルトキハ寄附財產ハ遺言カ效力《かうりよく》ヲ生《しやう》シタル時ヨリ法人ニ歸屬《きぞく》シタルモノト看做《みな》ス

己《おの》れの生存《せいぞん》し居る中《うち》に財產を贈《おく》る手續にて財團法人《ざいだんほふじん》に寄附を爲したるときは其の寄附したる財產の所有權は官《くわん》より法人を設《もう》け立つるの許ありたる時より所有權が移りて法人の財產中に組入らるゝなり

又遺言《いごん》を以て寄附を爲したるときは遺言が效力《かうりよく》あるとき則ち寄附人か死去したる時より寄附したる財產の所有權は財團法人に移りたる者とするなり

第四十三條　法人ハ法令《はふれい》ノ規定ニ從ヒ定款《ていくわん》又ハ寄附行爲ニ因リテ定マリタル目的ノ範圍內《はんゐない》ニ於テ權利ヲ有シ義務《ぎむ》ヲ負フ

財團法人《ざいだん》は法律命令《はふりつめいれい》の定め方に依りて作りたる法人の規則又は寄附を以て何々社の資金を作るなどの目的を達《たつ》すべき丈《だけ》の仕事《しごと》の極《きま》りの內などにて種々の權利を有し或は義務者となることを得るなり故《ゆゑ》に他の目的《もくてき》の爲めには權利を得義務者《ぎむしや》となることは出來ざるなり

第四十四條　法人ハ理事《りじ》其他ノ代理人《だいりにん》カ其職務《しよくむ》ヲ行フニ付キ他人ニ加ヘタル損害ヲ賠償《ばいしやう》スル責ニ任ス

法人ノ目的ノ範圍內ニ在ラサル行爲ニ因リテ他人ニ損害ヲ加ヘタル

トキハ其事項《じかう》ノ議決《ぎけつ》ヲ賛成シタル社員、理事及ヒ之ヲ履行シタル理事其他ノ代理人連帯《れんたい》シテ其賠償《ばいしやう》ノ責《せき》ニ任《にん》ス

法人の事務《じむ》を常に取扱ふの人其他《そのた》法人の代人として法人の仕事を爲すに當《あた》り他人に損失《そんしつ》を掛《か》けたるときは法人は自分《じぶん》の使《つか》ひ人の粗忽《そこつ》故償《つくな》ひ濟《すま》さゝる可からずとの定めなり

第二項理事が法人の事務《じむ》を行《おこな》ふ爲めに他人《たにん》に損失《そんしつ》を掛けたる時其の仕事が法人の目的以外の事なるときは其の事柄《ことがら》を行《おこな》ふの評議《ひやうぎ》を賛成《さんせい》したる社員は勿論若し賛成したるの理事有るときは此の者及び事務《じむ》を行ひ損失《そんしつ》を代人に蒙《かうむ》らしめたる理事《りじ》又《また》其の他代理として取り扱ひたる人々等が互《たがひ》に引き受け合《あ》ふて損害高《そんがいだか》を償《つくな》はざる可からず故に法人の見込以外の事務を行ふたる事を賛成《さんせい》したる人々《ひと／＼》が十人も有りて五人丈は償金《つぐなひきん》する能《あた》はざる時は前の五人にて資金なき五人の分《ぶん》も引き受け拂《はら》はざる可からずとの規定なり

第四十五條　法人ハ其設立ノ日ヨリ二週間《しうかん》内《ない》ニ各事務所ノ所在地《しよざいち》ニ於テ登記ヲ爲スコトヲ要ス

法人ノ設立ハ其主タル事務所ノ所在地ニ於テ登記ヲ爲スニ非サレハ之ヲ以テ他人《たにん》ニ對抗《たいかう》スルコトヲ得ス

法人設立ノ後《のち》新《あらた》ニ事務所ヲ設《まう》ケタルトキハ一週間内ニ登記ヲ爲スコトヲ要ス

法人《はふじん》を設立《せつりつ》したる者は設立したる日より二週間《にしうかん》の内に各事務所則ち本社の在る所又は出張所あれば其の出張所ある所の登記役所《とうきやくしよ》に於て登記を爲さゝる可からず
法人の本社《ほんしや》の在る地の登記所に登記せざる間《あひだ》は他人に對《たい》しては法人が有ることを主張《しゆちやう》する能《あた》はざるなり故に未《いま》だ本社の有る地にて登記を爲さゞる內《うち》に社員《しやゐん》が爲したる事柄《ことがら》は社員一人《いちにん》が爲したる者にて法人の爲めに行《おこな》ふたる者とすること能《あた》はざるなり何《なん》となれば本社の登記の濟《す》まざる間《あひだ》は他人《たにん》は法人なる者の有ることを認めざればなり
法人を設《もう》けたるの後別《のちべつ》に事務《じむ》を取り扱ふ場所《ばしよ》を取り設《もう》けたる時には其時より一週間《いつしうかん》の内に登記を爲さゝる可からざるなり

第四十六條　登記《とうき》スヘキ事項《じこう》左ノ如シ

一　目的
二　名稱
三　事務所
四　設立許可ノ年月日
五　存立時期ヲ定メタルトキハ其時期
六　資產《しさん》ノ總額《そうがく》
七　出資《しゆつし》ノ方法《はうはふ》ヲ定メタルトキハ其方法

八　理事ノ氏名、住所

前項《ぜんこう》ニ掲《かゝ》ケタル事項中ニ變更《へんこう》ヲ生シタルトキハ一週間内ニ其登記ヲ爲スコトヲ要ス登記前ニ在リテハ其變更ヲ以テ他人ニ對抗スルコトヲ得ス

法人《ほふじん》を取り設けたる時に登記《とうき》を爲すべき事柄《ことがら》は下に述ぶる所を見るべし第一は目的にて法人の規則《きそく》に書きたる主意《しゆい》も同《おな》じ事にて法人が社會公共《こうきやう》の爲めに橋梁《きやうりやう》を架《か》くる爲めに寄附金ヲ募《つの》り此の金を運轉融通《うんてんゆうつう》して其の費用《ひよう》に供《きやう》するなどの如し第二は法人の名前なり第三は事務を取り扱ふの場所《ばしよ》第四は法人取り設け方《ほう》の許を得たる日月《じつげつ》と年なり第五は法人が三十年間事業《じげう》を營《いとな》むの見込《みこみ》なりなどの期限《きげん》を定めたるときは其の期限を登記するなり第六は法人が目的《もくてき》を達《たつ》する爲めに集《あつ》むる總資本額《そうしほんがく》の如し第七は譬《たと》へば社員拾圓宛の資金を四度《よど》に持《も》ち出《いだ》す法人に引渡すなどの定めある時は其旨《そのむね》を登記するなり第八は法人の事務を擔當《たんたう》し取り扱ふ人の姓名《せいめい》及其の住居《ぢうきよ》を登記するなり

前項《ぜんこう》に示したる第一より第八迄の事柄に改め易へたることが有れば其の變へたる時より一週間の期限《げん》の内《うち》に其の旨《むね》を登記せざる可からず登記の濟《す》まざる内《うち》は變《かは》りたる規則にて他人《たにん》に張《は》り合ふことが出來ず元の規則にて應對《おうたい》せざる可からざるなり

第四十七條　第四十五條第一項及ヒ前條ノ規定ニ依リ登記スヘキ事項

「ニシテ官廳《くわんちやう》ノ許可ヲ要スルモノハ其許可書ノ到達《とうたつ》シタル時ヨリ登記ノ期間ヲ起算ス

第四十五條第一項の設立《せつりつ》したることの登記及前條《ぜんでう》の第一項第一号より第八号迄の事柄にして登記するには係《かゝは》り官廳《くわんちやう》の許の有ることを要用《えうよう》とするものは其の免許《めんきよ》の指令《しれい》が到着した日より第四十五條なれば二週間《にしうかん》前條第二項なれば一週間の期限を計算《けいさん》し始《はじ》むるなり

第四十八條　法人カ其事務所ヲ移轉《いてん》シタルトキハ舊所在地《きうしよざいち》ニ於テハ一週間内ニ移轉ノ登記ヲ爲シ新所在地ニ於テハ同期間内ニ第四十六條第一項ニ定メタル登記ヲ爲スコトヲ要ス

同一《どういつ》ノ登記所ノ管轄區域《くわんかつくいき》内ニ於テ事務所ヲ移轉《いてん》シタルトキハ其移轉ノミノ登記ヲ爲スコトヲ要ス

本條は法人《はふじん》の事務を取り扱ふの場所《ばしよ》を變《か》へたる時登記の仕方に付きての定《さだ》めなり則ち事務所を引き移《うつ》したるときに元《もと》の事務所の在り所《ところ》にては其の土地を支配《しはい》し扱《あつか》ふの登記所に一週間の期限の内《うち》にて引き移りたる旨《むね》を登記し引き移りし新《あたら》しき事務所《じむしよ》のある土地にては同じく一週間《いつしうかん》の内に其新事務所《しんじむしよ》の在る土地を支配《しはい》し扱《あつか》ふ登記所の帳簿《ちやうぼ》に第四十六條第一項に定《さだ》めある第一號の法人《はふじん》の目的《もくてき》より第八號の理事の氏名、住所に至《いた》る迄の事柄を書き載《の》せることが要用《えうよう》なり若《も》し元《もと》の事務所《じむしよ》を支配せし登記所《とうきしよ》の扱ひ地内にて新《あたら》しき事務所を引き移《うつ》したるときも縦《たとひ》引き移《うつ》りたる事丈《ことだけ》を登記し第四十六條に有る事柄《ことがら》も登記するに及ばざるなり

第四十九條　第四十五條第三項、第四十六條及ヒ前條ノ規定ハ外國法人カ日本ニ事務所ヲ設《まう》クル場合ニモ亦之ヲ適用《てきよう》ス但外國《ぐわいこく》ニ於テ生シタル事項ニ付テハ其通知《そのつうち》ノ到達《たうたつ》シタル時ヨリ登記ノ期間ヲ起算《きさん》ス

外國法人カ始《はじ》メテ日本ニ事務所ヲ設《まう》ケタルトキハ其事務所ノ所在地ニ於テ登記ヲ爲スマテハ他人《たにん》ハ其法人ノ成立《せいりつ》ヲ否認《ひにん》スルコトヲ得

本條は外國《ぐわいこく》の法人に付き登記方《とうきかた》を示《しめ》せり外國の法人が日本國内《にほんこくない》に事務《じむ》を取り扱ふの場所を定《さだ》めたるときは第四十五條第三項の法人を組《く》み立《た》てたる後《のち》に新《あたら》しく事務所を定《さだ》めたるときの登記方《とうきかた》、第四十六條の第一項第一號より第八號迄《とうまで》の事と第二項《かう》登記方及《およ》ひ前の第四十七條の登記日限《にちげん》の數へ方に從《したが》ひ外國《ぐわいこく》法人か事務所を取り設《まう》けたる土地《とち》の登記所《とうきしよ》に書き載《の》せ貰《もら》はざるべからざるなり尤《もつと》も登記すべき事柄にして外國《ぐわいこく》に出來《でき》たる者なれば其の出來事の知らせが到着《たうちやく》せし時より登記を爲すべき日限《にちげん》を勘定《かんぢやう》し始《はじ》むるなり

外國の法人が始《はじ》めて日本《にほん》に事務所を取り設《まう》けたるときは其の事務所を定《さだ》めたる土地《とち》にて登記する迄《まで》は一般《いつぱん》の人は其の法人は未《いま》だ無き者と看《み》なすことを得るなり何故ぞならば已に法律にて人と看做《みな》す上《うへ》は其の人の籍《せき》が有る可き事なり然《しか》るに法人の籍《せき》を定むへき登記

所に未《いま》だ登記を爲さゞる内《うち》は其の人はなき者と看做《みな》すは至當《したう》の事なるべし

第五十條　法人ノ住所《ぢゆうしよ》ハ其主《そのしゆ》タル事務所ノ所在地《しよざいち》ニ在ルモノトス」

法人と其重《おも》なる事務所《じむしよ》ある土地《とち》を以て住所とする法律の定めなり

第五十一條　法人ハ設立《せつりつ》ノ時《とき》及ヒ毎年初《まいねんはじめ》ノ三个月内ニ財産目錄《ざいさんもくろく》ヲ作リ常ニ之ヲ事務所ニ備《そな》ヘ置クコトヲ要ス但特《そく》ニ事業年度《じげふねんど》ヲ設クルモノハ設立ノ時及ヒ其年度ノ終ニ於テ之ヲ作ルコトヲ要ス

社團法人《しやだんはふじん》ハ社員名簿《めいぼ》ヲ備ヘ置キ社員ノ變更《へんこう》アル毎ニ之ヲ訂正《ていせい》スルコトヲ要ス

法人は組《く》み立《た》てたる時《とき》及び毎年正月《まいねんしやうぐわつ》より三月の終《をは》りまでの内《うち》に法人が所有《しよいう》し居る財産の有高《ありだか》を一見して明《あき》かなるべき目錄《もくろく》即ち書き記したる帳簿《ちやうぼ》を作《つく》りて始終《しじう》之を事務所の内へ備《そなへ》へ付け置くべきなり併《しか》しながら別段《べつだん》に事業年度則ち何月より何月迄《なんがつまで》期限を定め之を會社の事業に付き損得《そんとく》を計算《けいさん》するの一期と定め此の二期を合《あは》せ法人の損益《そんえき》計算上の一年と爲したる時《とき》は法人の組み立てたる時及び損益計算上《そんえきけいさんじやう》の一年の終と二度に財産の有高《ありだか》の記錄帳を作《つく》りて事務所に備《そな》へ付くべしとなり

何某社とか何々組《ぐみ》などの團結《だんけつ》したる法人は社員全体《しやゐんぜんたい》の名前帳《なまへちやう》を作り之を事務所へ備へ付け置き社員《しやゐん》が變《かは》りありたる時は其度毎《そのたびごと》に改《あら》ため直《なほ》さゞる可からず

第二節　法人ノ管理《くわんり》

本節は法人の事務を支配《しはい》する人《ひと》及《およ》び其の支配《しはい》する権利《けんり》資格《しかく》又は其の事務を取り扱ふ方法等に就きての規則《きそく》を掲《あ》げ示せり

第五十二條　法人ニハ一人又ハ數人ノ理事ヲ置クコトヲ要ス

理事數人アル場合ニ於テ定款《ていくわん》又ハ寄附《きふ》行為《こうい》ニ別段《べつだん》ノ定ナキトキハ法人ノ事務ハ理事ノ過半《くわはん》數《すう》ヲ以テ之ヲ決ス

法人には其の事務《じむ》を取り扱《あつか》ふ為めに一人《いちにん》又は五六人の理事則ち法人の仕事《しごと》を取り扱ひ理《おさ》める人を置くことが要用なり

若《も》しも理事《りじ》が五六人あるときに於《おい》て定款《ていくわん》則ち法人の規則又は寄附行為《きふかうゐ》則ち法人が事業を為すの資本《しほん》を寄附金《きふきん》などにて取り集《あつ》むる方法等にて特別《とくべつ》に定めたることなきときにて法《はふ》人《じん》の事務《じむ》を取り扱《あつか》ひ極《き》めるなどの事柄《ことがら》は理事即ち事務を取り扱ふ人の過半數《くわはんすう》即ち八人の理事ありとせは其の八人の半《なか》ば過《す》ぎ五人以上《いじやう》の同意《どうい》を以《もつ》て取り極《き》むるなり

第五十三條　理事ハ總《すべ》テ法人ノ事務ニ付キ法人ヲ代表《だいへう》ス但定款《ていくわん》ノ規定又ハ寄附行為ノ趣旨《しゆし》ニ違反《ゐはん》スルコトヲ得ス又社團法人ニ在リテハ總會ノ決議ニ從フコトヲ要ス

法人《はふじん》の理事即ち事務《じむ》取扱《とりあつか》人は一切《いつさい》の事務を取り扱ふに付《つい》て法人を代理し法人に成り代《かは》り

て仕事《しごと》をするなり併《しか》し法人の規則《きそく》又は寄附《きふ》を扱ふの本意《ほんい》に違《たが》ふて取り極《き》めすることを得ざるなり若《も》し又た法人が財團《ざいだん》に非《あら》ずして會社、組合《くみあひ》の如き法人ならば其の社員全体《しやゐんぜんたい》の會議にて議《ぎ》し定《さだ》めたる本意《ほんい》に從《したが》ひて取り扱《あつか》はざる可からざるなり

第五十四條　理事ノ代理權《だいりけん》ニ加《くは》ヘタル制限《せいげん》ハ之ヲ以テ善意《ぜんい》ノ第三者ニ對抗スルコトヲ得ス

理事《りじ》が法人の事務《じむ》を取り扱《あつか》ふに付き法人《はふじん》の代理を爲すの權利を限《かぎ》り縮《ちゞ》めたるときは善《ぜん》意《い》の第三者即ち理事《りじ》の權利が縮《ちゞ》められたることを知らず矢張《やはり》り理事は法人一切《いつさい》の事務に付きて法人を代理《だいり》し扱ふものなるべしと信《しん》じ少《すこ》しも惡《あ》しき心《こゝろ》なく理事と約定《やくぢやう》などを爲したる法人及び理事の外《ほか》なる第三の人たるべき一般《いつぱん》の人に對《たい》して理事が爲したる約定《やくぢやう》等は法人に於《おい》て許《ゆる》さゞる權理外の事故約束の通《とほ》りに行《おこな》ふの義務《ぎむ》無しなどゝ言ひ張《は》り爭《あらそ》ふことを得ざるなり

第五十五條　理事ハ定款《ていくわん》、寄附行爲《きふかうい》又ハ總會《そうくわい》ノ決議《けつぎ》ニ依《よ》リテ禁止《きんし》セラレサルトキニ限《かぎ》リ特定《とくてい》ノ行爲ノ代理ヲ他人ニ委任《いにん》スルコトヲ得

法人の定款《ていくわん》即ち法人の規則、寄附行爲《きふかうい》即ち寄附を集《あつ》むる方法《はうはふ》又は法人の社員《しやゐん》全体の議論《ぎろん》し定めたる本意等《ほんいとう》にて禁《きん》じ留《とゞ》めざりしときは理事《りじ》は特別《とくべつ》に定めたる或る事柄《ことがら》を行ふに付き他人を依頼《いらい》して取り扱はしむることを得るとなり

第五十六條　理事ノ缺《か》ケタル場合ニ於テ遲滯《ちたい》ノ爲メ損害《そんがい》ヲ生スル虞《おそれ》アルトキハ裁判所ハ利害關係人又ハ檢事ノ請求ニ因リ假理事ヲ選任ス

本條《ほんでう》は法人の理事が無《な》くなりたるときに急場《きふば》の處置方《しよちかた》を定めたり理事が死亡《しばう》したるか又は辭職《じしよく》したる時《とき》に於て其儘《そのまゝ》捨て置《お》き後に理事の選擧《せんきよ》することなどを待《ま》つときは其の間《あひだ》事務の取り扱《あつか》ひ方《かた》の後《おく》れ延《の》ぶるよりして少《すく》なからざる損失《そんしつ》を蒙《かうむ》るべき模樣《もやう》あるときの如きは法人《はふじん》との取引《とりひき》に付き損得《そんとく》の係《かゝ》はりある人又は檢事《けんじ》よりの申出《まをしいで》で求むる所あれば裁判所《さいばんしよ》は一時損失《そんしつ》を防《ふせ》ぐ爲めに假《かり》の理事《りじ》を撰《えら》び任じて事務を取り扱はしむるなり

第五十七條　法人ト理事トノ利益相反《りえきさうはん》スル事項ニ付テハ理事ハ代理權ヲ有セス此場合ニ於テハ前條ノ規定ニ依リテ特別代理人《とくべつだいりにん》ヲ選任《せんにん》スルコトヲ要ス

理事が法人の事務《じむ》を取り扱《あつか》ふ中《ちう》法人の爲めに計《はか》れば理事に損失《そんしつ》を被《かうむ》り理事が自分《じぶん》の爲めに處分《しよぶん》せば現在《げんざい》法人に損失を蒙《かうむ》る事件《じけん》の如《ごと》きに付ては理事《りじ》が法人の代理として事務を取り扱ふの權利《けんり》を有せざるなり若しも斯《か》くの如き事柄《ことがら》の起《おこ》りたるとき理事は前《まへ》の第五十五條の定め方《かた》に依りて其の事件《じけん》に付き別段《べつだん》に代理《だいり》して事務《じむ》を扱ふの人を選《えら》み頼《たの》むべしとなり

第五十八條　法人ニハ定款《ていくわん》、寄附行爲又ハ總會《そうくわい》ノ決議《けつぎ》ヲ以テ一人又ハ

數人ノ監事《かんじ》ヲ置クコトヲ得

法人は定款《ていくわん》則ち法人の事務《じむ》取扱《とりあつか》ひ方の規則、寄附方法《きふはうはふ》、又は社員總人數《そうにんず》の議論《ぎろん》し決定したるの趣意《しゆい》に從《したが》ひて一人又は五六人の監事《かんじ》として常に法人の財產の處分《しよぶん》し方、理事が法人の事務《じむ》を取《と》り扱《あつか》ふに付き熱心《ねつしん》に誠實《せいじつ》に扱ひ與《く》るゝかなどの點《てん》を監察《かんさつ》し目附けを爲す人を選《えら》び置《お》くことを得るなり

第五十九條　監事《かんじ》ノ職務《しよくむ》左ノ如シ

一　法人ノ財產ノ狀況《じやうきやう》ヲ監査《かんさ》スルコト

二　理事《りじ》ノ業務《げふむ》執行《しつかう》ノ狀況ヲ監査《かんさ》スルコト

三　財產ノ狀況又ハ業務ノ執行《しつかう》ニ付キ不整《ふせい》ノ廉《かど》アルコトヲ發見《はつけん》シタルトキハ之ヲ總會《そうくわい》又ハ主務官廳《しゆむくわんちやう》ニ報告《はうこく》スルコト

四　前號ノ報告《はうこく》ヲ爲ス爲メ必要《ひつえう》アルトキハ總會ヲ招集《せうしう》スルコト

本條は法人の事業《じげふ》其他《そのた》に付き監察《かんさつ》を爲す人所謂《いはゆ》る目付け役を勤むる人が行ふべき職務《しよくむ》則ち如何樣《いかやう》の仕事を爲すかを定《さだ》め示《しめ》せり其の爲し行ふべき仕事の第一は法人の財產の狀況乃《すなは》ち法人現在《げんざい》の財產の持《も》ち高の內何程は貸《か》し付け何程を返濟《へんさい》し居り幾何《いくばく》は何々の事業《じぎやう》に使用《しよう》し置《お》くか財產の品目《ひんもく》を記《しる》した帳簿《ちやうぼ》に引き合ひ居るか等《とう》の有樣《ありさま》を調《しら》べ査《た》す事第二は理事の業務《げふむ》執行《しつかう》乃ち理事が法人の事務を取り扱《あつか》ふに付き勉强《べんきやう》に熱心《ねつしん》なるか又は活潑《くわつぱつ》に便益《べんえき》

の方法《はうはふ》を以て扱ひ居るかなどの模様《もやう》を細《こま》かに取り調《しら》べる事第三は若し財産の出入の有様又は理事が法人の事務《じむ》を取り行《おこな》ふに付き不行届《ふゆきとゞき》の点《てん》ありて法人の爲めに甚《はなは》だ不利益なることを見出《みいだ》したるときは監事《かんじ》は社員全体《しやゐんぜんたい》の集會《しうくわい》又は法人を取り締《しま》る係りの役所に告げ知らせる事第四は前の第三の告げ知らせの爲《ため》に社員全体の集會が要用《えうよう》なるときは總体《そうたい》の社員を招《まね》き寄《よ》せる事右《みぎ》の四個の事は法人の財産《ざいさん》を安全《あんぜん》にし法人の利益を計《はか》るが爲めには甚だ要用のことなりとす

第六十條　社團《しやだん》法人《はふじん》ノ理事ハ少《すく》クトモ毎年一回《くわい》社員《しやゐん》ノ通常《つうじやう》總會ヲ開クコトヲ要ス

會社又は組み合ひの如《ごと》き法人の事務を取り扱《あつか》ふの理事《りじ》は少《すく》くとも毎年一度《まいねんいちど》は社員全体の通例《つうれい》の集會を開《ひら》くの手續を爲すことが要用なり少《すく》くも一年に一度は開くべきことぞ故《ゆゑ》其の上は二三度なりとも法人の事情《じじやう》に依りて集會《しうくわい》を開《ひら》くの度數《どすう》を定むべきなり

第六十一條　社團法人ノ理事ハ必要アリト認ムルトキハ何時ニテモ臨時總會《そうくわい》ヲ招集《せうしふ》スルコトヲ得

總社員ノ五分ノ一以上ヨリ會議《くわいぎ》ノ目的タル事項ヲ示《しめ》シテ請求ヲ爲シタルトキハ理事ハ臨時總會ヲ招集スルコトヲ要ス但此定數ハ定款ヲ以テ之ヲ増減《ぞうげん》スルコトヲ得

多數《たすう》の人が團結《だんけつ》したる法人の事務《じむ》を取り扱《あつか》ふ理事は社員全体の集會が是非《ぜひ》要用《えうよう》なりと思はるゝ時は何時《なんどき》なりとも通例《つうれい》何月に總會《そうくわい》を開《ひら》くなどの定めに係《かゝは》らず臨時《りんじ》に其の要用ある時々に社員全体《ぜんたい》の集會を招《まね》き寄《よ》せることを得るなり

若しも社員全体の五分一以上《いじやう》則ち社員《しやゐん》が五十人あるとき其五分の一以上十人より以上の社員が集會の上評議《ひやうぎ》を爲すべきの事柄《ことがら》を説き示《しめ》して社員全体の會議《くわいぎ》を開かんことを求め來りたる時は理事は臨時《りんじ》に社員《しやゐん》全体を招《まね》き集め會議《くわいぎ》を開くの手續《てつゞき》を爲すことが要用《えうよう》なりとす併《しか》しながら此の五分の一と定めたる人數《にんず》は法律《はふりつ》にて手本を示《しめ》したる迄なれば其の法人の事業《じげふ》又は其他の事情《じじやう》によりては增加《ぞうか》することも減《げん》じ少《すく》くすることも其の便宜《べんぎ》に從ひ法人の規則にて定めることを得るなり

第六十二條　總會ノ招集《せうしふ》ハ少クトモ五日前《ぜん》ニ其會議《くわいぎ》ノ目的タル事項ヲ示シ定款《ていくわん》ニ定メタル方法ニ從《したが》ヒテ之ヲ爲スコトヲ要ス

法人《はふじん》の社員全体の會議を招《まね》き集《あつ》むるとき其の用意《ようい》の日限が尤《もつと》も短《みじか》くとも五日前には會議を開くに付き評議《ひやうぎ》を爲すの心《こゝろ》ある事柄を全体《ぜんたい》の社員に知《しら》せたる上尚《なほ》法人の規則にて定めたる手續に依りて集會を開くことが要用なりとなり

第六十三條　社團法人ノ事務《じむ》ハ定款《ていくわん》ヲ以テ理事其他ノ役員ニ委任シタルモノヲ除ク外總テ總會ノ決議ニ依リテ之ヲ行フ

多數の人が社《しや》を結《むす》びたる法人の事務《じむ》は定款《ていくわん》則ち法人全体の規則を以て理《り》事其の他の事務を取扱ふたり手傳《てつだ》ふたりする者に依賴《いらい》し行はしめたるもの丶外は一切《いつさい》の事柄《ことがら》皆な社員全体集會し評議決定《ひやうぎけつてい》したる旨《むね》に依りて取り行ふなり

第六十四條　總會ニ於テハ第六十二條ノ規定ニ依リテ豫《あらかじ》メ通知《つうち》ヲ爲シタル事項ニ付テノミ決議ヲ爲スコトヲ得但定款ニ別段ノ定アルトキハ此限ニ在ラス

社員全体の會議《くわいぎ》にては第六十二條の五日前には評議《ひやうぎ》すべきの事柄《ことがら》を知らすべしとの法律の定め方《かた》によりて前以《まへもつ》て通じ知らせたる事件《じけん》のみに就《つい》て評議し定むることを得るなり併し法人の規則《きそく》にて特別《とくべつ》の定め方ありて夫《そ》れのみの評議《ひやうぎ》を許《ゆる》さゞるときは其規則に從《したが》はざる可からず本條《ほんでう》に於て殊更《ことさら》に第六十二條の定めに依りたるもの丈《だけ》を評議し定むることを得るとせしこととなれば通常《つうじやう》は其他《そのた》各《おの〳〵》の社員より持ち出《いだ》したる事《こと》に就て評議し定むるを得るなるべし

第六十五條　各社員ノ表決權《へうけつけん》ハ平等《びやうどう》ナルモノトス
總會ニ出席《しゆつせき》セサル社員ハ書面《しよめん》ヲ以テ表決ヲ爲シ又ハ代理人ヲ出タスコトヲ得
前二項ノ規定ハ定款ニ別段ノ定アル場合ニハ之ヲ適用セス

各の社員が總會《そうくわい》にて評議の件《けん》に付き或る議論《ぎろん》に賛成《さんせい》の意を顯《あら》はし其の議論通《ぎろんどほ》りに定めんとする權利も平等《へいとう》にして強《つよ》きとか弱《よわ》きなど云《い》ふことは無しとなり故に社員十人ありてある事柄《ことがら》を定めんとせば十人の人が各一人は一人として事を極《き》めるの人數《にんず》に入ることにて一人にて二人分となり評議を定める人數に加はるの權利などはなしとなり

總會《そうくわい》に出で會せざる社員は書面《しよめん》にて自分《じぶん》の賛成不賛成《さんせい》の意見《いけん》を表《あら》はし決し定めるの權利を行ふことを得又た評議《ひやうぎ》し決めるの人數《にんず》に加《くは》はる爲めに代理の人を出すことをも出來るとなり

第六十六條　社團法人《へうじん》ト或社員《あるしやゐん》トノ關係《くわんけい》ニ付キ議決《ぎけつ》ヲ爲ス場合ニ於テハ其社員ハ表決權《へうけつけん》ヲ有《いう》セス

何某會社《なにそれくわいしや》の如き法人と其の社員中の或る人との間《あひだ》に爭《あらそ》ひが起《お》きたる事柄《ことがら》などを評議する時は其の爭《あらそ》ひを爲す社員は評議し決《き》めるの權利は無く取り極《き》めの人數《にんず》には加《くは》はゝることを得ずとなり何故《なにゆゑ》と云ふに其の社員は評議《ひやうぎ》の事柄己《ことがらおのれ》に自分《じぶん》の損得《そんとく》などに係る事なれば自分《ぶん》の爲めに成る可き議論《ぎろん》に賛成《さんせい》せんとするも人情《にんじやう》なるべし從《したが》つて法人《はふじん》に關し公平《こうへい》なる判斷《だん》は出來難《がた》きこと勢《いきほ》ひ止むを得ざることなり故に議論《ぎろん》を決するの權利を持たしめざるなり

第六十七條　法人ノ業務《げふむ》ハ主務官廳ノ監督《かんとく》ニ屬《ぞく》ス

主務官廳ハ何時《なんどき》ニテモ職權《しよくけん》ヲ以テ法人ノ業務《げうむ》及ヒ財産《ざいさん》ノ狀況ヲ檢査《けんさ》スルコトヲ得

法人の事業《じげう》を取行ふに付ては係《かゝ》りの役所《やくしよ》より取り締《しま》りを受くるなり故に係り官廳《くわんちやう》に於て不正《ふせい》の点《てん》なるを見出《みいだ》せば夫《そ》れ〳〵指圖《さしづ》を受《う》け時《とき》によりては法人の取り設《まう》け方の許すを取り消さるゝこともあるなり

係《かゝ》り官廳《くわんちやう》は何時《いつ》にても法人を取り締《しま》るの權力《けんりよく》を以《もつ》て法人の事業が果《はた》して目的通《もくてきどほ》りに行なはれ居るや不正《ふせい》の廉《かど》はなきやなどの事及《ことおよ》び法人《はふじん》財産の出し入れ等曖昧《あいまい》なる支拂《しはらひ》なきやなどの有樣《ありさま》を檢《しら》べ正《たゞ》すことを得るなり此の法人なる者は或《あるひ》は公益《こうえき》に關《くわん》する者或は衆人《しうじん》より金錢物品《ぶつぴん》等を集《あつ》めて事業《じげふ》を爲す者なれば十分嚴重《げんぢう》に取り締《しま》るなり

第三節　法人《はふじん》ノ解散《かいさん》

本節《ほんせつ》は法人が解《と》き止《や》めるの起《おこ》りのこと又は解《と》き散《さん》ずる時の手續《てつゞき》等の事或は法人が解き止めたる後ちの跡片付《あとかたづ》けのこと跡片付《あとかたづ》けの人を選《えら》ぶ事其の後《のち》の始末《しまつ》を爲さんとする人が執《と》り行《おこな》ふべきこと則《すなは》ち法人の財産の分配方《ぶんはいかた》等に付き規定《きてい》する所なり

第六十八條　法人ハ左ノ事由《じゆう》ニ因《よ》リテ解散《かいさん》ス

一　定款《ていくわん》又ハ寄附行爲《きふかうゐ》ヲ以テ定メタル解散事由《かいさんじゆう》ノ發生《はつせい》

二　法人ノ目的タル事業《じげう》ノ成功《せいこう》又ハ其成功ノ不能《ふのう》

三　破產

四　設立許可ノ取消

社團法人ハ前項ニ揭ケタル場合ノ外《ほか》左《さ》ノ事由《じゆう》ニ因《よ》リテ解散《かいさん》ス

一　總會《そうくわい》ノ決議《けつぎ》

二　社員ノ缺亡

法律上《はふりつじやう》の人と認《みと》められたる者が解《と》き散《さん》ずるの原《もと》となるべき事柄《ことがら》を下《しも》に述《の》べ列《つら》ぬる處《ところ》の如しとなり第一定款《ていくわん》則ち法人《はふじん》が事業《じげふ》を行ふに付《つい》ての規則《きそく》又は寄附《きふ》を集《あつ》むる目的《もくてき》方法等にて定め置《お》きたる解散《かいさん》事由則ち社を結《むす》びたる法人が規則の中《うち》に一の學校《がくかう》を設《もう》け生徒《せいと》何百名の業を終《お》へたる者を出したる時は結社《けつしや》を解《と》くべしとか又た何某神社《なにそれじんじや》の修繕資本《しうぜんしほん》を集《あつ》むる爲めに寄附金《きふきん》を募《つの》り財産《ざいさん》の寄り固《かた》めたる者を作り其の寄《よ》り固《かた》まりが幾千圓に成れば寄附の募《つの》り方を止《や》め其の金《きん》を神社《じんじや》に獻《けん》ずべしなどゝ寄附を集《あつ》め方《かた》の規則《きそく》に定めたるときは生徒《せいと》の人數《にんず》及び寄附金高《きふきんたか》が豫定《よてい》の通りに成りしことは法人を解く事柄《ことがら》の原《もと》にして所謂《いはゆ》る解散《かいさん》事由なり此の事由の出來たる時《とき》は法人は解《と》き散《さん》ずるの第一なり第二は法人が衆人《しうじん》の便利《べんり》の爲め或《ゐ》る河《かは》に橋《はし》を掛《か》けんとし其の事業が出來《でき》上《あが》りたること又は其の事業は河水《かはみづ》が急《きふ》にして地盤《ぢばん》は深《ふか》く砂地《すなち》にして到底《たうてい》出來得べき見込《みこみ》の無きことと此の二つは元より法人の目的の成ると成らざるとのことにして何れにしても法人の解き散ずるの原《もと》となるは當然《たうぜん》の

ことなり第三は法人が或る事業を營《いとな》む爲めに多《おほ》くの取引《とりひき》を爲し後ち借《か》り分《ぶん》を請求《せいきう》さるゝに當《あた》り到底《たうてい》支拂《しはら》ふことを能《あた》はざるに至りたるときのことを第四は法人が事業を爲すに當《あた》り不《ふ》正《せい》の行《おこな》ひを爲したる等《とう》の爲め一旦《いつたん》取り設《もう》けを許《ゆる》されたる指令《しれい》を取り消されたるときの事以上四個の場合は法人の目的《もくてき》が成立《なりた》ちたるとき又も成り立たしむることを能はざることを或は法人自身《じしん》は事業《じげう》を爲さんとするも之《これ》を行《おこな》ふの費用《ひよう》が無きことを法人其物が此の世に在るを許されざるの時等《ときとう》にして法人を解《と》き散《さん》ずるの已《やむ》を得ざるヿとなりとす

衆人《しうじん》の社を結《むす》びたる法人が解き無くなることの起りは前項第一號より第四號迄《まで》のことゝの外《ほか》本項の第一號第二號に依《よ》りて解《と》き止《や》むべしとなり即ち其の第一は法人の社員全体の評議し決定《けつてい》することゝ第二も社員が十名にて組《く》み立てたる内《うち》一名殘り二名なりが死去《しきよ》したる時などの如し

第六十九條　社團法人ハ總社員《そうしやゐん》ノ四分ノ三以上ノ承諾《しやうだく》アルニ非《あら》サレハ解散《かいさん》ノ決議ヲ爲スコトヲ得ス但定款ニ別段ノ定アルトキハ此限《このかぎり》ニ在ラス

社《しや》を結《むす》びたる法人が解き散ずることの一として前條第二項の第一號に社員全体《しやゐんぜんたい》の集會《しうくわい》にて評議《ひやうぎ》し決定《けつてい》することを擧げ示したが本條に於《おい》て尙《な》ほ其の評議し定むるには社員全体《しやゐんぜんたい》の四分の三以上則ち總社員《そうしやゐん》四十人ありとせば其の内《うち》三十人以上の社員が承知《しようち》し肯《うけ》がふに非《あら》

ずは解き止めることを評議し定むることが出來《でき》ぬゝなん併《しか》しながら法人が事業《じげう》を行《おこな》ふの規則にて別段《べつだん》の定めあるときは必《かなら》ずしも本條の四分《しぶん》の三以上の承諾《しやうだく》を得ずとも宜《よろ》しきなり

第七十條　法人カ其債務《そのさいむ》ヲ完濟《くわんさい》スルコト能《あた》ハサルニ至《いた》リタルトキハ裁判所ハ理事若クハ債權者《さいけんしや》ノ請求《せいきゆう》ニ因リ又ハ職權ヲ以テ破産《はさん》ノ宣告《せんこく》ヲ爲ス

前項《ぜんこう》ノ場合ニ於テ理事ハ直《たゞ》チニ破産《はさん》宣告《せんこく》ノ請求ヲナスコトヲ要ス

法人が其の借り分《ぶん》を返し濟《すま》すこと出來なくなりたるときに裁判所は法人《はふじん》の事務《じむ》を取り扱ふ所の理事《りじ》又は法人に對し貸し分が有る者の申《まを》し出で求《もと》めがありたるとき又は役務の權力にて到底《たうてい》支拂ふことが出來ずに成りし者と云ふの言渡《いひわたし》を爲すべきなり

前項の場合の法人が借《か》りを支拂《しはら》ふこと能《あた》はざるときには理事は早速《さつそく》破産《はさん》の言渡あるべき樣裁判所に申し出づべしとなり之は法律が理事に命じたるの義務なり

第七十一條　法人カ其目的以外ノ事業ヲ爲シ又ハ設立《せつりつ》ノ許可《きよか》ヲ得タル條件《でうけん》ニ違反《ゐはん》シ其他公益《こうえき》ヲ害《がい》スヘキ行爲ヲ爲シタルトキハ主務官廳ハ其許可ヲ取消スコトヲ得

法人が定款《ていくわん》に定め官署《くわんしよ》に屆出《とゞけい》でたる見込《みこみ》より外《ほか》の事業を行《おこな》ひ又《また》も法人の取り設《もう》けを免許

せられたるとき極《き》めたる事柄《ことがら》に違《たが》ひ背《そむ》き其外公《おほやけ》けの利益を害《がい》し損《そこな》ふ如き行ひを爲したるときは取り締《しま》りを爲し居る官廳《くわんちやう》は先《さ》きの法人《はふじん》取り設《まう》けの免許を取り消《け》し止めることを得べしとなり

第七十二條　解散《かいさん》シタル法人ノ財産《さいさん》ハ定款《ていくわん》又ハ寄附行爲《きふかうい》ヲ以テ指定《してい》シタル人ニ歸屬ス

定款又ハ寄附行爲ヲ以テ歸屬權利者《きぞくけんりしや》ヲ指定《してい》セス又ハ之ヲ指定スル方法ヲ定メサリシトキハ理事ハ主務官廳ノ許可ヲ得テ其法人ノ目的ニ類似《るいじ》セル目的《もくてき》ノ爲メニ其財産ヲ處分《しよぶん》スルコトヲ得但社團法人ニ在リテハ總會《そうくわい》ノ決議《けつぎ》ヲ經《ふ》ルコトヲ要ス

前二項ノ規定ニ依《よ》リテ處分《しよぶん》セラレサル財産《さいさん》ハ國庫《こくこ》ニ歸屬《きぞく》ス

本條は法人《はふじん》が解《と》き止めたる時《とき》に當り法人が所持《しよぢ》し居れる財産の處置を規定せるなり則ち法人が解散せるとき其の財産は法人の事業《じげふ》を爲すに付ての規則にて解《と》き止《や》めたるときは各社員《かくしやゐん》に平《たひ》らかに割《わ》り戻《もど》すとか又た寄附《きふ》を集《あつ》める方法にて何某神社《なにそれじんじや》に寄《よ》り高《たか》を獻上《けんじやう》すべしなどゝ前以て定めたるときは其の定め置きたる所の者の所持になるなり

法人の定款《ていくわん》則ち規則又は寄附《きふ》の集《あつ》め方等《かたとう》に就《つい》て定めたる方法にて其の財産を所持する權利者を指《さ》え定《さだ》めず又其の權利者を極《き》めるの方法《はうはふ》をも定め置かざりしときは理事は係《かゝ》り役《やく》

所《しよ》の許を受けて其の法人が成り立てる見込《みこみ》に似寄《によ》りたる學術《ことがら》に就て其の財産を處置《しよち》することが出來るなり併《しか》し法人《はふじん》が社を結《むす》びたる者なりしときは係り官廳《くわんちやう》の許を受け尚は社員全体の評議にて定めた上は處置すべしとなり

前の二項の規則《きそく》にて處分《しよぶん》の仕方《しかた》無き財産は國《くに》の所有《しよいう》となるべしとなり

第七十三條　解散《かいさん》シタル法人ハ清算《せいさん》ノ目的ノ範圍《はんゐ》内《ない》ニ於テハ其清算ノ結了《けつれう》ニ至《いた》ルマテ尚《な》ホ存續《そんぞく》スルモノト看做ス

法人が解散《かいさん》したる時に尚は跡勘定《あとかんちやう》の爲め種々《しゆく》なる處置《しよち》を要する事故《ことゆゑ》其の總《そう》勘定の便利の爲めのみなれば其の勘定《かんぢやう》の終《おは》る迄法人が成り立ち居る者と法律が見て與るゝことと故殘《ゆゑのこ》りの財産を賣《う》り拂《はら》ふにも取り立てるにも法律上《はふりつじやう》の一個人《いつこじん》として爲すことを得るの便利《べんり》あり故に勘定をするの目度《めど》の内《うち》にあらずして新《あらた》に事業を爲す樣《やう》のことならば法人が成立《せいりつ》し居る者と見做《みな》すこと出來ず理事《りじ》が自分《じぶん》の爲めに勝手《かつて》になしたる者と見るなり

第七十四條　法人カ解散シタルトキハ破産《はさん》ノ場合ヲ除《のぞ》ク外《ほか》理事《りじ》其清算《せいさん》人ト爲ル但定款《ていくわん》若クハ寄附行爲《きふかうゐ》ニ別段《べつだん》ノ定アルトキ又ハ總會ニ於テ他人ヲ選任シタルトキハ此限ニ在ラス

法人が解《と》き止めたるときに法人が借《か》りを支拂《しはら》ふことが出來ざる爲め破産《はさん》の言渡《いひわたし》を受けたるときの外《ほか》は理事が當然清算人《たうぜんせいさんにん》則ち法人の財産を取り纒め勘定《かんじやう》し上るの人となること法

律上當然定まるなり破產のときには裁判所に於て別《べつ》に管財人《くわんざいにん》なる者を任《にん》ずるなり若しも法人が事業《じげう》を行ふの規則《きそく》か又は財團法人《ざいだんはふじん》が寄附金《きふきん》を扱ふ方法などにて別に定めて置《お》きたるとき又は社員全体《ぜんたい》の集會《しうくわい》にて理事にあらずして外《ほか》の人を極《き》めたるときの清算人は必《かなら》ずしも法律に從ふべしとは言はざるなり

第七十五條　前條ノ規定ニ依リテ清算人《せいさんにん》タル者ナキトキ又ハ清算人ノ缺《か》ケタル爲メ損害《そんがい》ヲ生《しやう》スル虞《おそれ》アルトキハ裁判所ハ利害關係人若クハ檢事ノ請求《せいきう》ニ因リ又ハ職權《しよくけん》ヲ以テ清算人ヲ選任《せんにん》スルコトヲ得

前の第七十四條の規則《きそく》に依りて勘定をする人がなきとき又は一旦計算人《けいさんにん》に係《かゝ》りたる人が死去《しきよ》したる如くにて缺《か》け無《な》くなりたる故に法人の財產を處置《しよち》することも一時《いちじ》捨《す》て置きになりたる爲め損失《そんしつ》が出來るの模樣《もやう》あるときて裁判所は法人《はふじん》との取引上《とりひきじやう》に付ての損得《そんとく》の關りある人の申し出てか又は公《おほや》けの利益に就《つい》て夫れ〳〵の手續《てつゞき》を爲したり判事《はんじ》に向ひ意見《いけん》を申し述べたりするを得る檢事《けんじ》が衆人《しうじん》の寄《よ》り合ひたる法人が主人を失ふたる如き形《かたち》にて損害の出來るを防《ふせ》がんとの趣意《しゆい》などより裁判所に申し出で求《もと》むるときは勿論《もちろん》裁判所が役目《やくめ》の權力にて總勘定《そうかんぢやう》をなす人を選《えら》び任《にん》ずることが出來るなり

第七十六條　重要《ぢうえう》ナル事由《じゆう》アルトキハ裁判所ハ利《り》害關係人《がいくわんけいにん》若クハ檢事ノ請求ニ因リ又ハ職權《しよくけん》ヲ以テ清算人《せいさんにん》ヲ解任《かいにん》スルコトヲ得

法人が解《と》き止《や》めたるときに於《おい》て重《おも》き大事《だいじ》の譯柄《わけがら》の有るときには裁判所は利害關係人則ち法人と取り引きの係《かゝ》りが有る人か又は撿事《けんじ》の申し出で求め有りたるときか其他《そのた》役柄《やくがら》の權力にて清算人《せいさんにん》則ち法人の跡勘定《あとかんぢやう》を任《まか》した人を解《と》き止《や》めることが出來るなり

第七十七條　清算人ハ破産《はさん》ノ場合ヲ除《のぞ》ク外解散後《ほかかいさんご》一週間内ニ其氏名、住所及ヒ解散ノ原因《げんいん》、年月日ノ登記《とうき》ヲ爲《な》シ又何《いづ》レノ場合ニ於テモ之ヲ主務官廳ニ屆出ツルコトヲ要ス

清算《せいさん》中《ちう》ニ就職《しうしよく》シタル清算人ハ就職後一週間内ニ其氏名、住所ノ登記ヲ爲シ且ツ之ヲ主務官廳ニ屆出ツルコトヲ要ス

法人が解《と》き止《や》めたる時に跡勘定《あとかんぢやう》を爲すべき人は破産《はさん》則ち法人が取り方を拂《はら》ふことを出來ずなりて解き止める時《とき》の外法人が解き罷めたるときより一週間《いつしうかん》の内《うち》に自分《じぶん》の名前《なまへ》、住《すま》ひの場所《ばしよ》と法人が解くことに成りたる原《もと》の起《おこ》りと解き止めたるの月日《つきひ》及び年丈《としだけ》の登記を爲すべしとなり又其の外法人の解き止めたるときは何時《いつ》にても係《かゝ》りの官廳《くわんちやう》に屆《とゞ》け出づることが要用なり

法人が解き止めたる後ち先《さ》きに選《えら》ばれたる清算人《せいさんにん》が計算《けいさん》し居る中《うち》に選び定められたる外の勘定人《かんぢやうにん》は清算人の役《やく》になりし時より七日《なぬか》の内《うち》に自分の名前《なまへ》と住ひ場所次《しだい》の事柄を登記し其上係《かゝ》りの役所《やくしよ》に屆《とゞ》け出でることが要用なり

第七十八條　清算人ノ職務《しよくむ》左ノ如シ
一　現務《げんむ》ノ結了《けつれう》
二　債権《さいけん》ノ取立《とりたて》及ヒ債務《さいむ》ノ辨濟《べんさい》
三　殘餘《ざんよ》財産《ざいさん》ノ引渡《ひきわたし》
清算人ハ前項ノ職務ヲ行フ爲メニ必要ナル一切ノ行爲ヲ爲スコトヲ得

本條は法人が解かるゝときに跡勘定《あとかんぢやう》などを爲すべき人《ひと》の役目《やくめ》を定《さだ》めたり則ち其の役目の内の第一は現務《げんむ》則ち法人が解き止めるときは爲し掛《か》り居《を》る仕事《しごと》を片付《かたづ》け終《おは》ること第二は法人が是迄《これまで》貸《か》し付け有る分《ぶん》を取り立てること又は法人自《みづか》らが借《か》り居る分《ぶん》を拂《はら》ひ濟《すま》すこと第三は貸《か》し分《ぶん》を取り立て借りの支拂《しはら》ひを濟ませ其の殘《のこ》りの財産《ざいさん》を社員《しやゐん》に割《わ》り當《あ》てたり又寄附《きふ》の者なれば夫《そ》れ〳〵神社《じんしや》などに引き渡《わた》すこと此《こ》の三個《さんこ》のことが清算人の役目《やくめ》として行《おこな》はざるべからざるの眼目《がんもく》の勤《つとめ》なりとす
清算を爲すの人は前項《ぜんこう》の勤を行ふに付ては是非《ぜひ》要用なる凡《すべ》ての仕事《しごと》を爲すことが出來《でき》るなり譬《たと》へば法人が持ち居る家屋《かをく》などを賣《う》り拂《はら》ひ之を金《きん》に直《なほ》して各社員に割《わ》り當《あ》てることの如し

第七十九條　清算人ハ其就職《しうしよく》ノ日ヨリ二个月内ニ少クトモ三回ノ公告《こうこく》

ヲ以テ債權者ニ對《たい》シ一定《てい》ノ期間內ニ其請求ノ申出《まをしいで》ヲ爲《な》スヘキ旨ヲ催《さい》告スルコトヲ要ス但其期間ハ二个月ヲ下ルコトヲ得ス

前項ノ公告《こうこく》ニハ債權者カ期《き》間內《かんない》ニ申出ヲ爲サヽルトキハ其債權ハ淸算ヨリ除斥《じよせき》セラルヘキ旨ヲ附記《ふき》スルコトヲ要ス但淸算人ハ知レタル債權者ヲ除斥スルコトヲ得ス

淸算人ハ知レタル債權者ニハ各別《かくべつ》ニ其申出ヲ催告《さいこく》スルコトヲ要ス」

淸算人と定《さだ》められたるときも自分《じぶん》が其の役《やく》に付きたる日より二ヶ月の內《うち》に三度《さんど》までは新《しん》聞紙《ぶんし》などに廣告《こうこく》して何日間《いくめかん》と期限《きげん》を定《さだ》め法人に貸《かし》が有る人は其の期限《きげん》の中《うち》に申し出でられよと催促《さいそく》することが要用《えうよう》なり然《しか》して廣告《こうこく》の期限は二ヶ月より短《みじ》かくすることは出來ずとなり余《あま》り短《み》かくすれば廣告の效能《かうのう》が無き故二月よりは期限を短《みじ》かくし下《くだ》すことを得ずとなり廣告の度數《どすう》も三度《さんど》丈《だけ》は是非《ぜひ》共《とも》爲さゞるべからず其の他都合《つがふ》により五度六度も廣告を爲すべし法律は只《たゞ》尤《もつと》も少《すく》なき度數《どすう》を定めたり

前項の規則《きそく》に從《したが》ひ爲したる廣告文《こうこくぶん》の中《うち》には若し法人に貸《かし》が有る人にして期限《きげん》の內に申し出でざりしときは取り立て得るの權利《けんり》は勘定方《かんぢやうかた》より除《のぞ》き斥《しりぞ》け無きものとすることを付け加《くは》へて廣告することが要用《えうよう》なり併《しか》しながら淸算人は假令《たと》ひ申し出で來《きた》らずとも法人に向《むか》ひ取り立てる權力《けんりよく》が有る人を知《し》り居《を》りたるときは其の人の分《ぶん》は取り除《のぞ》き勘定することは

出來ざるなり

本項は法人に向《むか》ひ貸し分《ぶん》が有る人を清算人が知《し》りたるときは新聞《しんぶん》の廣告によらずに其の取り立てる權利《けんり》を持《も》ち居る人に一人毎に別々《べつべつ》の催促状《さいそくぢやう》にて其の貸し高《だか》を申し出てられよと申し込むことが要用なりと法律の定めを云ふ

第八十條　前條ノ期間《きかん》後ニ申出テタル債權者ハ法人《はふじん》ノ債務《さいむ》完濟《くわんさい》ノ後《のち》未タ歸屬《きぞく》權利者《けんりしや》ニ引渡《ひきわた》ササル財産ニ對シテノミ請求ヲ爲スコトヲ得

前《まへ》の條《でう》に依り廣告《くわうこく》したる期限に後《おく》れて貸し分《ぶん》あるを申し出でたる權利者《けんりしや》は法人が凡《すべ》ての借《か》り分《ぶん》を完《まつた》く濟《すま》し返《かへ》したる余分《よぶん》の財産にて未《いま》だ社員《しやゐん》などに拂《はら》ひ渡《わた》さゞる財産丈《ざいさんだけ》に付てのみ返し方を申込むことが出來るなり

第八十一條　清算中ニ法人ノ財産《ざいさん》カ其債務《さいむ》ヲ完濟《くわんさい》スルニ不足ナルコト分明《ぶんめい》ナルニ至リタルトキハ清算人ハ直《たゞ》チニ破産宣告《せんこく》ノ請求ヲ爲シテ其旨ヲ公告スルコトヲ要ス

清算人ハ破産管財人《はさんくわんざいにん》ニ其事務ヲ引渡《ひきわた》シタルトキハ其任《そのにん》ヲ終ハリタルモノトス

本條ノ場合ニ於テ既《すで》ニ債權者《さいけんしや》ニ支《し》拂《はら》ヒ又ハ歸屬《きぞく》權利者ニ引渡《ひきわた》シタルモノアルトキハ破産管財人ハ之ヲ取戻スコトヲ得

清算人が法人の貸方《かしかた》借り方《かた》などを斷定《かんちやう》し調《しら》べ中に法人の財產を皆な併《あは》せるも借り方を償ち[illegible]濟《すま》すには足《た》らぬことが十分明《じうぶんあき》らかになりしときて清算人も其のことが分《わか》ると同《どう》時《じ》に猶豫《ゆうよ》なく破產宣告《はさんせんこく》則ち借《かり》を拂ふことの力《ちから》なき者となりしとの裁判の言渡《いひわたし》を爲される樣《やう》にと裁判所に求《もと》め出で尚は其の手續《てつゞき》したることを新聞紙《しんぶんし》などに廣告《こうこく》すべし

清算人が前項《ぜんこう》の如《ごと》き求めを爲し裁判所は破產《はさん》したる者との言渡《いひわたし》をなし管財人を選《えら》び法人の財產を取《と》り扱《あつか》ふことになり清算人は自分《じぶん》が是迄預《これまであづか》り居る勘定の事務を管財人に渡《わた》し濟《す》みとなりたるときは法人の清算人即ち跡片付けの勘定役《かんちやうやく》を賴《たの》まれたることは役濟《やくずみ》となりし者と云ふべし

若し本條の第一項《こう》のときに於て清算人が破產《はさん》の言渡《いひわたし》を申し出で其の言渡が有りて管財人則ち破產したる人の財產を預《あづか》り支配《しはい》する人が定《さだま》りたる時に其の言渡の前《まへ》に於《おい》て法人に對する權利者《けんりしや》に借《か》り分《ぶん》を拂ひ渡し又は法人が寄附《きふ》などにて集《あつ》めたるものを何某《なにがし》に引渡《ひきわた》す者なりなどと定《さだ》め置きたるときに其の定まりたる權利者等に已《すで》に渡《わた》し拂《はら》ひたるものが有るときは破產《はさん》したる者の財產を支配《しはい》し扱《あつか》ふ人は其の渡し濟《す》みの分《ぶん》を取り戾《もど》すことが出來るなり然して新《あら》たに勘定《かんちやう》し直《なほ》すべきなり

第八十二條　法人ノ解散《かいさん》及ヒ清算ハ裁判所ノ監督《かんとく》ニ屬《ぞく》ス
裁判所ハ何時《なんどき》ニテモ職權《しよくけん》ヲ以テ前項ノ監督《かんとく》ニ必要《ひつえう》ナル檢査《けんさ》ヲ爲スコ

トヲ得

法人が解《と》き止《や》めることと及び跡片付《あとかたづ》けの勘定することは裁判所よりの取り締りを受くるなり若し勘定し方《がた》に間違《まちがひ》などあれば裁判所は調《しら》べ直《なほ》すことを命《めい》じ又は正《たゞ》しからざる仕方《しかた》などが有れば其の者を罷《や》めしむることが有るべし

裁判所は前項《ぜんこう》に依りて取り締《しま》りを爲す者なれば何時《いつ》にても役柄《やくがら》の權力《けんりよく》を以て取り締りの爲めに要用《えうよう》なる撿査《けんさ》を爲すことを得《う》るなり譬《たと》へば突然《とつぜん》法人に出張《しゆつちやう》して計算《けいさん》の帳簿《ちやうぼ》を取り調ぶるなどの如し

第八十三條　清算カ結了《けつれう》シタルトキハ清算人ハ之ヲ主務官廳《しゆむくわんちやう》ニ屆出《とゞけい》ツルコトヲ要ス

法人が解き止めたる跡片付けの勘定が出來《でき》上《あが》りたるときは計算する人は其の仕事《しごと》の終《をは》りたることを係《かゝ》りの官廳《くわんちやう》に屆《とゞ》け出づることが要用なりとす

第四節　罰則《ばつそく》

本節は法人の事務《じむ》を取《と》り扱《あつか》ふ者に不行屆《ふゆきとゞき》のこと又は惡《わる》巧《だく》みなど有りたるときに處分《しよぶん》の仕方を示せり法人は槪《おほむ》ね多數《たすう》の人の集合《しうがふ》したる者にして多《おほ》くの財産を持ち出し之を融通《ゆうづう》する如き者或《あるひ》は公《おほや》けの利《り》益《えき》に關係《くわんけい》するごときものなれば若しも其の事務を取《と》り扱ふに當《あた》り不行屆《ふゆきとゞき》のことや正《たゞ》しからざる仕打《しうち》など有りては世《よ》の中《なか》に及《およ》ぼす弊害《へいがい》が少なきものに非

ず故に其等《それら》のものが出たるときは本節の規則《きそく》に從《したが》ひ處分《しよぶん》すべきなり

第八十四條　法人《ほうじん》ノ理事《りじ》、監事《かんじ》又ハ清算《せいさん》人《にん》ハ左ノ場合ニ於テハ五圓以上二百圓以下ノ過料ニ處《しよ》セラル

一　本章ニ定《さだ》メタル登記《とうき》ヲ爲スコトヲ怠《おこた》リタルトキ

二　第五十一條ノ規定ニ違反シ又ハ財產《ざいさん》目錄《もくろく》若クハ社員《しやゐん》名簿《めいぼ》ニ不正ノ記載ヲ爲シタルトキ

三　第六十七條又ハ第八十二條ノ場合ニ於テ主務官廳又ハ裁判所ノ檢査ヲ妨ケタルトキ

四　官廳又ハ總會《そうくわい》ニ對シ不《ふ》實《じつ》ノ申立ヲ爲シ又ハ事《じ》實《じつ》ヲ隱蔽《いんぺい》シタルトキ

五　第七十條又ハ第八十一條ノ規定ニ反シ破產宣告ノ請求ヲ爲スコトヲ怠リタルトキ

六　第七十九條又ハ第八十一條ニ定メタル公告ヲ爲スコトヲ怠リ又ハ不正《ふせい》ノ公告《こうこく》ヲ爲シタルトキ

法人の事務《じむ》を取り扱《あつか》ふの人又は法人の事業《じげふ》や法人の事務を取り扱ふ人などを目附《つ》けする人或は法人の跡片付《あとかたつ》けの計算《けいさん》をする人は若《もし》り左《のだ》りに敵《の》せたる樣の過《あやまち》が有りたる時《とき》は五圓

より二百圓までの間《あひだ》にて裁判所の見込《みこみ》にて過料金《くわりようきん》を申し渡すなり

第一は第二章《しやう》の法人に付《つい》て登記すべきことを定《さだ》めたるに其の手續《てつゞき》を怠《おこた》り爲さゞりしとき

第二は第五十一條の財産の目録《もくろく》を作《つく》る規則《きそく》に背《そ》むき又は其の目録《もくろく》や法人の社員《しやゐん》が名前を記《しる》したる帳簿《ちやうぼ》に詐《いつは》りの附込《つけこ》みを爲したるとき

第三は第六十七條及び第八十二條の法人が係《かゝ》り官廳《くわんちやう》又は裁判所より檢査《けんさ》を受《う》くる時に何《なん》の理屈《りくつ》もなく檢査を拒《こば》み妨《さまた》げたるとき

第四は係《かゝ》りの役所《やくしよ》又は社員全体《しやゐんぜんたい》の集會に對《たい》して實際《じつさい》なき事《こと》を有る如《ごと》く申し立《た》て又は曖昧《まい》なる事柄《ことがら》を見出《みいだ》さるゝことを恐《おそ》れて蔽《おほ》ひ隱《か》くしたるとき

第五は第七十條の法人が借《か》り分《ぶん》を全《まつた》く拂《はら》ふことを出來《でき》ずなりたるとき又《また》は第八十一條の勘定中皆《みな》の借り分《ぶん》を拂《はら》ふことを出來《でき》ずになりたるときは清算人は破産《はさん》の宣告《せんこく》を求めざるべからざるに怠りて其の手續を爲さゞりしとき

第六は第七十九條の法人に對《たい》し借り有る人は申し出づべしとの廣告《ひろこく》又は第八十一條に法人の借りを殘《のこ》らず返《かへ》すこと出來《でき》ざる故《ゆゑ》に破産の言渡《いひわたし》を求《もと》むる手續《てつゞき》を爲したりとの廣告を爲すべきに怠《おこた》りて爲さゞるとき又《また》は正《たゞ》しからざる廣告を爲したるとき

第三章　物

本法第一章《しやう》に於て權利義務《けんりぎむ》の關係の源《みなもと》となるべき人のことを擧《あ》げ示《しめ》せり依《よつ》て本節には其の人等が權利義務を發生《はつせい》する場合《ばあひ》に其の目的《もくてき》となるべき物に付き規定《きてい》せり

第八十五條　本法《ほんぱふ》ニ於テ物《もの》トハ有體物《いうたいぶつ》ヲ謂《い》フ

此の民法に於て物《もの》と云ふは有體物《いうたいぶつ》即ち感官《かんくわん》に觸《ふ》るゝものを云ふ然《しか》れども本民法《ほんみんぽふ》に於ては感官中の目《め》に觸《ふ》れ見《み》ゆるものの土地《とち》、建物《たてもの》、器具《きぐ》、鳥《とり》、獸《けだもの》など凡てを云ふ

第八十六條　土地《とち》及ヒ其定著物《そのていちやくぶつ》ハ之ヲ不動産《ふどうさん》トス

此他ノ物ハ總テ之ヲ動産トス

無記名債權《むきめいさいけん》ハ之ヲ動産ト看做《みな》ス

土地《とち》則ち田畑《たはた》或は宅地《たくち》の如《ごと》き者及《およ》び其の定著物《ていちやくぶつ》則ち土地に附き定り容易《たやす》く動《うご》かざる家屋《かおく》庫《くら》、板塀《いたべい》の如き者は之を不動産《ふどうさん》と呼びなせり

前項に示《しめ》したる物の外《ほか》は凡て動産と唱《とな》ふるなり

無記名債權《むきめいさいけん》則ち權利を有する人の名前《なまへ》を記《しる》さゞる證書《しようしよ》を持ち居り其の證書を持ち居る人は直《たゞ》ちに權利者として支拂《しはらひ》を受けることが出來《でき》る如き權利は之を動産と看做《みな》すなり譬《たと》へば無記名公債《むきめいこうさい》の如し乃ち政府《せいふ》に金《きん》を貸《か》したるに政府にて何程《なにほど》の金高を借り居る旨《むね》を記し其の金《きん》の出《だ》し主《ぬし》の名前《まへ》を記さずに公債證書を渡すことあり只《たゞ》其證書を持ち居る人が權利者と見做《みな》され其の金額《きんがく》の支配《しはい》を受くるなり此等《これら》の權利を指《さ》して動産と見做すなり其の

譯《わけ》は其の證書を持ち居れバ名前《なまへ》なくも權利を得ることにて其の證書を持ち居れば價《あたひ》の有る品物《しなもの》と同一《どういつ》の效《かう》ありて證書其の物《もの》と權利と同一《どういつ》の物の如し故に其の權利を動產權《どうさんけん》と見做すなり

第八十七條　物ノ所有者カ其物ノ常用《じやうよう》ニ供《きやう》スル爲メ自己《じこ》ノ所有ニ屬《ぞく》スル他ノ物《もの》ヲ以テ之ニ附屬《ふぞく》セシメタルトキハ其附屬セシメタル物ヲ從物《じゆうぶつ》トス

從物ハ主物《しゆぶつ》ノ處分《しよぶん》ニ隨《したが》フ

或る物の所有者《しよいうしや》が其の物の爲《た》めに常に使《つか》ひ用ゐる見込《みこみ》にて自分《じぶん》の所持品たる他の物を以て備《そな》へ付けたるときは其の附《つ》け備《そな》へたるものを從物《じうぶつ》即ち或る物に付き從《したが》ふたる者とするなり

故《ゆゑ》に不動產の使用《しよう》に備へたる動產の如きも從物とし不動產と見做《みな》さるゝなり此《こ》の例《れい》の如き動產を稱《しよう》して學者《がくしや》が用方《ようはう》に依《よ》る不動產と云へり以《もつ》て純粹《じゆんすゐ》の不動產と區別《くべつ》せり

從物は凡《すべ》て或る主《しゆ》たる物の用《よう》に使《つか》はれ主《しゆ》たる物《もの》と同《おな》じ取り扱ひを受くる者故主物《ものゆゑしゆぶつ》と同じに處分《しよぶん》せらるゝなり故《ゆゑ》に若し主《しゆ》たる土地《とち》の如きを賣《う》り渡《わた》さるゝ時は從物も別《べつ》に言ひ顯《あら》はすとも共《とも》に賣《う》り拂はるゝなり

第八十八條　物ノ用方《ようはう》ニ從《したが》ヒ收取《しゆしゆ》スル產出物《さんしゆつぶつ》ヲ天然果實《てんねんくわじつ》トス

物ノ使用《しよう》ノ對價《たいか》トシテ受《う》クヘキ金錢《きんせん》其他ノ物ヲ法定果實トス

品物《しなもの》を用ゐ使《つか》ふて其の物《もの》より取り納《おさ》めることが出來る産出物《さんしゆつぶつ》則ち生《う》み出す物《もの》を天然《てんねん》果實と唱《とな》ふるなり俗《ぞく》に云ふ天然自《てんねんし》然《ぜん》のくだものなど云ふ意味《いみ》の如し譬《たと》へば土地《とち》を耕し用ひ取り收《おさ》めたる穀物《こくもつ》の如き又は馬の如き者を飼《か》ひ用ゐる其の生《う》みたる子《こ》の如き者などを天然果《てんねんくわ》實《じつ》と云ふなり

品物を使《つか》ひ用ゆる爲めに其價《あたひ》たる賃錢や賃錢に代《かは》るべき品物などは之を法定果實《はふていくわじつ》と呼《よ》ぶなり則ち法律にて定《さだ》めたる果實《くわじつ》など云ふ意味《いみ》に近《ちか》し

第八十九條　天然《てんねん》果實《くわじつ》ハ其元物ヨリ分離《ぶんり》スル時ニ之ヲ收取スル權利ヲ有スル者ニ屬ス

法定《はふてい》果實《くわじつ》ハ之ヲ收取スル權利ノ存續《そんぞく》期間《きかん》日割《ひわり》ヲ以テ之ヲ取得ス

天然《てんねん》自然の果物《くだもの》は其の元《もと》たる物則ち土地《とち》などより離《はな》しても宜《よろ》しき季節《きせつ》に之を取り納《おさ》める權利ある人の所持《しよち》するものとなるなり未《いま》だ離《はな》るるの時期《じき》が來《きた》らざる時《とき》は其の元《もと》の物と一体にして其の元《もと》の物《もの》を所有《しよいう》する人に就《つ》くべしと雖《いへ》ども其の元《もと》の物則ち土地《とち》などより離《はな》れて刈《か》り取《と》て季節《きせつ》の來たる時は必《かなら》ずしも其元の物の所持《しよち》になるに非ず其を取り收《おさ》める權利ある人の持物になるなり

法定の果實《くわじつ》は其の果實《くわじつ》を取り收むる權利《けんり》の續《つゞ》き居る期限間の日割《ひわり》を以て其の賃錢《ちんせん》など

を取り納むるなり

第四章　法律行爲

民法上《みんぱふじやう》の權利を發生《はつせい》する源《みなもと》たる人及《およ》び其の目的《もくてき》たる物に就《つい》ては已《すで》に示《しめ》したれば本章《ほんしやう》に於ては權利義務を生《しやう》ずるに付《つい》ての民法上の行《おこな》ひ則ち法律行爲《はふりつかうい》なる者を示せり

第一節　總則《そうそく》

本節は法律行爲《はふりつかうい》則ち法律に叶《かな》ふたる行ひ働《はたら》きに付《つ》き定《きた》めたる規則全般《きそくぜんぱん》に總《すべ》て用ゆべき法則を擧げ示せり

第九十條　公《おはやけ》ノ秩序《ちつじよ》又ハ善良《ぜんりよう》ノ風俗《ふうぞく》ニ反スル事項ヲ目的トスル法律行爲ハ無效トス

公の秩序《ちつじよ》言ひ換《か》ゆれば世《よ》の中《なか》の紀律《きりつ》や又は世の中《なか》の善き風儀《ふうぎ》に違《たが》ふ樣の事柄を目當《めあ》てとする法律上の行則ち賭博《とばく》の如き公《おほやけ》の秩序《ちつじよ》に反《そむ》くこと又は世人の不德義《ふとくぎ》に成る可き如き事柄を爲し企《くはだ》てんとする行《おこなひ》は法律上成立《なりた》つ可からざる者則ち效能《かうのう》なきものとするなり

第九十一條　法律行爲ノ當事者カ法令中《はふれいちう》ノ公ノ秩序ニ關セサル規定ニ異ナリタル意思ヲ表示シタルトキハ其意思ニ從フ

法律行爲則ち法律に定《さだめ》たる賣買《ばいばい》とか會社《くわいしや》などの約束《やくそく》を行ふ相方《さうはう》の人が法律或は命令《めいれい》などにて公《おほや》けの紀律《きりつ》に係《かゝ》はりなき規則《きそく》に違《たが》ふたる心を顯《あらは》して約束したるときの如きは假令ひ

法律に違《たが》ふとも公《おほや》けの紀律に反《そむ》かざる者故效能《ものゆゑかうのう》なき者とするに及はず矢張《やは》り其心通《こゝろどほ》りに處置すべしとなり

第九十二條　法令中ノ公ノ秩序《チツジヨ》ニ關セサル規定ニ異ナリタル慣習《くわんしう》アル場合ニ於テ法律行爲ノ當事者カ之ニ依ル意思ヲ有セルモノト認ムヘキハ其慣習ニ從フ

法律命令の中《うち》にて公けの紀律に係《かゝは》りなき規則に違《たが》ふたる慣習《くわんしう》あるときに於て法律上の任事を行ひたる相方《さうはう》の者が其の習慣に依り行《おこな》ふの心《こゝろ》を有する者と見らるゝときは其の規則に反くとも公けの紀律に係りなき者故其の習慣に從ふとなり

第二節　意思表示

本節は法律に叶《かな》ふ行ひを爲すに當《あた》り相方が心《こゝろ》を表《あらは》し樣如何に依りては其の行ひか效能《かうのう》あるとか役《やく》に立《た》たぬとか仕事《しごと》を爲すの心《こゝろ》も明《あき》らかに表《あらは》れ居るも相方丈にて相方の人の外には其の心《こゝろ》が效能《かうのう》なしなど法律上の行ひを爲すに付き凡《すべ》て約束《やくそく》する心持《こゝろもち》のことを擧げ示せるなり

第九十三條　意思表示ハ表意者カ其眞意《しんい》ニ非《あら》サルコトヲ知リテ之ヲ爲シタル爲メ其效力《こうりよく》ヲ妨《さまた》ケラルルコトナシ但相手方《あいてかた》カ表意者ノ眞意《しんい》ヲ知リ又ハ之ヲ知ルコトヲ得ヘカリシトキハ其意思表示ハ無效トス

約束《やくそく》を爲す人相方《ひとさうはう》の心の表し方《かた》則ち或る事件《じけん》に付き斯々《かく〳〵》の約束を爲したしとの心を表し示したる者の心持が眞《まこと》の心《こゝろ》にても無きと云ふことを知《し》らずに贊成《さんせい》の心を表し約したりとも其の約束の效能《かうのう》は妨《さまた》げにならず效能が十分なりとなり併《しか》し相手《あいて》方《かた》は約束などを爲したしと心を表《あらは》したる者の眞《まこと》の意を知り居り又は眞の心を知ることを出來《でき》たりしときは其の双方《さうはう》の心を表し示したる約束は效能なく約束が成り立たざるを云ふ

第九十四條　相手方ト通《つう》シテ爲シタル虛僞《きよぎ》ノ意思表示ハ無效トス

前項ノ意思表示ノ無效ハ之ヲ以テ善意《ぜんい》ノ第三者ニ對抗《たいこう》スルコトヲ得ス

約束にても爲《な》さんとする心を表はす者が相手《あいて》の者と計《はか》り合ふて本心《ほんしん》に非ざる僞《いつは》りの心を表はし合ふて約束したるときは其の約束《やくそく》が效能なきものとするなり

前項の約束に付き僞りの心の表《あらは》す方の效能《かうのう》なしと成りたるときは惡《わ》る心《こゝろ》なき約束者兩方《りやうはう》の外《ほか》なる第三の人は爭《あらそ》ひ張《は》り合ふことが出來《でき》ざるなり例へば甲《かふ》なる者《もの》が乙なる人に土地《し》を賣るの約束を爲すも其の實《じつ》は双方誠《さうはうまこと》に買はざるも買ふことにして約束せんと僞りの仕打《うち》をなしたる時に於て若《も》し丙《へい》なる人が其樣なる約束などとは知らずに乙より買ひ取りたるときは丙は決《けつ》して惡《わ》る心《こゝろ》なきなり故《ゆゑ》に甲乙の間《あひだ》は效能なしとて約束を取り消したるも已《すで》に丙《へい》に賣り渡したるときは其の善《よ》き心《こゝろ》なる丙に向《むか》つて取り消すと言ひ張《は》り爭《あらそ》ふことが

出來ざるなり

第九十五條　意思表示ハ法律《はふりつ》行爲《かうい》ノ要素《えうそ》ニ錯誤《さくご》アリタルトキハ無效《むかう》トス但表意者ニ重大《ぢゆうだい》ナル過失《くわしつ》アリタルトキハ表意者自《みづか》ラ其無效ヲ主張《しゆちやう》スルコトヲ得ス

約束する者双方《ものさうはう》の心が一致した法律上の行《おこな》ひ則ち賣買《ばいばい》などの要素《えうそ》則ち重《おも》なる源《みなもと》に誤《あやま》り間違ひたること有りたるときは約束が效能《かうのう》なしとするなり譬《たと》へば賣買のときに甲の物《もの》を買ふ約束のときに乙の品物《しなもの》に付て約束したる時《とき》の如《ごと》し併《しか》し約束せんと申出でたる者に甚《はなは》だ重《おも》く大《おほい》なる過失《くわしつ》の爲めに誤《あやま》り居りしときは約束をせんと心《こゝろ》を表《あらは》し申出でたる人自《ひとみづか》ら其の約束が效能なしと言ひ張ることが出來ざるなり

第九十六條　詐欺《さぎ》又ハ強迫《きやうはく》ニ因ル意思表示ハ之ヲ取消《とりけ》スコトヲ得
或人《あるひと》ニ對《たい》スル意思表示ニ付《つ》キ第三者カ詐欺《さぎ》ヲ行《おこな》ヒタル場合ニ於テハ相手方カ其事實ヲ知リタルトキニ限リ其意思表示ヲ取消スコトヲ得
詐欺《さぎ》ニ因《よ》ル意思表示ノ取消《とりけし》ハ之ヲ以テ善意ノ第三者ニ對抗《たいかう》スルコトヲ得ス

僞《いつは》り欺《だま》され又は腕力《わんりよく》などにて脅《おど》されたる爲めに約束せんなどゝの心《こゝろ》を表《あらは》し申し出でたる

ときは後《のち》にて之を取り消すことを得るなり

或る甲なる人に向《むか》ひて乙なる人が約束し度《た》き旨《むね》を申出でたることに付き丙なる第三の人が詐《いつは》りの計《はかり》ひを行ひたるときに於て甲なる相手方《あいてかた》が第三の丙なる者が偽《いつは》りを爲したる爲めに乙が申し出でたる事柄《ことがら》を知り居りたるとき丈《だけ》は乙《おつ》が約束《やくそく》したし言ひ表じたることを取り消すことが出來るなり

偽《いつは》り欺《だ》まされたる爲め約束などをせんとの心を申し出でたることを取り消すとき其の申し出でを承知《しようち》したる人が善意《ぜんい》の第三者即《すなは》ち惡《あ》しき心なく取り消さるゝ者などゝ云ふことを知《し》らざる人と約束《やくそく》を爲したるときは其の善意に約束したる人《ひと》に之取り消すと言ひ張《は》ることが出來ざるなり

第九十七條　隔地者《かくちしや》ニ對スル意思表示ハ其通知《そのつうち》ノ相手方ニ到達《とうたつ》シタル時ヨリ其效力ヲ生ス

表意者《タ》カ通知ヲ發《はつ》シタル後ニ死亡《しぼう》シ又ハ能力《のうりよく》ヲ失《うしな》フモ意思表示ハ之カ爲メニ其效力ヲ妨ケラルルコトナシ

遠方《ゑんぱう》の地に居る人に對《たい》し約束せんとの心を表し申し出でたることは其の申し出での知らせが一方《いつぱう》の相手《あいて》に付きたるときに其の申し出での效能《かうのう》があるなり

約束をせんとの心を表し申し出での知《し》らせを出したる後《のち》にて其の者が死去《しきよ》したり又は一《いち》

人前《にんまへ》の仕事《しごと》などをすのる力《ちから》が無くなりたるとも約束せんとの心《こゝろ》の申し出では別《べつ》に效能が無くなることもなく申し出では十分の力あるなり

第九十八條　意思表示ノ相手方カ之ヲ受ケタル時ニ未成年者《みせいねんしや》又ハ禁治《きんち》産者《さんしや》ナリシトキハ其意思表示ヲ以テ之ニ對抗《たいこう》スルコトヲ得ス但其法定代理人カ之ヲ知リタル後ハ此限ニ在ラス

約束せんなどの心持《こゝろもち》を申し出でたるを相手《あいて》の人か之を受け承知《しようち》したる時に未《いま》だ法律の定め年《とし》に成《な》らざりし者又は自分の財産を勝手《かつて》にすることを禁《きん》じ止《とゞ》められたる者なりしときも前に申し込《こ》みたるを承知《しようち》したる以上《いじやう》は約束通《やくそくどほ》りにすべしなどゝ言ひ張《は》り爭《あら》ふことが出來ざるなり併《しか》しながら法律にて未成年者《みせいねんしや》又は禁治《きんち》産者《さんしや》などの代理《だいり》をする人と極《き》められたる後《のち》なれば假令《たと》ひ未成年者などなりとも已《すで》に其の代理をする人が知り居る上は約束通《やくそくどほり》にすべしと言ひ張ることが出來るなり

第三節　代理

本節は人が法律上の行《おこな》ひを爲すの時《とき》に當り差支《さしつか》への爲め代理の人《ひと》を頼《たの》みたる場合《ばあひ》に其の代理《だいり》人《にん》が約束などの心持《こゝろもち》を言ひ表《あらは》したるときは如何《いか》樣《やう》の效能あるべきか代理人は如何程《いかほど》の事を爲すの權力《けんりよく》を爲し得《う》るや如何なるときは代理たる權力《けんりよく》が無くなるやなど法律の行ひを代人が爲し行ふ凡べて事に付き定むる所なり

第九十九條　代理人《だいりにん》カ其權限內ニ於テ本人ノ爲メニスルコトヲ示《しめ》シテ爲シタル意思表示ハ直接《ちよくせつ》ニ本人ニ對シテ其效力ヲ生ス

前項ノ規定ハ第三者カ代理人ニ對シテ爲シタル意思表示ニ之ヲ準用ス

本人が差支《さしつか》への爲め代理を頼《たの》まれたる人は其の本人《ほんにん》より任《まか》せられたる權利丈《けんりだけ》の內にて本人の爲めに約束すると言ひ示《し》めして約束に付《つい》て心を表はし申し出でたるときは其の約束を申し出でたることは本人が直《たゞ》ちに約束したると同《おな》じ效能ありとなり

前項の定《さだ》め方《かた》は約束を申し出でたる代人と申し出でを受《う》けたる人との外《ほか》なる第三の人《ひと》が代理する人に對《たい》して約束の心《こゝろ》を表《あら》はし申し出たる時にも同《おな》じ樣《やう》に使《つか》ひ用ゆるなり

第百條　代理人カ本人ノ爲メニスルコトヲ示サスシテ爲シタル意思表示ハ自己《じこ》ノ爲メニ之ヲ爲シタルモノト看做《みな》ス但相手方カ其本人ノ爲メニスルコトヲ知リ又ハ之ヲ知ルコトヲ得ヘカリシトキハ前條第一項ノ規定ヲ準用ス

代理《だいり》を爲す人《ひと》が本人《ほんにん》の爲めに約束などを爲すと言《い》ふことを表はし示《しめ》さずに申し出でたる心《こゝろ》は代理人が自分《じぶん》の爲めに爲したるものと法律にて見るなり併《しか》しながら申し込《こ》みを受けたる相手方《あいてかた》が代理人の申し出では其の本人《ほんにん》の爲めにすることを承知し居りたるか又は本

人の爲めにする者なることを知り得《え》らるべき者なりしときは前の第九十九條第一項の則に從り本人《ほんにん》に對したる者と同《おな》じ效能あるなり

第百一條　意思表示ノ效力《かうりよく》カ意思ノ欠缺《けんけつ》、詐欺《さぎ》、強迫《きやうはく》又ハ或事情ヲ知リタルコト若《もし》クハ之ヲ知ラサル過失《くわしつ》アリタルコトニ因リテ影響《えいきやう》ヲ受クヘキ場合ニ於テ其事實ノ有無ハ代理人ニ付キ之ヲ定ム
特定《とくてい》ノ法律行爲ヲ爲スコトヲ委託《いたく》セラレタル場合ニ於テ代理人カ本人ノ指圖《さしづ》ニ從ヒ其行爲ヲ爲シタルトキハ本人ハ其自ヲ知リタル事情ニ付キ代理人ノ不知《ふち》ヲ主張《しゆちやう》スルコトヲ得ス其過失《くわしつ》ニ因リテ知ラサリシ事情ニ付キ亦同シ

代理人が本人《ほんにん》に代《かは》りて約束などを申し出での效能が考《かんが》へや心《こゝろ》の欠《か》けて十分《じふぶん》ならざること則ち未《いま》だ法律の定《さだ》め年《とし》などにならず思考力《しかうりよく》の十分《じふぶん》ならざること、僞《いつは》り欺《あざむ》きて約束の申し出でを爲さしめたる如きこと、腕力《わんりよく》を以て強《しひ》て約束《やくそく》の心持《こゝろもち》を言ひ出でしめたること、又は或る申し出に係る事柄《ことがら》を知り居たることと或る事柄を知らざりしことなどの爲めに其の申し出《いで》の效能《かうのう》が無くなるなどの差《さ》し響《ひゞ》きあるときは其の事柄《ことがら》の如き不十分《ふじふぶん》のこと有りしや否《いな》やは本人の代理を爲す人に就《つい》て取り調《しら》ぶるなり
別段《べつだん》に定めたる法律上《はふりつじやう》の或る一ツの行ひを委《まか》せ頼《たの》まれたるときに代理をする人が本人の

指圖《さしづ》通りに其の行ひを爲せたるときに本人が自分丈《じぶんだけ》が知り居りたる事柄《ことがら》なれば代理を爲せし者は其等のことは知らざりしなり故に代理人は假令《たと》ひ手落《ておち》がありとも代理人の失策《しつさく》と云ふことを得ずなどゝ言ひ張ることは出來ずとなり又た本人が過失《くわしつ》に由《よ》りて知《し》らざりし時にても代理人には過《あやま》ちなしなどゝ言ひ張りて責《せめ》を免《まぬか》れんとすることは出來ざるなり

第百二條　代理人ハ能力者《のうりよくしや》タルコトヲ要セズ

本人の代理《だいり》として法律上の行《おこな》ひを爲す人は必《かなら》ずしも法律の定《さだ》め年《とし》に成りて一人前《いちにんまへ》の考へ《かんがへ》の力《ちから》などは十分ならずとも差支《さしつかへ》なしとなり何故《なにゆゑ》とならば假令ひ年《とし》は若《わか》くとも考《かんが》への力などは不完全《ふくわんぜん》なりとも本人が已《すで》に承知《しようち》し其人は年若《としわか》くとも十分《じふぶん》仕事《しごと》を爲すの腕前《うでまへ》ありと信用《しんよう》して代理を頼《たの》みしものなれば夫《そ》れにて差支《さしつかへ》なし法律が強《し》ひて未成年者《みせいねんしや》などを代理せしむることを出來ずなどゝ禁《きん》じ止《とゞ》むるに及ばざるなり

第百三條　權限ノ定ナキ代理人ハ左ノ行爲ノミヲ爲ス權限ヲ有ス

一　保存行爲《ほぞんかうゐ》

二　代理ノ目的《もくてき》タル物又ハ權利ノ性質《せいしつ》ヲ變セサル範圍內《はんゐない》ニ於テ其利用又ハ改良《かいりやう》ヲ目的トスル行爲《かうゐ》

代理人を頼《たの》みたるも其の代理人の爲《た》め行《おこな》ふべき權利は如何樣《いかやう》の事を爲し得可《うべ》しと定めざりし時《とき》は下《しも》に述べ記《しる》す處の行ひ丈《だけ》は爲すことが出來るなり則ち第一は保存行爲《ぞんかうい》とて脈へ

事に關係《くわんけい》ある品物の雑事を毀され破《やぶ》れざる樣《やう》取り扱《あつか》ふこと、第二は代理として預《あづか》り方を頼《たの》まれたる品物《しなもの》又は頼み委《まか》せられたる權利《けんり》などの性質《せいしつ》則ち持ち前《まへ》が變《かは》らざる位《くらゐ》の極《きま》りの内にて其の物《もの》を使《つか》ひて利得《りとく》を得ることを又は其の者を改《あらた》め良《よ》くする見込《みこ》みにて爲す所《ところ》の行ひのこと、此の二ツ丈《だけ》は假令《たと》ひ何々《なに〳〵》の事《こと》は行ふも宜《よろ》しと代理人に頼《たの》みたる書附《かきつけ》が無くとも爲し行ふことを得るとなり

第百四條　委任《いにん》ニ因《よ》ル代理人ハ本人ノ許諾《きよだく》ヲ得タルトキ又ハ已ムコトヲ得サル事由アルトキニ非《あら》サレハ復代理人《ふくだいりにん》ヲ選任《せんにん》スルコトヲ得ス

委任《るにん》の約束にて頼《たの》み委《まか》せたる代理人は依頼者《いらいしや》本人の許《ゆる》し承諾《しようだく》を受けたる時又は一人にて手が廻《まは》り兼《か》ぬるとか又も急《いそ》ぎの時にて自分《じぶん》は病氣《びやうき》にて仕事《しごと》が出來ずさらばとて捨《す》て置《お》けば非常《ひじやう》の損失《そんしつ》を蒙《かうむ》るの恐《おそれ》ありなどにて萬已《ばんや》むを得ざる譯《わけ》が有る時丈《ときだけ》は本人の承知《しようち》が無くとも代理人自《みづか》らが復《また》の代理人を選《えら》び頼《たの》むことが出來るなり

第百五條　代理人カ前條ノ場合ニ於テ復代理人《にん》ヲ選任シタルトキハ選任及ヒ監督《かんとく》ニ付キ本人ニ對《たい》シテ其責《そのせめ》ニ任ス

代理人カ本人ノ指名《しめい》ニ從ヒテ復代理人《ふくだいりにん》ヲ選任シタルトキハ其不適任又ハ不《ふ》誠實《せいじつ》ナルコトヲ知リテ之ヲ本人ニ通知《つうち》シ又ハ之ヲ解任《かいにん》スルコトヲ怠リタルニ非サレハ其責ニ任セス

代理人が前《まへ》の第百四條に依り本人《ほんにん》の許し承知を得てか又は急場《きふば》にて已《やむ》を得ざるかにて復の代理人を選《えら》び頼みたる時は其の選び方《かた》及《およ》び復の代理人が仕事を爲すことを取り締《しま》るてとに就《つい》ては代理人自《みづか》らが本人に對《たい》し引き受《う》けを勤むるなり

代理人が頼み委《まか》せられたる本人《ほんにん》の指《さ》し示《しめ》したる名前《なまへ》の人を復《また》の代理人と頼み込《こ》みたるときは復の代理人が代理し爲すべき仕事《しごと》に不慣《ふな》れにて到底《たうてい》其の仕事を爲すことが叶《かな》はぬと又は不正直《ふしやうじき》なることを知り覺《おぼ》えたる時《とき》に之を本人《ほんにん》に告げ知らすべきに其の手續《てつゞき》を爲さゞりしか又《また》は其の樣《やう》なる復の代理人は解《と》き止《や》むべきに怠《おこた》りて其の手筈《てはづ》を爲さゞりしときは自分《じぶん》が不注意《ふちうい》なる丈《だけ》の責《せ》めは引き受けざる可《べか》らず其の他は代理人の不都合《ふつがふ》には成らぬなり

第百六條　法定代理人《はふていだいりにん》ハ其責任ヲ以テ復代理人ヲ選任《せんにん》スルコトヲ得但已ムコトヲ得サル事由アリタルトキハ前條第一項ニ定メタル責任ノミヲ負フ

法定《はふてい》代理人は則ち法律上にて定めたる代理人にて未成年《みせいねん》者の父の如し此の代理人は若しも不都合ありしときは自分が引き受くるの覺悟《かくご》にて復の代理人を擇《えら》び頼《たの》むことが出來るなり但《たゞ》し急《いそ》ぎの場合などにて已《や》むを得ずして復の代理人を選び用《もち》ひたる如きは前の第百五條の第一項に依り其の復の代理人を選びたることと又は其の復の代理人が代理して仕事

を爲すときの取《と》り締《しま》り方《かた》に付《つい》て不都合あれば夫れ丈《だけ》の事は引受《ひきう》けざる可からず其他に付ては法律上の代理人は引受けずとも可なりと云ふことなり

第百七條　復代理人ハ其權《そのけん》限內《じない》ノ行爲《こうい》ニ付キ本人ヲ代表《だいへう》ス

復代理人ハ本人及ヒ第三者ニ對シテ代理人ト同一ノ權利義務ヲ有ス

復の代理人は其の委《まか》せ賴まれたる丈《だけ》の權利の內《うち》にて行ふ事柄《ことがら》に付ては本人の代《かは》りとなるなり

復の代理人は本人及び第三者卽ち本人と復の代理人の外《ほか》に有《あ》る第三の人に向《むか》ひては代理人と同《おな》じ權利《けんり》を以て働《はたら》きを爲し同じ程度《ていど》の義務を背負《せお》ふの行ひを爲すことが出來《でき》るなり

第百八條　何人《なんびと》ト雖《いへど》モ同一ノ法律《はふりつ》行爲《こうい》ニ付キ其相手方ノ代理人ト爲リ又ハ當事者《たうじしや》雙方《そうはう》ノ代理人ト爲ルコトヲ得ス但債務《さいむ》ノ履行《りかう》ニ付テハ此限ニ在ラス

如何《いかな》なる人にても同《おな》じ法律行爲則ち賣《う》り買《か》ひの約束などに就《つい》て自分《じぶん》の相手方《あいてかた》則ち買ひ方などの代理人となりたり又は當事者《たうじしや》双方《さうはう》則ち賣主《うりぬし》と買主《かいぬし》と兩方《りやうはう》の代理人と成《な》りて働《はたら》きを爲《な》すことと出來ざるなり併《しか》しながら債務《さいむ》の履行《りかう》則ち同《おな》じ借方《かりかた》を返すことに就《つい》ては一時に兩方の代理を勤《つと》め又自分《じぶん》の借《か》りと同じときに他人の借りを返すの代理を爲すこそが出來ると云ふ規定なり

第百九條　第三者ニ對《たい》シテ他人ニ代理權《だいりけん》ヲ與《あた》ヘタル旨ヲ表示シタル者ハ其代理權ノ範《はん》圍《ゐ》內《ない》ニ於テ其他人ト第三者トノ間《あいだ》ニ爲シタル行爲ニ付キ其責ニ任ス

自分《じぶん》を或る人との外《ほか》なる第三の位置《ゐち》に立つの人に向《むか》ひて余《よ》は或る人に代理し行《おこな》ふの權利を與《あた》へたりと云ふことを申し出《い》でたるときは其の與《あた》へたる代理をする權利の內丈《うちだけ》にて或《あ》る人《ひと》と第三の地位《ちゐ》に居《を》る人との間《あひだ》に取り行ひたる事柄に付て自分は其の引き受けの位地に立ち或る人が約束したる通りの事は爲さなければならぬを云ふ

第百十條　代理人カ其權限外《けんげんぐわい》ノ行爲ヲ爲シタル場合ニ於テ第三者カ其權限アリト信《しん》スヘキ正當《せいたう》ノ理由ヲ有セシトキハ前條ノ規定ヲ準用ス」

代理したる人が委《まか》せ賴《たの》まれたる權利の外《ほか》の行ひを爲せしときに本人と代理《だいり》人《にん》との外《ほか》なる第三の地位《ちゐ》に有る人が代理人の行《おこな》ひしことは委《まか》せ賴まれし權利《けんり》にて爲したるものと信用《しんよう》さるゝ樣《やう》の確《たし》かなる譯合《わけあひ》が有りしときは前の第百條の規則《きそく》に依りて本人《ほんにん》が其の引き受けを爲さなければならぬとなり

第百十一條　代理權《だいりけん》ハ左ノ事由ニ因リテ消滅《せうめつ》ス

一　本人ノ死亡

二　代理人ノ死亡、禁治產又ハ破產

此他委任《いにん》ニ因ル代理權ハ委任《いにん》ノ終了《しうれう》ニ因リテ消滅ス

代理し行《おこな》ふの權利之下《しも》に述《の》べたる譯柄《わけがら》が有れば消《き》え無《な》くなるなり第一代理を頼《たの》みたる本人の死去《しきよ》したること第二代理を爲すべき人が死去《しきよ》したり、自分の財産を勝手《かつて》にすることを禁《きん》じ止《とゞ》められたること、又は借《か》り分《ぞん》を拂《はら》ふことが出來《でき》ざるにより支拂ひ出來ざる者との極《きま》りたることを裁判所より言渡《いひわた》されたること。是等《これら》は凡《すべ》ての代理の權利は消《き》え無くなるなり此の如きときは代理せんとするも到底《たうてい》出來得《でき》ざることとなり此の外委《ほかまか》せ頼《たの》むの約束にて爲す所《ところ》の代理の權利は委《まか》せ頼みし期限《きげん》の無くなりたることや頼み込みたる仕事《しごと》の出來上《できあが》りたる時に終《をは》り無くなるなり

第百十二條　代理權ノ消滅《せうめつ》ハ之ヲ以テ善意《ぜんい》ノ第三者ニ對抗《たいこう》スルコトヲ得ス但第三者カ過失ニ因リテ其事實ヲ知ラサリシトキハ此限ニ在ラス

代理人として爲し行《おこな》ふの權利が消《き》え無くなりたるときは其の事を以て善意《ぜんい》の第三者即ち未だ代理する權利が消《き》え失《う》せたるを知《し》らずに代理人と約束を爲したる人に向《む》ひて彼の代理人の權利は消《き》え失《う》せたる者なれば其の者の約束したることを知らずと本人が言ひ張り爭《あらそ》ふことが出來《でき》ずとなり併《しか》しながら其の第三者なる人は自分《じぶん》の過《あやま》ちにて其の權利が消《き》え失せたることを知らざりしときは言ひ張り爭ふことが出來ると云ふなり

第百十三條　代理權《だいりけん》ヲ有セサル者カ他人ノ代理人トシテ爲シタル契約《けいやく》ハ本人カ其追認《そのついにん》ヲ爲スニ非サレハ之ニ對シテ其效力《かうりよく》ヲ生《しやう》セス

追認《ついにん》又ハ其拒絶《きよぜつ》ハ相手方ニ對シテ之ヲ爲スニ非サレハ之ヲ以テ其相手方ニ對抗スルコトヲ得ス但相手方カ其事實ヲ知リタルトキハ此限ニ在ラス

人の代理として或る事柄《ことがら》を爲し行《おこな》ふの權利を持《も》ち居《を》らざりし者《もの》が外《ほか》の人の代理人たる樣にして取り行《おこな》ひたる約束事《やくそくごと》は其の本人《ほんにん》と見らるべき人が代理の權利《けんり》を持《も》ち居らずに代理人と稱《とな》へて先《さ》きの日《ひ》に爲したる者の約束事《やくそくごと》を後日《ごじつ》に追《お》ひ認《みと》め如何にも自分《じぶん》の代理人とすべしなどと言ひ切《き》りたるときにあらずは取り行ひたる事柄《ことがら》は效能なしとなり

代理權を持《も》たずに爲した約束を後日《ごじつ》に至《いた》り認《みと》め承知《しようち》することと又は其の樣《やう》の代理は頼《たの》みたる覺《おぼ》えなしと拒《こば》み斷《こと》はることとは其の代理人なりと唱《とな》へたる者と約束を爲したる相手方《あいてかた》に向《むか》ひて其の承知することとや斷《ことは》り刎《は》ね付《つ》くるの手續《てつゞき》を爲すに非《あら》ずは相手方《あいてかた》に張り合ひて其の樣《やう》のことは知らぬなどゝ云ふことと出來《でき》ずとなり故《ゆゑ》に本人と見らるべき人が唯《たゞ》代理人のみに對《たい》してのみ右の手續《てつゞき》を爲したりとも相手方《あいてかた》は知らぬ顏《かほ》にて本人と見《み》らるべき人に約束通《どほ》りにすべしと催促《さいそく》を爲し得るなり故《ゆゑ》に必《かなら》ず其の相手方に向《むか》ひて手續を爲さゞる可からずとなり

第百十四條　前條ノ場合ニ於テ相手方ハ相當《さうたう》ノ期間《きかん》ヲ定メ其期間內ニ追認《ついにん》ヲ爲スヤ否《いな》ヤヲ確答《かくたふ》スヘキ旨《むね》ヲ本人ニ催告《さいこく》スルコトヲ得若シ本人カ其期間內ニ確答ヲ爲サヽルトキハ追認ヲ拒絶シタルモノト看做ス

前の第百十三條の場合《ばあひ》則ち代理の權利《けんり》を有《いう》せざる者が代理人なりとして約束を爲したるときに其の相手《あいて》となりて約束を取り行ひたる人は何程《なにほど》かの期限《きげん》を定《さだ》め其の期限《きげん》の內に彼の代理人と稱《とな》へたる者の爲したる事柄《ことがら》を追《お》つて認《みと》め承知《しようち》するや承知せぬやを本人と見るべき人に催促《さいそく》することを得るなり若しも本人と見らるべき人が其の催促されたる期限の內に確《たし》かなる返事《へんじ》を爲さゝりしときは追《お》ひ認め承知することを拒《こば》み斷《ことわ》りたる者と法律にて見なし極めるなり

第百十五條　代理權ヲ有セサル者ノ爲シタル契約ハ本人ノ追認ナキ間ハ相手方ニ於テ之ヲ取消スコトヲ得但契約ノ當時相手方カ代理權ナキコトヲ知リタルトキハ此限ニ在ラス

代理し行ふの權利を持ち居らざる者の爲したる約束《やくそく》は其の本人と見らるべき人が後日《ごじつ》に至《いた》り承知せざる迄《まで》の間は權利を持たずに代理人と唱《とな》へたる者と約束せし相手《あいて》の人は其の約束を取り消え止《や》めることが出來るなり併《しか》しながら約束を爲せし其の時に於て相手方《あいてがた》な

る人が代理人と稱《とな》へし者は全《まつた》く委《まか》せ頼《たの》まれたるの權利なき者と云ふことを承知《しようち》しながら約束を取り結びしときは本人と見《み》らるべき人が承知せぬ間《あひだ》にても取り消し止《や》めることは出來ずそのことなり是れ其の相手方は權利なきことを知りながら約束するなどは宜しからざる事故《ことゆゑ》本人の心《こゝろ》が極まる迄は取《と》り消し止《や》めることは出來《でき》ざるなり

第百十六條　追認《ついにん》ハ別段《べつだん》ノ意思表示ナキトキハ契約《けいやく》ノ時ニ遡《さかのぼ》リテ其效力ヲ生ス但第三者ノ權利ヲ害スルコトヲ得ス

代理の權利を持《も》たずして行《おこな》ひたる約束を本人《ほんにん》と見らるべき人が後日《ごじつ》に至《いた》り認《みと》め承知したるときに其の承知したる心持《こゝろもち》を言ひ表《あら》はしたることに附《つ》け加《く》へて特別《とくべつ》の斷《ことは》りを爲したるときにあらずは彼の代理人と稱《しよう》せし者が約束《やくそく》せし月日《つきひ》に遡《さかのぼ》りて其の時より約束の效能《かうのう》が有る者とするなり但《たゞ》し第三の地位《ちゐ》に有りて權利を持ち居る關係《くわんけい》の人が有れば其の人の權利を損《そこ》なふ樣のことあらば前の日に遡《さかのぼ》りて效能あらしむることが出來ずとなり

第百十七條　他人《たにん》ノ代理人トシテ契約《けいやく》ヲ爲シタル者カ其代理權ヲ證明《しようめい》スルコト能《あた》ハス且本人ノ追認《ついにん》ヲ得サリシトキハ相手方ノ選擇《せんたく》ニ從《したが》ヒ之ニ對シテ履行又ハ損害賠償ノ責ニ任ス

前項ノ規定ハ相手方カ代理權《だいりけん》ナキコトヲ知リタルトキ若クハ過失《くわしつ》ニ因リテ之ヲ知ラサリシトキ又ハ代理人トシテ契約ヲ爲シタル者カ其

能力ヲ有セサリシトキハ之ヲ適用セス

他人《たにん》の代理人なりと稱《とな》へて約束を爲したる者が自分《じぶん》の代理を行《おこな》ふの權利を證據立《しようこだ》て明《あきら》かにすることが出來ず其の上尚《うへな》は本人と見らるべき人より後日《ごじつ》に至《いた》り認め承知することを得られざりしときは彼《か》の代理人と稱せし者と約束したる相手《あいて》方《かた》の勝手《かつて》なる擇びに任《まか》せ自分の約束したることを約束通《とほ》りに取り行《おこな》ふか又は其の約束を止《や》めて相手方に損失《そんしつ》を償《つぐな》ひ賠ふか何《いづ》れなりとも一方《いつぱう》の義務《ぎむ》を盡《つ》くさなければならぬなり

前項《ぜんこう》の規則は相手《あいて》の人が代理人と稱せし者は代理をするの權利が無きことを知り得られたるとき若《もし》くは過《あやま》ちに由りて其の權利なきことを知り得られざりしとき又は代理人と唱《とな》へて約束を爲したる者が一人前《いちにんまへ》の約束をする分別《ふんべつ》の力《ちから》を持ち居らざりしときは代理人と稱《しやう》せし者に當て用《もち》ゐずと云ふなり

第百十八條　單獨《たんどく》行爲ニ付テハ其行爲ノ當時《たうじ》相手方カ代理人ト稱《せう》スル者ノ代理權ナクシテ之ヲ爲スコトニ同意シ又ハ其代理權ヲ爭ハサリシトキニ限リ前五條ノ規定ヲ準用ス代理權ヲ有セサル者ニ對シ其同意ヲ得テ單獨行爲ヲ爲シタルトキ亦同シ

單獨行爲《たんどくかうい》則ち双方に義務《ぎむ》を生ずる樣《やう》の行《おこなひ》に非ず唯代理人と稱《しやう》するものが相手に品物を與ふるとか本人の借りを返すとかの如き事柄《ことがら》に付《つい》ては其の事柄を爲すときに相手の人が代

理人と稱《とな》へたる者が代理する權利《けんり》が無《な》くして約束事を爲すことを承知し又は其の代理權が有るか無きか不十分《ふじふぶん》なるも相手方の人《ひと》が強《し》ひて夫《そ》れを爭《あらそ》ひ正《たゞ》さずに約束事《やくそくごと》を取り結《むす》びたるときは角別《かくべつ》本人を當《あ》てにせず代理人を目當《めあ》てに爲したることなれば前《まへ》の五ヶ條の規則に從《したが》ひ第百十三條にては其の双方《さうはう》の約束を本人たるべき人が承知《しようち》し認《みと》めたるにあらずは本人に對《たい》しては效能なく只兩人《たゞりやうにん》の間《あひだ》に成立《なりた》つ而已《のみ》なり第百十四條第百十五條第百十六條第百十七條等夫れ〳〵の規則に從《したが》ひ本人の承知し認むることがなくば代理人と稱《とな》へたる者と其の相手方《あいてかた》との間に約束が成立《なりた》ちたる者として其の代理人が義務《ぎむ》を盡《つく》すべく其他《そのた》兩方《りやうはう》の約束を本人に承知し行《おこな》はしめんとせば直《たゞ》ちに其の本人に催告《さいこく》せざるべからずなどの定《さだ》め方《かた》を用《もち》ゆべしとなり又た代理人と稱《とな》ふるも眞實《しんじつ》代理する權利を持ち居らざる者の同意《どうい》賛成《さんせい》を得て單獨行爲《たんどくかうい》則ち唯《たゞ》或る人に品物《しなもの》を與《あた》ふるなどの事を約束《やくそく》したる時の如く本人に向て手續《てつゞき》を爲さゞれば本人に向《むか》ひ效能がなく本人が後日《ごじつ》に認《みと》め承知《しようち》せざる迄か無效同《おな》じく代理人と稱《しよう》せし者と相手方《あいてかた》との約束と見做《みな》すなどの前《まへ》の五ヶ條の規則に從ひ處置《しよち》するなり

第四節　無效及ヒ取消

本節は法律上の行《おこな》ひ則ち賣買の約束などを爲したる事が效能なきことに付《つ》ての規則又は約束したる人又は約束したる事柄が不十分《ふじふぶん》なりし爲めに約束を取《と》り消《け》し止《や》めることが出

來《き》るとか其の手續の遣《や》り方《かた》は如何樣《いかやう》なるかなどの規則を定《さだ》めたり

第百十九條　無效《むこう》ノ行爲ハ追認《ついにん》ニ因リテ其效力ヲ生セス但當事者《たうじしや》カ其無效ナルコトヲ知リテ追認ヲ爲シタルトキハ新ナル行爲ヲ爲シタルモノト看做ス

無效《むかう》の行爲則ち如何樣《いかやう》に約束をするも效能なきこと言《い》ひ換《か》ゆれば成《な》り立《た》つことが出來ざる事柄《ことがら》は後日《ごじつ》に至り認め承知したりとて其約束の效能が出來る者にあらず矢張《やは》り前の如く結局《けつきよく》效能が無きなり譬《たと》へば未成年《みせいねん》の人が甲の品物《しなもの》を賣るの約束を爲しながら乙の品物を賣《う》り付けたりされば約束《やくそく》したる品物は甲の品にて賣《う》り渡《わた》さんとするは乙の品物なれば夫《そ》れに付ては少《すこ》しも約束も成立つことと出來ざるなり其の後ちに至《いた》り買ひ方《かた》より賣り方に向《むか》ひて彼の品物を買ひ受けたるときは貴殿方《きでんかた》も未成年者《みせいねんしや》にて約束が確《たし》かならざる者なれば今日《こんにち》に於て彼の約束を確《たしか》に承知せられたしと申込《まうしこ》みたるに未成年者の方《かた》より認め承知の旨《むね》を申し來《きた》りたりとも已《すで》に前の約束の目當《めあ》てにしたる品物は違《ちが》ひ居《を》りて到底《たうてい》效能の無き約束なれば後日《ごじつ》に至り認め承知したりとも效能が出來る筈《はづ》なきなり故《ゆゑ》に後日に認め承知したりとも結局成《けつきよくな》り立つことが出來ず矢張《やはり》效能なしとなり併《しか》しながら品物の違《ちが》ひ居《ゐ》たることを知りながら後日に認め承知したるときは新《あらた》に其の違《ちが》ふ品物に付き約束のことを爲したる者と法律にて見とめるなり

第百二十條　取消《とりけ》シ得ヘキ行爲ハ無能力者《むのうりよくしや》若クハ瑕疵《かし》アル意思表示ヲ爲シタル者、其代理人又ハ承繼人《しやうけいにん》ニ限リ之ヲ取消《とりけ》スコトヲ得

妻カ爲シタル行爲ハ夫モ亦之ヲ取消スコトヲ得

約束したる事柄を取り消し止めることが出來《でき》る人々は未《いま》だ法律の定《さだ》め年に成《な》らざる未成年者など若《も》しくは約束するに付き申し出でたる考《かんが》へや心持《こゝろもち》が不十分《ふじふぶん》にて有りし者又は其の人々等の代理人又ル相續をする人等《ひとら》なり是等の人々《ひと〴〵》は承知したりと全《まつた》く誤《あやま》りて承知したりとか未だ年が若《わか》くして一人前《いちにんまへ》の分別《ふんべつ》が無かりしとか自分の財產を勝手《かつて》に處分《しよぶん》することを裁判より禁《きん》じ居《を》らるゝものにて約束通《やくそくどほ》りに爲し行《おこな》ふことが出來ずとかの譯《わけ》にて是迄《これまで》の約束したることを取《と》り消《け》し止《や》めることを得るとの規則なり

妻《つま》が爲し行《おこな》ひたる事柄《ことがら》も許《ゆるし》を受《う》くべきを受けざりしときの如きは無能力者《むのうりよくしや》の爲したることと故取り消し止めることと出來るなり

第百二十一條　取消シタル行爲ハ初《はじめ》ヨリ無效《むかう》ナリシモノト看做ス但無能力者ハ其行爲ニ因リテ現《げん》ニ利益ヲ受クル限度《げんど》ニ於テ償還《しやうくわん》ノ義務ヲ負フ

約束《やくそく》したる事柄《ことがら》を取り消し止《や》めたるときは始《はじめ》より其の約束が效能なかりしもの何事もなかりしものと見なり併《しか》しながら未《ま》だ一人前《いちにんまへ》の働《はたら》きを爲すことが出來ずに約束を爲したる

者又は官《くわん》より自分勝手《じぶんかつて》に財産を處置《しよち》することを禁《きん》じ止められたる者夫《をつと》の許《ゆるし》を得されば約束事を爲すことが出來ざる妻などの人々が約束などを取り結《むす》びたるは其の行ひたる事柄に依りて現在利得《げんざいりとく》になりたる度合《どあ》ひに依りて自分《じぶん》が返《かへ》すべきの義務《ぎむ》あるなり

第百二十二條　取消シ得ヘキ行爲ハ第百二十條ニ揭ケタル者カ之ヲ追認シタルトキハ初ヨリ有效ナリシモノト看做ス但第三者ノ權利ヲ害スルコトヲ得ス

取り消《け》し止《や》むることが出來る約束事《やくそくごと》などを第百二十條に擧《あ》げ示《しめ》したる無能力者《むのうりよくしや》其の他の人々が後日《ごじつ》に至り認《みと》め承知したるときは其の約束を爲えたる時より效能ありし者と看做《みな》して其の間《あひだ》に爲し行ふたる事柄をして無駄《むだ》にすることはなしとなり但《たゞ》し約束者双方《やくそくしやさうはう》の外《ほか》なる第三の地位《ちゐ》にある人が其の約束の一方なる未成年者が取り消し得る約束にて賣りたりし品物《しなもの》を未成年者の法律上の代理人より買ひ受けたるときの如き其の品物の權利を第三の地位《ちゐ》に居《を》る人が得たる者なり然《しか》るに未成年者《みせいねんしや》は後ち成年に至り其の不十分の年《とし》のときに爲したる約束などを認め承知したりとも已《すで》に品物《しなもの》に付き權利を得たる第三の地位《ちゐ》に居る人に邪魔《じやま》を爲し其の權利を損《そこな》ふことは出來ずとなり

第百二十三條　取消《とりけ》シ得ヘキ行爲ノ相手方カ確定《かくてい》セル場合ニ於テ其取消又ハ追認ハ相手方ニ對スル意思表示ニ依リテ之ヲ爲ス

未成年者《みせいねんしや》の如き一人前《いちにんまへ》の資格《しかく》がなき者が約束事《やくそくごと》を爲したる如《ごと》き取り消《け》し止《や》めることが出《で》來る行《おこな》ひの相手《あいて》となり約束などを爲したる人《ひと》が確《たし》かに極《きま》り居るときにて其の約束《やくそく》を後日《ごじつ》に至《いた》り取り消し止《や》めるか又は認め承知するには其の相手《あいて》と成《な》りたる人に其丈《それだけ》の心持《こゝろもち》を表《あら》はし知らせて爲すべしとなり然《しか》らずは相手方に向《むか》ひては其の約束の效能《かうのう》なしとなり

第百二十四條　追認《ついにん》ハ取消ノ原因《げんいん》タル情況《じやうきやう》ノ止ミタル後之ヲ爲スニ非サレハ其效ナシ

禁《きん》治《ち》産者《さんしや》カ能力ヲ回復《くわいふく》シタル後其行爲ヲ了知シタルトキハ其了知シタル後ニ非サレハ追認ヲ爲スコトヲ得ス

前二項ノ規定ハ夫又ハ法定代理人カ追認ヲ爲ス場合ニハ之ヲ適用セス

取《と》り消《け》し止《や》むることを得るの約束《やくそく》などを後日《ごじつ》に至り取り消さずに如何《いか》にも自分《じぶん》が約束せりと認め承知することは其の取り消《けし》の起《おこ》りの原《もと》なる事柄が止《や》みたる後《のち》に非《あら》らずは效能なしとなり何故《なにゆゑ》なれば若《も》しも其の起《おこ》りの事柄か止《や》まざる時に承知するでときは其の承知の仕方も亦た取り消すことが出來ることにて幾度認め承知するも何の役にも立たざればなり譬《たと》へば未《いま》だ法律上の定《さだ》め年《どし》に成らざる未成年者《みせいねんしや》が品物の賣買を爲したるときの如き未成年者にても約束が確《たし》かならざる故《ゆゑ》に成年即ち法律上の一人前《いちにんまへ》の年となりたるとき

に改《あらた》め承知せざれば約束《やくそく》が十分ならず何時《いつ》にても取り消さるゝなり此の時《とき》取り消さるゝ起りの原を何かと云へば未だ成年にならざるを云ふことなり故《ゆゑ》に前の不十分《ふじふぶん》の約束を認《みと》め承知し貰《もら》はんとせば成年卽ち法律上《はふりつじやう》一人前の年と見らるゝに至ることが肝要《かんえう》なり若しも其の年《とし》に至《いた》らさる内《うち》は取り消すことの起《おこ》りが止《や》まざることにて幾度《いくたび》認《みと》め承知《しようち》するとも何時《いつ》も取《と》り消《け》され少《すこ》しも效能なきなり故に取り消し得べき不十分《ふじふぶん》の約束を確《たし》かに認《みと》め承知《ち》せしめんとせば其の取り消すことが出來る年齡《ねんれい》を過《す》ぎて後《のち》に認《みと》め承知《しようち》せしむべしとなり

禁治產者《きんちさんしや》卽ち法律にて自分《じぶん》の財產を勝手《かつて》に取り扱《あつか》ふ力《ちから》なきものと言渡《いひわた》されし者が後自分《じぶん》勝手《かつて》に財產を取り扱《あつか》ふも宜しとて財產處分《ざいさんしよぶん》の考《かんが》へ力がある者と言ひ渡されたる後に至り前きに取《と》り消《け》すことが出來る約束などを爲せしと云ふことに始《はじ》めて氣《き》が付き知り得たるときは其の事《こと》を知《し》りて後にあらずは其の約束したることを認《みと》め承知《しようち》することが出來ずとなり何故《なにゆゑ》となれば氣《き》が付《つ》き知りたる後《のち》に非《あら》ずは何事《なにごと》を爲せしや茫然《ばうぜん》として知らざることとなれば到底《たうてい》認《みと》めることは出來ざる理屈《りくつ》なり若《も》し自分《じぶん》の心《こゝろ》に夫《そ》れと分《わか》らずして認め承知するなれば新《あら》たに約束をする樣《やう》に成りて追《お》つて認《みと》めるの趣意《しゆい》は無《な》くなるなり故に氣が付きて始めて認め承知すべしとなり

前の二項《にこう》の規則《きそく》は夫《をつと》又は法律にて定《さだ》まれる代理人が取《と》り消《け》し得べき約束などを後《あと》より認《みと》

め承知《しようち》する時には用《もち》ひずとなり何故《なにゆゑ》なれば夫《をつと》や法律上《はふりつじやう》の代理人《だいりにん》などは未成年者《みせいねんしや》又は禁治産者とは異《こと》なりて自分《じぶん》に取り消すことの起《おこ》りの原《もと》が有るに非ず立派《りつぱ》に一人前《いちにんまへ》の人なれば其事柄《そのことがら》を自分《じぶん》に考《かんが》へ自分に判斷《はんだん》して未成年者や妻《つま》などの行ひたる事を認め承知せば足るなり故に前《まへ》の規則《きそく》に依らず何時《いつ》にても勝手《かつて》のときに認《みと》め承知するも宜《よろ》しとなり

第百二十五條　前條ノ規定ニ依リ追認《ついにん》ヲ爲スコトヲ得ル時ヨリ後取消シ得ヘキ行爲ニ付キ左ノ事實アリタルトキハ追認ヲ爲シタルモノト看做《みな》ス但異議《いぎ》ヲ留《とど》メタルトキハ此限ニ在ラス

一　全部《ぜんぶ》又ハ一部ノ履行《りかう》
二　履行ノ請求
三　更改《かうかい》
四　擔保《たんぽ》ノ供與《きやうよ》
五　取消シ得ヘキ行爲ニ因リテ取得シタル權利ノ全部又ハ一部ノ讓渡
六　強制執行《きやうせいしつかう》

前條《ぜんでう》の規則《きそく》に依り先《さき》に約束したる不十分《ふじうぶん》のものを後日《ごじつ》に認め承知《しようち》することを得べきとき則ち承知するも效能《かうのう》が有る可《べ》き時《とき》より（乃《すなは》ち未成年者は成年になりたるとき禁治産《きんちさん》者は

禁治産《きんちさん》の言渡《いひわたし》を解かれ自分《じぶん》が前《まへ》に爲し行《おこな》ひたる取消し得べきことありたるを始《はじ》めて知《し》り得しときを云ふ）後《のち》に其の取り消すことが出來《でき》る行《おこな》ひに付き下《しも》に述《の》ぶるが如き事柄《ことがら》ありたるときは其の取《と》り消《け》すことを得べかりし約束《やくそく》ごとなどを認《みと》め承知《しようち》したる者と法律《はふりつ》にて見《み》なし極《き》めるなり併《しか》しながら下《しも》に述ぶるの事柄《ことがら》を爲したりとも若《も》し異議《いぎ》則ち必《かなら》ずしも認め承知するにはあらずとの旨《むね》を斷《ことは》りたるときは追認《ついにん》を爲したる者とは見られずとなり一《いつ》般《ぱん》の場合《ばあひ》に認め承知したりと見爲《みな》さるゝ事柄《ことがら》の第一も取り消すことを得べき約束にて極《き》めたる事柄《ことがら》の殘《のこ》らずか又は其の事柄《ことがら》の一分《いちぶ》丈《だけ》なりとも約束通《やくそくどほ》りに取り行《おこな》ひたること第二は取り消すことが出來《でき》る所《ところ》の者より一方《いつぱう》に向《むか》ひて約束通りに踏《ふ》み行ふべしと申《まう》し遣《つか》はしたることと則ち自分が行ひて取り消すことが出來《でき》る者を却《かへ》つて一方《いつぱう》の相手方《あいてかた》に取り行ひ方《かた》を申込《まうしこ》むなどは自分の爲したる事を承知《しようち》すればこそ先方《せんぱう》にも履《ふ》み行《おこな》ふことを申込《まうしこ》みたる者なるべし故に法律にても承知したるものと看做すと云ふなり第三更改《かうかい》則ち義務《ぎむ》を改《あらた》め變《か》へることと譬《たと》へば取り消すことを得べき約束にて自分《じぶん》が品物《しなもの》を贈《お》くるべき義務《ぎむ》ありしに金錢《きんせん》を以《もつ》て贈《お》くる義務と變《か》へ改《あらた》めたること、第四は擔保《たんぽ》の供與《きやうよ》則ち取り消すことが出來る約束《やくそく》にて自分が行《おこな》ふべき義務に引《ひ》き當《あ》ての品物《しなもの》を備《そな》へ差出《さしいだ》したること第五取り消すことが出來る約束《やくそく》に依りて自分《じぶん》に取り得たる權利《けんり》の殘《のこ》らず又は一分《いちぶ》丈《だけ》を他人に讓《ゆづ》り渡《わた》したることと此のときも取り消すことを得べき約束《やくそく》を取り消しもせず却《かへ》つて其の約束にて得たる權利《けんり》を他人《たにん》に讓り渡したるは取りも直《なほ》さず其の約束を認め承知して役《やく》に立《た》てたる者なり故に法律は追認《ついにん》せる者と見《み》なすなり第六は强制執行《きやうせいしつかう》則ち取り消すことを得べき約束を爲したる人が其の相手方《あいてかた》に裁判所の手《て》を以《もつ》て約束通りにすべしと迫《せま》りたるときの如し自分が已《すで》に其の約束を認め承知したる者なれば公《おほや》けの手續《てつゞき》までを用《もち》ゐて相手方《あいてかた》に迫《せま》りたるものと法律が見做《みな》すなり

第百二十六條　取消權《とりけしけん》ハ追認ヲ爲スコトヲ得ル時ヨリ五年間《ないくわん》之ヲ行ハサルトキハ時效《じかう》ニ因リテ消滅《せうめつ》ス行爲ノ時ヨリ二十年ヲ經過シタルトキ亦同シ

本條は約束などの不十分なりし爲めに取り消すことが出來る期限を定めたり則ち第百二十四條などに依りて取《と》り消《け》すことが出來る約束《やくそく》を認《みと》め承知《しようち》して改《あら》ため確《たし》かにすることが出來得べき時より五年《ごねん》の間《あひだ》は取り消すことが出來《でき》るなれども其間《あひだ》に行はざるときは時間《じかん》が過《す》ぎ去《さ》りたる法律上の定《さだ》めに依りて取り消し得《う》る權利《けんり》は消《き》え無《な》くなるなり又其外年齡《ほかねんれい》などに關係《くわんけい》せずに約束の仕方《しかた》が不十分《ふじうぶん》なる如きより取り消すことを得《う》る權利《けんり》は約束事《やくそくごと》なども爲し行《おこな》ひたるより二十年《にじうねん》を過《す》ぎ去《さ》れば取り消すを出來《でき》る權利は消《き》へなくなるなり

第五節　條件及ヒ期限

本節は約束《やくそく》などを爲《な》す時に一通《ひとゞほ》りの約束に非ず條件付約束《でうけんつきやくそく》などのときの條件則ち俗《ぞく》に云

ふ曰くとか、文句《もんく》とか、斷《こと》はりとか、などを付けたるときは其の約束は如何《いか》なる摸樣《もやう》に成《な》るべきか其の曰く、などが如何樣《いかやう》とも極《きま》らぬときは約束者双方《やくそくしやさうはう》は如何樣の手續《てつゞき》を爲すことが出來るかなどの事及《ことおよ》び法律上の行《おこな》ひ則ち賣買《ばいく》などを爲すに當《あた》りての期限《きげん》を定《さだ》めたり其の期限は如何《いか》なる效能《かうのう》有るかは尚《な》ほ各條《かくこう》の下《もと》にて說《と》き述《の》ぶべし

第百二十七條　停止《ていし》條件《でうけん》附《づき》法律行爲ハ條件成就《じやうじゆ》ノ時ヨリ其效力ヲ生ス」
解除《かいぢよ》條件附法律行爲ハ條件成就ノ時ヨリ其效力ヲ失フ
當事者カ條件成就ノ效果《かうくわ》ヲ其成就以前《いぜん》ニ遡《さかのぼ》ラシムル意思ヲ表示シタルトキハ其意思ニ從フ

停止條件附法律行爲《ていしでうけんづきはふりつかうい》とは法律上の行ひにして條件則ち曰くとか斷《ことは》りとかを付け其の曰くなどの出來上《できあが》る迄《まで》は爲し行ひたる事柄《ことがら》の效能を留《とゞ》め乃ち其迄《それまで》は事柄が成《な》り立《た》たざるものとする行ひなり譬《たと》へば一《いつ》の品物《しなもの》を賣買《ばいく》せんとの約束を爲すべし然《しか》れども或る一の事件《じけん》が成り立《た》ち出來上《できあが》る迄《まで》は其の賣買の效能《かうのう》を留《とゞ》むべし則ち其の事件が出來上りたるときに品物《しなもの》を賣買したる效能《かうのう》が完全《くわんぜん》なるものとすべしとの約束にて其迄《それまで》は約束の效能《かうのう》を停《とゞ》め置くなり其の或る一《いつ》の事件《じけん》の出來上りたる時《とき》と云ふことが賣り買ひの約束《やくそく》に付きたる條件《でうけん》則ち斷《こと》はりの如《ごと》し然して出來上《できあが》りたるときは約束が成《な》り立ち其迄《それまで》は成立《なりた》ちの效能を停《とゞ》めると云ふ條件《でうけん》なり故《ゆゑ》に之《これ》を停止《ていし》の條件《でうけん》とは云ふなり則ち本項は斯《か》くの如《ごと》き法律上の約束《やくそく》

を爲したるときは條件則《すなは》ち曰《いは》くが出來上り就《な》りたる時より約束の效能が出來ることを定《さだ》めたるなり

本項は同じく條件のことを定《さだ》めたれども前項の約束《やくそく》の效能《かうのう》を停《とゞ》めるものに異《こと》にして條件の如何《いかん》に依りて約束を解《と》き止《や》めることを定《さだ》めたり解除條件附《かいぢよでうけんづき》法律行爲とは譬《たと》へば一《いつ》の品物を賣《う》る約束《やくそく》を爲し其の上此品物《しなもの》は賣れども若し或る事件が出來上るならば約束を解き止むべしなどゝの約束を指《さ》して云ふ故《ゆゑ》に或る事件《じけん》なる者が出來上る迄《まで》は其の約束が成《な》り立《た》つか又は解《と》き止《や》められるゝか定《さだ》まらざるなり斯くの如き斷《ことは》りを約束に付《つ》けたるを解除條《かいぢよでう》件《けん》と云ふなり本項にて斯くの如き條件が出來上りたるときは其の約束の效能《かうのう》は消《き》え失《う》せることを定めたり

前二項の場合《ばあひ》にて條件附《でうけんつ》きの約束《やくそく》を爲したる兩方《りやうはう》の人が其の條件《でうけん》が就《な》り立つことの效能の結局《けつきよく》を其の成り立ちたる時より前《まへ》即ち約束を爲したる時《とき》に迄《まで》效能を溯《さかのぼ》り役《やく》に立たしむる心持《こゝろもち》を表《あら》はし告げたるときは其の心持次第《しだい》に任《まか》せ約束の效能《かうのう》有らしむべしとなり譬へは此の品物《しなもの》を賣《う》るけれども或る事件《じけん》の成り立ちたる時《とき》に始めて約束《やくそく》が完全《くわんぜん》に成り立つことゝすべし但し愈々《いよ／＼》約束が成り立ちたるときは其の效能は事件の成り立ちの前《まへ》始《はじ》めに賣り買ひの約定《やくぢやう》をせしときより有るものとすべしなどの約束を爲せしに後日《ごじつ》果《はた》して或《あ》る事件が出來上り品物《しなもの》を買《か》ひ取るときに當《あた》りては先きに賣買の效能《かうのう》を前《まへ》に溯《さかのぼ》らしむべしと約

定し置きし事故其の品物《しなもの》より取れる利息《りそく》とかの如《ごと》きは或る事件が出來上りたるときに非《あら》ず條件《でうけん》を付けて始めて約束《やくそく》したる時《とき》よりの分《ぶん》を取り收《をさ》むるの效能ありとなり本條《ほんでう》の條件に就《つい》ては其條件が二樣《にやう》になることあり則ち一は或る事件が出來上れば約束を爲し又は約束を解き止むべしとなり二は或る事件が出來上らざればと云ふときの如き則ち或る事件が出來上らざれば賣買の約束を爲すべし又は或る事件が出來上らざれば約束を解くべしなどを云ふなり

第百二十八條　條件附法律行爲ノ各當事者《かくたうじしゃ》ハ條件ノ成否未定《せいひみてい》ノ間ニ於テ條件ノ成就ニ因リ其行爲ヨリ生スヘキ相手方ノ利益ヲ害スルコトヲ得ス

條件を附《つ》け其の條件《でうけん》が出來上《できあが》るとき又は出來上らざるときは或る品物を賣買すべしと約束したる双方《さうはう》の人は其の條件が出來《でき》るや出來ぬか極《きま》らざる内《うち》に若し條件が出來上がれば其の約束よりして得らるべき相手方《あいてかた》の利益《りえき》を得ることを邪間《じゃま》し損《そこな》ふことは出來《でき》ざるなり譬《たと》へば或る條件が出來上《できあ》がれば土地《とち》を買《か》ひ取ることが出來るなどの時《とき》に於て其の條件が成るか成らぬか知れぬ間に賣主《うりぬし》は買主の手《て》に入るべき土地《とち》の作物《さくもつ》などを荒《あ》らし露して買主の損失になる樣のことは出來ぬとなり

第百二十九條　條件ノ成否未定《せいひみてい》ノ間ニ於ケル當事者ノ權利義務ハ一般

ノ規定ニ従ヒ之ヲ處分《しよぶん》、相續《そうぞく》、保存《ほぞん》又ハ擔保スルコトヲ得

賣買《ばいばい》の約束などに附《つ》く條件が成《な》り上《あが》るか出來ぬか定《きだ》まらざる間《あひだ》は其の賣買を爲す両方《りやうはう》の人の權利《けんり》や義務などは通常《つうじやう》の規則に從《したが》ひ勝手《かつて》に處置《しよち》を爲したり相續《さうぞく》を爲《な》したり或ば權利を保《たも》ち扱《あつか》ひたり又ば義務が有るときは引《ひ》き受《うけ》を爲したりすることが出來るなり故に條件を附けて或る品物《しなもの》を賣らんことを約束したりとも其の條件が出來上るや否《いな》やの極《きま》らざる間《あひだ》其の品物を抵當《ていたう》に引當《ひきあ》てたり又は外《ほか》に賣り拂《はら》ふの約束を爲すとも勝手《かつて》に出來るなり去りながら已《すで》に條件附を以《もつ》て約束したる先《さ》きが有ることとなれば其の條件の出來上《できあが》りたるときは其方《はう》に賣らざる可からず故に外《ほか》ゑ賣るにしても其丈《それだけ》の手筈《てはづ》を爲し其の時《とき》に及《およ》び不都合《ふつがふ》なき樣《やう》に處置《しよち》を爲す可きなり

第百三十條　條件ノ成就ニ因リテ不利益ヲ受クヘキ當事者カ故意ニ其條件ノ成就ヲ妨《さまた》ケタルトキハ相手方《あいてかた》ハ其條件ヲ成就シタルモノト看做スコトヲ得

條件附《でうけんつき》の約束を爲したる時に條件が出來れば自分《じぶん》に損失《そんしつ》を蒙《かうむ》るべき一方《いつぱう》の者が故意《こい》即ち其の條件が出來ずは先方《せんぱう》の者に害《がい》に成るを知《し》りながら只自分《たゞじぶん》の損失《そんしつ》を恐《おそ》るゝ爲めに其の條件の出來上ることを邪魔《じやま》して出來《でき》ぬ樣にせしときは先方《せんぱう》の相手方ゟ其の條件を出來上りし者と見做《みな》して一方《いつぱう》のものゝ約束通《やくそくどほり》にせしむることを得るとなり

第百三十一條　條件カ法律《はふりつ》行爲ノ當時《たうじ》既《すて》ニ成就セル場合ニ於テ其條件カ停止《ていし》條件ナルトキハ其法律行爲ハ無條件トシ解除《かいじよ》條件ナルトキハ無效トス

條件ノ不《ふ》成就《じやうじう》カ法律行爲ノ當時《たうじ》既《すて》ニ確定《かくてい》セル場合ニ於テ其條件カ停止條件ナルトキハ其法律行爲ハ無效トシ解除條件ナルトキハ無條件トス

前二項ノ場合ニ於テ當事者カ條件ノ成就又ハ不成就ヲ知ラサル間ハ第百二十八條及ヒ第百二十九條ノ規定ヲ準用ス

條件附賣買約束《でうけんつきばいばいやくそく》などを爲せしときに其の約束《やくそく》の時己《ときすて》に條件が成り立ち居りしときは其の條件《でうけん》が停止《ていし》條件《でうけん》即ち條件が出來る迄《まで》は約束の效能を停《とゞ》めると云ふものなるときは其の賣買約束などは無條件即ち條件が無《な》きものとするなり是れ何故《なにゆゑ》かなれば條件の出來上る迄《まで》は效能を停めると云ひながら己《すて》に出來上り居りしこと、なれば出來上る迄《まで》との條件は丸《まる》でなきこととなり故に條件なきものとして直《たゞち》に約束が成立《なりた》つ者とするなり若し已《すて》に條件が成り立ち居りしときに行ふ約束事の條件が其の條件が成り上れば約束を解くと云ふものなりしときは其の約束は效能なきものとするなり何故かなれば條件が出來上れば約束事を解くと云ふも己《すて》に出來上り居りて是より出來る期限が到底《たうてい》無きなり無き者を條件とし

て夫《そ》れが出來《でき》ずは約束などを解くなどは道理上《だうりじやう》有り得べからざる事なり故に其の約束を無きものとするなり

若しも出來上ずはその條件附賣買約束《やくそく》などを爲せしときに於《おい》て其の條件が賣買などを爲せし時《とき》に已《すで》に出來ざることが確《たし》かに極り居りしものなるときは賣買約束附條件が其の條件出來ずは賣買の約束を爲すべしなどと云ふときに其の約束ノ效能なき者として止めしむるなり已《すで》に出來ずと云ふことが確《たし》かに極《きま》り居りしことを以《もつ》て其れが出來ずはなどゝ云ふは出來ぬことを出來ぬときはなど云ふ到底《たうてい》有り得べからざることと故《ゆゑ》に其の約束《やくそく》を效能なきものとし止めるなり若し賣買約束《ばいくやくそく》附條件が條件が出來《でき》上《あが》らずは賣買約束を解《と》き止めるなど云ふものなるときは已《すで》に出來上らずと云ふことが確《たし》かに極《きは》り居ることとなれば是より後《のち》に何《なに》もなきものを出來上らずなど云ふに同じことにて到底《たうてい》言ひ得べからざることなり其の樣《やう》のものを待《ま》ちて後に非《あら》ずは約束を解《と》き止《や》めることを得ずなど云ふときは無きことを當《あ》てにすること故遂《ゆゑつい》に解き止《や》める期限なきなり依て法律にて其の約束を始《はじ》めより條件はなきものにして直《たゞ》ちに勝手《かつて》に解き止《や》めるを得る者とせり

前の二項の塲合《ばあひ》にて法律上《はふりつしやう》の行爲則《すなは》ち賣買約束などを爲したる双方《さうはう》の者は條件が成り立ちしか成り立たざるかを知《し》らさる間《あひだ》は第百二十八條の一方《いつばう》の者は相手方《あいてかた》の利益《りえき》を害《がい》し損《そこな》ふことが出來ざることと及《およ》び第百二十九條の種々《しゆゝ》の行《おこな》ひを爲すことを得るとの規則《きそく》を當《あ》て

用ゆべしとなり

第百三十二條　不法《ふはふ》ノ條件ヲ附《ふ》シタル法律行爲ハ無效《むかう》トス不法行爲ヲ爲サヽルヲ以テ條件トスルモノ亦同シ

法律《はふりつ》行爲則ち賣買《ばいゞ》、貸借《たいしやく》、交換等《かうくわんとう》の約束《やくそく》を爲すに當《あた》り不法の條件則ち誰某《たれそれ》が何某《なにがし》を殺《ころ》したるときは前の三個《さんこ》の行ひの如きことを爲すべしなどと無法《むはふ》の條件を以《もつ》て約束の出來《でき》不出來に係《かゝ》はらしめたるときは其の約束は到底《たうてい》成り立たざるものとし效能なきものとするなり何故《なにゆゑ》となれば斯《かく》の如《ごと》き事は世の中《なか》の紀律《きりつ》に障《さは》ることにて道理上《だうりじやう》許すべからざること故なり又た不法行爲則ち法律に叶《かな》はざる行ひを爲さゝるときは法律上の行《おこな》ひ乃ち賣買《ばいゞ》、賃貸等《ちんがしとう》の約束を爲したるときも亦到底成立《またたうていなりた》つ可《べ》からざるものとするなり其の譯何故《わけなにゆゑ》かなれば凡《およ》そ一國人民《いつこくじんみん》として法律に叶《かな》はぬ事を爲さゝるは勿論《もちろん》の事にして特別《とくべつ》に其の樣《やう》なることを約束すべき筈《はづ》のものに非《あら》ず一方《いつはう》より見《み》れば不法《ふはう》の事《こと》を爲さゝるなどゝ云へば甚《はなは》だ立派《りつぱ》なれども斯《かく》の如《ごと》きことを以《もつ》て約束を爲し爲さぬを極《き》める樣《やう》にては公《おほや》けの道《みち》にも關係《くわんけい》する而已《のみ》ならず當然人民《たうぜんじんみん》が爲すべからざることを成《な》さぬに依《よ》り義務權利《ぎむけんり》の關係《くわんけい》を生《しやう》ずべき約束をするなどは法律上《はふりつじやう》譯《わけ》のなきことにて寧《むし》ろ不法のことゝ云ふも可なるべし是れ法律が是等のことを效能なきもの成り立たざる者とせることとなり

第百三十三條　不能《ふのう》ノ停止《ていし》條件ヲ附シタル法律行爲ハ無效トス

不能ノ解除條件ヲ附シタル法律行爲ハ無條件トス

不能《ふのう》則ち道理上《だうりじやう》出來得べからざる事柄《ことがら》を條件として其の條件が出來上る迄約束を實際《じつさい》に行《おこな》ふことを停《とゞ》めるなどゝ約束したることは法律上當然效能《たうぜんかうのう》なきもの到底《たうてい》成り立ち得べからざるものとするなり是れ道理上出來《だうりじやうでき》得《う》べからざることは何時迄《いつまで》待つとも出來る期限がなきなり出來得べからざることを出來たるときなどとも當てに成らざるものを當てにすることにて法律上道理上より成り立つ可からずとするは至當の事なりとす

不能則ち道理上出來得べからざることを目當《めあ》てとして其の事が出來たる時は約束が解《と》き止《や》めるなどゝ約束したる時の如きも前項と同《おな》じ理屈《りくつ》にして何時迄《いつまで》待つとも條件《でうけん》が出來上《できあが》る期限が無く從《したが》つて約束を解き止《や》むることなどは到底出來得《う》べからざることなれば法律上の行ひの目的《もくてき》と爲す可からざるものなり故に其の條件は無きものとして勝手《かつて》に解き止めるを得るものとせり是亦《これまた》至當《したう》のことなりとす

第百三十四條　停止《ていし》條件《でうけん》附《づき》法律行爲ハ其條件カ單《たん》ニ債務者《さいむしや》ノ意思ノミニ係ルトキハ無效トス

或る條件《でうけん》が出來上る迄《まで》は法律行爲《はふりつかうゐ》則ち賣買約束《ばいくやくそく》が實際《じつさい》に效能《かうのう》を生せぬとの條件附にて約束せしときに其の條件の出來上《できあが》ることは唯《たゞ》其の約束にて義務《ぎむ》を負《お》ふべきもの丶心次第《こゝろしだい》と云ふ如《ごと》くなるときは其の約束が效能なく成《な》り立たざるものとするなり是れ何故《なにゆゑ》かなれば

義務を負《お》ふべき人《ひと》の心通《こゝろどほ》りなど、一方《いつぽう》の都合《つがふ》のみにて甚《はなは》だ偏頗《へんぱ》の處置《しよち》にて不法のこと故其の様《やう》の約束は效能なく役《やく》に立《た》たずとするなり

第百三十五條　法律行爲ニ始期《しき》ヲ附《ふ》シタルトキハ其法律行爲ノ履行《りかう》ハ期限ノ到來スルマデ之ヲ請求スルコトヲ得ス
法律行爲ニ終期《しうき》ヲ附《ふ》シタルトキハ其法律行爲ノ效力《かうりよく》ハ期限ノ到來《たうらい》シタル時ニ於テ消滅ス

法律上の約束事《やくそくごと》など爲すに其の約束の事柄《ことがら》を取り行ふ期限を定めたるときは其の約束の事柄を取り行ふことは期限の來《きた》る迄《まで》申《まう》し出《い》で求《もと》めること出來《でき》ずとなり之れ勿論《もちろん》のことなり已《すで》に期限を付《つ》くる上《うへ》は其の期限より取り行ふことを思《おも》へばなり然《しか》るに期限も來《きた》らざるに取り行ふことを求《もと》むは不當《ふたう》なる而已《のみ》ならず期限を付けたる譯《わけ》が分《わか》らなくなるなり
法律上に叶《かな》ふたる行ひに終《をは》りの期限を定《さだ》めたるときは其の法律行爲《はふりつかうい》則ち品物《しなもの》の貸《か》し借《か》りの約束などが成《な》り立ち居《を》る效能《かうのう》は期限の到《いた》りたる時に消へ無くなるなり

第百三十六條　期限ハ債務者ノ利益ノ爲メニ定メタルモノト推定《すいてい》ス
期限ノ利益ハ之ヲ拋棄《はうき》スルコトヲ得但之カ爲メニ相手方ノ利益ヲ害スルコトヲ得ス

賣買《ばい〳〵》其他貸し借り等の法律上の行《おこな》ひに付き期限を定《さだ》めたるとき期限は義務《ぎむ》を行《おこな》ふの地位

に立つ人《ひと》の利益《りゑき》を計《はか》りて定めたる者なりと一般《いつぱん》の場合にて法律が相方《さうはう》の心《こゝろ》を推し測りて定《さだ》めたり故《ゆゑ》に權利者《けんりしや》は期限の內《うち》は權利を言ひ張《は》ること出來ぬなり若し出來るとすれば義務を負《おふ》べき人《ひと》の利益《りゑき》の爲《た》めと定《さだ》めながら利益《りゑき》がなくなるなり

前項《ぜんこう》に期限《きげん》にて利益を得るは義務を負《お》ふべき人《ひと》と定たるが本項は其の利益を自《みづか》ら捨《す》て去《さ》ることを得るなり譬《たと》へば品物《しなもの》を人に遣《や》る約束《やくそく》を爲したるもの幾日間《いくにちかん》過《す》ぎ去れば皆な引き渡《わた》すなど云ふとき其の期限は賣主《うりぬし》が品物を整《とゝの》へるなど云ふには大《おほい》に利益あることとなりされども若しも義務を負《お》ふ可《べ》きものが勝手《かつて》に其の利益を抛《なげう》ち捨《す》てると云ふは義務者の爲めの利益のこととなれば其の人《ひと》の心次第《こゝろしだい》にするを得るなり併《しか》しながら相手方《あいてかた》が其の期限の爲めに利得を得ることを邪魔《じやま》せらるゝときは義務者なりとも已《すで》に約束したることなれば相手の爲めにも相當《さうたう》の遠慮《ゑんりよ》をせざる可からず自分勝手《じぶんかつて》に出來ざるなり

第百三十七條　左ノ場合ニ於テハ債務者ハ期限ノ利益ヲ主張スルコトヲ得ス

一　債務者《さいむしや》カ破產《はさん》ノ宣告《せんこく》ヲ受ケタルトキ

二　債務者カ擔保《たんぽ》ヲ毀滅《きめつ》シ又ハ之ヲ減少《げんせう》シタルトキ

三　債務者カ擔保ヲ供スル義務ヲ負フ場合ニ於テ之ヲ供セサルトキ

義務《ぎむ》を負《お》ふべき人は法律上の行《おこな》ひを爲すに付き期限の利益《りえき》を得るものなれども下《しも》の場合《ばあひ》にては期限《きげん》の利益を得んと言ひ張《は》ることが出來ざるなり第一は義務を負《お》ふ可《べ》き者が借り分《ぶん》を支拂《しはら》ふことが出來ずして破産《はさん》の言渡《いひわたし》を受けたるとき已《すで》に破産となれば有《あ》り高《だか》の財産《ざいさん》を一と纏《まと》めにして皆《みな》の借《か》り分《ぶん》に當《あ》て拂《はら》はざる可からず然《しか》るに義務者が尚は期限を延すの利益を得んとすれば相手方《あひてかた》は破産に付て財産が殘らず無くなりたる後に非ざれば其の義務者に係《かゝ》ることが出來《でき》ず其のときになれば早や義務者は一文無《いちもんな》しとなり相手方を害《がい》することになれば前の第百三十六條第二項に反くなり第二は義務を負ふべき者が自分が義務を確《たし》かに行ふ爲《ため》にとて引《ひ》き當《あて》を出《いだ》しながら其の引き當て物を毀《こぼ》ち無くしたるとき又は其の物を減《へ》らし無くしたるとき此のとき權利を持《も》ち居《を》る人は引き當物《あてもの》が有ればこそ期限《きげん》を長《なが》くし待《ま》ち居るものなるに其物《そのもの》を破《やぶ》り無《な》くする樣《やう》にては權利が有る人は安心《あんしん》が出來ず故《ゆゑ》に義務を負《お》ふ可き者は自分《じぶん》は相手方《あひてかた》に損《そん》を蒙《かうむ》らしめ自分丈利益を得んとするも不法のことなり故に期限の利益を得る能はず直《たゞ》ちに返《かへ》さゞる可からずとなり第三は義務を負ふ可き者が相手方《あひてかた》に向《むか》ひ引き當物《あてもの》を差《さ》し出すべきに差し出さゞるとき此のときも權利を持つ可き人は其の引き當て物を得ればこそ期限を與へたるなり然るに信用し得べき引き當て物を出さずとならば權利者は期限《きげん》を與《あた》ふる譯《わけ》が無くなるなり故に義務者が期限の利益《りえき》を得る能はざるなり

第五章　期間

本章《ほんしやう》は期限《きげん》の數《かぞ》へ方に付日や月や年などと約束したるときは如何《いかん》に數《かぞ》へるか期限の終るときは何時《いつ》なるや等《とう》に付き規定《きてい》せり

第百三十八條　期間ノ計算法《けいさんはふ》ハ法令、裁判上ノ命令又ハ法律行爲ニ別段ノ定アル場合ヲ除ク外本章ノ規定ニ從フ

法律上の行《おこな》ひに付き約束を爲し期限を定めたるとき其の期限を數ふる方法《はうはふ》は法律又は勅《ちよく》令《れい》か裁判所より出《い》でたる命令《めいれい》か又は法律上の行爲《かうい》則ち約束事《やくそくごと》などを爲したるときに特別《とくべつ》に期限のことに付き約定《やくぢやう》しあるときの外《ほか》は本章の規則《きそく》に從《したが》はざる可からずとなり

第百三十九條　期間ヲ定ムルニ時ヲ以テシタルトキハ即時ヨリ之ヲ起算ス

約束などを爲すに當《あた》り期限を何時間《なんじかん》と定めたるときは其の時より期限《きげん》を數《かぞ》へ始《はじ》めざる可からずとなり

第百四十條　期間ヲ定ムルニ日、週、月又ハ年ヲ以テシタルトキハ期間ノ初日《しよにち》ハ之ヲ算入《さんにふ》セス但其期間カ午前零時《ごぜんれいじ》ヨリ始《はじ》マルトキハ此限ニ在ラス

約束《やくそく》の期限《きげん》を定《さだ》むるに幾日《いくか》、何週間《なんしうかん》、幾月《いくげつ》とか又は何年《なんねん》などゝせしときは期限の始めめ

日は幾日間《いくにちかん》などの期限の内《うち》には勘定《かんぢやう》し入れざるなり併《しか》しながら期限が午前《ごぜん》の零時《れいじ》より始《はじ》まりたるときは約束の始めの日を算へ入れるなり

第百四十一條　前條ノ場合ニ於テハ期間ノ末日《まつじつ》ノ終了《しうれう》ヲ以テ期間ノ滿了トス

前の第百四十條の如く約束の期限などを日《ひ》や月《つき》や又は何週間《なんしうかん》、幾年《いくねん》などと定《さだ》めたるときに其期限の終《おは》りに當《あた》る日が盡《つ》くるを以《もつ》て期限は滿《み》ち無くなりたるものとするなり

第百四十二條　期間ノ末日《まつじつ》カ大祭日《たいさいじつ》、日曜《よう》日其他ノ休日《きうじつ》ニ當タルトキハ其日ニ取引《とりひき》ヲ爲サヽル慣習《くわんしう》アル場合ニ限リ期間ハ其翌日《よくじつ》ヲ以テ滿了ス

賣り買に付き約束《やくそく》したる期限の末《すゑ》への日《ひ》が大祭日《たいさいじつ》、日曜日《にちようび》其外休《やす》みの日に當《あた》りたるとき若し其の約束したる土地にて其の日に商《あきな》ひ取引《とりひき》などを爲さゞる習《なら》ひ有るときは其の日を期限《きげん》に數《かぞ》へず翌日にて期限の終《おは》りの日とするなり

第百四十三條　期間ヲ定ムルニ週、月又ハ年ヲ以テシタルトキハ暦ニ從ヒテ之ヲ算ス

週、月又ハ年ノ始ヨリ期間ヲ起算セサルトキハ其期間ハ最後ノ週、月又ハ年ニ於テ其起算日ニ應當《おうたう》スル日ノ前日ヲ以テ滿了《まんれう》ス但月又ハ年

ヲ以テ期間ヲ定メタル場合ニ於テ最後ノ月ニ應當日ナキトキハ其月ノ末日ヲ以テ滿期日トス

約束事《やくそくごと》などの期限を定むるに何週間《なんしうかん》、幾月《いくげつ》又は何年間など言ひ約束したるときは暦《れき》に從《したが》ひ一週間《いつしうかん》は七日、一月は三十日又は一年は三百六十五日と定めて計算《けいさん》するなり何週《なんしう》、幾月《いくげつ》、何年間など丶期限を定めたるときに其の期限を週、月《つき》又は年《とし》の始《はじ》めより勘《かん》定《ちやう》せざるときは其の期限は何週何ケ月何年と極《き》めたる内《うち》の尤《もつと》も後《のち》の一週間一ケ月一年に於て先きに勘定《かんちやう》し始《はじ》めた日の前《まへ》の日が盡《つ》きたるときを以て滿《み》ち終るとするなり譬《たと》へば三ケ月と期限を定め一月《いちげつ》十五日より勘定し始めたるときは暦に從《したが》ひて一ケ月は三十日故《ゆゑ》四月迄《まで》數へざる可《べ》からず四月が期限の終りの月《つき》なり依《よつ》て期限の終りの月《つき》即《すなは》ち四月に於て計《かぞ》へ始《はじ》めたる日即ち十五日の前の日十四日を以《もつ》て前《まへ》に述《の》べたる期限は終り無くなるなり但《たゞ》し何月、何年と期限を定めたるときに其の期限中《きげんちう》の三ケ月目《さんがつきめ》の月に先きに數へたる日に當《あた》る日《ひ》なきときは其の月《つき》の末《すゑ》の日を以て何ケ月と云ふ期限が終りたるものとするなり

第六章　時效

時效《じかう》とは或る法律上《はふりつじやう》にて定めたる長《なが》き年月《としつき》を經《ふ》れば其の時間《じかん》が過《す》ぎ去《さ》りたるに依《よ》り或る權利《けんり》を得《え》或る義務を負《お》ふたるものが消《き》ね無くなりたる者と法律上より見做《みな》すべき時間の效能《かうのう》なり本章は此の時效の效能及《かうのうおよ》び其の時效が無くなることなどに付《つ》きての規則なり

第一節　總則

本節は時效全体《じかうぜんたい》に付ての規則《きそく》にして時效の效能、如何《いか》なるときは時效が中間《ちうかん》にて效能が無くなるや到底《たうてい》時效が役《やく》に立《た》たざる場合《ばあひ》等の定め方《かた》を云ふなり

第百四十四條　時效《じかう》ノ效力ハ其起算日《きさんび》ニ遡《さかのぼ》ル

時效則ち或る品物《しなもの》を長《なが》き間《あひだ》持ち居りたる效能にて其の品物《しなもの》が自分《じぶん》の所有となるなどのときには其の持ち始《はじ》めの日《ひ》より自分の物に成り居りしが如き效能あるなり故《ゆゑ》に其の持ち居りし品物が人に便利《べんり》を與《あた》へたる爲め賃錢《ちんせん》を得たりなど云ふときに其の品物が持ち始めより自分《じぶん》の物たる效能あることとなれば其の賃錢も其の始《はじめ》より確《たし》かに自分が取り得る權利有りと云ふでときなり

第百四十五條　時效《じかう》ハ當事者カ之ヲ援用《ゑんよう》スルニ非《あら》サレハ裁判所之ニ依リテ裁判ヲ爲スコトヲ得ス

時效則ち或る品物を法律に定《さだ》めたる長《なが》き時間《じかん》の內持《うちも》ち居《ゐ》たる爲め其の品物の所有《しよいう》の權利を得たり又は長《なが》き間《あひだ》義務を催促《さいそく》されずに過《す》ぎ去《さ》りたる故《ゆゑ》其の義務が消《き》え無くなりたるものと法律にて極《き》めたる時間の效能は其の品物を持ち居る當人《たうにん》又は義務が消《き》え無くなりたるものとせらるべき本人等《ほんにんら》が其の品物を所有する權利を得たること又は義務を免《まぬ》がれたる人が其事柄《ことがら》を引き用《もち》ひて自分の爲めに相手方《あいてかた》に言《い》ひ張《は》るでなければ裁判所は假令《たとひ》時效《じかう》

にて所有に歸したる者なりとの事分《ことわか》り居るとも本人等《ほんにんら》が權利を得義務を免《まぬか》れたる者なりと裁判するを得ざるなり何時《いつ》にても必《かな》らず當人等《たうにんら》が裁判所に於て時效の效能を援《ひ》き來《きた》りて己《おの》れの利益《りえき》になる樣言《やうい》ひ張《は》ることが肝要《かんよう》なり其ときに裁判所《さいばんしよ》が其の事柄《ことがら》を認《みと》めたるときは早速《さうそく》本人等の利益《りえき》になるごとく裁判すべきなり

第百四十六條 時效ノ利益《りえき》ハ豫《あらかじ》メ之ヲ抛棄《はうき》スルコトヲ得ス

時效に依りて己《おの》れに權利を得又は自分が義務を免《まぬか》るゝ如き利得《りとく》になる事柄《ことがら》は前以《まへもつ》て其の權の利益は望《のぞ》まぬ入らぬなどゝ抛《なげ》うち捨《す》ることが出來《でき》ずとなり何故《なにゆゑ》となれば時效は法律に定めたる其丈《それだけ》の時間を過《す》ぎ去《さ》らねば效能なきものなり其の時間に至《いた》らぬ前《まへ》に品物の持《も》ち主《ぬし》などより取《と》り返《かへ》を求《もと》め來《き》たるやも計《はか》られず時間の來《きた》らぬ内《うち》て必《かな》らず自分に得らるべしなども確《たしか》ならぬものなれば分《わか》らぬものゝ捨《す》てるなどゝは言《い》ひ得ぬものなればなり

第百四十七條 時效ハ左ノ事由《じゆう》ニ因リテ中斷《ちうだん》ス

一 請求
二 差押《さしおさへ》、假差押《かりさしおさへ》又ハ假處分《かりしよぶん》
三 承認《しやうにん》

時效の利益《りえき》を得らるべき期限《きげん》が段々《だんく》と過《す》ぎ去《さ》る中下《うちしも》に擧《あ》げ示《し》めす如き事柄《ことがら》が出來《でき》たるときて時效《じかう》の效能《かうのう》が其の中程《なかほど》にて斷《た》へ切《き》れるなり譬《たと》へば或る品物《しなもの》を長《なが》き間《あひだ》を持ち居り今後

一年間《いちねんかん》を過《す》ぎざれば其の品物は時效の效能《かうのう》にて自分《じぶん》の所有《しよいう》になるなどのときに下《しも》の事柄《ことがら》が出來《でき》れば時效の效能が其とき中間《ちうかん》にて斷《た》へ切《き》れて是迄《これまで》過《す》ぎ去りたる時間《じかん》は少《すこ》しも效能無くなることとなり則ち其の事柄《ことがら》の第一は請求《せいきう》則ち是迄《これまで》或る品物を長《なが》き間持《あひだも》ち居りたるに持主《もちぬし》より其の品物は我物《わがもの》なれば返《かへ》されたしと申《まう》し出でがありたることと第二差押《さしおさへ》、假差押又は假處分《かりしよぶん》ありたることと則《すなは》ち差押《さしおさへ》は或る者が品物を長き間持ち居たるに其の品物の眞の所有者《しよいうしや》が出で來りて裁判所に申出で第一の裁判《さいばん》にて勝《か》ちたる爲《た》めに其の品物を取《と》り押へたることと假差押は裁判所に申《まう》し出《い》でることと同時《どうじ》に保證金《ほしようきん》を納《おさ》めて取《と》り押《おさ》へることと、假處《かりしよ》分《ぶん》は或る人《ひと》が一の品物を長《なが》く持《も》ち居《を》たるに眞《しん》の所有者なりと稱《しよう》する人出《ひとい》で來《きた》りて差押《さしおさへ》を爲せしとき其の品物が其の儘《まゝ》に捨《す》て置《お》けば大《おほい》なる損失《そんしつ》が生《しやう》ずるなどの恐《おそれ》あるときに差押へたる人は未《いま》だ所有者なりとは確《たし》かに定《さだ》まらざれども裁判所も其者《そのもの》に向《むか》ひ損失の生《しやう》ぜんとする品物を賣り拂《はら》ひて金錢に爲し替《か》へる如き假りの處置《しよち》を許《ゆる》したることと第三は或る義務を負《お》ふたる者が長《なが》き時間別《かんべつ》に催促《さいそく》せられず今後《こんど》一ケ年も過ぐれば巳に濟《すま》したる者とも法律にて認《みと》められ義務が無くなりたるものとなるべき所其の權利を有する人より義務を濟《すま》すべき旨催促《さいそく》ありたるに義務を負《お》ひたる人が其の催促《さいそく》を承知し權利者の取り立てる權利を認《みと》めたることと其のときも今後一年を過《す》ぎ去ればと云ふとき迄過ぎ來《きた》りたる時間の效能も其のときに斷《た》へ切《き》れて役《やく》に立たなくなるなり

第百四十八條　前條ノ時效《じかう》中斷《ちうだん》ハ當事者及ヒ其承繼人《しやうけいにん》ノ間《あいだ》ニ於テノミ其效力ヲ有ス

前條にて出來《でき》たる事柄に依りて時効の効能が中頃《なかごろ》に斷へるのは其の當人《たうにん》と其の本人《ほんにん》の相續をする人に而已《のみ》限ぎるなり外《ほか》の人には假令《たと》ひ前條の事柄《ことがら》が出來たりとも時効の時間を中頃《なかごろ》に絕《た》つの効能はなきなり

第百四十九條　裁判上ノ請求《せいきう》ハ訴ノ却下《きやくか》又ハ取下《とりさげ》ノ場合ニ於テハ時效中斷ノ效力ヲ生セス

或る品物《しなもの》を持ち居る人に對《たい》し其の品物を取り戻《もど》すの訴《うつたへ》を裁判所より受け付けられぬとき又は自分より其の訴を取り下《さ》げたるときは時效の期限を中頃に斷《た》ち切《き》るの効能なく時間が進《すゝ》み行くなり

第百五十條　支拂命令《しはらひめいれい》ハ權利拘束《こうそく》カ其效力ヲ失フトキハ時效中斷ノ效力ヲ生セス

或る一の品物を所有する人に向《むか》ひ其の品物を返《かへ》す樣《やう》にとの裁判所の手を經《へ》たる催促《さいそく》の命《めい》令《れい》を發《はつ》せられたるとき其の命令に依りて一時其の品物は縛《くゝ》り付けられたる如くに成るものなれども若しも其の命令が品物《しなもの》を持ち居る人の權利を縛《しば》り付くるの効能が無くなりたるときは時效の期限《きげん》を中頃に斷《た》ち切《き》る效能はなく時效の時間は相變《あいかは》らず進《すゝ》み行くなり

第百五十一條　和《わ》解《かい》ノ爲メニスル呼出《よびだし》ハ相手方カ出頭《しゆつとう》セス又ハ和解ノ調ハサルトキハ一个月内ニ訴《うつたへ》ヲ提起《ていき》スルニ非サレハ時效中斷ノ效力ヲ生セス任意出頭ノ塲合ニ於テ和解ノ調ハサルトキ亦同シ

或る品物を持ち居る人に對《たい》し其の所有者と稱ふる人より所持《しよぢ》の權利を強て爭《あらそ》ひ合はず互《たがひ》に解け合ひて事を濟《す》まさんとて其の品物の持ち主《ぬし》を裁判所に和解《わかい》の爲めに呼出《よびいだ》したるときに裁判所に其人が出で來らざるか又は解け合ひ相談《さうだん》の纏《まと》まらざるときは其の出で來らざるか相談が調《とゝの》はざる翌日《よくじつ》より一ケ月の内《うち》に其の品物を取り戻《もど》すの訴を裁判所に起すにあらずば時效の期限が進み行くを中頃《なかごろ》に斷《た》ち切《き》る效能なきなり又《また》解け合ふ爲めに別《べつ》に呼《よ》出《だし》を受けず自《みづか》ら和解《わかい》せんと裁判所に出でたるときに解け合ひ相談の纏《まと》まらぬときも夫より一ケ月の内に訴を起《おこ》さなければ時效の期限を中頃に斷《た》ち切る效能なしとなり

第百五十二條　破産《はさん》手續《てつゞき》參加《さんか》ハ債權者カ之ヲ取消シ又ハ其請求カ却下セラレタルトキハ時效中斷ノ效力ヲ生セス

品物を時效にて得《え》んとする人が借分《かりぶん》を支拂《しはら》ふことが出來ず破産《はさん》の言渡《いひわたし》を受け自分の財産が一と纏めにせられたるに其内に時效に依りて得んとする品物も交《まじ》り居れば其の品物の元《もと》の所有者より其の品物を取り戻《もど》さんとて破産の言渡を受けた人の財産の割《わ》り當《あ》てに立ち會《あ》ひたしと申し出でたるに後《のち》に至り品物の持主《もちぬし》が自分より申し出でを取り消《けし》したる

か又は其の申し出でが取り上《あ》げられざりしときは時效の期限に依り品物を得んとする時間を其ときに斷《た》ち留《と》める效能が無くなるなり

第百五十三條　催告《さいこく》ハ六个月内ニ裁判上ノ請求、和解《わかい》ノ爲メニスル呼出若クハ任意《にんい》出頭《しゆつとう》、破産《はさん》手續《てつゞき》參加《さんか》、差押、假差押又ハ假處分ヲ爲スニ非サレハ時效中斷ノ效力ヲ生セス

或る人が時效《じかう》の期限の效能に依《よ》り或る品物を得んとするときに夫れを取り戻《もど》すの催促《さいそく》を爲して其の時效の期限を中頃《なかごろ》に斷《た》ち止《と》めんとすれば催促《さいそく》したる而已《のみ》にては效能十分《じふぶん》ならざるなり必《かな》らず效能あらしめんとせば催促してより六ケ月の内に裁判所に品物取戻《しなものとりもど》すの申し出《いで》を爲すか、品物の所有權などを言ひ爭《あらそ》はず解け合ひの約束を爲さんとて呼《よ》び出《いだ》すか若しくは相手《あひて》方《かた》が呼出狀《よびだしじやう》を受けず自分《じぶん》から出頭《しゆつとう》したるか、破産者の財産を割《わ》り合ふことに加《か》入《にふ》の申し出てを爲すか、其の品物を差《さ》し押《おさ》へるか又は假《か》りに差し押へるか其の品物を假《か》りに處置《しよち》するにあらずば時效の期限を中頃《なかごろ》に斷《た》つの效能なきなり

第百五十四條　差押、假差押及ヒ假處分ハ權利者ノ請求ニ因リ又ハ法律ノ規定ニ從ハサルニ因リテ取消サレタルトキハ時效中斷ノ效力ヲ生セス

時效の時《じ》間《かん》の過ぎ去《さ》るに依り或る品物を得んとする人に對《たい》し品物の所有者と稱《とな》ふる人よ

り差押《さしおさへ》、假差押、及び假りの處置《しよち》を爲せしに後日に至《いた》り其の品物の權利を有《いう》すると稱《しよう》せる人より申し出でたるか其の手續《てつゞき》が法律の定《さだ》め方《かた》に叶《かな》はざる等《とう》に因《よ》り取り消し止められたるときは時效の期限を斷《た》ち切《き》るの效能が無くなるなり

第百五十五條　差押、假差押及ヒ假處分ハ時效ノ利益ヲ受クル者ニ對シテ之ヲ爲サヽルトキハ之ヲ其者ニ通知シタル後ニ非サレハ時效中斷ノ效力ヲ生セス

或る人が時效の效能《かうのう》にて品物の所有權を得んとするときに差押《さしおさへ》、假りの差押及び其の品物を假りに處置《しよち》することとは時效の時間《じかん》の過ぎ去るに依《よ》り品物の所有權を得《う》るなどの利益《りえき》を受くべき人に向《むか》つて爲さゞれば時效の期限を中頃《なかごろ》に斷《た》ち切るの效能が無きなり若し時效の時間の進《すゝ》み方《かた》を止《と》め時效にて或る人の物になることを停《とゞ》めんと思《おも》はゞ前の手續《てつゞき》を爲したることを時效にて所有權を得んとする人に通《つう》じ知らせなければならぬなり

第百五十六條　時效中斷ノ效力《こうりよく》ヲ生スヘキ承認《しやうにん》ヲ爲スニハ相手方ノ權利ニ付キ處分ノ能力又ハ權限アルコトヲ要セス

或る義務を負《お》ひ居《お》る人が時效の效能《かうのう》にて義務を免《まぬか》れんとするとき權利を有する人より催《さい》促《そく》ありたりとせんに其の義務を負ひ居る人が其の催促を承知《しようち》し義務を濟《す》まさんと云へば今少《いますこ》し期限《きげん》が過ぐれば其の義務を免《まぬ》かるべかりし時間の效能が一旦《いつたん》斷《き》ち切られて是迄《これまで》の

過ぎたる時間は效能《かうのう》無くなるなり本條は此の效能が無くなる如きことの義務を承知《しようち》し認《みと》むる人に付ての定《さだ》めなり此の人は其の權利者の催促し來《きた》りたる權利に付き勝手《かつて》に處置《しよち》を爲す一人前《いちにんまへ》の考《かんが》への力《ちから》又は處置《しよち》する權利あることを要せず只如何《いかゞ》にも義務を負《お》ひ居《を》るを確《たし》かなりと其の事柄を記憶《きおく》し居る位《くらゐ》の人なれば一人前なき年若《としわか》き人にてもよろしとなり

第百五十七條　中斷シタル時效ハ其中斷ノ事由《じゆう》ノ終了《しうれう》シタル時ヨリ更ニ其進行ヲ始ム

裁判上ノ請求ニ因リテ中斷シタル時效ハ裁判《さいばん》ノ確定《かくてい》シタル時ヨリ更ニ其進行ヲ始ム

時效に依《よ》りて品物などを得《え》んとする人に向ひ權利を持ち居《を》る人より前條《ぜんでう》に屢々《しば〱》申し述べたる如き方法《はうはふ》にて催促を爲せし故《ゆゑ》に時效の期限が中頃《なかごろ》に斷へ前に過《す》ぎたる時效が效能無くなりたるに其の時效の期限《きげん》を斷《た》ち切《き》る事柄《ことがら》の終《おは》り濟《す》みたる時は夫れより又々時效の效能たる時間が新《あら》たに進み始《はじ》むるなり

若《も》しも裁判所に申し出でたる手續《てつゞき》に依り時效の期限《きげん》が中頃に斷《た》ち切《きら》れたるときは其の手續きに付き裁判の言渡《いひわたし》が確《たし》かに定まり動《うご》かすことが出來ぬことになりしより更《あらた》めて時效の效能となるべき時間が進み始むるなり

第百五十八條　時效ノ期間滿了《まんれう》前《ぜん》六個月内ニ於テ未成年《みせいねん》者又ハ禁治産

者カ法定代理人ヲ有セサリシトキハ其者カ能力者ト爲リ又ハ法定代理人カ就職《しうしよく》シタル時ヨリ六个月內ハ之ニ對《たい》シテ時效《じかう》完成《くわんせい》セス

本條は或る人が時效《じかう》に依り品物《しなもの》を得《え》んとするの場合《ばあひ》に其の品物に付き權利を有《いう》する人が未《いま》だ成年《せいねん》に至《いた》らず則ち一人前の働きの出來《でき》ぬ人か又は裁判所より自分《じぶん》の財產を勝手《かつて》に處分《しよぶん》するを禁《きん》ぜられたる人なるときなどの場合に付ての定《さだ》め方《かた》なり此くの如き時に於て時效の期限が法律の定《さだ》め通《どほ》り過《す》ぎ去りて滿《み》ち終《おは》らんとする前《まへ》六ヶ月丈《だけ》の內《うち》にて其の權利者たるべき人が未《いま》だ成年者《せいねんしや》と成らざりし者又は裁判所より自分《じぶん》の財產を勝手《かつて》にするを禁じ止められたる者にして法律上にて極《きま》りたる代理人《だいりにん》が有らざりしときは其の未成年者《みせいねんしや》、禁治產者が一人前の者なりしか又は法律上の代理人が出來たる時より六ヶ月の間は夫れ等の人に對しては時效の期限が法律通《はふりつどほ》りに滿《み》ち終《おは》らざる者と看做《みな》すなり若し然かせざれば幼者《ようしや》或は財產に付き何事《なにごと》を爲すことを出來ざる者は甚《はなは》だしき不幸《ふかう》なることにて手を縛《しば》られたるとき品物を取《と》られ後《のち》に取り返《かへ》すことが出來《でき》ざる如きと同じ理屈《りくつ》なればなり

第百五十九條　無《む》能力者《なうりよくしや》カ其財產ヲ管理《くわんり》スル父、母又ハ後見人《こうけんにん》ニ對シテ有スル權利ニ付テハ其者カ能力者ト爲リ又ハ後任ノ法定代理人カ就職《じゆしよく》シタル時ヨリ六个月內ハ時效完成《くわんせい》セス

妻カ夫ニ對《たい》シテ有スル權利《けんり》ニ付テハ婚姻解消《こんいんかいせう》ノ時ヨリ六个月內亦同

シ

無能力者《ひのうりよくしや》即ち幼年者《ようねんしや》とか財産の處置《しまつ》を禁《きん》せられたる者等《ものら》が父《ち》、母又《また》は後見人《こうけんにん》に對《たい》して權利を有するときに其の者等《ものら》が能力者則ち一人前《いちにんまへ》のものと爲り又は後《のち》の法律上《はふりつじやう》の代理人《だいりにん》が出來たる時より六ケ月の内は父、母又は後見人等《こうけんにんら》が無能力者に對《たい》す義務を免《まぬ》かるゝ時效の期限が滿《み》ち終《おは》らずとなり何となれば無能力者は手足なき者と同じ理屈なれば其の内に義務を免れるなどは道理《だうり》に合はぬことなれば一人前になりて六ケ月も期限が有れば自分《じぶん》の權利を以て催促《さいそく》する手續を爲し得《う》ることとなり故《ゆゑ》に其迄《それまで》の間《あひだ》は義務を免《まぬか》るゝ如《ごと》き時效は出來上らざる者として手足《てあし》を縛《しば》られたる如き無能力者《ひのうりよくしや》をば法律が守《まも》り與《く》るゝなり

妻《つま》か夫《をつと》に對《たい》し權利を持《も》ち居《を》るときは時效の效能にて義務か消《き》え無くなるは婚姻解消則ち夫婦《ふうふ》の縁《えん》が切《き》れてより六ケ月間《かん》は義務は消《き》えざるものとするなり何故《なにゆゑ》かなれば夫婦《ふうふ》の中《うち》が全《まつた》きときは妻《つま》は自分の權利か消《き》えぬ樣《やう》の手續《てつゞき》などは人情《にんじやう》より出來ざるものにて若《も》し離縁《りえん》せば他人《たにん》のことゆゑ夫れ等の手續も出來るなれど離縁《りえん》の後《のち》直《す》ぐとも出來兼《か》ぬる事情も有るべければ六ケ月の期限を法律より與へたるなり

第百六十條　相續財産《さうぞくざいさん》ニ關シテハ相續人ノ確定《かくてい》シ、管理人ノ選任《せんにん》セラレ又ハ破産ノ宣告アリタル時ヨリ六ケ月内ハ時效完成セス

相續人《さうぞくにん》に移《う》つるべき財産に付《つい》ては相續人《さうぞくにん》が何某《なにがし》と確《たし》かに定まりたるか相續人が未《いま》だ幼年《ようねん》

者《しや》なる故《ゆゑ》其の財産を支配《しはい》し扱《あつか》ふべき人を撰《えら》び定められたるか又は破産の言渡《いへわたし》が有りたるときより六ケ月の內は其の財産を時效《じかう》の效能《かうのう》にて取り得ることは出來《でき》ざるなり何故《なにゆゑ》かなれば相續人の定まりたるとき管理人《くわんりにん》を定めたるときなどは夫《そ》れ是《こ》れの用意《ようい》もあることと故《ゆゑ》六ケ月の猶豫《ゆうよ》を與《あた》へて其間《そのあひだ》に時效にて人より取り去られざる手續《てつゞき》を爲さしむるなり又破産のときは財産は管財人の手《て》に入《い》りて當人《たうにん》が勝手《かつて》に出來《でき》ざるが故是亦《ゆゑこれまた》期限を猶豫《ゆうよ》せるなり

第百六十一條　時效ノ期間滿了《まんれう》ノ時ニ當タリ天災《てんさい》其他《そのた》避《さ》クヘカラサル事變《じへん》ノ爲メ時效ヲ中斷《ちうだん》スルコト能ハサルトキハ其妨碍《そのばうげ》ノ止ミタル時ヨリ二週間內ハ時效完成《くわんせい》セス

時效の期限《きげん》が滿《み》ち終《おは》りて或る品物などが人に取り去《さ》らるゝ如きときに天災《てんさい》則ち地震《ぢしん》或は大水《おほみづ》など其外《そのほか》人の力《ちから》にて免《まぬ》かれ難《がた》き事變《じへん》則ち急病《きふびやう》などにて時效の效能たる時間の進《す》み行くことを中頃《なかごろ》に斷《た》ち切り自分の品物を取られざる樣《やう》の手續をすることが出來ざりしときは其の妨碍《ばうげ》則ち邪魔《じやま》事《こと》の止《や》みしときより二週間《にしうかん》の內は時效の效能たる時間は全《まつた》く終らざるものとするなり是《こ》も邪魔《じやま》の有るときは自分の權利を守《まも》ることも出來《でき》ざりしことにて其のこと止みたるより二週間も期限あれば其の手續を爲し得べしと法律の定めたるなり

第二節　取得時效

時效の效能は時間の過《す》ぎ去りたる爲め自分《じぶん》が持ち居たる品物の全《まつた》き所有權が自分《じぶん》に移《う》つ

るゝことゝ及《およ》び時間の過ぎ去りたるに依り借りを返す義務が消え無くなるときの二《ふた》ツの場合あり本節《ほんせつ》は時効の效能にて品物を所有する權利を取り得るは如何樣《やう》の手續《てつゞき》を要《えう》するかを定めたるなり

第百六十二條　二十年間所有ノ意思《いし》ヲ以テ平穩《へいおん》且公然《かつこうぜん》ニ他人ノ物ヲ占有シタル者ハ其所有權ヲ取得ス

十年間所有ノ意思《いし》ヲ以テ平穩《へいおん》且公然《かつこうぜん》ニ他人ノ不動産ヲ占有《せんいう》シタル者カ其占有ノ始《はじめ》善意《ぜんい》ニシテ且過失《かつくわしつ》ナカリシトキハ其不動産ノ所有權ヲ取得ス

凡《すべて》の人が二十年の間《あひだ》或る品物を自分の所有物とする心持《こゝろもち》にて平穩且公然《へいおんかつこうぜん》則ち他人より取り返《かへ》すを求《もと》めらるゝ樣《やう》のこともなく其上《うへ》押し匿《かく》し樣のこともなく公然《こうぜん》と他人の品物を所持《しよぢ》し居たる人は其の品物の所有權を得るなり

又十年の間《あひだ》或る品物を自分の所有物とする心持《こゝろもち》にて何事もなく穩《おだや》かに其上公然《そのうへこうぜん》と他人の不動産《ふどうさん》則ち容易《たやす》く動《うご》かすべからざる家屋《かをく》などを自分《じぶん》の手許《てもと》に占《し》め所有し居《ゐ》たる人が其の品物を所持したる始《はじめ》か惡《あ》しき心持《こゝろもち》なく其上過《そのうへあやま》ちなかりしときは其不動産を所有する權利を自分に取り得るなり

第百六十三條　所有權《しよいうけん》以外《いぐわい》ノ財産權ヲ自己ノ爲メニスル意思ヲ以テ平

穩且公然ニ行使《かうし》スル者ハ前條ノ區別《くべつ》ニ從ヒ二十年又ハ十年後其權利ヲ取得ス

品物の所有權より外《ほか》にて自分の財産の内《うち》に數《かぞ》へらるべき權利則ち小作《こさく》をする權利なるものを自分のものとする心持にて何事《なにごと》もなく穩《おだ》やかに其の上公然《うへこうぜん》と其の權利を使《つか》ひ行《おこな》ひ居《ゐ》たる者は前《まへ》の第百六十二條の別《べ》つに依《よ》り一般《いつぱん》の物は二十年又た不動産ならば十年の後《のち》其の品物を使ひ用ゆる權利を得ることが出來るなり

第百六十四條　第百六十二條ノ時效ハ占有者カ任意ニ其占有ヲ中止シ又ハ他人ノ爲メニ之ヲ奪ハレタルトキハ中斷ス

第百六十二條の一般《いつぱん》の品物なれば二十年不動産なれば十年の時效《じかう》の效能たる時間の過ぎ去ることは其の品物を所持《しよち》する人が自分勝手《じぶんかつて》の心持《こゝろもち》にて其の品物の所持方《しよちかた》を中頃《なかごろ》に止めたり又は他人《たにん》より取られたるときは中間《ちうかん》にて斷《た》ち切《き》られ其の前《まへ》に過ぎ去りたる時間は效能無くなるなり

第百六十五條　前條ノ規定ハ第百六十三條ノ場合ニ之ヲ準用ス

前《まへ》の第百六十四條の時效の效能を中頃《なかごろ》に斷《た》ち切《き》る定《さだ》め方《かた》は第百六十三條の所有權より外《ほか》なる財産たる權利を時效にて得んとするときにも使《つか》ひ用《もち》ゐ居《を》る人が他人《たにん》より求《も》められたるにわらず勝手《かつて》に使《つか》ひ方《かた》を止《や》めたり他人に使はれたりしたるときは時効の効能は中頃《なかごろ》に

斷《た》ち切《き》れるなり

第三節　消滅時效

本節は時効の內《うち》にて時効の効能《かうのう》として或る義務を免《まぬか》るゝ年限《ねんげん》や其の年限の數《かぞ》へ方等《かたとう》に付き規定せるなり

第百六十六條　消滅時效《せうめつじかう》ハ權利ヲ行使《かうし》スルコトヲ得ル時ヨリ進行《しんかう》ス

前項ノ規定ハ始期附《しきつき》又ハ停止條件附權利ノ目的物ヲ占有《せんいう》スル第三者ノ爲メニ其占有ノ時ヨリ取得時效ノ進行スルコトヲ妨ケス但權利者ハ其時效ヲ中斷《ちうだん》スル爲メ何時ニテモ占有者ノ承認《しやうにん》ヲ求《もと》ムルコトヲ得

消滅時效則ち長《なが》き時間が過《す》ぎ去りたる效能にて權利を行《おこな》ふを得ざる樣《やう》に成る期限の過《すぐ》ることは其の權利を行《おこな》ひ使《つか》ふことを得《え》らるゝ時《とき》より進み始《はじ》むるなり

前項の時效の期限が進み始《はじ》まることの定《さだめ》は始期《しき》附又《つきまた》ハ停止《ていし》條件附《でうけんつき》權利則ち何月より使《つか》ひ始《はじ》むるを得《う》る權利又は或る事柄《ことがら》が出來る迄權利を使《つか》ひ用《もち》ゐることを停《とゞ》める約束《やくそく》などした る品物を所持《しよぢ》し居る第三者則ち其の約束者《やくそくしや》双方《さうはう》の外《ほか》なる人の爲めに其の所持したるとき より其の品物を得る時效の期限が進み行くの邪間《じやま》にならぬなり故《ゆゑ》に前《まへ》に述《の》べたる二ツの 權利は使《つか》ひ始《はじ》むる時より權利を使ふことが出來《でき》ぬ樣《やう》に成る期限《きげん》を計算《けいさん》し始《はじ》むることを其 の權利者《けりしや》義務者《ぎむしや》の外《ほか》なる第三者が其の品物を所持したるときは其の品物を使《つか》ひ始むる二

ッの權利に搆《かま》はず品物を取り得《う》る時效の期限が進《すゝ》み始《はじ》むるとなり但《たゞ》し其の品物の權利者は其の第三者が品物を取り得《う》る時效《じかう》の期限《きげん》を中頃に斷《た》ち切《き》り效能を無くする爲め何時《いつ》にても其の品物を所持し居る人に向《むか》ひ吾《われ》は其の品物の權利者なれば左樣承知《さうしようち》ありたしと申し出づるを得るなり

第百六十七條　債權《さいけん》ハ十年間之ヲ行《おこな》ハサルニ因リテ消滅《せうめつ》ス
債權《さいけん》又ハ所有權ニ非《あら》サル財產權《ざいさんけん》ハ二十年間之ヲ行ハサルニ因リテ消滅ス

債權則ち或る義務を盡《つ》くさしむる權利例《たと》へば貸金《かしきん》を請求する權利、家屋《かおく》を建築《けんちく》せしむる權利などは十年の間使《あひだつか》ひ用《もち》ゐざるに依《よ》りて消《き》え無くなるなり

債權則ち或る物を受取《うけと》る權利或る事を爲さしむる權利又は所有權の外《ほか》なる小作權《こさくけん》。賃借《ちんがり》權《けん》の如き財產權は二十年の間使《あひだつか》ひ用《もち》ゐざれば其の權利は消え無くなるなり

第百六十八條　定期金《ていききん》ノ債權ハ第一回ノ辨濟期《べんさいき》ヨリ二十年間之ヲ行ハサルニ因リテ消滅《せうめつ》ス最後《さいご》ノ辨濟期ヨリ十年間之ヲ行ハサルトキモ亦同シ
定期金ノ債權者ハ時效《じかう》中斷《ちうだん》ノ證《しよう》ヲ得ル爲メ何時ニテモ其債務者ノ承認書ヲ求ムルコトヲ得

定期《ていき》金《きん》則ち一年何回何圓宛何年間にて受取ることを得べき權利は第一回の返金《へんきん》の期限より二十年の間使ひ用ゐざれば消え無くなるなり又は最《もつと》も後《のち》に返金《へんきん》すべき期限より十年間使《つか》ひ用ざるときも亦同《またおな》じく消《き》え無くなるなり

定期《ていき》の金《きん》を取《と》り立《た》て得る權利者は其の義務者が義務を免《まぬ》がれ得《う》る時效の期限が中頃《なかごろ》にて斷《た》ち切《き》れたる證據《しようこ》を得んが爲《ため》何時《いつ》でも其の義務者が借り分《ぶん》を承知《しようち》したりとの認《みと》め書《しよ》を與へられたしと申し出づるを得るなり

第百六十九條　年《ねん》又ハ之ヨリ短《みじか》キ時期《じき》ヲ以テ定メタル金錢其他ノ物ノ給《きう》付ヲ目的《もくてき》トスル債權《さいけん》ハ五年間之ヲ行ハサルニ因リテ消滅ス

一年又は夫《それ》より短《みじ》かき三ケ月とか四ケ月とかの期限《きげん》にて金錢《きんせん》其外の品物を引き渡さしむる權利は五年の間《あひだ》に使《つか》ひ用《もち》ゐざれば其の權利は消《き》え無くなるなり

第百七十條　左ニ揭《かゝ》ケタル債權《さいけん》ハ三年間之ヲ行ハサルニ因リテ消滅ス

一　醫師《いし》、產婆《さんば》及ヒ藥劑師《やくざいし》ノ治《ち》術《ちゆつ》、勤勞《きんらう》及ヒ調劑《てうざい》ニ關《くわん》スル債權

二　技師《ぎし》、棟梁《とうりやう》及ヒ請負人ノ工事ニ關スル債權但此時效ハ其負擔《ふたん》シタル工事終了ノ時ヨリ之ヲ起算ス

本條の下《しも》に擧《あ》げ示《しめ》したる取り立《た》ての權利は三年の間使《つか》ひ用《もち》ゐざれば消《き》え失《う》せるなり第一は醫師《いし》が診察代《しんさつだい》、產婆《さんば》が働《はたら》き賃《ちん》、藥劑師《やくざいし》の藥調合《くすりてうがふ》に付ての代金等を取り立てる權利第二は

技師《ぎし》則ち工事《こうじ》其製造工業等の道に精しき人及び棟梁《とうれう》又請負人《うけおひにん》等が工事に付き取り立て得る權利但《たゞ》し此の權利を行《おこな》ふ能はざるに立《た》ち至《いた》る時效の期限の計算方《けいさんかた》は其の引き受けたる建築仕事《けんちくしごと》などの出來上りたる時より勘定《かんちやう》し始むるなり

第百七十一條　辯護士《べんごし》ハ事件終了ノ時ヨリ公證人《こうしようにん》及ヒ執達吏《しつたつり》ハ其職務執行《しつかう》ノ時ヨリ三年ヲ經過《けいくわ》シタルトキハ其職務ニ關シテ受取リタル書類ニ付キ其責ヲ免ル

本條は辯護士《べんごし》又は公証人《こうしやうにん》又は執達吏《しつたつり》などが受持《うけも》ちたる事件《じけん》の書類に付き引き受けの義務が無くなることを定めたり則ち辯護士は依賴《いらい》せられたる事件《じけん》が一旦片付《いつたんかたつ》きたる時より公《こう》證人《しやうにん》及び執達吏《しつたつり》は其の務《つと》めを執《と》り行ふたる時より三ヶ年を過ぎ去れば其の職業に付き受け取りたる書類が無くなりしとか預《あづ》り居りしとかの事《こと》ありても夫れに對《たい》し如何樣《いかやう》の手續《てつゞき》なりとも爲すに及はず書類を返すなどの義務を免るゝなり

第百七十二條　辯護士公證人及ヒ執達吏ノ職務ニ關スル債權ハ其原因タル事件終了《じけんしうれう》ノ時ヨリ二年間之ヲ行ハサルニ因リテ消滅《せうめつ》ス但其事件中ノ各事項終了ノ時ヨリ五年ヲ經過シタルトキハ右ノ期間內ト雖モ其事項ニ關スル債權ハ消滅ス

辯護士、公證人及び執達吏の職業《しよくげふ》を行《おこな》ひたる賃金《ちんきん》取り立ての權利は其の權利を生《しやう》じたる原《もと》なる事件全体《じけんぜんたい》が終《おは》り済《す》みたる時より二年の間使《あひだつか》ひ用《もち》ゐざれば其の權利は消《き》え失《う》せるなり但し其事件《そのじけん》の中《うち》の小分《こわけ》の事柄が済《す》み終《おは》りたるときより五年を過ぎ去れば假令《たとへ》ひ事件全体の終りたるよりは二年内なりとも其五ヶ年を過ぎたる權利は消え失せるなり

第百七十三條　左ニ掲ケタル債權ハ二年間之ヲ行ハサルニ因リテ消滅ス

一　生産者《せいさんしや》、卸賣商人《おろしうりしやうにん》及ヒ小賣商人カ賣却シタル産物及ヒ商品ノ代價

二　居職人《いしよくにん》及ヒ製造人《せいざうにん》ノ仕事ニ關スル債權《さいけん》

三　生徒《せいと》及ヒ習業者《しうげふしや》ノ教育《けういく》、衣食《いしよく》及ヒ止宿《しゆく》ノ代料《たいれう》ニ關スル校主《かうしゆ》、塾主《じゆくしゆ》、教師《けうし》及ヒ師匠《ししやう》ノ債權

權利を使《つか》ひ用《もち》ゐらるべき二年の間《あひだ》行はざるに依り消《き》え無くなる取り立ての權利は左に擧《あ》げ示《しめ》す所《ところ》の如し

第一　生産者《せいさんしや》則ち田畑《でんばた》を作り作物《さくもつ》などを取り收《をさ》むる人、卸賣商人《おろしうりしやうにん》及び小賣商人《こうりしやうにん》則ち小賣する人を重《おも》に得意《とくい》として商《あきな》ひを為す人及び一般人民《いつぱんじんみん》を相手にして品物の買人《かひにん》を待《ま》つ人等《ひとら》が賣拂《うりはら》ひし生産者《せいさんしや》の産物及び卸賣商人及び小賣商人の商ひ品《あきなしな》の代金を取り立ての權利

第二　居職人《ゐしよくにん》則ち自宅《じたく》にて手仕事《てしごと》を爲すもの例《たと》へば飾職人《かざりしよくにん》、仕立職人《したてしよくにん》などの如き人及び机《つくゑ》又は車《くるま》の製造人等が仕事賃《しごとちん》を求《もと》むる權利

第三　學校《がくかう》の生徒《せいと》及び製造《せいざう》又は商業《しやうげふ》などを見習《みなら》ひを爲す人の教育《けういく》に用《もち》ゐたる費用《ひよう》、衣《い》類食物《るゐしよくもつ》及び泊《とま》り料《りやう》に付て學校の持主《もちぬし》、學問を教《をし》ゆる塾舍《じゆくしや》の主人、學校教師及び師匠《ししやう》則ち裁縫《さいほう》の師匠なとが取り立てを爲すの權利

是等《これら》は其時《とき》〳〵の入用物《いりようもの》又は金錢の高《たか》き者に非《あら》ず取り立つるに格別《かくべつ》の手數《てあい》を要《よう》する如きものに非《あら》ず故《ゆゑ》に成る可く速《すみや》かに取り立つべし若しも二年間も何事《なにごと》も無かりしならば其の權利を捨《す》てたるか又は取り立て濟《す》みになりしなるへしと法律か推《お》し測《はか》り定《さだ》めたるなり

第百七十四條　左ニ掲ケタル債權ハ一年間之ヲ行ハサ《ざ》ルニ因リテ消滅ス

一　月又ハ之ヨリ短《みぢか》キ時期《じき》ヲ以テ定メタル雇人《こにん》ノ給料《きふれう》

二　勞力者《らうりよくしや》及ヒ藝人《げいにん》ノ賃金《ちんぎん》並ニ其供給《きやうきう》シタル物ノ代價

三　運送賃

四　旅店《りよてん》、料理店《りやうりてん》、貸席及ヒ娯《ご》遊場《いうぢやう》ノ宿泊料、飲食料、席料、木戸錢、消費物代價並ニ立替金

五　動産《どうさん》ノ損料《そんれう》

左《ひだり》に擧《あ》げ示《しめ》したる取り立ての權利は一年の間《あひだ》行ひ用ゐざれば消《き》ゑ失《う》せるなり

第一　一ケ月の定《さだ》めか又は夫れより短《みじ》かく五日、十日などの期限を定《さだ》めにて雇《やと》ひ入れたる傭人《やとひにん》の仕事《しごと》を爲したる賃錢《ちんせん》を得る權利

第二　力仕事《ちからしごと》を以て人に雇《やと》はるゝ仲仕《なかし》又は手傳人足《てつだひにんそく》などの働《はた》らき賃錢藝人などが藝を爲したる賃錢其外働《はたら》きを爲し又は藝を爲す爲めに差《さ》し出《だ》したる品物の代金例《だいきんたと》へは仲士が車を持ち行きたる賃錢藝人が藝《げい》を爲すに付き入用《いりよう》の爲めに注文《ちうもん》に應《おう》じて持ち行きたる衣裳《いしやう》の代金《だいきん》取り立て等《とう》の權利の如し

第三　鐵道會社《てつだうくわいしや》、運送店《うんそうてん》が客人《きやくじん》又は品物を運送《うんそう》せし賃金《ちんぎん》を取り立てる權利のこと

第四　旅宿店《りよしゆくてん》の泊《とま》り料《りやう》、料理屋に於て飲《の》み食《く》ひしたる拂《はら》ひ金《きん》、貸席營業《かしせきえいげふ》を爲し居る者が遊《ゆ》山其他《さんそのた》一時《いちじ》用便《ようべん》の爲めなどに來《きた》りたる人に對《たい》する座敷《ざしき》の貸賃《かしちん》及び娯遊場《ごゆうぢやう》則ち芝《しば》居《ゐ》、落語《らくご》の席玉突場《せきたまつきば》其の他《ほか》見《み》世《せ》物《もの》などを見物《けんぶつ》したる木戸錢《きどせん》、及び貸し席玉突場《せきたまつきば》などにて客《きやく》の頼《たの》みにて酒《さけ》とかラム子などを出《いだ》したる代金並《だいきんならび》に貸し席《せき》宿屋等にて客人に一時立替《たてかへ》へたる金錢等《きんせんとう》の取り立ての權利《けんり》等《とう》なり故《ゆゑ》に尋常《じんじやう》の金錢貸借は此内に入らざるなり

第五　動産則ち貸蒲團《かしぶとん》などの損料《そんりやう》を取り立ての權利なり本例《ほんれい》に擧《あ》げたる五ツの場合《ばあひ》は前條に比《くら》べては一層少《そうすく》なきが通例故《つうれいゆゑ》一年とせるなり

第二編　物權

民法上《みんぽふじやう》の行爲《かうい》に依り生《しやう》ずる權利に二個《にこ》なり第一は本編《ほんぺん》に擧げ示《しめ》す所の物權《ぶつけん》にして第二は次編《じへん》に揭《かゝ》げ定《さだ》むる所の債權《さいけん》なりとす

物權は一名物上《いちめいぶつじやう》の權と云ひ債權則ち對人《たいにん》の權に對《たい》するものなり債權は他人に對し或る事を爲さしめ或る物《もの》を與《あた》へしむる爲《ため》に行《おこな》ふ所の權利なり物權は之に異《こと》なり直《たゞ》ちに物《もの》に對《たい》し行ふ所の權利にして其の權利を行ふに付き品物《しなもの》と權利を行ふ人との間《あひだ》にて別《べつ》に何人《なにひと》も要せざるなり譬《たと》へば土地《とち》の所有權を有《いう》する人にて其の土地《とち》に付き直《たゞち》に作事《さくじ》を爲し或は其の土地を自由勝手《じゆうかつて》に賣り拂《はら》ふことを得る如きなり然《しか》るに債權は或る人をして或る事を爲さしめ或る品物を與《あた》へしめんと求《もと》むる權利なれば是非《ぜひ》其物にあらず其の義務有る人に請求《せいきう》せざる可からず故に直《たゞ》ちに物の上《うへ》に行《おこな》ふことは出來《でき》ざるなり因て物權は唯《たゞ》其の品物と權利を行ふ人が有れば十分なるものなり然《しか》して物權《ぶつけん》は主《しゆ》たる物と從《じう》たる者とあり主たる物權《ぶつけん》とは占有權《せんいうけん》、所有權地上權《ちじやうけん》の如く其の權利が他の權利《けんり》等《とう》に關係《くわんけい》なく成り立つ者にして獨《ひと》り立《た》ちに用《よう》を爲すものにして譬《たと》へば所有權の如く他に關係《くわんけい》なく只《たゞ》其土地《とち》を耕《たがや》し又は賣《う》り拂《はら》ふことを得る如き獨り立《た》ちの權利なり從《じう》たる物權とは地役權《ちえきけん》、留置權《りうちけん》、先取特權《さきどりとくけん》、質《しち》權等《けんとう》にして主《しゆ》たる物の爲《ため》に成り立つ權利なり例へば地役權の如く他人の土地《とち》の便宜《べんぎ》の爲めに設《まう》けらるゝものか又は抵當權《ていたうけん》の如く債權則ち貸《か》し分《ぶん》を取《と》り立《た》つる權利の引き當《あて》に設《まう》

けちるゝ者にて若しも債權が十分《じふぶん》に滿足《まんぞく》なる效能《かうのう》無きときに代《かは》りに用《もち》ふる權利《けんり》等《とう》を云ふなり

第一章　總則《そうそく》

本章《ほんしやう》は第二章の占有權《せんいうけん》より第十章の抵當權《ていたうけん》に至る迄の物權《ぶつけん》に關《くわん》し用ゆる所の總規則《そうきそく》にして物權の取り設け方及《かたおよ》び物權を取り設けたる後《のち》他人に對《たい》する效能などを載せたり

第百七十五條　物權《ぶつけん》ハ本法其他ノ法律ニ定ムルモノノ外之ヲ創設《さうせつ》スルコトヲ得ス

物權は本民法《ほんみんぱふ》第二章占有權《せんいうけん》より第十章の抵當權《ていたうけん》迄《まで》の定め其外《ほか》の法律にて設け定めたるときあらすは吾々各個人《われ〳〵かくこじん》の約束《やくそく》などにて定むること能《あた》はざるを云ふ

第百七十六條　物權ノ設定《せつてい》及ヒ移轉《いてん》ハ當事者ノ意思表示《いしへうじ》ノミニ因リテ其效力ヲ生ス

物權《ぶつけん》の設定《せつてい》則ち約束などにて物權を得ること及び物權を讓《ゆづ》り渡《わた》すことなどは其の關係者《くわんけいしや》双方《さうはう》が自分《じぶん》の土地に付き相手方《あいてかた》に小作權《こさくけん》を與《あた》へんと言ひ一方は之を貰《もら》ひ受《う》けんと心持《こゝろもち》を表《あら》はし示《しめ》せば物權の取り設け又は讓《ゆづ》り渡《わた》すの約束などの效能《かうのう》は十分《じふぶん》なりとす

第百七十七條　不動産《ふどうさん》ニ關スル物權ノ得喪《とくそう》及ヒ變更《へんかう》ハ登記法《とうきはふ》ノ定ムル所ニ從ヒ其登記ヲ爲スニ非サレハ之ヲ以テ第三者ニ對抗スルコトヲ

得ス
不動産《ふどうさん》に關する物權《ぶつけん》則ち土地の所有權《しよいうけん》、地役權の如《ごと》き不動産に付《つい》て取り設《まう》けらるゝ權利を所持《しよち》し得たり失《うしな》ふたりすること及《およ》び其の權利の一部《いちぶ》分《ぶん》を全部《ぜんぶ》分《ぶん》にしたるかの如く變《か》へ改《あら》ためたりすることは登記《とうき》法《はふ》則ち不動産の所有權の引《ひ》き移《うつ》りや抵當《ていたう》に入ることなどを世《よ》の中《なか》の人《ひと》に一見《いつけん》して分《わか》る樣に登記《とうき》所《じよ》なる者を設け其の所《ところ》の帳簿《ちやうぼ》に記《しる》さしむることを定めたる法律に依り其の帳簿に記《しる》し載《の》せるにあらずは其の物權を賣《う》り渡《わた》したるか或る土地《とち》に付《つき》地上權を與《あた》へたることなどを以《もつ》て其等《それら》に關係《くわんけい》したる双方《さうはう》の外《ほか》なる第三の地位《ちゐ》に居《を》る人《ひと》に言《い》ひ張《は》り爭《あらそ》ふことが出來《でき》ざるなり譬《たと》へば甲が土地の所有權を乙《おつ》に賣《う》り渡《わた》したりとも登記《とうき》を濟《す》ませざれば丙《へい》なる第三者に賣りたりと張《は》り合《あ》ふことを得ざるなり故《ゆゑ》に若し丙が乙より後《のち》に買ひ取り登記を爲せば假令《たとひ》乙が先《さ》きに買《か》ひ取りたりとも自分《じぶん》が買ひ取りて今は自分の者なりなどゝ丙に對《たい》し張り合《あ》ひ勝《か》つことが出來ざるなり

第百七十八條　動産《どうさん》ニ關スル物權ノ讓渡《ゆづりわたし》ハ其動産ノ引渡《ひきわたし》アルニ非サレハ之ヲ以テ第三者ニ對抗スルコトヲ得ス

本條は動産《どうさん》に付ての物權の讓《ゆづ》り渡《わた》したるときの定《さだ》め方《かた》なり則ち簞笥《たんす》とか机《つくゑ》などの如き動産たる物權《ぶつけん》を讓《ゆづ》り受けたる人が其の讓り渡《わたし》に係《かゝ》はりし双方《さうはう》の外《ほか》なる一般《いつぱん》の人に對《たい》し此の品物は吾が讓《ゆづ》り受けたるものなればとて所有權あるを言ひ張《は》らんと欲《ほつ》せば讓《ゆづ》り受《う》けたる

物の引き渡すを受《う》け自分《じぶん》の手に持《も》ち得《を》ざる可《べ》からず

第百七十九條　同一《どういつ》物《ぶつ》ニ付キ所有《しよいう》權《けん》及ヒ他ノ物權カ同一人ニ歸シタルトキハ其物權ハ消滅ス但其物又ハ其物權カ第三者ノ權利ノ目的タルトキハ此限ニ在ラス

所有權以外ノ物權《ぶつけん》及ヒ之ヲ目的《もくてき》トスル他ノ權利カ同一人ニ歸シタルトキハ其權利ハ消滅《せうめつ》ス此場合ニ於テハ前項但書《たゞしがき》ノ規定ヲ準用《じゆんよう》ス

前二項ノ規定ハ占有權ニハ之ヲ適用セス

同じ品物則ち土地などに付き其の土地を所有する權利《けんり》及《およ》び他の物權《ぶつけん》則ち小作權《こさくけん》などが獨《ひと》りの人の持ちになりたるときは其の小作權《こさくけん》なども消《き》え失《う》せるなり已《すで》に所有權と云ふて品物に就《つい》ては自由勝手《じゆうかつて》にする權利を持《も》ちたることとなれば特別《とくべつ》に小作權《こさくけん》など云ふものを其の儘《まゝ》に爲し置《お》く要用《えうよう》はなきなり何《なん》となれば小作權《こさくけん》も所有權の內別《うちわけ》なれば完全《くわんぜん》の權利ある人は其の一部分《いちぶぶん》なる權利は入用《いりよう》なき故に消《き》え失《う》せるなり併《しか》し其の所有權の元《もと》なる品物又は其の所有權、小作權《こさくけん》などの物權が其の物權の取引《とりひき》に關係《くわんけい》せざる第三の地位《ちゐ》に在る人の權利の目的《もくてき》則ち抵當《ていたう》に成り居る時の如きは其の物權が消え失せざるなり

所有權より外の物權則ち地役權《ちえきけん》、地上權、小作權及び其の權利を目的《もくてき》即ち當《あ》てにする抵《てい》當權《たうけん》とか質權《しちけん》などが同《おな》じ人の持《も》ちになりたるときは其の抵當權などが消《き》え失《う》せるなり此

ときも已《すで》に本元《ほんもと》の權利が自分《じぶん》の持ちになりし上《うへ》は夫《そ》れを見込《みこ》みにし居《を》る權利などを殘《のこ》し置《お》く要用《なうよう》は無くなるなり併《しか》し前項但《ぜんこうただし》書きの定《さだ》め方に有る如く其の抵當權などが外《ほか》の人の權利の引き當てになり居るときなどは消え失せずとなり
前の二項の定《さだ》め方《かた》は占有權《せんいうけん》のときには當《あ》て用《もち》ゐずとなり故に所有權と占有權《せんいうけん》と同じ人の持《も》ちに成《な》るとても占有權《せんいうけん》は消《き》え失《う》せざるなり

第二章　占有權

本章も物權中《ぶつけんちう》の一《いち》なる占有權に付き規定《きてい》せるなり然《しか》して占有權とは自分《じぶん》の爲めにする心《こゝろ》則ち自分《じぶん》の所有《しよいう》にせんとする心又《こゝろまた》は自分が使用《しよう》し利益《りえき》を得んとする心《こゝろ》にて動産なり不動産を持《も》ち居《を》る權利なり

第一節　占有權ノ取得

本節は占有權を得《う》る方法《はうはふ》に付定《さだ》めたり然して占有權を得るは本人而已《ほんにんのみ》ならず代理《だいり》を以《もつ》ても取り得るなり

第百八十條　占有權ハ自己《じこ》ノ爲メニスル意思ヲ以テ物ヲ所持《しよち》スルニ因リテ之ヲ取得ス

本條は占有權を得る方法《はうはふ》なり則ち自分《じぶん》の品物《しなもの》として持《も》ち始《はじ》め又は自分の用《よう》の爲め或る品物を使ひ始むれば占有權を得るなり

第百八十一條　占有權ハ代理人ニ依リテ之ヲ取得スルコトヲ得

占有權は本人自身《ほんにんじしん》而已《のみ》ならず代理人をして自分の爲めにせんとして或る品物を持ち居る權利を云ふなり

第百八十二條　占有權ノ讓渡《ゆづりわたし》ハ占有物《せんいうぶつ》ノ引渡《ひきわたし》ニ依リテ之ヲ爲ス

讓受人《ゆづりうけにん》又ハ其代理人カ現ニ占有物ヲ所持《しよぢ》スル場合ニ於テハ占有權ノ讓渡ハ當事者ノ意思表示ノミニ依リテ之ヲ爲スコトヲ得

或る品物《しなもの》を占有則ち持ち居る權利を他人《たにん》に讓《ゆづ》り渡《わた》すことは是迄《これまで》自分《じぶん》の持ち居る品物《しなもの》を其の人に手渡《てわたし》すれば夫れにて出來《でき》るなり

或る人が持《も》ち居《を》る品物を讓《ゆづ》り受《う》けんとするときに其の品物を貰《もら》ひ受《う》ける人貰《め》ひ受ける人《ひと》又は其の代理《だいり》をする人が現在《げんざい》其の人等《ひとら》が占有の權利を得《え》んとする品物を持ち居《を》るときは占有即ち品物所持《しよぢ》の權利を讓《ゆづ》り渡《わた》し讓り受《う》くる双方《さうはふ》の人が讓り渡さん讓り受《う》けんと兩方《りやうはう》の心持《こゝろもち》を言《い》ひ表《あら》はし承知《しようち》するのみにて占有權の讓り渡《わたし》が濟《す》むなり

第百八十三條　代理人カ自己《じこ》ノ占有物ヲ爾後《じご》本人ノ爲メニ占有スヘキ意思ヲ表示シタルトキハ本人ハ之ニ因リテ占有權ヲ取得ス

占有《せんいう》の權利《けんり》を得《え》んとする本人《ほんにん》の代理人が自分の是迄《これまでも》持ち居りし品物を今《いま》より後《の》ちは本人の爲めに自分《じぶん》が預《あづか》り持つ可《べ》しとの心持《こゝろもち》を言《い》ひ表《あら》はしたるときは本人《ほんにん》たる人は夫れにて品

物の占有權を得るなり

第百八十四條　代理人ニ依リテ占有ヲ爲ス場合ニ於テ本人カ其代理人ニ對《たい》シ爾後《じご》第三者ノ爲メニ其物ヲ占有スヘキ旨《むね》ヲ命《めい》シ第三者之ヲ承諾シタルトキハ其第三者ハ占有權ヲ取得ス

本人が代理人《だいりにん》をして或る品物《しなもの》を占有《せんいう》則《すなは》ち握《にぎ》り持たしめんとするとき本人が其の代理人に向《むか》ひ今《いま》より後《の》ち本人を代理人の外《ほか》なる第三の地位《ちゐ》に居《を》る人の爲めに或る品物を占有則《せんいうすなは》ち握《にぎ》り持《も》つ可しと言《い》ひ付《つ》け第三の人が承知《しようち》したるときは其の第三の地位《ちゐ》に居る人も品物《しもの》を持ち居る權利《けんり》を得《う》るなり

第百八十五條　權原《けんげん》ノ性質《せいしつ》上《じやう》占有者ニ所有ノ意思ナキモノトスル場合ニ於テハ其占有者カ自己ニ占有ヲ爲サシメタル者ニ對シ所有ノ意思アルコトヲ表示《へうじ》シ又ハ新權原《しんけんげん》ニ因リ更《さら》ニ所有ノ意思ヲ以テ占有ヲ始ムルニ非サレハ占有ハ其性質ヲ變セス

權原《けんげん》の性質上《せいしつじやう》則ち或る品物《しなもの》を所持《しよぢ》し居る權利の原《もと》が其の物を持ち居る人に其の物を所有する心《こゝろ》なきものとするとき乃ち品物を借《か》りたるか預《あづ》かりたるときの如《ごと》きに於ては其の品物を持ち居る人が自分《じぶん》に占有を爲《な》さしめたる者則ち貸したる人預けたる人に向《むか》ひ其の品物を自分《じぶん》の物として持ち續《つゞ》くる心《こゝろ》あることを言《い》ひ表《あらは》すか又は新權原《しんけんげん》則ち新《あら》たに其の品物

の所有權を讓《ゆづ》り受けたる如き權利の源《みなもと》に從《したが》ひ改《あら》めて品物を自分《じぶん》の物《もの》として持ち居る心《こゝろ》にて持ち始《はじ》むるにあらずも占有乃《すなは》ち持ち居ることが性質《せいしつ》を變《かへ》ず始《はじめ》よりの權利にて持ち居ると同じきなり

第百八十六條　占有者ハ所有ノ意思ヲ以テ善意《ぜんい》、平穩《へいおん》且公然《かつこうぜん》ニ占有ヲ爲スモノト推定ス

前後《ぜんご》兩時《りやうじ》ニ於テ占有ヲ爲シタル證據《しようこ》アルトキハ占有ハ其間《そのかん》繼續《けいぞく》シタルモノト推定ス

占有者《せんいうしや》は品物を所持《しよぢ》する權利を得《う》る心持《こゝろもち》にて惡《あ》しき心《こゝろ》なく穩《おだや》かに其上《そのうへ》公然《こうぜん》と持ち居る者と法律上《はふりつじやう》より推《お》し測《はか》り定《さだ》めるなり

前《まへ》と後《あと》と二度《にど》同《おな》じ品物を持ち居たる證據《しようこ》あるときは其の二度の間《あひだ》は引き續《つゞ》いて持ち居りし者と法律が通常《つうじやう》持《も》ち居る人の心《こゝろ》を推《お》し測《はか》り定むるなり

第百八十七條　占有者ノ承繼人《しやうけいにん》ハ其選擇《せんたく》ニ從ヒ自己ノ占有ノミヲ主張《しゆちやう》シ又ハ自己ノ占有ニ前主ノ占有ヲ併セテ之ヲ主張スルコトヲ得

前主ノ占有ヲ併《あは》セテ主張《しゆちやう》スル場合ニ於テハ其瑕疵《かし》モ亦之ヲ承繼《しやうけい》ス

品物を所持《しよぢ》する權利を受《う》け繼《つ》ぎし人《ひと》則ち其の權利を讓《ゆづ》り受《う》けしか相續《さうぞく》せし如き人に對し若しも他人が其の品物に付き所持《しよぢ》し居る權利を得《え》たる者なりなど〻申し來《きた》りたるときは

受《う》け繼《つ》ぎたる人は自分《じぶん》が所持の權あることを言《い》ひ張《は》るか又は自分の所持《しよぢ》權《けん》と自分に引き渡した前の人が所持し居たる權利とを併《あは》せて言ひ張《は》るとも自分が勝手《かつて》に擇《えら》び定《さだ》むることが出來るなり

若しも前《まへ》に持ち人《ひと》に持ち居る權利ありて自分《じぶん》が讓り受《う》けたることを言ひ張る場合《ばあひ》には其人《ひと》が爲したる瑕疵《かし》則ち過《あやま》ちをも自分に受《う》け繼《つ》がざる可《べか》らず是れ至當《しとう》のことなり何《なん》となれば自分《じぶん》の利益《りえき》ある權利を言ひ張《は》る上は其の權利を持ち居りし人の權利を行《おこな》ふに付ての過《あやま》ちをも引き受《う》けざる可からず然《しか》らずば自分の利益《りえき》のみを考《かんが》へる不道理《ふだうり》のことなればなり

第二節　占有權ノ效力

本節《ほんせつ》は品物《しなもの》を所持《しよぢ》する權利《けんり》の效能に付き定《さだ》めたり則ち占有の權を持ち居る人は如何《いか》なる利益《りえき》あるや又た人他《たにん》より其の占有《せんいう》卽《すなは》ち所持《しよぢ》方《かた》に付き邪魔《じやま》ありたる時は如何なる處置《しよち》を取り得べきや等に就て定めたり

第百八十八條　占有者カ占有物ノ上ニ行使《かうし》スル權利《けんり》ハ之ヲ適法《てきはふ》ニ有スルモノト推定ス

占有者が所持したる品物の上《うへ》に使《つか》ひ用《もち》ゆる權利は法律に叶ひたる行《おこな》ひにて得《え》たるものを法律にて推《お》し測《はか》り定《さだ》むるなり故《ゆゑ》に反對《はんたい》の證據《しようこ》のなき限《かぎ》りは品物を使《つか》ふ權利《けんり》などは立派《りつぱ》なるものにて点の打つ處なきものとせり

第百八十九條　善意《ぜんい》ノ占有者《せんいうしや》ハ占有物ヨリ生スル果實《くわじつ》ヲ取得《しゆとく》ス
善意ノ占有者カ本權《ほんけん》ノ訴《うつたへ》ニ於テ敗訴《はいそ》シタルトキハ其《その》起訴《きそ》ノ時ヨリ惡意ノ占有者ト看做ス

惡《あ》しき心《こゝろ》なき品物を所持する人は占有物《せんいうぶつ》より出《い》づる果實《くわじつ》乃ち所持せる土地より上る果物《くだもの》又は作物《さくもつ》などを取り納《をさ》め得るなり
惡しき心《こゝろ》なく品物を占有《せんいう》し居たる人が本權則ち其の品物の所有權を爭《あらそ》ひ占有物の所有權は自分《じぶん》の者なりと言《い》ひ張《は》りたる訴《うつたへ》にて敗《ま》けたるときは其の訴を起《おこ》せしときより惡しき心にて品物を所持し居たる者と法律にて見做《みな》さるゝなり

第百九十條　惡意《あくい》ノ占有者ハ果實《くわじつ》ヲ返還《へんくわん》シ且其既ニ消費シ、過失《くわしつ》ニ因リテ毀損《きそん》シ又ハ收取《しうしゆ》ヲ怠リタル果實ノ代價ヲ償還スル義務ヲ負フ
前項ノ規定ハ強暴《きやうぼう》又ハ隱祕《いんぴ》ニ因ル占有者ニ之ヲ準用ス

惡しき心持《こゝろもち》にて品物を所持したる人は其の品物より生《うま》れ出《い》でたもの則ち土地の貸《か》し賃《ちん》、土地より上《あが》りたる作物《さくもつ》などを元《もと》の持主《もちぬし》に返へし其上已《そのうへすで》に使《つか》ひ盡《つく》したり、過《あやま》ちにて毀《こぼ》ち損《そこな》ひ又は取《と》り納《をさ》めを怠《おこた》りたる上《あが》り物《もの》の價《あた》ひを償《つくな》ひ返すの義務《ぎむ》有るなり
前項《ぜんこう》の取り收《をさ》めたる果實《くわじつ》を返《かへ》すの規則《きそく》を強暴《きやうぼう》又は隱祕《ゐんぴ》に因《よ》る占有者《せんいうしや》例《たと》へば腕力《わんりよく》などにて威《おど》し付け無法《むはふ》に品物を所持《しよぢ》したる人又は所有者に知《し》れざる樣《やう》に品物を所持し居れる人に

て同じ様に使ひ用ゐるなり

第百九十一條　占有物《せんいうぶつ》カ占有者ノ責《せめ》ニ歸《き》スヘキ事由ニ因リテ滅失《めつしつ》又ハ毀損《きそん》シタルトキハ惡意《あくい》ノ占有者ハ其回復者《くわいふくしや》ニ對シ其損害《そんがい》ノ全部ヲ賠償スル義務ヲ負ヒ善意ノ占有者ハ其滅失《めつしつ》又ハ毀損《きそん》ニ因リテ現ニ利益ヲ受クル限度ニ於テ賠償ヲ爲ス義務ヲ負フ但所有ノ意思ナキ占有者ハ其善意ナルトキト雖モ全部ノ賠償ヲ爲スコトヲ要ス

占有物《せんいうぶつ》則ち所持し居《ゐ》たる物が占有したる人が引き受《う》けなければ成《な》らぬ事柄《ことがら》に由り其の品物を滅《き》え無くしたり又は毀《こぼ》ち損《そこ》なふたりせしときは人の持物《もちもの》と知りながら惡しき心にて持ち居りたる人も其の元《もと》の所有主《しよいうぬし》にて惡意の占有者より取り回《か》へしたる人に對し自分が品物を無くし破《やぶ》りたる損失《そんしつ》の殘らずの高を償なはなければならぬ惡しき心なく品物を持ち居たる人は其の品物を滅《き》え無くしたり又毀《こぼ》ち破《やぶ》りたるに因りて其人が現在利益《げんざいりえき》になりし度合《どあひ》の高迄損失《たかまでそんしつ》を償《つくな》ひ返《かへ》す義務あり此の人は惡《わる》き心なく法律に叶《かな》ひたる方法にて上がり物を取《と》り收《をさ》め自分の物として所持し居《ゐ》たるに計《はか》らずも他人《たにん》の物なりなど云ふときなれば其の心《こゝろ》は少《すこ》しも曲《まが》りたることなきものなり去《さ》れども他人《たにん》の物なれば是非《ぜひ》なく損失《そんしつ》を償《つく》なはなければならねども已《すで》に言ひし如く惡《あ》しき心なく法律に叶《かな》ひたる行《おこな》ひなれば斟酌《しんしやく》して其の人が利得になりし丈《だけ》を返《かへ》せば宜《よろ》しとなり但し自分の物として所持する心なく

只《たゞ》所持して利益《りえき》を得《え》んとする而已《のみ》の人は悪《あし》き心《こゝろ》なくとも所有主に蒙《かうむ》りたる損失《そんしつ》の殘《のこ》らずを償《つく》なはなければならぬなり何故《なにゆゑ》なれば此の人は已《すで》に自分の物《もの》として所持する心なき以上《いじやう》は外《ほか》に所有主が有るを承知《しやうち》せしものと云ふを得べければ其の本所有者《ほんしよいうしや》が出でたる上は殘《のこ》らずの損失《そんしつ》を償《つくな》ひ返《かへ》さなければならぬなり

第百九十二條　平穩《へいをん》且《かつ》公然《こうぜん》ニ動産《どうさん》ノ占有ヲ始メタル者カ善意ニシテ且過失ナキトキハ即時ニ其動産ノ上ニ行使スル權利ヲ取得ス

何事《なにごと》もなく穩《おだや》かに其上公然《そのうへこうぜん》と動産則ち容易《たやす》く動《うご》かし得べき火鉢《ひばち》とか机《つくゑ》とかの類《るゐ》を所持し始《はじ》めし人が善意《ぜんい》則ち悪《あ》しき心なく我《わ》が物と信《しん》じ其上過《うへあやま》ちなきときは直《たゞ》ちに其の物を使《つか》ひ用ゐる權利を取り得るなり

第百九十三條　前條ノ場合ニ於テ占有物カ盜品《たうひん》又ハ遺失物《ゐしつぶつ》ナルトキハ被害者《ひがいしや》又ハ遺失主ハ盜難《たうなん》又ハ遺失ノ時ヨリ二年間占有者ニ對シテ其物ノ回復ヲ請求スルコトヲ得

前條の如く動産を所持《しよぢ》し始《はじ》めたるときに所持したる品物が盜《ぬす》み取りたる品物又は遺《おと》し忘《わす》れたる品物なるときは盜《ぬす》まれたる人《ひと》又も落《おと》し忘《わす》れたる人は遺《おと》し無《な》くしたる時より二年の間《あひだ》は所持《しよぢ》し居《ゐ》たる人より其の品物の取り復《かへ》すを求《もと》め得るなり

第百九十四條　占有者カ盜品《たうひん》又ハ遺失物《ゐしつぶつ》ヲ競賣《きやうばい》若クハ公ノ市場ニ於テ

又ハ其物ト同種《どうしゆ》ノ物《もの》ヲ販賣《はんばい》スル商人《しやうにん》ヨリ善意ニテ買受ケタルトキハ被害者又ハ遺失主ハ占有者カ拂ヒタル代價ヲ辨償スルニ非サレハ其物ヲ回復スルコトヲ得ス

品物を所持したる人が盗《ぬす》まれたる品物又は遺《おと》し失《うし》なひたる品物を競《せ》り賣《う》りか官《くわん》の許《ゆるし》を得《え》たる公《おほや》けの市場《いちば》か又は其の盗《ぬす》まれたる品物か遺《おと》し無くしたる品物などと同《おな》じ種類《しゆるゐ》の品物を賣《う》り捌《さば》く商人《しやうにん》より善意《ぜんい》則ち其の様《やう》の惡《あ》しき品とは知らず通例《つうれい》の商品と信《しん》じて買《か》ひ取りたるものなるときは盗《ぬす》み取られし人又は遺《おと》し無くしたる人は其の品物を所持《しよぢ》し居《を》る人が拂《はら》ひ済《す》ませたる價《あたひ》を償《つぐな》ひ返《かへ》すにあらずは其の物を取り戻《もど》すこと出來《でき》ざるなり

第百九十五條　他人カ飼養《しやう》セシ家畜外《かちくぐわい》ノ動物ヲ占有スル者ハ其占有ノ始《はじめ》善意ニシテ且逃失《たうしつ》ノ時ヨリ一ケ月内ニ飼養主《しやうぬし》ヨリ回復《くわいふく》ノ請求ヲ受ケサルトキハ其動物ノ上ニ行使スル權利ヲ取得ス

他人が飼《か》ひ養《やしな》ひ居りし家畜外《かちくぐわい》の動物則ち牛馬《うしうま》、鷄《にはとり》、家鴨《あひる》などの外なる鹿《しか》とか狸《たぬき》などの動物を所持したる人は所持し始《はじ》めたるときに惡しき心《こゝろ》なく其上動物が逃《に》げ失《う》せたる時《とき》より一ケ月の内《うち》に飼《か》ひ主《ぬし》より取り回《かへ》すの求《もと》めが無かりしときは其の動物の上に使《つか》ひ用《もち》ゐる權利を得るなり

第百九十六條　占有者カ占有物ヲ返還《へんくわん》スル場合ニ於テハ其物ノ保存《ほぞん》ノ

爲メニ費《ついや》シタル金額《きんがく》其他ノ必要《ひつじう》費ヲ回復者ヨリ償還セシムルコトヲ得但占有者カ果實ヲ取得シタル場合ニ於テハ通常ノ必要費ハ其負擔ニ歸ス

占有者カ占有物ノ改良《かいりやう》ノ爲メニ費《ついや》シタル金額其他ノ有益《いうえき》費ニ付テハ其價格《かかく》ノ增《ぞう》加カ現存《げんそん》スル場合ニ限リ回復《くわいふく》者ノ選擇《せんたく》ニ從ヒ其費シタル金額又ハ增價額ヲ償還セシムルコトヲ得但惡意ノ占有者ニ對シテハ裁判所ハ回復者ノ請求ニ因リ之ニ相當《さうたう》ノ期限《きげん》ヲ許與《きよよ》スルコトヲ得

占有者《せんいうしや》が所持し居《ゐ》たる品物を返《かへ》すときに其の品物を大事《だいじ》に取り扱ふ爲めに遣《つか》ひたる金高《きんだか》其の外《ほか》取り扱《あつか》ひに付いて是非《ぜひ》入用《いりよう》なりし費用《ひよう》を其の品物を取り戻《もど》したる元《もと》の所有主《しよいうぬし》より償ひ返《かへ》さしむることが出來《でき》るなり但《たゞ》し品物を所持したる人が其品物より上《あが》るもの例《たと》へば土地の作物《さくもつ》などを取り得《え》たるときは通例《つうれい》是非入用の金高《きんだか》は所持したる人の引き受《う》けになるなり則ち所持したる人の出したる費用《ひよう》と取り收めたる果實《くわじつ》と差引《さしひ》きに成る如きなり

品物を所持したる人が其の品物を改《あらた》め善《よ》くする爲めに使《つか》ひたる金高《きんだか》と其外《そのほか》所持したる人が其の品物《しなもの》に使《つか》ひたる爲め其の品物に大《おほい》に利益《りゑき》ありし費用とを眞《まこと》の持主《もちぬし》が償ひ返すに付いては費用《ひよう》を使《つか》ひし爲め品物《しなもの》に增《ま》し加《くは》はりし價《あたひ》が其の費用を返《かへ》すときに現在《げんざい》有るならば占有者は品物を取り回《かへ》したる人の擇《えら》びに依り其の費したる金高か又增加《ぞうか》したる費用高《ひようだか》

を償《つぐ》ひ還《かへ》さしむることを得るなり併《しか》しながら若しも品物を所持《しよぢ》したる人が惡《あ》しき心持《こゝろもち》にて有らば裁判所が品物を取り返《かへ》したる求《もと》めに依り其の費用《ひよう》を償ひ返《かへ》すに付き相當《さうたう》の期《き》限《げん》を許《ゆる》し與《あた》へ幾日間《いくにちかん》の內に償ひ返すべしと言渡すことを得るなり

第百九十七條　占有者ハ後五條ノ規定ニ從ヒ占有ノ訴《うつたへ》ヲ提起《ていき》スルコトヲ得他人ノ爲メニ占有ヲ爲ス者亦同シ

品物を所持したる人は次《つぎ》の條《でう》より五ヶ條の定《さだ》めに因り占有則ち所持《しよぢ》を全《まつた》くする訴《うつたへ》を裁判所へ起《おこ》すことを得るなり他人の爲めに代理《だいり》として所持を爲すときも亦次《またつぎ》の條《でう》より五ヶ條に定めたる場合《ばあひ》に相當《さうたう》すれば裁判所に申《まう》し出《い》で占有の權利を全《まつた》くするを得るなり

第百九十八條　占有者カ其占有ヲ妨害《ばうがい》セラレタルトキハ占有保持《ほぢ》ノ訴ニ依リ其妨害ノ停止及ヒ損害ノ賠償ヲ請求スルコトヲ得

品物を所持《しよぢ》する權利を得たる人は若《も》し其の所持《しよち》に付き權利《けんり》々《り》益《えき》を得ることを妨《さまた》げ害をせられたるときは占有保持《せんいうほぢ》則ち所持《しよぢ》したる品物を永《なが》く保《たも》つことを得る樣《やう》の訴《うつたへ》に依り所持の權利を邪魔《じやま》し害《がい》せらるゝを停《とゞ》めることを及《およ》び其の爲めに出來たる損失《そんしつ》を償ひ返すことを求めることを得るなり

第百九十九條　占有者カ其占有ヲ妨害セラルヽ虞《おそれ》アルトキハ占有保全《ほぜん》ノ訴《うつたへ》ニ依リ其妨害ノ豫防《よばう》又ハ損害賠償《ばいしやう》ノ擔保《たんぽ》ヲ請求スルコトヲ得

品物を所持する人が其の所持方《しよちかた》を邪魔《じやま》し害《がい》せらるゝの模様《もやう》あるときは占有保全《せんいうほぜん》則ち所持方を全《まつた》くして邪魔をせられざる様《やう》の訴《うつたへ》に依りて所持方の妨《さまた》げられんとするを前以《まへもつ》て防《ふせ》ぐことか又は邪魔をせらるゝときに出来《でき》得《う》べき損失《そんしつ》を償《つくな》ふことかの引き当物《あてもの》を求《もと》むることを得るなり

第二百條　占有者カ其占有ヲ奪《うば》ハレタルトキハ占有回收《くわいしう》ノ訴ニ依リ其物ノ返還及ヒ損害ノ賠償ヲ請求スルコトヲ得

占有回收《くわいしう》ノ訴ハ侵奪《しんだつ》者《しや》ノ特定《とくてい》承繼人ニ對シテ之ヲ提起《ていき》スルコトヲ得ス但其承繼人カ侵奪ノ事實ヲ知リタルトキハ此限ニ在ラス

品物を所持し居る人が其の所持方《しかた》を外《ほか》の人より奪《うば》ひ取られたるときは占有回收《せんいうくわいしう》則ち所持方を取り返《かへ》すの訴《うつたへ》に依りて所持すべき品物の返《かへ》す方《かた》及び所持方《しよちかた》を取り去《さ》られたる損失《そんしつ》の償ひを求めることを得るなり

物の所持方を取り返《かへ》すの訴《うつたへ》は品物の持《も》ち方《かた》を奪《うば》ひ去りたる人の特定承繼人《とくていしようけいにん》則ち其の品物を讓《ゆづ》り受《う》け其の權利《けんり》丈《だけ》を特別《とくべつ》に相續したる人に向《むか》ひても引き起《おこ》すことを得ざるなり但《ただ》し其の承け繼《つ》ぎたる人が其の品物は奪《うば》ひ取りたるものなるを知りたるときは取り戾《もど》すを訴へることを得るなり

第二百一條　占有保持ノ訴ハ妨害ノ存スル間又ハ其止ミタル後一年內

ニ之ヲ提起《ていき》スルコトヲ要ス但工事《こうじ》ニ因リ占有物ニ損害ヲ生シタル場合ニ於テ其工事着手《ちやくしゆ》ノ時ヨリ一年ヲ經過《けいくわ》シ又ハ其工事ノ竣成《しゆんせい》シタルトキハ之ヲ提起スルコトヲ得ス

占有保全ノ訴ハ妨害《ばうがい》ノ危險《きけん》ノ存スル間ハ之ヲ提起スルコトヲ得但工事ニ因リ占有物ニ損害《そんがい》ヲ生スル虞《おそれ》アルトキハ前項但書ノ規定ヲ準用ス

占有回收《せんいうくわいしう》ノ訴ハ侵奪《しんだつ》ノ時ヨリ一年内ニ之ヲ提起スルコトヲ要ス

占有保持《せんいうほぢ》則ち品物の所持を邪魔《じやま》し害せられたるとき其の邪魔を除き品物を保《たも》つの訴《うつたへ》と品物所持の妨《さまた》げが引き續《つゞ》く間《あひだ》又は其の妨《さまた》げが止みて後ち一年の內《うち》に申《まう》し出づることが要用なり若しも作事《さくじ》に因りて所持の品物に損失《そんしつ》が出來《でき》占有《せんいう》の權利を妨《さまた》げられたるときは其の作事《さくじ》に係《かゝ》り始《はじ》めてより一年間《いちねんかん》を過《す》ぎたるか又は一年は過ぎずとも作事の出來上りたるときは占有の權利を害《がい》されたるを元《もと》の通《とほ》りに品物を保つの訴を起すことが出來ずとなり品物《しなもの》の所持方《しよぢかた》を邪魔《じやま》し害さるゝ樣《やう》の恐《おそ》れ有るとき前以《まへもつ》て之を防《ふせ》ぐの訴は其の邪魔《じやま》と危《あや》なさとが絕《た》えぬ內は何時《いつ》にても願《ねが》ひ出づることを得るなり但《たゞ》し家の建築《けんちく》などに因り所持したる品物に損失が出來《でき》る恐《おそ》れが有るときは前項の規則に依り工事《こうじ》に係《かゝ》り始めたるより一年の內又は其の工事《こうじ》が竣らず出來上らぬ內に訴《うつた》へ出《いで》なければならぬなり

他人より奪《うば》ひ取られたる品物の所持《しよぢ》方《かた》を取り戻《もど》すの訴へ取り去《さ》られたるときより一年の内に願ひ出ることが要用なり

第二百二條　占有ノ訴ハ本權《ほんけん》ノ訴ト互《たがひ》ニ相妨《あひさまた》クルコトナシ」

占有ノ訴ハ本權ニ關《くわん》スル理由ニ基《もとづ》キテ之ヲ裁判スルコトヲ得ス」

品物を所持する權利を爭《あら》そふ訴《うつたへ》と其の品物の根本《こんぽん》たる所有權《しよいうけん》の訴《うつたへ》と一時に起《お》きるも何れとも構《かま》はず訴《うつた》へ出ることを得るなり

品物を所持《しよぢ》する權利に付ての訴《うつたへ》は本權《ほんけん》則ち所有權と同じ理屈《りくつ》にて判斷《はんだん》することが出來ざるなり故《ゆゑ》に假令《たとへ》ひ品物を買《か》ひ受け所有權《しよいうけん》が有るとても必《かな》らずしも其れと同じ譯《わけ》にて所持する權利あるか否《いな》やを判斷《はんだん》することが出來ずとなり

第三節　占有權ノ消滅

本節《ほんせつ》は品物を所持する權利が消《き》ね無くなることを定《さだ》めたり精《くは》しきは後《のち》の條文《でうぶん》に述《の》べたる所を見る可きなり

第二百三條　占有權ハ占有者カ占有ノ意思ヲ抛棄《はうき》シ又ハ占有物《せんいうぶつ》ノ所持ヲ失フニ因リテ消滅ス但占有者カ占有回收ノ訴ヲ提起シタルトキハ此限ニ在ラス

品物を所持する權利は占有者《せんいうしや》が占有則ち所持の心持《こゝろもち》を抛《なげう》ち捨《す》てたるか又は所持し居りし

品物の所持《しよぢ》を失《うしな》ふ則ち自分の手許《てもと》に持ち居《ゐ》らずは消《き》え無くなり但《たゞ》し自分の手許《てもと》より持ち方《かた》を失なふたりとも占有者が占有回収《せんいうくわいしう》則ち所持《しよぢ》方《かた》を取り返《かへ》すの訴を起《おこ》したるときは所持する權利が消え無くならざるなり

第二百四條　代理人《だいりにん》ニ依リテ占有ヲ為ス場合ニ於テハ占有權ハ左ノ事由ニ因リテ消滅ス

一　本人カ代理人ヲシテ占有ヲ為サシムル意思ヲ拋棄シタルコト

二　代理人カ本人ニ對《たい》シ爾後《じご》自己《じこ》又ハ第三者ノ為メニ占有物ヲ所持スヘキ意思ヲ表示シタルコト

三　代理人カ占有物ノ所持ヲ失ヒタルコト

占有權ハ代理權ノ消滅ノミニ因リテ消滅セス

自分の代理人《だいりにん》をして品物を所持せしめたるときは下《しも》に記したる事柄《ことがら》に依りて所持する權利が消え失《う》せるなり第一は本人が代理人をして所持せし居りしものを其の所持《しよぢ》せしむる心《こゝろ》を捨《す》てたること第二は是迄《これまで》本人《ほんにん》の為めに品物を所持し居《ゐ》たる代理人《だいりにん》が今後は代理人自身か又は本人《ほんにん》と代理人との外《ほか》なる第三の地位《ちゐ》に居《を》る人の為め其の品物を所持《しよぢ》する心持を本人に向《むか》て言ひ表《あら》はしたるとき第三は代理人が品物の所持《しよぢ》方《かた》を失《うしな》ひたること則ち品物が手許《てもと》になくなりたること

占有權則ち品物を所持する權利は代理《だいり》をする權利が消《き》え無くなるも其の儘《まゝ》になり居るなり

第四節　準占有

本節は全《まつた》く占有權を目的《もくてき》にするに非《あら》ず或る目的《もくてき》の爲めに品物が一時《いちじ》自分《じぶん》の手にて扱《あつか》ふたきのことを定めたるなり

第二百五條　本章《ほんしやう》ノ規定ハ自己《じこ》ノ爲メニスル意思ヲ以テ財産《ざいさん》權《けん》ノ行使ヲ爲ス場合ニ之ヲ準用ス

第二章《だいにしやう》の占有權に對《たい》する全体の定め方は自分の利得《りとく》の爲めにする心《こゝろ》にて財産權則ち永小作《さく》を爲す權利を使《つか》ふときなどにも使ひ用ゆるなり

第三章　所有權

所有權は或物《あるもの》を自分の物とし自由勝手《じゆうかつて》にするを得る全《まつた》き所持方《しよぢかた》を云ふなり然《しか》して本章は

の所有の權利《けんり》全体《ぜんたい》に付き權利の效能《かうのう》、權利を得ることと權利が消《き》え無くなることなどに付きて總てのことの規則を定めたり

第一節　所有權ノ限界

本節は所有權《しよいうけん》は何程《なにほど》のことを爲し得る權利かと云ふことに付て定めたり

第二百六條　所有者ハ法令《はふれい》ノ制限《せいげん》内《ない》ニ於テ自由《じゆう》ニ其所有物ノ使用、收

益及ヒ處分ヲ爲ス權利ヲ有ス

所有者《しよいうしや》則ち品物の所有權を持ちたる人は法律《はふりつ》や命令《めいれい》などにて許すだけの區域《くいき》の内にて自由勝手《かつて》に使《つか》ひ用《もち》ゆることと其の品物を使《つか》ひて利益《りえき》を得ることと其の品物を他人《たにん》に賣るとも與へるとも勝手にする權利が有るなり例《たと》へは土地《とち》の所有權などは其の土地の使用《しよう》則ち物干《ほ》し場に用《もち》ゆとか收益《しうゑき》乃《すなは》ち其土地を耕《たがや》して作物《さくもつ》などを收《をさ》め取るとか處分《しよぶん》即ち其の土地を賣渡すことなどを爲すの權利が有るなり

第二百七條　土地《とち》ノ所有權ハ法令《ほふれい》ノ制限内ニ於テ其土地ノ上下ニ及フ

土地を所有《しよいう》したる人の權利《けんり》は法律にて許《ゆる》す限《かぎ》りの内《うち》にて其の土地《とち》の上面《じやうめん》と地の下とに使ひ用ゆることが出來るなり

第二百八條　數人《すうにん》ニテ一棟《むね》ノ建物《たてもの》ヲ區分《くぶん》シ各其一部ヲ所有スルトキハ建物《たてもの》及ヒ其附屬物《ふぞくぶつ》ノ共用《きやうよう》部分ハ其共有ニ屬《ぞく》スルモノト推定《すいてい》ス共用部分ノ修繕費《しうぜんへ》其他ノ負擔ハ各自ノ所有部分ノ價格《かかく》ニ應シテ之ヲ分ッ

五六人にて一軒の家などを二ッ三ッにも分《わ》けて各其の一部分《いちぶぶん》を所有せしときは家及《いへおよ》び其の家に附《つ》きたる小屋《こや》などの共用部分《きやうようぶぶん》例へば家を二人にて借《か》り受け臺所《だいどころ》か一箇所より無ければ夫れを兩人《りやうにん》にて一處《いつしよ》に用《もち》ゆるとき家の物置《ものお》きの小屋《こや》を兩人の用ゐになり居るさ

きは其の臺所又其の物置《ものおき》は両人の共有《きやういう》即ち共持に成るものと法律が推《お》し測《はか》り定《さだ》むるなり
故《ゆゑ》に若し外《ほか》の約束が有れば別段《べつだん》のことなり
前項に定めたる共持《ともも》ちの部分《ぶぶん》の破れたるを繕《つくろ》い直《なほ》す費用《ひよう》其の外の係《かゝ》り費用は共持ちの人各の持ち分《ぶん》の直段《ねだん》に依りて引き受けるなり

第二百九條　土地《とち》ノ所有者ハ疆界《きやうかい》又ハ其近傍《きんばう》ニ於テ牆壁《しやうへき》若クハ建物ヲ築造《ちくざう》シ又ハ之ヲ修繕《しうぜん》スル爲メ必要ナル範圍内《はんゐない》ニ於テ隣地《りんち》ノ使用ヲ請求スルコトヲ得但隣人《りんじん》ノ承諾《しやうだく》アルニ非サレハ其住家《じゆうか》ニ立入ルコトヲ得ス

前項ノ塲合ニ於テ隣人カ損害ヲ受ケタルトキハ其償金ヲ請求スルコトヲ得

土地を所有《しよいう》し居る人は隣《とな》りの土地との界目《さかいめ》又は界目より直《す》ぐ近《ちか》き所《ところ》に板塀《いたへい》とか煉瓦作《れんぐわづく》りの塀《へい》とか若しくは土藏《どざう》などの建物《たてもの》を作事《さくじ》し又は其等《それら》を繕《つくろ》い直《なほ》すに付き足場《あしば》などに使ふ爲め是非《ぜひ》入用《いりよう》の區《く》域丈《いきだけ》は隣《とな》り人の地所《ちしよ》を使《つか》ひ用《もち》ゐることを許されたしと申し出で求むるを得るなり若し地所《ちしよ》を使《つか》ふことを許《ゆる》されたるも隣《とな》りの人の承知《しようち》し諾《うけ》がふにあらずは其の住み家には立ち入ること出來ずとなり
前項に定めたる仕事《しごと》の爲めに隣《となり》の人の地所《おしよ》を使《つか》ひ用《もち》ゐたるより隣の人が損失《そんしつ》を受けしと

きは其の償ひ方《かた》を使《つか》ひ主《ぬし》に向《むか》つて申し出づることを得《え》なり

第二百十條　或《ある》土地カ他ノ土地ニ圍繞《ゐじやう》セラレテ公路《こうろ》ニ通セサルトキハ其土地ノ所有者ハ公路ニ至ル爲メ圍繞地ヲ通行スルコトヲ得

池沼《ちせう》、河渠《かきよ》若クハ海洋《かいやう》ニ由ルニ非サレハ他ニ通スルコト能ハス又ハ崖岸《がいがん》アリテ土地ト公路ト著《いちじる》シキ高低《こうてい》ヲ爲ストキ亦同シ

或る土地《とち》の四方の廻《まは》りに外の土地が并《なら》び有りて街道《かいだう》に出づる道《みち》なきときは其の中に成り居る土地《とち》を所有したる人は街道《かいだう》に出《いづ》る爲め其の廻《まは》りの地所《ちしよ》を通り歩《ある》くことを得るなり若しめ或る土地の三方に池沼《いけぬま》、河溝《かはみぞ》若くは海《うみ》が繞《めぐ》りありて一方丈が他人の土地にて池《いけ》か河《かは》又は海《うみ》よりにあらずは街道《かいだう》に行《ゆ》かれぬときも亦《また》其の一方の他人《たにん》の土地を通《とほ》りて街道に出る權利あるなり又或る土地の街道に出《いづ》る一方が崖岸《がいがん》則ち俗《ぞく》に云ふガケにて其上《そのうへ》街道《かいだう》と土地との高《たか》さ低《ひく》さが大《おほい》なる違《ちが》ひにて容易《たや》しく街道に出ることが出來ぬときは其の土地の三方を圍《かこ》み居る外《ほか》の土地を通《とほ》りて街道《かいだう》に出ることが得るとなり

第二百十一條　前條ノ場合ニ於テ通行《つうかう》ノ場所《ばしよ》及ヒ方法ハ通行權ヲ有スル者ノ爲メニ必要ニシテ且《かつ》圍繞地《ゐじやうち》ノ爲メニ損害最《もつと》モ少キモノヲ選フコトヲ要ス

通行權ヲ有スル者ハ必要アルトキハ通路ヲ開設スルコトヲ得

前條に定《さだ》めたる或る土地《とち》が外の土地の中《うち》を通《とほ》らずは街道《かいだう》に出ること出來ぬときも外《ほか》の土地を通るに付き通り歩《ある》く場所《ばしよ》又も通り歩《ある》くに付ての方法《はうはふ》則ち如何様《いかやう》に歩《ある》くかなど云ふことは通り抜《ぬ》けする權利ある人の爲め是非《ぜひ》入用《いりよう》にて其の上廻《うへまは》りの地所に損害《そんがい》が係《かゝ》ること尤も些細《さゝい》なるものを選《えら》び用《もち》ゆることが要用なり

外《ほか》の土地《とち》を通《とほ》り抜《ぬ》くる權利ある人が是非《ぜひ》要用のときは其の外の土地に通り路《みち》を開《ひら》き設《まう》けることが出來るとなり

第二百十二條　通行權《つうこうけん》ヲ有スル者ハ通行地ノ損害《そんがい》ニ對シテ償金ヲ拂フコトヲ要ス但通路開設ノ爲メニ生シタル損害ニ對スルモノヲ除クノ外一年毎ニ其償金ヲ拂フコトヲ得

自分《じぶん》の土地が外《ほか》の土地に圍《かこ》まれ居る爲めに外《ほか》の土地を通《とほ》り街道に出る權利を持ち居る人は通り歩《ある》く地所《ちしよ》に出來たる損失《そんしつ》に對《たい》しては償《つくな》ひ金を支拂ふことが要用なり但し外の土地に特別《とくべつ》に通り路《みち》を開《ひら》き設《まう》けたる爲めに出來たる損失《そんしつ》の外も毎年《まいねん》何程として支拂ふことが出來る故《ゆゑ》に通り路《みち》を切り開《ひら》きしより出來たる損失《そんしつ》は毎年〱に拂ふこと出來ず一時殘らず拂はざるべからざるなり

第二百十三條　分割《ぶんかつ》ニ因リ公路《こうろ》ニ通《つう》セサル土地ヲ生シタルトキハ其土地ノ所有者ハ公路ニ至ル爲メ他ノ分割者ノ所有地ノミヲ通行スルコ

トヲ得此場合ニ於テハ償金ヲ拂フコトヲ要セス

前項ノ規定ハ土地ノ所有者カ其土地ノ一部ヲ讓渡シタル場合ニ之ヲ準用ス

分割《ぶんかつ》に因り則ち一個《いつこ》の土地《とち》を二個に分けたるにより一方の土地が街道《かいだう》に通ること出來ぬ樣になりしときも其の土地を所有し居る人は街道に至《いた》る爲め外《ほか》の分けたる一方《いつぱう》の土地のみを通り歩《ある》くことを得るなり此ときも別《べつ》に通る爲めに出來《でき》たる損失《そんしつ》を償《つくな》ふことが要用《にうよう》ならざるなり何故《なにゆゑ》なれは其の半分《はんぶん》の土地《とち》を分ければ一方は袋地《ふくろち》になりて外の一方が通ずは街道に出づること出來ぬは極《きま》り居ることとなるに夫れを承知《しようち》にて分けたる者なれば別段《べつだん》に損失を出すには及ばざるなり

前項《ぜんこう》の定《さだ》め方は一の土地を所有《しよいう》し居りし人《ひと》が其の土地の一部分《いちぶぶん》を讓《ゆづ》り渡《わた》したるに其の一部《ぶ》が袋地《ふくろち》になりし爲め殘《のこ》りの所《ところ》を通りて街道《かいだう》に出るときにも用《もち》ゐるなり則ち通り歩くとも償《つくな》ひ金を出《いだ》すに及ばさるなり何んとなれば已《すで》に讓り渡《わた》すときに一方は袋地に成りて殘《のこ》りの一方を通らずは街道に出《いつ》ることが出來《でき》ずと云ふことを承知《しようち》し居り其上自然《しぜん》に地役の理屈《りくつ》より其の樣にせねばならぬこと故別段《ゆゑべつだん》に償ひ金を出すに及ばずとなり

第二百十四條　土地ノ所有者ハ隣地《りんち》ヨリ水ノ自然《しぜん》ニ流《なが》レ來ルヲ妨《さまた》クルコトヲ得ス

一個の土地《とち》を所有し居《を》る人は隣《となり》の土地が高《たか》きよりして自然《しぜん》に流《なが》れ來る水を邪閙《さまたげ》し止むることは出來ずとなり之は地役《ちえき》の義務《ぎむ》よりして然《しか》るなり尚《な》は精《くは》しくは後ちの地役權の所に至りて申し述ぶ可し

第二百十五條　水流《すいりう》カ事變《じへん》ニ因リ低地《ていち》ニ於テ阻塞《そそく》シタルトキハ高地ノ所有者ハ自費《じひ》ヲ以テ其疏通《そつう》ニ必要《ひつよう》ナル工事ヲ爲スコトヲ得

高《たか》き地所より流《なが》れ落《お》つる水が事變《じへん》則ち地震《ぢしん》などの爲め低《ひく》き地所にて塞《ふさ》がり止まりて溢《あふ》れ出づる如き時は高《たか》き地所《ぢしよ》を所有する人は自分《じぶん》の費《ついへ》にて水の塞《ふさ》がりたる所を通《つう》じ開《ひら》く爲めに是非入用の作事を爲すことが出來るなり

第二百十六條　甲地ニ於テ貯水《ちよすい》、排水《はいすい》又ハ引水《いんすい》ノ爲メニ設ケタル工作物ノ破潰《はくわい》又ハ阻塞《そそく》ニ因リテ乙地ニ損害《そんがい》ヲ及ホシ又ハ及ホス虞《おそれ》アルトキハ乙地ノ所有者ハ甲地《かふち》ノ所有者ヲシテ修繕《しうぜん》若クハ疏通《そつう》ヲ爲サシメ又必要アルトキハ豫防工事ヲ爲サシムルコトヲ得

甲《かふ》の土地にて池《いけ》などを堀《ほ》りて水《みづ》を貯《たく》はへたるめ溜《たま》り水を吐《は》き出さしむるため又た溝《みぞ》を堀《ほ》り水を引く爲《た》め等《とう》に取り設《まう》けたる工作物《こうさくぶつ》則ち土堤《さてい》などの破《やぶ》れ潰《つく》へたるか又は水の流れが塞《ふさ》がり止まりたるに因りて乙《おつ》の土地に損失《そんしつ》を掛《か》けたるか又は損失《そんしつ》を掛けるの恐《おそ》れが有れば乙の土地を所有したる人は甲《かふ》の土地《とち》を所持する人をして破《やぶ》れを繕《つくろ》い若くば塞《ふさ》がり水

通じ流《なが》れしめ又是《またぜ》非《ひ》入用《いりよう》あるときは前以て其の損失《そんしつ》を防《ふせ》ぎ止めるの作事を爲さしめる一とが出來るなり

第二百十七條　前二條ノ場合ニ於テ費用《ひよう》ノ負擔《ふたん》ニ付キ別段ノ慣習《くわんしう》アルトキハ其慣習ニ從フ

前《まへ》の二條に擧《あ》げ示《しめ》したるときに於て費用《ひよう》の引き受《う》け方《かた》が前《まへ》の二條《にでう》の定《さだ》め方と違《ちが》ひたる其の土地《とち》〳〵にての習《なら》ひにても有るならば其の慣《なら》はしに因りて費用《ひよう》を引き受くるなり

第二百十八條　土地《とち》ノ所有者ハ直チニ雨水《うすゐ》ヲ隣地《りんち》ニ注瀉《ちゆうしや》セシムヘキ屋根其他ノ工作物ヲ設クルコトヲ得ス

土地を所有《しよいう》し居る人は雨水《あまみづ》が直に隣《とな》りの地所に注《そゝ》ぎ落《お》つる樣《やう》に屋根《やね》の端《はし》を隣りの地所迄引き出《いだ》したり其外直《すぐ》に隣《とな》りの地所に雨水を吐《は》き出《いだ》す樋の如き物などを取り設くることが出來ざるなり

第二百十九條　溝渠《こうきよ》其他ノ水流地《すゐりうち》ノ所有者ハ對岸《たいがん》ノ土地カ他人ノ所有ニ屬《ぞく》スルトキハ其水路《すゐろ》又ハ幅員《ふくゐん》ヲ變スルコトヲ得ス

兩岸《りやうがん》ノ土地カ水流地《すゐりうち》ノ所有者ニ屬スルトキハ其所有者ハ水路及ヒ幅員ヲ變《へん》スルコトヲ得但下戸《かこう》ニ於テ自然《しぜん》ノ水路ニ復《ふく》スルコトヲ要ス

前二項ノ規定ニ異ナリタル慣習アルトキハ其慣習ニ從フ

溝《みぞ》、堀《ほり》其の外《ほか》水の流《なが》るゝ所の土地を所有せし人は向《むか》ひ岸《ぎし》の地所《ぢしよ》を他人が所有し居るときは其の水《みづ》の流《なが》れ道又は水幅《みづはゞ》などを變《か》ゆることは出來ざるなり若しも両岸《りやうがん》の土地を水の流道《ながれみち》の所有者が持ち居るときは其の所有者は流《なが》れ道水幅《みづはゞ》などを變《か》へることが出來るなり但《たゞ》し自分《じぶん》の土地より外《ほか》の土地に流《なが》れ出る水下の口にて元の流れ路《みち》の様に直《なほ》すことが要用なり

若しも其の土地に依《よつ》て前の二項と違《ちが》ふ所の習慣《しふくわん》が有れば其の習《なら》ひに從《したが》ひ定めるなり

第二百二十條　高地《かうち》ノ所有者ハ浸水地《しんすいち》ヲ乾《かは》カス爲メ又ハ家用《かよう》若クハ農工業用ノ餘水《よすい》ヲ排泄《はいせい》スル爲メ公路、公流《こうりう》又ハ下水道《げすいだう》ニ至ルマテ低地《ていち》ニ水ヲ通過セシムルコトヲ得但低地ノ爲メニ損害最モ少キ場所及ヒ方法ヲ選フコトヲ要ス

高《たか》き土地を所有し居《を》る人は雨水《あまみづ》が溜《たま》りて浸《ひた》りたる地所を乾《かは》かすためか又は[illegible]入用《いりよう》に使《つか》ひたるか若しくは農業工業《のうげふこうげふ》などに使ひたる餘《あま》り水《みづ》を吐《は》き出さしむるため公路則ち街道《かいだう》又は公流《こうりう》則ち衆人《しうじん》の使ひ用ゐる川《かは》又は下水道《げすゐだう》に至る迄の低《ひく》き地所《ちしよ》に水を流すことが出來るなり但し低き地所には成《な》る可《べ》く損失《そんしつ》の掛《か》からぬ土地又は水の通《とほ》す方を選ばなければならぬことを云ふ

第二百二十一條　土地ノ所有者ハ其所有地ノ水ヲ通過セシムル爲メ高

地又ハ低地《ていち》ノ所有者カ設《まう》ケタル工作物《こうさくぶつ》ヲ使用ス　トヲ得
前項ノ場合ニ於テ他人ノ工作物ヲ使用スル者ハ其利益ヲ受クル割合ニ應《おう》シテ工作物ノ設置《せつち》及ヒ保存《ほぞん》ノ費用《ひよう》ヲ分擔《ぶんたん》スルコトヲ要ス

土地を所有《しよいう》し居る人も其の土地の溜《たま》り水《みづ》又は堀《ほり》より湧《わ》き出《いで》る水を流れ出でしむるため自分の土地より高《たか》き土地又は低《ひく》き土地を所有し居る人が取り設《まう》けたる作事物《さくじもの》を使《つか》ひ用《もち》ゐることが出來るなり
前項《ぜんこう》に依りて他人の作事物《さくじもの》を使《つか》ふ人は自分《じぶん》に利益《りえき》を得る度合《どあひ》に因りて作事物《さくじもの》の取り設《まう》け及び保《たも》ち扱《あつか》ふ費用《ひよう》を割り當《あ》て引き受けることが要用なり

第二百二十二條　水流地《すいりうち》ノ所有者ハ堰《せき》ノ設クル需要《じゆよう》アルトキハ其堰ヲ對岸《たいがん》ニ附著《ふちやく》セシムルコトヲ得但之ニ因リテ生シタル損害ニ對シテ償金ヲ拂フコトヲ要ス
對岸《たいがん》ノ所有者ハ水流地ノ一部《ぶ》カ其所有ニ屬《ぞく》スルトキハ右ノ堰《せき》ヲ使用スルコトヲ得但前條ノ規定ニ從ヒ費用ヲ分擔スルコトヲ要ス

水《みづ》の流れ地の所有者《しよいうしや》は堰《せき》を取り設くる要用《えうよう》あれば其の堰を向《むか》ひ岸《きし》に附け作ることが出來る併《しか》し堰《せき》を作《つく》りたる爲め向《むか》ひ岸《きし》の所有者に掛《か》けたる損失を償ひ拂ふべしとなり
若しも向《むか》ひ岸《きし》の所有者も其の水の流《なが》れ地所《ちしよ》の一部《いちぶ》分《ぶん》を持ち居《を》るときは自分《じぶん》の土地迄附け

作られたる堰《せき》と使《つか》ひ用ゆることが出來《でき》る但《たゞ》し前條の作事《さくじ》の費用《ひよう》を引き受ける規則《きそく》に因りて右《みぎ》の堰《せき》を取り設け及び保ち扱《あつか》ふの費用を使《つか》ひ用ゆる割合《わりあひ》に因て引き受くべしとなり

第二百二十三條　土地ノ所有者ハ隣地《りんち》ノ所有者ト共同《きやうどう》ノ費用ヲ以テ疆界《きやうかい》ヲ標示《ひやうじ》スヘキ物ヲ設クルコトヲ得

土地を所有し居る人は隣《となり》の地所《ちしよ》を所有し居る人と費用《ひよう》を共持《ともも》ちにして両土地《りやうとち》の界目《さかひめ》を標示《へうじ》則ち此《これ》よりは両地《りやうち》の界《さかひ》と云ふことが見分《みわ》くることが出來る驗《しるし》の物を取り設《まう》けることが出來るなり石《いし》にても棒《ぼう》にても構《かま》はざるなり

第二百二十四條　界標《かいへう》ノ設置《せつち》及ヒ保存ノ費用ハ相隣者《さうりんしや》平分《へいぶん》シテ之ヲ負擔ス但測量ノ費用ハ其土地ノ廣狹《くわうけふ》ニ應《おう》シテ之ヲ分擔ス

両土地《りやうとち》の界《さかひ》の目標《めじるし》の物を取り設《もう》けの費用《ひよう》及び夫れを保《たも》ち扱《あつか》ふ費用は両土地の隣《とな》り合ひの人が平《たひ》らに分《わ》け合ふて引き受くるなり但《たゞ》し其の両地《りやうち》を測量《そくりやう》せし費用は土地の廣《ひろ》き狹《せま》きとに因りて分け合ひ引き受けるなり

第二百二十五條　二棟《むね》ノ建物《たてもの》カ其所有者ヲ異《こと》ニシ且其間ニ空地《くうち》アルトキハ各所有者ハ他ノ所有者ト共同《きやうどう》ノ費用《ひよう》ヲ以テ其疆界《きやうかい》ニ圍障《ゐしやう》ヲ設クルコトヲ得

當事者ノ協議《きやうぎ》調《とゝの》ハサルトキハ前項ノ圍障《ゐしやう》ハ板屏《いたべい》又ハ竹垣ニシテ高サ

六尺タルコトヲ要ス
二軒《けん》の建物《たてもの》則ち家《いへ》土藏《どざう》などが其の所有《しよいう》する人は二ツとも違《ちが》ひ居り其上《そのうへ》二軒《けん》の間に空《あ》き地《ち》所有《しよゐ》るときは一方《ぱう》の所有者は外の所有者と共持《ともち》の費用にて其の界目《さかひめ》に圍障《かこう》則ち塀《へい》などを取り設《まう》くることが出來るなり
兩建物《りやうたてもの》の間《あひだ》に塀《へい》などを作《つく》らんとする双方《さうはう》の人が相談《さうだん》が纏《まと》まらざるときは前項の圍障《ゐしやう》と有るものを板塀《いたべい》又《また》は竹垣《たけがき》にして高さは六尺《しやく》のものを作《つく》ることを得るを云ふ

第二百二十六條　圍障《ゐしやう》ノ設置及ヒ保存《ほぞん》ノ費用ハ相隣者《さうりんしや》平分シテ之ヲ負擔ス
兩建物《りやうたてもの》の間《あひだ》に圍障《ゐしやう》則ち塀《へい》などの取り設けの費用《ひよう》及《およ》び保《たも》ち扱《あつか》ふ費用は隣《とな》り合ひの人が平《たひ》らに分けて引き受くるなり

第二百二十七條　相隣者ノ一人ハ第二百二十五條第二項ニ定メタル材《ざい》料《りやう》ヨリ良好《れうこう》ナルモノヲ用井又ハ高サヲ增シテ圍障ヲ設クルコトヲ得
但之ニ因リテ生スル費用ノ增額《ぞうかく》ヲ負擔《ふたん》スルコトヲ要ス
兩建物《りやうたてもの》の間《あひだ》に屏《へい》などを取り設《もう》けるときも隣《とな》り合ひの一人は第二百二十五條第二項に定《さだ》めたる板屏《いたへい》又は竹垣《たけがき》などの品物より宜《よろ》しき練瓦《れんぐわ》などを用ゐ又は高さを增《ま》して圍《かこ》ひを取り設くることが出來《でき》るなり但し宜《よろ》しき品物を使《つか》ひたる爲め係《かゝ》りの費用《ひよう》が板《いた》や竹《たけ》などより增し

たるときは夫れ丈け宜《よろ》しきものを用ゐ作りたる人が引き受《う》けなければならぬなり

第二百二十八條　前三條ノ規定ニ異ナリタル慣習アルトキハ其慣習ニ從フ

前《まへ》の三條に定《さだ》めたる規則《きそく》に違《たが》ふ習《なら》ひが有れば其の土地〳〵の慣習《くわんしふ》に依るべしとなり

第二百二十九條　疆界線上《きやうかいせんじやう》ニ設ケタル界標《かいひやう》、圍障《ゐしやう》、牆壁《しやうへき》及ヒ溝渠《こうきよ》ハ相隣者ノ共有ニ屬スルモノト推定ス

両土地の界目《さかひめ》の上《うへ》に取り設けたる目標《めじるし》の棒《ぼう》の如き、圍障《ゐしやう》乃ち屏《へい》の如き、土壁《どかべ》などの如き溝川《みぞかは》などは隣合《となりあひ》の人両方《りやうはう》の共持《とももち》のものと法律が推《お》し測《はか》り定めたり

第二百三十條　一棟ノ建物ノ部分《ぶぶん》ヲ成《な》ス疆界線上《きやうかいせんじやう》ノ牆壁《しやうへき》ニハ前條ノ規定ヲ適用セス

高サノ不同《ふどう》ナル二棟ノ建物ヲ隔《へだ》ツル牆壁《しやうへき》ノ低《ひく》キ建物ヲ踰《こ》ユル部分亦同シ但防火牆壁《ばうくわしやうへき》ハ此限ニ在ラス

一軒《いつけん》の建物《たてもの》の壁《かべ》などが両建物の界目に有るときは前條の定《さだ》め方の共持《とももち》の規則《きそく》を用ゐずとなり何となれば其の壁《かべ》も一方《いつぱう》の建物の部に附《つ》き居《よ》る者なればなり

高《たか》さが同じにあらざる二軒《にけん》の建物《たてもの》の間に在る壁《かべ》にて低《ひく》き建物より上の部分も前條の共持の規則《きそく》を用ひずとなり大低《たいてい》は高き建物の所有者の持《も》ち物《もの》なるべし併《しか》しながら火事《くわじ》を防《ふせ》ぐ

土壁の如きは共持ちに成るなり

第二百三十一條　相隣者ノ一人ハ共有《きやういう》ノ牆壁ノ高サヲ增スコトヲ得但其牆壁カ此工事ニ耐ヘサルトキハ自費ヲ以テ工作ヲ加ヘ又ハ其牆壁ヲ改築《かいちく》スルコトヲ要ス

前項ノ規定ニ依リテ牆壁ノ高サヲ增シタル部分ハ其工事ヲ爲シタル者ノ專有《せんいう》ニ屬《ぞく》ス

兩建物の隣《とな》り合《あひ》の一人は兩家の間《あひだ》に有る共持ちの壁《かべ》の高さを增《ま》すことが出來る但し其の共持の壁が高さを增すの工事《こうじ》を爲す土臺《どだい》に耐《た》へ切《き》れぬときは自分《じぶん》の費用にて繕《つくろ》いの作事を爲し又は其の壁などを改《あらた》め造《つく》るべしとなり

前項の規則に依り壁などの高さを增したるときは其の增し分は作事を爲したる人の獨り持ちに成るなり

第二百三十二條　前條ノ場合ニ於テ隣人《りんじん》カ損害《そんがい》ヲ受ケタルトキハ其償金ヲ請求スルコトヲ得

前條の增し工事《こうじ》を爲したるにより隣合《となりあひ》の一方《いつぱう》が損失《そんしつ》を受けしときは其の償《つぐな》ひ金を求めることが出來るなり

第二百三十三條　隣地《りんち》ノ竹木ノ枝《えだ》カ疆界線《きやうかいせん》ヲ踰《こ》ユルトキハ其竹木ノ所

有者ヲシテ其枝《えだ》ヲ剪除《せんぢよ》セシムルコトヲ得

隣地ノ竹木ノ根カ疆界線ヲ踰《こ》ユルトキハ之ヲ截取《せつしゆ》スルコトヲ得

隣《とな》り合《あ》ひの土地に有る竹《たけ》や木《き》の枝《えだ》が両土地《りやうとち》の界目《さかいめ》を越《こ》えて一方の土地《とち》に延《の》び入りたるときは其の竹や木の持主《もちぬし》をして剪《き》り除《のぞ》かしむることが出來るなり

若し又隣地《となりち》の竹や木の根《ね》が両屋敷地《りやうやしきち》の界目を越《こ》えて一方の土地《とち》に入り來りたるときは竹や木の持主をして切り取らしむることが出來るなり

第二百三十四條　建物ヲ築造《ちくざう》スルニハ疆界線ヨリ一尺五寸以上ノ距離《きより》ヲ存スルコトヲ要ス

前項ノ規定ニ違《たが》ヒテ建築《けんちく》ヲ爲サントスル者アルトキハ隣地《りんち》ノ所有者ハ其建築ヲ廢止シ又ハ之ヲ變更セシムルコトヲ得但建築著手ノ時ヨリ一年ヲ經過《けいくわ》シ又ハ其建築ノ竣成《しゆんせい》シタル後《のち》ハ損害賠償ノ請求ノミヲ爲スコトヲ得

家土藏《いへどざう》などを造《つく》り立《た》てるには両地《りやうち》の界目より一尺五寸《いつしやくごすん》より餘計《よけい》に離《はな》さなければ建《た》て設けることが出來ぬなり

前項の家《いへ》、庫《くら》などを建《た》てるには両土地《りやうとち》の界目より一尺五寸より餘計《よけい》を明《あ》けて造《つく》るべしと規則《きそく》に違《たが》ひて工事《こうじ》を爲すものあれば隣り合ひ地《ち》の持ち主《ぬし》は其の工事を止め又は其の作事方《かた》を變《か》へ更《あらた》めさすることが出來る併《しか》しながら家などを造り始《はじ》めたる時より一年間《いちねんかん》を過《す》ぎ去りたるか又も其の作事が出來上《できあが》りたる後《のち》にては其の作事に因りて出來たる損失金《そんしつきん》を償《つぐな》ひ返《かへ》すことを求《もと》めることを許《ばか》りは出來るが其の作事を止《や》めさしたり變《か》へ更《あらた》めしむることは出來ざるなり

第二百三十五條　疆界線ヨリ三尺未滿《みまん》ノ距離《きより》ニ於テ他人ノ宅地ヲ觀望《くわんばう》スヘキ窓《まど》又ハ椽側《えんがは》ヲ設クル者ハ目隱《めかくし》ヲ附スルコトヲ要ス

前項ノ距離《きより》ハ窓《まど》又ハ椽側《えんがは》ノ最モ隣地《りんち》ニ近キ點《てん》ヨリ直角《ちよく》線ニテ疆界線ニ至ルマテヲ測算《そくさん》ス

兩土地《りやうとち》の界目《さかひめ》の中央《ちうわう》より三尺に足らぬ場所《ばしよ》にて隣人《となりびと》の屋敷《やしき》地を眺《なが》め得る窓《まど》又は椽側《えんがは》を取り設《まう》くる人は目隱《めかくし》の板《いた》にて打ち付け見えぬやうになければならぬなり

前項に記《しる》したる窓《まど》と界目《さかひめ》とを離《はな》れしむる間《あひだ》は窓又は椽側《えんがは》より隣りの地所に尤《もつと》も近き處より眞直《まつすぐ》に界目《さかひめ》迄を勘定《かんぢやう》し定むるなり

第二百三十六條　前二條ノ規定ニ異ナリタル慣習アルトキハ其慣習ニ從フ

其の土地《とち》に因《よ》りて前《まへ》の二ヶ條《でう》の規則《きそく》に違《ちが》ひたる習《なら》ひが有るときは其の習慣に從ひ極むべしとなり

第二百三十七條 井戸《いど》、用水溜《ようすいだめ》、下水溜《げすいだめ》又ハ肥料溜《ひりやうだめ》ヲ穿《うが》ツニハ疆界線ヨリ六尺以上池《いけ》、地窖《ちかう》又ハ厠坑《しかう》ヲ穿ツニハ三尺以上ノ距離ヲ存スルコトヲ要ス

水樋《すいひ》ヲ埋《うづ》メ又ハ溝渠《こうきよ》ヲ穿ツニハ疆界線ヨリ其深《ふか》サノ半以上ノ距離ヲ存スルコトヲ要ス但三尺ヲ踰ユルコトヲ要セス

飲《の》み水《みづ》を汲《く》み取る井戸や用水溜《ようすゐだめ》や下水溜や又は田畑《たはた》に肥溜《こひだめ》を堀《ほ》るにも両屋敷の界目より六尺餘《よ》池《いけ》、地窖則ち地穴《ちあな》又は厠穴《かはやあな》などを堀るにも三尺餘りの間《あひだ》を離《はな》すことが要用《にうよう》なり水《みづ》を流《なが》す樋《とゆ》を埋《うづ》め又は溝《みぞ》、堀《ほ》り割《わり》などを堀《ほ》り穿《うが》つには両屋敷《りやうやしき》の界目《さかひめ》より其の堀り上る深さの半分餘《はんぶんあま》りの長《なが》さを離《はな》さなければならぬ併《しか》し三尺より餘計は離《はな》すに及ばずとなり

第二百三十八條 疆界線《きやうかいせん》ノ近傍《きんばう》ニ於テ前條ノ工事ヲ爲ストキハ土砂《どしや》ノ崩壞《ほうくわい》又ハ水若《も》クハ汚液《をえき》ノ滲漏《さんろう》ヲ防《ふせ》クニ必要ナル注意ヲ爲スコトヲ要ス

若し両屋敷の界目の近所《きんじよ》にて前條の作事《さくじ》を爲すときにも土《つち》や砂《すな》などの崩《くづ》れること又《また》は水若《みづもし》くは大小便《だいせうべん》の溢《あふ》れ出ることを防《ふせ》ぎ止《とめ》る樣《やう》に大切《たいせつ》に氣を付けることが要用なり

第二節 所有權ノ取得

本節は物權《ぶつけん》の一なる品物を所有する權利を取り得る方法《はうはふ》を定《さだ》めたり

第二百三十九條　無主《むしゆ》ノ動産《どうさん》ハ所有ノ意思ヲ以テ之ヲ占有スルニ因リテ其所有權ヲ取得ス

無主ノ不動産ハ國庫ノ所有ニ屬ス

無主《むしゆ》の動産《どうさん》則ち持ち主なき動《うご》かし易《やす》き財産なる家財道具《かざいだうぐ》などを自分《じぶん》が所有する權利を得る心《こゝろ》にて其の品物を所持《しよぢ》すれば其の所有の權利を得るなり

持《も》ち主《ぬし》なき不動産則ち家《いへ》、土地などは政府《せいふ》の所有になるなり

第二百四十條　遺失物《ゐしつぶつ》ハ特別法《とくべつはふ》ノ定ムル所ニ從ヒ公告《こうこく》爲シタル後一年内ニ其所有者ノ知レサルトキハ拾得者其所有權ヲ取得ス

遺《おき》し忘《わす》れ無くしたる品物は別段《べつだん》に定めたる法律に因り世間《せけん》一般《いつぱん》に廣告《こうこく》をなしたる後《のち》より一年間其の遺《おと》忘れたる持主《もちぬし》が知れざるときは拾《ひろ》ひ取りたる人が其の品物の所有權を取り得るなり

第二百四十一條　埋藏物《まいざうぶつ》ハ特別法《とくべつはふ》ノ定ムル所ニ從ヒ公告ヲ爲シタル後六ケ月内ニ其所有者ノ知レサルトキハ發見者其所有權ヲ取得ス但他人ノ物ノ中ニ於テ發見《はつけん》シタル埋藏物ハ發見者及ヒ其物ノ所有者折半《せつぱん》シテ其所有權ヲ取得ス

埋藏物《まいざうぶつ》則ち土地の中などへ埋《うづま》り隠《かく》れ居たる品物《しなもの》は別段《べつだん》の法律の規則に因り世間《せけん》一般《いつぱん》へ斷

告したる後より六ケ月の間《あひだ》に其の品物を所有する人が知《し》れぬときは其の品物を見出《みいだ》したる人が所有權を取り得るなり他人の品物《しなもの》の中《うち》より埋《うづ》まりたる物を見出《みいだ》したるときは見出したる人と見出したる品物が其の中《うち》に有りし品物《しなもの》を所有したる人《ひと》と半分《はんわ》けにして其の品物を所有する權利を取り得るなり

第二百四十二條　不動産《ふどうさん》ノ所有者ハ其不動産ノ從《じう》トシテ之ニ附合《ふがふ》シタル物ノ所有權ヲ取得ス但權原ニ因リテ其物ヲ附屬セシメタル他人ノ權利ヲ妨ケス

不動産則ち家《いへ》、土地などを所有する人は其の不動産に附き從《した》がひ一處《いつしよ》に成りたる品物の所有權を得るなり例へば屋敷地《やしきち》にある敷石《しきいし》又は樹木《じゆもく》の如し併《しか》し其土地に地上權《ちじやうけん》などを得たる人は或る權利《けんり》を元《もと》によりて其の品物《しなもの》を附け合《あは》せたる人あれば其人の權利を妨《さまた》げることとは出來ぬ故《ゆゑ》に此ときは其物を不動産の從物《じうぶつ》として不動産を所有《しよいう》する人が取り得ざるなり

第二百四十三條　各別《かくべつ》ノ所有者ニ屬《ぞく》スル數個《すうこ》ノ動産カ附合《ふがふ》ニ因リ毀損スルニアラサレハ之ヲ分離スルコト能ハサルニ至リタルトキハ其合成物ノ所有權ハ主タル動産ノ所有者ニ屬《ぞく》ス分離《ぶんり》ノ爲メ過分《くわぶん》ノ費用ヲ要スルトキ亦同シ

別々《べつ〳〵》の所有者の持《も》ち物なる五六個の動産《どうさん》則ち五六人が持ち居たる材木《ざいもく》の如き動産が一處に成りて毀《こぼ》ち損《そこ》なふに非ずは取り離《はな》すこと出來ぬときは其の附《つ》き合ひて出來たる品物を所有する權利は附き合ひたる動産《どうさん》の中《うち》にて重《おも》なる動産を所有し居りし人が取り得るなり又分け離《はな》すに甚《はなは》だ多《おほ》くの費用が係《かゝ》るときも前と同じに處分《しよぶん》をするなり

第二百四十四條　附合《ふがう》シタル動産ニ付キ主從《しゆじゆう》ノ區別《くべつ》ヲ爲スコト能ハサルトキハ各動産ノ所有者ハ其附合ノ當時《たうじ》ニ於ケル價格《かかく》ノ割合《わりあひ》ニ應シテ合成物ヲ共有ス

前條《ぜんでう》に述《のべ》たる如く五六個の動産が寄《よ》り合《あ》ふて出來《でき》たる品物《しなもの》の元《もと》なる動産に付き主從《しゆじゆう》の區別則ち何れが重《おも》なる動産か何《いづ》れが重なる動産に附《つ》き從《したが》ひし動産か分け兼《か》ぬるときは別々《べつ〳〵》の動産の所有者は其の寄合《よりあ》ひて一《いつ》の品物と成りし其の時の直段《ねだん》に因りて出來上《できあが》りし品物を共持の物とするなり

第二百四十五條　前二條ノ規定ハ各別《かくべつ》ノ所有者ニ屬スル物カ混和《こんわ》シテ識別《しきべつ》スルコト能ハサルニ至リタル場合ニ之ヲ準用ス

前の二ケ條の規則《きそく》は別々《べつ〳〵》の所有者の持ち物が混《まじ》り合ひて識《し》り分《わ》けることが出來《でき》ぬときにも使《つか》ひ用《もち》ゆとなり例《たと》へば二人の持ち居る銀《ぎん》の如きが溶けて一處《いつしよ》になりたるときなり

第二百四十六條　他人ノ動産《どうさん》ニ工作《こうさく》ヲ加《くわ》ヘタル者アルトキハ其加《か》工《こう》物

ノ所有權ハ材料ノ所有者ニ屬ス但工作ニ因リテ生シタル價格カ著シク材料《ざいりやう》ノ價格《かかく》ニ超《こ》ユルトキハ加工者其物ノ所有權ヲ取得ス

加工者《かこうしや》カ材料ノ一部《ぶ》ヲ供《きやう》シタルトキハ其價格ニ工作ニ因リテ生シタル價格ヲ加ヘタルモノカ他人ノ材料ノ價格ニ超ユルトキニ限リ加工者其物ノ所有權ヲ取得ス

他人《たにん》の所有なる動產に細工《さいく》を爲したる人あるときは其の細工物《さいくもの》の所有權は其の細工を爲したる元《もと》の品物を所有せし人が得ることになる併《しか》し非常《ひじやう》に細工《さいく》が上手《じやうづ》なる人にて細工したる爲め高《たか》くなりたる直段《ねだん》が其の元《もと》の品物の直段より高《たか》きときは細工を爲したる人が其の品物の所有權を得るなり

若しも他人の品物に細工を爲したる人が細工する品物の一部《いちぶ》分丈《ぶんだけ》を出《いだ》したるときは其の價《あたひ》に細工《さいく》したる爲め增したる直段《ねだん》とを合せたるものが他人の品物の代價《だいか》より高きときは細工を爲したる人が出來たる品物の所有權を得るなり

第二百四十七條　前五條ノ規定《きてい》ニ依リテ物ノ所有權《しよいうけん》カ消滅《せうめつ》シタルトキハ其物ノ上ニ存セル他ノ權利モ亦消滅ス

右ノ物《もの》ノ所有者カ合成《ごうせい》物《ぶつ》、混和《こんくわ》物《ぶつ》又ハ加工物ノ單獨《たんどく》所有者ト爲リタルトキハ前項ノ權利ハ爾後合成物、混和物又ハ加工物ノ上ニ存シ其

共有者ト爲リタルトキハ其持分ノ上ニ存ス

前《まへ》の五ヶ條の規則《きそく》に依りて品物《しなもの》が重《おも》なる品物の所有者か細工《さいく》したる人が品物を持ち居りし人かの所有物となりたる爲め一方の人の所有する權利が消《き》え無くなりたるときは其の所有權か無くなりし品物《しなもの》に付き取り設け有る外《ほか》の權利《けんり》も皆な消え無くなるなり

右《みぎ》に述べたる一方の品物を所有せる人が附《つ》き從《したが》ひて出來《でき》たる物、混《まじ》り合ひたる物叉は細工を爲して出來たる物の獨《ひと》り持主《もちぬし》と爲りしときは前項《ぜんこう》に述《の》べたる品物に付き有りし權利は持主《もちぬし》となりてより後は寄《よ》り合《あ》ひ出來たる物《もの》、混《まじ》りたる物叉は細工を爲したる物の上に引き移《うつ》るなり共持《とももち》の持主《もちぬし》となりしときは共持の部分《ぶぶん》に權利が引き移るなり

第二百四十八條　前六條ノ規定ノ適用《てきよう》ニ因リテ損失《そんしつ》ヲ受ケタル者ハ第七百三條及ヒ第七百四條ノ規定ニ從ヒ償金ヲ請求スルコトヲ得

前《まへ》の六ヶ條に依りて品物《しなもの》が一方《いつぱう》の人の所有になりたる爲め一方《いつぱう》の人に損失《そんしつ》が出來たる人は第七百三條及第七百四條の規則に因りて償ひ金を求めることを得るなり

第三節　共有

本節《ほんせつ》は一個の品物を四五人にて所有するときの規則《きそく》にて其の共持《とももち》の人雙方《さうはう》が費用の引き受け方《かた》互《たがひ》に分け合ふときの方法叉分け合ふて後ちの義務《ぎむ》などに付て定めたり

第二百四十九條　各共有者《かくきやうゆうしや》ハ共有物ノ全部《ぜんぶ》ニ付キ其持分《もちぶん》ニ應《おう》シタル使

用ヲ爲スコトヲ得

各共有者《かくきやうゆうしや》則ち一個の品物を互《たがひ》に持ち合《あひ》にしたる人は共持せし物全体《ぜんたい》に付き其の持ち高相當に使ひ用ひることが出來るなり

第二百五十條　各共有者ノ持分ハ相均《あひひと》シキモノト推定《すいてい》ス

一個の物を持ち合ひし人の各《おの〱》の持ち高《だか》は丁度《ちやうど》同じきものと法律が推《お》し測《はか》り定めるなり

第二百五十一條　各共有者《かくきやうゆうしや》ハ他ノ共有者ノ同意《どうい》アルニ非《あら》サレハ共有物ニ變更ヲ加フルコトヲ得ス

各の共持《ともゝち》の人は外《ほか》の共持の人の同意《どうい》賛成《さんせい》あるにあらずは共持の物を變《か》へ更《あらた》めることを出來ずとなり

第二百五十二條　共有物ノ管理《くわんり》ニ關《くわん》スル事項ハ前條ノ場合ヲ除《のぞ》ク外各共有者ノ持分《もちぶん》ノ價格ニ從ヒ其過《そのくわ》半數《はんすう》ヲ以テ之ヲ決ス但保存行爲《ほぞんこうい》ハ各共有者之ヲ爲スコトヲ得

本條は共持《ともゝち》に成り居《を》る品物を支配《しはい》し扱《あつか》ふことに付ては前條《ぜんでう》の外《ほか》皆なの共持人《とももちにん》が持ち高の直段《ねだん》に依り其の直段の半分《はんぶん》より餘計《よけい》の持高の人に依りて其事柄《ことがら》を決《き》め定めるなり但し品物が破《やぶ》れ損《そこな》はぬ樣《やう》に大事に取り扱《あつか》ひ保《たも》つの行ひは各《おの〱》の持主互《もちぬしたがひ》に爲すことを出來るを云ふ

第二百五十三條　各共有者ハ其持分《そのもちぶん》ニ應《おう》シ管理《くわんり》ノ費用ヲ拂《はら》ヒ其他共有

物ノ負擔ニ任ス
共有者カ一年内ニ前項ノ義務《ぎむ》ヲ履行《りかう》セサルトキハ他ノ共有者ハ相當《さうたう》ノ償金ヲ拂ヒテ其者ノ持分ヲ取得スルコトヲ得

各の共持の人は其の持ち高相當《だかさうたう》に取り扱《あつか》ひ支配《しはい》の費用を支拂ひ其外共持の品物に係《かゝ》る入用を自分の持高相應《もちだかさうおう》に引き受けなければならぬなり
共持する人が一年《いちねん》の内《うち》に前項《ぜんこう》に有る共持物《ともちもの》を支配《しはい》する費用を拂ふ義務《ぎむ》などを盡《つく》さゞるときは外の共持《とももち》の人は其の義務《ぎむ》を盡《つく》さぬ人の持高《もちだか》に相應《さうおう》したる償ひ金を拂ひて其の持高を買ひ取ることを得るなり

第二百五十四條　共有者ノ一人カ共有物ニ付キ他ノ共有者ニ對シテ有スル債權《さいけん》ハ其特定承繼人《とくていしやうけいにん》ニ對シテモ之ヲ行フコトヲ得

共持の一人が共持の品物《しなもの》に付き外《ほか》の共持の人に向《むか》ひて有する債權則ち品物取り扱《あつ》ひ費用の立替金《たてかへきん》を取り立てる權利の如《ごと》きは借り有る共持の人の特定承繼人《とくていしやうけいにん》則ち其の品物丈を買ひ受けたる樣の人に對しても使ひ行ふことが出來るなり

第二百五十五條　共有者ノ一人カ其持分《そのもちぶん》ヲ拋棄《はうき》シタルトキ又ハ相續《さうぞく》人ナクシテ死亡シタルトキハ其持分ハ他ノ共有者ニ歸屬ス

共持の内《うち》の一人が自分《じぶん》の持高を拋《なげう》ち捨《す》てたるとき又は相續人《さうぞくにん》が定まらずして死去《しきよ》したる

ときは其の持高は外の共持の人の所有に成るなり

第二百五十六條　各共有者ハ何時ニテモ共有物ノ分割《ぶんかつ》ヲ請求《せいきう》スルコトヲ得但五年ヲ超エサル期間内分割ヲ爲ササル契約ヲ爲スコトヲ妨ケス

此契約《けいやく》ハ之ヲ更新《かうしん》スルコトヲ得但其期間ハ更新ノ時ヨリ五年ヲ超ユルコトヲ得ス

各の共持の人は何時《いつ》にても共持の品物を分《わ》け合ふことを申《まう》し出でることが出《で》來る併《しか》し共持を成りてより五年間を過《す》ぎざる内《うち》は分け合ふことを爲《な》さぬとの約束《やくそく》を爲すと差支《さしつか》へはなしとなり

共持の品物《しなもの》を五年過ぎぬ間《あひだ》は分け合ふことを申し出でぬとの約束《やくそく》を五年目に至り改《あらた》めて新《あたら》しく約束《やくそく》を仕直《しなほ》すことを得るなり但《たゞ》し新《あたら》しく約束するときも先《さき》の期限《きげん》が切《き》れるを改《あらた》めて約束するときは五年より長く期限を極めることを出來ぬなり

第二百五十七條　前條ノ規定ハ第二百八條及ヒ第二百二十九條ニ掲ケタル共有物ニハ之ヲ適用セス

前條の共持の人は何時《いつ》にても分け合ひを申《まう》し出てることが出來るとの規則《きそく》は第二百八條の五六人にて建物《たてもの》を分けて持《も》ち居《を》るとき第二百二十九條兩《りやうさかひ》土地の界目《さかひめ》の中央《ちうわう》に取り設け

たる目標《めじるし》の棒《ぼう》や屏《へい》などを共持《ともち》にしたるときには當《あ》て用《もち》ゆることなり

第二百五十八條　分割ハ共有者ノ協議《きやうぎ》調《とゝの》ハサルトキハ之ヲ裁判所ニ請求スルコトヲ得

前項ノ場合ニ於テ現物《げんぶつ》ヲ以テ分割《ぶんかつ》ヲ為スコト能ハサルトキ又《また》ハ分割ニ因リテ著《いちじる》シク其價格《かかく》ヲ損《そん》スル虞《おそれ》アルトキハ裁判所ハ其競賣《きやうばい》ヲ命スルコトヲ得

共持《ともち》の品物を分け合ふときに共持し居る人々の間《あひだ》にて相談《さうだん》が纏《まと》まらぬときは分け合ひ方《かた》を平《たひ》らかに為し貰《もら》ふことを裁判所に申《まう》し出で求《もと》めることが出來るなり

前項に依り裁判所へ共持《ともち》の品物の分け合ひ方《かた》を申し出で願ひたるも現在《げんざい》其の共持の品物にては分け合ふことが出來《でき》ぬとき又分け合ひに因りて品物が甚《はなは》だしく直段《ねだん》が安《やす》くなる樣のときは裁判所は其の共持《ともち》の品物《しなもの》を競《せ》り賣《うり》せしむることが出來るなり

第二百五十九條　共有者ノ一人カ他ノ共有者ニ對シテ共有ニ關スル債《さい》權ヲ有スルトキハ分割《ぶんかつ》ニ際《さい》シ債務者ニ歸《き》スヘキ共有物ノ部分ヲ以テ其辨濟ヲ為サシムルコトヲ得

債權者ハ右ノ辨濟《べんさい》ヲ受クル為メ債務者《さいむしや》ニ歸スヘキ共有物ノ部分《ぶぶん》ヲ賣却スル必要アルトキハ其賣却ヲ請求スルコトヲ得

共持をする内《うち》の一人《いちにん》が外の共持の人に對《たい》して共持の爲めの立替金《たてかへきん》を取り立てる權利を持ち居るときに共持の物《もの》を分け合ふことが有れば其の立替金《たてかへきん》を借り居る債務者《さいむしや》則ち共持の人に還《や》る可《べ》き分け前《まへ》の分を以て立替主《たてかへぬし》に返《かへ》し濟《す》まさせることが出來るなり

債權者則ち共持の一人が外《ほか》の共持の人に立て替《か》へたる返金《へんきん》を申し受ける爲めに借《かり》が有る共持《とももち》の人の持分《もちぶん》を賣り拂《さら》はしめる要用《にうよう》あるときは賣《う》り拂《さら》ひ方《かた》を申し出で求めることが出來るなり

第二百六十條　共有物ニ付キ權利ヲ有スル者及ヒ各共有者ノ債權者ハ自己《じこ》ノ費用《ひよう》ヲ以テ分割ニ參加《さんか》スルコトヲ得

前項ノ規定ニ依リテ參加ノ請求アリタルニ拘ハラス其參加ヲ待タスシテ分割《ぶんかつ》ヲ爲シタルトキハ其分割ハ之ヲ以テ參加ヲ請求《せいきゆう》シタル者ニ對抗スルコトヲ得ス

共持《とももち》の物《もの》に付き權利を有する人例《たと》へば共持《とももち》の土地に付き小作權《こさくけん》などを持ち居る人及び各の共持し居《を》る人々に貸《か》しが有る權利者は自分《じぶん》の費用にて共持の品物を分け合ふことに加入《にふ》することが出來るなり

前項《ぜんこう》の規則に依《よ》りて共持の品物を分け合ふことに加入《かにふ》せんことを申《まう》し出で求《もと》めありしも構《かま》はず分け合ひを爲したるときは其の分け合ひを以て加入《かにふ》を申し出でたる人《ひと》に向《むか》ひ其の

櫻の苗も出では知らぬなどゝ張り合ふことが出來ざるなり

第二百六十一條　各共有者ハ他ノ共有者カ分割ニ因リテ得タル物ニ付キ賣主《うりぬし》ト同シク其持分ニ應《おう》シテ擔保《かんぽ》ノ責《せめ》ニ任ス

各の共持《とももち》の人は外《ほか》の共持の人が品物の分け合ひによりて取り得たる物に付て賣主と同じに其の持ち高《だか》に因り互《たがひ》に引き受ける義務あるなり

第二百六十二條　分割カ結了《けつれう》シタルトキハ各分割者ハ其受ケタル物ニ關スル證書ヲ保存スルコトヲ要ス

共有者一同又ハ其中《そのうち》ノ數人《すうにん》ニ分割シタル物ニ關スル證書《しようしよ》ハ其物ノ最《さい》大部分《だいぶぶん》ヲ受ケタル者之ヲ保存《ほぞん》スルコトヲ要ス

前項ノ場合ニ於テ最大部分ヲ受ケタル者ナキトキハ分割者ノ協議ヲ以テ證書ノ保存者《ほぞんしや》ヲ定ム若シ協議調《きやうぎこゝな》ハサルトキハ裁判所之ヲ指定《してい》ス

證書ノ保存者ハ他ノ分割者ノ請求ニ應シテ其證書ヲ使用セシムルコトヲ要ス

共持の品物《しなもの》を分け合ふことが終《おは》りたるときは各《おのく》の分け合《あ》ふ人も其の分け前《わけまへ》に關係《くわんけい》ある證文《しようもん》を大事《だいじ》に取《と》り扱《あつか》ひ殘《のこ》すことが要用なり

共持の人一同《いちどう》又は其の共持の內五六人《うちごろくにん》に分け合ふたる物に關係《くわんけい》ある證文《しようもん》は其の分け合ふ

たる物《もの》の尤《もつと》も大《おほい》なる分を申し受けたる人が大事《だいじ》に殘《のこ》し置べしとなり若しも前項の場合《ばあひ》にて特別《とくべつ》に大《おほい》なる分け前を申し受けたる人なきときは分け合ひし人の相談《さうだん》にて證文《しやうもん》を大切に殘し置く人を定めることが出來る若しも評議《ひやうぎ》が纏《まと》まらぬときは裁判所に於て其の人を定め遣るべしとなり

證文を大切《たいせつ》に扱《あつか》ひ預《あづ》かる人は外《ほか》の分け合たる人の申し出でによりて其の證文を使ひ用ゆるを得せしむることが要用なり

第二百六十三條　共有《きやういう》ノ性質《せいしつ》ヲ有スル入會權《にふくわいけん》ニ付テハ各地方ノ慣習ニ從フ外本節ノ規定ヲ適用ス

共持の性質《せいしつ》に似寄《によ》りたる入會權《いりあひけん》則ち一個《いつこ》の草刈場《くさかりば》にて五六人一處に刈り取ることが出來る權利の如きに付ては各《おの〳〵》其の土地《とち》の習《なら》ひに因りて處置《しよち》する外《ほか》は本節に定めたる規則に依りて取り扱ふなり

第二百六十四條　本節ノ規定ハ數人ニテ所有《しよいう》權《けん》以外《いぐわい》ノ財産權ヲ有スル場合ニ之ヲ準用ス但法令ニ別段ノ定アルトキハ此限ニ在ラス

本節の規則《きそく》は五六人にて所有權より外《ほか》の財産權則ち地上權《ちじやうけん》永小《えいこ》作權《さくけん》などを持ち居るときにも同じ樣《やう》に用《もち》ゆるなり然《しか》し法律命令《めいれい》等にて別《べつ》に規則を設《もう》けたるとき其規則に依り支配《しはい》せらるべきなり

第四章　地上權

本章は物權《ぶつけん》の一《いち》なる地上權《ちじやうけん》に付て定《さだ》めたるなり然《しか》して地上權とは如何《いか》なるものかと云ふに他人が所有し居る土地《とち》に於て工作物《こうさくぶつ》則ち家とか土藏《どぞう》とか製造場《せいぞうば》の如き又は竹とか木などを自分《じぶん》に所有するより其土地《とち》を借り使《つか》ふ所の權利なり言葉《ことば》を換《か》へて言《い》へは夫れ等の物を所有する爲めに其の土地の上面丈《じやうめんだけ》を使《つか》ひ用《もち》ゆる權利なり勿論《もちろん》其の家とか竹《たけ》や木などの如きは貸《か》して利益《りえき》を得ると賣《う》り放《はな》すとも自由《じゆう》の權利を有するなり

第二百六十五條　地上權者《ちじやうけん》ハ他人ノ土地ニ於テ工作物《こうさくぶつ》又ハ竹木《ちくぼく》ヲ所有スル爲メ其土地ヲ使用スル權利ヲ有ス

地上權者《ちじやうけんしや》と稱する人は外《ほか》の人の土地の上《うへ》に建物《たてもの》や竹《たけ》や木などを持ち居る爲めに其の土地の上面を使《つか》ひ用《もち》ゆる權利を得る人なり故《ゆゑ》に其の土地を賣《う》るなどの處置《しよち》は出來ざるなり

第二百六十六條　地上權者カ土地ノ所有者ニ定期《ていき》ノ地代《ちだい》ヲ拂《はら》フヘキトキハ第二百七十四條乃至第二百七十六條ノ規定ヲ準用ス

此他地代ニ付テハ賃貸借ニ關スル規定ヲ準用ス

地上權《ちじやうけん》を得る人が土地《とち》所有者《しよいうしや》に定期《ていき》の地代《ちだい》則ち一年の使ひ賃として金何程づゝなどゝ極めて支《し》拂《はら》ふべき約束したるときは第二百七十四條の永小作權《えいこさくけん》を得たる時天災《ときてんさい》などの爲め小作料《りやう》を減《げん》ずる規則其次《つぎ》の條《てう》の小作權を捨《す》てることを得るの定《さだ》め方《かた》第二百七十六條小作

の權利を取消《とりけ》すことを申出《もうしい》でるなどの規則を同《おな》じく定期《ていき》の地代《ちだい》を拂《はら》ふ地上權を得たる人にも使ひ用ゆとなり

此外地代《ちだい》を取り立てる場合《ばあひ》に付ては賃貸借《ちんたいしやく》に付て規《もう》けたる規則を準《なぞら》へ用ゆとなり

第二百六十七條　第二百九條乃至第二百三十八條ノ規定ハ地上權者間又ハ地上權者ト土地ノ所有者トノ間ニ之ヲ準用ス但第二百二十九條ノ推定《すいてい》ハ地上權設定《せつてい》後《ご》ニ爲シタル工事ニ付テノミ之ヲ地上權者ニ準用ス

第二百九條より第二百三十八條迄の所有權に付ての規則は地上權者の土地と地上權者の土地と隣《とな》り合《あ》ひのとき又は地上權《ちじやうけん》を得たる人と土地を所有し居《を》る人との間《あひだ》にも同じ樣に使《つか》ひ用《もち》ゆとなり但《たゞ》し第二百二十九條の兩土地《りやうとち》の界目《さかひめ》に有る塀《へい》などは共持《ともち》の物と法律にて推《お》し測《はか》り定《さだ》むるの規則は地上權《ちじやうけん》を得たる人に就《つい》ては地上權を取り設《まう》けてより後に爲したる作事《さくじ》丈《だけ》に付てのみ所有權と同じ樣《やう》に用ゆるとなり

第二百六十八條　設定行爲《せつていかうい》ヲ以テ地上權ノ存續期間《そんぞくきかん》ヲ定メサリシ場合ニ於テ別段《べつだん》ノ慣習《くわんしう》ナキトキハ地上權者ハ何時《なんどき》ニテモ其權利ヲ抛棄《はうき》スルコトヲ得但地代ヲ拂フヘキトキハ一年前ニ豫告ヲ爲シ又ハ未タ期限ノ至ラサル一年分ノ地代ヲ拂フコトヲ要ス

地上權者カ前項ノ規定ニ依リテ其權利ヲ拋棄《はうき》セサルトキハ裁判所ハ當事者ノ請求ニ因リ二十年以上五十年以下ノ範圍內ニ於テ工作物又ハ竹木ノ種類《しゆるい》及ヒ狀況《じやうきやう》其他地上權設定ノ當時ノ事情《じじやう》ヲ斟酌《しんしやく》シテ其存續期間ヲ定ム

地上權《ちじやうけん》を取り設《まう》くるときの約束《やくそく》にて地上權が成り立《た》ち續《つゞ》く期限を極《き》めざりしときに其土地にて別段《べつだん》の習《なら》ひがなければ地上權を持ち居る人は何時にても其の權利を拋《なげう》ち捨《す》てることが出來《でき》る併し地代を拂《はら》ふて地上權を持ち居るときは一年前《いちねんまへ》に前以て其の權利を捨《す》てることを告《つ》げ知らせるか又は未《いま》だ地代を拂ふ期限にならざる一年分丈《いちねんぶんだけ》の地代を拂《はら》ひ置くこと要用《にうよう》なり若しも突然《とつぜん》に拋《なげう》ち捨てゝ後《の》ちに早速借《さつそくか》る人《ひと》が無きときは地上權を取り設《まう》け與《あた》へたる人は大《おほい》に迷惑《めいわく》すべし若しも無代《むだい》の時なれば兎《と》に角《か》く已《すで》に地代を申し受け居る人なれば又た地上權を外の人に與ふるに付ても心組《こゝろぐみ》が有ることなれば成る可く損失《そんしつ》を掛《か》けぬ樣にすべしとの趣意《しゆい》より前以《まへもつ》て知らせるか地代を前拂すべきこととを定めたり此の二つのことを爲し置《お》けば地上權を取り設《まう》けたる人も其內《うち》に其丈《それだけ》の用意《ようい》をすることが十分に出來ることとなり

地上權を持ち居る人が前項《ぜんこう》に有る規則に依り拋《なげう》ち捨てなければ裁判所は地上權を取り設けたる關係人《くわんけいにん》の求《もと》めがあれば二十年より二十五年までの期限の內にて地上權が土地の上

に取り設けたる建物作事《たてものさくじ》などが何年位《なんねんくらゐ》立て置けば其の人の用を足《た》するに十分なるか如何《いか》樣《やう》の見込《みこみ》にて作りし者か其の見込に依りても何年間位《なんねんかんぐらゐ》は期限が要用なるべしなどのこと又《また》は竹《たけ》や木などの類《るゐ》に依りて何年間位は植ゑ置かずば役に立《た》たぬとか最早《もはや》切り取りても役に立つとかなどを十分に調《しら》べること其他《そのほか》地上權を取り設けたるときは其土地は荒地《あれち》にて其後《そのご》切り開《ひら》きて用ゐ始《はじ》めし故何年間位の期限を與《あた》へれば地上權を持ち居る人も十分なるべしなどの模樣《もやう》を考《かんが》へ合《あは》せて地上權を取り設け續《つゞ》く內の期限を定めるなり

第二百六十九條　地上權者ハ其權利《けんり》消滅《せうめつ》ノ時土地《とち》ヲ原狀《げんじやう》ニ復《ふく》シテ其工作物及ヒ竹木ヲ收去《しうきよ》スルコトヲ得但土地ノ所有者カ時價《じか》ヲ提供《ていきやう》シテ之ヲ買取ルヘキ旨ヲ通知シタルトキハ地上權者ハ正當ノ理由ナクシテ之ヲ拒ムコトヲ得ス

前項ノ規定ニ異ナリタル慣習アリタルトキハ其慣習ニ從フ

地上權《ちじやうけん》を持《も》ち居る人も其の權利《けんり》を持ち居る期限《きげん》が無くなりたるに依り土地を返すときは其の土地を元《もと》の模樣《もやう》にして自分が取り設けたる作事《さくじ》したる物や竹《たけ》や木《き》などを取り拂《はら》ふことが出來《でき》るなり併《しか》し土地を持ち居る人が時《とき》の相場《さうば》に相當《さうたう》したる價《あたひ》を出《いだ》して其の作事したるものや植《う》ゑ付《つ》けたる竹《たけ》や木《き》などを買ひ取りたしと告げ知《しら》したるときは地上權を持ち居りし人は正當《せいたう》の理由則ち其の品物は已《すで》に人に與《あた》へる約束を爲したるものとか又は是非自

分の方《ほう》になければならぬとかの立派《りつぱ》なる譯《わけ》が無ければ買《か》ひ取りたしとの申し出を拒み退けることが出來ざるなり

前項《ぜんこう》の規則に違《ちが》ふ所《ところ》の習《ならひ》があれ其の慣《なら》はしに依りて處置《しよち》するなり

第五章　永小作權

本章《ほんしやう》は永小作權に付《つい》ての定《さだ》め方《かた》なり永小作權とは小作料《こさくりやう》と云ふ賃金《ちんきん》を出して田畑《でんはた》を作りて作物《さくもつ》を爲し又は牛馬《ぎうば》などを飼《か》ひて利得《りとく》を得る權利にして土地《とち》丈《だけ》に付て賃借《ちんがり》する權利を云ふなり

第二百七十條　永小作人《えいこさくにん》ハ小作料ヲ拂ヒテ他人ノ土地ニ耕作《こうさく》又ハ牧畜《ぼくちく》ヲ爲ス權利ヲ有ス

永小作人《えいこさくにん》は小作賃《こさくちん》を拂ひて他人の土地を耕《たがや》し作物を取り納《をさ》めたり又は牛や馬などを飼《か》ひ養《やしな》ふことが出來るなり

第二百七十一條　永小作人ハ土地ニ永久《えいきゆう》ノ損害《そんがい》ヲ生スヘキ變更《へんこう》ヲ加フルコトヲ得ス

永小作人は土地《とち》を耕《たがや》し作《つく》り又は牛馬《うしうま》などを飼ひ養《やしな》ふ見込のものなれば種々《しゆ〴〵》の方法《はうはふ》を設け或《ある》ひは小溝《こみぞ》を掘《ほ》るとか柵《さく》を取り設くるとかなどの爲《た》め其の土地を變《か》へて使《つかは》なければならぬことあり故《ゆゑ》に大抵《たいてい》ならば土地の摸樣を變《か》へることは差し支《つか》へなきも末長《すゑなが》く其の土地の損《そん》

失《しつ》になる樣《やう》の更《か》へ方は出來ぬとなり

第二百七十二條　永小作人ハ其權利ヲ他人ニ讓渡シ又ハ其權利ノ存續期間內ニ於テ耕作《こうさく》若クハ牧畜《ぼくちく》ノ爲メ土地ヲ賃貸《ちんたい》スルコトヲ得但設定行爲ヲ以テ之ヲ禁シタルトキハ此限ニ在ラス

永小作人《えいこさくにん》は小作を爲すの權利を他人に讓《ゆづ》り渡すことが出來る又た自分が土地所有者《とちしよいうしや》より得たる小作權が持ち居ること出來る期限の內《うち》にて作物を爲したり牛馬《うしうま》などを飼《か》ひ養《やしな》ふたりする土地を賃錢《ちんせん》を取りて他人に貸《か》し與《あた》へることが出來る併《しか》し自分が小作《こさく》する權利を得るときの約束にて禁《きん》じ止《と》めたるときは出來ざるなり

第二百七十三條　永小作人ノ義務《ぎむ》ニ付テハ本章ノ規定《きてい》及ヒ設定行爲ヲ以テ定メタルモノノ外賃貸借《ちんたいしやく》ニ關《くわん》スル規定ヲ準用ス

永小作する權利を得たる人が盡《つ》くすべき義務《ぎむ》は本章の規則及び小作權を得る時の約束事《やくそくごと》にて互《たがひ》に取り極《き》めたるもの丶外《ほか》も賃貸《ちんがし》し借《か》りの約束に付き定めたる規則を用《もち》ゆとなり故に小作する土地を取り扱《あつか》ふ心得又は賃錢の拂《はら》ひ方等《かたとう》は皆な以上《いじやう》に述《の》べたる規則を照《てら》し合せて永小作人たる勤《つと》めを盡《つく》すべきなり

第二百七十四條　永小作人ハ不可抗力《ふかかうりよく》ニ因リ收益《しうえき》ニ付キ損失《そんしつ》ヲ受ケタルトキト雖モ小作料ノ免除《めんじよ》又ハ減額ヲ請求スルコトヲ得ス

永小作人は不可抗力《ふかかうりよく》則ち地震《ぢしん》とか大水《おほみづ》とか天然《てんねん》の災《わざはひ》にて人の力《ちから》にて防《ふせ》ぎ兼《か》ぬることの爲《た》め田畑《でんぱた》が不作《ふさく》にて損失が出來たるに因り少《すこ》しも利益《りえき》が無くとても小作賃《こさくちん》を出《いだ》すの義務を免《まぬ》かれることと又は小作賃《こさくちん》の高《たか》を少《すく》なくして吳《く》れとの申し出で爲すこと出來ざるなり

第二百七十五條　永小作人ハ不可抗力《ふかこうりよく》ニ因リ引續《ひきつゞ》キ三年以上全ク收益《しうえき》ヲ得ス又ハ五年以上小作料ヨリ少《すくな》キ收益《しうえき》ヲ得タルトキハ其權利ヲ抛棄《き》スルコトヲ得

永小作人が前條《ぜんでう》に述《の》べたる天災《てんさい》などの爲め三年より多《おほ》くの間《あひだ》引き續《つゞ》いて少しも利得《りとく》がなきか又は五年より多《おほ》くの間《あひだ》に取れ高《たか》が小作賃より少《すく》なきときは小作をする權利を抛ち捨てることが出來《でき》る通例《つうれい》ならば小作賃を減《へ》らすことも出來ざれども三年より多《おほ》く取れ高《たか》が無しとか五年より多《おほ》くの間借り賃《ちん》さへ拂ふことを出來ぬ程《ほど》の取れ高《たか》なれば最初《さいしよ》小作權を得るの目的《もくてき》は少《すこ》しも立たず其上天災《そのうへてんさい》にて人の力《ちから》にては如何《いかん》とも仕樣《しやう》が無きこととなるに何時《いつ》迄《まで》も借り居《を》らずはならぬなどゝ云へは永小作人の迷惑《めいわく》のみならず道理上《だうりじやう》宜《よろ》しく處置《しよち》せなければならぬとなり故に若し前に述《の》べたる二つの塲合の如きは其の權利を抛《なげう》ち捨てることが出來ると法律にて定めたり

第二百七十六條　永小作人カ引續《ひきつゞ》キ二年以上小作料《こさくりよう》ノ支拂《しはらひ》ヲ怠《おこた》リ又ハ破産《はさん》ノ宣告《せんこく》ヲ受ケタルトキハ地主《ぢぬし》ハ永小作權ノ消滅ヲ請求スルコト

ヲ得

永小作をする權利を得《う》たる人が二年より多《おほ》くの間《あひだ》引き續《つゞ》き小作賃を拂《はら》はぬか又は永小作人が外《ほか》よりの借り方を返《かへ》すことも出來ず裁判所より破産者《はさんしや》との言《い》ひ渡《わた》されるときは地主《ぢぬし》は永小作人に與《あた》へたる小作する權利が消《き》え無くすることの申し出《いで》を爲すことが出來《でき》るなり已《すで》に小作人が或るときは權利を捨《す》てることが出來れば地主も亦た權利を消《け》えしむることを得《え》なければならぬなり殊《こと》に二年より多《おほ》く小作賃を拂《はら》はぬ樣《やう》の人や又は破産《はさん》則ち借りを支拂《しはら》ふことが出來ぬ人などゝ裁判所より言《い》ひ渡《わた》されたる樣の人にも約束通《やくそくどほ》り貸し置《お》かなければならぬなどゝするときは道理上《だうりじやう》より經濟上《けいざいじやう》より甚《はなは》だ不當《ふたう》のことなり故に是等のときには地主の方《かた》より申し出《いで》ることを許《ゆる》したり

第二百七十七條　前六條ノ規定ニ異ナリタル慣習アルトキハ其慣習ニ從フ

若しも其の土地《とち》〳〵に依りて前《まへ》に述《の》べたる六條の規則に違《たが》ふ所の慣習《くわんしふ》が有れば其の慣習に依りて處置《しよち》するなり小作する權利などのことは是迄長《これまでなが》き間仕來《あひだしきた》りの慣《ならは》しありて地主《ぢぬし》と小作人と間にて折合《をれあ》ふて丁度宜《ちやうどよろ》しき仕組《しくみ》が處々《しよ〳〵》に殘《のこ》り居《を》ることなれば無理《むり》に法律に從《したが》はしめ折角《せつかく》是迄順序《じゆんぢよ》が整《とゝの》ひ來《きた》りし事柄《ことがら》を破《やぶ》り無くするは却《かへ》つて害《がい》あることなれは其の土地〳〵の慣習に從ふことなり

第二百七十八條　永小作權ノ存續《そんぞく》期《き》間《かん》ハ二十年以上五十年以下トス若シ五十年ヨリ長キ期間ヲ以テ永小作權ヲ設定シタルトキハ其期間ハ之ヲ五十年ニ短縮《たんしゆく》ス

永小作權ノ設定ハ之ヲ更新《かうしん》スルコトヲ得但其期間ハ更新時ヨリ五十年ヲ超ユルコトヲ得ス

設定行爲ヲ以テ永小作權ノ存續期間ヲ定メサリシトキハ其期間ハ別段ノ慣習アル場合ヲ除《のぞ》ク外《ほか》之ヲ三十年トス

永小作權を約束などにて取《と》り設《まう》け得る期限は二十年より五十年迄の間《あひだ》にすべしと法律の定めなり若しも五十年より期限が長《なが》き時は五十年迄《まで》に短《みじ》かくし縮《ちゞ》めるなり之は余《あま》り期限が短《み》じかきときも小作する人の役《やく》に立たす余《あま》り長きときは持主が處分方《しよぶんかた》を勝手《かつて》にすることと出來ざる樣《やう》の時は經濟上《けいざいじやう》にも害《がい》あることとなれば法律にて適當《てきたう》なるべしと考《かんが》ふる處《ところ》に於て二十年より五十年までの間に於てすべしと定めたり

永小作權を取り設ける約束は先きの約束の期限が終《おは》りたるときは更《あら》ためて新《あたら》しく約束することが出來るが其の期限も新《あたら》しく約束を仕直《しなほ》すときより五十年の間《あひだ》に於てすべしとなり

永小作權を取《と》り設《まう》ける約束にて引き續《つゞ》いて小作し得る期限を極《き》めざりしときも其土地に

て特別《とくべつ》の慣《なら》はしあるときは夫れに依り若し慣習《くわんしふ》が無きときは三十年とすべしと法律の定めなり

第二百七十九條　第二百六十九條ノ規定ハ永小作權ニ之ヲ準用ス

第二百六十九條の地上權《ちじやうけん》を持ち居《を》りし人は土地《とち》を返《かへ》すときは其の土地を借りたるときの元《もと》の形《かたち》に直《なほ》して返すべし又地上權を與《あた》へたる人が地上權を持ち居りし人の其の土地《とち》の上《うへ》に建《た》て設けたる家屋《かをく》の如《ごと》き植《う》ゑ付けたる竹《たけ》や木などを時の相場《さうば》に買ひ取りたしと申し出たるときは地上權を持ち居りし人は相當《さうたう》の譯《わけ》あらずは其の申し出でを拒《こば》むことを得《え》ずとの規則は地主《ちぬし》に付ては地上權を取り設けたる人の如く地上權を持ち居りし人は小作する權利を得たる人の如くにして當て用ゆるとなり

第六章　地役權

本章は地役權《ちえきけん》に付ての定《さだ》めなり地役權とは或る土地の便利《べんり》の爲めに一方《いつぱう》の土地を使《つか》ひ得る權利なり例《たと》へば甲の土地が袋地《ふくろぢ》にて其の回《まは》りは他人の土地にて其の内の乙の土地を通らずは街道《かいだう》に出づることを出來ざるときは甲の土地の人は乙の土地を通《とほ》り歩《ある》く權利を得べし乙を地役權とは云ふなり又は甲の土地が高《たか》くして乙の土地は低《ひく》き地所なるときに甲の地に泉水《せんすゐ》の湧《わ》き出づるありて是非《ぜひ》とも乙《おつ》の低《ひ》く地に向け流《なが》し通さなければならぬときは甲地の人は乙地に於て其の水を流《なが》す爲め乙地に溝《みぞ》を掘《ほ》ることが出來る權利あり是亦《これまた》地役《ちえ》

權《けん》なり又は甲の土地は水少《みづすくな》くして乙の土地より水を汲《く》み取る約束を爲せしときは甲地の人が水を汲《く》み取る權利は地役權なり然《しか》して前《まへ》に擧《あ》げたる例《れい》の甲地《かふち》の權利を得る方《はう》の人の土地を要役地《ようえきち》と云ひ一方《いつぱう》の乙地の義務《ぎむ》を負《お》ふ土地は承役地《しようえきち》と稱《とな》ふるなり

第二百八十條　地役權《ちえきけん》者ハ設定行爲《せつていかうい》ヲ以テ定メタル目的ニ從ヒ他人ノ土地ヲ自己ノ土地ノ便益《べんえき》ニ供《きやう》スル權利《けんり》ヲ有ス但第三章第一節中ノ公ノ秩序《ちつじよ》ニ關スル規定ニ違反《ゐはん》セサルコトヲ要ス

地役權を得たる人は地役權を取《と》り設《まう》ける約束にて定《さだ》めたる目的《もくてき》則ち使《つか》ひ方《かた》に因り他人の土地を自分の土地の便利《べんり》に用《もち》ゆる權利を得《う》るなり併《しか》し第三章第一節の中《うち》の第二百十四條第二百二十條第二百二十五條などの如き公《おほや》けの紀律《きりつ》の爲めに定《さだ》めたる規則に違《たが》はざることが要用なりとす

第二百八十一條　地役權ハ要役地《ようえきち》ノ所有權ノ從《じう》トシテ之ト共ニ移轉《いてん》シ又ハ要役地ノ上ニ存スル他ノ權利ノ目的タルモノトス但設定行爲ニ別段ノ定アルトキハ此限ニアラス

地役權ハ要役地《ようえきち》ヨリ分離《ぶんり》シテ之ヲ讓渡《ゆづりわた》シ又ハ他ノ權利ノ目的ト爲スコトヲ得ス

地役權は要役地《ようえきち》則ち自分《じぶん》の爲めに他人の土地を使《つか》ふ方《はう》の土地の所有權に附《つ》き從《したが》ひたる者

として所有權が他人に引き移《うつ》れば地役權も一處《いつしよ》に引き移《うつ》るとなり又は要役地に付き抵當《ていたう》の權利などを取り設け要役地が引き當《あ》てとなりたるときは地役の權利も附《つ》き從《したが》ひて抵當權の引き當《あて》となるなり併《しか》し地役權を取り設ける約束にて別段《べつだん》に定めたるときは地役の權利は必《かなら》ずしも所有權と一處《いつしよ》に引き移《うつ》らざるなり

地役權は要役地則ち自分の爲めに他人《たにん》の土地を使《つか》ふ所《ところ》の人の土地より引き離《はな》して讓《ゆづ》り渡《わた》したり又他の權利則ち抵當權などの引き當物《あてもの》とすることが出來ざるなり何《なん》となれば地役權は他人の土地を自分の便利《べんり》の爲めに使《つか》ふ方《はう》の土地に取りてこそ利益《りえき》になり役立《やくだ》ちものなれども其の土地より離《はな》しては少《すこ》しも用《よう》なきものなり殊《こと》に他人の土地を使ふ方の土地に對《たい》してこそ義務あるものなれ若しも夫れより引き離《はな》しては使ふ權利が無《な》ければ一方《いつぱう》の土地も夫れ丈《だけ》の義務が無くなる者なれば地役權丈《だけ》を引き離しては外《ほか》に讓《ゆづ》りたり又は引き當て物などにすることは出來ぬこととなる

第二百八十二條　土地ノ共有者《きようゆうしや》ノ一人ハ其持《そのもち》分《ぶん》ニ付キ其土地ノ爲メニ又ハ其土地ノ上ニ存スル地役權ヲ消滅セシムルコトヲ得ス

土地ノ分割《ぶんかつ》又ハ其一部ノ讓渡《じやうと》ノ場合ニ於テハ地役權ハ其各部《かくぶ》ノ爲メニ又ハ其各部ノ上ニ存ス但地役權カ其性質ニ因リ土地ノ一部ノミニ關スルトキハ此限ニ在ラス

土地を共持《ともなち》し居る内《うち》の一人は自分の持ち部分《ぶぶん》に付てのみなりとも其の土地の利便《べんり》の爲め得たる地役權又は其の共持の土地に背負《せお》ひたる地役權を自分の持ち部分《ぶぶん》に付てのみといへども消《き》え無くすることが出來ずとなり何故《なにゆゑ》なれば地役權を得たるも地役の義務を負《お》ひたるも皆《み》な其の土地全体《ぜんたい》に付て出來《でき》たるものにて引き分けることを得ざるものなれば自分の持ち部分に付てのみなりとも勝手に消え無くすることは[illegible]ざるなり

若しも共持の土地を分《わ》け合ふこと又は其の内の一部分《いちぶぶん》を他人に讓《ゆづ》り渡《わた》したるときの如きは地役の權利は其の分けたる各《おのおの》の部分又《また》讓《ゆづ》り渡《わた》したる分《ぶん》や殘《のこ》り居る分《ぶん》に付て何《いづ》れの土地も皆な地役權を得《う》るなり地役の義務も各《おのおの》の土地の上《うへ》に背負《せお》ふなり併し地役の權利を分け合《あ》ふたり讓《ゆづ》り渡《わた》したりしたる一部分《いちぶぶん》の爲めに用立《ようだ》ち一部分の爲めに背負《せお》ひたるものなるときは各《おのおの》の部分《ぶん》にあらずして其の入用《いりよう》の土地《とち》丈《だけ》に殘《のこ》ることになるなり例《たと》へば甲の土地が乙《おつ》の土地を通《とほ》り得るときに乙の土地を分け合《あ》ひたりとせんに甲の爲めには乙の土地の一部分《ぶぶん》を通《とほ》れば足《た》ること故《ゆゑ》其の路《みち》の有る部分《ぶぶん》而巳《のみ》を分け得《ゑ》たる人而己《ひとのみ》が地役の義務を背負《せお》ふなり又た甲の共持《ともち》の高《たか》き土地の爲めに乙の土地に向《む》け水《みづ》を流《なが》し注《そゝ》ぐの權利を得たるときに甲の土地を分け合《あ》ふたりとせんに甲の土地の分けたる一部分の水丈《みづだけ》を乙の地に流《なが》し込《こ》むものなりしときは其の土地を分け得たる人丈《ひとだけ》が地役權を得べしとなり

第二百八十三條　地役權ハ繼續《けいぞく》且表現《ひやうげん》ノモノニ限リ時效《じかう》ニ因リテ之ヲ

取得スルコトヲ得

地役の權利に付ては繼續《けいぞく》且つ表現《へうげん》のもの則ち引き續《つゞ》き表面《へうめん》に現《あら》はれたるもの例《たと》へば甲の土地より乙の地に引き續《つゞ》き水を流《なが》し込み溝《みぞ》が人の目に見ゆ樣《やう》に取り設けたるときの如きは法律に定めたる年限《ねんげん》が過《す》ぎ去りたる時間《じかん》の效能《かうのう》にて其の樣に長《ながく》の間爲し得る權利を持つことになるなり故《ゆゑ》に不繼續《ふけいぞく》のものなるときや隱《かく》れて人の目に障《さは》らざる樣のものなるときは時效《じかう》にて權利を得ること出來《でき》ずとなり則ち不繼續《ふけいぞく》のものとは例《たと》へば甲の土地の爲めに乙の土地を通《とほ》りて街道《かいだう》に出づることが雨降《あめふ》りて大水《おほみづ》の時丈通《ときだけとほ》るものゝ如し又隱《かく》れたるものとは土地の中《なか》に埋《うづ》めたる樋《とゆ》の如きを云ふ

第二百八十四條　共有者ノ一人カ時效ニ因リテ地役權ヲ取得シタルトキハ他ノ共有者モ亦之ヲ取得ス

共有者ニ對スル時效中斷《じかうちうだん》ハ地役權ヲ行使スル各共有者ニ對シテ之ヲ爲スニ非サレハ其效力ヲ生セス

地役權ヲ行使スル共有者數人アル場合ニ於テ其一人ニ對シテ時效停止ノ原因《げんいん》アルモ時效ハ各共有者ノ爲メニ進行ス

土地を共持《ともち》し居る內《うち》の一人が時が過《す》ぎ去りたる效能《かうのう》にて地役權を取り得《え》たる時《とき》は外《ほか》の土地を共持し居る人全體《ひとぜんたい》が取り得るなり

土地を共持し居る人全体《ぜんたい》が隣《となり》の地所《ちしよ》を使ひ居る最早《もはや》法律に定めたる期限に達《たつ》し使ひ用ゐる權利を得んとせしに隣《となり》の人が其の期限の時間《じかん》を中頃《なかごろ》に斷《た》ち切りて其の權利を得せしめぬ樣《やう》の手續《てつゞき》を爲すときは共持の人全体《ぜんたい》に對《たい》して爲さゞれば其の效能《かうのう》なきなり前項にては一人にて得たることは共持の人全体《ぜんたい》に效能あり此の項にては一人に對して爲したることは全体の人に效能なきも共持の人は互《たがひ》に代理《だいり》するも利益《りえき》の有ることは互に代理し損失のときも代理をせぬとの法律の規則に從ふなり

地役《ちえき》の權利を行《おこな》ひ使《つか》ふ共持の人が四五人もあるときに其内《そのうち》の一人に對《たい》して時效の時間の進《すゝ》み方《かた》が一時《いちじ》停《とゞ》まる譯柄《わけがら》有りとも外の共持の爲めには進《すゝ》み行くなり例へば四五人の共持の甲なる地所《ちしよ》の爲めに乙の地所を使《つか》ひ居《ゐ》たるに乙地の持主も甲地の共持中《ともちちう》の一人の妻《つま》たりしときの如きは離縁《りえん》したるより六ケ月の間《あひだ》は甲地共持《ともち》の一人なる夫《をつと》が役地權則ち乙地を使《つか》ふ權利を得る時間の進《すゝ》み方《かた》が停《とゞ》まり時間の效能が成り立たざるものとなれども外《ほか》の共持の人に對《たい》しては時間の進《すゝ》み方《かた》が停《とゞ》まらずして法律の期限通《きげんどほ》り進み終《を》はれば地役權を得るなり

第二百八十五條　用水地役權《ようすいちえきけん》ノ承役地《しようえきち》ニ於テ水カ要役地《ようえきち》及ヒ承役地ノ需要《じゆえう》ノ爲メニ不足《ふそく》ナルトキハ其各地ノ需要ニ應《おう》シ先ツ之ヲ家用《かよう》ニ供《きやう》シ其殘餘ヲ他ノ用ニ供スルモノトス。但設定行爲ニ別段ノ定アルトキ

ハ此限ニ在ラス

同一ノ承役地《しやうえきち》ノ上ニ數個《すうこ》ノ用水地役權ヲ設定シタルトキハ後ノ地役權者ハ前ノ地役權者ノ水ノ使用ヲ妨クルコトヲ得ス

用水地《ようすゐち》役權《えきけん》の承役《しようゑき》地例《ためし》へば甲地にて乙地より水を汲《く》み用《もち》ゆる權利を得たるとき其の乙地に於ての水が甲地及び乙地の諸用《しよよう》の爲め則ち田畑《でんぱた》或は器械《きかい》場などに全く用ゆるに足らぬときは其の両地の入用《いりよう》を考《かんが》へ先《ま》づ之を飯《めし》を炊《た》くなどの家事《かじ》用に使《つか》ひ其の餘分《よぶん》を以て外《ほか》の洗濯《せんたく》などに使《つか》ひ用《もち》ゐるなり併し汲《く》み水の權利を取り設ける約束にて本條の規則に違《たが》ふ所の定め方ありたるときは其の約束に從ふなり

一個《いつこ》の同じ土地の上《うへ》に五六の土地の人《ひと》が水を汲《く》み取る權利を取り設《まう》けたるとき例へば甲に井戸《ゐど》あるを以《もつ》て其の回《まは》りの乙丙丁の土地の人が甲地より水を汲み取る權利を得たる時は其乙丙丁の内後《うちのち》に汲み水の權利を得たる人は前《まへ》に權利を得たる人が水を使ひ用ゐることを得ずとなり後《のち》に得たる人は前きの人の用が終《おは》るを待ちて邪間《じやま》せぬ樣《やう》汲み取るべきは道理上《だうりじやう》より相當《さうたう》のことゝ云ふべきなり

第二百八十六條　設定行爲又ハ特別《とくべつ》契約《けいやく》ニ因リ承役地ノ所有者カ其費用ヲ以テ地役權ノ行使ノ爲メニ工作物ヲ設ケ又ハ其修繕《しうぜん》ヲ爲ス義務《ぎむ》ヲ負擔シタルトキハ其義務ハ承役地ノ所有者ノ特定承繼人モ亦之ヲ

負擔ス

地役權《ちえきけん》を取り設《もう》くる約束又は別段《べつだん》の約束にて承役地《しようえきち》則ち地役の義務を背負《せお》ふ土地の所有《しよいう》者が自分《じぶん》の費用《ひよう》にて地役權を使ひ用ゐる爲《ため》に入用の建物《たてもの》や土堤《どてい》などを取り設《もう》けたり又は其等の物を修《おさ》め繕《つくろ》ふの義務を引き受《う》けたるも其の義務は地役權を背負《せお》ふ土地を所有せし人の特定承繼人《とくていしようけいにん》則ち土地を讓《ゆづ》り受けし如き人も受《う》け繼《つ》ぎ背負《せお》ふとなり通例の條は地役權を使《つか》ひ用ゐる利益ある人が其等の費用《ひよう》を出すは當然《たうぜん》なれども本條にて特別《とくべつ》に約束して義務を負ふたる場合に付き定めたるなり

第二百八十七條　承役地ノ所有者ハ何時ニテモ地役權ニ必要ナル土地ノ部分《ぶぶん》ノ所有權ヲ地役權者ニ委棄《いき》シテ前條ノ負擔《ふたん》ヲ免《まぬか》ルルコトヲ得

承役地《しようえきち》則ち他人の土地の便利《べんり》の爲め使《つか》ひ用《もち》ゐらるゝ土地を所有《しよいう》し居る人は何時《いつ》にても地役權を使《つか》ひ用ゐるに是非《ぜひ》入用《いりよう》なる土地丈の所有權を地役權を持ち居る人に委《まか》せ與《あた》へ前條の作事費《さくじひ》修繕費《しゆうぜんひ》などを出すの義務を免《まぬ》がれることが出來る是等《これら》は手數《てあず》の煩《わづら》はしさを免がれんとて自分の所有權を捨てるなり

第二百八十八條　承役地《しやうえきち》ノ所有者ハ地役權ノ行使《こうし》ヲ妨《さまた》ケサル範圍內《はんゐない》ニ於テ其行使ノ爲メニ承役地ノ上ニ設ケタル工作物ヲ使用スルコトヲ得

前項ノ場合ニ於テハ承役地《しようえきち》ノ所有者ハ其利益《りえき》ヲ受クル割合ニ應《おう》シテ工作物ノ設置及ヒ保存ノ費用ヲ分擔スルコトヲ要ス

地役權の義務を背負《せお》ひたる土地の所有者は地役權者が權利を行《おこな》ひ使《つか》ふことを邪間《じやま》せざる限《かぎ》りは地役權者が使《つか》ふ爲めに取り設《もう》けたる建物《たてもの》又は作事《さくじ》したる物を使《つか》ひ用ゐることが出來るなり

前項に從《したが》つて地役權の義務を背負《せお》ふ土地の所有者が地役權者が取り設けたる建物作事物《たてものさくじもの》を使ひ用《もち》ゐたるときは自分が利益《りえき》を得たる割合《わりあひ》に依り作事物《さくじもの》の取り設《もう》け費用及び大事に取《と》り扱《あつか》ふ費用《ひよう》を割り當《あ》て引き受《う》けることが要用《にうよう》なり

第二百八十九條　承役地ノ占有者カ取得時效《しゆとくじかう》ニ必要ナル條件《てうけん》ヲ具備《ぐび》セル占有ヲ爲シタルトキハ地役權ハ之ニ因リテ消滅ス

地役の義務を背負《せお》ひし土地を所持《しよぢ》したる人が法律の定《さだ》めたる時間の效能《かうのう》に因りて物の所有權を得《う》ることに要用《にうよう》なる事柄《ことがら》が欠《か》くる所なく備《そな》はりて其の土地を握《にぎ》り持ちたるときは前に取り設けたる地役の權利は消え無《な》くなるなり地役權者は其の權利を使《つか》ひ用《もち》ひず外《ほか》の人が安全《あんぜん》に其の土地を所持《しよぢ》する權利を得たることとなれば長《なが》くの間使《あひだつか》ひ用《もち》ゐざる時間《じかん》及び新《あた》らしき人が所持《しよぢ》の權利を得《え》たるとの效能にて地役權が消《き》え無くなるなり

第二百九十條　前條ノ消滅時效《せうめつじかう》ハ地役權者カ其權利ヲ行使スルニ因リ

テ中斷ス

前條に依《よ》りて地役權が消え無《な》くなる時間《じかん》の效能は地役權を持《も》ち居《ゐ》る人が其の權利を使《つか》ひ用《もち》ゐれば地役權が消《き》え無くなる時間の進《すゝ》み方《かた》は中頃《なかごろ》に斷《た》ち切《き》れるなり

第二百九十一條　第百六十七條第二項ニ規定スル消滅時效ノ期間ハ不《ふ》繼續《けいぞく》地《ち》役權《えきけん》ニ付テハ最後《さいご》ノ行使ノ時ヨリ之ヲ起算シ繼續地役權ニ付テハ其行使ヲ妨クヘキ事實ノ生シタル時ヨリ之ヲ起算ス

第百六十七條第二項に定《さだ》めたる二十年權利を行《おこな》はざるに因《よ》り消え無《な》くなるとの規則は不《ふ》繼續《けいぞくち》地役權《えきけん》則ち時々《ときどき》土地を通《とほ》り歩《ある》く地役權の如き引き續《つゞ》き行《おこな》はれ居るにあらず時々使《ときどきつか》ひ用ゐる權利などに付《つい》ては尤《もつと》も後に使ひ終《おは》りの時より時效の期限を勘定《かんちやう》し始《はじ》め繼續地役權則ち引き續《つゞ》き隣《となり》の地所《ちしよ》に水を流《なが》し込む權利などに付ては其の權利を使ひ用ゐる方を邪魔《じやま》せられたる事柄《ことがら》の出來たる時より權利が消え無《な》くなる時間を計算《けいさん》し始《はじ》むべしとなり

第二百九十二條　要役地《ようえきち》カ數人ノ共有ニ屬《ぞく》スル場合ニ於テ其一人ノ爲メニ時效ノ中斷又ハ停止アルトキハ其中斷又ハ停止ハ他ノ共有者ノ爲メニモ其效力ヲ生ス

要役地《ようえきち》則ち自分《じぶん》の便利《べんり》を得る爲め他人《たにん》の土地を使《つか》ふことを得る土地が五六人の共持《とももち》なるときに其の共持の內《うち》の一人の爲《ため》に地役權則ち他人の土地を使《つか》ふ權利が長《なが》らく使《つか》はざるに

因り時間《じかん》の效能にて權利が消《き》え無くならんとしたるを其時間の進《すゝ》み方《かた》を斷《た》ち切《き》ることを又は百六十條の如き共持の一人が相續《さうぞく》して間《ま》もなければ權利を失《うしな》ふ時間の進み方《かた》が停《とゞ》まりたるかのことを有りたるときも其の時間の進《すゝ》みを方中頃《なかごろ》に斷《た》ち切ることと又は時間の進み方を一時《いちじ》差《さ》を停《とゞ》めて權利を失《うしな》はぬ樣《やう》にせしことが外の共持の人にも效能《かうのう》が有るとなり

第二百九十三條　地役權者カ其權利ノ一部ヲ行使セサルトキハ其部分ノミ時效《じこう》ニ因リテ消滅《せうめつ》ス

地役權者則ち自分《じぶん》の土地の便利《べんり》の爲め他人の土地を使《つか》ひ用《もち》ゆることを出來る權利を持ち居りし人が其の權利の一部分《いちぶぶん》を使《つか》ひ用《もち》ゐずに法律に定《さだ》めたる時間を過《す》ぎ去《さ》りたるときは時間の效能に因りて其の一部丈を使ひ用ゐる權利は消え無くなるなり

第二百九十四條　共有ノ性質《せいしつ》ヲ有セサル入會權《にふくわいけん》ニ付テハ各地方ノ慣習ニ從フ外本章ノ規定ヲ準用ス

入會權《いりあひけん》則ち或る地所《ちしよ》に付五六人が一處《いつしよ》に草《くさ》など刈《か》ることを出來る如き權利にて別《べつ》に共持《ともも》ちにも有らざるものなるときは其地方々の慣《なら》はしに從《したが》ひて處置《しよち》する外此の第六章の規則に從《したが》ひ支配《しはい》るすなり

第七章　留置權

夫れ留置權《りうちけん》とは他人の物《もつ》を所持したる人が其の品物に付て出來《でき》たる費用《ひよう》を取り立てる權

利が有るときは其の費用の貸《か》し分《ぶん》を返《かへ》し來《き》たる迄其の品物を留め置くことが出來る權利なり例《たと》へば或る品物の預《あづか》り方《かた》を頼《たの》まれたる人が其の品物を扱《あつか》ふに付て費用《ひよう》が係《かゝ》りたる時は預《あづ》け主《ぬし》より其の使ひたる費用を受け取る權利あり然《しか》るに預け主が其の費用《ひよう》を返《かへ》さゞる内《うち》は其の品物を留《とゞ》め置くことが出來《でき》る之を留置權《りうちけん》と云ふ是亦物權《これまたぶつけん》の一なり本章は此の權利を得ることと權利を得《え》たる人の心得方《こゝろえかた》權利が消《き》え無くなること等《とう》に付て定《さだ》めたるなり

第二百九十五條　他人ノ物《もの》ノ占有者《せんいうしや》カ其物ニ關《くわん》シテ生シタル債權《さいけん》ヲ有スルトキハ其債權ノ辨濟《べんさい》ヲ受クルマテ其物ヲ留置《りゆうち》スルコトヲ得但其債權カ辨濟期ニ在ラサルトキハ此限ニ在ラス

前項ノ規定ハ占有カ不法行爲《ふはふかうい》ニ因リテ始《はじ》マリタル場合ニハ之ヲ適用《てきよう》セス

他人《たにん》の物を占有《せんいう》則ち所持したる人が其の他人の品物に關係《くわんけい》して取り立を爲す權利あるときは其の權利に對《たい》して貸《か》し分《ぶん》を返《かへ》す迄《まで》其の品物を留《とゞ》め置《お》くことを得るとなり例《たと》へば甲なる者が乙に品物を賣り渡えたるに乙は其の代價を支拂はざるときは甲は其の價を拂ふ迄其の品物を留め置くことが出來るなり併《しか》し其の債權則ち取立《とりたて》を爲すの權利が未だ返すことを求《もと》むる期限に成り居らざる時は其品物を留《とゞ》め置《お》くことが出來ずとなり則ち前《まへ》に示したる品物を賣り渡したるときにて云へは品物を賣渡すなれども代價は一月後に支拂へば

宜《よろ》しなど人約束したるときは假令《たとひ》買主が品物の引渡《ひきわたし》を求《もと》め來りたるときも一月前に代價を支《し》拂《はら》ふ期限にならざる故《ゆゑ》品物を留め置《お》くことが出來ざるなり若し一月過ぎても代價を拂《はら》はざるときは支拂ひ期限のことなれば代價を持《も》ち來《きた》る迄《まで》は其の賣り渡したる品物を引き留め置くことが出來るなり

前項の規則は若《も》しも品物を所持したる人が不法行爲《ふはふかうい》則ち法律に叶《かな》はざる行《おこなひ》にて持ち居りたるとき例《たと》へば盜《ぬす》み取りて自分《じぶん》が持ち居《を》りたる物《もの》なるときも其の品物に關係《くわんけい》して何程《ほど》費用《ひよう》を使《つか》ひたるときにても其の費用を返さずは品物を留め置くなど云ふときにも當て用ゐずとなり

第二百九十六條　留置《りうち》權者《けんしや》ハ債權ノ全部ノ辨濟《べんさい》ヲ受クルマテハ留置物ノ全部ニ付キ其權利ヲ行フコトヲ得

品物《しなもの》を留め置《お》くことの出來る權利者は貸《か》し分《ぶん》の殘《のこ》らずを返《かへ》えて來る迄は品物殘らずに付き留め置くことが出來るなり

第二百九十七條　留置權者ハ留置物ヨリ生スル果實《くわじつ》ヲ收取《しうしゆ》シ他ノ債權者ニ先チテ之ヲ其債權ノ辨濟ニ充當スルコトヲ得

前項ノ果實《くわじつ》ハ先《ま》ツ之ヲ債權ノ利息《りそく》ニ充當《じうたう》シ尚ホ餘剩アルトキハ之ヲ元本ニ充當スルコトヲ要ス

貸し分《ぶん》を受け取《と》る迄《まで》品物を留《と》め置く權利を持ち居る人は留め置く物より出來る果實《くわじつ》例《たと》へば羊《ひつじ》とか馬《うま》などを留め置きたるに子《こ》などを産《う》みたるときは其子《そのこ》は果實《くわじつ》なり其他金子なれば其れに對《たい》し上り來たる利息、家屋《かおく》貸付《かしつ》けの家賃《やちん》など皆《み》な果實《くわじつ》なり是等《これら》の物を取り收《おさ》めることが出來る然して留置主は其の取り收《おさ》めたるものを右《みぎ》の品物の持主《もちぬし》に貸しが有る他の權利者《けんりしや》より先きに自分の取り立て得る貸し分《ぶん》の返濟《へんさい》に當てることが出來るなり

前項に示《しめ》したる果實《くわじつ》は最初《さいしよ》は貸し分《ぶん》の利息に當て尚は餘分《よぶん》が有りしときは貸しの元金《もときん》たるべきものに充《あ》て濟《は》むべしとなり

第二百九十八條　留置權者ハ善良《ぜんりよう》ナル管理者《くわんりしや》ノ注意《ちゆうい》ヲ以テ留置物ヲ占有スルコトヲ要ス

留置權者ハ債務者ノ承諾《しやうだく》ナクシテ留置物ノ使用若クハ賃貸《ちんたい》ヲ爲シ又ハ之ヲ擔保ニ供スルコトヲ得ス但其物ノ保存ニ必要ナル使用ヲ爲スハ此限ニ在ラス

留置權者カ前二項ノ規定ニ違反シタルトキハ債務者ハ留置權ノ消滅ヲ請求スルコトヲ得

品物を留め置く權利者は尤《もつと》も宜《よろ》しき支配人《しはいにん》たる[illegible]で注意《ちゆうい》を爲して留め置きたる品物を所持し扱ひ居ることが要用なり

品物留《と》め置きの權利を持ち居る人は借《かり》を返《かへ》さゞる爲め品物を留め置かれたる義務者の承知し諾《うけ》がふにあらずは留め置きし品物を自分《じぶん》の用《よう》に使《つか》ひ用ゐたり若しくは賃金《ちんきん》を取りて貸《か》し付けたり又は引當《ひきあ》て物と爲す樣《やう》のことは出來ずとなり併《しか》し其の留め置きたる品物を預《あづか》り扱《あつか》ふに是非《ぜひ》入用《いりよう》なる使ひ方ならば差支《さしつか》へなしとなり例《たと》へば乘馬《のりうま》を留め置きたる時は相當《さうたう》に乘《の》り用《もち》ゐることとなり是れ良《よろ》しき扱《あつ》かひ人として爲すべき義務なり若し捨《す》て置けば役《やく》に立たぬことに成るなり故《ゆゑ》に此ときは承知《しようち》を得《え》ずとも使ひ得るとなり又獵《またかり》に用《もち》ゐる犬《いぬ》の如きも時々使《ときどきつか》はずは敏捷《びんしやう》の質《しつ》が無くなりて役《やく》に立たずになる故に是等の物を留め置きたるときは義務者の承知《しようち》なくとても使《つか》ひ用ゆるも宜《よろ》しとなり若しも品物を留め置きたる權利者が前二項《ぜんにこう》の規則に背《そむ》きて留め置きし品物を疎略《そりやく》に取り扱《あつか》ひ又は義務者の承知《しようち》なきに勝手《かつて》に使《つか》ひ用《もち》ゐる品物を損《そん》ずる樣《やう》などのときは品物を留め置かれたる人は早速《さつそく》品物留め置き權利を消《き》し無くし自分《じぶん》の手に取戻《とりもど》すことを[illegible]申し出でることが出來るなり

第二百九十九條　留置權者カ留置物ニ付キ必要費《ひつえうひ》ヲ出シタルトキハ所有者ヲシテ其償還ヲ爲サシムルコトヲ得

留置權者カ留置物ニ付キ有益費《いうえきひ》ヲ出シタルトキハ其價格ノ增加《ぞうか》カ現《げん》存《そん》スル場合ニ限リ所有者ノ選擇《せんたく》ニ從ヒ其費シタル金額《きんがく》又ハ增價額ヲ

償還セシムルコトヲ得但裁判所ハ所有者ノ請求ニ因リ之ニ相當ノ期限ヲ許與スルコトヲ得

品物を留め置たる權利者《けんりしや》が留め置きたる品物を取り扱《あつか》ふに付き是非入用《ぜひいりよう》の費用にて自分の手許《てもと》より差出《さしだ》したるときは留め置かれたる品物を所有《しよいう》し居る義務者をして償《つくな》ひ還《かへ》さしむることが出來る義務者の不都合《ふつがふ》よりして留め置かれたるものなれば其の品物を扱《あつか》ふに付ての是非入用《ぜひいりよう》の分《ぶん》なりしならば償《つくな》ひ返《かへ》すも道理上然《だうりじやうしか》るべきことなり

品物を留め置きたる權利者が留《と》め置きたる品物《しなもの》に付き有益費《いうゑきひ》則ち留め置きし品物に付て出《いだ》したる費用が其の品物の直段《ねだん》を高《たか》くし甚《はなは》だ利益《りえき》になりしものを出《いだ》したるに其の品物《しなもの》を取り戻《もど》すときに品物の價《あたひ》が尚《な》は高《たか》く有るならば品物の所有者は其の品物を留め置きし權利者が差出《さしだ》して利益になりし金高《きんだか》か又は其の費用を出し呉れたる爲めに品物の價が增し加《くは》はりし金高《きんだか》か何《いづ》れか一方《いつぱう》を選《えら》び取りて償《つくな》ひ返《かへ》すことが出來《でき》る何《いづ》れなりと一方は是非返さなければならぬなり若しも品物を取り戻《もど》す時に留め置き權利者が費用を出《いだ》し呉《く》れたる爲めに品物の直段《ねだん》が增《ま》し加《く》はゝり居《を》りしときに非《あら》ずは返すに及《およ》ばざるなり何《なん》となれば此の有益費は必要費《ひつようひ》とは異《こと》にして改良費《かいりやうひ》とも言ふべきものにして只其丈の餘計《よけい》の費用を掛《か》けたる爲め品物の價《あたひ》が高《たか》くなりしと言ふ迄《まで》にて留め置き權利者が通例《つうれい》義務として爲すべきことにわらざれば假令《たと》ひ其の始《はじめ》は義務者が惡《あ》しくとも利益が現《げん》に無きものなれば必ず

しも返《かへ》すべしと言はぬは道理上相當《だうりじやうさうたう》のことなりとす併し義務者が二《ふた》つの費用の内何《うちいづ》れか一方を償《つぐな》ひ返すときは所有者たる義務者の求《もと》めか有れば裁判所は見込《みこみ》に依りて宜しと考《かんが》へる丈《だけ》の期限を許《ゆる》し與《あた》へることが出來るなり

第三百條　留置權ノ行使《かうし》ハ債權《さいけん》ノ消滅時效ノ進行《しんかう》ヲ妨ケス

品物を留め置く權利を使《つか》ひ用《もち》ゐ居ることは債權《さいけん》の消滅《せうめつ》則ち貸《かし》を取り立てる權利が時效の效能に依《よ》り無くなることを妨《さまた》げずとなり則ち留め置く權利を使《つか》ひ居《を》ることも權利が無くなる時間の效能が成り立つなり

第三百一條　債務者ハ相當《さうたう》ノ擔保《たんぽ》ヲ供《きやう》シテ留置權ノ消滅《せうめつ》ヲ請求スルコトヲ得

借《か》り分《ぶん》を返《かへ》さぬ爲め品物を留め置かれたる義務者は相當《さうたう》の引き當《あ》て物則ち留め置《お》かれし價《あたひ》に同《おな》じき位《くらゐ》の品物を差出《さしだ》して先きの品物を留め置くの權利を消《き》え無くし自分《じぶん》の手に取り戻《もど》すことを裁判所へ申し出《い》づることが出來る然して引き當て物が相當《さうたう》なるや否《いな》は裁判所にて定むるなり

第三百二條　留置權ハ占有ノ喪失《そうしつ》ニ因リテ消滅《せうめつ》ス但第二百九十八條第二項ノ規定ニ依リ賃貸《ちんたい》又ハ質入《しちいれ》ヲ爲シタル場合ハ此限ニ在ラス

品物を留め置く權利は占有《せんいう》の喪失《きうしつ》則ち品物を所持し居たるを手許《てもと》より取り失《うし》なへば消ゆ

無くなるなり貸し品物を手許《てもと》に持ち居《を》らずとも第二百九十八條第二項の規則に依りて品物の所有者の承知《しようち》を得《え》て貸賃《かしきん》を取りて品物を貸し付けたるか又は質入《しちいれ》を爲したるときは留置權は消え無くならざるなり

第八章　先取特權

本章は先取特權《さきどりとくけん》に付ての定《さだ》めなり夫れ先取特權とは義務者の財産《ざいさん》に付き外《ほか》の權利者を取り除《のぞ》き自分のみ先きに取ることを得る權利なり然《しか》して外《ほか》の權利者を差《さ》し置き自分《じぶん》が先きに取ることを得るの譯《わけ》で其權利《そのけんり》者《しや》が外《ほか》の權利者の爲めに利益《りえき》を與《あた》へたるか又は公《おほや》けの利益になりたるかの爲めに法律が皆《みな》の權利者に先き立《だ》ちて自分《じぶん》の貸し分《ぶん》を取り立てることを許《ゆる》したるなり例《たと》へば甲に對《たい》し乙丙丁の三人が金を貸し付けたるに甲は種々《しゆ／＼》の失敗《しつぱい》よりして其の財産を悉《こと／＼》く賣り拂《はら》はんとするか其の他財産を殘《のこ》らず費《つひ》やし盡《つ》くさんする摸樣《もやう》ありしかば貸し付け權利者の一人《いちにん》なる乙が保證金《ほしようきん》を納《をさ》め其他《そのた》費用《ひよう》を出《いだ》えて甲の財産が無くなり切らざるに先きだちて差押《さしおさへ》を爲したる如《ごと》き場合に於て乙が其丈《それだけ》の手續《てつゞき》を爲せしかば始《はじ》めて丙丁の權利者も格別《かくべつ》の損失《そんしつ》を受けずに貸し分《ぶん》を取り得《う》ることに成りしとせば甲が先きに差《さ》し出《いだ》したる費用は殘《のこ》らずの權利者の爲めに大《おほ》いに利益《りえき》に成りたるものなり故に其の費用に就《つい》ては凡《すべ》ての權利者に先き立《だ》ちて取り立てる權利を法律にて與《あた》へたり之を先取特權と云ふなり以下《いか》各條《かくでう》に於て精《くは》しく示しあり

第一節　總則

本節は先取特權全体《ぜんたい》に付て用《もち》ゆる規則を定めたるなり則ち先取特權は如何樣《いかやう》のものなるや效能が如何《いか》なるものに及《およ》ぶかなどに付て定めたり

第三百三條　先取特權者《さきどりとくけんしや》ハ本法其他ノ法律《はうりつ》ノ規定ニ從ヒ其債務者ノ財産《さん》ニ付キ他ノ債權者《さいけんしや》ニ先チテ自己《じこ》ノ債權ノ辨濟《べんさい》ヲ受クル權利ヲ有ス

先取特權《さきどりとくけん》を持ちたる人は此の民法《みんぽふ》其の外の法律の規則に依《よ》り義務者の財産《ざいさん》に付いて外《ほか》の貸《かし》を取り立て得る權利者に先き立《だ》ちて自分の貸《か》し分《ぶん》の權利に付き返金《へんきん》を受《う》ける權利を得べしとなり

第三百四條　先取特權ハ其目的物ノ賣却《ばいきやく》、賃貸《ちんたい》、滅失《めつしつ》又ハ毀損《きそん》ニ因リテ債務者カ受クヘキ金錢其他ノ物ニ對シテモ之ヲ行フコトヲ得但先取特權者ハ其拂渡《そのはらひわたし》又ハ引渡《ひきわたし》前ニ差押《さしおさへ》ヲ爲スコトヲ要ス

債務者カ先取特權ノ目的物ノ上ニ設定シタル物權ノ對價ニ付キ亦同シ

本條を先取特權の效能《かうのう》に付《つ》いて定めたり則ち先取特權は其の權利を行《おこな》ひ得べき目的物《もくてきぶつ》則ち目當《めあて》とされたる品物に及《およ》ばすは勿論《もちろん》其の目當《めあて》たる品物を賣《う》り拂《はら》ひたり、賃貸《ちんたい》を取りて貸し付けたり、其の品物を滅《き》え無くしたり又は毀《こぼ》ち損《そこ》なふたるに因りて其の品物の持《も》ち主《ぬし》

たる義務者が受け取るべき代金賃錢《だいきんちんせん》、損失《そんしつ》としての償《つぐな》い金《きん》其の外目當《ほかめあ》ての品物を取り替《か》へたる品物などに對《たい》しても其の先き取りする權利を行《おこな》ひ居るなり何故《なにゆゑ》なれ先取特權も物權《ぶつけん》にして物の上に直《すぐ》に行《おこな》はるゝ權利なれば其の目當《めあ》ての品物《しなもの》が無くなれば其の品物に代《か》はる金錢《きんせん》などに直《すぐ》に行《おこな》はれるなり併しながら其の目當ての物に代《か》はるべき金錢《きんせん》の拂ひ渡し取り替《か》へたる品物などの引き渡を爲すの前《まへ》に差押《さしおさ》へなければ先取特權は行《おこな》はれぬなり何《なん》となれば先取特權も物權にて物の上《うへ》に直《すぐ》に行《おこ》なはるゝ權利なれは夫れに代《か》はる金錢《きんせん》や品物に及《およ》ぼすとは雖《いへ》ども若しも義務者に金錢などを引《ひ》き渡《わた》したるときは及《およ》ぼす能はざるなり何《なん》となれば已《すで》に義務者の手に渡《わた》れば金錢の如きものは混《まじ》り合《あ》へば明《あき》らかに引き分けること能はざる物なればなり取《と》り替《か》へたる品物の如《ごと》きも未《いま》だ義務者の手《て》に引き渡らざる内《うち》は目當《めあ》ての品物の代《かは》りとも見得《みう》べけれども已《すで》に義務者の手《て》に渡《わた》れば關係《くわんけい》なき品物となりて取り替《か》へ品物とは分《わ》け知り難《がた》きを以《もつ》てなり故《ゆゑ》に先取特權を全《まつ》たくせんとならは差押《さしおさ》へを爲すことが肝要《かんえう》なり

又先取特權は前項《ぜんこう》に述《の》べたる目當《めあて》の品物及《およ》び夫れに代《か》はるものゝみならず義務者が目當と成る可き品物の上《うへ》に取り設けたる物權《ぶつけん》の價《あたひ》と成る者にも行《おこ》なはるゝなり例《たと》へば甲が乙の或る土地に付き先取特權を持《も》ち居れりとせんに乙が其土地に付き永小作權《ゑいこさくけん》などを丙に與《あた》へ其の代價を得《え》たる時は甲は其の代價《だいか》に付ても先取特權を行《おこな》ひ得《う》べきなりされども

此のときも亦義務者に拂《はら》ひ渡《わた》されざる内《うち》に差押《さしおさへ》を爲すことが肝要《かんよう》なり

第三百五條　第二百九十六條ノ規定ハ先取特權ニ之ヲ準用ス

第二百九十六條の留め置きの權利《けんり》は義務者が殘《のこ》らずの義務を濟《す》まさざる内《うち》は品物全体《しなもののぜんたい》を留め置くことが出來《でき》るとの規則は先取特權にも用《もち》ゆとなり故《ゆゑ》に義務殘《のこ》らずを濟ませざる内《うち》は品物全体《しなもののぜんたい》に付き先取《さきどり》する權利を行《おこな》ひ得べしとなり

第二節　先取特權ノ種類

先取特權《さきどりとくけん》の如何《いか》なるものかに付ては本章の始《はじ》めに述《の》べたり本節に於ては其の先取特權の種類《しゆる》に付《つい》て述べたり然《しか》して其の種類は三個《さんこ》あり第一は一般《いつぱん》の先取特權《さきどりとくけん》第二は動産の先取特權第三は不動産《ふどうさん》に付ての先取特權なりとす

第一款　一般ノ先取特權

本款《ほんくわん》は一般《いつぱん》の先取特權《さきどりとくけん》に付て定めたり夫れ一般の先取特權とは權利者《けんりしや》が先取する權利は定まりたる品物《しなもの》のみにあらずして義務者《ぎむしや》の財産《ざいさん》は動産不動産に限《かぎ》らず總体《そうたい》に付き取り立てる權利なりとす

第三百六條　左ニ揭《かゝ》ケタル原因《げんいん》ヨリ生シタル債權《さいけん》ヲ有スル者ハ債務者ノ總財産《そうざいさん》ノ上ニ先取特權ヲ有ス

一　共益ノ費用

二　葬式《さうしき》ノ費用

三　雇人《こじん》ノ給料《きうりよう》

四　日用品ノ供給

本條は一般《いつぱん》の先取特權は如何《いか》なる場合《ばあひ》に付て得べき哉《や》を定《さだ》めたり則ち左りに擧《あ》げ示《しめ》したる第一號《どう》より第四號迄《まで》の原因《げんゐん》よりして貸し分を取り立てる權利を有する人は借《か》り存る人の總《すべ》ての財産則ち動産《どうさん》にも不動産《ふどうさん》に付ても外の權利者を差《さ》し置《お》いて先取する權利を有すべしとなり

第一共益《きやうゑき》の費用《ひよう》則ち五六人の權利《けんり》者《しや》が或る一人の者に對《たい》して金圓を貸與《たいよ》したるに其後《そのゝち》一人の借り人も追々《おひおひ》財産《ざいさん》を使《つか》ひ盡《つく》し其上自分の持ち物《もの》を押《お》し隱《かく》したり賣り拂ひたりして貸し主に返金《へんきん》を爲さゝる樣《やう》の行《おこな》ひを爲すの摸樣《もやう》有るに依り五六人の權利者中《ちう》の一人が自分の費金《ひきん》を出《いだ》して借主の財産を差押《さしおさ》へ又は隱《かく》したるを探《さが》し出《いだ》したる爲めに外《ほか》の五六人の貸主が貸し分を取り立て得《え》たるときの如きは一人の貸主が差《さ》し出《いだ》したる費用は外の總ての貸《か》し主《ぬし》に共《とも》に利益《りゑき》となりしものなり故《ゆゑ》に其の費用則ち共益費《きやうゑきひ》に付ては外《ほか》の權利者より先取することを許《ゆる》したり第二の一般の先取特權の原因《げんゐん》となりしものは葬式《さうしき》の費用となり則ち親或は子の死したる場合《ばあひ》の葬式《さうしき》に用ゐたる費用此の費金《ひきん》を貸《か》し與《あた》へたる人は先取する特權《とくけん》を得るなり先ず葬式の如きは人間《にんげん》たるものゝ行《おこな》ふべき禮《れい》にて萬事《ばんじ》を抛《なげ》ち謹《つゝし》み爲す

べきものなり然《しか》るに葬式の費用なき爲めに式《しき》を行《おこな》はざる如きは頗《すこ》ぶる人間《にんげん》の道《みち》に欠《かく》るものなり其の極《きよく》や人間の義理《ぎり》を辨《わき》まへる心《こゝろ》を薄《うす》からしむるなり而巳《のみ》ならず費用のなき爲《た》めに死体《したい》を曝《さら》し置《お》く樣《やう》のこと有らば衞生上《ゑいせいじやう》に及ぼす害《がい》も少なからず因て是等《これら》の爲めの費用も公《おほや》けの利益となること甚《はなは》だ多きことなる故に其等の金《かね》を貸したる人などに其丈《それだけ》の權利を與《あた》へて法律《はふりつ》より保護《ほご》し呉《く》るゝなり第三の先取する權利を得べき原《もと》は雇人《やとひにん》の給料《きうりやう》を取り立たることに付てなり雇人《やとひにん》が主家の爲めに働《はたら》き呉《く》れたるを以て主家《しゆか》に對《たい》する權利者は其丈共に利益を得たるなり故に雇人《やとひにん》の給料《きうりやう》を取るに付ては其等の權利者より先き取りする權利を與《あた》ふるなり第四日用品《にちようひん》の供給《きようきう》則ち毎日《まいにち》人々が入用なる米とか醤油《しやうゆ》とか其他家事《かじ》に日々使《つか》ひ用ゐる品物《しなもの》を整《とゝの》へ賣り付けることなり人々《ひと〲》が是等の物を得るに困難《こんなん》ならば安《やす》んじて自分《じぶん》の業務《げうむ》を勉強《べんきやう》することも出來ず然《しか》るに之を貸《か》し賣りなどを爲し呉《く》るゝ人有れば其等に心配《しんぱい》せずに働《はたら》くことも出來るされば其れが爲め其の人に貸《か》し分《ぶん》が有る權利者一同も共《とも》に取り立て方《かた》に付き利益《りえき》を受ぐる筈《はづ》なり因て日用品《にちようひん》を賣り渡《わた》したる人などには外の權利者より先取《さきどり》する權利を與《あた》へたるなり

第三百七條　共益費用《きやうえきひよう》ノ先取特權ハ各債權者ノ共同利益《きやうどうりえき》ノ爲メニ爲シタル債務者ノ財産ノ保存《ほぞん》、淸算《せいさん》又ハ配當《はいたう》ニ關スル費用ニ付キ存在ス

前項ノ費用中《ひようちう》總債權者《そうさいけんしや》ニ有益《いうえき》ナラサリシモノニ付テハ先取特權ハ其

費用ノ爲メ利益ヲ受ケタル債權者ニ對シテノミ存在ス

本條は共益《きやうえき》費用《ひよう》と稱《しよう》するものゝ先取する權利は何々《なに〳〵》に使《つか》ひ用ゐたる費用に迄《まで》及ふべきものなるやのことに付て定めたるなり則ち其の先取特權は皆《みな》の權利者の爲めに同一《どういつ》に利益に成りたる費用則ち義務者の財産《ざいさん》が散《さん》じ失《う》せぬ樣《やう》に始末《しまつ》せし費用、義務者の財産の有高《ありだか》や借《か》り分《ぶん》などの勘定《かんぢやう》の仕方《しかた》又は各《おの〳〵》の貸し方《かた》に返し割《わ》り當《あ》てる手續《てつゞき》などの費用等《ひようとう》に付き取り立て及ぼすことが出來るなり

前項に述《の》べたる費用を出《いだ》したるも總《すべ》ての權利者に利得《りとく》にならざりしものあれば先取する權利は其の費用の爲め利得を受けたる債權者《さいけんしや》に對《たい》してのみ先取する效能《かうのう》が有るなり故に其の費用の爲め利益を受《う》けざりし權利者よりは先き立ち取ることが出來ず同等《どうとう》の地位《ちゐ》にて取り立てざる可からず

第三百八條　葬式費用《さうしきひよう》ノ先取特權ハ債《さい》務者《しや》ノ身分ニ應《おう》シテ爲シタル葬式ノ費用ニ付キ存在ス

前項ノ先取特權ハ債務者カ其扶養《ふやう》スヘキ親族《しんぞく》又ハ家族《かぞく》ノ身分《みぶん》ニ應シテ爲シタル葬式ノ費用ニ付テモ亦存在ス

葬式《さうしき》の費用を貸し付けたる爲め其の費用《ひよう》に付て先取する權利《けんり》は其の費用として借《か》りたる義務者の身《み》分相應《ぶんさうおう》なる葬式《さうしき》に就《つい》て使ひたる費用丈に及ぼすなり故に貧民《ひんみん》にして葬式費用

が千圓も掛《かゝ》りたりなど云ふときは身分《みぶん》に不相應《ふさうおう》の費用なり因《よつ》て不相應《ふさうおう》の費用に付て……することは出來ざるなり

前項《ぜんこう》に述べたる葬式費用《そうしきへよう》の先取特權と義務者が扶《たす》け養《やしな》ふべき家内《かない》の者や親類《しんるゐ》の者の葬式《そうしき》に用ゐたる費用《ひよう》に迄及《までおよ》ぼすなり併《しか》し何《いづ》れなりとも身分相應《みぶんさうおう》の費用たることが要用《はうよう》なり

第三百九條　雇人給料《やとにんきうりやう》ノ先取特權ハ債務者ノ雇人カ受クヘキ最後ノ六个月間ノ給料ニ付キ存在ス但其金額ハ五十圓ヲ限トス

雇人《やとひにん》の給料《きうりやう》に付ても先取特權を使《つか》ひ得べし然《しか》して義務者に使《つか》はれたる雇人が雇《やとひ》を解《と》かれたる時《とき》より前《まへ》に六ケ月間則ち言ひ換《か》へれば終《をは》りの六ケ月間《げつかん》なり其の間《あひだ》の給料《きうりやう》に付ては先取する權利《けんり》有るなり併《しか》し其の金高《きんだか》は五十圓迄ならざる可からずとなり

第三百十條　日用品供給《きやうきう》ノ先取特權ハ債務者《さいむしや》又ハ其扶養《ふよう》スヘキ同居《どうきよ》ノ親族竝ニ家族及ヒ其僕婢《そのぼくひ》ノ生活《せいくわつ》ニ必要ナル最後ノ六个月間ノ飲食品及ヒ薪炭《しんたん》油《ゆ》ノ供給《きやうきう》ニ付キ存在ス

日用品《にちようひん》則ち義務者の內にて日々入用《いりやう》の品例《したと》へば米、塩《しほ》、醬油《しやうゆ》、薪《たきゞ》、油《あぶら》などの類を賣渡し用立《ようだ》てたる人も亦《また》先取特權を使《つか》ひ得るなり然《しか》して義務者又は義務者が自分《じぶん》の力《ちから》にて扶《たす》け養《やしな》はなければならぬ同居《どうきよ》の親類や家《か》內共《ないとも》や其の下男下女等《げなんげぢよとう》が活《くらし》に要用なる丈を用立たる代價に付て先取する權利が有るなり但し前條の場合と同じく用立てたる終りの六ケ月間

の分丈にしる六ヶ月より前に用立てたる分に付ては先取權はなきなり

第二款　動産ノ先取特權

本款《ほんくわん》は先取特權の種類《しゆるゐ》の内の動産《どうさん》に付て先取する權利を定めたり

第三百十一條　左ニ掲ケタル原因《げいゐん》ヨリ生シタル債權ヲ有スル者ハ債務者ノ特定動産ノ上ニ先取特權ヲ有ス

一　不動産ノ賃貸借
二　旅店《りよてん》ノ宿泊《しゆくはく》
三　旅客《りよかく》又ハ荷物《にもつ》ノ運輸《うんゆ》
四　公吏《こうり》ノ職務《しよくむ》上《じやう》ノ過失《くわしつ》
五　動産ノ保存
六　動産ノ賣買
七　種苗《しゆびやう》又ハ肥料《ひりやう》ノ供給
八　農工業《のうこうげう》ノ勞役《ろうえき》

本條は特《とく》に定《さだ》まりたる動産に付ての先取ハ　債權の原《もと》となるべき事柄《ことがら》を擧《あ》げ示《しめ》したり則ちなりに列《つら》ね示《しめ》したる事柄よりして取り　權利を得たる者は義務者の特《とく》に定《さだ》まりたる動産に付て先取する權利を得るなり

特《とく》に定りたる動産に付て先取する權利を得る事柄《ことがら》の第一は賃錢《ちんせん》を出《いだ》して不動産則ち土地家屋《かをく》などの貸《か》し借《か》りなり例《たと》へば甲なる者が乙なる者の家屋などを借りたるときに甲が家賃《やちん》を拂《はら》はぬときは乙は甲が所有の動産則ち金錢家財《きんせんかざい》などに付て家賃丈に付て先取する權利を有するなり第二は旅店《りよてん》の宿泊《しゆくはく》例へば甲なる者が旅行中《りよかうちう》乙なる宿屋《やどや》に泊《とま》りたるに宿賃を拂《はら》ふことと出來ぬときは宿屋《やどや》は客《きやく》の手荷物などに付き宿料《しゆくりやう》丈に就《つい》て先取する權利が有るなり第三は旅客《りよかく》又は荷物《にもつ》の運輸《うんゆ》則ち旅人《りよじん》や荷物《にもつ》などを滊車《きしや》滊船《きせん》にて運送したるに運送賃を支拂《しはら》はざるときは運送店主《うんそうてんしゆ》は其の運送したる人が持ち居る物品《ぶつぴん》に付先取する權利を得るなり第四は公吏《こうり》の職務上《しよくむじやう》の過失《くわしつ》則ち執達吏《しつたつり》、公證人《こうしようにん》などが職務上の事に付き過《あやま》ち有りたるより償《つくな》ひ金《きん》を出《いだ》さなければならぬときも其の償《つくな》ひ金《せん》を取る權利ある人は執達吏《しつたつり》、公證人等が兼《かね》て納め置《おき》きたる保證金《ほしようきん》に付て先取する權利が有るなり第五は動産《どうさん》の保存《ほぞん》例へば甲者《かうしや》が或る動産を乙者より預《あづか》りたるときに其の取り扱《あつか》ひ方に付き費用《ひよう》を要《よう》せしとき其の費用丈《ひようだけ》に付き其の預《あづか》りたる品物《しなもの》の上に先取りする權利を有するなり第五動産の賣買《ばいばい》則ち甲が乙より動産を買ひ受けたるに其後甲は乙に對《たい》し代價《だいか》を拂はざるときの如きは乙は先きに賣り渡《わた》したる動産に付き先き取りすることが出來《でき》る權利を有するなり第七は種《しゆ》苗《べう》又は肥料《ひりやう》の供給《きやうきう》則ち土地《とち》に植《う》え付くる穀物《こくもつ》の種類《しゆるゐ》又は　などを用立てた人が其の代價の拂を受けざるときは其の土地よりの上《あが》り物《もの》に付き先取權利を得るなり第八は農工業《のうこうげふ》の勞働例へば田畑《でんばた》を作《つく》る爲め又は製造場《せいぞうば》などに雇はれたる人が賃錢を得ざりしときは其の田畑《でんばた》より取り收《お》さめる品物《しなもの》又は製造物に付き先取する權利を得るなり

第三百十二條　不動産賃貸《ちんたい》ノ先取特權ハ其不動産ノ借賃《しやくちん》其他賃貸借關係ヨリ生シタル賃借人ノ債務ニ付キ賃借人ノ動産ノ上ニ存在ス

賃金《ちんきん》を出《いだ》して不動産則ち家屋《かをく》、土地などを貸《か》し借《か》りしたるときに借主《かりぬし》が借賃《しやくちん》其の外賃貸《ほかちんたい》借《しやく》りより生《しやう》じたる借主の義務例《たと》へば借主が借り家《や》を毀《こぼ》ちたる償金《つくなひきん》の如きものに付き貸主は借人《かりにん》が家財道具《かざいだうぐ》は勿論《もちろん》其の他の動産に付き先取する權利を有するなり

第三百十三條　土地ノ賃貸人ノ先取特權ハ賃借地又ハ其利用ノ爲メニスル建物《たてもの》ニ備附《そなへつ》ケタル動産、其土地ノ利用ニ供《きやう》シタル動産及ヒ賃借人ノ占有ニ在ル其土地ノ果實ノ上ニ存在ス

建物ノ賃貸人ノ先取特權ハ賃借人カ其建物ニ備附ケタル動産ノ上ニ存在ス

土地を貸《か》し付けたる人は其の土地に備《そな》へ付けたる動産、土地《とち》の爲めに使《つか》ひ用《もち》ゐる動産、土地を使ひ用ゐる爲めに取り設けたる建物《たてもの》に備《そな》へ置《お》きたる動産及《およ》び借人《かりにん》が持ち居る土より取り納《おさ》める作物《さくもつ》などに付き先取する權利を得るなり

建物《たてもの》則ち家《いへ》、土藏《どざう》などを貸し付けたる人の先取する權利は借人《かりにん》が其の建物に備へ置きたる

ろ動產に付き先取する權利を有するなり

第三百十四條　賃借權《ちんしやくけん》ノ讓渡《ゆづりわたし》又ハ轉貸《てんたい》ノ場合ニ於テハ賃貸人ノ先取特權ハ讓受人又ハ轉借人ノ動產ニ及フ讓渡人又ハ轉貸人カ受クヘキ金額ニ付キ亦同シ

賃金《ちんぎん》を出《いだ》して土地とか家屋《かおく》とか其外の物品《ぶつぴん》にて借り受けたる權利を讓《ゆづ》り渡し又は又貸したるときは始《はじ》めに賃貸《ちんがし》したる人が有《いう》する先取する權利は賃借權《ちんがりけん》を讓《ゆづ》り受けたる人又は又《また》借りしたる人の動產に迄及《までおよ》ぼすなり其外《そのほか》自分《ぶん》が始《はじ》めに得たる賃借權《ちんがりけん》を讓《ゆづ》り渡したる人又は又貸《またがし》したる人が讓《ゆづ》り受けたる人又は又借《またが》りせし人より申《もう》し受くべき金額《きんがく》則ち代價などに付ても始めの賃貸人の先取特權を及ぼすとなり

第三百十五條　賃借人ノ財產ノ總淸算《そうせいさん》ノ場合ニ於テハ賃貸人ノ先取特權ハ前期、當期及ヒ次期《じき》ノ借賃《しやくちん》其他ノ債務及ヒ前期《ぜんき》並ニ當期ニ於テ生シタル損害ノ賠償ニ付テノミ存在ス

賃金《ちんきん》を出《いだ》して品物を借り受けたる人の財產の總淸算《そうせいさん》則ち賃借人《ちんかりにん》が借りを返すこと出來ず破產《はさん》の言渡《いひわたし》を受け有高《ありたか》や借り分《ぶん》など細《こま》かに計算《けいさん》さるゝ如き場合に立《た》ち至《いた》りたるときは賃付けたる人が先取する權利は賃借《ちんが》り人が拂《はら》ふべき前期《ぜんき》、當期《たうき》及び次期《じき》則ち前月分《ぜんげつぶん》、當月《たうげつ》分來月分を云ふ如き借り料其外借り主が拂はなければならぬ義務及び前月分と當月分と

云ふ如きときに出來《でき》たる損失《そんしつ》を償《つくな》はしむる丈に付て行《おこな》ひ得るなり

第三百十六條　賃貸人カ敷金《しきん》ヲ受取《うけと》リタル場合ニ於テハ其敷金ヲ以テ辨濟ヲ受ケサル債權ノ部分ニ付テノミ先取特權ヲ有ス

賃貸人が貸し付ける前に敷金《しききん》則ち借り賃《ちん》を拂《はら》はざるときの保證金《ほしやうきん》の如きものを取り置きたるときは其の敷金《しききん》にて返金《へんきん》を受けざる貸分に付て丈先取する權利を得るなり

第三百十七條　旅店《りよてん》宿泊《しゆくはく》ノ先取特權ハ旅客《りよかく》、其從者《じうしや》及ヒ牛馬ノ宿泊料竝ニ飲食料ニ付キ其旅店ニ存スル手荷物ノ上ニ存在ス

本條は旅人宿《りよじんやど》の先取する權利は如何《いか》なるものに及《およ》ぼすべきやと定《さだ》めたり則ち泊《とま》り込みたる人其人の下男《げなん》下女《げぢよ》及《およ》び其の人が携《たづさ》へたる牛《うし》、馬《うま》などの泊《とま》り賃幷に牛馬などの飲み食ひせしめたる費用《ひよう》を取る爲め其の客人《きやくじん》が其の宿屋《やどや》に持《も》ち來《きた》りし手荷物《てにもつ》に付き先取する權利を有するなり夫れ旅人宿《りよじんやど》などは天下萬人《てんかばんじん》の便利《べんり》を計《はか》るものにして一面識《いちめんしき》なき人を宿《しゆく》せしむるものなれば泊《とま》り賃《ちん》取り立てなどに付き其の危《あや》うきことも一通《ひととほ》りならざるなり併し此物《このもの》なければ天下の不便《ふべん》甚《はなはだ》しきものなり故《ゆゑ》に是丈特別《これだけとくべつ》の權利を與《あた》へて宿屋《やどや》を保護《ほご》するなり是れ畢竟《ひつきやう》公《おほやけ》けの利益に基《もと》づきたるものなり

第三百十八條　運輸《うんゆ》ノ先取特權ハ旅客又ハ荷物《にもつ》ノ運送賃《うんそうちん》及ヒ附隨《ふずゐ》ノ費用ニ付キ運送人ノ手ニ存スル荷物ノ上ニ存在ス

旅人《りよじん》や又は其の荷物《にもつ》を運送《うんそう》したる賃錢其他《ちんせんそのた》爲替料《かはせりよう》などの費用に付《つい》ては運送人《うんそうにん》が預《あづか》り居る品物に付き先取する權利を有するなり

第三百十九條　第百九十二條乃至第百九十五條ノ規定ハ前七條ノ先取特權ニ之ヲ準用ス

第百九十二條より第百九十五條迄《まで》の占有權《せんいうけん》の規則《きそく》は本條の前《まへ》七ヶ條丈の先取する權利にも同《おな》じ樣に用ゆとなり故に先取特權を持ち居る人は第百九十二條より第百九十五條の規則に因り先取する物品の占有權をも得べしとなり

第三百二十條　公吏保證金《こうりほしやうきん》ノ先取特權ハ保證金ヲ供シタル公吏ノ職務上ノ過失ニ因リテ生シタル債權ニ付キ其保證金ノ上ニ存在ス

本條は公吏《こうり》則ち執達吏《しつたつり》、公證人《こうしようにん》などに對《たい》する先取特權を定めたり公吏が自分《じぶん》の役抦を行ふに付き過《あやま》ちの爲め損失《そんしつ》を掛《か》けたるときは其の公吏を頼《たの》みたる人が損失を償《つぐな》ひ返《かへ》さしむることが出來る其の取り立て權利は公吏が兼《かね》て其等《それら》の失策《しつさく》ありしときは引當《ひきあて》とする爲め預け置きたる保證金に付き先取することが出來るなり

第三百二十一條　動産保存ノ先取特權ハ動産ノ保存費ニ付キ其動産ノ上ニ存在ス

前項ノ先取特權ハ動産ニ關スル權利ヲ保存、追認《ついにん》又ハ實行《じつかう》セシムル

爲メニ要シタル費用ニ付テモ亦存在ス

本條は動産《どうさん》則ち家財道具《かざいだうぐ》其他馬、羊《ひつじ》とかなどに付《つい》ての先取特權を定めたり夫等《それら》の動産を預《あづか》りたる人が大切《たいせつ》に取り扱《あつか》ひたる費用《ひよう》などの支拂《しはらひ》を受けざりしときは其の預《あづか》り物に付き先取する權利を有するなり

前項に述《の》べたる先取する權利は動産に關《くわん》する權利の保存例《ほぞんたと》へば甲者が品物《しなもの》を買ひ受けたるに手附《てつけ》を拂《はら》はざる故《ゆゑ》に品物を所持《しよぢ》する權利を失《うし》なはんとせしときに乙が手附金を出し遣《や》りたる如きこと、追認例《ついにんたと》へば甲が品物を所持する權利を約束《やくそく》にて得《え》たるもの不十分《ふじふぶん》なりしものを乙者が後《のち》に手續《てつゞき》を爲して甲者の權利を確《たし》かならしめたること又は實行例《じつこうたと》へば前《まへ》の例《れい》にて言へは甲者が品物を所持する權利を確《たし》かにせし效能《かうのう》として其の品物を引き渡《わた》さしむること等《とう》の爲めに使《つか》ひたる費用に付ては其の品物に付き先取する權利が有るなり

第三百二十二條　動産賣買ノ先取特權ハ動産ノ代價及ヒ其利息ニ付キ其動産ノ上ニ存在ス

動産を賣渡《うりわたし》したるに買主《かひぬし》が其の代價《だいか》を拂はざるときは賣主は其の代價と代價の利息《りそく》とに付き其の賣渡したる品物より先取することが出來るなり

第三百二十三條　種苗肥料供給《しゆびやうひりやうきやうきう》ノ先取特權ハ種苗又ハ肥料ノ代價及ヒ其利息ニ付キ其種苗又ハ肥料ヲ用ヒタル後一年内ニ之ヲ用ヰタル土

地ヨリ生シタル果實ノ上ニ存在ス」
前項ノ先取特權ハ蠶種《さんしゆ》又ハ蠶《かいこ》ノ飼養《しよう》ニ供シタル桑葉《さうよう》ノ供給ニ付キ其蠶種又ハ桑葉ヨリ生シタル物ノ上ニモ亦存在ス

田畑《でんぱた》に植《う》ゑ付ける作物《さくもつ》の種類《たねるい》及び其等に使ひ用《つか》ゆる肥《こひ》を用立てたる人は其等《それら》の代價と代價の利息とを取り立てるに付き其の植《う》ゑ付けたる土地《とち》より取り納《をさ》むる作物《さくもつ》などに就《つい》きて先取する權利を得るなり併《しか》し何時《いつ》にても得《え》らるべきに非《あら》ず其の種《たね》や苗《なへ》、肥《こひ》などを使ひ用ゐたるより一年間《かん》に其の用ゐたる土地より上《あが》るものに對《たい》して得べきなりされば大抵《たいてい》は其種類《しゆるゐ》、肥《こひ》などを使《つか》ふよりして出來たる作物などなるべし
前項に述《の》べたる如き種類《しゆるゐ》を用立《ようだ》てたる代價と利息とを先取することを得る權利は蠶種《かいこだね》、又は蠶を飼《か》ひ養《やし》なふに用《もち》ゐたる桑《くわ》の葉《は》等を用立《ようだ》てたる時にも得べしとなり但し其の蠶種《かいこだね》又は桑《くわ》の葉《は》より出來《でき》たる繭《まゆ》又は生糸《きいと》丈《だけ》に付て先取權を得べきなり

第三百二十四條　農工《のうこう》業勞《けうろう》役《えき》ノ先取特權ハ農業ノ勞役者ニ付テハ最後《さいご》ノ一年間工業ノ勞役者ニ付テハ最後ノ三个月間ノ賃金ニ付キ其勞役ニ因リテ生シタル果實《くわじつ》又ハ製作物《せいさくぶつ》ノ上ニ存在ス

農家《のうか》或は製造場《せいぞうば》など〻雇《やと》ひ使《つか》はれたる雇人の給料《きうりよう》に付ても自分《じぶん》等が働《はた》らきて出來たる作物や製造《せいぞう》したる品物に付き先取する權利を得べきなり然して農家《のうか》に使《つか》はれたる者の賃錢《ちんせん》

け働《はた》らき終《おは》りの一年分《ぶん》に付き製造場《せいざうば》などの仕事賃は仕事を爲したる終《おは》りの三ヶ月丈に付て得べきものなり

第三款　不動産ノ先取特權

本款《ほんくわん》は先取特權の種類《しゆるゐ》の内なる不動産の先取特權に付《つい》て定《さだ》めたり則ち不動産に就《つい》て先取特權を得るは不動産則ち家《いへ》などの建築料《けんちくりやう》や不動産を預《あづか》り扱《あつか》ひしときに使《つか》ひたる費用《ひよう》や賣り買ひの代價等に就てなり

第三百二十五條　左ニ掲ケタル原因《げんゐん》ヨリ生シタル債權ヲ有スル者ハ債務者ノ特定《とくてい》不動産《ふだうさん》ノ上ニ先取特權ヲ有ス

一　不動産ノ保存《ほぞん》

二　不動産ノ工事

三　不動産ノ賣買

本條に擧《あ》げ示《しめ》したる第一号《がう》より第三号までの事柄《ことがら》よりして權利者となりたる人は義務者所有《しよいう》の特《とく》に定《さだ》まりたる不動産に付《つい》て先取する權利を得るなり

第一　不動産の保存《ほぞん》則ち土地などを取り扱《あつか》ひ支配《しはい》すること例《たと》へば河端《かはばた》などの土地を預り居りしに雨《あめ》の爲め河水《かはみづ》が溢《あふ》れ其の土地が崩《くづ》れ缺《か》けんとする場合《ばあひ》に手入《ていれ》を爲して防《ふせ》ぎ止めることその如し

第二　不動産の工事《こうじ》則ち家屋《かおく》の建築《けんちく》を爲し土地に堀《ほ》り割《わ》り土堤《どてい》等を取り設《まう》くる仕事の如きを云ふ

第三　不動産の賣買《ばいゝ》則ち家屋《かをく》、土地などを賣り買ひすることなり

右《みぎ》の事柄《ことがら》よりして立替金《たてかへきん》、代金《だいきん》などを得る權利を有する時は或る特《とく》に定めたる不動産丈に付て先取する權利を得べしとなり

第三百二十六條　不動産《ふどうさん》保存《ほぞん》ノ先取特權ハ不動産ノ保存費ニ付キ其不動産ノ上ニ存在ス

第三百二十一條第二項ノ規定ハ前項ノ揚合ニ之ヲ準用ス

不動産《ふどうさん》を預《あづか》り大事《だいじ》に支配《しはい》するに付て費用を使《つか》ひたるときは其の預《あづか》りたる不動産に付き費用《よう》を先取する權利を得るなり例《たと》へば家屋《かをく》を預《あづか》りたる時の如き屋根《やね》が甚《はなは》だ古《ふる》くなりて其の儘《まゝ》に捨て置けば遂《つい》には家屋全体《かをくぜんたい》をも破《やぶ》るに至《いた》るべきを以《もつ》て預り主《ぬし》が自分の費用にて前以て屋根《やね》を葺《ふ》き直《なを》したりとせんに家主《やぬし》が若しも其の費用を支拂《しはら》はざるときは預《あづか》り主《ぬし》は其の預かりたる家屋《かをく》に付て先取《さきどり》する權利を得るなり故に若し家主《やぬし》が拂《はら》ひ能《あた》はざるに依り其の家を賣りて拂はんとするときは預かり主は其の代價に付き家主に對する外の貸し主を差置いて先きに自分が使ひたる費用を受取る權利有る如し

第三百二十一條第二項の動産に關《くわん》する權利を保存《ほぞん》、追認《ついにん》又は實行《じつかう》せしむる爲めに使ひた

る費用に付ても先取《さきどり》するを得る權利の規則《きそく》は本條の不動産の先取權にも同《おな》じ樣《やう》に使《つか》ひ用ゆとなり故に不動産に關《くわん》する權利を保存、追認《ついにん》又は實行《じつ》せしむる爲め使《つか》ひたる費用に付ても先取特權を有すべしとなり

第三百二十七條　不動産工事《こうじ》ノ先取特權ハ工匠《こうしやう》、技師《ぎし》及ヒ請負人カ債務者ノ不動産ニ關シテ爲シタル工事ノ費用ニ付キ其不動産ノ上ニ存在ス

前項ノ先取特權ハ工事ニ因リテ生シタル不動産ノ增價《ぞうか》カ現存《げんそん》スル場合ニ限リ其增價額ニ付テノミ存在ス

不動産工事《こうじ》則ち家屋《かをく》を建築《けんちく》するとか土地の掘《ほ》り割《わ》りとかの爲《た》めに働らきたる工匠《こうしやう》則ち大工、煉瓦積職《れんぐわつみしよく》、石工《いしや》などの如き、技師《ぎし》則ち地所《ちしよ》を測量《そくりやう》し圖面《づめん》を製《せい》する技術家《ぎじゆつか》及び請負人則ち一軒《いつけん》の家《いへ》を金何程《きんなにほど》と極《き》めて建《た》てることを引受《ひきう》けたる人々《ひとびと》は其の賃金《ちんきん》や建築《けんちく》などの費用を其の建てたる家屋や作事を爲したる土地などに付き先取する權利を得るなり

前項に述《の》べたる工事《こうじ》に付ての費用を先取する權利も作事《さくじ》を爲したる爲めに直段《ねだん》が增《ま》し加《くは》はりたるときは其工事の費用を先取《さきどり》するときに尙《な》は增し加《く》はゝりあるときは夫《そ》れに付てのみ矢張《やは》り先取する權利が有るなり

第三百二十八條　不動産賣買ノ先取特權ハ不動産ノ代價及ヒ其利息ニ

付キ其不動産ノ上ニ存在ス

不動産を賣《う》り買《かひ》したるときに出來《でき》たる先取する特權《とくけん》は其の賣り買ひしたる不動産の代價と代價の利息とを其の不動産の價《あたひ》より先取するを得《う》べきなり例《たと》へば甲が乙に或る土地を賣渡《うりわた》したる後《のち》六ケ月過《けつす》ぎても乙は代價を支拂《しはら》はざるときは甲は其の代價と代價に對《たい》する六ケ月間《かん》の利息とを先《さ》き立《だ》ちて受け取る權利を其の賣り渡したる土地の上《うへ》に付き持《も》ち居《を》るなり故《ゆゑ》に若しも乙が愈々《いよ／＼》其の費用を拂《はら》はざる時《とき》は甲は賣り渡《わたし》たる土地を外《ほか》に賣り拂はしめ其の價《あたひ》に付き買主《かひぬし》に對《たい》する外《ほか》の權利者を差《さ》し置《お》き自分の費《ひ》用丈《ようだけ》を先取する如きなり

第三節　先取特權ノ順位

本節は先取特權が二つ以上《いじやう》有りたるときに其の權利を行《おこ》なふ順序《じゆんじよ》を定《さだ》めたり若し通例《つうかい》の權利と先取特權と有りたるときならば其の字《じ》の指《さ》す如《ごと》く先取特權も通例《つうれい》の權利より先きに取り立つれども先取特權が二個以上《いじやうい》出で合《あ》ひたるときは何《いづ》れを先きにすべきや分《わ》け兼《かぬ》るなり故に本節に付て其規則《きそく》を定《さだ》め示《しめ》せり

第三百二十九條　一般ノ先取特權カ互《たがひ》ニ競合《きやうごう》スル場合ニ於テハ其優先《いうせん》權《けん》ノ順位《じゆんゐ》ハ第三百六條ニ揭ケタル順序《じゆんじよ》ニ從《したが》フ

一般ノ先取特權ト特別《とくべつ》ノ先取特權ト競合《きやうごう》スル場合ニ於《お》テハ特別ノ先取特權ハ一般ノ先取特權ニ先《さきだ》ツ但共益費《きやうえきひ》用《よう》ノ先取特權ハ其利益ヲ受

ケタル總債權者《そうさいけんしや》ニ對シテ優先《いうせん》ノ效力《こうりよく》ヲ有ス

一般《ぱん》の先取特權が一時《じ》に出《い》で合《あ》ひたるときに先きに取り立てる順序《じゆんじよ》は第三百六條に從《した》ひ第一には共益費用《きやうえきひよう》の先取特權、第二は葬式費用《そうしきひよう》の先取特權、第三は雇人給料《やとにんきうりやう》の先取特權、第四は日用品《にちようひん》を供給《きやうきう》したる人の先取特權と次第《しだい》〳〵に取り立《たて》るなり〇若《も》しも一般《ぱん》の先取特權と特別《とくべつ》の先取特權と出《い》で合ひたるときは特別の先取特權を持《も》ち居《ゐ》る人は一般《ぱん》の先取特權を持《も》ち居る人より先きに取り立てるなり併《しか》し共益費用則ち五六人の貸主中《かしぬしちう》の一人《にん》が借主《かりぬし》に對《たい》し夫《そ》れ〳〵の手續《てつゞき》を爲せしことが外《ほか》の貸主《かしぬし》に利益に成《な》りしときに手續《てつゞき》したる費用を先取する權利の如きは總債權者《そうさいけんしや》則ち一般《ぱん》の先取債權者は勿論特別《もちろんとくべつ》の先取特權者に對《たい》しても先取する權利を有するなり

第三百三十條 同一ノ動產ニ付キ特別《とくべつ》ノ先取特權カ互《たがひ》ニ競合《きやうがふ》スル場合ニ於テハ其優先權ノ順位左ノ如シ

第一 不動產賃貸《ちんたい》、旅店《りよてん》宿泊《しゆくはく》及ヒ運輸ノ先取特權

第二 動產保存ノ先取特權但數人ノ保存者アリタルトキハ後ノ保存者ハ前ノ保存者ニ先ツ

第三 動產《どうさん》賣買《ばいゝ》、種苗《たねなへ》肥料《ひりやう》供給及ヒ農工業勞役ノ先取特權

第一順位ノ先取特權者カ債權取得ノ當時第二又ハ第三ノ順位ノ先取

特權者アルコトヲ知リタルトキハ之ニ對シテ優先權《いうせんけん》ヲ行《おこな》フコトヲ得ス第一順位者ノ爲メニ物ヲ保存シタル者ニ對シ亦同シ果實《くわじつ》ニ關シテハ第一ノ順位《じゆんゐ》ハ農業ノ勞役者《らうえきしや》ニ第二ノ順位ハ種苗又ハ肥料ノ供給者ニ第三ノ順位ハ土地ノ賃貸人ニ屬ス

同じ動産に付き特別《とくべつ》の先取特權が一時《いちじ》に出《い》で合《あ》ふときも先取する權利の順序《じゆんぢよ》は左に陳《の》べ示《しめ》す次第に依るなり

第一は不動産を貸《か》し借《か》りしたるときに借り賃《ちん》を拂《はら》はぬ爲めに貸主《かしぬし》が先取するを得る權利、旅人《りよじん》が宿料《やどりよう》を拂はざるに因《よ》り宿主《やどぬし》が旅人《りよじん》の持ち居る手荷物《てにもつ》に付き先取する權利及び旅人《りよじん》又は其の荷物《にもつ》を運送《うんそう》したる賃金《ちんきん》を拂はざるに因り其の旅人より預《あづか》りて運送主の手許《てもと》にある荷物《にもつ》に付き先取する權利《けんり》是等《これら》の權利は特別《とくべつ》の權利の內にても第一番先きに取り立て得るなり

第二も他人より動産を預《あづか》り大事《だいじ》に取り扱《あつか》ひたる人が其の預《あづか》り物に付きての費用を先取する權利なり併《しか》し其の動産を預り支配《しはい》せし人が五六人も有るときは後《のち》の預《あづか》り主は前《まへ》の人より先きに取り立てるなり

第三は動産を賣《う》り買《かひ》したるときに買主が代價《だいか》を拂はざるに依り賣主《うりぬし》は其の動産に付き先取する權利、田畑《でんばた》に用《もち》ゆる種物類《たねものるゐ》、肥《こひ》などを用立《ようだ》てたる人が其の價《あたひ》を拂はざる時《とき》

用立《ようだて》たる人が其の種《たね》や肥《こひ》などに因り出來《でき》たる動產物《どうさんぶつ》に先取する權利《けんり》及び農業《のうげふ》或ひ工業などに雇《やと》はれたる人が其の給金《きふきん》を得ざるに付き自分《じぶん》等の働きたる爲め出來たる作物又は製造物などに付き先取する權利等を云ふ

右《みぎ》に擧《あ》げ示《しめ》したる第一番先きの順序《じゆんぢよ》の權利者が權利を得たるときに第二第三の順序にて先取することを得る權利者が自分《じぶん》より先きに有りしことを知り得たるときは夫《そ》れ等《ら》の權利者より先き立《た》ちて取り立てることと出來ず同《おな》じ順序《じゆんぢよ》にて取立《とりた》てざる可からずとなり又《また》第一番目《ばんめ》の權利者の爲《た》めに權利者が目的《もくてき》としたる品物《しなもの》を大事《だいじ》に扱《あつか》ひ吳《く》れたる人より先きに取り立てることも出來ずとなり

果實《くわじつ》即ち土地《とち》より取り收《おさ》める作物《さくもつ》などに付き第一番に先取する權利の順序《じゆんぢよ》と農業《のうげふ》に付ては働《はたら》きたる人の給料《きうりやう》に付ての先取權なり第二番目に先取する權利を有《いう》する順序の人は種《たね》類《るゐ》又は肥《こひ》などを用立《ようだ》てたる者第三番目に先取する權利ある者は賃金《ちんきん》を取りて土地を貸し付けたる人なり

第三百三十一條　同一ノ不動產ニ付キ特別《とくべつ》ノ先取特權カ互ニ競合《きやうがふ》スル塲合《ばあひ》ニ於テハ其優先權ノ順位ハ第三百二十五條ニ揭ケタル順序ニ從フ

同一ノ不動產ニ付キ逐次《ちくじ》ノ賣買《ばいゝ》アリタルトキハ賣主《うりぬし》相互《そうご》間《かん》ノ優先權

ノ順位ハ時ノ前後ニ依ル

同《おな》じ不動産《ふどうさん》に付き特別《とくべつ》の先取する權利が一時《いちじ》に二個より多《おほ》く出て合ふたるときに其の權利中にて先取する權利の順序《じゆんじよ》は第三百二十五條に第一號より第三號迄《まで》の次第《しだい》に依りて先取するなり則ち第一番は不動産を大切《たいせつ》に取り扱《あつか》ひし爲め使《つか》ひたる費用《ひよう》を先取する權利、第二番は不動産の工事《こうじ》則ち家屋《かをく》を建築《けんちく》するとか土地に就《つい》て掘《ほ》り割《わ》りなどを爲したる事柄《ことがら》の如し此事柄《このことがら》を爲したる費用を先取する權利は第二の位置《ゐち》に來《きた》るなり第三番目に先取する權利は不動産を賣り渡《わた》したる人が其の代價と代價の利息とに付き先取するものを云ふ

若しも同《おな》じ不動産を逐次《ちくじ》に賣買《ばい〱》有りたるとき例《たと》へば或る不動産を甲より乙に賣り渡《わた》し乙より丙に賣り渡し丙より丁に賣り渡したるときは甲乙丙の三個《さんこ》の賣主の間《あひだ》の先取する權利の順序は賣り渡したるときの前後に依りて定まるなり則ち甲が尤も前に賣渡したるを以て第一番先きに取立てる權利を有するなり

第三百三十二條　同一ノ目的物ニ付キ同一順位ノ先取特權者數人アルトキハ各其債權額ノ割合《わりあい》ニ應《おう》シテ辨濟《べんさい》ヲ受ク

同一《どういつ》の目的物《もくてきぶつ》則ち同《おな》じ目當《めあて》の物例《たと》へば或る家《いへ》を建築《けんちく》したる費用を取り立てる順序にて先取する權利を有する者五六人あるときは其の權利者が貸しある高《たか》の割合《わりあひ》に應《おう》じて返金《へんきん》を

受くべしとなり

第四節　先取特權ノ效力

本節は先取特權の效能《かうのう》に付て定《さだ》めたり則ち先取特權は先取するには如何《いか》なる方法《はうはふ》が要用《えうよう》なるや先取特權を凡《すべ》ての人に對《たい》し效能《かうのう》あらしむる手續《てつゞき》を定めたるなり

第三百三十三條　先取特權ハ債務者カ其動產ヲ第三取得者《しゆとくしや》ニ引渡《ひきわた》シタル後ハ其動產《どうさん》ニ付キ之ヲ行フコトヲ得ス

本條は動產に付ての先取特權を定めたり則ち動產に付ての先取權は義務者が其の動產を第三取得者《しゆとくしや》則ち先取特權者と義務者との外《ほか》なる第三の地位《ちゐ》に有りて其の品物を買ひ取りたる如き人に引き渡したる後ならば使ひ行ふことは出來ずとなり

第三百三十四條　先取特權ト動產質權ト競合《きやうがふ》スル場合ニ於テハ動產《どうさん》質權者ハ第三百三十條ニ揭ケタル第一順位ノ先取特權者ト同一ノ權利有ス

本條は先取特權と動產質權則ち動產を質《しち》に取りたる人の權利と一時《いちじ》に出來《でき》たる時の效能《かうのう》に付て定めたり則ち動產質權を有する人は第三百三十條の動產に付ての特別《とくべつ》の先取特權の順序《じゆんじよ》を擧《あ》げたる第一番の不《ふ》動產賃貸《どうさんちんがし》、旅店宿泊《りよてんしゆくはく》及び運送に付ての先取特權と同じ順序にて先取する權利を有すべしとなり

第三百三十五條　一般ノ先取特權者ハ先ツ不動產以外ノ財產ニ付キ辨濟ヲ受ケ尙ホ不足アルニ非サレハ不動產ニ付キ辨濟ヲ受クルコトヲ得ス

不動產ニ付テハ先《ま》ツ特別《とくべつ》擔保《たんぽ》ノ目的《もくてき》タラサルモノニ付キ辨濟《べんさい》ヲ受クルコトヲ要ス

一般ノ先取特權者カ前二項ノ規定ニ從ヒテ配當《はいたう》ニ加入《かにふ》スルコトヲ怠《おこた》リタルトキハ其配當加入ニ因リテ受クヘカリシモノノ限度ニ於テハ登記ヲ爲シタル第三者ニ對シテ其先取特權ヲ行フコトヲ得ス

前三項ノ規定《きてい》ハ不動產以外《いぐわい》ノ財產ノ代價ニ先《さきだ》チテ不動產ノ代價ヲ配當シ又ハ他ノ不動產ノ代價ニ先チテ特別《とくべつ》擔保《たんぽ》ノ目的《もくてき》タル不動產ノ代價ヲ配當スヘキ場合ニハ之ヲ適用セス

一般《いつぱん》の先取特權者則ち義務者の財產《ざいさん》は動產と不動產とに區別《くべつ》なく先取する權利を持ち居る人は先づ不動產より外《ほか》なる動產に付て返濟方《へんさいかた》を受け尙《な》ほ不足《ふそく》ありしにあらずは不動產に付て返濟を受けることが出來ずと云ふなり

一般の先取權者が動產に付き返濟《へんさい》せしめたるときに足《た》らざる爲に不動產に付き取り立て始《はじ》めんとするときは先《ま》づ不動產の中《うち》にて特別擔保《とくべつたんぽ》則ち抵當《ていたう》や質《しち》などの目當《めあて》にあらざる者

に付いて返濟《へんさい》を受けることが肝要《かんじう》なり然《しか》して愈々《いよ〳〵》不足《そく》なるときは特別擔保《とくべつたんぽ》の目的たる不動産に付ても先取することが出來るなり

一般《いつぱん》の先取特權者《さきとりとくけんしや》が前《まへ》の二項の規則《きそく》に從《したが》ひ第一項にては先《ま》づ動産に付き返濟《へんさい》を受け第二項にても先つ始《はじめ》は通例《つうれい》の不動産に付き債務者《さいむしや》の財産を貸し主に分け當てるときに加入を申し込みて先取《さきとり》すべきに其の手續《てつゞき》を怠《おこた》りて取り損《そこ》なひしときも若し加入《かにふ》を申し込みしならば受け取り得られし丈《だけ》の高《たか》に付ては義務者より不動産などを讓《ゆづ》り受けたるか抵當《ていたう》に取りたるか等にて登記《とうき》を爲したる先取特權者と義務者の外《ほか》なる第三の地位《ちゐ》に居《を》る權利者に向《むか》ひ吾《われ》は先取特權あればとて其の第三者の得《え》たる不動産に分《わ》け前《まへ》を得たしなどゝ言ひ張《は》ることは出來《でき》ざるなり併《しか》しながら手續《てつゞき》を爲せば取《と》れ得《う》べかりし高《たか》より外《ほか》の分に付ては右に述《の》べたる第三者が登記したるものにも及《およ》ぼすべきなり

前《まへ》の三項にて述べたる規則《きそく》は若しも不動産より外《ほか》の財産則ち動産の代價《だいか》より先きに不動産の代價を分《わ》け當《あ》てたり又は通例《つうれい》の不動産の代價より先《さ》きに特別擔保《とくべつたんぽ》の目當《めあて》となりし不動産の代價を分《わ》け合《あ》ふべき場合には用《もち》ゐずとなり例《たと》へば約束にて配《わ》け當《あ》て方《かた》を定《さだ》めたる時などの如し

第三百三十六條　一般ノ先取特權ハ不動産ニ付キ登記ヲ爲ササルモ之ヲ以テ特別擔保ヲ有セサル債權者ニ對抗《たいかう》スルコトヲ妨《さまた》ケス但登記ヲ

爲シタル第三者ニ對シテハ此限ニ在ラス

一般の先取特權は其旨《そのむね》を登記《とうき》せずとも特別擔保を有《いう》せざる債權者則ち抵當權とか不動産質などの權利を有せざる通常《つうじやう》の權利者に張《は》り合《あ》ひ吾《わ》れは先取する權利を有せりとて通常の權利者などに搆《かま》はず不動産にて先立《さきだ》ちて受け取ることが差《さ》し支《つか》へなしとなり但《たゞ》し登記を爲したる第三者則ち先取特權者と義務者より外の第三の地位に居る人には張り合ふて先取することを出來ずとなり故に登記を爲したる第三者に張り合はんとせば一般の先取特權者も登記せざる可からずとなり

第三百三十七條　不動産保存ノ先取特權ハ保《ほ》存行《ぞんこう》爲《い》完了《くわんれう》ノ後直チニ登記ヲ爲スニ因リテ其效力ヲ保存ス

不動産を預《あづか》りて大切《たいせつ》に取り扱《あつか》ひ中《ちう》に其の不動産が長《な》が保《たも》ちする樣の手入《ていれ》などを爲したるときに使《つか》ひたる費用に付き先取せんとする權利は其の手入仕事《ていれしごと》が全《まつた》く終《おは》ると直《す》ぐに登記を爲せば凡ての人に對して先取する權利を行ひ得る效能あるなり

第三百三十八條　不動産工事ノ先取特權ハ工事《こうじ》ヲ始《はじ》ムル前ニ其費用ノ豫算額《よさんがく》ヲ登記《とうき》スルニ因リテ其效力ヲ保存ス但工事ノ費用カ豫算額ヲ超《こ》ユルトキハ先取特權ハ其超過額《てうくわがく》ニ付テハ存在セス

工事ニ因リテ生シタル不動産ノ增價額ハ配當加入《はいたうかにふ》ノ時裁判所ニ於テ

選任《せんにん》シタル鑑定人《かんていにん》ヲシテ之ヲ評價《ひやうか》セシムルコトヲ要ス

不動産工事《ふどうさんこうじ》則ち家屋《かおく》などを建築《けんちく》したる費用などを先取する權利は其の作事《さくじ》を始《はじ》める前に建築方《けんちくかた》の前以《まへもつ》て掛《かゝ》りの見積高《みつもりだか》を登記すれば凡ての人に對《たい》して先取することが出來る效能《かうのう》あるなり併《しか》し假令《たと》ひ登記したりとても實際作事《じつさいさくじ》に係《かゝ》りたる費用が前以《まへもつ》ての見積《みつも》り高より多きときは其の多くなりたる高丈に付ては先取する權利は無きなり

不動産に加《くは》へたる作事《さくじ》の爲めに不動産の價が增し加《くは》へりたる高《たか》は先取特權者が義務者の不動産を賣《う》りたる代價《だいか》に付き分配方《ぶんぱいかた》に加入《かにふ》する時裁判所にて選《えら》び擧《あ》げたる鑑定人《かんていにん》則ち俗《ぞく》に云ふ直踏人《ねぶみにん》をして價《あたひ》を言ひ定めしむることが要用なり

第三百三十九條　前二條ノ規定ニ從ヒテ登記シタル先取特權ハ抵當權ニ先ケテ之ヲ行フコトヲ得

前の二條の規則《きそく》に依り登記《とうき》せし先取特權者《さきとりとくけんしや》は抵當權を持《も》ち居《を》る者よりも先き立ちて取り立てることが出來るなり

第三百四十條　不動産賣買ノ先取特權ハ賣買契約《ばいばいけいやく》ト同時ニ未《いま》タ代價又ハ其利息ノ辨濟《べんさい》アラサル旨《むね》ヲ登記スルニ因リテ其效力《かうりよく》ヲ保存ス

不動産賣買《ばいばい》の先取特權則ち家屋《かおく》、土地《とち》などを賣り渡《わた》したるに買主《かひぬし》が代價《だいか》を拂《はら》はざるに依り賣主《うりぬし》が其の賣りたる不動産に付き先取する權利は賣り買ひの約束《やくそく》を爲すと同時《どうじ》に未《いま》だ

代價と代價の利息との拂《はら》ひ濟《すま》ずと云ふことを登記すれば凡《すべ》ての人に對《たい》して先き取りすることが出來る效能あるなり

第三百四十一條　先取特權ノ效力《こうりよく》ニ付テハ本節ニ定メタルモノノ外抵當權ニ關スル規定ヲ準用ス

先取特權の效能《かうのう》に付ては此の第四節に定《さだ》めたるもの丶外抵當權《ほかていたうけん》に關係《くわんけい》して定めたる規則を同じ樣に用ゐるなり

第九章　質權

本章《ほんしやう》は質權に付て定《さだ》めたり夫れ質權とは取り立て權利の引き當《あて》として義務者又は權利者と義務者の外《ほか》なる第三の地位《ちゐ》に居《を》る人より受け取りし物を所持《しよち》し居り義務者が愈々《いよいよ》拂《はらひ》を濟《す》まさゞるときは其の品物《しなもの》に付て外《ほか》の權利者より先きに自分《じぶん》の支拂《しはらひ》を受けること出來る權利なり然《しか》して質權には動產質權と不動產質權との二種《にしゆ》あり後《のち》の各《おのおの》の條《でう》に精《くは》しく述べん

第一節　總則

本節は質權全體《しちけんぜんたい》に付《つい》て凡ゆる範圍を定めたり則ち質權《しちけん》の取り設《もう》け方《かた》質權者《しちけんしや》の權利又は義務などに付き定めたり

第三百四十二條　質權者《しちけんしや》ハ其債權ノ擔保《たんぽ》トシテ債務者《さいむしや》又ハ第三者ヨリ受取リタル物ヲ占有シ且其物ニ付キ他ノ債權者ニ先チテ自己ノ債

權ノ辨濟《べんさい》ヲ受《う》クル權利《けんり》ヲ有ス

質權《しちけん》を持《も》ち居《を》る人は義務者より貸《か》し分《ぶん》を取り立て得る權利の引當《ひきあて》として義務者又は權利者と義務者に關係以外《くわんけいいぐわい》なる第三者より受取《うけと》りし品物を握《にぎ》り持ち其上《そのうへ》若《も》し義務者が借り分《ぶん》を返濟《へんさい》せざるときて其品物に付き外《ほか》の權利者に先き立《た》ちて自分《じぶん》の貸《か》し分《ぶん》を返《か》へさしむる權利を有するなり

第三百四十三條　質權ハ讓渡《ゆづりわた》スコトヲ得サル物ヲ以テ其目的《もくてき》ト爲スコトヲ得ス

質權則ち貸し分を取り立てる權利の引當《ひきあ》てとして申《まう》し受《う》け取る品物《しなもの》は他《ほか》に讓《ゆづ》り渡《わた》すことを得ざるものを目當《めあ》てとすることを出來ざるなり故《ゆゑ》に勳章《くんしやう》などの如きは其の人の功勞《こうろう》を目的として與《あた》へたるものなれば讓《ゆづ》り渡《わた》すことが出來ず從《したが》つて質權の目當《めあて》の物《もの》と爲すを得ざるものなり其他要役地《そのほかにうゑきち》より引き離《はな》したる地役權《ちゑきけん》の如きものなり

第三百四十四條　質權ノ設定ハ債權者ニ其目的物ノ引渡ヲ爲スニ因リテ其效力ヲ生ス

質權則ち權利の引當物《ひきあてもの》を受取《うけと》り義務者が返濟《へんさい》せざる時其の品物に付き先取する權利を取り設《もう》け定《さだ》め方は權利者に其の目當《めあて》となるべき品物を引渡《ひきわた》せば夫れにて效能《かうのう》あるなり

第三百四十五條　質權者《しちけんしや》ハ質權設定者ヲシテ自己《じこ》ニ代《か》ハリテ質物《しちもつ》ノ占

有ヲ爲サシムルコトヲ得ス
質權者則ち貸分《かしぶん》取り立《た》て權利の引當《ひきあ》てとして品物を受取《うけと》りたる人は其の品物を引き渡したる人則ち質權を取り設《もう》けたる人をして自分《じぶん》の代《かは》りとして其の引き當ての品物を所持《しよぢ》せしむることが出來ざるなり若し質權を取り設けたる人をして品物を所持せしむれば質權者と云ふ名《な》のみ有りて實際《じつさい》がなきことになればなり殊《こと》に質權者《しちけんしや》と質權を取《と》り設《もう》けたる義務者の外《ほか》なる無關係《むくわんけい》なる人に對《たい》して質權などの取り設けなき品物《しなもの》と信《しん》せしめ其の品物を買ひ取りたる後《の》ち質權を背負《せお》ひ居る品物《しなもの》にてありしこと明《あき》らかになりしなどの不都合《ふつがふ》が出來るを防《ふせ》ぎ止める爲《ため》なり然《しか》るに若しも品物が質權を得《え》たる人の手許《てもと》に有りとせば其の樣の不都合は出來ざるなり

第三百四十六條　質權ハ元本《ぐわんぽん》、利息《りそく》、違約金《ゐやくきん》、質權實行《しちけんじつかう》ノ費用、質物保存ノ費用及ヒ債務《さいむ》ノ不履行《ふりかう》又ハ質物ノ隱《かく》レタル瑕疵《かし》ニ因リテ生シタル損害ノ賠償ヲ擔保ス但設定行爲ニ別段ノ定アルトキハ此限ニ在ラス

本條も質權の引當《ひきあ》てとして受け取りし品物にて引き受けしむるもの則ち義務者より出すべき者にして若しも出《いだ》さざるときは其の品物の代價《だいか》にて拂《はら》ふべきは何々《なにく》の義務かと云ふことを定めたり則ち質權にて引き受くべきものも元金《もときん》、利息《りそく》、違約金《ゐやくきん》則ち約束通《やくそくどほ》りに行《おこ》なは

ざるに付ての罰金《ばつきん》、質權實行《じつかう》の費用則ち質權取り設《まう》けの人が義務を支拂《しはら》はざるに付き纏て引き受《う》けとして差《さ》し出《いだ》し置《お》きたる品物を賣り拂《はら》ひて返濟《へんさい》せしむる手續《てつゞき》を爲したる質權者が使《つか》ひたる入用高《いりようだか》。質權者に引き渡《わた》し置きたる品物を毀《こは》れ損《そん》ぜぬ樣《やう》取り扱《あつか》ひの入用《いりよう》及び元金《もときん》、利息などを期限通《どほ》りに返濟《へんさい》せざるに依り出來《でき》たる損失金《そんしつきん》又は引き當て物として引き渡したる品物に表面《へうめん》より見分《みわ》け兼《かね》たる不都合《ふつがふ》ありたるに因りて出來たる損失《そんしつ》の償《つぐな》ひ金等なりとす以上《いじやう》に述《の》べたる義務者が拂ふべきものを返濟《へんさい》せざるときは質權を取り設けたる義務者が質權利者に渡し置きたる品物にて引き受け拂はしむべしとなり但し質權を取《と》り設《まう》ける約束《やくそく》にて引渡したる品物にて引き受け拂ふべきものの是々《これ〳〵》の費用なるべしなどと別に定めたるときは必ずしも本條の規則に從ふに及はずとなり

第三百四十七條 質權者ハ前條ニ揭ケタル債權《さいけん》ノ辨濟《べんさい》ヲ受クルマテハ質物ヲ留置《りうち》スルコトヲ得但此權利ハ之ヲ以テ自己ニ對シ優先權《いうせんけん》ヲ有スル債權者ニ對抗スルコトヲ得ス

質權者則ち權利の引當として品物を受取りし權利者は前《まへ》に擧《あ》げたる元金利息《もときんりそく》其の外《ほか》の取り立て權利の返濟《へんさい》を受ける迄は引當《ひきあて》てとして受け取りたる品物を留《とゞ》め置《お》くことが出來る併《しか》し自分《じぶん》より今一層勝《いまいつそうすぐ》れたる權利を持ち居《を》る人に向《むか》ひては此の品物は吾が質《しち》に取りたるもの故先取する權利が有りなどゝ言ひ張ることが出來ずとなり

第三百四十八條　質權者ハ其權利ノ存續《そんぞく》期《き》間内《かんない》ニ於テ自己《じこ》ノ責任《せきにん》ヲ以テ質物ヲ轉質《てんじち》ト爲スコトヲ得此場合ニ於テハ轉質ヲ爲サヽレハ生セサルヘキ不可抗力《ふかこうりよく》ニ因ル損失《そんしつ》ニ付テモ亦其責ニ任ス

質權者は引き當として受け取りたる品物を留《とゞ》め置くことが出來る權利を引き續《つゞ》き自分《じぶん》が持ち居る期限《きげん》の内にて自分の責任《せきにん》則ち其の物が破《やぶ》れたり無くなりたりするときも自分が償《つく》なふことにして其の品物を又質《またじち》とすることが出來る則ち權利者が引き當として受け取りたる品物を又外の人に借りの引き當として與へることを得るなり然れども若し此ときに權利者が品物を又質《またじち》にして他人に引き渡さぬときは出來ざりし所の不可抗力《ふかこうりよく》則ち天災《てんさい》などにて其の品物が損《そん》じたり無くなりたる損分《そんぶん》をも引き受けなければならぬとなり例《たと》へば甲なる權利者が質として品物を乙より受け取りたるを甲が丙の所《ところ》へ又質入《またじちいれ》とせしときに折《を》り惡《あ》しく丙の所へ雷《かみなり》が落《お》ちたる爲め其の品物が燒《や》け失《う》せたりとせば甲が又質として丙の所《ところ》へ品物を遣《や》らざりしならば其の災《わざわひ》に逢《あ》はず品物が無くなる損分《そんぶん》も出來ざるなり故に甲は其の損分《そんぶん》を償《つくな》ふべしとなり元來天災《ぐわんらいてんさい》などのときは持主《もちぬし》の外《ほか》は損《そん》を受けざる者なり然《しか》れども今擧《いまあ》げたる例《れい》のときなどにて見《み》れば甲が他人《たにん》より受け取りし物なれば大事《だいじ》に取り置《お》くべきは當然《たうぜん》なるべきに自分の爲めに外《ほか》へ質入《しちいれ》を爲《な》し殊《こと》に其の質入せざりしならば出來ざりし損失《そんしつ》なれば假令《たと》ひ天災《てんさい》なりとも所有者にあらざる權利者が引き受《う》けずは

ならぬとの理屈《りくつ》なり

第三百四十九條　質權《しちけん》設定《せつてい》者《しや》ハ設定行爲又ハ債務《さいむ》ノ辨濟《べんさい》期前《きぜん》ノ契約ヲ以テ質權者ニ辨濟トシテ質物ノ所有權ヲ取得セシメ其他法律ニ定メタル方法ニ依ラスシテ質權ヲ處分《しよぶん》セシムルコトヲ約《やく》スルコトヲ得ス

質權を取り設け品物を引き渡したる人は質權取り設けのときの約束《やくそく》又た義務返濟期限前《へんさいきげんまへ》の約束にて義務を返濟する代りとして引き當ての品物の所有權を質物を持ち居る權利者に受け取らしむることが出來《でき》ずとなり其外法律《そのほかのはふりつ》に定めたる方法《はうはふ》に依《よ》らずに質入物《しちいれもの》を賣り拂はしめて義務を返濟せしむるなどの處置方《しよちのかた》を約束することが出來ずとなり故《ゆゑ》に若し裁判所に願《ねが》ひ出で其の品物を直踏《ねぶみ》して貰《もら》ふの手續《てつゞき》を爲し其の代價丈《だいかだけ》義務を返濟したるものにして品物の儘《まゝ》にて引き渡《わた》す樣《やう》の事は差《さ》し支《つか》へなしとなり

第三百五十條　第二百九十六條乃至第三百條及ヒ第三百四條ノ規定ハ質權ニ之ヲ準用ス

第二百九十六條より第三百條迄《まで》の留置權《りうちけん》に付ての規則第三百四條の先取特權の規則《きそく》を質權に同じ樣に使ひ用ゆとなり

第三百五十一條　他人ノ債務ヲ擔保《たんぽ》スル爲メ質權《しちけん》ヲ設定《せつてい》シタル者カ其債務ヲ辨濟シ又ハ質權ノ實行ニ因リテ質物ノ所有權ヲ失ヒタルトキ

ハ保證債務《ほしようさいむ》ニ關スル規定ニ從ヒ債務者ニ對シテ求償權ヲ有ス

他人の義務を引き受ける爲めに引き當《あ》て物を差《さ》し出《いだ》したる人が代りて他人の義務を返濟《へんさい》したるか又は質物《しちもつ》の實行《じつかう》則ち義務者が義務を支拂《しはら》はざるに因りて權利者が質物を賣り拂はしめ取り立てられたる爲めに質物の所有權が品物を出し呉れたる人に無くなりたるかのときは其の人は保證債務則ち保證したる人に對しての義務に付ての規則に因り質權取り設《まう》けの義務者に向《むか》ひ自分が代りて返濟したる分《ぶん》か品物か無くなりたる爲《ため》かの償《つぐな》ひを求《もと》めることが出來るなり保證人《ほしようにん》のときは借主《かりぬし》が返《かへ》せぬときは保證人が代りて返濟し又《また》本條の場合は義務者が借を返すこと出來ぬときは引き當てとして或る人が出し呉れたる品物が代りて借を返濟すると云ふことになる畢竟《ひつきやう》人が代《かは》りて返《かへ》すと物が代りて返すとの違《ちが》ひ有るのみなり其の理屈《りくつ》には異《こと》なることなきなり故に保證人に付ての規則を本條《ほんでう》にも同じ樣に用ゆることなり

第二節　動產質

本節は動產質則ち借り分の引き當として品物を引渡《ひきわた》す約束《やくそく》の內《うち》にて動產を質《しち》に入れることに付ての規則なり

第三百五十二條　動產質權者ハ繼續《けいぞく》シテ質物ヲ占有《せんいう》スルニ非サレハ其質權ヲ以テ第三者ニ對抗スルコトヲ得ス

動産を貸し分の質として受け取りたる權利者は引き續《つゞ》いて質物《しちもつ》として受け取り、品物《しなもの》を持ち居るにあらずは質權の目當てとして受け取りし品物なれば先取する權利有りなどゝ質權者と義務者の外《ほか》なる第三者に言《い》ひ張《は》ることが出來ずとなり例《たと》へは甲者が質權の目當《めあて》として乙なる義務者より品物を受け取りたるときは權利の有る内《うち》は其の品物を持ち居らざるべからず若し權利者が持ち居らざるときに丙なる人が乙者より其の品物を買ひ受けたりとせば甲なる權利者が後日《ごじつ》に至《いた》り乙なる義務者が借《か》りを返《かへ》さゝるに因り丙者に向《むか》ひ丙者が買ひ取りし品物は自分《じぶん》が質《しち》に取りし者故《ものゆゑ》返すべしと言《い》ひ張《は》ることが出來ざるなり若し出來《でき》るとせば丙者は大《おほい》に迷惑《めいわく》すべし乙者の手許《てもと》に有るを以《もつ》て乙者の物と信《しん》じて買ひ取りたるに甲者が質に取りし者故返すべしとの言張ある爲め返さなければならぬとせば丙の地位《ちゐ》に有る人は安《やす》んじて品物を買ひ取ることが出來ざる事《こと》にて不道理至極《ふだうりしごく》なり故に本條にて丙の位地に有る第三者には張り合ふことが出來ずとなり

第三百五十三條　動産質權者カ質物ノ占有ヲ奪《うば》ハレタルトキハ占有回收《せんいうくわいしう》ノ訴ニ依リテノミ其質權ヲ回復《くわいふく》スルコトヲ得

動産物《どうさんぶつ》を引き當《あ》てとして受け取りたる權利者も其の質物の占有《せんいう》則ち所持《しよぢ》し居るを手許《てもと》より奪《うば》ひ取られたるときは占有回收《せんいうくわいしう》則ち品物を自分《じぶん》に所持《しよぢ》さるゝ樣《やう》取り返すの訴《うつたへ》を爲して其の品物を取返すことが出來るなり

第三百五十四條　動產質權者カ其債權ノ辨濟ヲ受ケサルトキハ正當ノ理由《りゆう》アル場合ニ限《かぎ》リ鑑定人《かんていにん》ノ評價《へうか》ニ從ヒ質權ヲ以テ直《たゞ》チニ辨濟ニ充ツルコトヲ裁判所ニ請求スルコトヲ得此場合ニ於テハ質權者ハ豫《あらかじ》メ債務者ニ其請求ヲ通知スルコトヲ要ス

動產を質《しち》として取りたる權利者は義務者が返濟《へんさい》せざるときに鑑定人《かんていにん》則ち裁判所にて選《えら》ぶ所の品物の直踏人《ねぶみにん》をして其動產《そのどうさん》の價《あたひ》を定《さだ》めしめ其の直段丈《ねだんだけ》義務を返《かへ》したるものとして直《すぐ》に動產物を返濟方《へんさいかた》に引き充《あて》る樣にてと裁判所へ願《ねが》ひ出づることが出來る但《たゞ》し正當《せいたう》の理由あるとき丈其願《だけそのねがひ》を爲すことを得るなり正當の理由とは例《たと》へば義務者は其の質物《しちもつ》の外《ほか》に少《すこ》しも財產なく其丈《それだけ》にては權利者の貸分《かしぶん》を皆な拂《はら》はしむことも出來ず然《しか》るに其の質物《しちもつ》を今直《いますぐ》に競賣《せりうり》などを爲せば相場甚《さうばはなは》だ下落《げらく》して只賣同樣《たゞうりどうやう》にて少しも返濟の足しにならざる故今の相場《さうば》にて該品物を申《まう》し受け直段《ねだん》の高《たか》くなるを待《ま》ちて賣り拂ひて損失を受けぬ樣に爲し度しなどと云ふなり

第三百五十五條　數個ノ債權《さいけん》ヲ擔保《たんぽ》スル爲メ同一ノ動產ニ付キ質權ヲ設定《せつてい》シタルトキハ其質權ノ順位ハ設定ノ前後ニ依ル

五六個の權利の引當《ひきあて》として一個《いつこ》の品物を質入《しちいれ》をたるときは其の權利の取り立て順序乙其の品物を引當《ひきあて》と爲したる時間《じかん》に從《したが》ふべしとなり例《たと》へば甲乙丙の權利者が或る一個の品物

を質に取りたるときは甲が尤《もつと》も始《はじ》めに引當《ひきあて》とする權利を得《え》たれば甲の分《ぶん》を最初《さいしよ》に受け取り夫れより次《つぎ》は乙ならば乙が受け取りたる後は丙が受け取るなり故《ゆゑ》に若《も》し同《おな》じときに引當としたる者なれば其の權利《けんり》高《だか》の割合《わりあひ》に依りて受け取るなり

第三節　不動產質

本節は貸分《かしぶんで》取り立《たて》の權利の引當《ひきあて》として不動產を受け取りたるときの規則を定めたり

第三百五十六條　不動產質權者《ふどうさんしつけんしや》ハ質權ノ目的《もくてき》タル不動產ノ用方《ようはう》ニ從《したが》ヒ其使用及ヒ收益ヲ爲スコトヲ得

不動產を質物《しちもつ》に取りし權利者は其の不動產の使《つか》ひ方《かた》例《たと》へは家なれば人が住《すま》ふことゝ畑《はた》ならば作物《さくもつ》をなすなどの如き使《つか》ひ方《かた》に違《たが》はざる樣《やう》にして自分《じぶん》の爲《た》め使《つか》ひ用《もち》ゐ又は畑《はた》の如き不動產の作物《さくもつ》など取り納《をさ》めて自分《じぶん》の利得《りとく》にすることが出來るなり

第三百五十七條　不動產質權者ハ管理《くわんり》ノ費用《ひよう》ヲ拂ヒ其他不動產ノ負擔《ふたん》ニ任ス

不動產を質物《しちもつ》として受け取りたる人は其の不動產を取り扱《あつか》ひ支配《しはい》する費用を拂《はら》ひ其他《そのた》不動產の負擔《ふたん》則ち係《かゝ》りもの例《たと》へば稅金《ぜいきん》の如きものは質權者が引き受け支拂《しはら》ふべしとなり已《すで》に前條に於て述べたる權利あれば本條にては夫れに對する義務を負はしめたり

第三百五十八條　不動產質權者ハ其債權ノ利息ヲ請求スルコトヲ得ス

不動産を質物《しちもつ》として受け取りたる權利者は其貸し權利の利息《りそく》を求めることを出來ざるなり受け取りし不動産を使《つか》ひ用《もち》ひ作物などを利得することに利息などを含《ふく》ましめたるものなり則ち其の利得の内《うち》にて十分《じふぶん》利息《りそく》などを得たるに當《あた》るものと見るなり

第三百五十九條　前三條ノ規定ハ設定行爲《せつていこうい》ニ別段ノ定アルトキハ之ヲ適用セス

前の三ケ條の規則は法律《はふりつ》にて道理《だうり》の有る所《ところ》に依りて定め示《しめ》したるものなれども若しも質取權利者と質入義務者《しちいれぎむしや》との間《あひだ》にて約束を以て別段《べつだん》の定《さだ》めを爲したるときは適《あ》て用《もち》ゐず両方の約束通りになすべしとなり

第三百六十條　不動産質ノ存續期間《そんぞくきかん》ハ十年ヲ超《こ》ユルコトヲ得ス若シ之ヨリ長キ期間ヲ以テ不動産質ヲ設定シタルトキハ其期間ハ之ヲ十年ニ短縮《たんしゆく》ス

不動産質ノ設定ハ之ヲ更新《こうしん》スルコトヲ得但其期間ハ更新ノ時ヨリ十ヲ超ユルコトヲ得ス

不動産を質入する約束《やくそく》の期限《きげん》は十年《じふねん》より長《なが》くすることを出來ざるなり若しも十年より長き期限《きげん》にて約束したるときは十年の期限迄短《きげんまでみぢか》かくし縮《ちぢ》めるなり

不動産質入の約束は改《あらた》めて約束を新《あたら》しく仕直《しなを》すことが出來るなり併《しか》し其の約束期限《やくそくきげん》は約

束を改《あら》ため新《あたら》しく仕直《しなを》す時《とき》より十年を超《こ》ゑて長くすること出來ずとなり

第三百六十一條　不動産質ニハ本節ノ規定ノ外次章ノ規定ヲ準用ス

不動産質入《しちいれ》の約束《やくそく》には此の第三節の規則の外《ほか》に次《つぎ》の第十章の抵當《ていたう》に付て定《さだ》めたる規則を同じ様《やう》に使《つか》ひ用《もち》ゆべしとなり故に此の節《せつ》にて明《あきら》かならざること有らば第十章の抵當の規則を照《てら》し合《あは》せて見るべし

第四節　權利質

本節は質入約束《しちいれやくそく》の小分《こわけ》の内《うち》なる權利質に付て定めたり權利質とは貸分取立《かしぶんとりたて》權利の質《しち》則ち引き當《あて》として不動産《ふどうさん》或は動産などに關係《くわんけい》したる財産《ざいさん》の權利を目當《めあ》てとして約束《やくそく》することなり故に若し權利を質入したる人が義務を果《はた》さずは權利を質《しち》に取りたる人は質入者《しちいれしや》に代りて其の權利を使ひたり又も其の權利を賣り拂ひて義務を濟さしむるが如し

第三百六十二條　質權ハ財産《ざいさん》權《けん》ヲ以テ其目的《もくてき》ト爲スコトヲ得

前項ノ質權ニハ本節ノ規定ノ外前三節ノ規定ヲ準用ス

質權《しちけん》則ち貸分取立權利《かしぶんとりたてけんり》の引當《ひきあて》として引當物を持ち居る權利は必《かなら》ずしも前《まへ》に述べたる不動産又は動産を目當《めあて》として受取《うけと》らずに其等の物《もの》を使《つか》ふ權利とか其等《それら》の物より利得《りとく》を取り收《をさ》める權利とかの如き財産《ざいさん》となるべき權利を引當《ひきあて》として質に取ることを得べしとなり

前條《ぜんでう》の權利質の約束にも此の第四節の規則の外前《ほかまへ》の第一節の質權を得る事《こと》に關《くわん》する總體《そうたい》

の規則第二節の不動産を質入する規則第三節の動産而已《どうさんのみ》を質に取りしときの規則をも同じ様に用ゆべしとなり

第三百六十三條　債權ヲ以テ質權ノ目的ト爲ス場合ニ於テ其債權ノ證書アルトキハ質權ノ設定ハ其證書ノ交付《こうふ》ヲ爲スニ因リテ其效力《こうりよく》ヲ生ス

貸金《かしきん》の權利を以《もつ》て質權の目當《めあて》としたるときも其の貸し金權利の證文《しようもん》あるときは質權を得る約束《やくそく》は其の證文《しようもん》を質入する人より引き渡《わた》せば質入約束《しちいれやくそく》を爲したる效能《かうのう》ありとなり

第三百六十四條　指名債權《しめいさいけん》ヲ以テ質權ノ目的ト爲シタルトキハ第四百六十七條ノ規定ニ從ヒ第三債務者ニ質權ノ設定ヲ通知シ又ハ第三債務者カ之ヲ承諾《しやうだく》スルニ非サレハ之ヲ以テ第三債務者其他ノ第三者ニ對抗スルコトヲ得ス

前項ノ規定ハ記名ノ株式《かぶしき》ニハ之ヲ適用セス

指名債權《しめいさいけん》則ち權利者は誰某《たれそれ》と證劵《しようけん》に指《さ》し示したるもの例《たと》へば公債《こうさい》證書とか市債《しさい》證書とかの名を書き表《あら》はしたるものを質權の目當《めあて》として受け取りたるときは第四百六十七條の債權讓《ゆづ》り渡《わた》すの規則に依り第三債務者則ち證文《しようもん》に權利者の名《な》を書き表《あら》はしたるものゝ義務者たる人例《たと》へば乙が丙に對《たい》する貸金權利を甲に抵當《ていたう》に入れたるときに甲に對《たい》しては乙は

義務者にて乙に對《たい》して丙は義務者にて甲よりして丙を見れば第三債務者なり則ち此人に對して質取《しちと》り契約《けいやく》したることを知らせ遣《や》りたるか又は其の第三債務者が質入《しちいれ》なりたることを承知《しようち》し諾《うけ》がひしにあらずは第三債務者其の外《ほか》の第三者則ち質權の約束に關係《くわんけい》なき外の人に對《たい》しては質取《しちとり》の效能《かうのう》なしとなり故《ゆゑ》に前の例《れい》にて言《い》へば丙が乙に對《たい》して借り分を拂ひたるか或る人が乙が丙に對《たい》し貸《か》しある權利を差押《さしおさ》へたる如き場合《ばあひ》に於ては甲は吾《わ》れ質《しち》に取りたるもの故《ゆゑ》乙に對して拂ひたるは吾《わ》が損失《そんしつ》になれば再《ふたゝ》び吾《わ》れに支拂《しはら》ふべしとか差押《さしおさ》へたるは不當《ふたう》故解《ゆゑと》くべしなどゝ言ひ張《は》ることが出來ざるなり

前項《ぜんこう》に述べた指名債權《しめいさいけん》を質に取りたるときは第三債務者に知らせ遣《や》るか又も第三債務者が質《しち》に入りしことを承知《しようち》したるにあらずは第三債務者其外《そのほか》第三者たるべき人に言《い》ひ張《は》り爭《あらそ》ふべき效能なしとの規則は名前《なまへ》を記《しる》したる株式《かぶしき》には適《あ》て用《もち》ゐずとなり

第三百六十五條　記名《きめい》ノ社債《しやさい》ヲ以テ質權ノ目的ト爲シタルトキハ社債ノ讓渡《ゆづりわたし》ニ關《くわん》スル規定ニ從ヒ會社ノ帳簿《ちやうぼ》ニ質權ノ設定《せつてい》シ記入《きにふ》スルニ非サレハ之ヲ以テ會社其他ノ第三者ニ對抗スルコトヲ得ス

記名《きめい》の社債《しやさい》則ち會社《くわいしや》にて金《かね》を借り株券《かぶけん》に貸主の名前《なまへ》を書き記したるものを以て質權の目當物として受け取りたるときは社債《しやさい》の讓《ゆづ》り渡《わた》し則ち會社《くわいしや》に對《たい》する貸分を取立て得る權利を讓り渡すに付て定めたる規則に依りて會社の備《そな》へ付け有る帳面《ちやうめん》に質入約束《しちいれやくそく》のことを書

き入《い》れなければ會社其外《ほか》の第三者に向《むかつ》て張《は》り合ふことが出來ずとなり故に會社が借り分を社債券《しやさいけん》に名《な》を記《しる》したる權利者に支拂《しはら》したるか又は或人が其の權利者より會社に對する權利を讓《ゆづ》り受け會社の帳面《ちやうめん》に書き載《の》せたるときなどは質《しち》に取りたる人は故障《こしやう》を申し立て張り合ふことが出來ずとなり

第三百六十六條　指圖債權《きしずさいけん》ヲ以テ質權ノ目的ト爲シタルトキハ其證書ニ質權ノ設定ヲ裏書《うらがき》スルニ非サレハ之ヲ以テ第三者ニ對抗《たいかう》スルコトヲ得ス

指圖債權《きしづさいけん》則ち此の借りは何某氏《なにがししうし》に支拂ふべしとか此の證書持參《しようしよぢさん》の人に支拂《しはら》ふべきとか俸に拂ひ方《かた》を指《さ》し圖《づ》したる爲替手形《かはせてがた》の如きものを以《もつ》て質權を得る約束の目當物《めあてもの》としたるときは其の證文の裏《うら》に質入約束したることを書《か》き入《い》れなければならぬなり若し書き入れぬときは質取り質入れしたる關係人の外の人には張り合ふことが出來ずとなり

第三百六十七條　質權者ハ質權ノ目的タル債權《さいけん》ヲ直接《ちよくせつ》ニ取立ツルコトヲ得

債權ノ目的物カ金錢ナルトキハ質權者ハ自己ノ債權額ニ對スル部分ニ限リ之ヲ取立ツルコトヲ得

右ノ債權ノ辨濟《べんさい》期カ質權者ノ債權ノ辨濟期前ニ到來《たうらい》シタルトキハ質

權者ハ第三債務者ナシテ其辨濟金額ヲ供託《きやうたく》セシムルコトヲ得此場合ニ於テハ質權ハ其供託金ノ上ニ存在ス

債權ノ目的物カ金錢ニ非サルトキハ質權者ハ辨濟トシテ受ケタル物ノ上ニ質權ヲ有ス

債權則ち貸分《かしぶん》取り立ての權利を以て質入約束の目當《めあて》としたるときは質取權者は其の債《さい》權《けん》を質入したる人に構《かま》はず直《たゞ》ちに取り立てることが出來《でき》るなり已《すで》に質入約束のときに其の旨《むね》を義務者に知らせたるか義務者が承知《しようち》したるかなれば直《すぐ》に取り立つるも差支《さしつか》へなかるへし

質入約束の目當《めあて》としたる權利にて取り立てる物《もの》が金錢《きんせん》なれば質取權利者は自分《じぶん》が質入義務者に貸《か》し有る權利《けんり》の高丈《たかだけ》を取り立てることを出來るなり

質に取りたる貸付《かしつ》け權利に對《たい》し返濟《へんさい》する期限が質入義務者が質取權利者に返濟する期限より前《まへ》なるときは質取權利者は第三債務者則ち質入《しちいれ》義務者に返濟《へんさい》すべき義務者をして返濟すべき金額《きんがく》を法律に定《さだ》めたる供託所《きやうたくじよ》に預《あづ》け入れしむることが出來るこのときは質取權利者の取り立て得る權利は其の供託所に預《あづ》けたる金額《きんがく》の上《うへ》に及ぼすなり故に質入義務者が返濟期限《へんさいきげん》來たるも支拂《しはら》ひを爲さゞるときは其の金にて返濟せしむることが出來るなり

質《しち》に取りれたる權利《けんり》が取り立ての目當《めあて》としたる物が金錢《きんせん》にあらずは質取り權利者は其の

にあらずして返濟せし品物の上に質權を得べしとなり

第三百六十八條 質權者ハ前條ノ規定ニ依ル外《ほか》民事《みんじ》訴訟法《そせうはふ》ニ定ムル執行方法ニ依リテ質權ノ實行《じつかう》ヲ爲スコトヲ得

質取權利者《しちとりけんりしや》は前《まへ》の第三百六十七條の規則に依《よ》りて返濟《へんさい》を受ける外民事訴訟法《ほかみんじそしようはふ》に定めたる權利の目的《もくてき》を達《たつ》すべき手續方法《てつゞきはうはふ》に依りて質取權利の取り立て方《かた》を實際《じつさい》に執《と》り行ふことを得べしとなり

第十章 抵當權

本章《ほんしやう》は抵當權《ていたうけん》に付《つい》ての規則《きそく》なり抵當權《ていたうけん》とは權利」が貸分《かしぶん》の引當《ひきあて》として義務者又は第三者則ち抵當權を有する人と義務者との外《ほか》なる人より品物を引渡《ひきわた》さざれども引き當て物としたる不動産則ち家屋《かおく》、土地《とち》などに付き義務者に對《たい》する外《ほか》の權利者より先《さき》に自分の貸え分を受け取ることを出來る權利なり然《しか》して質權《しちけん》と抵當權《ていたうけん》と異《こと》なる所《ところ》は質權は動産、不動産とも引當《ひきあて》と爲せども抵當權《ていたうけん》は不動産《ふどうさん》而已《のみ》なり其上《そのうへ》質權《しちけん》に引當《ひきあて》と爲したる時は其の品物が權利者の手許に所持すれども抵當權の引當物は權利者に其の品物を所持せしむることがなきなり

第一節 總則

本節は抵當權《ていたうけん》に關《くわん》する總規則《そうきそく》にして抵當權に付ての重《おも》なる定《さだ》め方《かた》なり則ち抵當權の取り

設《せう》け方又《かたまた》乙抵當權の目當《めあて》とする品物の區域《くいき》を定めたり

第三百六十九條　抵當權者《ていたうけんしや》ハ債務者又ハ第三者カ占有《せんいう》ヲ移《うつ》サスシテ債務ノ擔保ニ供シタル不動產ニ付キ他ノ債權者ニ先チテ自己ノ債權ノ辨濟ヲ受クル權利ヲ有ス

地上權《ちじやうけん》及ヒ永小作權《えいこさくけん》モ亦之ヲ抵當權《ていたうけん》ノ目的ト爲スコトヲ得此場合ニ於テハ本章ノ規定ヲ準用ス

抵當權者則ち貸分《かしぶん》の抵當《ていたう》として言ひ換《か》ゆれば引當《ひきあて》として品物を得たる權利者乙義務者又は第三者卽ち抵當約束《やくそく》に關係《くわんけい》なき人より品物を權利者に所持《しよぢ》せしめずに只《た》だ引當《ひきあて》とし出《いだ》したる不動產に付き外《はか》の權利者を差《さ》し置《お》きて自分《じぶん》の貸分《かしぶん》の返濟《へんさい》を受くる權利を有する人を云ふ

地上權《ちじやうけん》卽ち土地を借り建物《たてもの》を爲したり其の土地より利得《りとく》を取り納《おさ》むべき權利及び永小作《えいこさく》權卽ち田畑《でんばた》などを借りて作物《さくもつ》を爲し又は牛馬《うしうま》などを飼《か》ひ養《やし》なふことを得べき權利《けんり》も亦《ま》た土地や家屋《かおく》などと同《おな》じに抵當權の引當物《ひきあてもの》と爲すことが出來る此の二個《こ》の權利も土地の所有權などと同じ物の上に直《す》ぐ行《おこな》はるゝ權利故《ゆゑ》抵當權の引當と爲すを得るなり此の二個の權利を抵當にするときは此の十章の規則を同じ様に用ふとなり

第三百七十條　抵當權ハ抵當地《ていたうち》ノ上ニ存《そん》スル建物《たてもの》ヲ除《のぞ》ク外《ほか》其目的タル

不動產ニ附加《ふか》シテ之ト一體《たい》ヲ成シタル物ニ及フ但設定行爲ニ別段《べつだん》ノ定アルトキ及ヒ第四百二十四條ノ規定ニ依リ債權者カ債務者ノ行爲ヲ取消スコトヲ得ル場合ハ此限ニ在ラス

本條は抵當《ていたう》の權利は何程《なにほど》廣きや狹《せま》きやと云ふことに付て定《さだ》めたり則ち抵當の權利は引き當と爲したる土地の上《うへ》に建《た》て設《もう》けたる家屋《かおく》、土藏《どぞう》などを除《のぞ》き其の目當《めあて》としたる不動產則ち土地などに附《つ》き加《くは》はりて一處《いつしよ》になりたる物則ち敷石《しきいし》とか屛《へい》などの物にも及《およ》ぼすなり故に義務者が期限《きげん》來《きた》りて返濟《へんさい》せざるときは其の土地と共《とも》に附《つ》き加《く》はりたる物をも賣《う》り拂《はら》はしめ其の代價に付きて先きに返濟を受くべきなり併《しか》し抵當權取《と》り設《もう》けの約束にて別段《べつだん》の定《さだ》め方《かた》を爲せしとき及《およ》び第四百二十四條の義務者が惡《あ》しき心《こゝろ》を以て約束を爲したる爲め取り消《け》すことが出來《でき》る場合《ばあひ》の如きは附け加はりたる物に迄及ぼすにあらざるなり

第三百七十一條　前條ノ規定ハ果實《くわじつ》ニハ之ヲ適用《てきよう》セス但抵當不動產ノ差押《さしおさへ》アリタル後《のち》又ハ第三取得者カ第三百八十一條ノ通知ヲ受ケタル後ハ此限ニ在ラス

第三取得者カ第三百八十一條ノ通知ヲ受ケタルトキハ其後一年內ニ抵當不動產ノ差押《さしおさへ》アリタル場合ニ限《かぎ》リ前項但書ノ規定ヲ適用ス

前の第三百七十條の抵當權《ていたう》は抵當に爲したる土地の上《うへ》に有る建家《たていへ》などを除《のぞ》く外《はか》不動產《ふどうさん》の

上《うへ》に有りて不動産と一處《いつしよ》になりたる品物《しなもの》に及《およ》ぶとの規則は果實《くわじつ》則ち樹木《じゆもく》に生《な》る果物畑《くだものはた》の作物などには適《あ》て用《もち》ゐず則ち抵當權は及《およ》ばずとなり併《しか》し抵當に入りたる不動産を差押《さしおさ》へられたる後《のち》か又は第三取得者《しゆとくしや》則ち土地などを抵當《ていたう》に入れたる人より買《か》ひ受けたる人が第三百八十一條の規則に依り抵當の權利を得《え》たる人より抵當權の實行《じつかう》則ち抵當物を賣り拂《はら》はしめ貸《か》し分《ぶん》に對《たい》する返濟《へんさい》を爲《さ》さしむる積《つも》りなりその知らせを得たるときは果實《くわじつ》にも及ぼすとなり

第三取得者則ち抵當權者《ていたうけんしや》と抵當義務者とに關係《くわんけい》なくして抵當義務者より抵當物を讓《ゆづ》り受けたる人は第三百八十一條の抵當權が抵當權を實行《じつかう》すべしとの知《しら》せを受けたるときは知らせを受けてより後《の》ち一年の内《うち》に抵當と爲したる不動産の差押《さしおさへ》ありたる時又《ときまた》は前項但《ぜんこうたゞ》し書きの規則即《すなは》ち抵當權は果實《くわじつ》に迄及《までおよ》ぼすとの規則を用《もち》ゆとなり故に若し通《つう》じ知《しら》せることを受けたりとも一年間《いちねんかん》の内《うち》に差押《さしおさへ》を爲さゞりしときは抵當權は果實《くわじつ》に及ばざるなり

第三百七十二條　第二百九十六條、第三百四條及ヒ第三百五十一條ノ規定ハ抵當權ニ之ヲ準用ス

第二百九十六條の貸分全体《かしぶんぜんたい》の返濟《へんさい》を受くる迄は留《と》め置《お》き物全体を留め置くことが出來るとの留置權の規則。第三百四條の先取の權利は其權利を行なふの目當としたる品物が賣り拂《はら》ひたる代價《だいか》貸し付けたる金錢《きんせん》などにも及ぼすとの規則及《およ》び第三百五十一條の他人の

爲めに質物を出《いだ》したる人は保證人《ほしようにん》に付ての規則に依り質入主《しちいれぬし》に對し償《つぐなひ》を求《もと》めることが出來るとの規則も抵當の場合《ばあひ》にも同《おな》じ様《やう》に用ゆるとなり故に第二百九十六條の規則に從つては抵當權者《ていたうけんしや》は貸《か》し分全体の返濟《へんさい》を得る迄は抵當物《ていたうぶつ》全体を引當《ひきあて》に爲し置くことが出來るなり第三百四條に從《したが》つては抵當權者は抵當物を賣りたり貸《か》し渡《わた》したる爲めに得らるべき金錢に迄及ぼし取立《とりた》てることが出來るなり第三百五十一條の規則に依りては抵當物を他人が出し與れたるときに其の品物が抵當權の爲めに取られたるときは其の出したる人も保證人《ほしようにん》が借主《かりぬし》に償《つくな》ひを求《もと》める規則に依り抵當を出したる義務者に係りて償ひを求めることが出來ると云ふことなり

第二節　抵當權ノ效力

本節は抵當權の效能に付て定めたり則ち同《おな》じ品物を五六個の權利の引き當て物と爲したるとき又は抵當權者は抵當權を他人に讓《ゆづ》り渡《わた》すことが出來《でき》るや否《いな》やなど其他《そのほか》抵當權の目當《めあて》とした品物などを讓《ゆづ》り受けたる人が抵當の權利を除《のぞ》き取ることなどに付き規則を定めたり尚《な》は精《くは》しくは後ちの各《おのく》の條に至《いた》りて述《の》ぶべし

第三百七十三條　數個ノ債權ヲ擔保スル爲メ同一ノ不動産ニ付キ抵當權ヲ設定シタルトキハ其抵當權ノ順位《じゆんゐ》ハ登記ノ前後《ぜんご》ニ依ル

五六個の權利の引き當てとして一個《いつこ》の不動産を抵當物とする約束を爲したるときも其の

抵當權を實際《じつさい》に行《おこ》なひて返濟《へんさい》せしめることが出來る順序《じゆんじよ》は其の抵當權を得たる旨《むね》を登記した日附《ひつけ》の前《まへ》なると後《のち》なるとに依りて定《さだ》むべしとなり故《ゆゑ》に先きに貸し付《つけ》を爲し抵當物を得たりとも登記したることが後ちなれば先きに取立《とりたて》を爲すこと出來ざるなり

第三百七十四條　抵當權者カ利息《りそく》其他ノ定期金《ていききん》ヲ請求スル權利ヲ有スルトキハ其滿期《まんき》ト爲リタル最後《さいご》ノ二年分ニ付テノミ其抵當權ヲ行フコトヲ得但其以前ノ定期金ニ付テモ滿期後特別ノ登記ヲ爲シタルトキハ其登記ノ時ヨリ之ヲ行フコトヲ妨ケス

抵當物を引當《ひきあて》として得たる權利者が貸分《かしぶん》の利息か其外《そのほか》の定期金《ていきゝん》を請求《せいきう》する權利を有する時卽ち三ヶ月間《かん》に何程宛《なにほどづゝ》の金を受け取るを得る約束《やくそく》のときは其滿期《そのまんき》と爲りたる最後《さいご》の二年分《ねんぶん》卽ち返濟期限《へんさいきげん》を過《す》ぎたるものにて終《をは》りの二年分《ぶん》として受け取る高而已《たかのみ》に付て引當物《ひきあてもの》より返濟《へんさい》せしむることが出來る故《ゆゑ》に二年前《まへ》のものに付ては引當物に係《かゝ》り取り立てる權利は無《な》しとなり併《しか》し二ヶ年前《まへ》の定期金なりとも其の返濟期限《へんさいきげん》が過ぎ去りたる後別段《のちべつだん》に抵當物より取り立つべしとの登記を爲したるときは其時より抵當物に係りて取り立てる權利を得べしとなり

第三百七十五條　抵當權者ハ其抵當權ヲ以テ他《た》ノ債權《さいけん》ノ擔保《たんぽ》ト爲シ又同一ノ債務者ニ對スル他ノ債權者ノ利益ノ爲メ其抵當權若クハ其順

位ヲ讓渡《ゆづりわた》シ又ハ之ヲ拋棄《はうき》スルコトヲ得

前項ノ場合ニ於テ抵當權者カ數人ノ爲メニ其抵當權ノ處分ヲ爲シタルトキハ其處分ノ利益《りえき》ヲ受《う》クル者ノ權利ノ順位ハ抵當權《ていたうけん》ノ登記《とうき》ニ附記ヲ爲シタル前後ニ依ル

抵當物を取りて貸《か》し付《つけ》を爲したる權利者は其の抵當に取りたる權利を以《もつ》て外《ほか》の人より自分に對《たい》し借分《かりぶん》を取り立て得《う》る權利の引當物《ひきあてもの》と爲すことが出來る則ち權利を以て抵當と爲すことを得るの定めにして權利を質物《しちもつ》として差《さ》し出《いだ》すことを得る場合《ばあひ》と同じきなり又た抵當に取りたる權利者に對する義務者と同じ義務者に外にも權利者有るときは其權利者の利益の爲め抵當權利者は抵當權か又は抵當權二《ふた》つ以上《いじやう》有るとき其の順番《じゆんばん》の權利かを讓《ゆづ》り渡《わた》したり又は拋《なげう》ち捨《すて》ることが出來るなり

前項に述べたる抵當を取りたる權利者が五六人の外の權利者の爲め抵當權や抵當權の順番などを讓《ゆづ》り渡《わた》したり拋《なげう》ち捨《す》てたるとき其の爲め利益を得たる五六人の權利者が讓《ゆづ》り受けたるか拋ち捨《す》て貰《もら》ひたるかの抵當權を行《おこ》なひ得る順番《じゆんばん》は五六人の權利が先《さき》の權利者の抵當權を登記したる脇《わき》に附《つ》け加《くわ》へ記したる前《まへ》と後《のち》とに依りて定《さだ》まるなり

第三百七十六條　前條ノ場合ニ於テハ第四百六十七條ノ規定ニ從ヒ主タル債務者ニ抵當權ノ處分ヲ通知《つうち》シ又ハ其債務者カ之ヲ承諾《しようだく》スルニ

非《あら》サレハ之ヲ以テ其債務者、保證人《ほしようにん》、抵當權設定者及ヒ其承繼人《しようけいにん》ニ對抗スルコトヲ得ス

主タル債務者カ前項ノ通知ヲ受ケ又ハ承諾ヲ爲シタルトキハ抵當權ノ處分ノ利益ヲ受クル者ノ承諾ナクシテ爲シタル辨濟ハ之ヲ以テ其受益者《じゆゑきしや》ニ對抗スルコトヲ得ス

前條の抵當權者が外の五六人の權利者の爲めに抵當の權利か權利の順番などを讓り渡したるか抛《なげう》ち捨てたるかのときは第四百六十七條の債權即ち貸《か》し權讓《けんゆづ》り渡《わた》すの規則に依り主《しゆ》たる債務者即ち抵當を差入《さしい》れたる義務者に抵當權を讓《ゆづ》り渡したるか抛《なげう》ち捨《す》てたるかを知らせ遣《や》りたるか又は其の義務者が承知《しようち》したるにあらずは其の義務者が保證人や他より抵當物を出し抵當權を取り設《もう》けたる人及《およ》び其人の相續人《さうぞくにん》に張《は》り合《あ》ひ爭《あらそ》ふこと出來ずとなる故に其等の人より抵當權を行《おこな》はるゝことは不承知《ふしようち》なりと申し出でたるときは五六人の權利者は強《しひ》て行《おこな》ふこと出來ざるなり

主《しゆ》たる債務者即ち抵當權者に對《たい》する義務者が前項《ぜんこう》に依り抵當權者が抵當權を外《ほか》の權利者に讓《ゆづ》り渡したりとか外《ほか》の權利者の爲めに抛《なげう》ち捨てたりとかの知らせを得たるか又は自分より其の事を承知《しようち》したるときは抵當權處分《しよぶん》の利益《りえき》を受くる者《もの》即ち抵當權又は抵當權の順《じゆん》番《ばん》を讓《ゆづ》り受けたる外《ほか》の權利者の承知《しようち》を得ずに先《さ》きの抵當權者に返濟《へんさい》したるときは其の[illegible]

益を受くべき人に張《は》り合ふことが出來ずとなり故《ゆゑ》に其の利益を得べき人即ち抵當權などを讓り受けたる人より返濟の求め有りたるときは已に返濟したりと言ひ張るを得ざるなり強《しひ》て言ひ張《は》れば其の利益を受《う》くる人は讓り受けたる抵當權に依り抵當物《ていたうぶつ》を賣《う》り拂《はら》はしめ返濟せしむることが出來るなり

第三百七十七條　抵當不動産ニ付キ所有權又ハ地上權ヲ買受ケタル第三者カ抵當權者ノ請求《せいきゆう》ニ應《おう》シテ之ニ其代價ヲ辨濟《べんさい》シタルトキハ抵當權ハ其第三者ノ爲メニ消滅ス

抵當に差《さ》し入れたる不動産に付き所有權又は地上權則ち抵當に入れたる土地の上に家屋《かおく》を立てたり小作《こさく》したりする權利を買《か》ひ受けたる第三者則ち抵當權に關係《くわんけい》なき外《ほか》の人が抵當權者の求《もと》めに依り其の抵當物買《か》ひ受け代價《だいか》を拂ひ濟《すま》したるときは抵當權は其の第三者に對《たい》しては效能《かうのう》なきなり

第三百七十八條　抵當不動産ニ付キ所有權、地上權又ハ永小作權ヲ取得シタル第三者ハ第三百八十二條乃至第三百八十四條ノ規定ニ從ヒ抵當權者ニ提供《ていきやう》シテ其承諾ヲ得タル金額ヲ拂渡《はらひわた》シ又ハ之ヲ供託《きやうたく》シテ抵當權ヲ滌除《てきじよ》スルコトヲ得

抵當に差し入れたる不動産即ち土地などに付き其の土地を所有する權利、其の土地の上

た家屋などを立《た》てたり又は作物《さくもつ》などを爲して利得《りとく》を取《と》り納《をさ》むる地上權、又は永小作權即ち土地を借り作物《さくもつ》を爲したり又は牛《うし》馬などを飼《か》ひ養《やしな》ふの權利を持《も》ち居る第三者即ち抵當權者と抵當義務者との外なる人は第三百八十二條より第三百八十四條迄の抵當の權利を取り除《のぞ》くの規則に依り抵當物を買ひ取りたる代價《だいか》を差《さ》し出《いだ》し抵當權利者の承知《しやうち》を得《え》て其の金高《きんだか》を拂《はら》ひ渡すか又は其の金高を供託所《きやうたくしよ》に預《あづ》け入れるかの手續《てつゞき》を爲して抵當權を取り除《のぞ》き其の抵當物を自由《じゆう》にするを得るなり

第三百七十九條　主《しゆ》タル債務者、保證人及ヒ其承繼人《しやうけいにん》ハ抵當權ノ滌除《てきじよ》ヲ爲スコトヲ得ス

主《しゆ》たる債務者則ち抵當權利者に對《たい》する義務者其の義務者の保證人及《ほしやうにんおよ》び其等《それら》の人の承繼人《しやうけいにん》即ち相續人《さうぞくにん》は抵當の權利を取《と》り除《のぞ》くの手續《てつゞき》を爲すことが出來ざるなり

第三百八十條　停止條件附《ていしでうけんづき》第三取得者ハ條件ノ成否未定《せいひみてい》ノ間ハ抵當權ノ滌除ヲ爲スコトヲ得ス

停止條件附《ていしでうけんづき》第三取得者《しゆとくしや》即ち抵當に差《さ》し入れたる品物を抵當に入れたる義務者より停止條件附例《たと》へば若し吾が友人《いうじん》の何某《なにがし》が官吏《くわんり》となりたるときは買《か》ひ受《う》くべし其迄《それまで》は買ひ受け約束の效能を留《とゞ》めるなどの斷《ことは》り付きにて買ひ受けたる抵當權に關係《くわんけい》なき第三者の地位に居る人は其の何々《なに〳〵》の事柄《ことがら》が出來たる時はその斷《ことわ》りでそが出來るや否《いな》や明《あきら》かならざる内《うち》も

抵當權を取り除《のぞ》くことが出來ずとなり

第三百八十一條　抵當權者カ其抵當權ヲ實行《じつこう》セント欲《ほつ》スルトキハ豫《あらかじ》メ第三百七十八條ニ揭ケタル第三取得者ニ其旨《むね》ヲ通知《つうち》スルコトヲ要ス

抵當物《ていたうぶつ》を受け取りたる權利者が其の抵當權を實際《じつさい》に行《おこな》ひ抵當物を賣り拂《はら》はしめ返濟《へんさい》せしめんとするときは前以《まへもつ》て第三百七十八條に擧《あ》げ示《しめ》したる第三取得者卽ち抵當義務者より抵當物などを讓り受けたる抵當權關係外《くわんけいぐわい》の人に其の抵當權を行《おこな》はんとすることを知《しら》せることが要用なり

第三百八十二條　第三取得者ハ前條ノ通知ヲ受クルマテハ何時ニテモ抵當權ノ滌除《てきじよ》ヲ爲スコトヲ得

第三取得者カ前條ノ通知《つうち》ヲ受《う》ケタルトキハ一个月內ニ次條ノ送達《そうたつ》ヲ爲スニ非サレハ抵當權ノ滌除ヲ爲スコトヲ得ス

前條ノ通知アリタル後ニ第三百七十八條ニ揭ケタル權利ヲ取得シタル第三者ハ前項ノ第三取得者カ滌除《てきよ》ヲ爲スコトヲ得ル期間內《かんない》ニ限リ之ヲ爲スコトヲ得

第三取得者卽ち抵當權に關係《くわんけい》なき人にて抵當義務者より抵當物を讓《ゆず》り受けたる人も前《まへ》の第三百八十一條の抵當權者が抵當權を實際《じつさい》に行《おこ》なはんとすることを前以《まへもつ》て知《しら》せを受ける

迄《まで》は何時《いつ》なりとも抵當の權利を取り除《のぞ》くことが出來《でき》るとなり
第三取得者が前《まへ》の第三百八十一條の抵當權者が抵當權を實際《じつさい》に執《と》り行《おこ》なはんとすることを前以《まへもつ》て知らせを受《う》けしときは其の知らせを受けてより一ヶ月《げつ》の内に次《つぎ》の第三百八十三條に依り抵當權を取り除《のぞ》き度《た》き旨《むね》の書き付けを各《おのおの》の權利者に送《おく》り知らせるにあらずは抵當の權利を滌除《てきぢよ》即ち除《のぞ》き去《さ》ることが出來ざるなり
前の條の抵當權を實際《じつさい》に執《と》り行《おこな》はんと前以《まへもつ》ての知らせが第三取得者にありたる後《のち》第三百七十八條に擧《あ》げたる所有權や小作權などを得《え》たる第三の地《ち》に居《を》る人は前項の第三取得者が滌除《てきぢよ》を爲すことを得る期間《きかん》即ち知らせを受けてより一ヶ月の内丈《うちたけ》は抵當の權利を取り除くことが出來るなり

第三百八十三條　第三取得者《しゆとくしや》カ抵當權ヲ滌除《てきぢよ》セント欲スルトキハ登記《とうき》ヲ爲シタル各債權者ニ左ノ書面ヲ送達スルコトヲ要ス
一　取得《しゆとく》ノ原因《げんいん》、年月日、讓渡人及ヒ取得者ノ氏名《しめい》、住所《ぢゆうしよ》、抵當不動產ノ性質、所在、代價其他取得者ノ負擔ヲ記載シタル書面
二　抵當不動產ニ關スル登記簿《とうきぼ》ノ謄本《とうほん》但既ニ消滅《せうめつ》シタル權利ニ關スル登記ハ之ヲ揭クルコトヲ要セス
三　債權者カ一个月內ニ次條《じでう》ノ規定ニ從ヒ增價《ぞうか》競賣《きやうばい》ヲ請求セサル

トキハ第三取得者ハ第一號ニ掲ケタル代價又ハ特ニ指定シタル金額ヲ債權ノ順位《じゆんゐ》ニ從ヒテ辨濟又ハ供託《きやうたく》スヘキ旨ヲ記載《きさい》シタル書面

第三取得者が抵當の權利を取り除《のぞ》かんとせば其の抵當物を引當《ひきあて》に取りて登記を爲せし皆な〱の權利者に左《ひだり》に擧《あ》げ載《の》せたる書面《しよめん》を送《おく》り付けることが要用なり

第一　取得の原因《げんいん》則ち賣買《ばいばい》にて土地を得たるとか抵當として得たるなどの如し、年月日則ち第三取得者が權利を得《え》たる年月日《としつきの》なり、讓渡人及び取得者の氏名即ち抵當の目當とした品物に付ての權利を讓《ゆづ》り渡せし人及《ひとおよ》び買ひ受けたるか質《しち》に取りたる人の名前《なまへ》、住所《ぢうしよ》即ち讓り渡したる人及び讓り受けたる人の住ひ場所のこと、抵當としたる不動產の性質《せいしつ》即ち稻田《いなだ》とか桑田《くわはた》など云ふ如し。所在《しよざい》即ち抵當物の有る所、代價即ち抵當不動產の直段《ねだん》其外讓り受けたる人が背負《せお》ひたる費用以上《かよういじやう》の事柄《ことがら》を書き載せたる書面

第二　抵當に入れたる不動產を登記《とうき》したる帳簿《ちやうぼ》の寫《うつ》し本併し已《すで》に消え無くなりたる權利に付ての登記は擧げ載することは要用ならざるなり

第三　債權者即ち抵當義務者に對《たい》する權利者が次《つぎ》の第三百八十四條の規則に依り一ヶ月内に增價競賣《ぞうかきやうばい》即ち第三取得者《しゆとくしや》が買ひ直段《ねだん》より一層《いつそう》高き價《あたひ》にて競《せ》り賣りすることを

求めざりし時は第三取得者は第一號に擧《あ》げたる直段《ねだん》又は別段《べつだん》に指《さ》し定《さだ》めたる金高《きんだか》を債權の順位《じゆんゐ》即ち權利者が四五人ありて第一順番《じゆんばん》の人には金何程《きんなにほど》第二番目の權利者にも金何程などと順番に因りて抵當義務者の借り分《ぶん》を返濟《へんさい》し又は供託所《きやうたくしよ》に預《あづ》け入ることの事柄《ことがら》を書《か》き載《の》せたる書面

第三百八十四條　債權者カ前條ノ送達《そうたつ》ヲ受ケタル後一个月內ニ增價《ぞうか》競賣ヲ請求セサルトキハ第三取得者ノ提供《ていきやう》ヲ承諾《しようだく》シタルモノト看做ス
增價競賣ハ若シ競賣《きやうばい》ニ於テ第三取得者カ提供《ていきやう》シタル金額《きんがく》ヨリ十分ノ一以上高價ニ抵當不動產ヲ賣却スルコト能ハサルトキハ十分ノ一ノ增價ヲ以テ自ラ其不動產ヲ買受クヘキ旨ヲ附言《ふげん》シ第三取得者ニ對シテ之ヲ請求スルコトヲ要ス
前項《ぜんこう》ノ場合ニ於テハ債權者《さいけんしや》ハ代價及ヒ費用《ひよう》ニ付キ擔保《たんぽ》ヲ供スルコトヲ要ス

抵當義務者に對《たい》する皆なくの權利者が第三取得者より前條の書面の送り屆《とゞ》けられたる後《のち》一ケ月の內《うち》に第三取得者が出《いだ》すべき代價より一層高《いつそうたか》き直段《ねだん》にて競《せ》り賣《う》りすることを求《もと》めざるときは第三取得者が前條に依りたる申し出でを承知したるものと法律にて見爲し定むるなり

抵當權利者が求《もと》めに依り直段《ねだん》を高《たか》くして競《せ》り賣りするときに若《も》しも第三取得者か差《さ》し出《いだ》したる金高《きんだか》より十分《じふぶ》一以上《いちいじやう》の高直段にて競《せ》り賣りが出來ざりしとき則ち第三取得者が拾圓にて抵當物を取り得んとせしに權利者は今一層高《いまいつそうたか》き直段《ねだん》にて競《せ》り賣りせんとせしに拾一圓より高《たか》く賣れ行《ゆ》かざる時は其の拾一圓の增《ま》し直段《ねだん》にて權利者自《みづか》ら其の抵當不動產を買ひ受けんとの旨《むね》を言ひ添《そ》へて第三取得者に對《たい》し申出で求むることが要用なり

前項に依りて申し出でたるときは權利者は買ひ取り代價《だいか》及び其他の入用《いりよう》などに付き引き當て物を差し出すことが要用なり

第三百八十五條 債權者カ增價競賣ヲ請求スルトキハ前條ノ期間內ニ債務者及ヒ抵當不動產ノ讓渡人ニ之ヲ通知《つうち》スルコトヲ要ス

抵當義務者の權利者が第三取得者の買ひ直段《ねだん》より一層高値《いつそうたかね》にて競《せ》り賣りせんと求《もと》むるときは前の第三百八十四條の第三取得者より書面《しよめん》を送《おく》られたるより一ヶ月の期限《きげん》の內《うち》に抵當義務者及《およ》び義務者の爲め抵當に差《さ》し入れたる不動產を讓《ゆづ》り渡《わた》す人に知らせ遣《や》ることが要用なり

第三百八十六條 增價競賣ヲ請求シタル債權者《さいけんしや》ハ登記《とうき》ヲ爲シタル他ノ債權者ノ承諾ヲ得ルニ非サレハ其請求ヲ取消スコトヲ得ス

代價《だいか》を高く競り賣りすることを求《もと》めたる權利者は抵當物を引《ひ》き當《あて》として登記を爲せし外《ほか》

の權利者の承知《しようち》を得《え》なければ一旦《いつたん》申し出でたる直段《ねだん》にて競り賣することを取り消し止め
ることが出來ずとなり

第三百八十七條　抵當權者カ第三百八十二條ニ定メタル期間內ニ第三取得者ヨリ債務ノ辨濟《べんさい》又ハ滌除《てきぢよ》ノ通知ヲ受ケサルトキハ抵當不動產ノ競賣ヲ請求スルコトヲ得

抵當物を引き當《あて》としたる權利者が第三百八十二條の抵當の權利を取り除《のぞ》くべき申込《まうしこみ》[illegible]すべき一ケ月の期限内《きげんない》に第三取得者よりさて取得せし抵當物に對する義務を返濟《へんさい》する[illegible]か又は抵當の權利を取り除《のぞ》くとかの知らせを受けざるときは權利者より抵當不動產の[illegible]り賣りを裁判所に求むることが出來るなり

第三百八十八條　土地《とち》及ヒ其上《そのうへ》ニ存スル建物《たてもの》カ同一ノ所有者ニ屬スル場合ニ於テ其土地又ハ建物ノミヲ抵當ト爲シタルトキハ抵當權設定者ハ競賣《きやうばい》ノ場合ニ付キ地上權ヲ設定シタルモノト看做《みな》ス但地代ハ當事者ノ請求ニ因リ裁判所之ヲ定ム

土地及び土地の上《うへ》に有る家屋《かをく》などが一人《いちにん》の所有者の物《もの》なるときに其の土地か又は建物《たてもの》か何《いつ》れなりと一方《いつぱう》を抵當物となせしときに抵當權設定者《ていたうけんせつていしや》即ち抵當として差し入れたる人は競り賣《う》りを爲すに付ては地上權を設定《せつてい》したるもの則ち土地に付ても地上權を與《あた》ふるもの

建物競賣《たてものせりう》りのときは家屋を所有《しよいう》すべき人が地上權を得べきものと法律上《はふりつじやう》より看做《みな》さ…るなり但《たゞ》し地上權に對《たい》する地代《ちだい》は當事者《たうじしや》則ち土地及び建物に權利關係《けんりくわんけい》ある人よりで求めが有れば裁判所にて定め吳るゝなり

第三百八十九條　抵當權設定《ていたうけんせつてい》ノ後其設定者カ抵當地《ていたうち》ニ建物ヲ築造《ちくざう》シルトキハ抵當權者ハ土地ト共ニ之ヲ競賣《きやうばい》スルコトヲ得但其優先權《いうせんけん》ハ土地ノ代價ニ付テノミ之ヲ行フコトヲ得

抵當物を差《さ》し入れ抵當權を取り設《まう》くるの約束を爲したる後《の》ち抵當の權利を取り設け與《あた》へたる人で抵當と爲せし土地の上《うへ》に家《いへ》、土藏などを造《つく》り建《た》てたるときは抵當の權利を得《え》たる人は土《と》地《ち》と一處《いつしよ》に其の家《いへ》なども競《せ》り賣《う》りすることが出來《でき》る併《しか》しながら抵當權者が外《ほか》の權利者に先《さ》き立《た》ちて取り立て得《う》べき勝《すぐ》れたる權利は土地を賣り拂《はら》ひたる丈《だけ》に付て取り行ふことが出來るなり

第三百九十條　第三取得者ハ競賣人ト爲ルコトヲ得

抵當權利者、抵當義務者に關係《くわんけい》なくして抵當物を買《か》ひ受けたる第三の地位《ちゐ》に居《を》る人は抵當義務者に對《たい》する權利者よりの申し出《いで》にて抵當物を競《せ》り賣《う》りするときは自分《じぶん》が競り賣り人となることが出來るなり

第三百九十一條　第三取得者カ抵當不動產ニ付キ必要費《ひつえうひ》又ハ有益費《いうえきひ》ヲ

出タシタルトキハ第百九十六條ノ區別ニ從ヒ不動產ノ代價ヲ以テ最モ先《さき》ニ其償還《しやうくわん》ヲ受クルコトヲ得

第三取得者即ち抵當約束《ていたうやくそく》の關係者に非《あら》ずして抵當物を讓り受けたる如き人《ひと》が抵當となりし不動產に付き取り扱ひに付き是非《ぜひ》入用《いりよう》の係《かゝ》り費用《ひよう》又は不動產《ふどうさん》の爲め利益《りえき》になりし費用を出し例《たと》へば家屋《かおく》の或る部分を改《あらた》め作《つく》りし爲め甚《はなは》だ家屋の代價《だいか》が高くなりしなどの費用を出したるときは第百九十六條の占有者《せんいうしや》が占有物に付き使《つか》ひたる費用の償《つくな》ひを所有者に求《もと》めることが出來る規則に因り抵當不動產を競《せ》り賣《う》りしたる代價を以《もつ》て最《もつと》も始《はじ》めに償《つくな》ひ返《かへ》すことを求め得るなり

第三百九十二條　債權者カ同一ノ債權ノ擔保トシテ數個ノ不動產ノ上ニ抵當權ヲ有スル場合ニ於テ同時ニ其代價ヲ配當《はいたう》スヘキトキハ其各不動產ノ價格ニ準《じゆん》シテ其債權ノ負擔《ふたん》ヲ分《わか》ツ

或不動產ノ代價ノミヲ配當スヘキトキハ抵當權者ハ其代價ニ付キ債權ノ全部《ぜんぶ》ノ辨濟《べんさい》ヲ受クルコトヲ得此場合ニ於テハ次ノ順位《じゆんゐ》ニ在ル抵當權者ハ前項ノ規定ニ從ヒ右ノ抵當權者カ他ノ不動產ニ付キ辨濟ヲ受クヘキ金額《きんがく》ニ滿《み》ツルマテ之ニ代位《だいゐ》シテ抵當權ヲ行フコトヲ得

權利者が一個《いつこ》の取り立て權利の引き當《あて》として五六個《こ》の不動產の上《うへ》に抵當の權利を存せし

ときに同時《どうじ》に五六個の不動産を賣《う》り拂《はら》ひて其の價《あたひ》を配《わ》け當てるときは其の各《おのおの》の不動産の代金高《だいきんだか》に依りて取り立て權利を引き當《あ》て負《おは》しむるとなり故に高《たか》く賣れたる不動産の價《あた》ひには取り立て權利の多分《たぶん》を背負《せお》はしめ安《やす》く賣れたる不動産の價《あたひ》には取り立て權利の一部《いちぶ》分《ぶん》を引き受けしむるを云ふなり

五六個の抵當不動産ある内《うち》或る定《さだ》まりたる不動産の賣り代金而已《だいきんのみ》にて取り立て權利に配《わ》け當《あて》るときは抵當の權利者は或る定まりたる不動産の賣り拂《はら》ひたる價《あたひ》に付き取り立て權利の全体《ぜんたい》の返濟《へんさい》を受けることが出來《でき》るなり此のときに於て次《つぎ》の順番《じゆんばん》に居《を》る抵當の權利者は前項の規則に因り第一番の抵當權利者が或る不動産に限らず五六個の不動産に割當《わりあ》て返濟を受けらるべき金高迄《きんだかまで》第一順番の權利者の位置《ゐち》に代《かは》り同《おな》じ權利《けんり》にて其の權利者が返濟を受くべき或る定まりたる不動産の外の不動産に付き抵當權を行なひ取り立てることが出來るなり

第三百九十三條　前條ノ規定《きてい》ニ從ヒ代位《だいゐ》ニ因リテ抵當權ヲ行フ者ハ其抵當權ノ登記ニ其代位ヲ附記スルコトヲ得

前條の規則に依り第一順番《じゆんばん》の抵當權利者に代《かは》り抵當權を行はんとする次《つぎ》の順番の權利者は自分の抵當權を登記したる處《ところ》え第一順番の抵當權利者の位置《ゐち》に代《かは》ることを附《つ》け加《くは》へて載することが出來るなり

第三百九十四條　抵當權者ハ抵當不動產ノ代價《だいか》ヲ以テ辨濟《べんさい》ヲ受ケサル債權ノ部分ニ付テノミ他ノ財產ヲ以テ辨濟ヲ受クルコトヲ得

前項ノ規定ハ抵當不動產ノ代價《だいか》ニ先《さき》チテ他ノ財產ノ代價ヲ配當《はいたう》スヘキ場合ニハ之ヲ適用セス但他ノ各債權者ハ抵當權者ヲシテ前項ノ規定ニ從ヒ辨濟《べんさい》ヲ受ケシムル爲メ之ニ配當《はいたう》スヘキ金額ノ供託《きやうたく》ヲ請求スルコトヲ得

抵當物を取りたる權利者は抵當とせし不動產を賣り拂《はら》ひたる代價にて返濟を得ざる部分丈に付ても外の動產なり不動產なりの代價にて返濟を受けることを得るなり

前項の規則は抵當不動產の代價に先《さき》き立《だ》ちて外の財產の代價を以て割《わ》り當《あ》てを爲すべきときには適《あ》て用《を》ゐずとなり併《しか》し外の各《おのおの》の權利者は抵當を取りたる權利者をして前項の規當權利は抵當不動產の代價《だいか》而已《のみ》にて不足《ふそく》なるときは外《ほか》の財產に付て不足分《ふそくぶん》の返濟を受ることを得るとの規則に依り返濟を受けしむる爲め其の權利者に配《わ》け當てるべき金高《きんだか》を供託所《たくしよ》に預《あづ》く可きことを義務者に向《む》ひ申し求むることが出來るなり若し抵當權利者が早速《さつそく》配《わ》り當《あて》を受けざるときは外《ほか》の權利者が甚《はなは》だ迷惑《めいわく》故《ゆゑ》預《あづ》け入れしむるなり

第三百九十五條　第六百二條ニ定メタル期間《きかん》ヲ超《こ》エサル賃貸借《ちんたいしやく》ハ抵當權ノ登記後ニ登記シタルモノト雖モ之ヲ以テ抵當權者ニ對抗スルコ

トヲ得但其賃貸借カ抵當權者ニ損害ヲ及ホストキハ裁判所ハ抵當權者ノ請求ニ因リ其解除《かいぢよ》ヲ命《めい》スルコトヲ得

第六百二條にて第一樹木《じゆもく》の栽植《さいしよく》又は伐採《ばつさい》を目的《もくてき》とする山林《さんりん》の賃貸借《ちんたいしやく》は十年第二第一號の山林の外《ほか》なる土地の賃貸借は五年第三は建物の賃貸借は三年と不動產に付て賃貸借の期限を定めたるより長からざる時間にて約束したる賃貸借は抵當權を得たる人が登記したる後《のち》ちに登記せしときにても自分が賃借したる權利を以《もつ》て抵當權者に對抗即ち張り合ひて自分の權利を全くすることが出來る之故に抵當義務者が返濟をせざるに因り抵當權利者が其の抵當不動產を賣り拂ひ其の代價にて返濟を得んとするときに其の不動產に付き賃借り權《けん》を行《おこな》ふもの有りては十分《じふぶん》に賣れざるを以て賃借主《ちんがりぬし》に對《たい》し其の不動產を使用《しよう》するを差《さ》し留《と》めんとするも賃借主《ちんがりぬし》は吾は賃借り權を持ち居れば汝《なんぢ》之吾が使用《しよう》を差え留むる權利なしと言《い》ひ張《は》り拒《こば》むことが出來るなり併《しか》し其の賃借の權利を使用する爲め抵當を得たる權利者に損害《そんがい》を及《およ》ぼすとき即ち賃借り主が借り受けたる土地に銅の製造《せいざう》場を設けたるより銅鑛《どうくわう》の毒《どく》が深《ふか》く地下《ちか》に浸《ひた》り入りて樹木《じゆもく》や作物《さくもつ》などが皆な枯れ死して土地の價《あたひ》は皆無《かいむ》となり若し抵當義務者が返濟《へんさい》せざるときに賣り拂ふことも出來《でき》ぬ樣《やう》になるときは裁判所は抵當を取りたる權利者の申《まう》し出《ひ》で求《もと》めに因りて賃貸借の約束を解き除《のぞ》かしむることが出來るなり

第三節　抵當權ノ消滅

本節は抵當權の消《き》え無くなることに付て定《さだ》めたり即ち抵當權が消《き》ゑ無くなる時期《じき》又は如何なる事柄ありたるときは抵當權が消ゆるや等に付て定めたり

第三百九十六條　抵當權ハ債務者《さいむしゃ》及ヒ抵當權設定者《ていたうけんせつていしゃ》ニ對シテハ其擔保スル債權ト同時ニ非サレハ時效ニ因リテ消滅セス

抵當の權利は抵當者に對する義務者及び義務者の爲めに抵當物を出し抵當の權利を取り附け與へたる人に對《たい》しては其の抵當物にて引き受けを爲す貸《か》し分《ぶん》を取り立て得《う》る權利と同《おな》じ時にあらずは時效《じかう》則ち法律に定めたる時間《じかん》を過《す》ぎたる效能《かうのう》に因りては消《き》え無くならずとなり

第三百九十七條　債務者又ハ抵當權設定者ニ非サル者カ抵當不動產ニ付キ取得時效《しゆとくじかう》ニ必要ナル條件《でうけん》ヲ具備《ぐび》セル占有ヲ爲シタルトキハ抵當權ハ之ニ因リテ消滅ス

抵當の權利《けんり》を有する人に對《たい》する義務者又は義務者の爲《た》めに抵當物を差《き》し出し抵當《ていたう》の權利を取り設けたる外《ほか》の人にして抵當として差《き》し入れたる不動產に付き取得時效《しゆとくじかう》即ち法律に定《さだ》めたる或る時間《じかん》の內《うち》品物を所持《しよち》し居りたる效能《かうのう》にて其物の所有權を得る事柄《ことがら》に是非入《ぜひいり》用《よう》の條件《でうけん》則ち廉々《かど〳〵》が備《そなは》りたる所持《しよち》方《かた》を爲し其の品物の占有權《せんいうけん》を得たるときは抵當として

不動産を賣り拂《はら》はしめ返濟《へんさい》せしむる權利は消《き》ね無くなるなり

第三百九十八條　地上權又ハ永小作權ヲ抵當ト爲シタル者カ其權利ヲ抛棄シタルモ之ヲ以テ抵當權者ニ對抗スルコトヲ得ス

地上權則ち土地の上《うへ》に家屋《かをく》、土藏《どざう》などを建築したり其の土地を使ひ用《もち》ゆることが出來る權利や又は永小作權則ち土地を借り作物を爲え又は鳥《とり》、獸《けだもの》などを飼ひ養《やし》なふことが出來る權利を以て抵當と爲せし人が其《そ》の權利を抛《なげう》ち捨てるとも抵當權者に對抗《たいかう》することと則ち借分《かりぶん》を引き受けずなどゝ言ひ張ることと出來ずとなり故に右の二つの權利を抵當にせし者が返濟《へんさい》の見込《みこみ》なくして抵當權を抛《なげう》ち捨《す》てたりとせんに抵當權者は其の二個の權利を賣り拂ひ自分の貸し分に充《あ》て尚《な》ほ不足《ふそく》あるときは地上權か小作權かを抵當に入れし義務者に係《かゝ》りて不足分《ふそくぶん》を返《かへ》さしむることが出來るなり

第三編　債權《さいけん》

債權とは例《たと》へば甲《かう》か乙《おつ》に向《むか》て金錢其の他の利益《りえき》を與《あた》へしめ又は家屋《かをく》を建《た》てしめ或は隣《とな》りに同《おな》じ商品《しやうひん》を賣らしめざる權利にして第二編の物權とは異《こと》なれり即ち物權は物の上に直《たゞ》ちに用立《ようだ》つ權利なれども債權は人に向て直《す》ぐに行はるゝ權利なり

第一章　總則

この章の總則は債權に關《くわん》する總ての事柄《ことがら》を書き載《の》せたり

第一節　債權ノ目的

債權の目的とは例へば甲か乙より或る土地を買受くることを約束したるときも其土地が債權の目的即ち目途なり其目的は如何なるものを以てするかを此節に書き載せたり

第三百九十九條　債權《さいけん》ハ金錢ニ見積《みつも》ルコトヲ得サルモノト雖モ之ヲ以テ其目的ト爲スコトヲ得

此の條には債權は假令金錢に見積《みつも》ることを得ざるもの例へば邪魔《じやま》になる垣《かき》を取り除《の》けしむる如きものと雖ども矢張《やはり》債權の目的となすことを得ると即ち取除けざるときは訴《うつた》ふることを得

第四百條　債權ノ目的カ特定物《とくていぶつ》ノ引渡《ひきわたし》ナルトキハ債務者ハ其引渡ヲ爲スマテ善良《ぜんりよう》ナル管理者《くわんりしや》ノ注意《ちゆうい》ヲ以テ其物ヲ保存《ほぞん》スルコトヲ要ス

特定物《とくていぶつ》例へば此家此机と云ふ如き定まりたるものを相手《あいて》の人に引渡すことを債權の目的とするときは債務者即ち引渡す義務を負《を》へるものは其のもの丶引渡を終《をは》るまで善良《ぜんりやう》なる管理者《くわんり》即ち通常《つうじやう》の人か自分の物を支配《しはい》する如き注意《ちゆうい》にて其物を保存《ほぞん》即ち破損《はそん》のなきよう氣《き》を付けざるべからず故に若し破損等の落度《をちど》あるときは之を償《つくな》はざるべからず

第四百一條　債權ノ目的物ヲ指示《しじ》スルニ種類《しゆるゐ》ノミヲ以テシタル場合ニ於テ法律《はふりつ》行爲《かうい》ノ性質《せいしつ》又ハ當事者ノ意思ニ依リテ其品質《ひんしつ》ヲ定ムルコト

能ハサルトキハ債務者ハ中等ノ品質ヲ有スル物ヲ給付スルヿヲ要ス
前項ノ場合ニ於テ債務者カ物ノ給付《きうふ》ヲ爲スニ必要《ひつえう》ナル行爲ヲ完了《くわんれう》シ又ハ債權者ノ同意《どうい》ヲ得テ其給《そのきう》付《ふ》スヘキ物ヲ指定《してい》シタルトキハ爾後其物ヲ以テ債權ノ目的物トス

債權の目的物を指示《しじ》即ち定めるに付種類《しゆるゐ》即ち米一石とか麥五石と云ふが如き時にて法律《はふりつ》行爲《かうい》の性質《せいしつ》例へば播州米《ばんしゆうまい》の極上等とか或は正宗の酒と云ふ如き法律上にて定まりたるもの丶たぐひ又は當事者《たうじしや》の意思《いし》即ち取引《とりひき》の事柄《ことがら》に關係《かんけい》したるもの丶考にて其目的物の品質《ひんしつ》品柄《しなから》をきめることが出來ざるときは債務《さいむ》者《しや》即ち義務《ぎむ》者《しや》は中等の品柄のもの即ち善《よ》から惡《あし》からず善加減《よいかげん》の物を給付《きゆうふ》即ち引渡さゞるべからず
第二項種類《しゆるゐ》を債權の目的としたる場合《ばあひ》には未だ債權《さいけん》の目的定《さだ》まらざる故に第一債務者か物の給付を爲すに必要《ひつえう》の行爲《かうい》を完了《くわんれう》し例へば債權者の手許《てもと》へ運《はこ》びたるか又債權者より受取りたるときと第二債權者の同意を得て其給付すべき物を指定《してい》したるとき假へば債務者が債權者に貴殿《きでん》へ引渡《ひきわた》す品物《しなもの》は此《こ》の物なりとて指《さ》し示《しめ》したるときは其れから後は其物か債權の目的となる

第四百二條　債權《さいけん》ノ目的物カ金錢《きんせん》ナルトキハ債務者ハ其選擇《せんたく》ニ從ヒ各種ノ通貨《つうくわ》ヲ以テ辨濟《べんさい》ヲ爲スコトヲ得但特種ノ通貨《つうくわ》ノ給付《きうふ》ヲ以テ債權

ノ目的ト爲シタルトキハ此限ニ在ラス
債權ノ目的タル特種ノ通貨《つうくわ》カ辨濟期《べんさいき》ニ於テ强制通用《きやうせいつうよう》ノ效力《かうりよく》ヲ失ヒタルトキハ債務者ハ他ノ通貨ヲ以テ辨濟ヲ爲スコトヲ要ス
前二項ノ規定ハ外國《ぐわいこく》ノ通貨ノ給付《きうふ》ヲ以テ債權ノ目的ト爲シタル場合ニ之ヲ準用ス

本條には金錢か債權の目途《めと》なるときは如何なる金にて返へすかを記《し》るす即ち金錢か債權の目途なるときは金錢を返へすものは自分の自由勝手《じゆうかつて》に通用《つうよう》する貨幣《くわへい》にて辨濟《べんさい》即ち返却《へんきやく》することが出來《でき》るなれども特種《とくしゆ》の通貨即ち銅貨《どうくわ》のみにて返却することを其目的とするときは債務者即ち金を返へすものゝ勝手《かつて》にならざるなり而して特別《とくべつ》に約束《やくそく》したる貨幣が金を返へす期限《きげん》にて世間《せけん》通用する功能《こうのう》を失《うしな》ひて通用せざるときは債務者《さいむしや》は外に世間通用する貨幣にて返濟《へんさい》せざるべからず若し又外國に通用し居る貨幣を債權の目的とするときは矢張此條の通り守るべし

第四百三條　外國ノ通貨ヲ以テ債權額《さいけんがく》ヲ指定《してい》シタルトキハ債務者ハ履行地ニ於ケル爲替相場《かはせさうば》ニ依リ日本ノ通貨ヲ以テ辨濟ヲ爲スコトヲ得

外國に通用《つうよう》する貨幣にて債權の高を定めたるときは債務者は其外國に通用する貨幣にて返濟を爲すことを得るは勿論《もちろん》尙《なほ》債務者は履行地《りかうち》即ち義務を盡《つく》す土地の爲替相場《かわせさうば》にては外

國貨幣の高を定め其れを日本貨幣にて返濟することを得斯《か》る權利を債務者に與へたる所《ゆへ》以《ん》は爲替相場にて外國貨幣の高を定むるときは双方《さうはう》に損益《そんえき》なきを以てなり

第四百四條　利《り》息《そく》ヲ生スヘキ債權ニ付キ別段《べつだん》ノ意思表示《いしへうじ》ナキトキハ其利率《りりつ》ハ年五分トス

此條は法律上の利息と云ふべきものにして即ち利息を生する債權に付き貸主と借主との間に別段《べつだん》の約束等を爲さゞるときは其利率即ち利息は一ヶ年五分とすることを定む

第四百五條　利息カ一年分以上延滞《えんたい》シタル場合ニ於テ債權者ヨリ催告《さいこく》ヲ爲スモ債務者カ其利息ヲ拂《はら》ハサルトキハ債權者ハ之ヲ元本《ぐわんぽん》ニ組入《くみい》ルルコトヲ得

此の條は利息を元本即ち元金に組み入るゝことに附ての規則《きそく》なり即ち債務者か利息《りそく》を拂《はら》はざること一ヶ年分より多くなりたるときも債權者は元金に入れて利息を取ることを得併し此利息の利息を取るには權債者は一度《いちど》でも利息の催促《さいそく》をなしたる上ならざるべからず然《しか》らざれば債務者の知らざる内に利息に利息か附き大なる迷惑《めいわく》なり

第四百六條　債權ノ目的カ數個ノ給付《きうふ》中撰《ちうせん》擇《たく》ニ依リテ定マルヘキトキハ其撰擇權ハ債務者ニ屬ス

債權の目的物か數個《すうこ》假令ば或る土地と家屋《かおく》と金錢とありて其中何れにても之を支拂ふて

其義務を免かるゝときは其撰擇權《せんたくけん》即ち「よりどり」する權利は債務者のものとせり是れ固《もと》より義務の輕《かろ》からんを欲《ほつ》してなり

第四百七條　前條ノ撰擇權ハ相手方《あいてがた》ニ對スル意思《いし》表示《へうじ》ニ依リテ之ヲ行フ

前項ノ意思表示ハ相手方ノ承諾アルニ非サレハ之ヲ取消スコトヲ得ス

前條に記載《きさい》する撰擇權即ち「よりどり」する權利は若し一方のものか他の一方のものに對《たい》し其よりどりすることを明言《めいげん》するか或は他の事柄《ことがら》により知れたるときは必ず債務者のみが行ふことを得ざるなり而して其撰擇することを言ひたるときに之を取消さんとするときは相手《あいて》方《かた》即ち一方の人の承知《しやうち》ありたる上にあらざれば出來《でき》ざるなり

第四百八條　債權カ辨濟期《べんさいき》ニ在ル場合ニ於テ相手方ヨリ相當ノ期間《きかん》ヲ定メテ催告《さいこく》ヲ爲スモ撰擇權ヲ有スル當事者カ其期間内ニ撰擇《せんたく》ヲ爲サヽルトキハ其撰擇權ハ相手方ニ屬ス

債權か最早《もはや》辨濟を受くる時に到りたるを以て相手方即ち撰擇權を有せざる一方のものが善加減《よいかげん》の期限《きげん》を定め數多《あまた》の中何れかを撰擇《せんたく》することを催告《さいこく》するも撰擇權を有する當事者《たうじしや》即ち關係《くゎんけい》し居るものか債權の目的に附き撰擇《せんたく》せさるときは其撰擇の權利を棄《す》てたるもの

と做《なし》して他の一方のものに移《うつ》ることになる

第四百九條　第三者カ選擇《せんたく》ヲ爲スヘキ場合ニ於テハ其選擇ハ債權者又ハ債務者ニ對スル意思表示ニ依リテ之ヲ爲ス

第三者カ選擇ヲ爲スコト能ハス又ハ之ヲ欲セサルトキハ選擇權ハ債務者ニ屬ス

此の條は第三者《だいさんしや》即ち約束《やくそく》に關係せざるものか選擇の權利を有することを定む即ち第三者か約束の目的物に附き選擇を爲すには債權者か債務者か何れなりとも一方のものに向て自分か此れと思ふ目的を指し示してなすなり又其第三者か選擇を爲すことが出來ず又なすことを好まざるときは其選擇の權は債務者即ち義務者か之を行ふ

第四百十條　債權《さいけん》ノ目的タルヘキ給《きふ》付中始《はじめ》ヨリ不能《ふのう》ナルモノ又ハ後《のち》ニ至リテ不能ト爲リタルモノアルトキハ債權ハ其殘存《ざんそん》スルモノニ付キ存在ス

選擇權ヲ有セサル當事者ノ過失《くわしつ》ニ因リテ給付カ不能ト爲リタルトキハ前項ノ規定ヲ適用セス

債權の目的物か役《やく》に立たゝぬ様《やう》になりたるときは如何にするか此のことを本條に定めたり即ち數多目的物の內にて約束　最初より役に立たぬものあるか又は約束《やくそく》後に到りて役

に立たぬ様になりたるときは債權は目的物の中殘《うりのこ》りて役に立つものに付て有るなり若し選擇する權利を有せざる當事者即ち關係者の過失落度《くわしつおちど》にて目的物か不能《ふのう》即ち役に立たぬ様なりたるときは此の條の前項《ぜんこう》を守らずして可《か》なり即ち債務者は義務を免《まぬ》かるゝなり

第四百十一條　選擇ハ債權發生《はつせい》ノ時ニ遡《さかのぼ》リテ其效力《かうりよく》ヲ生ス但第三者ノ權利ヲ害スルコトヲ得ス

選擇したるときは其選擇したる日に權利か出來たるにあらずして約束したる日から其選擇したる物に付き權利ある樣になる然れども約束者より外の人か其選擇物に付抵當《ていとう》又は質《しち》等に取りたるときは致方《いたしかた》なし尤も其の人は其のことを知らざることを要《えう》す

第二節　債權ノ效力

債權の效力《かうりよく》は恰《あたか》も藥《くすり》の效能《こうのう》の如し即ち債權あるときは債務者に向て金錢を返却《へんきやく》すべしと催促《さいそく》することを得是れは債權の効力《こうりよく》なり

第四百十二條　債務《さいむ》ノ履行《りこう》ニ付キ確定期限《かくていきげん》アルトキハ債務者ハ其期限ノ到來《とうらい》シタル時ヨリ遲滯《ちたい》ノ責《せめ》ニ任ス

債務ノ履行《りかう》ニ付キ不確定期限《ふかくていきげん》アルトキハ債務者ハ其期限ノ到來《とうらい》シタルコトヲ知リタル時ヨリ遲滯ノ責ニ任ス

債務ノ履行ニ付キ期限ヲ定メサリシトキハ債務者ハ履行ノ請求ヲ受

ケタル時ヨリ遲滯ノ責ニ任ス

債務の履行《りかう》に付き確定期間《かくていきかん》あるとき假へば金を借りたるときに十二月三十日と云ふが如き極《き》まりたるときは此日限《にちげん》の來《き》たりたるにも尚《な》ほ金を返濟せざるときは遲滯《ちたい》の責《せめ》に任《にん》ず即ち其日から利息を拂《はら》はざるべからず

又金を返へすべき期限に極まりたる日なきとき金を借りたるものは其不確定期限の到來即ち極らぬ日の來たる日を知りたる日より利息等を拂はざるべからず

又債務の履行《りかう》に付き即ち金を返へすべき期限を定めざりしときは債務者金を借りたるものは返せとの催促を受けたる日より利息を拂はざるべからず

第四百十三條　債權者カ債務ノ履行《りかう》ヲ受クルコトヲ拒《こば》ミ又ハ之ヲ受クルコト能ハサルトキハ其債權者ハ履行《りかう》ノ提供《ていきやう》アリタル時ヨリ遲滯ノ責ニ任ス

債權者が債務者其借りたる金を返すと云ふて持參《じさん》するも苦情《くじやう》を唱《とな》へて受取らず又債權者が氣狂《きちがひ》等にて受取ること能はざるときは如何するやと云ふに此時は債務者の金を返へすとて其金を差出《さしだ》したるときより債權者は遲滯の責に任じ其時より利息を拂はざるべからず言ひ換《か》へれば義務者が夫より後は利息を拂ふ義務を免かるなり

第四百十四條　債務者カ任意《にんい》ニ債務ノ履行《りかう》ヲ爲サヽルトキハ債權者ハ

其強制履行《きやうせいりかう》ヲ裁判所ニ請求スルコトヲ得但債務ノ性質カ之ヲ許ササルトキハ此限ニ在ラス

債務ノ性質カ強制履行《きやうせいりかう》ヲ許《ゆる》ササル場合ニ於テ其債務カ作爲《さくゐ》ヲ目的ト」スルトキハ債權者ハ債務者ノ費用ヲ以テ第三者ニ之ヲ爲サシムルコトヲ裁判所ニ請求スルコトヲ得但法律行爲ヲ目的トスル債務ニ付テハ裁判《さいばん》ヲ以テ債務者ノ意思表示《いしへうじ》ニ代フルコトヲ得

不作爲《ふさくゐ》ヲ目的トスル債務《さいむ》ニ付テハ債務者ノ費用ヲ以テ其爲シタルモノヲ除却《じよきやく》シ且將來ノ爲メ適當《てきたう》ノ處分《しよぶん》ヲ爲スコトヲ請求スルコトヲ得

前三項ノ規定ハ損害賠償《そんがいばいしやう》ノ請求ヲ妨《さまた》ケス」

債務者が任意《にんい》即ち何等の催促又は訴を受けずして金又は借りたるものを返へせば宜《よろ》しけれども苦情《くじやう》を唱《とな》へて返へさゝるときも債權者は其強制履行《きやうせいりかう》即ち裁判所より取立てゝ貰《もら》ふことを裁判所へ請求《せいきう》即ち申立てることを得然れども債務の性質《せいしつ》之を許さゝるとき例《たと》へば債務者か字《じ》を書《か》く義務を盡《つく》さゝるときも裁判所へ書くことの裁判を求むることを得ず前項の如く義務か裁判の手にて無理に盡くさしむること出來ざる時は債權者は債務者の費用《ひやう》にて第三者即ち外の人に書《か》すことを裁判所に申出づることか出來るなり又法律行爲《はふりつかうい》

例へば登記を爲さしむることを目的即ち目途《めど》とするときは裁判所の言渡を以て債務者の意思表示《いしへうじ》即ち債務者が云ふたこと丶看做《みな》すことか出來るなり

又不作爲《ふさくい》例へば畑の陰《かげ》をなす如き大なる建物を建てざるべき約束あるにも拘《かゝ》らず此を建てたる時には債務者即ち建てたるもの丶費用にて其建物を取り去り且其上將來《しやうらい》の爲め即ち此からは此の如きことをせぬとの保證人を立つる樣の願をなすことを得るなり

前の三項に依り權利者が訴を爲したる外尚は損失《そんしつ》を取れる樣願《ねが》ひ立つることを得るなり

第四百十五條　債務者カ其債務ノ本旨《ほんし》ニ從ヒタル履行《りかう》ヲ爲ササルトキハ債權者ハ其損害《そんがい》ノ賠償《ばいしやう》ヲ請求スルコトヲ得債務者ノ責ニ歸スヘキ事由ニ因リテ履行ヲ爲スコト能ハサルニ至リタルトキ亦同シ

債務者か其債務の本旨に從ひたる履行假令ば甲か乙に一つの家屋を本年中に立つることを約束したる時に甲は本年中に建つることが出來ざるときは債權者即ち乙の爲めに受けたる損害の賠償《ばいしやう》即ち償《つくな》ひを裁判所に申立つることを得又債務者即ち甲か本年中に建てれれども不行屆から家屋の倒れたるときは此れ又其損害を償なはざるべからず

第四百十六條　損害賠償ノ請求ハ債務《さいむ》ノ不履行《ふりかう》ニ因リテ通常生《つうじやうせう》スヘキ損害ノ賠償ヲ爲サシムルヲ以テ其目的トス

特別《とくべつ》ノ事情《じじやう》ニ因リテ生シタル損害ト雖モ當事者《たうじしや》カ其事情ヲ豫見《よけん》シ又

ハ豫見スルコト得ヘカリシトキハ債權者ハ其賠償ヲ請求スルコトヲ得

損害賠償の申出《もうしいで》は債務者が其債務を盡《つく》したるときは此丈けの利益《りえき》等ありしに債務即ち識務を行はざるにより此丈けの利益を得ざるのみならず損害を受けたりとの當《あた》り前の償を得るを目的《もくてき》とす

又特別《とくべつ》の事情假令《じじやうたとへ》ば甲が乙より或る家《いへ》を三年の約束にて借りたるに乙は甲を一年目に其家より逐《を》ひ出したるに偶々借屋賃《たまたましやくやちん》高くなりたり忽《たちま》ち甲は其借家賃の高き爲めに損害を受けたり此等は當事者《とうじしや》即ち甲乙が初めより豫見《よけん》し即ちあらかた知れきり又豫見することを得べかりし即ちあらかた知ることが出來たりしときは其償をせんければ不都合故此の條に斯《か》くは定めたるなり

第四百十七條　損害賠償ハ別段《べつだん》ノ意思表示《いしへうじ》ナキトキハ金錢ヲ以テ其額《そのがく》ヲ定ム

損害賠償とは如何なるものを以てすかは此の條に定めたり即ち別《べつ》に約束《やくそく》等をなさゞるときは金錢世間通用《つうよう》する貨幣にて其額《がく》を定む然れども別に約束等あるときも格別《かくべつ》なり

第四百十八條　債務ノ不履行《ふりかう》ニ關《くわん》シ債權者ニ過失《くわしつ》アリタルトキハ裁判所ハ損害賠償ノ責任《せきにん》及ヒ其金額ヲ定ムルニ付キ之ヲ斟酌《しんしやく》ス

債務者か其債務即ち義務《ぎむ》を行はざるときに債權者にも亦過失《くわしつ》即ち落度《おちど》あるときは裁判所も損害賠償の原因《げんいん》に付ての責《せ》め又其賠償の金額を定め極《き》めるに付之を斟酌《しんしやく》して幾分か其金額に付ても減少《げんしやう》すべし

第四百十九條　金錢ヲ目的トスル債務ノ不履行ニ付テハ其損害賠償ノ額《がく》ハ法定利《はふていり》率《りつ》ニ依リテ之ヲ定ム但約定利《やくぢやうり》率《りつ》カ法定利率ニ超ユルトキハ約定利率ニ依ル

前項ノ損害《そんがい》賠償《ばいしやう》ニ付テハ債權者ハ損害《そんがい》ノ證明《しようめい》ヲ爲スコトヲ要セス又債務者ハ不可抗力《ふかこうりよく》ヲ以テ抗辯《こうべん》ト爲スコトヲ得ス

金錢を目的とする債務の不履行《ふりかう》假令ば金を借りたるものか其金を返却《へんきやく》せざるより生ずたる損害を償ふに付き其高は法定利《はふていり》率《りつ》即ち第四百四條の年五分として其より多くも少くもすることを得ず然れども若し借りたる金を返却《へんきやく》せざるときは何程《なにほど》とかを定め其高か年五分の高より多きときは其約定の利率即ち利息による此約定利率も明治十年第六十六号の布告利息制限法《りそくせいげんはふ》に定めあれば此を見るべし

此金錢を目的としたる損害賠償は債權者は損害のありたることを證據《しようこ》を以て申出つるに及ばず又債務者は自分の過失《くわしつ》にあらずして天災《てんさい》の爲めに返へすことを得ざるなりと申立つることを得ざるなり斯《か》く定めたるは金錢を返へさゞるときは通例《つうれい》は此れ位の損を生ず

るのみならず証據の點《てん》に付て爭《あらそ》を防《ふせ》ぐ爲めなり

第四百二十條　當事者ハ債務《さいむ》ノ不履行ニ付キ損害賠償《そんがいばいしやう》ノ額ヲ豫定《よてい》スルコトヲ得此場合ニ於テハ裁判所ハ其額ヲ增減スルコトヲ得ス

賠償額ノ豫定《よてい》ハ履行又解除《かいぢよ》ノ請求ヲ妨《さまた》ケス

違約金《ゐやくきん》ハ之ヲ賠償額ノ豫定ト推定《すいてい》ス

當事《たうじ》者即ち關係者《くわんけいしや》は若し債務者《さいむしや》か其義務を行はざるときは其損害《そんがい》として何程《なにほど》の償《つぐな》を爲すべしとて之を豫定《よてい》即ち初めより定め置くことを得斯《か》くの如く定め置きて後日其事に付き裁判沙汰《さいばんさた》となりたるときに裁判所は其定めたる金高を少なしとて增《ま》すことを得ず又多しとて減《げん》ずることを得ず又損害賠償《そんがいばいしやう》の金額を豫《あらかじ》め定めたるときは約束《やくそく》の履行《りかう》即ち當事者の一方約束通《いつぱうやくそくどほ》り事を行はざるときは之を行ふべしとて裁判所へ願《ねが》ふことの妨《さまた》げにもならず又既に約束したるものを解除《かいぢよ》即ち取消すことを裁判所へ願ふことの妨げにもならず

違約金《ゐやくきん》即ち約束か違《たが》ふたるときには此金《かね》を取りなされとて約束者の一方より他の一方に約束を堅《かた》くする爲めに渡したる金あるときは此金は損害賠償《そんがいばいしやう》の豫定《よてい》即ち前へ定めと看做《みな》し置くなり

第四百二十一條　前條ノ規定ハ當事者カ金錢ニ非サルモノヲ以テ損害

ノ賠償《ばいしやう》ニ充《み》ツヘキ旨ヲ豫定《よてい》シタル塲合ニ之ヲ準用ス

前條の規則は當事者か金錢に非《あら》ざる他《た》のもの假令《たとへ》ば米何石とか豆何石とかを以て損害の償を爲すべきことを前以て定めたるときにも之を守らざるべからず本條に定めたり

第四百二十二條　債權者カ損害賠償トシテ其債權ノ目的タル物又ハ權利ノ價額《かがく》ノ全部《ぜんぶ》ヲ受ケタルトキハ債務者ハ其物又ハ權利《けんり》ニ付キ當然《たうぜん》債權者ニ代位ス

此の條は第一債權者第二債權者第三債務者の三人の關係《くわんけい》ある場合《ばあい》の規則なり即ち第一債權者が損害の償《つくな》として其債權の目的《もくてき》なる物例へば或《あ》る土地又も權利《けんり》の價額《かかく》の全部《ぜんぶ》例へば金五千圓を受けたるとき即ち第一　か第一債權者に支拂ひたるときも債務者即ち第二債權者は其物又は權利に付き何等の約束なくとも當然《たうぜん》直ぐ第一債務者の代位《だいゐ》即ち第一債權者を代理として第三債務者に取立つることを得るなり

第四百二十三條　債權者ハ自己《じこ》ノ債權ヲ保全《ほぜん》スル爲メ其債務者ニ屬スル權利ヲ行フコトヲ得但債務者ノ一身ニ專屬《せんぞく》スル權利ハ此限ニ在ラス

債權者ハ其債權ノ期限《きげん》カ到來《たうらい》セサル間《あいだ》ハ裁判上ノ代位《だいゐ》ニ依ルニ非サレハ前項ノ權利ヲ行フコトヲ得ス但保存行爲ハ此限ニ在ラス

債權者は自己か債務者に向て有する債權を保全《ほぜん》即ち保存《ほぞん》し全《まつた》ふする爲め其債務者か他の人に向て有する權利を行ふことが出來る例へば甲か乙に金二千圓の借錢《しやくせん》ありて丙に一千圓の貸金《かしきん》あり然れども丙に貸《か》したる一千圓を取立《とりた》てゝも直《す》ぐに乙より取られるを以て其れを取立てずして捨《す》で置《お》くことあり此時に乙は甲か丙に向て有する一千圓を取立《とりたつ》ることを得併し債務者に屬《ぞく》する一身《いつしん》の權利例《たと》へば婚姻《こんいん》する權利の如きは行ふことを得ず

債權者は如何なるときにも右の如く債務者の權利を行ふことが出來るかと云ふに債權の期限《きげん》即ち日限《にちげん》か來たらざるときは裁判所へ訴《うつた》へ出でゝ債務《さいむ》者《しや》の代理《たいり》して差支《さしつかへ》なき許《ゆる》しを得たる上にあらざれは右の權利を行ふことを得ず併し保存行爲《ほぞんかうい》例へは期限か切《き》れる債權に付き裁判所へ訴へるか又は催促するか如きことは爲すことを得るなり

第四百二十四條　債權者ハ債務者カ其債權者ヲ害スルコトヲ知リテ爲シタル法律行爲ノ取消ヲ裁判所ニ請求スルコトヲ得但其行爲ニ因リテ利《り》益《えき》ヲ受《う》ケタル者又ハ轉得者カ其行爲又ハ轉得《てんとく》ノ當時《たうじ》債權者ヲ害スヘキ事實ヲ知ラサリシトキハ此限ニ在ラス

前項ノ規定ハ財産《ざいさん》權《けん》ヲ目的トセサル法律行爲《はふりつかうい》ニハ之ヲ適用《てきよう》セス

債權者は其債務者か自分の身代《しんたい》を減じ例へば土地家屋《とちかをく》を他人へ賣渡《うりわた》し其債權者に損を爲さしめることを知りつゝなしたることの取消を裁判所へ願ひ出てることを得る併し其債

務者の爲したることにより利益《りえき》を受けたるもの則ち買ひ受けたるもの又買ひ受けたるものより更《さら》に買ひ受けたる者が債務者が賣渡したるとき又買受けたるものより更に買ひ受けたる時に債權者を害することを知らざるときも裁判所へ取消《とりけし》の願を爲すことを得《う》ず

右の規則《きそく》は財産權《ざいさんけん》即ち金錢上の權利を目的《もくてき》とせざるものには之を適用《てきよう》即ち用ゐず

第四百二十五條　前條ノ規定ニ依リテ爲シタル取消ハ總債權者ノ利益ノ爲メニ其效力《こうりよく》ヲ生ス

前の規則によりて爲したる取消は總債權者《そうさいけんしや》即ち五六人も債權者あるときは此等の人の利益の爲めに其效力《かうりよく》即ちきゝめがあるなり

第四百二十六條　第四百二十四條ノ取消權《とりけしけん》ハ債權者カ取消ノ原因《げんいん》ヲ覺《かく》知シタル時ヨリ二年間之ヲ行ハサルトキハ時效ニ因リテ消滅ス行爲ノ時ヨリ二十年ヲ經過シタルトキ亦同シ

第四百二十四條の取消すことを得る權利《けんり》は何時にても取消すことが出來るかと云ふに然《しか》らず債權者が取消の原因《げんいん》即ち取消すことが出來る根本《こんぽん》を知りたる時より二ケ年の間之を行はざるときは時效《じかう》即ち法定《はふてい》の期限《きげん》來たるにより總《すべ》てのものを消滅《しやうめつ》せしむと云ふものによりて取消すことを得ざるなりと假令《たとひ》取消の原因を知らざるも債務者がなしたる行爲《かうい》即

ち債權者を害《がい》せんとて爲したる時より二十年を經過《けいくわ》即ち立ちたるときも亦取消すことを得ず

第三節　多數當事者ノ債權

多數當事者《たすうたうじしや》の債權とは多くに關係者《くわんけいしや》か債權を有し居る有樣《ありさま》を云ふなり

第一款　總則

此總則は多數債權《たすうさいけん》の總ての關《くわん》する規則なり

第四百二十七條　數人ノ債權者《さいけんしや》又ハ債務者アル場合ニ於テ別段《べつだん》ノ意思《いし》表示《へうじ》ナキトキハ各債權者又ハ各債務者ハ平等《べうどう》ノ割合《わりあひ》ヲ以テ權利ヲ有シ又ハ義務ヲ負フ

數人の債權者又も債務者のあるときに別段《べつだん》の意思表示《いしへうじ》即ち別に何等《なにら》の約束《やくそく》もなきときは各の債權者又は債務者は平等の割合即ち五分々々の割《わり》にて權利を有し又は義務を負《おふ》ことになる例へば三人に六百圓の金を借るときは一人前に二百圓宛《づゝ》借りたることになり又三人にて九百圓貸すときは三百圓宛貸したることになるなり

第二款　不可分債務

不可分債務《ふかぶんさいむ》とは文字《もじ》の如く分つことを得べからざる債務《さいむ》即ち義務《ぎむ》なり

第四百二十八條　債權ノ目的カ其性質上《せいしつじやう》又ハ當事者ノ意思《いし》表示《へうじ》ニ因リ

テ不可分ナル場合ニ於テ數人ノ債權者アルトキハ各債權者ハ總債權者ノ爲メニ履《り》行ヲ請求シ又債務者ハ總債權者《そうさいけんしや》ノ爲メ各債權者ニ對シテ履行ヲ爲スコトヲ得

債權の目的即ち目的物が其性質上《そのせいしつじやう》生れつき又は當事者の意思表示《いしへうじ》即ち約束によりて分つことを得ざる時に於て五六人の債權者あるときは各の債權者は凡ての債權者の爲めに債務を盡《つく》さしむることを請求《せいきう》即ち願出で又債務者は凡《すべ》ての債權者《さいけんしや》の爲め各の債權者に向て債務を盡すことを得是れ不可分義務なるものは分つことを得ざる故なり

第四百二十九條　不可分《ふか》債權者《さいけんしや》ノ一人ト其債務者トノ間ニ更改《かうかい》又ハ免除アリタル場合ニ於テモ他ノ債權者ハ債務ノ全部ノ履行ヲ請求スルコトヲ得但其一人ノ債權者カ其權利ヲ失ハサレハ之ニ分與スヘキ利益ヲ債務者《さいむしや》ニ償還《しやうくわん》スルコトヲ要ス

此他《このた》不可分債權者ノ一人ノ行爲又ハ其一人ニ付キ生シタル事項ハ他ノ債權者ニ對シテ其效力ヲ生セス

不可分債務の場合にて多くの債權者中の一人と其債務者との間に更改《かうかい》即ち義務の換《か》へことまたは免除《めんぢよ》即ち債權を捨《す》てる等のことありたるときにても其外かの債權者は矢張《やはり》債務の全部即ち總てを盡すべしと催促《さいそく》又は裁判所へ訴へることを得然れども丸切り之を取ると

きは不都合《ふつがふ》故即ち更改又は免除を爲したる債權者が更改又は免除を爲さゞれば之に分ち與ふべき利益を債務者に償還《しやうくわん》即ち返へさゞるべからず

此の外不可分債權者の一人かなしたる事柄《ことがら》又は其一人に向て出來《しゆつたい》したる事柄等《ことがらとう》は外の債權者に向ては何等の效力《かうりよく》を生せず即ちきゝめがありませぬ以上のことは矢張《やはり》不可分債務より來たるなり

第四百三十條　數人カ不可《ふか》分債務《ぶんさいむ》ヲ負擔《ふたん》スル場合ニ於テハ前條ノ規定及ヒ連帶債務《さいむ》ニ關《くわん》スル規定ヲ準用ス但第四百三十四條乃至第四百四十條ノ規定ハ此限ニ在ラス

五六人にて不可分債務を負擔《ふたん》即ち背負《せお》ふ場合に於ては前條《ぜんでう》の規則及び連帶債務《れんたいさいむ》に關《くわん》する規定《きてい》則第四百三十一條より第四百四十五條までを準《じゆん》じ用ゆ併《しか》し第四百三十四條乃至《ないし》第四百四十條の規定《きてい》即ち規則は別段《べつだん》なり這《こ》は連帶と不可分との異《こと》なる所より生ずるなり

第四百三十一條　不可《ふか》分債務《ぶんさいむ》カ可分債務ニ變シタルトキハ各債權者ハ自己ノ部分ニ付テノミ履行ヲ請求スルコトヲ得又各債務者ハ其負擔部分ニ付テノミ履行ノ責ニ任ス

若《も》し又不可分債務が可分債務例《たと》へば別々《べつべつ》に分つことを得る義務に變《へん》じ換《かは》るときは各債權者も自己《じこ》即ち自[illegible]付てのみ義務を行《おこな》ふべしと請求《せいきう》申立つることを得又各債務者は

其負擔《ふたん》部分《ぶん》即ち背負《せを》居る分に付てのみ義務を盡すべき責《せめ》があるなり

第三款　連帶債務

連帶債務とは例へは五人にて五千圓の金を借《か》るときは其一人も債權者に向ては五千圓借り居ることになる其詳《くわ》しきは本文にあれば略《りやく》す

第四百三十二條　數人カ連帶債務《れんたいさいむ》ヲ負擔《ふたん》スルトキハ債權者ハ其債務者ノ一人ニ對シ又ハ同時《どうじ》若クハ順次《じゆんじ》ニ總債務者《そうさいむしや》ニ對シテ全部又ハ一部ノ履行ヲ請求スルコトヲ得

五六人にて連帶債務《れんたいさいむ》即ち本款の債務を背負ふときは債權者は其債務者中の一人に向て訴へ又は同時即ち一偏《ぺん》に又は順次《じゆんじ》即ち最初は甲次きに乙次きに丙次きに丁とて總《すべ》ての債務者に對して全部即ち債務の全体《ぜんたい》又は一部分丈けの訴へを爲すことを得

第四百三十三條　連帶債務者ノ一人ニ付キ法律行爲《はふりつかうい》ノ無效《かう》又ハ取消ノ原因ノ存スル爲メ他ノ債務者ノ債務ノ效力ヲ妨クルコトナシ

連帶債務者の一人に付き法律行爲《はふりつかうゐ》の無效《むかう》例へば約束したる目的があらざるが爲めに約束が有りても效能無きとき又は取消例へば約束したることに付十分に承知《しやうち》のなき爲め約束を止めるとも他の債務者の債務まで無效《むかう》又は取消《とりけし》を及すことなし

第四百三十四條　連帶債務者ノ一人ニ對スル履行ノ請求ハ他ノ債務者

ニ對シテモ其效力ヲ生ス

連帶債務は債務者の間に互に代理を爲すと云ふものなれば玆に連帶債務者中の一人に對する債務の履行《りかう》の請求《せいきう》即ち催促は假令他の債務者に催促《さいそく》をなさゞるも矢張催促を爲したることとなるなり

第四百三十五條　連帶債務者ノ一人ト債權者トノ間ニ更改《かうかい》アリタルトキハ債權ハ總債務者ノ利益ノ爲メニ消滅ス

連帶債務者の中の一人と債權者との間に更改《かうかい》即義務の換《か》へことあるときは假へば五人連帶にて五百圓の金を借りたるときに此五人の内一人が其貸したる者と約束して此五百圓の代りに自分所有《しよゆう》の家屋を引渡すから右五百圓の債務《さいむ》を容赦《ようしや》なし呉《く》れとて話定《はなしきた》まるときは五百圓の金は返へすに及ばざる故總ての債權者の利益となりて五百圓の義務は消滅す

第四百三十六條　連帶債務者ノ一人カ債權者ニ對シテ債權ヲ有スル場合ニ於テ其債務者カ相殺《さうさい》ヲ援用《ゑんよう》シタルトキハ債權ハ總債務者ノ利益ノ爲メニ消滅ス

右ノ債權ヲ有スル債務者カ相殺《さうさい》ヲ援用《ゑんよう》セサル間ハ其債務者ノ負擔《ふたん》部分ニ付テノミ他ノ債務者ニ於テ相殺ヲ援用スルコトヲ得

假《たと》へば五六人連帶にて金を借り居る場合に其內の一人か債權者に向て債權即ち金錢を

貸《か》し居る場合に其債務者が相殺《さうさい》即ち差引することを申立て〆差引したるときは債權も總債務者假へば五人の債務者あれば此の債務者の利益の爲めに消滅して何等の關係《くわんけい》もなきことになるなり

若し又右の債權を有する債務者が相殺即ち差引することを爲さゝる間は其債務者即ち債權者に權利を有する債務者の背負《せお》ふ分に付他の債務者には相殺即ち差引《さしひき》があるとて返濟《へんさい》するに及ばず

第四百三十七條　連帶《れんたい》債務者ノ一人ニ對シテ爲シタル債務ノ免除《めんぢよ》ハ其債務者ノ負擔部分ニ付テノミ他ノ債務者ノ利益ノ爲メニモ其效力ヲ生ス

債權者が連帶債務者の一人に向て其一人丈《そのいちにんだ》けの債務を免除《めんぢよ》即ち支拂ふに及はずとて之を容赦《ようしや》するときは其債務者の債務丈けに付き他の債務者も利益を受けて支拂ふに及ばず

第四百三十八條　連帶債務者《れんたいさいむしや》ノ一人ト債權者トノ間ニ混同《こんどう》アリタルトキハ其債務者ハ辨濟ヲ爲シタルモノト看做ス

此の條は混同《こんどう》即ち連帶債務者《れんたいさいむしや》の中《うち》の一人か債權者を相續《さうぞく》したるときを定む即ち連帶債務者の一人と債權者との間に混同《こんどう》あるときは其債務者は其分に付辨濟《べんさい》即ち返へしたるものと看做《みな》す即ち假《か》りに定《さだ》むるを以《もつ》て他の債務も支拂ふに及ばざるなり

第四百三十九條　連帶債務者ノ一人ノ爲メニ時效《じかう》カ完成《くわんせい》シタルトキハ其債務者ノ負擔部分ニ付テハ他ノ債務者モ亦其義務ヲ免ル

此の條は時效《じかう》即ち法律に定めたる時間を經《へ》たるときは權利を失ひ又義務を免かるゝものを定めたり即ち連帶債務者の一人の爲めに時效か完成即ち法律に定めたる時間立ちたるときは時效にかゝりたる債務者の部分《ぶゝん》に付ては外の債務者も亦其義務を免《まぬか》れて返へすに及ばず

第四百四十條　前六條ニ掲ケタル事項《じこう》ヲ除《のぞ》ク外連帶債務者ノ一人ニ付キ生シタル事項ハ他ノ債務者ニ對シテ其效力ヲ生セス

前六條に掲《かゝ》げ上げたる事項即ち更改相殺免除混同時效《かうかいさうさいめんぢよこんどうじかう》等を除《のぞ》きたる外にて連帶債務者の一人のみに出來たる事柄は他の債務者には何等の效力《かうりよく》を生ぜず即ち關係《くわんけい》なきものなり此れは連帶なるものは代理と云ふ法理《はふり》より來たるなり

第四百四十一條　連帶債務者ノ全員又ハ其中《そのうち》ノ數人カ破産《はさん》ノ宣告《せんこく》ヲ受ケタルトキハ債權者ハ其債權ノ全額ニ付キ各財團《ざいだん》ノ配當《はいたう》ニ加入《かにふ》スルコトヲ得

連帶債務者の全員《ぜんいん》即ち總《すべ》ての人か又は其中の二三人か破産《はさん》の宣告《せんこく》收へば借金《しやくきん》を返濟《へんさい》することが出來ざる所より身代限《しんだいかぎり》の如き言渡《いひわたし》を裁判所より受けたるときは債權者は其債權の

金額《きんがく》即ち五百圓の高なれば其高《そのたか》を以《もつ》て其破産の宣告《せんこく》を受けたるものゝ配當《はいたう》分け前に加り入ることを得るなり故に何れの債務者も皆五百圓の借金かゝる様《やう》の割《わり》になるべし

第四百四十二條　連帶債務者ノ一人カ債務《さいむ》ヲ辨濟《べんさい》シ其他自己《じこ》ノ出捐《しゆつえん》ヲ以テ共同《きやうどう》ノ免責《めんせき》ヲ得タルトキハ他ノ債務者ニ對シ其各自ノ負擔部分ニ付キ求償權ヲ有ス

前項ノ求償《きうしやう》ハ辨濟其他免責《めんせき》アリタル日《ひ》以後《いご》ノ法定利息《はふていりそく》及ヒ避《さ》クルコトヲ得サリシ費用其他ノ損害ノ賠償ヲ包含《はうがん》ス

連帶債務者の一人か其債權者に債務假へば借金を返へし尚は自分か出捐《しゆつえん》即ち費用《ひよう》にて共同の免責《めんせき》即ち總ての連帶債務者の義務《ぎむ》を免かれしめたるときは其免かることを得たる債務者に向て其各々《おのおの》の背負《せお》ふ分に付求償權《きうしやうけん》即ち支拂《しはらひ》を求むる權利か有る

前項の支拂を求むる内には支拂を爲したるか又義務を免かれしめたる日から後の法定利息《はふていりそく》即ち年五分及び是非《ぜひ》共入れざるべからざる入費假へば其日の日當《につたう》尚は其外損害《そんがい》あるときは此の償《つぐな》ひも含《ふく》み居るなり

第四百四十三條　連帶債務者ノ一人カ債權者ヨリ請求ヲ受ケタルコトヲ他ノ債務者ニ通知《つうち》セスシテ辨濟《べんさい》ヲ爲シ其他自己ノ出捐《しゆつえん》ヲ以テ共同ノ免責《めんせき》ヲ得タル場合ニ於テ他ノ債務者カ債權者ニ對抗《たいかう》スルコトヲ得

ヘキ事由ヲ有セシトキハ其負擔部分ニ付キ之ヲ以テ其債務者ニ對抗スルコトヲ得但相殺《さうさい》ヲ以テ之ニ對抗シタルトキハ過失《くわしつ》アル債務者ハ債權者ニ對シ相殺ニ因リテ消滅スヘカリシ債務ノ履行ヲ請求スルコトヲ得

連帶《れんたい》債務者《しや》ノ一人カ辨濟其他自己ノ出捐《しゆつえん》ヲ以テ共同《きやうどう》ノ免責《めんせき》ヲ得タルコトヲ他ノ債務者ニ通知スルコトヲ怠リタルニ因リ他ノ債務者カ善意ニテ債權者ニ辨濟ヲ爲シ其他有償《いうしやう》ニ免責《めんせき》ヲ得タルトキハ其債務者ハ自己ノ辨濟其他免責ノ行爲ヲ有效ナリシモノト看做スコトヲ得

連帶債務者の内の一人が債權者より借金を返へすべしとの催促《さいそく》又は訴《うつたへ》を受けたるも之を外の債務者に通知《つうち》即ち知らさずして自分獨《ひと》りにて返濟を爲し又は自分の土地家屋《かをく》等を以て連帶債務者の總ての義務を免かれしめたるときに若し外の債務者が債權者に對抗《たいかう》することを得る事由《じゆ》例へば時效《じかう》又は更改免除《かうかいめんじよ》等にて返却《へんきやく》するに及ばざるときは其割《わ》り前の分に付返濟をなしたる債務者に對し自分は支拂ふに及ばずとて言ひ立てをなすことを得併し相殺即ち差引の原因《げんいん》を以て對抗《たいかう》即ち言ひ立てを爲したるときは過失ある債務者即ち債權者より訴を受けて通知等をなさゞる債務者は債權者に向て相殺《さうさい》によりて消滅即ち取り立ての權利なかりし債務を盡《つく》すべきことを請求《せいきう》することを得るなり

又連帶債務者の一人が辨濟《べんさい》其外自分の出捐にて共々の義務《ぎむ》を免かれしめたることを外の債務者に知らすことを怠《おこた》りたるより他の債務者は既《すで》に義務の消《き》へ居ることを知らずして即ち善意にて債權者に支拂をなし其他幾分《いくぶん》の金錢又は米麥《こめむぎ》等にて義務を免かれたるときは其債務者即ち後から支拂をなしたるものは自分がなしたる返濟其外《へんさいそのほか》義務を免《まぬ》かれしめたる行爲《かうい》即ちしわざは有效《いうかう》のものと看做《みな》すことが出來るべし

第四百四十四條　連帶債務者中ニ償還《しやうくわん》ヲ爲ス資力《しりよく》ナキ者アルトキハ其償還スルコト能ハサル部分ハ求償者及ヒ他ノ資力アル者ノ間ニ其各自ノ負擔部分ニ應シテ之ヲ分割《ぶんかつ》ス但求償者ニ過失アルトキハ他ノ債務者ニ對シテ分擔ヲ請求スルコトヲ得ス

連帶債務者《れんたいさいむしや》の中《うち》に其債務を償還《しやうくわん》即ち返濟を爲すの資力身代《しりよくしんだい》なき者があるときは其償還することが出來ざる部分《ぶぶん》は貸《か》し主《ぬし》に返濟《へんさい》をなし外の債務者に向ひ償ひを求め得る者及び外の身代あるものとにて之を引受け各の受け負《お》ふ分に割り當てるなり併し返濟を爲したる者に過失落ち度《くわしつおちど》あるときは外の債務者に向て割り前を申立てることが出來るなり

第四百四十五條　連帶債務者ノ一人カ連帶《れんたい》ノ免除《めんじよ》ヲ得タル場合ニ於テ他ノ債務者中ニ辨濟ノ資力ナキ者アルトキハ債權者ハ其無資力者カ辨濟スルコト能ハサル部分ニ付キ連帶ノ免除《めんぢよ》ヲ得タル者カ負擔スヘ

キ部分ヲ負擔ス

連帶債務者中の一人か連帶を容赦《ようしや》せられたる時に他の債務者中に債務を返濟《へんさい》する身代なきものが有るときは債權者は其身代のなきものが辨濟することが出來ざる部分に付き連帶の容赦《ようしや》を得たる者が支拂ふべき部分を自分が引受くるなり其れは債權者自ら免除《めんじよ》を爲したるより來たるものなれば之を引受くるは當り前のことなり

第四款　保證債務

保證債務《ほしやうさいむ》は甲か乙より金を借るときに若し甲か此金を返さゝるときは自分が之を支拂ふこて丙か乙に受合ふたるものを云ふ即ち丙は保證人なり

第四百四十六條　保證人ハ主《しゆ》タル債務者カ其債務《さいむ》ヲ履行《りかう》セサル場合ニ於テ其履行ヲ爲ス責ニ任ス

保證人《ほしやうにん》は主《しゆ》たる債務者即ち金の借り主しか其借りたる金を返さゝる時に始めて其履行《りかう》を爲す責に任す即ち主たる債務者に代りて支拂《しはらひ》をなすなり

第四百四十七條　保證債務《ほしやうさいむ》ハ主タル債務ニ關スル利息《りそく》、違約金《ゐやくきん》、損害賠償其他總《すべ》テ其債務ニ從《じう》タルモノヲ包含《はうがん》ス

保證人ハ其保證債務ニ付テノミ違約金又ハ損害賠償ノ額ヲ約定スルコトヲ得

保証債務は支拂《しはら》ひを爲すときには如何《いか》なるものを返すかと云ふに主たる債務の利息又約束に違《たが》ふたるときに支拂《しはら》ふ金又損害賠償《そんがいばいしやう》即ち主《しゆ》たる債務に關《くわん》し生じたる損《そん》の償《つくなひ》其外總て主たる債務に從《じう》たるもの即ち付き居るものも支拂ふべきなり

然るに保證人は其保証の義務に付てのみ違約金《いやくきん》か又は損害賠償の額《かく》のみを約定《やくぢやう》することが出來るなり

第四百四十八條　保證人ノ負擔カ債務ノ目的又ハ體樣《たいやう》ニ付キ主《しゆ》タル債務ヨリ重《おも》キトキハ之ヲ主《しゆ》タル債務ノ限度《げんど》ニ減縮《げんしゆく》ス

保證人の負擔《ふたん》即ち引受けが債務の目的《もくてき》即ち金額其外物品《そのほかぶつぴん》又は體樣假《たいやうたと》へば主たる債務が普《ふ》通義務《つうぎむ》なるか不可分連帶《ふかぶんれんたい》なる場合に付き主たる債務よりも重《おも》きときは主たる債務の限度《げんど》に減縮《げんしゆく》す例へば主たる債務五百圓なるに保證債務か八百圓なるときは五百圓に減少《げんせう》するなり其れは保證も主たる債務の代りに支拂ふものなればなり

第四百四十九條　無能力《むのうりよく》ニ因リテ取消《とりけ》スコトヲ得ヘキ債務ヲ保證シタル者カ保證契約《けいやく》ノ當時《たうじ》其取消ノ原因《げんいん》ヲ知リタルトキハ主タル債務者ノ不履行又ハ其債務ノ取消ノ場合ニ付キ同一ノ目的ヲ有スル獨立ノ債務ヲ負擔シタルモノト推定ス

無能力即ち二十歳以下のもの又は夫《をつと》あるものゝ婦《ふ》か取結びたる約束は取消《とりけし》し得べきもの

なり此の債務を保證《ほしよう》引受を爲したる者が其保證契約《そのほしようけいやく》の當時《たうじ》即ち保證約束の時其取消すことその原因本《げんいんもと》を知りたるときは例令《たと》ひ主たる債務者が債務を盡《つく》さゞるか又は其債務か取消さるゝも保證は保證と看做《みな》さずして主たる債務と同《おな》じ目的《もくてき》を有する獨立獨歩《どくりつどくほ》の債務を負ふたる義務と推《む》し定むるとなり其れは初《はじ》めより取消さるゝ債務なることを知りて保證したるものなれば自分が獨りにて之を支拂ふの考へなることが知らるゝなり

第四百五十條　債務者カ保證人ヲ立ツル義務ヲ負フ場合ニ於テハ其保證人ハ左ノ條件《ごうけ》ヲ具備《ぐび》スル者タルコトヲ要ス

一　能力者タルコト

二　辨濟ノ資力ヲ有スルコト

三　債務《さいむ》ノ履行地《りこうち》ヲ管轄《くわんかつ》スル控訴院《こうそゐん》ノ管轄内ニ住所ヲ有シ又ハ假住所ヲ定メタルコト

保證人カ前項第二號《とう》又ハ第三號ノ條件《でうけん》ヲ欽《か》クニ至リタルトキハ債權者ハ前項ノ條件ヲ具備スル者ヲ以テ之ニ代フルコトヲ請求スルコトヲ得

前二項ノ規定ハ債權者カ保証人《ほしやうにん》ヲ指名《しめい》シタル場合ニハ之ヲ適用セス

債務者か保證人を立つる約束にて義務を負ふたるときは其保証人は三箇の條件を具へた

るものならざるべからず第一能力者《のうりよくしや》たること卽ち二十歳以上のものたるは勿論狂氣者《きやうきしや》又も有夫《いうふ》の婦《ふ》にあらざるものなること第二辨濟の資力《しりよく》を有すること卽ち保証したる義務を支拂ふの身代あること第三債務の履行地《りかうち》義務を行ふ地を支配する控訴院《かうそゐん》の管轄內《くわんかつない》に住所を了し又は假の住所を有するものなること是れも若し保證人か遠く離《はな》れたる地に住所を有するものなるときは保證人に向て催促其外訴《さいそくそのほかうつたへ》を起すに迷惑甚《めいわくはなはだ》しければなり

若し保證人が第一第二の條件が欠けたるときは債權者は右の條件揃ふたるものに代ふることを催促することを得る

然れども債權者より何某を保證人となすべしとて其名を指《さ》して定めたるときは右の條件は不用なり何となれば保證は債權者の利益の爲めに立てるものにして債權者より保證人を定めたるときは固《もと》より債務者の知る處にあらざるなり

第四百五十一條　債務者カ前條ノ條件ヲ具備スル保證人ヲ立ツルコト能ハサルトキハ他ノ擔保《たんぽ》ヲ供《きやう》シテ之ニ代フルコトヲ得

債務者か前條の條件の揃ふたる保證人を立つることか出來ざるときは外に土地とか又は倉《くら》等の擔保《たんぽ》卽ち引き當て物を供《きやう》し出して保證人を代ふることか出來るべし

第四百五十二條　債權者カ保證人ニ債務ノ履行ヲ請求シタルトキハ保證人ハ先ツ主《しゆ》タル債務者ニ催告《さいこく》ヲ爲スヘキ旨《むね》ヲ請求スルコトヲ得但

主タル債務者カ破産《はさん》ノ宣告《せんこく》ヲ受ケ又ハ其行方カ知レサルトキハ此限ニ在ラス

債權者が保證人に債務を盡すべきことを請求《せいきう》したるときは保證人は直《す》ぐに之を支拂ふに及ばす先づ主たる債務者に催告《さいこく》即ち催促《さいそく》を爲すべきことを債權者に向《むかつ》て申立《まをした》てることが出來る其れは保證の性質《せいしつ》より來《き》たるなり併しながら主たる債務者が破産《はさん》の宣告《せんこく》即ち身代限《しんだいかぎり》の處分《しよぶん》を受くるか又は主たる債務者の行方《ゆくへ》知れざるときは致方《いたしかた》なし若し之れでも先づ主たる債務者に催促をなすに於ては無用《むよう》の手數《てすう》を爲すものと云ふべし

第四百五十三條　債權者カ前條ノ規定《きてい》ニ從《した》ヒ主《しゆ》タル債務者ニ催告《さいこく》ヲ爲シタル後ト雖モ保證人カ主タル債務者ニ辨濟ノ資力《しりよく》アリテ且執行《しつこう》ノ容易《ようい》ナルコトヲ證明シタルトキハ債權者ハ先ツ主タル債務者ノ財産ニ付キ執行ヲ爲スコトヲ要ス

債權者か前條即ち第四百五十二條の規則に從《したが》ひ主たる債務者に其債務を盡《つく》すべき催促を爲したる後《のち》と雖《いへ》ども保證人か主たる債務者に債務を辨濟《べんさい》するの資力身代《しりよくしんだい》ありて尚は其の上債權の執行《しつかう》即ち行ふことの安きことを證據を立てゝ明白《めいはく》にしたるときは先づ主たる債務者の財産《ざいさん》即ち土地家屋に付き執行《しつかう》即ち裁判所に申立てゝ執《と》り行《おこな》ふべきなり

第四百五十四條　保證人カ主《しゆ》タル債務者ト連帶《れんたい》シテ債務ヲ負擔《ふたん》シタル

トキハ前二條ニ定メタル權利ヲ有セス

保證人か主たる債務者と連帶《れんたい》即ち前第三款に定めたる如くに債務が負擔《ふたん》したるときは前二條に定めたる權利假《たと》へば主たる債務者に催促《さいそく》して後ち保證人にかゝる權利等を有せず何《なん》となれば前二條は普通《ふつう》債務の規則なるを以てなり

第四百五十五條　第四百五十二條及ヒ第四百五十三條ノ規定ニ依リ保證人ノ請求アリタルニ拘ハラス債權者カ催告《さいこく》又ハ執行《しつかう》ヲ爲スコトヲ怠《おこた》リ其後《そのゝち》主《しゆ》タル債務者ヨリ全部ノ辨濟ヲ得サルトキハ保證人ハ債權者カ直ナニ催告又ハ執行ヲ爲セハ辨濟ヲ得ヘカリシ限度ニ於テ其義務ヲ免ル

保證人が第四百五十二條及び第四百五十三條の規則により先づ主たる債務者に催告《さいこく》を爲すべきことと又は主たる債務者の財産《さいさん》あることを債權者に申立てたるに債權者は其催告又は執行《しつかう》を爲すことを怠《おこた》り其後主《しゆ》たる債務者より債權總額の支拂を爲さゞるときは保證人は債權者が保證人の申立を直《す》ぐに行ひ居りしならば假へば五百圓の債權額《さいけんがく》の中《うち》二百圓は支拂《しはら》ふことを免《まぬ》かれたるに債權者の過失《くわしつ》等より全額《ぜんがく》を支拂ふに至《いた》りたるものなれば右三百圓丈け支拂へば保證人の義務は免かるゝことになるなり

第四百五十六條　數人ノ保證人《しやうにん》アル塲合ニ於テハ其保證人カ各別《かくべつ》ノ行

爲ヲ以テ債務ヲ負擔シタルトキト雖モ第四百二十七條ノ規定ヲ適用ス

五六人の保證人ある場合《ばあひ》に假令《たと》ひ保證人が各々別《おのくべつ》に約束《やくそく》して債務を負擔即《ふたんすなは》ち保證したるときと雖《いへど》も尚《なほ》第四百二十七條の規定《きてい》即ち各《おのく》平等《べうどう》の割合《わりあひ》にて主たる債務を負擔《ふたん》支拂ふべきものとなるなり

第四百五十七條　主《しゆ》タル債務者ニ對《たい》スル履行《りかう》ノ請求其他時效《じかう》ノ中斷ハ保證人ニ對シテモ其效力ヲ生ス

保證人ハ主タル債務者ノ債權《さいけん》ニ依リ相殺《さうさい》ヲ以テ債權者ニ對抗《たいかう》スルコトヲ得

債權者《きけんしや》が主《しゆ》たる債務者に向《むか》ふて假《たと》へば其貸し渡《わた》したる金の返濟方の請求《せいきう》即ち催促《さいそく》其外時效《かう》の中斷《ちうだん》假へば法律《はふりつ》に定めたる時間假へば十年又は二十年立つときて義務を免かるゝ場《ば》合《あひ》に九年目とか十九年目に裁判所へ訴《うつた》へるときは其訴へたる日より又十年二十年をせざれば義務を免かれず之を中斷《ちうだん》と云ふ此等のことを債務者に向ふてなすときは保證人《ほしやうにん》にも矢張其效力《かうりよく》即ちきゝめがあるなり又保證人は主たる債務者か其債權者に貸し金等あるときは互の債權債務は差引することを得るにより債權者より保證人に向て主たる債務の催促又は訴《うつたへ》等《とう》を爲すときは相殺《さうさい》即ち差引を申立てゝ債務者の催促又は訴を退《しりぞ》くるを得

第四百五十八條　主タル債務者カ保證人ト連帶《れんたい》シテ債務《さいむ》ヲ負擔《ふたん》スル場合ニ於テハ第四百三十四條乃至第四百四十條ノ規定ヲ適用ス

主《しゆ》たる債務者が保證人と連帶《れんたい》にて債務を約束《やくそく》したるときは第四百三十四條より第四百四十條の規則を適用《てきよう》即ち其規則に依り此保證の規則によらざるなり其れは連帶するによりて大に法律上の理屈が異なればなり

第四百五十九條　保證人《ほしやうにん》カ主《しゆ》タル債務者ノ委託《いたく》ヲ受ケテ保證《ほしやう》ヲ爲シタル場合ニ於テ過失《くわしつ》ナクシテ債權者ニ辨濟《べんさい》スヘキ裁判《さいばん》言渡《いひわたし》ヲ受ケ又ハ主タル債務者ニ代《か》ハリテ辨濟ヲ爲シ其他自己ノ出捐《しゆつえん》ヲ以テ債務ヲ消滅セシムヘキ行爲ヲ爲シタルトキハ其保証人ハ主タル債務者ニ對シテ求償權ヲ有ス

第四百四十二條第二項ノ規定ハ前項ノ場合ニ之ヲ準用ス

保證人《ほしやうにん》が主《しゆ》たる債務者《さいむしや》より保證を爲し吳《く》れとの委託《いたく》即ち依賴《いらい》を受けて保證を爲したる場合に過失《くわしつ》なくして假へば主たる債務者の財産《ざいさん》あるや否やの取調《とりしらべ》等もなしたる上にて債權者に支拂ふべき裁判言渡を受けたるか又は主たる債務者に成り代りて支拂をなし其他自分が曾て債權者に貸付けありたる金の差引を爲して債務を消滅《しやうめつ》せしめたるときは其保證人は主たる債務者に向ふて其支拂を爲したる金に付償を求むるの權利あるなり

又第四百四十二條第二項即ち法定利息又は避くることを得ざる費用も亦此の條の場合に用ゐて主たる債務者に求むることを得るなり

第四百六十條　保証人カ主タル債務者ノ委託《いたく》ヲ受ケテ保証《ほしょう》ヲ爲シタルトキハ其保証人ハ左ノ場合ニ於テ主タル債務者ニ對シテ豫メ求償權ヲ行フコトヲ得

一　主タル債務者カ破産《はさん》ノ宣告《せんこく》ヲ受ケ且債權者カ其財團ノ配當《はいとう》ニ加入セサルトキ

二　債務カ辨濟期《べんさいき》ニ在ルトキ但保証契約《ほしょうけいやく》ノ後債權者カ主タル債務者ニ許與シタル期限ハ之ヲ以テ保証人ニ對抗スルコトヲ得ス

三　債務ノ辨濟期カ不確定《ふかくてい》ニシテ且其最長期《かつそのさいちょうき》ヲモ確定スルコト能ハサル場合ニ於テ保証契約ノ後十年ヲ經過シタルトキ

此の條は保証人が債權者より主たる債務《さいむ》の返濟方《へんさいかた》の催促《さいそく》又は訴を受けざるに主たる債務者に向《むか》ふて償《つくな》ひを求《もと》むることを得る場合の規則にして其場合は第一主たる債務者か破産《はさん》の宣告《せんこく》即ち身代限《しんだいかぎり》の言渡を受けたるに債權者が財團《ざいだん》即ち身代のかたまりの分け前に加らざるとき第二債務が辨濟期《べんさいき》仮令ば本年十二月三十日に返へすの約束にて金を借りたるときは十二月三十日が來りたる場合なるとき併し保證人か保證を約束したる後債權者が主た

る債務者に特別《とくべつ》に許し與へたる期限《きげん》あるときは其期限未《いま》だ來《きた》らざるとて債務又は保證人に言《い》ひ立《た》て保證人より償《つくな》ひを求《もと》むる權利を退《しりぞ》くることが出來ざるなり第三債務の返す日限が不確定《ふかくてい》假《たと》へば何某か死去《しきよ》するときは借金《しやくきん》を返《か》へすと云ふが如《ごと》き場合にして且其最も長《なが》き期限は何日《いくか》なるやも確《たし》かに定《さだ》むること出來ざる場合に保證契約《けいやく》即ち保證の約束を爲したる後十年も經過《けいくわ》したるときにして保證人に損《そん》を受けしめざる樣に右三箇の場合に訴を爲すことを許したるなり

第四百六十一條　前二條ノ規定ニヨリ主タル債務者カ保證人《ほしやうにん》ニ對《たい》シテ賠償ヲ爲ス塲合ニ於テ債權者カ全部ノ辨濟ヲ受ケサル間ハ主タル債務者ハ保証人ヲシテ擔保ヲ供セシメ又ハ之ニ對シテ自己ニ免責ヲ得セシムヘキ旨ヲ請求スルコトヲ得

右ノ塲合ニ於テ主《しゆ》タル債務者ハ供託《きやうたく》ヲ爲シ、擔保《たんぽ》ヲ供《きやう》シ又ハ保証人ニ免責ヲ得セシメテ其賠償ノ義務ヲ免ルルコトヲ得

前二條即ち第四百五十九條第四百六十條の規則《きそく》により主たる債務者が保證人に賠償《ばいしやう》即ち償を爲す塲合にて債權者が未《いま》だ債權高《さいけんだか》の全部《ぜんぶ》の支拂《しはらひ》を受けざる間は主たる債務者は保證人より擔保《たんぽ》即ち抵當物《ていたうぶつ》の如き引當物を出さしめ又は債務者に向ふて自分《じぶん》の義務を免《まぬ》かれしむべき申立を爲すことを得るなり

若し主たる債務者は此の場合に供託《きやうたく》即ち保證人に支拂ふべき金を法律に定めたる場所に預《あづ》けるか或は擔保《たんぽ》を供し則ち引當物を出し又は保證人に免責《めんせき》を得せしめ仮へば債權者に支拂を爲して其賠償《ばいしやう》の義務即ち保證人に償を爲すべきことを免るゝことを得べし

第四百六十二條　主《しゆ》タル債務者ノ委託《いたく》ヲ受ケスシテ保証ヲ爲シタル者カ債務ヲ辨濟シ其他自己ノ出捐ヲ以テ主タル債務者ニ其債務ヲ免レシメタルトキハ主タル債務者ハ其當時利益ヲ受ケタル限度ニ於テ賠償ヲ爲スコトヲ要ス

主《しゆ》タル債務者ノ意思《いし》ニ反《はん》シテ保証ヲ爲シタル者ハ主タル債務者カ現ニ利益《りえき》ヲ受クル限度《げんど》ニ於テノミ求償權《きうしようけん》ヲ有ス但主タル債務者カ求償ノ日以前《いぜん》ニ相殺《さうさい》ノ原因《げんいん》ヲ有セシコトヲ主張スルトキハ保證人ハ債權者ニ對シ其相殺ニ因リテ消滅スヘカリシ債務ノ履行ヲ請求スルコトヲ得

主たる債務者の委託《いたく》即ち依賴を受けずして債務者《さいむしや》の借《か》り分《ぶん》を保證《ほしよう》したるものが債務の支拂《はらひ》を爲し又は自分が其所有《しよいう》の家屋等《かをくとう》を引渡して主たる債務者に其債務を免かれしめたるときは主たる債務者は其當時利益《りえき》を受けたる限度《げんど》即ち此保證人が支拂をなしたる時分に得たる利益丈けの償を爲すべし故に保證人が支拂をなす前に債權者と主たる債務者との

間に相殺《さうさい》則ち差引により消滅《せうめつ》したる債務を支拂ふたるときは保證人に償を爲すに及ばす

又主たる債務者の意思《いし》に反《はん》して即ち保證を爲すべきを拒《こば》みたるも尚は保證を爲したるものは主たる債務者か保證人の支拂《しはらひ》によりて現在《げんざい》受け居る利益の限度《げんど》丈《だ》けの償を債務者に求《もと》むることを得併し主たる債務者が保證人が償を求むる日より以前《いぜん》に債權者との間《あひだ》に相殺即ち差引するの原因《げんいん》を有《いう》したることを申立てるときは保證人は主たる債務者より償を得ざるにより債權者に向て其相殺《さうさい》にて消滅すべき債務を盡《つく》すことを申立てることを得べし

第四百六十三條　第四百四十三條ノ規定ハ保證人ニ之ヲ準用ス
保証人カ主タル債務者《さいむしや》ノ委託《いたく》ヲ受ケテ保証《ほしやう》ヲ爲シタル場合ニ於テ善意ニテ辨濟其他免責《めんせき》ノ爲メニスル出捐《しゆつえん》ヲ爲シタルトキハ第四百四十三條ノ規定ハ主タル債務者ニモ亦之ヲ準用ス

第四百四十三條の規則は保證人にも之を用ゐるを以て保證人は債權者より債務の支拂方の求めを受けたるときは主たる債務者に通知《つうち》したる上にあらざれば支拂を爲すことを得ず

保證人が主たる債務者の委托即ち依頼を受けて保證を爲したるものが善意即ち惡る氣な

くして拂をなすか又債務を免かるゝ爲めに出捐《しつえん》卽出費を爲したるときは主たる債務者は第四百四十三條の規則によらざるべからず第四百四十三條を照《て》らし合ふべし

第四百六十四條　連帶債務者又ハ不可分債務者《ふかぶんさいむしや》ノ一人ノ爲メニ保証ヲ爲シタル者ハ他ノ債務者ニ對シテ其負擔部分ノミニ付キ求償權ヲ有ス

連帶債務者卽ち五六人組《く》み合ふて金の借りたるもの又は不可分《ふかぶん》債務者卽ち目的《もくてき》の分つこと出來ざる債務者の一人の爲めに保證したるものが若し債權者に支拂を爲したるときは其他の債務者に向ふて其負擔《ふたん》部分卽ち皆の債務者の爲めに支拂したる分のみに付償を求むる權利あり

第四百六十五條　數人ノ保證人アル場合ニ於テ主タル債務カ不可分ナル爲メ又ハ各保證人カ全額《ぜんがく》ヲ辨濟《べんさい》スヘキ特約《とくやく》アル爲メ一人ノ保證人カ全額其他自己ノ負擔部分ヲ超ユル額ヲ辨濟シタルトキハ第四百四十一條乃至第四百四十四條ノ規定ヲ準用ス

前項ノ場合ニ非《あら》スシテ互《たがひ》ニ連帶《れんたい》セサル保証人ノ一人カ全額《ぜんがく》其他自己ノ負擔部分ヲ超ユル額ヲ辨濟シタルトキハ第四百六十二條ノ規定ヲ準用ス

保證人數人ありて主たる債務即ち保證し居る債務が不可分なるか又は各々の保證人が全額假令《たとへ》ば保證し居る債務が五百圓なるときに其五百圓の総てを支拂ふべき特約《とくやく》即ち別に約束したる爲め一人の保證人が債務の全高《ぜんこう》或は自分の負擔部分《ふたんぶぶん》即ち引受くる分より多き金を支拂ふたるときは第四百四十二條第四百四十三條第四百四十四條の規則を準じ用ゐ即ち似合《にあ》ふて居る所丈けを用ゐるなり

又此の條第一項の場合にあらずして數人の保證人あるも互に連帶せざる時にて保證人の一人が債務の悉皆《しつかい》又も自分の引受分《ひきうけぶん》より多く支拂を爲したるときは第四百六十二條を準用即ち合して用ゐるなり

第四節　債權ノ讓渡

債權の讓渡とは債權を或る代金にて賣渡すことにして假令は甲は乙に六千圓の貸金あり其貸金を取立つる權利は債權なれば其の取立つる權利を賣渡す規則を此の節に定めたり

第四百六十六條　債權ハ之ヲ讓渡《ゆづりわた》スコトヲ得但其性質《せいしつ》カ之ヲ許《ゆる》サヽルトキハ此限ニ在ラス

前項ノ規定ハ當事者《たうじしや》カ反對《はんたい》ノ意思ヲ表示シタル場合ニハ之ヲ適用セス但其意思表示ハ之ヲ以テ善意ノ第三者ニ對抗スルコトヲ得ス

債權は之を或人に讓《ゆづ》り渡《わた》すことが出來るなり故《ゆゑ》に之を讓受けたるものは其債權を所有す

る人なれば自由に取立てを爲すことを得べし併し讓渡《ゆづりわた》すことが出來ざる債權假令《たとへ》ば[illegible]又は陸海軍人《りくかいぐんじん》が其功勞により終身間《しうしんかん》其筋より下賜《かし》せらるゝ彼の恩給金《おんきうきん》の如きは讓渡することを得ず此れは其筋より其の人に限り與へらるゝものなる故なり

右の規則は當事者即ち關係者が反對《はんたい》の意思《いし》仮へば此の債權は讓渡することを得ずとの約束をなしたるときは其約束を守りて讓渡すことを得ざるなり併し假令此の約束あるも善意の第三者即ち此の讓渡出來ざるとの約束あることを知らずして讓受けたるものには對《たい》抗《かう》即ち汝が讓受けたりとて何の役にも立たぬと云ふことを得ざるなり

第四百六十七條　指名債權《しめいさいけん》ノ讓渡ハ讓渡人カ之ヲ債務者ニ通知シ又ハ債務者カ之ヲ承諾《しやうだく》スルニ非《あら》サレハ之ヲ以テ債務者其他ノ第三者ニ對抗スルコトヲ得ス

前項ノ通知《つうち》又ハ承諾《しやうだく》ハ確定日附《かくていひづけ》アル證書《しようしよ》ヲ以テスルニ非サレハ之ヲ以テ債務者以外ノ第三者ニ對抗スルコトヲ得ス

指名債權《しめいさいけん》例へば何某と指し定めて金を貸渡したる權利の讓り渡は其讓渡人が其讓渡すべきことを債務者に知らし又は債務者か其讓渡すべきことを承知《しやうち》するになければ假令ひ債務者が元との債權者に支拂をなし又第三者即ち此債權に無關係《むくわんけい》のものが元との債權者に差押《さしおさへ》を爲すも其債權は既に讓渡したるものとの申立てを爲すことを得ざるなり

右の通知《つうち》又は債務者の承知《しようち》も確定日附《かくていひづけ》ある證書即ち公證人《こうしようにん》の作りたる證書等にあらざれば債務者其他第三者に既に讓渡したると申立つることを得ず然らざれば僞りの證書を作り債務者及び第三者を欺《あざむ》くに至《いた》ればなり

第四百六十八條　債務者カ異議《いぎ》ヲ留《とゞ》メスシテ前條ノ承諾《しようだく》ヲ爲シタルトキハ讓渡人ニ對抗スルコトヲ得ヘカリシ事由アルモ之ヲ以テ讓受人ニ對抗スルコトヲ得ス但債務者カ其債務ヲ消滅セシムル爲メ讓渡人ニ拂渡《はらひわた》シタルモノアルトキハ之ヲ取返《とりかへ》シ又讓渡人ニ對シテ負擔《ふたん》シタル債務アルトキハ之ヲ成立セサルモノト看做スコトヲ妨ケス

讓渡人カ讓渡ノ通知ヲ爲シタルニ止《とゞ》マルトキハ債務者ハ其通知《つうち》ヲ受クルマテニ讓渡人ニ對シテ生シタル事由ヲ以テ讓受人ニ對抗スルコトヲ得

債務者が一言の苦情《くじやう》なくして前條の承諾即ち債權の讓渡しを承知したるときは假令讓渡人に向て貸金《かしきん》ありて差引の爲め債權は既に消滅《せうめつ》し讓渡すべき債權あらざる故を以て讓受人に苦情《くじやう》を言ふことを得ず併し債務者が其讓渡にかゝる債權即ち債務を消滅せしむる爲め讓渡人に拂《はら》ひ渡したるもの有るときは其ものを取り返へし又讓渡人に向ふて背負《せお》ふたる債務あるときは其債務は成り立たざるものと假りに看做すも差支なきなり

譲渡人が債權譲渡の通知《つうち》のみを爲したるときは債務者は其譲渡《そのゆづりわたし》をしたることの知らせを受くる迄《まで》に譲渡人に向《むか》ふて相殺《さうさい》又は更改《かうかい》等にて其債權の消滅《せうめつ》したるときは譲受人《ゆづりうけにん》より其譲受けたる債權の催促《さいそく》を爲すも其債權は既《すで》に消滅したるとて其催促をはね付けることを得

第四百六十九條　指圖債權《さしづさいけん》ノ譲渡ハ其證書ニ譲渡ノ裏書《うらがき》ヲ爲シテ之ヲ譲受人ニ交付《かうふ》スルニ非サレハ之ヲ以テ債務者其他ノ第三者ニ對抗《たいかう》スルコトヲ得ス

指圖債權《さしづさいけん》例へば爲替手形《かわせてがた》の如きものゝ譲り渡しは其證書《そのしようしよ》即ち手形《てがた》に譲り渡したるとのことを裏《うら》に記し終《しめ》して譲受人《ゆづりうけにん》に其證書を交付《かうふ》即ち手渡すにあらざれば債務者其他《そのた》の人《ひと》に譲渡したると云ふことを得ざるなり

第四百七十條　指圖債權《さしづさいけん》ノ債務者ハ其証書ノ所持人《しよぢにん》及ヒ其署名《しよめい》、捺印《なついん》ノ眞僞《しんぎ》ヲ調査《てふさ》スル權利ヲ有スルモ其義務ヲ負フコトナシ但債務者ニ惡意又ハ重大ナル過失アルトキハ其辨濟ハ無效トス

指圖債權即ち《すなは》爲替手形《かはせてがた》の債務者は其手形を持ち居る人も眞《しん》の所有者《しよゆうしや》なりや又其署名《しよめい》即ち姓名及び捺印《なついん》即ち印形《いんぎやう》は眞《まこと》なるや僞《いつは》りなるやを調《しら》ふる權利あるも必《かなら》ず取調《とりしら》ぶるの義務なし併し惡意《あくい》假《たと》へば其手形所持人《しよぢにん》は眞《しん》の所持人にあらざることを知るか又は重大《ちうだい》の過失《くわしつ》假

へは身に破れたる衣類《いるゐ》を着《き》たるものが手形を所持するも多少疑《うたが》ひあるに之を考へずして支拂ひを爲したるときは其支拂は眞の支拂にあらずして更らに又支拂ひをせざるべからず

第四百七十一條　前條ノ規定ハ證書ニ債權者ヲ指名シタルモ其証書ノ所持人《しよぢにん》ニ辨濟スヘキ旨《むね》ヲ附記《ふき》シタル場合ニ之ヲ準用《じゆんよう》ス

前條即ち第四百七十條の規則は債權證書《さいけんしようしよ》に債權者の姓名《せいめい》を記るしありて而《しか》して又《また》其證書を所持し居る人に辨濟《べんさい》すべき譯《わけ》を附《つ》け書きしたる場合に準《じゆん》じ用ゆ其れは其證書を拾《ひろ》ひ附け書きしたるやも知れざるを以てなり●

第四百七十二條　指圖債權ノ債務者ハ其証書ニ記載シタル事項及ヒ其證書ノ性質《せいしつ》ヨリ當然《たうぜん》生《しやう》スル結果《けつくわ》ヲ除《のぞ》ク外《ほか》原債權者《げんさいけんしや》ニ對抗スルコトヲ得ヘカリシ事由ヲ以テ善意ノ讓受人ニ對抗スルコトヲ得ス●

指圖《さしづ》債權《さいけん》即ち爲替《かはせ》手形《てがた》の支拂を爲すべきものは其證書に記《し》るし載《の》せたる事柄《ことがら》なり及び其證書の性質《せいしつ》より當然生《たうぜんしやう》ずべき結果假令《けつくわたとへ》ば爲替手形に姓名《せいめい》を記《しる》すものは連帶《れんたい》して其金額《そのきんがく》を引受くるが如きことを除《のぞ》き去《さ》るの外原債權者《ほかげんさいけんしや》即ち最初《さいしよ》の債權者に對抗《たいかう》即ち貸金があるから手形面《てがためん》の金額は支拂《しはら》ふに及ばざるとの譯合《わけあひ》を以て善意《ぜんい》即ち何事も知らずして手形を讓受けたるものが支拂ひを求めたるときに元の債權者に貸しが有るとて支拂ひを拒むこと

を得ざるべし蓋《けだ》し指圖債權《さしづさいけん》の通用し易《やす》きを計《はか》りてなり

第四百七十三條　前條ノ規定ハ無記名債權《むきめいさいけん》ニ之ヲ準用ス

前條即ち第四百七十二條の規則は無記名債權即ち債權者の名前なくして支拂ひを求むるときに書き込む債權讓渡にも準じ用ゆ

第五節　債權ノ消滅

債權の消滅とは此の節中第一款《くわん》より第五款《くわん》までの原因《げんいん》により消《き》ゆることなり

第一款　辨濟

辨濟《べんさい》とは債權に對《たい》する債務を支拂《しはら》ふことなり詳《くはし》しきは本文にあり

第四百七十四條　債務ノ辨濟ハ第三者之ヲ爲スコトヲ得但其債務ノ性質カ之ヲ許《ゆる》ササルトキ又ハ當事者カ反對《はんたい》ノ意思ヲ表示《へうじ》シタルトキハ此限ニ在ラス

利害《りがい》ノ關係《くわんけい》ヲ有《いう》セサル第三者ハ債務者ノ意思ニ反《はん》シテ辨濟ヲ爲スコトヲ得ス

債務《さいむ》の辨濟即ち義務の支拂は債務者本人之を爲すは勿論《もちろん》第三者即ち債務に關係《くわんけい》なきもの例《たと》へば債務者到底《たうてい》支拂ふことの出來ざるを憂《うれ》ひ友人《ゆうじん》又は兄弟《きやうだい》より支拂ふことあり是れ成るべく義務者の自由《じゆう》を法律は望《のぞ》めばなり但し債務《さいむ》の性質《せいしつ》が第三者が代るき支拂ふことの

出來ざるもの例へば書《ゑ》を書《か》く義務の如し又關係者《くわんけいしや》が本人に限《かぎ》るとして別《べつ》に其者《おんな》へを表《ひやう》じ示《しめ》したるときは第三者即ち關係外《くわんけいぐわい》のものは辨濟し能《あた》はざるべし利害《りがい》の關係なき所の第三者即ち外《ほか》の人も債務者が其外《ほか》の人《ひと》の辨濟を拒《こば》みたるときは辨濟《べんさい》することを得ず蓋《けだ》し外《ほか》の人好《ひとこの》みて辨濟をなし債務者を苦《くる》しめんとするものあればなり

第四百七十五條 辨濟者カ他人ノ物ヲ引渡《ひきわたし》シタルトキハ更《さら》ニ有效ナル辨濟ヲ爲スニ非《あら》サレハ其物ヲ取戻《とりもど》スコトヲ得ス

他人《たにん》のものを以て債權者に辨濟を爲したるときは更《さ》らに自分《じぶん》のものを以て辨濟《べんさい》即ち支拂《しはらひ》を爲すにあらざれは既《すで》に辨濟のため引渡《ひきわたし》したる物を取戻《とりもど》すことを得ず是れ他人《たにん》の物《もの》を以《もつ》て辨濟したるは辨濟したるものが自分の落《を》ち度《ど》なればなり

第四百七十六條 讓渡ノ能力《のうりよく》ナキ所有者カ辨濟トシテ物ノ引渡《ひきわたし》ヲ爲シタル場合ニ於テ其辨濟ヲ取消シタルトキハ其所有者ハ更ニ有效ナル辨濟ヲ爲スニ非サレハ其物ヲ取戻スコトヲ得ス

讓《ゆづ》り渡《わた》すこと出來ざる物《もの》の持主《もちぬしたる》例へば二十歳以下《いか》の者が支拂の爲めとして物《もの》の引き渡しを爲したる場合にて二十歳以下の者は十分支拂《じふぶんしはらひ》を爲すことを得ざるものなる故其支拂《ゆゑそのしはらひ》を取消《とりけ》したるときは其支拂の爲め引渡《ひきわた》したるものを取戻《とりもど》すことを得るやと云ふに新《あ》らたに有效《いうかう》即ちきゝめある支拂を爲さゞれば其物を取り戻《もど》すことを得ざるなり

第四百七十七條　前二條ノ場合ニ於テ債權者カ辨濟トシテ受ケタル物ヲ善意《ぜんい》ニテ消費シ又ハ讓渡シタルトキハ其辨濟ハ有效《いうかう》トス但債權者カ第三者ヨリ賠償ノ請求ヲ受ケタルトキハ辨濟者ニ對シテ求償ヲ爲スコトヲ妨ケス

前二條卽第四百七十五條第四百七十六條の辨濟は無瑕《むきず》の辨濟にあらざれども若し債權者か支拂の爲めに債務者より受けたるものを善意にて消費卽ち其物をなくするか又他人に讓り渡したるときは仮令瑕《きず》ある支拂も有效卽ち瑕なき支拂となる併し債者權か第三者より賠償の請求《せいきう》例へば汝が支拂の爲め受けたる物は不都合《ふつがふ》のものなりとの申立《もうしたて》を外《ほか》の人より受けたるときは債權者は支拂を爲したるものに向ふて償を求むることは差支なし

第四百七十八條　債權ノ準占有者《じゆんせんいうしや》ニ爲シタル辨濟《べんさい》ハ辨濟者ノ善意《ぜんい》ナリシトキニ限リ其效力ヲ有ス

債權の準占有者《じゆんせんいうしや》とは假令《たとへ》ば甲なるもの死去し乙なるもの出で來り自分は其相續人なると思ひ貸金の取り立てを爲したるに其乙は相續人《さうぞく》にあらずして丙が相續人たる場合に乙は債權の準占有者卽ち假《か》りの持ち主なり其乙なるものを眞《しん》の債權者なりと思《おも》ひて支拂を爲すときは眞の支拂をなしたるものとなすべし

第四百七十九條　前條ノ場合ヲ除ク外辨濟受領《べんさいじゆりよう》ノ權限《けんげん》ヲ有セサル者ニ

爲シタル辨濟ハ債權者カ之ニ因リテ利益ヲ受ケタル限度ニ於テノミ其效力ヲ有ス

前條即ち第四百七十八條の場合を除きたる外にて辨濟受領《べんさいじゆりやう》即ち債務者よりなす支拂を受くる權利を有せざる者に爲したる辨濟例へば甲は債權者なるに乙に支拂したるときは其支拂は何等の役《やく》に立たざれども債權者が其支拂によりて利益《りえき》を受けたるときは其受けたる利益の限りは眞の支拂を爲したるものとするなり

第四百八十條　受取《うけとり》證書《しようしよ》ノ持《ぢ》參人《さんにん》ハ辨濟受領《じゆりやう》ノ權限《けんげん》アルモノト看做ス但辨濟者カ其權限ナキコトヲ知リタルトキ又ハ過失《くわしつ》ニ因リテ之ヲ知ラサリシトキハ此限ニ在ラス

辨濟を爲したるものに與へる受取證書《うけとりしようしよ》を持ちて受取りに來りたるものは支拂を受取るの權利あるものとするなり併し支拂をなすものが受《うけ》取るべき權利《けんり》なきことを知り又は過失即ち自分の落《お》ち度《ど》により之を知らざるときは支拂を受取りの權利あるものとせざるなり

第四百八十一條　支拂ノ差止ヲ受ケタル第三債務者カ自己ノ債權者ニ辨濟ヲ爲シタルトキハ差押債權者《さしおさへさいけんしや》ハ其受ケタル損害ノ限度ニ於テ更ニ辨濟ヲ爲スヘキ旨ヲ第三債務者ニ請求スルコトヲ得

前項ノ規定《きてい》ハ第三債務者ヨリ其債權者ニ對スル求償權《きゆうしようけん》ノ行使ヲ妨ケ

ス
自分《じぶん》の債權者に支拂を爲すべからずとの差止《さしとめ》を受けたる第三債務《さいむ》者《しや》卽ち三番目《さんばんめ》のものは差止めあるにも拘《かゝは》らず自分の債權者に支拂を爲したるときに其差押《さしおさへ》を爲したる債務者が損害を受けたるときは其損害の出來たる度合《どあひ》に於て卽ち損害高《そんがいたか》に向《むか》ふて更らに支拂を爲すべき旨を第三債權者に求むることを得るなり

右の規則は第三債務者《だいさんさいむしや》より其支拂を受けたる債權者に向ふて償《つくなひ》を求むる權利は尙《な》ほ行《おこな》ふことを得是れ債權者は其債權者卽ち差押債權者に支拂《しはらひ》を爲さゞるを以《もつ》て債務者よりは餘《よ》分《ぶん》の支拂を受けたればなり

第四百八十二條、債務者カ債權者ノ承諾ヲ以テ其負擔シタル給付ニ代ヘ他ノ給付ヲ爲シタルトキハ其給付ハ辨濟ト同一ノ效力ヲ有ス

債務者が債權者の承諾《しやうだく》の上《うへ》其支拂ふべきものに代へて外のもの假令ば金一萬圓の代りに家屋を以て支拂を爲したるときは其給付《きうふ》卽ち引渡は辨濟を爲したると同一《どういつ》のものとす是れ債權者と債務者との承知《しやうち》ある上《うへ》は假令最初《さいしよ》のものと異《こと》なるものを以てあるも妨《さまた》けなし

第四百八十三條　債權ノ目的カ特定物《とくていぶつ》ノ引渡《ひきわたし》ナルトキハ辨濟者ハ其引渡ヲ爲スヘキ時ノ現狀《げんじやう》ニテ其物ヲ引渡スコトヲ要ス

債權の目的が特定物《とくていぶつ》卽ち此机《このつくゑ》此書物《しよもつ》と云ふ如き物の引渡なるときは辨濟者《べんさいしや》卽ち支拂をな

責むのは其引渡すべき時《とき》の現在《げんざい》の有樣《ありさま》にて其物を引渡《ひきわた》さゞるべからず併しながら自分の過《あやま》ちにて現形《げんけい》を變《へん》せしめたるときは之を修繕《しゆぜん》せざるべからず

第四百八十四條　辨濟ヲ爲スヘキ場所《ばしよ》ニ付キ別段《べつだん》ノ意思表示ナキトキハ特定《とくてい》物《ぶつ》ノ引渡ハ債權《さいけん》發生《はつせい》ノ當時《たうじ》其物ノ存在《そんざい》セシ場所ニ於テ之ヲ爲シ其他ノ辨濟ハ債權者ノ現時ノ住所ニ於テ之ヲ爲スコトヲ要ス

支拂を爲すべき塲所《ばしよ》に付き何處《どこ》に於て支拂を爲すとの定めを別段《べつだん》約束を爲さゞるときは特定物《とくていぶつ》即ち此土地《このとち》と云ふ如き極《き》まりたる物の引渡は債權が生出《せいしつ》したる時に其支拂ふべき物の在りたる場所にて支拂を爲し其他の辨濟即ち特定物の外の物に付ての支拂は債權者の現《げん》に住《す》み居る所《ところ》にて支拂《しはらひ》を爲すべし

第四百八十五條　辨濟ノ費用ニ付キ別段ノ意思表示ナキトキハ其費用ハ債務者《さいむしや》之ヲ負擔《ふたん》ス但債權者カ住所ノ移轉《いてん》其他ノ行爲ニ因リテ辨濟ノ費用ヲ增加《ぞうか》シタルトキハ其增加額《ぞうかがく》ハ債權者之ヲ負擔ス

支拂を爲すに付き多少の費用が掛《か》る其費用に付き別段の意思表示《いしひやうじ》なきときは假令ば誰が其費用を支拂ふとの別に約束なきときは債務者が之を支拂はざるべからず併し債權者が其住所を移轉《いてん》即ち代り又は其外の行爲《かうい》假令ば惡意にて支拂ふべき物品《ぶつぴん》を受取らざる爲めに辨濟の費用が增したるときは其增したる額丈けは債權者之を背負はざるべからず

第四百八十六條　辨濟者カ辨濟《べんさい》受領者《じゆりようしや》ニ對シテ受取證書ノ交付《かうふ》ヲ請求スルコトヲ得

辨濟者即ち支拂を爲したるものは其支拂を受取りたるものに向ふて受取證書の交付即ち手渡《てわたし》を求むることを得是れは後日《ごじつ》爭を防《ふせ》ぐ爲めに入用《にふよう》なり

第四百八十七條　債權ノ證書アル場合ニ於テ辨濟者カ全部ノ辨濟ヲ爲シタルトキハ其證書ノ返還ヲ請求スルコトヲ得

支拂を爲したる高《たか》が債權全部《さいけんぜんぶ》なるときは債權證書の返還《へんくわん》を求むることを得る是れ既《す》に債務の辨濟終《べんさいおわ》りたる上《うへ》は債權證書が債權者の手《て》に在るも何等《なんら》の用《よう》にも立たざればなり

第四百八十八條　債務者カ同一《どういつ》ノ債權者ニ對シテ同種《どうしゆ》ノ目的ヲ有スル數個ノ債務ヲ負擔《ふたん》スル場合ニ於テ辨濟トシテ提供《ていきやう》シタル給付《きふ》カ總債務ヲ消滅セシムルニ足ラサルトキハ辨濟者ハ給付ノ時ニ於テ其辨濟ヲ充當《じうたう》スヘキ債務ヲ指定《してい》スルコトヲ得

辨濟者カ前項ノ指定ヲ爲ササルトキハ辨濟受領者ハ其受領ノ時ニ於テ其辨濟ノ充當《じうたう》ヲ爲スコトヲ得但辨濟者カ其充當ニ對シテ直《たゞ》チニ異議ヲ述ヘタルトキハ此限ニ在ラス

前二項ノ場合ニ於テ辨濟ノ充當ハ相手方ニ對スル意思表示ニ依リテ

之ヲ爲ス

此の條は債務者が債權者に同じ債務を數多《あまた》背負《せお》ふ時の規則なり即ち債務者が同じ債權者に向ふて同種《どうしゆ》の目途《めど》を有する數個《すこ》の債務假令《たとへ》ば五百圓とか千圓とか三百圓とかを背負ふ場合にて支拂の爲め差出《さしだ》したる金が右總《みぎすべ》ての債務を消滅《せうめつ》即ち濟《す》み口《くち》を爲すに足らざるときは支拂をなすものは金を差出《さしだ》すときに此支拂の金《きん》は何々《なにく》の債務に當てるとて其債務を指し定むることを得るなり

若し又支拂《しはらひ》を爲すものが右の如《ごと》く支拂を爲すべき債務を指し定めざるときは其支拂を受取るものは其受取るときに此支拂は此れ〳〵の債務の支拂に當てると定むることを得併し辨濟《べんさい》をなしたるものが債權者の當てはめも善《よ》しからずとて苦情《くじやう》を述《の》べたるときは更《さら》に遣《や》り直《なほ》さゞるべからず

右《みぎ》二項《こう》の場合に支拂《しはらひ》の當てはめは如何《いかゞ》するやと云ふに相手方《あいてかた》即ち支拂《しはらひ》を爲すものゝ言ひ立てがあれば其れによりて爲すべし

第四百八十九條　當事者カ辨濟ノ充當《じうたう》ヲ爲サヽルトキハ左ノ規定《きてい》ニ從ヒ其辨濟ヲ充當ス

一　總債務中辨濟期ニ在ルモノト辨濟期ニ在ラサルモノトアルトキハ辨濟期ニ在ルモノヲ先ニス

二　總債務カ辨濟期ニ在ルトキ又ハ辨濟期ニ在ラサルトキハ債務者ノ爲メニ辨濟ノ利益多《りえきおほ》キモノヲ先《さき》ニス
三　債務者ノ爲メニ辨濟《べんさい》ノ利益《りえき》相同《あいおな》シキトキハ辨濟期ノ先ツ至リタルモノ又ハ先ツ至ルヘキモノヲ先ニス
四　前二號ニ揭ケタル事項ニ付キ相同シキ債務ノ辨濟ハ各債務ノ額《がく》ニ應《おう》シテ之ヲ充當《じうたう》ス

支拂を爲すものも亦支拂を受取るものも辨濟即ち支拂の當て嵌《は》めを爲さゞるときは左の規定即ち一号より四号迄に從ひ爲すなり

一　總債務《さうさいむ》の内にて支拂《しはらひ》を爲す期限《きげん》が來りたるものと又支拂を爲すべき期限の來らざるものと有るときは支拂を爲すべき期限の來りたるものを先にすべし
二　總《すべ》ての債務《さいむ》が支拂を爲すべき期限來たり又支拂を爲すべき期限來たらざるときは債務者の爲めに支拂を爲して最《もつと》も利益《りえき》の多《おほ》き債務の支拂を先きにす
三　何《いづ》れの債務の支拂を先きにするも其利益《りえき》同じき時は支拂期限《しはらひきげん》の先きに至《いた》りたるものゝ又は先きに至るべきものを先きにす
四　右第二号に揭《かゝ》け上《あ》げたる事《じ》項中同《こうちうおな》じ債務の支拂は各々《おの〳〵》の債務高に割合《わりあ》ふて支拂ひを爲すべし

第四百九十條　一個ノ債務ノ辨濟トシテ數個ノ給付ヲ爲スヘキ場合ニ於テ辨濟者カ其債務ノ全部《ぜんぶ》ヲ消滅《せうめつ》セシムルニ足ラサル給付ヲ爲シタルトキハ前二條ノ規定ヲ準用ス

一個《いつこ》の債務《さいむ》即ち義務《ぎむ》の支拂を爲すために數個《すうこ》の給付《きうふ》即ち四ッ五ッの手渡《てわたし》を爲すべき場合《ばあひ》に支拂を爲すべきものが其支拂《そのしはらひ》の爲めに差出《さしだ》したる金《きん》にて債務の全部《ぜんぶ》を消《け》すに足らざるときは第四百八十八條及第四百八十九條を準用即ち合し用ゐるなり

第四百九十一條　債務者カ一個又ハ數個ノ債務ニ付キ元本ノ外利息及ヒ費用《ひよう》ヲ拂《はら》フヘキ場合ニ於テ辨濟者カ其債務ノ全部ヲ消滅セシムルニ足ラサル給付《きうふ》ヲ爲シタルトキハ之ヲ以テ順次《じゆんじ》ニ費用《ひよう》、利息及ヒ元本ニ充當スルコトヲ要ス

第四百八十九條ノ規定ハ前項ノ場合ニ之ヲ準用ス

債務者《さいむしや》が一ッ又は五つ六つの債務の支拂に付き元本《げんほん》即ち元金《もときん》の外《ほか》利息《りそく》及び費用《ひよう》を支拂ふべき場合に其支拂ひに當《あ》つる金額《きんがく》にて其債務の總体《さうたい》を消滅《せうめつ》せしむるに足らざるときには順番《じゆんばん》に第一に費用第二利息第三元本《げんぽん》に當て嵌《は》むべし元金ありて利息及び費用が生じたれは元金を後にするは固よりのことなるべし

第四百八十九條の規則は右の場合に合《あ》わし用ゐるは別に說明《せつめい》せず

第四百九十二條　辨濟ノ提供《ていきやう》ハ其提供ノ時ヨリ不履行《ふりかう》ニ因リテ生《せう》スヘキ一切ノ責任ヲ免レシム

辨濟《べんさい》の提供《ていきやう》即ち債務者が債務の支拂を申込《まうしこ》みたるに債權者が彼れ此れ苦情《くじやう》を言ひ立てゝ其支拂の申込《まうしこ》みを拒《こば》みたり依て債務者は支拂ふべきものを差出《さしいた》すべき場合《ばあい》なり故に提供《ていきやう》即ち差出《さしいた》したるときは其の時より債務者が債務を行《おこな》はざるとに生《しやう》ず一切《いつさい》の危險《きけん》を免《まぬ》かれしむるなり故に目的物滅失《もくてきぶつめつしつ》等の恐《おそれ》あるも債務者には何等の關係も有らざるなり

第四百九十三條　辨濟ノ提供《ていきやう》ハ債務ノ本旨《ほんし》ニ從ヒテ現實《げんじつ》ニ之ヲ爲スコトヲ要ス但債權者カ豫《あらかじ》メ其受領《じゆれう》ヲ拒《こば》ミ又ハ債務ノ履行ニ付キ債權者ノ行爲ヲ要スルトキハ辨濟ノ準備ヲ爲シタルコトヲ通知シテ其受領ヲ催告スルヲ以テ足ル

辨濟の提供《ていきやう》即ち支拂の差出《さしだし》は債務の本旨《ほんし》に從《したが》ひて假《たと》へば金圓が債務の目的なれば金圓米《きんゑんべい》麥《ばく》が目的《もくてき》なれば米麥《こめむぎ》を現在及び實際《じつさい》に差出《さしいた》さゞるべからず併しながら債權者が支拂《しはらひ》期日前より其受取ることを拒《こば》み又債務を行《おこな》ひ盡《つく》すべきことに付き債權者の行爲《かうい》を要《やう》ずるとき假《たと》へば債務者が一つの建物《たてもの》を受け負《を》ひ之を建《た》てたる上債權者《うへさいけんしや》の立會《たちあ》ひの上引渡《うへひきわた》すべき等の如きは債權者に債務の支拂用意《しはらひのやうい》を爲したるとの知らせを爲し受取り吳《く》れと催促《さいそく》すれば債務の提供《ていきやう》即ち差出《さしだし》は十分なり

第四百九十四條　債權者カ辨濟ノ受領《じゆりやう》ヲ拒《こば》ミ又ハ之ヲ受領スルコト能ハサルトキハ辨濟者ハ債權者ノ爲メニ辨濟ノ目的物ヲ供託シテ其債務ヲ免《まぬの》ルルコトヲ得辨濟者ノ過失《くわしつ》ナクシテ債權者ヲ確知《かくち》スルコト能ハサルトキ亦同シ

債權者即ち權利者が債務の支拂《しはらひ》を拒《こば》みて受取らず又は其支拂を受取ること出來ざるとき假令《たとへ》ば旅行《りよかう》して其行き先明《さきあきら》かならざるとき支拂をなすものは債權者の爲めに支拂を爲すべき物を供託《きやうたく》即ち或る固《かた》き所に預《あづ》け其債務を免《まぬ》かるゝことを得又支拂を爲すもの〻落《お》ち度《ど》なくして債權者の何人なるや確《たし》かに知ること出來ざるときも亦供託《きやうたく》を爲すべし

第四百九十五條　供託《きやうたく》ハ債務履行地《さいむりかうち》ノ供託所ニ之ヲ爲スコトヲ要ス

供託所ニ付キ法令ニ別段ノ定ナキ場合ニ於テハ裁判所ハ辨濟者ノ請求ニ因リ供託所ノ指定《してい》及ヒ供託物保管者《きやうたくぶつほくわんしや》ノ選任《せんにん》ヲ爲スコトヲ要ス

供託者ハ遲滯ナク債權者ニ供託ノ通知ヲ爲スコトヲ要ス

供託《きやうたく》は如何なる所に爲すやと云ふに債務を行ひ盡すべき土地の供託所に爲すべし供託所は勅令《ちよくれい》に定《さだ》むれば之を略す

供託所のことに付法令《はふれい》に別に定めあらざる場合には裁判所は支拂を爲すもの〻求《もと》めにより供託所即ち預《あづ》け所の指《さ》し定《さだ》め及ひ預け物を保存管理《ほぞんくわんり》するものを選ぶこと必要《ひつえう》なり

供託者即ち預《あづ》けたるものは遲滯《ちたい》なく速《すみや》かに債權者に債權目的物を預けたりとの知せを爲さゞるべからず此の知らせに債權者も亦考ふる所あるべし

第四百九十六條　債權者カ供託ヲ受諾《じゆたく》セス又ハ供託ヲ有效ト宣告《せんこく》シタル判決《はんけつ》カ確定《かくてい》セサル間ハ辨濟者ハ供託物ヲ取戻《とりもど》スコトヲ得此場合ニ於テハ供託ヲ爲ササリシモノト看做ス

前項ノ規定ハ供託ニ因リテ質權《しちけん》又ハ抵當權《ていたうけん》カ消滅シタル場合ニハ之ヲ適用セス

支拂を爲したるもの更に供託したる物を取戻《とりもど》すことを得るやと云ふに債權者が供託を承諾《しやうだく》せず又は拒絶し居ることに付裁判沙汰《さいばんさた》となりて裁判所が供託したるは可なりと宣告《せんこく》即ち言渡《いひわたし》しを爲したるも其判決は未だ三十日を經《へ》すして確定《かくてい》せざる間は支拂を爲したるものは供託物を取戻《とりもど》すことを得取戻《とりもど》したるときは供託を爲さゞるものとして債權の目的物の破損《はそん》等の危險《きけん》は債務者之を引受けざるべからず

右の規則は一旦供託を爲したるによりて質《しち》に取りたる權《けん》又は抵當《ていたう》の權が消《き》えたる時には用ゐざるなり然らざるときは第三者の抵當權利《ていたうけんり》者害《しやがい》を受くればなり

第四百九十七條　辨濟ノ目的物カ供託ニ適セス又ハ其物ニ付キ滅失若クハ毀損《きそん》ノ虞《おそれ》アルトキハ辨濟者ハ裁判所ノ許可《きよか》ヲ得テ之ヲ競賣《きやうばい》シ其

代價ヲ供託スルコトヲ得其物ノ保存ニ付キ過分ノ費用ヲ要スルトキ亦同シ

支拂ふべき目的物が供託《きやうたく》するに叶《かな》はず假《たと》へば犬鷄《いぬにはとり》の如きものなるとき又其物が滅失《めつしつ》若くは毀損《きそん》の虞《おそれ》あるとき假《たと》へば氷《こほり》又は魚類《ぎよるゐ》の如きものなるときは裁判所の許可を得たる上之を競《せ》り賣《う》りにし其代價《だいか》を供託することが出來る又供託するものに付き夥《おびただ》しき費用が入るとき假令《たとへ》ば牛馬《うしうま》一萬匹《いちまんびき》と云ふが如きときも亦右《またみぎ》の如くなすなり

第四百九十八條　債務者カ債權者ノ給付《きうふ》ニ對シテ辨濟《べんさい》ヲ爲スヘキ場合ニ於テハ債權者ハ其給付ヲ爲スニ非サレハ供託物ヲ受取ルコトヲ得ス

債務者が債權者より金額を支拂ふに付或る物品《ぶつぴん》を辨濟《べんさい》すべき時に於ては假令《たとへ》債務《さいむ》者《しや》が供託をなしたればとて債權者は金額《きんがく》の給付《きうふ》即ち差出《さしだ》すにあらざれば供託物《きやうたくぶつ》を受取ることを得ず是れ債權者と債務者との平等《びやうどう》を計《はか》るの爲めに斯《か》くは定めたるなり

第四百九十九條　債務者ノ爲メニ辨濟ヲ爲シタル者ハ其辨濟ト同時ニ債權者ノ承諾《しやうだく》ヲ得テ之ニ代位《だいゐ》スルコトヲ得

第四百六十七條ノ規定ハ前項ノ場合ニ之ヲ準用ス

甲《かふ》か乙《おつ》に金を借りたり丙來《へいきた》りて甲の爲めに其借金《しやくきん》を支拂《しはら》ひたるときは其支拂と同時に

債權者即ち乙の許《ゆる》しを得て之に代位《だいゐ》することを得即《すなは》ち乙が甲《かふ》に向《むか》ふて持ち居りし權利其儘丙が代り甲に向ふて持つことになるなり

第四百六十七條の通知《つうち》幷《ならび》に承諾《しやうだく》及確定日《かくていひ》附《つけ》の證書は右の場合にも用ゆ同條を一見せよ

第五百條　辨濟《べんさい》ヲ爲スニ付キ正當《せいたう》ノ利益《りゑき》ヲ有スル者ハ辨濟ニ因リテ當然債權者ニ代位ス

辨濟《べんさい》即ち支拂を爲すに付き利益《りゑき》あるものは支拂を爲すによりて當《あた》り前《まへ》に債權者に代位す即ち支拂をなしたるものか債權者の地位《ちゐ》に代《かは》り債權者の權利を其儘《そのまゝ》得ることになるべし

第五百一條　前二條ノ規定ニ依リテ債權者ニ代位シタル者ハ自己ノ權利ニ基《もとづ》キ求償《きゆうしやう》ヲ爲スコトヲ得ヘキ範圍內《はんゐない》ニ於テ債權ノ效力《かうりよく》及ヒ擔保トシテ其債權者カ有セシ一切ノ權利ヲ行フコトヲ得但左ノ規定ニ從フコトヲ要ス

一　保證人《ほしやうにん》ハ豫《あらかじ》メ先取《せんしゆ》特權《とくけん》、不動產質權《しちけん》又ハ抵當權ノ登記《とうき》ニ其代位ヲ附記シタルニ非サレハ其先取特權、不動產質權又ハ抵當權ノ目的タル不動產ノ第三取得者ニ對シテ債權者ニ代位セス

二　第三取得者ハ保證人ニ對シテ債權者ニ代位セス

三 第三取得者ノ一人ハ各不動產ノ價格《かかく》ニ應《おう》スルニ非サレハ他ノ第三取得者ニ對シテ債權者ニ代位セス

四 前號ノ規定ハ自己ノ財產《ざいさん》ヲ以テ他人ノ債務《さいむ》ノ擔保《たんぽ》ニ供シタル者ノ間ニ之ヲ準用ス

五 保證人ト自己ノ財產ヲ以テ他人ノ債務ノ擔保ニ供シタル者トノ間ニ於テハ其頭數《そのとうすう》ニ應《おう》スルニ非サレハ債權者ニ代位セス但自己ノ財產ヲ以テ他人ノ債務ノ擔保ニ供シタル者數人アルトキハ保證人ノ負擔部分ヲ除キ其殘額《ざんがく》ニ付キ各財產ノ價格《かかく》ニ應《おう》スルニ非サレハ之ニ對シテ代位ヲ爲スコトヲ得ス右ノ場合ニ於テ其財產カ不動產ナルトキハ第一號ノ規定ヲ準用ス

前二條即ち第四百九十九條第五百條の規則に依り債務者の債務を支拂ひて債權者の地位に代りたるものは自分の權利即ち支拂を爲したるにより償《つくのひ》を求めることを得る範圍內《はんゐない》即ち其間にて債務の效力《かうりよく》即ち請求《せいきう》することを得ること及び擔保《たんぽ》即ち抵當《ていたう》又は保證人があれば是れ又其儘《まゝ》其債權者が有し居りし總ての權利を行ふことが出來る併し以下の規則に從はざるべからず

第一 保證人が代位するには先取特權《さきどりとつけん》即ち法律に定めたる場合にて總ての權利より最《もつと》

も先に取る權利又不動産質權《ふどうさんしちけん》即ち土地家屋等を質に取りたる權利又は抵當權即はち土地家屋を抵當に取りたる權利の登記に其代位したることを附け記したるに非ざれば其先取特權不動産質權又《ふどうさんしちけんまた》抵當權の目的たる不動産が外の人に賣り渡されたるときは債權者の地位に代りて其外の人より不動産を賣り拂ひて自分が拂ひし分を返さしむることを得ざるなり

第二　第三取得者《だいさんしゆとくしや》即ち抵當等《ていたうとう》に差入《さしい》れたる土地を買《か》ひて其の抵當に背負《せお》ひし債務を支拂ひたるものは其債務を支拂ひたる金に付き假令保證人あるも債權者の地位に代りて即ち代位にて保證人に償《つくなひ》を求むれることを得ず其れは抵當に入れたる土地を買ひて債務を支拂ふに至りたるものは自分の落ち度なればなり

第三　抵當等の付き居る土地を買ひたるもの丶數人中の一人が債務を支拂ひたるときには土地を買ひたる其價に割合《わりあふ》ふに非ざれば第三得取者即ち土地を買ひたる外の者に向ふて債權者の地位に代りて償ひを求むることを得ざるべし

第四　右第三號の規則は自分《じぶん》の財産即ち土地又は家屋を他人の債務即ち借錢《しやくせん》の擔保即ち引當にしたる者の數人ありて其内の一人が債務を支拂ひたるときは之を準用す

第五　保證人〆自分《じぶん》の財産家屋《さいさんかをく》及び土地を以《もつ》て他人の借金《しやくきん》の引當てにしたるものとの間に於ても其人數ずに割り合ふになければ債權者の地位に代ることを得ず併し自分

の土地家屋を以て他人の借金の引當に爲したるもの五六人あるときは保證人の支拂ふべき分を除き去り其殘りたる高にて各々の財產の價に割合ふにあらざれば此等の者に向ふて代位することを得ざるなり而して右の場合にて其財產が不動產即ち土地又は家屋なるときは此の條の第一號の規則を用ゐるなり

第五百二條　債權《さいけん》ノ一部ニ付キ代位辨濟《べんさい》アリタルトキハ代位者ハ其辨濟シタル價額ニ應シテ債權者ト共ニ其權利ヲ行フ

前項ノ場合ニ於テ債務ノ不履《り》行ニ因ル契約《けいやく》ノ解除ハ債權者ノミ之ヲ請求スルコトヲ得但代位者ニ其辨濟シタル價額及ヒ其利息ヲ償還スルコトヲ要ス

債權の一部《いちぶ》假令《たとへ》ば一萬圓の貸金中《かしきんちう》五千圓に付支拂を爲し而して債權者の地位に代りたるときは其支拂を爲したるものは五千圓に付て債權者と共に支拂を求むることを得右の場合《ばあひ》に若し債務即ち義務の支拂を爲さゞるときは契約《けいやく》を解《と》くの權利あり此の權利は債權者のみ行《おこな》ふことを得るも債權者の地位《ちゐ》に代りたるものは其の權利なし但し債權者は其支拂《そのしはらひ》の爲め受けたる右五千圓及び其利息を返《かへ》すべし然らざれば不法に與くべからざる益を受くるに至ればなり

第五百三條　代位辨濟ニ因リテ全部《ぜんぶ》ノ辨濟《べんさい》ヲ受ケタル債權者ハ債權ニ

關スル證書《しようしよ》及ヒ其占有ニ在ル擔保物《たんぽぶつ》ヲ代位者ニ交付《こうふ》スルコトヲ要ス

債權ノ一部ニ付キ代位辨濟アリタル場合ニ於テハ債權者ハ債權證書ニ其代位《そのだいゐ》ヲ記入《きにふ》シ且代位者ヲシテ其占有ニ在ル擔保物ノ保存ヲ監督《かんとく》セシムルコトヲ要ス

代位《だい》辨濟《べんさい》即ち他人が債務者の債務を支拂ひたるにより債務の全部《ぜんぶ》の支拂を受けたる債權者は債權に關《くわん》する證書及び債務者より差《さし》入れて一時債權者が所持《しよぢ》する擔保物即ち机なり又衣類《いるゐ》等は債務者の債務を支拂ひたる他人に引渡すこと肝要《かんえう》なりとす

又貸金の一部即ち貸金五千圓の內二千圓に付て代位辨濟ありたる時は債權者は債權の證書に二千圓に付て自分の權利を代位すとの旨を記し且つ其代位者即ち支拂を爲したるものに債權者が所持する債務者より差入れたる引當物を保存即ち破損なき樣監督せしむるなり若し引當物の破損《はそん》あるときは代位者は大に迷惑《めいわく》を受くべきなり

第五百四條　第五百條ノ規定ニ依リテ代位ヲ爲スヘキ者アル場合ニ於テ債權者カ故意《こい》又ハ懈怠《かいたい》ニ因リテ其擔保ヲ喪失《さうしつ》又ハ減少《げんせう》シタルトキハ代位ヲ爲スヘキ者ハ其喪失又ハ減少ニ因リ償還ヲ受クルコト能ハサルニ至リタル限度ニ於テ其責ヲ免ル

第五百條の規則に依り債務を支拂ひ債權者の地位に代るべき者ある場合にも拘《かゝは》らず債權者が故意《こい》即ちわざと又は解怠《かいたい》即ち怠りによりて其引當物《ひきあてもの》を失ひ又は減少《げんしやう》即ち引當物《へきあてもの》の數《かず》を少なくしたるときは代位即ち支拂を爲すべき者は其引當物《ひきあてもの》の失《うしな》ひ又少なくしたる爲めに債務者より償を受くることを能はざるに到りたる分に付き支拂の義務を免かるゝなり

第二款　相殺

相殺《さうさい》とは差引勘定《さしひきかんぢやう》のことにして假令《たとへ》は甲は乙に金五百圓の貸し有り乙は甲より賣上げ金五百圓を受取るの權利あり互に受取るときは無用の手數あるを以て差引を許したるなり

第五百五條　二人互《たがひ》ニ同種《どうしゆ》ノ目的ヲ有スル債務ヲ負擔スル場合ニ於テ雙方《さうはう》ノ債務カ辨濟期ニ在ルトキハ各債務者ハ其《その》對當額《たいたうがく》ニ付キ相殺《さうさい》ニ因リテ其債務ヲ免ルルコトヲ得但債務ノ性質カ之ヲ許ササルトキハ此限ニ在ラス

前項ノ規定ハ當事者カ反對《はんたい》ノ意思ヲ表示《へうじ》シタル場合ニ之ヲ適用セス但其意思表示ハ之ヲ以テ善意ノ第三者ニ對抗スルコトヲ得ス

債權者及び債務者が相互に同じ種類《しゆるゐ》の目的を有する債務即ち各金錢の債務を背負《せを》ふ場合に債權者債務者の債務が皆辨濟期限が來たるときは各債務者は其對當額《たいたうがく》即ち平等《へうどう》の額まで相殺即ち差引勘定《さしひきかんぢやう》によりて其債務を免かるゝことになる併し債務の性質《せいしつ》が相殺を許る

ゝるとき假へば一方の債務が養料《やうりやう》の如きものなるときは各債務を盡さゝるべからず右の規則は當事者即ち關係者が反對《はんたい》の意思《いし》即ち相殺を爲さゝるとの旨を表し示したる時には其の適りにせざるべからず併し其相殺を許さゝるとのことは其許さゝるとのことを以て其事を知らざるものに手向《てむか》ふことを得ざるなり

第五百六條　相殺《さうさい》ハ當事者ノ一方ヨリ其相手方ニ對《たい》スル意思《いし》表示《へうじ》ニ依リテ之ヲ爲ス但其意思表示ニハ條件又ハ期限ヲ附スルコトヲ得ス
前項ノ意思表示ハ雙方ノ債務カ互ニ相殺《さうさい》ヲ爲スニ適《てき》シタル始ニ遡リテ其效力ヲ生ス

相殺即ち差引勘定は關係者の一方より其相手方《あいてかた》即ち他の一人のものに向《むか》ふて表《あらは》し示《しめ》したる考《かんがへ》に依りて爲すも其考を示《しめ》すには條件《でうけん》即ち何某《なにがし》が西洋《せいよう》より歸れば相殺すると云ふ如き又期限《きげん》假へば今より六ケ月後とか云ふ如きものを附けて差引勘定《さしひきかんぢやう》を約することを得ず
右差引勘定を爲すとの約束は關係者兩方《りやうはう》の債務即ち義務が差引勘定を爲すことに成りたる始《はじ》めに遡《さかのぼ》りて差引勘定を爲したることになるなり假へば五月一日に相殺したるも其實《じつ》一月一日に相殺することが備《そなは》りたるときは一月一日より差引勘定したることになる

第五百七條　相殺ハ雙方ノ債務《さいむ》ノ履《り》行地《かうち》カ異ナルトキト雖モ之ヲ爲スコトヲ得但相殺ヲ爲ス當事者ハ其相手方ニ對シ之ニ因リテ生シタル

損害ヲ賠償スルコトヲ要ス
相殺なるものは關係者《くわんけいしや》両方《りやうはう》の債務を行《おこな》ふ地が異《こと》なるとき假令《たとへ》ば一方は長崎《ながさき》一方は大阪なるときと雖ども爲すことを得る所《しか》し相殺によりて一方のものに損害《そんがい》あるときは其損害の賠償を求むることを得るなり

第五百八條　時效《じかう》ニ因リテ消滅《せうめつ》シタル債權カ其消滅以前ニ相殺ニ適シタル場合ニ於テハ其債權者ハ相殺ヲ爲スコトヲ得
時效《じかう》と云ふものによりて一方の債權が消《き》へたる時にて其消ゆる前に差引勘定に適《かな》ひたる場合即ち差引勘定を爲すことが出來たる時には其債權者は差引勘定を爲すことを得べし

第五百九條　債務カ不法行爲《ふはふかうい》ニ因リテ生《しやう》シタルトキハ其債務者ハ相殺ヲ以テ債權者ニ對抗スルコトヲ得ス
債務即ち義務が不法行爲《ふはふかうい》假令《たとへ》ば或人を殺すべし金五百圓を與へるとの約束により成立ちたるときには其債務者は其債權者即ち右五百圓を與へると云ひたるものは其五百圓を受くるものに差引勘定あるとて手向ふことを得ざるなり

第五百十條　債權カ差押《さしおさへ》ヲ禁《きん》シタルモノナルトキハ其債務者ハ相殺ヲ以テ債權者ニ對抗スルコトヲ得ス
債權が差押《さしおさへ》即ち誰にも賣り渡《わた》すことも出來ず又取立ても出來ざる樣《やう》になすことを禁《きん》じ止《とど》

めたるときは其債務者と差引勘定があるとて債權者の債權の返濟方を彼れ此れと云ふことを得ざるなり

第五百十一條　支拂《しはらひ》ノ差止《さしとめ》ヲ受ケタル第三債務者ハ其後ニ取得《しゆとく》シタル債權ニ依リ相殺ヲ以テ差押債權者ニ對抗スルコトヲ得ス

債權者に支拂ふことを得ずとの差《さ》し止《と》めを受けたる第三債務者卽ち三番目の借り主は其差止《さしとめ》められたる後に其債權者に貸金が出來たれば差引勘定あるとて其を以て差押《さしおさへ》債權者に支拂ふことが出來ずして其差押に手向《てむか》ふことを得ざるなり

第五百十二條　第四百八十八條乃至第四百九十一條ノ規定ハ相殺ニ之ヲ準用ス

第四百八十八條より第四百九十一條までの條は差引勘定に當て箝めるべし就て見るべし

第三款　更改《かうかい》

更改とは義務を改めると云ふことにして詳しきは本文を見るべし

第五百十三條　當事者カ債務ノ要素《えうそ》ヲ變更《へんこう》スル契約《けいやく》ヲ爲シタルトキハ其債務ハ更改ニ因リテ消滅ス

條件附債務ヲ無條件債務トシ、無條件債務ニ條件ヲ附シ又ハ條件ヲ變更《へんこう》スルハ債務ノ要素《えうそ》ヲ變更スルモノト看做ス債務ノ履行ニ代ヘテ

爲替手形ヲ發行スル亦同シ

關係者が債務則ち義務の要素《ようそ》即ち債權者債務者或は原因目的《げんいんもくてき》を變《へん》ずるの約束を爲すときは其義務は更改と云ふものにより消え新らしき義務が出來るなり
條件附債務即ち雨降《あめふ》れば家屋を建つるとの義務を無條件債務假令《たとへ》ば只《たゞ》家屋を建つるとの義務となし又無條件債務に條件を附けるか又之條件を變更《へんかう》即ち雨降《あめ》ばとの條件を何某が死亡《しばう》せばとに代へるは債務の要素《ようそ》即ち根本《こんぽん》を代へるものと看做《みな》す又債務の履行《りかう》即ち義務を返へす代りに爲替手形《かはせてがた》即ち手形の書き付けと引替《ひきかへ》にて金の支拂をなすものを發《はつ》し行《おこな》ふときも亦債務の要素《ようそ》を代へたるものと看做すなり

第五百十四條　債務者ノ交替《かうたい》ニ因ル更改《かうかい》ハ債權者ト新債務者トノ契約ヲ以テ之ヲ爲スコトヲ得但舊債務者《きうさいむしや》ノ意思ニ反《はん》シテ之ヲ爲スコトヲ得ス

債務者の交替《かうたい》即ち甲なる債務者に乙なるものとか代るにより更改《かうかい》が生《しやう》ず其更改は債權者と新債務者《しんさいむしや》即ち右乙なるものとの契約にてなすことを得併し舊債務者《きうさいむしや》が乙なるものと代るを好《この》まざるときは更改《かうかい》は出來ざるなり

第五百十五條　債權者ノ交替《かうたい》ニ因ル更改ハ確定日附《かくていひづけ》アル證書《しやうしよ》ヲ以テスルニ非サレハ之ヲ以テ第三者ニ對抗スルコトヲ得ス

債權者の代《かは》るにより出來《でき》る更改は確定日《かくていひ》附《つけ》ある證書《しようしよ》即ち確《たしか》なる日のある證書假令《たとへ》ば公證《こうしよう》人《にん》の造《つく》りたる證書の如きものあるに非《あら》ざれば債務《さいむ》更改《かうかい》ありたるとて關係者外の人より債務の支拂《しはらひ》を差止《さしと》むるも其差止を退《しりぞ》くるを得ざるべし

第五百十六條　第四百六十八條第一項ノ規定ハ債權者ノ交替ニ因ル更改ニ之ヲ準用ス

第四百六十八條第一項の規則は債權者《さいけんしや》か代《かは》りたるにより出來《でき》る處《ところ》の更改《かうかい》に之を用ゆ併《しか》し

第四百六十八條第一項を見るべし

第五百十七條　更改《かうかい》ニ因リテ生《しやう》シタル債務カ不法《ふはふ》ノ原因《げんいん》ノ爲メ又ハ當事者ノ知ラサル事由ニ因リテ成立セス又ハ取消サレタルトキハ舊債務ハ消滅セス

更改なるものによりて生じたる債務即ち第二の義務か不法《ふはふ》の原因假令《げんいんたとへ》ば何某《なにがし》の妻《さい》を強姦《がうかん》せば云々との爲め又は更改に關係したる者が知らざる譯けの爲め義務が出來せず又も義務一旦成立《いつたんなりた》ちたるも取消《とりけ》されたるときは舊債務《きうさいむ》は消滅《せうめつ》せず即ち更改は出來ざるなり

第五百十八條　更改《かうかい》ノ當事者ハ舊債務ノ目的ノ限度《けんと》ニ於テ其債務ノ擔保ニ供シタル質權《しちけん》又ハ抵當權《ていたうけん》ヲ新債務ニ移《うつ》スコトヲ得但第三者カ之ヲ供シタル場合ニ於テハ其承諾ヲ得ルコトヲ要ス

更改《かうかい》に關係《くわんけい》したる者は舊債務《きうさいむ》の目的の限度《げんど》假令《たとへ》ば舊債務の高《たか》五千圓なれば其五千圓の高に於て擔保《たんぽ》即ち引當にしたる質權《しちけん》又抵當《ていたう》の權を新債務に移《うつ》し廻《まは》すことを得併し其れは關係者が差出《さしだ》したる引當物《ひきあてもの》のときなれども若し其差出したるものが第三者なるときは其第三者の承諾《しやうだく》即ち許《ゆる》し得ざるべからざるなり

第四款　免除

免除《めんじよ》とは債務者が債務を免がるゝことにして是れも亦債權が消ゆる一なり

第五百十九條　債權者《さいけんしや》カ債務者ニ對シテ債務《さいむ》ヲ免除《めんじよ》スル意思ヲ表示シタルトキハ其債權ハ消滅ス

債權者假《たと》へば金を貸したるものが其債務者即ち金を借り居るものに其債務を免除《めんぢよ》する意《い》思即ち其金を返濟《へんさい》するに及《およ》ばずとの考《かんがへ》を表《あらは》し示《しめ》したるときは其債權は消ゆるなり

第五款　混同

混同とは債權者と債務者との身分《みぶん》が混同即ち合《がつ》することにして是れも債權消滅の一なり

第五百二十條　債權及ヒ債務カ同一《どういつ》人《にん》ニ歸《き》シタルトキハ其債權《さいけん》ハ消滅ス

但其債權カ第三者ノ權利ノ目的タルトキハ此限ニ在ラス

債權なり及び債務が同じ一人の所有に成るとき假令ば甲も債權者なり乙は債務者なる場

合に甲が乙の相續《さうぞく》を爲すか又《また》乙が甲の相續人《さうぞくにん》となるときは其債權は消《き》え從《したがつ》て債務も消ゆることゝなるべし

併《しか》し其債權が第三者即ち債權者《さいけんしや》外のものが目的《もくてき》として或事柄《あることがら》を爲すべきときて假令《たとひ》身分《みぶん》の混合《こんごう》あるも消滅《せうめつ》せざるなり

第二章　契約

契約とは約束にして或る物を賣り買ひすると申出づるものあるとき之れを承知《しやうち》するときは契約《けいやく》が出來《でき》たるなり

第一節　總則

契約に關《くわん》する總《すべ》ての規則を此の節《せつ》に記《しる》し上げたり

第一款　契約《けいやく》ノ成立《せいりつ》

此の款《くわん》には契約即ち約束の出來《でき》上る規則《きそく》を定《さだ》めたり

第五百二十一條　承諾《しやうだく》ノ期間《きかん》ヲ定メテ爲シタル契約《けいやく》ノ申込《まうしこみ》ハ之ヲ取消スコトヲ得ス

申込者カ前項ノ期間内ニ承諾ノ通知ヲ受ケサルトキハ申込ハ其效力ヲ失フ

一ッの家屋《かおく》を汝《なんぢ》に賣渡《うりわた》すに付き買受くるや否《いな》や三十日内に返事《へんじ》をなすべしとの約束取結

びの申込《まうしこみ》をなすときは三十日内は其申込《そのまうしこみ》を取消《とりけ》すことを得ざるべし
然れども右申込者が右の期限内《きげんない》に家屋《かをく》を買《か》ふべき通知《つうち》即ち返事《へんじ》を受けざるときは其申込は何等《なんら》の役《やく》にも立たざるなり

第五百二十二條　承諾《しやうだく》ノ通知カ前條ノ期間後《きかんご》ニ到達《とうたつ》シタルモ通常ノ場合ニ於テハ其期間内ニ到達スヘカリシ時ニ發送シタルモノナルコトヲ知リ得ヘキトキハ申込者ハ遲滯《ちたい》ナク相手方ニ對シテ其延著《えんちやく》ノ通知ヲ發スルコトヲ要ス但其到達前ニ遲延ノ通知ヲ發シタルトキハ此限ニ在ラス
申込者カ前項ノ通知《つうち》ヲ怠《おこた》リタルトキハ承諾ノ通知ハ延著《えんちやく》セサリシモノト看做ス

前條の申込《まうしこみ》に係《かゝ》る通知《つうち》が前條の期間後《きかんご》假令《たとへ》ば前の例《れい》への三十日の後《のち》に申込たる人に達《たつ》したると雖ども通常《つうじやう》は右三十日内に達すべきものなりし時に通知《つうち》を出したるものなることが知れるときは契約の申込人は遲滯《ちたい》なく即ち早速《さうそく》に相手方《あいてかた》なる通知をなしたるものに其通知が延着《えんちやく》したることの知らせを出《だ》すことが必要《ひつえう》なり併し其申込を受けたるもの丶通知が達《たつ》する前に遲延《ちえん》する旨《むね》の知らせを出したるときは別段《べつだん》なり
申込人が右の通知を怠《おこた》りたるとき假令《たとへ》ば申込を受けたるもの丶承諾《しやうだく》の通知が延着《えんちやく》したり

との知らせを出さゞるときは申込を受けたるものゝ通知は延着せざるものと看做すべし

若し延着したるならば其事を申出でたるならんとの理屈《りくつ》なり

第五百二十三條　遲延《ちえん》シタル承諾ハ申込者ニ於テ之ヲ新《あらた》ナル申込ト看做スコトヲ得

申込に付ての承知が其期限に後《おく》れたるときは契約取結《とりむす》びの申込者《まうしこみしや》に於ては其後れたる申込を新なる申込みとなすことを得るなり

第五百二十四條　承諾ノ期間ヲ定《さだ》メスシテ隔地者《かくちしや》ニ爲シタル申込ハ申込者カ承諾ノ通知ヲ受クルニ相當ナル期間之ヲ取消スコトヲ得ス

或る契約《けいやく》に付き承諾《しようだく》する期限を定《さだ》めずして隔地者《かくちしや》即ち居所《きよしよ》の離《はな》れたる者に爲したる申込《まうしこみ》は其契約を申込みたるものは其申込を受けたるものより承諾したるとの通知を受くるに相當《さうたう》即ち善加減《よいかげん》の期間《きかん》即ち時日を與へ其期限内は其申込を取消すことを得ざるなり而して善加減の期限《きけん》とは場合《ばあひ》によりて之を定《さだ》むるの外《ほか》なきなり

第五百二十五條　第九十七條第二項ノ規定ハ申込者カ反對ノ意思ヲ表示シ又ハ其相手方カ死亡《しばう》若クハ能力喪失《のうりよくそうしつ》ノ事實《じじつ》ヲ知リタル場合ニハ之ヲ適用セス

第九十七條第二項に定むる規則を契約の申込者《まうしこみしや》即ち約束《やくそく》の取結《とりむす》びを求《もと》むるものが同條第

二項の反對《はんたい》の意《い》を表《あら》わし又は其相手方即ち申込を受けたるものが死亡《しばう》し又能力喪失《のうりよくさうしつ》即ち人間一人前《にんげんいちにんまへ》の智識《ちしき》を失ひたるとの事實《じじつ》即ち事の實際《じつさい》を知りたる場合にて用ゐず同條を見よ

第五百二十六條　隔地者間《かくちしやかん》ノ契約《けいやく》ハ承諾ノ通知ヲ發シタル時ニ成立《せいりつ》ス

申込者ノ意思表示又ハ取引上《とりひきじやう》ノ慣習《くわんしう》ニ依リ承諾ノ通知ヲ必要トセサル場合ニ於テハ契約ハ承諾ノ意思表示ト認ムヘキ事實アリタル時ニ成立ス

相互《あいたがひ》に遠《とほ》くに居《を》る者の間《あひだ》に取結《とりむす》びたる契約は承諾《しようだく》即ち申込を承知《しようち》したりとの通知《つうち》を出《いだ》したる時に成《な》り立つ即ち契約は二人以上《にんいじやう》の考《かんが》へが合《あ》ふたるものなればなり

契約を申込みたるものゝ意《い》を表《あらは》し又は商《あきな》ひ取引上《とりひきじやう》の習慣《しうくわん》によりて申込者に向て承知するに及《およ》ばざる場合に於ては契約は此れにて承諾《しやうだく》ゑたるものとの事實《じじつ》を認《みと》むれば其時に契約は成り立つべし

第五百二十七條　申込ノ取消《とりけし》ノ通知カ承諾ノ通知《つうち》ヲ發《はつ》シタル後ニ到達《たうたつ》シタルモ通常ノ場合ニ於テハ其前ニ到達スヘカリシ時ニ發送シタルモノナルコトヲ知リ得ヘキトキハ承諾者ハ遅滞《ちたい》ナク申込者ニ對シテ

其延著《えんちやく》ノ通知ヲ發《はつ》スルコトヲ要ス
承諾者カ前項ノ通知ヲ怠リタルトキハ契約ハ成立セサリシモノト見做ス
契約取結《けいやくとりむす》びの申込を取消《とりけ》すべき通知《つうち》が約束《やくそく》申込を承知《しようち》したるとの知らせを出したる後《のち》に着《ちやく》したるも通常《つうじやう》の時は其申込《そのまうしこみ》を取消すべき通知《つうち》の前に着《ちやく》すべきものなるときに後《おく》れたるものなることが知れ得るときも申込《まうしこみ》を承知するものは早速《さつそく》に申込みたるものに向《む》かて其申込取消《とりけし》が延着《えんちやく》したることの通知を出《いだ》すことが必要《ひつよう》なり
契約申込を承諾するものが右の知らせを怠りたるときは契約は成り立たざるものと看做す即ち双方《さうはう》の承知がなければなり
第五百二十八條　承諾者カ申込ニ條件ヲ附シ其他變更ヲ加ヘテ之ヲ承諾シタルトキハ其申込ノ拒絶《きよぜつ》ト共ニ新《あらた》ナル申込ヲ為シタルモノト看做ス
相手《あひて》方が契約の取結《とりむす》の申込に向《むか》ふて條件《でうけん》を附し假令《たとへ》ば自分の家屋《かおく》が一萬圓にて三十日間に賣れるときは契約の申込を承知するとか其他申込たる代價を減少《げんせう》して承諾したるときは其申込を拒絶《きよぜつ》即ち退けられたるものと看《み》做し此《これ》と共《とも》に新《あらた》に申込をなしたるものと看做すべし

第五百二十九條　或行爲《あるかうい》ヲ爲シタル者ニ一定ノ報酬《はうしう》ヲ與《あた》フヘキ旨《むね》ヲ廣告シタル者ハ其行爲ヲ爲シタル者ニ對シテ其報酬ヲ與フル義務ヲ負フ

或行爲《あるかうい》を爲したる者假令《たとへ》ば或る新聞紙《しんぶんし》の切拔《きりぬき》を持參《ぢさん》するものに一定の報酬《はうしう》即ち無料《むりやう》にて病氣診察《しんさつ》を爲すとの旨《むね》を新聞紙《しんぶんし》其外《ほか》のものにて廣告《くわうく》したる者は其行爲即ち切拔《きりぬき》きを持參《ぢさん》したるものに向《むか》ふて其報酬《はうしう》即右《みぎ》の無料診察《むりようしんさつ》をなす義務を盡くさゞるべからず

第五百三十條　前條ノ場合ニ於テ廣告者《くわうこくしや》ハ其指定《してい》シタル行爲ヲ完了《くわんれう》スル者ナキ間ハ前ノ廣告ト同一ノ方法ニ依リテ其廣告ヲ取消スコトヲ得但其廣告中ニ取消ヲ爲ササル旨ヲ表示シタルトキハ此限ニ在ラス

前項ニ定メタル方法ニ依リテ取消ヲ爲スコト能ハサル場合ニ於テハ他ノ方法ニ依リテ之ヲ爲スコトヲ得但其取消ハ之ヲ知リタル者ニ對シテノミ其效力ヲ有ス

廣告者カ其指定シタル行爲ヲ爲スヘキ期間ヲ定メタルトキハ其取消權ヲ拋棄《はうき》シタルモノト推定《すいてい》ス

前條即ち第五百二十九條の場合《ばあひ》にて其廣告《そのくわうこく》を爲したるものは廣告にて其指し定めたる行

爲前條の例《れい》にて例へば新聞の切拔《きりぬき》を爲すもの無き間《あいだ》は廣告したるときと同じ方法《はうはふ》仕方《しかた》によりて先きに廣告したる事《こと》を取消《とりけ》することを得《う》併《しか》し廣告の中《うち》に取消《とりけし》を爲さゝる旨《むね》を表《あらは》し示《しめ》したるときて廣告によりて取消《とりけ》すことを得ざるなり

右《みぎ》に定《さだ》めたる仕方《しかた》に依りて取消《とりけし》を爲すことが出來ざる時には外《ほか》の仕方《しかた》によりて取消を爲すことを得《う》併《しか》し其取消は其取消を爲したることを知り居《を》るものに向《むか》ふて取消すことが出來るのみなり

廣告したるものが其《その》指《さ》し定《さだ》めたる行爲《かうゐ》假令《たとへ》ば何々《なにく》の事をなすべき期間《きかん》即ち時日《じじつ》を定めたるときは廣告取消《とりけし》の權《けん》を拋棄《はうき》即ち捨《す》てたるものと推《を》し定《さだ》む併し反對《はんたい》の証據《しやうこ》あるときは取消權を捨てざるものと爲すべし

第五百三十一條　廣告ニ定メタル行爲ヲ爲シタル者數人アルトキハ最初ニ其行爲ヲ爲シタル者ノミ報酬《はふしう》ヲ受クル權利《けんり》ヲ有ス

數人カ同時ニ右ノ行爲ヲ爲シタル場合ニ於テハ各平《かくべう》等《どう》ノ割合《わりあい》ヲ以テ報酬ヲ受クル權利ヲ有ス但報酬カ其性質上分割ニ不便ナルトキ又ハ廣告ニ於テ一人ノミ之ヲ受クヘキモノトシタルトキハ抽籤《ちうせん》ヲ以テ之ヲ受クヘキ者ヲ定ム

前二項ノ規定《きてい》ハ廣告中ニ之ニ異ナリタル意思《いし》ヲ表示シタルトキハ之

ヲ適用セス

或る行爲《かうい》を爲すときは何程《なにほど》かの報酬《はうしう》を與《あた》ふるもの廣告《こうこく》を爲したるときに其行爲《そのかうゐ》を爲したる者《もの》五六人もあるときは最初《さいしよ》即ち第一番に其行爲《かうい》を爲したるもの丈《だ》け其報酬《はうしう》を受取《うけと》るの權利あり蓋し當《あた》り前《まへ》の事と謂《い》ふ可《べ》し五六人のものが同《おな》じ時に右《みぎ》の行爲《かうい》を爲したる時には各《おの〱》平等《べうどう》の割合《わりあひ》にて報酬《はうしう》を受くる權利有り例《たと》へば五百圓の報酬にして行爲を爲したるもののあるときは百圓宛《づゝ》に當《あた》るべし併し報酬が性質上分割《せいしつじやうぶんかつ》に不便《ふべん》なるとき假令《たとへ》ば一匹《いつぴき》の馬《うま》の如きものなるとき又廣告《またこうこく》にて一人丈《いちにんだ》けが報酬を受《う》くべきものとなしたるときは抽籤《ちうせん》卽ち籤《くじ》にて受くるものを定《さだ》むるなり

然れども右《みぎ》の規則は廣告中《こうこくちう》に之れに異《こと》なる事柄《ことがら》が表《あらは》したるときも右の規則に依るに及はざるなり蓋《けだ》し當事者の意は自由《じゆう》なるが故なり

第五百三十二條　廣告ニ定メタル行爲ヲ爲シタル者數人アル場合ニ於テ其優等者《いうとうしや》ノミニ報酬《はうしう》ヲ與フヘキトキハ其廣告ハ應募《おうぼ》ノ期間《きかん》ヲ定メタルトキニ限リ其效力ヲ有ス

前項ノ場合ニ於テ應募者《おうぼしや》中何人ノ行爲カ優等《いうとう》ナルカハ廣告中ニ定メタル者之ヲ判定ス若シ廣告中ニ判定者ヲ定メサリシトキハ廣告者之ヲ判定ス

應募者ハ前項ノ判定ニ對シテ異議ヲ述フルコトヲ得ス

數人ノ行爲カ同等ト判定セラレタルトキハ前條第二項ノ規定ヲ準用ス

廣告《くわうこく》に定めたるある行爲《かうい》を爲したるものが五六人ある時に其五六人中《ちう》の優等者《いうとう》即ち第一の行爲が善《よ》きものに報酬《はうしう》を與《あた》ふるときは其廣告は應募《おうぼ》の期間《きかん》即ち行爲を爲すべき日限《にちげん》を定めたるときに限りて其廣告は廣告たるべき效あり

右優等者《みぎいうとうしや》に報酬を與《あた》ふる場合《ばあひ》にて行爲《かうい》の募《つの》りに應《おう》じたる者の中《うち》にて何《いづ》れの人が優等《いうとう》なるやは廣告の中《うち》に其れを判斷《はんだん》するものを定めたるときは其者が優等者を定《さだ》むれども若し廣《こう》告《こく》の中《うち》に優等者《いうとうしや》を判斷《はんだん》するものを定めざるときは廣告を爲したるものが之を判斷《はんだん》すべし

右の廣告中《くわうこくちう》に優等者を定むるものを定《さだ》めたるときに其者若し判《はん》ヒ定めざるときは廣告者が此れを判定《はんてい》す此時には行爲の募《つのり》に應《おう》じたるもの其判定は不公平《ふこうへい》とて苦情《くじやう》を述ぶることを得ざるべし何となれば判定者を信じて募に應じたればなり

五六人の行爲《かうい》が同じものと判定《はんてい》せられたるときに於《おい》ては前條即ち第五百三十一條の第二項の規則《きそく》を用《もち》ゐて報酬《はうしう》も平等《べうどう》の割合《わりあひ》を以て與《あた》ふるなり

第二款　契約ノ效力

契約即ち約束するときは如何なる效《かう》即ち事《こと》が生《しやう》するやを此の欵《くわん》に定めたり

第五百三十三條　雙務契約當事者《さうむけいやくたうじしや》ノ一方ハ相手方カ其債務ノ履行《りかう》ヲ提供《ていきやう》スルマテハ自己《じこ》ノ債務ノ履行ヲ拒《こば》ムコトヲ得但相手方ノ債務カ辨濟期ニ在ラサルトキハ此限ニ在ラス

雙務《さうむ》契約《けいやく》即ち物を賣り買《う》ひする如き約束の關係者《くわんけいしや》の一方は相手方が其背負《せお》ふ所の債務を盡《つく》すべきことを申出《もうしい》づるまでは自分《じぶん》の債務を盡《つく》すを拒《こば》むことを得《う》併し相手方《あひてかた》の債務の支拂を爲すべき期日が未だ來らざるときは自分の債務を盡すを拒むに及ばざるべし

第五百三十四條　特定物《とくていぶつ》ニ關《くわん》スル物權ノ設定《せつてい》又ハ移轉《いてん》ヲ以テ雙務契約ノ目的ト爲シタル場合ニ於テ其物カ債務者ノ責ニ歸スヘカラサル事由ニ因リテ滅失《めつしつ》又ハ毀損《きそん》シタルトキハ其滅失又ハ毀損ハ債權者ノ負擔ニ歸ス

不特定物ニ關スル契約ニ付テハ第四百一條第二項ノ規定ニ依リテ其物カ確定《かくてい》シタル時ヨリ前項ノ規定ヲ適用ス

雙務《さうむ》契約《けいやく》即ち關係者兩方《くわんけいしやりやうはう》に義務ある約束の目的物《もくてきぶつ》が特定物《とくていぶつ》即ち此時計《とけい》又は此家屋《かおく》と云ふ如きものに關《くわん》する物權の設定《せつてい》例へば右《みぎ》の家屋《かをく》を抵當《ていたう》に入れたる如き右等の品物を賣渡したるときに於て其物が債務者の過ならざる火災《くわさい》の爲めに滅失《めつしつ》又は破損《はそん》したるときは其損

害は債權者が負はざるべからず
不特定物《ふとくていぶつ》即ち米一石の如き土地一反と云ふがごとき何れの土地何れの土地と云ふは分からぬ物に關する約束に付ては第四百一條第二項の規則により其不特定物が確定《かくてい》即ち其物を指定《してい》したる時より一項の規則を用ゐて滅失《めつしつ》又は毀損《きそん》したるときの責《せめ》は債權者之を負はざるべからず

第五百三十五條　前條ノ規定ハ停止《ていし》條件《でうけん》附《つき》雙務《さうむ》契約《けいやく》ノ目的物カ條件ノ成否《せいひ》未定《みてい》ノ間ニ於テ滅失《めつしつ》シタル場合ニハ之ヲ適用セス
物カ債務者ノ責ニ歸スヘカラサル事由ニ因リテ毀損シタルトキハ其毀損《きそん》ハ債權者ノ負擔ニ歸ス
物カ債務者ノ責ニ歸スヘキ事由ニ因リテ毀損シタルトキハ債權者ハ條件成就ノ場合ニ於テ其選擇《せんたく》ニ從ヒ契約ノ履行《りかう》又ハ其解除《かいぢよ》ヲ請求スルコトヲ得但損害賠償ノ請求ヲ妨ケス

前條の規則即ち物の滅失《めつしつ》又は毀損《きそん》に關する規則は停止條件附雙務契約《ていしでうけんつきさうむけいやく》の目的物假令ば自分が東京へ轉住《てんぢう》したる時は自分の家屋を汝に賣渡《うりわた》すべしと契約を爲したるときに其家屋《そのかをく》が條件《でうけん》の成否《せいひ》未定《みてい》の間《あひだ》即ち未《いま》だ東京へ轉住《てんぢう》するや否《いな》や定まらざる間に滅失《めつしつ》したる時にはあてはめざるなり此れ所有權《しよゆうけん》未《いま》だ確定《かくてい》せざればなり

物が債務者の知らざる事によりて例へば火災等《くわさいとう》の爲めに毀《こぼ》れ損《そん》じたるときは債權者の損となる此れ其物が債權者のものとなるべければなり

又物が債務者の過失《くわしつ》即ち落ち度《ど》によりて毀《やぶ》れ損《そん》じたるときは債務者は後日條件成就《じやうじゆ》即ち前の例にて東京へ轉住することになりたる時に於て債權者の選びにより契約を行はしむるか又其契約を解き除《のぞ》くことを求《もと》むるを得《う》併《しか》し損害あるときは其償《そのつぐな》ひを求ることは差支なし

第五百三十六條　前二條ニ掲ケタル場合ヲ除《のぞ》ク外《ほか》當事者雙方ノ責《せめ》ニ歸スヘカラサル事由ニ因リテ債務ヲ履行《りかう》スルコト能ハサルニ至リタルトキハ債務者ハ反對《はんたい》給付《きふ》ヲ受クル權利ヲ有セス

債權者ノ責ニ歸スヘキ事由ニ因リテ履行ヲ爲スコト能ハサルニ至リタルトキハ債務者ハ反對《はんたい》給付《きふ》ヲ受クル權利ヲ失ハス但自己ノ債務ヲ免レタルニ因リテ利益ヲ得タルトキハ之ヲ債權者ニ償還スルコトヲ要ス

前二條即ち第五百三十四條及び第五百三十五條の規則を除《のぞ》く外《ほか》にて關係者《くわんけいしや》雙方の責《せめ》と爲すべからざる事によりて債務を行《おこな》ふことが出來ざることゝなるときは債務者は反對給付《はんたいきふ》即ち家屋を引渡すことが出來ざるときは其代價を受くる權利なし又代價を支拂ふことが

出來ざるときは家屋の引渡を受くる權利はあらざるなり
又債務者の落《お》ち度《ど》によりて債務を盡《つく》すことが出來ざるに至《いた》りたるときは債務者は反對給《はんたいきう》付《ふ》即ち債務者より支拂ふものを受くる權利は失《うしな》はざるべし何《なん》となれば債務者は自分《じぶん》の落《お》ち度《ど》を爲し尙《な》は其上債務《そのうへさいむ》を免《まぬ》かゝることを得ざるなり但し債務者自分の債務を盡くすことを免かれたるによりて利益を得たるときは其れは債權者に還へさゝるべからず

第五百三十七條　契約《けいやく》ニ依リ當事者ノ一方カ第三者ニ對シテ或給付《あるきうふ》ナ爲スヘキコトテ約シタルトキハ其第三者ハ債務者ニ對シテ直接《ちくせん》ニ其給付ヲ請求スル權利ヲ有ス
前項ノ場合ニ於テ第三者ノ權利ハ其第三者カ債務者ニ對シテ契約ノ利益《りえき》ヲ享受《きやうじゆ》スル意思ヲ表示シタル時ニ發生ス

契約によりて契約關係者《くわんけいしや》の一方が第三者即ち契約者外《けいやくしやぐわい》の者に或る給付《きうふ》仮令ば甲は乙に一つの家屋《かおく》を建《た》つる義務を負《お》ひ其代《かは》りに乙は丙に五百圓の金《きん》を與《あた》へることを約したるときは其五百圓を受くる丙は債務者たる乙に向《なめ》ふて直接《ちよくせつ》に其五百圓を求《もと》むる權利有るなり一
右《みぎ》の場合《ばあひ》にて第三者即ち右丙の權利は何《いつ》れの時に生《しやう》ずるかと云ふに丙か債務者即ち乙に向ふて契約したる處《ところ》の利益《りえき》即ち右《みぎ》の五百圓を受《う》くる思ひを表《あらは》したる時に生《しやう》ずるなり

第五百三十八條　前條ノ規定ニ依リテ第三者ノ權利カ發生シタル後ハ

當事者ハ之ヲ變更《へんかう》シ又ハ之ヲ消滅《せうめつ》セシムルコトヲ得ス

第五百三十七條の規則により第三者即ち契約者外《ぐわい》の者の權利《けんり》發《はつ》したる後即ち利益《りゑき》を受くる思《おもひ》を表《あらは》したる後は關係者《くわんけいしや》は其事を變更《へんかう》し又は消滅《せうめつ》せしむることを得《え》ず蓋《けだ》し第三者が利益を受くることを承知したる上は最初《さいしよ》の關係が一變《いつぺん》したる故なり

第五百三十九條　第五百三十七條ニ揭ケタル契約《けいやく》ニ基因《きいん》スル抗辯《かうべん》ハ債務者之ヲ以テ其契約ノ利益ヲ受クヘキ第三者ニ對抗スルコトヲ得

第五百三十七條に記《しる》せる契約に基《もとづ》きたる抗辯《かうべん》即ち言《い》ひ譯《わ》けて債務者が其契約によりて利益を受くる第三者に對抗《たいかう》して汝は利益《りゑき》を受くることの承諾《しよくだく》を爲さゞれば其利益を與ふることを得ずと申立つることを得るなり

第三款　契約ノ解除

契約の解除《かいぢよ》とは一旦約束《いつたんやくそく》したるも其約束を止めることとなり其解除する場合は此の款の各條々にあれば茲《こゝ》にて其場合を略《りやく》す

第五百四十條　契約《けいやく》又ハ法律《はふりつ》ノ規定ニ依リ當事者ノ一方カ解除權《かいぢよけん》ヲ有スルトキハ其解除ハ相手方ニ對スル意思表示ニ依リテ之ヲ爲ス

前項ノ意思表示ハ之ヲ取消スコトヲ得ス

契約即ち約束にて斯《か》く〳〵の時にて契約を解除《かいぢよ》するとし又は法律に其解除する場合を定

めたるときに關係者《くわんけいしや》の一人《いちにん》が契約を止《や》めるの權即ち解除權《かいぢよけん》を有するときは相手の者に解除を爲すとの旨《むね》を表《あらは》すことにより契約を止むるなり

右の契約解除の意思《いし》即ち考《かんがへ》を表《あらは》し示《しめ》したるときは取消すことを得《え》ず取消すことを自由《じゆう》にするときは關係者外《くわんけいしやぐわい》のものが害《がい》を受くるに至《いた》ればなり

第五百四十一條　當事者ノ一方カ其債務ヲ履行セサルトキハ相手方ハ相當《さうたう》ノ期間《かん》ヲ定メテ其履行ヲ催告《さいこく》シ若シ其期間內ニ履行ナキトキハ契約ノ解除ヲ爲スコトヲ得

契約者の一方《いつぱう》のものが其背負《せお》ひ居る債務を行《おこな》はざるも他の一方《いつぱう》のものが背負ひ居る債務を行《おこな》はざるべからざるときは不公平《ふこうへい》なるを以《もつ》て相當《さうとう》即ち善加減《よいかげん》の時日《じじつ》を定めて其債務を行《おこな》ふべきを催告《さいこく》し仮令《たとへ》ば汝《なんぢ》が債務は本日より二十日間《かん》に行《おこな》ふべしとの旨《むね》を催促《さいそく》し其二十日が立《た》つも行《おこな》はざるときは契約を解《と》き止《や》むることを得るなり

第五百四十二條　契約ノ性質《せいしつ》又ハ當事者ノ意思表示ニ依リ一定《いつてい》ノ日時又ハ一定ノ期間內ニ履行ヲ爲スニ非サレハ契約ヲ爲シタル目的《もくてき》ヲ達スルコト能ハサル場合ニ於テ當事者ノ一方カ履行ヲ爲サスシテ其時期ヲ經過《けいくわ》シタルトキハ相手方ハ前條ノ催告《さいこく》ヲ爲サスシテ直チニ其契約ノ解除ヲ爲スコトヲ得

此の條は前條の如《ごと》くに催促《さいそく》を爲《な》さずして契約を止むることの規則なり即ち契約の性質《せいしつ》假令《たとへ》ば賣買《ばいばい》の如《ごと》き兩方《りやうはう》に義務ある契約の如く又契約者の約束により一定の時日即ち何日とて極《き》まりたる日又は一定《いつてい》の期間內《きかんない》即ち三十日の間は債務を行《おこな》はざれば契約をしたる目的が出來ざる場合《ばあひ》に當事者《たうじしや》即ち約束者の一方《いつぱう》のものが債務を行《おこな》はずして右《みぎ》の時日《じじつ》又期間《きかん》を過ぎたるときは相手方は右の催促をせずして直《す》ぐに契約を解除《かいぢよ》するを求むるとを得るなり

第五百四十三條　履行ノ全部《ぜんぶ》又ハ一部カ債務者ノ責《せめ》ニ歸スヘキ事由ニ因リテ不能ト爲リタルトキハ債權者ハ契約ノ解除ヲ爲スコトヲ得

債務者が其過失《くわしつ》又は惡意《あくい》にて債務《さいむ》の全部分《ぜんぶぶん》又は一分を行ふことを出來ざるに至らしめたるときは債權者は契約を止むことを得是れ債權者が債務を約束したるは或る目的ありしに今《いま》や債務の履行《りかう》に疵《きず》を生《しやう》じ其目的を達《たつ》すことを能はざるに到りたるは債務者の責なるときは如何《いかん》ぞ其契約を維持《いぢ》するを得んや

第五百四十四條　當事者ノ一方カ數人アル場合ニ於テハ契約ノ解除ハ其全員《ぜんいん》ヨリ又ハ其全員ニ對《たい》シテノミ之ヲ爲スコトヲ得
前項ノ場合ニ於テ解除權《かいぢよけん》カ當事者中ノ一人ニ付キ消滅シタルトキハ他ノ者ニ付テモ亦消滅ス

契約に關係《くわんけい》あるものゝ一方《いつぱう》五六人ある場合に契約の解除を爲さんとするときは其全部即

ち五六人より又は其五六人に向ふて行ふことを得るなり

右の如き關係者《くわんけいしや》五六人ある場合にて契約を解除する權利が五六人の中の一人に付き消滅《しやうめつ》即ち消えたるときは其外《ほか》のものに向《むか》ふても亦消滅《またせうめつ》すべし是れ權利の成り立ちは皆其本《みなそのもと》を同ふするものなれば一人に向て消滅するときは其外のものに向ふても亦同じことなり

第五百四十五條　當事者ノ一方カ其解除權ヲ行使シタルトキハ各當事者ハ其相手方ヲ原狀《げんじやう》ニ復《ふく》セシムル義務《ぎむ》ヲ負フ但第三者ノ權利ヲ害スルコトヲ得ス

前項ノ場合ニ於テ返還《へんくわん》スヘキ金錢ニハ其受領《そのじゆりやう》ノ時ヨリ利息《りそく》ヲ附《ふ》スルコトヲ要ス

解除權ノ行使《こうし》ハ損害賠償《そんがいはいしやう》ノ請求ヲ妨《さまた》ケス

當事者即ち關係者の一方《いつぱう》が契約を解除《かいぢよ》する權利を行《おこな》ふたるときは各《おのおの》の關係者は其相手の者を原狀《げんじやう》即ち最初《さいしよ》契約を取結《とりむす》ばざるときの有樣《ありさま》に復《ふく》せしむるの義務を負《お》ふ故《ゆゑ》に例《たと》へば一反《たん》の縮緬《ちりめん》を賣渡したるも其買《そのかう》受けたる者が代價《だいか》を支拂はざる爲めに契約を解除《かいぢよ》したるときは其縮緬《そのちりめん》に一方《いつぱう》へ返へさざるべからず併《しか》し若し其買受けたるものに付き關係外《くわんけいぐわい》の人が抵《てい》當《たう》又は質《しつ》に取りたるときは其物を返へすことを得ざるべし

契約を解除するときは初《はじ》めより契約を取結《とりむす》ばざる有樣《ありさま》となるを以《もつ》て其受《うけとり》取りたる金錢か

れば其れを返すべきは勿論《もちろん》其受取りたる時より利息《りそく》を拂《はら》はざるべからず契約を解除する權利を行《おこな》ふも損害《そんがい》あるときは其償《そのつぐなひ》を求むることは差支《さしつかへ》なし是れ損害《そんがい》の償と契約の解除《かいぢよ》とは別物《べつもの》なればなり

第五百四十六條　第五百三十三條ノ規定ハ前條ノ場合ニ之ヲ準用ス

第五百三十三條の規則即ち關係者の一方債務《いつぱうさいむ》を行《おこな》はざるときは他の一方《いつぱう》は亦債務《さいむ》を行ふに及《およ》ばざるべきことは前の條即ち第五百四十五條にも用《もち》ゐるとなり

第五百四十七條　解除權《かいぢよけん》ノ行使ニ付キ期間ノ定ナキトキハ相手方ハ解除權ヲ有スル者ニ對《たい》シ相當《さうたう》ノ期間《きかん》ヲ定メ其期間内ニ解除ヲ爲スヤ否ヤヲ確答スヘキ旨ヲ催告スルコトヲ得若シ其期間内ニ解除ノ通知ヲ受ケサルトキハ解除權ハ消滅ス

契約を解除《かいぢよ》することに付き期間《きかん》の定め即ち何日間に約束通《やくそくどほ》りにせずは契約を解除すべきことを定めざるときは其相手の者は契約を解除する權利を有する者に向ふて相當の期間即ち善加減《よいかげん》の期間を定めて其期日内《そのきじつない》に契約を解除するや否《いな》や確《たしか》に返答《へんたふ》すべき旨《むね》を催促《さいそく》することを得然るに其催促《さいそく》を受けたる相手《あいて》の者《もの》が解除《かいぢよ》の通知を爲さゞるときは解除權《かいぢよけん》は消滅して行ふことを得す

第五百四十八條　解除權ヲ有スル者カ自己《じこ》ノ行爲《かうゐ》又ハ過失《くわしつ》ニ因リテ著《いちじる》

シク契約《けいやく》ノ目的物ヲ毀損《きそん》シ若《もし》クハ之ヲ返還《へんくわん》スルコト能ハサルニ至リタルトキ又ハ加工《かこう》若クハ改造《かいざう》ニ因リテ之ヲ他ノ種類《しゆるゐ》ノ物ニ變シタルトキハ解除權ハ消滅ス

契約《けいやく》ノ目的物カ解除權《かいぢよけん》ヲ有スル者ノ行爲又ハ過失《くわしつ》ニ因ラスシテ滅失又ハ毀損シタルトキハ解除權ハ消滅セス

契約を解除《かいぢよ》する權利を有する者が自分の行爲《かうい》即ち自分が知りて爲したることにより又は落度《おちど》によりて甚《はなはだ》しく契約《けいやく》の目的たる物件《ぶつけん》を毀《やぶ》り損《そん》じ又は其物を返《かへ》すことが出來ざるに至りたるとき又は加工《かこう》即ち工事を施《ほどこ》し若くは改造《かいざう》即ち改《あらた》め造作《ざうさく》したるによりて他の種類《しゆるゐ》のものに變《へん》じ代《かは》りたるときは解除する權利は無くなるべし其所以《ゆへん》は解除するときは契約をせざるときの有樣《ありさま》に復《ふく》するものなるに既に其物初《そのものはじ》めの形《かたち》を變《へん》じたれば原形《げんけい》に復《ふく》せんとするも能はざればなり

契約の目的物《もくてきぶつ》が解除權《かいぢよけん》を持ち居《を》るものゝ知りつゝなしたる事により又は落度《おちど》にあらず即ち雷《かみなり》又は地震《ちしんどう》等の天災《てんさい》によりて滅失《めつしつ》即ち無くなるか又は幾分《いくぶん》の疵生《きずしやう》じたるときは解除權が消滅《せうめつ》せず即ち契約を止《や》むる權は尚《なほ》有るなり即ち解除權を行ふものは其滅失《そのめつしつ》又は毀損に何等の關係もあらざればなり

第二節　贈與

贈與《ざうよ》は俗《ぞく》に云ふ處《ところ》の「ヤル」と云ふことなり

第五百四十九條　贈與ハ當事者ノ一方カ自己ノ財産ヲ無償ニテ相手方ニ與《あた》フル意思ヲ表示《へうじ》シ相手方カ受諾《じゆだく》ヲ爲スニ因リテ其效力ヲ生ス

贈與なるものは關係者《くわんけいしや》の一方《いつぱう》の者が自分《じぶん》が所有する所の財産即ち土地《とち》或は家屋《かをく》を無償《なしやう》即ち無代價《ひだいか》にて相手《あいて》の者に與《あた》ふると申出で相手の者が其與《あた》ふると申込《まうしこ》みたる財産《ざいさん》を受くることを承諾《しようだく》するによりて財産は相取方《あいてかた》のものなるべし

第五百五十條　書面《しよめん》ニ依《よ》ヲサル贈與ハ各當事者之ヲ取消《とりけ》スコトヲ得但履行ノ終ハリタル部分ニ付テハ此限ニ在ラス

書《か》き附《つ》けにせずして只口《たゞくち》にて自分の物《もの》を與《あた》へると申出でたるときに各關係者《かくくわんけいしや》之を取消し《て》與《あた》へざるものとなすことを得るなり併《しか》し既《すで》に與《あた》へ終《おは》りたるものに付ては取消すことを得ず蓋《けだ》し最早《もはや》其物《もの》は與《あた》へたるもの、所有にあらざる故元の如く爲すことを得ざるならん

第五百五十一條　贈與者ハ贈與《ぞうよ》ノ目的タル物又ハ權利ノ瑕疵《かし》又ハ欠缺《けつけつ》ニ付キ其責《そのせめ》ニ任《にん》セス但贈與者カ其瑕疵《かし》又ハ欠缺《けつけつ》ヲ知リテ之ヲ受贈者ニ告ケサリシトキハ此限ニ在ラス

負擔附贈與《ざうよ》ニ付テハ贈與者ハ其負擔ノ限度《げんど》ニ於テ賣主《うりぬし》ト同シク擔保ノ責ニ任ス

贈與者《ぞうよしや》即ち無代價《むだいか》にて或物《あるもの》を與《あた》へたるものは其與へたる物又は權利の瑕疵《かし》に[illegible]さず一切に欠缺即ち欠《か》けたることに付き其責《せめ》を負《お》はざるなり假令《たとへ》ば與へたる馬《うま》が一目《いちもく》なるか又は其馬《そのうま》は三人共有《きやういう》なりとて贈與《ぞうよ》したるものゝ一人の所有にあらざるときは其物を貰《もら》ひたるものは立派《りつぱ》なる物に非《あら》ざるとか又十分《じふぶん》の權利に非《あら》ずとて贈與者に見直《みなを》しを求《もと》むることを得ず併し贈與《ぞうよ》したるものにても其與《そのあた》へたる物の疵《きず》又は權利に欠《か》けあることを知りて其事を貰《もら》ひたる者に知らさゞりしときは其責《そのせめ》に任ずべし則ち若し貰ひたるものが其の爲め損失を受けたるときは贈與者が其の損失を引き受けざるべからずとなり

負擔附贈與假令《たとへ》ば此土地を汝《なんぢ》に無代價《むだいか》にて與へるにより何某《なにがし》に百圓を支拂《しはら》ふべしとの贈與《ぞうよ》に附《つい》ても贈與したるものは若し贈與したる土地を他人に取らるゝときは其百圓丈けに付き賣主《うりぬし》が其賣《う》りたるものゝ引受を爲すと同《おな》じく引受即ち擔保《たんぽ》の責《せめ》あり 故に 若し他人に取らるゝときは百圓丈けの賠償を爲さゞるべからず

第五百五十二條　定期《ていき》ノ給付《きうふ》ヲ目的トスル贈與ハ贈與者又ハ受贈者ノ死亡ニ因リテ其效力ヲ失フ

定期《ていき》の給付《きうふ》を目的とする贈與《ぞうよ》例《たと》へば月々に幾何圓を支拂《しはら》ふとの約束ある贈與《ぞうよ》は其與ふる者又其れを受くるものが死するときは最早月々の金は與ふるに及ばざるなり是れ其人を目的として月々に與へたればなり

第五百五十三條　負《ふ》擔附《たんづき》贈與《ぞうよ》ニ付テハ本節ノ規定ノ外雙務《そうむ》契約《けいやく》ニ關スル規定ヲ適用ス

負擔附贈與には此の節の規則の外《ほか》雙務《そうむ》契約《けいやく》即ち雙方に義務ある契約規則を用ゐるなり

第五百五十四條　贈與者ノ死亡ニ因リテ效力《こうりよく》ヲ生スヘキ贈與ハ遺贈《ゐぞう》ニ關スル規定ニ從フ

無代價《ひだいか》にて物を與《あた》ふるものが死亡《しぼう》するにより贈與する物を受くるものゝ所有となるべきときは遺言《いごん》にて無代價に物を與ふること即ち遺贈《いぞう》に關《くわん》する規則に從《したが》ふべきものなれば遺贈の規則を見るべし

第三節　賣買

第一款　總則

賣買《ばいく》とは代價を定《さだ》めて或物を賣渡《うりわた》し買受くるものを云ふ

賣買に關する總《すべ》ての規則を此款《くわん》に定めたり

第五百五十五條　賣買ハ當事者ノ一方カ或財産權ヲ相手方《あいてかた》ニ移轉《いてん》スルコトヲ約シ相手方カ之ニ其代金ヲ拂フコトヲ約スルニ因リテ其效力ヲ生ス

賣買なるものは當事者《たうじしや》即ち賣買《ばいく》に關係するものゝ一方《いつぽう》が或財産權《あるざいさんけん》即ち或土地《とち》家屋《かをく》等の所

有權を相手《あいて》の者に移《うつ》すことを約束《やくそく》し相手の者は其土地及び家屋《かおく》に對して代金《だいきん》を支拂ふとの約束をなすにより賣り買ひの約束が成り立つなり

第五百五十六條　賣買ノ一方ノ豫約《よやく》ハ相手方カ賣買《ばいばい》ヲ完結《くわんけつ》スル意思ヲ表示シタル時ヨリ賣買ノ效力ヲ生ス

前項ノ意思表示ニ付キ期間ヲ定メサリシトキハ豫約者ハ相當ノ期間ヲ定メ其期間內ニ賣買ヲ完結《くわんけつ》スルヤ否《いな》ヤヲ確答《くわくたう》スヘキ旨ヲ相手方ニ催告スルコトヲ得若シ相手方カ其期間內ニ確答ヲ爲ササルトキハ豫約ハ其效力ヲ失フ

賣買の一方の豫約《よやく》即ち或物《あるもの》を賣らんと申込《まうしこ》み又或物を買はんと申込みたるものにては未《いま》だ賣買は成り立たされども其申込みを受けたる相手の者が賣買を取結《とりむす》ぶとの意《い》を表《あらは》し示《しめ》したる時より賣買たるの效《かう》が生《しやう》ず即ち賣買にかゝる物件《ぶつけん》は其時より一方《いつぱう》のものゝ所有《しよいう》となり又成るべきものとす

右申込《みぎまうしこみ》を受けたるものゝ意思《いし》を表《あらは》すに付き其時《そのじ》日《じつ》を定《さだ》めざるときは賣買を申込みたるものは相當《さうたう》の期間《きかん》即ち申込に對《たい》する考《かんがへ》を表すに足《た》る丈《だ》けの時日《じじつ》を定め其時《そのじ》日中《じつちう》に賣買を取結ぶや否《いな》やを確《たしか》に返事すべき事を相手の者に催促《さいそく》することが出來る若し其時日の中《うち》に相手方の返事なきときは豫約《よやく》も其效力《かうりよく》を失ふ即ち其申込は何の用にも立たざるなり

第五百五十七條　買主《かひぬし》カ賣主《うりぬし》ニ手附《てつけ》ヲ交附《かうふ》シタルトキハ當事者ノ一方カ契約ノ履行ニ著手《ちやくしゆ》スルマテハ買主ハ其手附ヲ抛棄《はうき》シ賣主ハ其倍額ヲ償還《しやうくわん》シテ契約ノ解除《かいぢよ》ヲ爲スコトヲ得

第五百四十五條第三項ノ規定ハ前項ノ場合ニハ之ヲ適用セス

買主《かひぬし》が賣主に手《て》附即ち賣買の證《しやう》として金錢其他《きんせんそのた》或る物品を渡《わた》したるときは賣買關係者の一方は契約の取結《とりむす》びに手を着《つ》ける迄《まで》は買主は其渡したる手附《てつけ》を棄《す》て賣主は其受取り居る手形《てがた》を倍《ばい》にして返《かへ》し契約を解くことを得るなり

第五百四十五條第三項の規定《きてい》即ち損害《そんがい》あるとき其償《そのつぐなひ》を求むることとの規則は右《みぎ》の場合《ばあひ》には用《もち》ゐず是れ手附は賣買《ばいばい》を解除《かいぢよ》する權《けん》有《あ》ることの證として受取り又渡《またわた》したればなり

第五百五十八條　賣買契約《けい》ニ關スル費用《ひよう》ハ當事者雙方《さうはう》平分《へいぶん》シテ之ヲ負擔ス

賣買契約に掛《かゝ》る費用《ひよう》は賣買關係者の兩方《りやうはう》が平等《びやうどう》に分けて背負《せお》ふべきものなり賣買契約は兩方の爲めには利益《りえき》ある約束なれば關係者の一方が之を擔負《ふたん》する道理《だうり》なればなり

第五百五十九條　本節ノ規定ハ賣買以外《ばいばいいぐわい》ノ有償契約《いうしやうけいやく》ニ之ヲ準用ス但其契約ノ性質カ之ヲ許ササルトキハ此限ニ在ラス

本節《ほんせつ》の規定《きてい》即ち賣買に關《くわん》する規則は賣買の外《ほか》の有償契約《いうしやうけいやく》即ち會社を設立《せつりつ》する契約の如き

ものにも其合《あ》ふ處《ところ》は用《もち》ゐるなり然れども其契約に用ゐること出來ざる箇《か》條《でう》は之を用ゐるに及ばざるなり

第二欵　賣買ノ効力

賣買を取結《とりむす》ぶときは如何《いか》なることが生《しやう》ずるやは此の欵《くゎん》に記したり

第五百六十條　他人ノ權利ヲ以テ賣買ノ目的ト爲シタルトキハ賣主ハ其權利ヲ取得《しゆとく》シテ之ヲ買主ニ移《い》轉《てん》スル義《ぎ》務《む》ヲ負フ

賣主の所有《しよいう》にあらざる物《もの》即ち權利を賣買の目的物《もくてきぶつ》とするときは賣主は其權利即ち物を一先自《じ》分《ぶん》の物として而して後ち賣主に移《うつ》すの義務即ち移《うつ》さゞるべからず是れ他人のものは賣主の所有に非《あら》ざれば右の如《ごと》く爲さゞるべからざるは勿論《もちろん》のことゝ謂ふべし

第五百六十一條　前條ノ場合ニ於テ賣主カ其賣却《ばいきやく》シタル權利ヲ取得《しゆとく》シテ之ヲ買主ニ移轉スルコト能ハサルトキハ買主ハ契約ノ解除ヲ爲スコトヲ得但契《けい》約《やく》ノ當時其權利ノ賣主ニ屬《ぞく》セサルコトヲ知リタルトキハ損害賠償ノ請求ヲ爲スコトヲ得ス

右の如く他《た》人《にん》の物を以《もつ》て賣買の目的《もくてき》としたる時に賣主が其賣りたるものを自分に買取るか兎《と》に角《かく》自《じ》分《ぶん》の物と爲すことが出《で》來《き》ざるときは買主は到底《たうてい》其物の所有者《しよいうしや》となる能《あた》はざる故《ゆゑ》契約を止むることを得《う》然れども賣買の約定を爲したる時に其目的物《そのもくてきぶつ》は賣主の物にあら

ざることを知りて約束したるときは損害の償《つぐなひ》を求《もと》むることを得ざるべし蓋《けだ》し他人の物と
自分のものと同様自由《どうようじゆう》にならざることを知らざるべからず従《したがつ》て損害は甘《あまん》せざるべからず

第五百六十二條　賣主カ契約《けいやく》ノ當時其賣却シタル權利ノ自己《じこ》ニ屬《ぞく》セサルコトヲ知ラサリシ場合ニ於テ其權利ヲ取得シテ之ヲ買主ニ移轉スルコト能ハサルトキハ賣主ハ損害ヲ賠償シテ契約ノ解除ヲ爲スコトヲ得

前項ノ場合ニ於テ買主カ契約《けいやく》ノ當時《たうじ》其買受ケタル權利ノ賣主ニ屬《ぞく》セサルコトヲ知リタルトキハ賣主ハ買主ニ對シ單《たん》ニ其賣却シタル權利ヲ移轉スルコト能ハサル旨ヲ通知シテ契約ノ解除ヲ爲スコトヲ得

賣主が賣買の約束を爲したる時に其賣り渡したる權利が自分《じぶん》のものと信《しん》じたるに後日他《ごじつた》人《にん》のものなることを知りたり然《しか》るに其物即ち權利《けんり》を自分の物とせんと欲《ほつ》するも出來《でき》ず從て買主の所有と爲すこと能はざるときは賣主は買主に與へたる損害を償ふて契約を解き止めることを得るなり即ち買主よりの申立を待つに及ばずとなり

右《みぎ》の場合《ばあひ》にて若《も》し買主が約束したる時に其買受《そのかひう》けたる物は賣主の物に非《あら》ざることを知りたるときは賣主も買主に向《むかつ》て只其賣渡《たゞそのうりわた》したる物を移《うつ》すこと出來《でき》ざる譯《わけ》を知《し》らして契約を解き止むることの求めをなすことを得るなり

第五百六十三條　賣買ノ目的タル權利ノ一部カ他人ニ屬スルニ因リ賣主カ之ヲ買主ニ移轉スルコト能ハサルトキハ買主ハ其足ラサル部分ノ割合《わりあい》ニ應《おう》シテ代金ノ減額《げんがく》ヲ請求スルコトヲ得

前項ノ場合ニ於テ殘存《ざんそん》スル部分《ぶぶん》ノミナレハ買主カ之ヲ買受ケサルヘカリシトキハ善意《ぜんい》ノ買主ハ契約ノ解除《かいぢよ》ヲ爲スコトヲ得

代金減額《げんがく》ノ請求《せいきう》又ハ契約ノ解除ハ善意《ぜんい》ノ買主カ損害賠償ノ請求ヲ爲スコトヲ妨ケス

賣買を爲したる物《もの》の一部《いちぶ》が他人の物たるにより即ちその物か他人と共有《きやうゆう》なるにより賣主が買主の所有と爲すことが出來《でき》ざるときは買主は其不足《そのふそく》する部分《ぶぶん》の代價《だいか》を減《げん》ずべき求めを買主に求むることを得るなり

右《みぎ》の場合にて他人の物たる部分を差引《さしひ》き其殘《そのこ》りの部分丈《ぶんだけ》なれば買主には不用《ふよう》にして從て之を買受けざるに於ては善意《ぜんい》の買主即ち買受け物の一部が他人の物たることを知らざりし買主は約束を止むることを得べし

買受けたる代價《だいきん》を減《げん》せしむる求め又《また》契約を止めしむの訴《うつたへ》は初め其買受《そのかいう》け物に他人《たにん》の物が一部分あることを知らざる買主は損害《そんがい》あるときは其償《そのつぐなひ》を求むるも差支《さしつかへ》なし

第五百六十四條　前條ニ定メタル權利ハ買主カ善意ナリシトキハ事實

ヲ知リタル時ヨリ惡意《あくい》ナリシトキハ契約《けいやく》ノ時ヨリ一年内ニ之ヲ行使スルコトヲ要ス

前條《ぜんでう》に定《さだ》めたる權利即ち代金《だいきん》を減《げん》せしむる權利及《およ》び契約を止《や》めしむる權利も買主か善意《ぜんい》即ち他人が一部分を所有することを知らざるも買受け後其一部分に付他人が所有し居ることを知りたるとき若くは契約を爲したる時より一年内《いちねんない》に行《おこな》はざれば折角《せつかく》の權利も何《なん》の用にも立ざるなり

第五百六十五條　數量《すうりやう》ヲ指示《しじ》シテ賣買シタル物カ不足《ふそく》ナル場合及ヒ物ノ一部カ契約《けいやく》ノ當時《たうじ》既ニ滅失《めつしつ》シタル場合ニ於テ買主カ其不足《ふそく》又ハ滅失ヲ知ラサリシトキハ前二條ノ規定ヲ準用ス

數量《すうりやう》を指《さ》し示《しめ》して賣買したるもの假令《たとへ》ば米何石麥何石《こめなんごくむぎなんごく》と指《さ》し示《しめ》して賣買したる處其量《そのりやう》に不足《ふそく》ある時又其賣渡《たまたまそのうりわた》しの約束したるもの〻一部が約束したる時既《ときすで》に其形《かたち》が散《さん》し居りたる時に買主か其不足《そのふそく》及び其減《そのげん》じたることを知らざるときは五百六十三條五百六十四條の規則を當《あ》て箝《はめ》るべし

第五百六十六條　賣買ノ目的物カ地上權《ちじやうけん》、永小作權《えいこさくけん》、地役權《ちえきけん》、留置權《りうちけん》又ハ質權《しちけん》ノ目的タル場合ニ於テ買主カ之ヲ知ラサリシトキハ之カ爲メニ契約ヲ爲シタル目的ヲ達スルコト能ハサル場合ニ限リ買主ハ契

約ノ解除ヲ爲スコトヲ得其他ノ場合ニ於テハ損害賠償ノ請求ノミヲ爲スコトヲ得

前項ノ規定ハ賣買ノ目的《もくてき》タル不動產《ふどうさん》ノ爲メニ存セリト稱《しよう》セシ地役權カ存セサリシトキ及ヒ其不動產ニ付キ登記《とうき》シタル賃貸借《ちんたいしやく》アリタル場合ニ之ヲ準用ス

前二項ノ場合ニ於テ契約《けいやく》ノ解除《かいぢよ》又ハ損害賠償ノ請求ハ買主カ事實《じじつ》ヲ知リタル時ヨリ一年內ニ之ヲ爲スコトヲ要ス

賣買の目的《もくてき》たる物に地上權《ちじやうけん》卽ち土地の上に家屋《かおく》又は樹木《じゆもく》を植《う》うることを得る權利永小作《えいこさく》權卽ち民法第二百七十條より第二百七十九條迄に記載《きさい》する權利地役權《ちえきけん》第二百八十條より第二百九十四條迄に記載《きさい》する權利留置權《りうちけん》第二百九十五條より第三百二條迄に記載する權利質權《しちけん》第三百四十二條より第三百六十八條迄に記載する權利が付き居り買主も其の附き居ることを知らずして之れが爲めに契約卽ち賣買したる目的が出來ざる兼ぬるときは買主は契約を止《や》むることを得其外《そのほか》契約の目的は達《たつ》することを得るも多少《たせう》の損害《そんがい》あるときは其償を求むることを得るなり

又《また》不動產《ふうさん》を買受けたる場合に其不動產には地役權《ちえきけん》假《たと》へば他人の土地より水を汲《く》み取る權がありとて契約を爲したるも其地役が存せず又其不動產に付き賃貸借卽ち他人に貸して

ありて且つ登記を爲したるときは右の規則により契約を止むることを得るなり
右二《みぎに》箇《こ》の場合にて契約を止《や》めしむることと又は損害を求むるの權利は買主が其事柄《そのことがら》を知りたる時より一年内《いちねんない》に之を行《おこな》はざれば爲し能《あた》はざるなり

第五百六十七條　賣買ノ目的タル不動産ノ上《うへ》ニ存《そん》シタル先取特權《さきどりとくけん》又ハ抵當權《ていたうけん》ノ行使《かうし》ニ因リ買主カ其所有權《しよいうけん》ヲ失ヒタルトキハ其買主ハ契約ノ解除ヲ爲スコトヲ得
買主カ出捐《しゆつえん》ヲ爲シテ其所有權ヲ保存《ほぞん》シタルトキハ賣主ニ對シテ其出捐ノ償還ヲ請求スルコトヲ得
右孰《いづ》レノ場合ニ於テモ買主カ損害《そんがい》ヲ受ケタルトキハ其賠償ヲ請求スルコトヲ得

不動産を買受けたる場合《ばあひ》に其不動産にありたる先取特權即ち第三百三條以下《いか》に記載する權利又は抵當即ち第三百六十九條以下《いか》に記載《きさい》する權利の爲め即ち賣主が此等《これら》の權利を除《のぞ》かざる爲めに其不動産を賣却《ばいきやく》せられて買主其所有《そのしよいう》を失《うしな》ひたるときは買主は契約を止むることを得るなり
買主が自分《じぶん》の金又《きんまた》は其他の物品《ぶつぴん》を以て先取特權又は抵當を有する者に辨濟《べんさい》を爲して其不動産を他人に取られざる樣にしたるときは賣主に向ふて自分が出したる金又は物品の償

ヲ求むることを得《う》是れ蓋《けだ》し自分の出《いだ》すべからざるものを出《いだ》したるものなれば賣主に求むべきも勿論《もちろん》なり

右《みぎ》の場合にて買主損《かいぬしそん》を受けたるときは其償《そのつくなひ》を求むるも固《もと》より言《こと》を俟《ま》たず

第五百六十八條　強制競賣《きやうせいきやうばい》ノ場合ニ於テハ競落人《きやうらくにん》ハ前七條ノ規定ニ依リ債務者ニ對シテ契約ノ解除ヲ為シ又ハ代金ノ減額ヲ請求スルコトヲ得

前項ノ場合ニ於テ債務者カ無資力《むしりよく》ナルトキハ競落人ハ代金ノ配當《はいたう》ヲ受ケタル債權者ニ對シテ其代金ノ全部又ハ一部ノ返還ヲ請求スルコトヲ得

前二項ノ場合ニ於テ債務者カ物《もの》又ハ權利《けんり》ノ欠缺《けつけつ》ヲ知リテ之ヲ申出テス又ハ債權者カ之ヲ知リテ競賣ヲ請求シタルトキハ競落人ハ其過失者ニ對シテ損害賠償《ばいしやう》ノ請求ヲ為スコトヲ得

強制競賣《きやうせいきやうばい》即ち執達吏《しつたつり》か差押《さしおさ》へて賣拂ふ場合にも競落人《きやうらくにん》即ち買受けたるものは本條より前七ケ條の規則により債務者に向て契約を止《や》むることと又代金の減少《げんせう》を求むることを得

右の場合にて債務者が無資力《むしりよく》即ち無財産《むざいさん》なるときは買受けたるものは代金の配當《はいたう》即ち割《わ》り前《まへ》を受けたる債權者に向て其代金《そのだいきん》の全部か又は一部かの返還《へんくわん》を求むることを得債權者

は受くべからざる割《わ》り前《まへ》を受けたるものなれば割戻《わりもど》しを受くるは至當《したう》のことなり

右の場合にて債務者が其賣りたる物又は權利の欠けたることを知りて其欠けを申出です又債權者も亦其欠《またそのか》けを知りて競賣《きやうばい》を求めたるときは買受人は其落《そのお》ち度《ど》のあるものに向《むかつ》て損害《そんがい》の償を求むることを得べし

第五百六十九條　債權ノ賣主《うりぬし》カ債務者ノ資力《しりよく》ヲ擔保《たんぽ》シタルトキハ契約ノ當時ニ於ケル資力ヲ擔保シタルモノト推定ス

辨濟期ニ至ラサル債權ノ賣主カ債務者ノ將來《しやうらい》ノ資力ヲ擔保シタルトキハ辨濟ノ期日ニ於ケル資力ヲ擔保シタルモノト推定ス

債權を賣渡《うりわた》したる場合《ばあひ》に其賣主が債務者の資力《しりよく》即ち身代《しんだい》の引受《ひきうけ》を爲したるときて約束したる時《とき》の身代《しんだい》を引受けたるものと推《お》し定《さだ》む

債務の支拂《しはらひ》を爲すべき期限《きげん》未《いま》だ來《きた》らざる債權《さいけん》の賣主《うりぬし》が借主《かりぬし》の未來《みらい》の身代を引受けたるときは支拂《しはらひ》を爲すべき時日《じじつ》の身代を引受けたるものと推《お》し定《さだ》むるなり

第五百七十條　賣買ノ目的物ニ隱《かく》レタル瑕疵《かし》アリタルトキハ第五百六十六條ノ規定ヲ準用ス但强制競賣ノ場合ハ此限ニ在ラス

賣渡《うりわた》すべき物に外側《そとがは》に見へざる瑕疵《かし》即ちきずありたるときは第五百六十六條の規則を當て箝《は》む併《しか》し執達吏《しつたつり》が差押《さしおさ》へて賣拂《うりはら》ふものに付ては別段《べつだん》なり

第五百七十一條　第五百三十三條ノ規定ハ第五百六十三條乃至第五百六十六條及ヒ前條ノ場合ニ之ヲ準用ス

第五百三十三條の規則は第五百六十三條より第五百六十六條及び第五百七十條の場合に當て篏めるなり右《みぎ》等の諸條《しよでう》を一覽《いちらん》すべし

第五百七十二條　賣主ハ前十二條ニ定メタル擔保《たんぽ》ノ責任《せきにん》ヲ負ハサル旨ヲ特約《とくやく》シタルトキト雖モ其知リテ告ケサリシ事實《じじつ》及ヒ自ラ第三者ノ爲メニ設定シ又ハ之ニ讓渡シタル權利ニ付テハ其責ヲ免ルヽコトヲ得ス

賣渡したるものに付き賣主は第五百六十條より本條《ほんでう》までに定《さだ》めたる引受けを爲すべき義務を特別《とくべつ》に約束をなしたりと雖《いへ》ども其賣渡《そのうりわた》したる物に付き瑕疵《きず》あるを知りて告《つ》げざる事及《およ》び自《みづか》ら他の人に抵當《ていたう》又は質《しち》に入れ又は讓渡《ゆづりわた》したる權利に付き買受人《かひうけにん》が損害《そんがい》を受けたるときは之を償はざるべからず

第五百七十三條　賣買ノ目的物ノ引渡ニ付キ期限アルトキハ代金ノ支拂ニ付テモ亦同一ノ期限ヲ附シタルモノト推定ス

賣買に係る目的物《もくてきぶつ》を引渡すに付き期限《きげん》あるときは代金《だいきん》の支拂《しはらひ》に付ても亦同《またおな》じ期限迄延《きげんまでのば》すべきものと推《お》し定《さだ》む是れ賣主と買主との平等《びやうどう》を斗《はか》る爲めなり然《しか》れども代金《だいきん》の支拂《しはらひ》に付き

別《べつ》に期限の約束あるときは其の期限によらざるべからず

第五百七十四條　賣買ノ目的物ノ引渡《ひきわたし》ト同時ニ代金ヲ拂《はら》フヘキトキハ其引渡ノ場所ニ於テ之ヲ拂フコトヲ要ス

賣買に係《かゝ》る目的物《もくてきぶつ》を引渡《ひきわたし》と共《とも》に其代金《そのだいきん》を拂《はら》ふべきときは其目的物《そのもくてきぶつ》を引渡《ひきわた》すべき場所《ばしよ》と同《おな》じ場所《ばしよ》にて代金を拂《はら》はざるべからず

第五百七十五條　未タ引渡サヽル賣買《ばいゝ》ノ目的物カ果實ヲ生シタルトキハ其果實《くわじつ》ハ賣主ニ屬《ぞく》ス

買主ハ引渡ノ日ヨリ代金ノ利息《りそく》ヲ拂《はら》フ義務《ぎむ》ヲ負《お》フ但代金ノ支拂ニ付キ期限アルトキハ其期限ノ到來《たうらい》スルマテハ利息ヲ拂フコトヲ要《えう》セス

賣渡《うりわた》したる物に付き果實《くわじつ》即ち家屋《かをく》の如き貸賃《かしちん》が取れるどきは未《いま》だ其物を引渡《ひきわた》さゞる間《あひだ》は賣主のものなり賣買は平等《びやうどう》と云ふ主義《しゆぎ》なれば買主も亦代金《またたいきん》の利息《りそく》を支拂はざるなり

買主は賣渡物《うりわたしもの》の引渡を受けたる日《ひ》より代金《だいきん》の利息を拂はざるべからず然《しか》れども代金の支《し》拂《はらひ》に付期限《つききげん》あるときは其期限の來《き》たる迄《まて》は利息を拂《はら》ふに及《およ》ばざるなり

第五百七十六條　賣買ノ目的ニ付キ權利ヲ主張《しゆちやう》スル者アリテ買主カ其買受ケタル權利ノ全部又ハ一部ヲ失フ虞《おそれ》アルトキハ買主ハ其危險《きけん》ノ限度ニ應《おう》シ代金ノ全部又ハ一部ノ支拂《しはらひ》ヲ拒《こば》ムコトヲ得但賣主カ相當

ノ擔保ヲ供シタルトキハ此限ニ在ラス」

賣買したる物に付き彼れ此れ言《い》ふ者ありて買ひたるものが其買《か》ひ受けたるものゝ總《すべ》てか又は其一部を失《うしな》ひ取らるる氣遣《きづか》ひあるときは買主は其危險《きけん》の限度《げんど》即ち取られんとする部《ぶ》分《ぶん》の代金《だいきん》の支拂《しはら》ひを拒《こば》み控《ひか》へることを得《う》併《しか》しながら賣主が其れに對《たい》する保證《ほしやう》の樣《やう》なものを差出《さしいだ》え引受けたるときは代金を差《さ》し控《ひか》ゆるに及《およ》ばざるなり

第五百七十七條　買受ケタル不動產ニ付キ先取特權《せんしゆとくけん》、質權《しちけん》又ハ抵當權《ていたうけん》ノ登記《とうき》アルトキハ買主ハ滌除《てきじよ》ノ手續《てつゞき》ヲ終《をは》ハルマテ其代金ノ支拂ヲ拒《こば》ムコトヲ得但賣主ハ買主ニ對シテ遲滯ナク滌除《てきじよ》ヲ爲スヘキ旨《むね》ヲ請求スルコトヲ得

買主が其買受けたる不動產《ふどうさん》即ち土地家屋《とちかおく》に付先取特權又は質權又は抵當權の如《ごと》きものが登《とう》記《き》しあるときは買主は此等《これら》の權利を除《のぞ》く手續《てつゞき》を終《をは》るまで其代金の支拂を差《さ》し控《ひか》ゆることが出來《でき》る併《しか》し賣主が買主に向《むか》ふて早速《さつそく》右等《みぎら》の權利を除《のぞ》くべき手續《てつゞき》を爲すべきことを催促《さいそく》することを得《う》るなり是れ買主此等《かひぬしこれら》の權利が附き居《を》ることを知りて買ひたるを以てなり

第五百七十八條　前二條ノ塲合ニ於テ賣主ハ買主ニ對シテ代金ノ供託ヲ請求スルコトヲ得

第五百七十六條及《およ》び第五百七十七條の規則の時《とき》には賣主は買主に向《むか》ふて其代金の預《あづ》けを

爲すべきことを申立《まうした》つるを得《う》蓋し買主は有らざる苦情《くじやう》を言《い》ひ立《た》て代金《だいきん》を控《ひか》ゆるやも知るべからざるを以《もつ》て斯くは定《さだ》めたるなり

第三款　買戻《かひもどし》

買戻とは一旦《いつたん》賣渡し置《お》き後ち自分《じぶん》に其賣りたる丈《だけ》の代金と同《おな》じ金高《きんだか》が出來たる時《とき》取り戻すことを云ふ

第五百七十九條　不動産ノ賣主ハ賣買契約ト同時ニ爲シタル買戻ノ特約ニ依リ買主カ拂ヒタル代金及ヒ契約ノ費用ヲ返還《へんくわん》シテ其賣買ノ解除ヲ爲スコトヲ得但當事者カ別段《べつだん》ノ意思ヲ表示《へうじ》セサリシトキハ不動産ノ果實ト代金ノ利息トハ之ヲ相殺《そうさい》シタルモノト看做《みな》ス

土地又は家屋を賣渡したるものは其賣渡の約束《やくそく》に或る期限來《きげんきた》れば買ひ戻《もど》すとの約束を爲し置《お》き其期限《きげん》來たれば買主が拂ひたる代金及び約束する時に入りたる入費《にふひ》を返還《へんくわん》して其賣買を解《と》くことを得べし併し賣主又は買主が別《べつ》に約束せざるときは其土地《そのとち》又は家屋《かをく》の上《あが》り物《もの》則ち家賃《やちん》と代金の利息とは差引《さしひき》したるものと看做《みな》すべし

第五百八十條　買戻ノ期間《きかん》ハ十年ヲ超《こ》ユルコトヲ得ス若シ之ヨリ長キ期間ヲ定メタルトキハ之ヲ十年ニ短縮《たんしゆく》ス

買戻ニ付キ期間《きげん》ヲ定メタルトキハ後日之ヲ伸長《しんちやう》スルコトヲ得ス

買戻ニ付キ期間ヲ定メサリシトキハ五年内ニ之ヲ爲スコトヲ要ス

買戻《かひもどし》の期日《きじつ》は十年よりも長《なが》くすることを得ざるべし若しも十年よりも長《なが》くするときは之を十年に縮《ちゞ》む十年は好《よい》加減《かげん》の期限として定《さだ》めたるなり

買戻に付《つき》一旦《いつたん》期限を定めたるときは後日《ごじつ》之を伸《の》ばすを得ざるなり

若し買戻しに付き期限を定めざるときは五年の内《うち》にて定むこと肝要《かんよう》なり

第五百八十一條　賣買契約《ばいばいけいやく》ト同時ニ買戻ノ特約《とくやく》ヲ登記《とうき》シタルトキハ買戻ハ第三者ニ對シテモ其效力《こうりよく》ヲ生《しやう》ス

登記ヲ爲シタル賃借人《ちんしやくにん》ノ權利ハ其殘期《ざんき》一年間ニ限リ之ヲ以テ賣主ニ對抗《たいこう》スルコトヲ得但賣主ヲ害《がい》スル目的ヲ以テ賃貸借ヲ爲シタルトキハ此限ニ在ラス

賣り買ひの約束と共に買戻を爲すべき約束を登記したるときは賣主と買主の外なる者に向《むか》ふても買主の約束は有ると云ふことになる故に外の人其土地《ひとそのとち》等《とう》を買ひたる時に後日賣主より買戻すときは其買ひたる者は之れを返さゞるべからず

又其買ひたる土地を人に小作《こさく》せしめたる時は其小作人《こさくにん》は一年《いちねん》の間自由《あひだじいう》に耕作《こうさく》することを得併し賣主に害《がい》を與《あた》ふる目的《もくてき》にて小作《こさく》せしめたる時は一年《いちねん》の間《あひだ》賣主は待つに及ばずちに取戻《とりもど》し小作を止《や》めしむることを得るなり

第五百八十二條　賣主ノ債權者カ第四百二十三條ノ規定ニ依リ賣主ニ代ハリテ買戻ヲ爲サント欲スルトキハ買主ハ裁判所ニ於テ選定シタル鑑定人《かんていにん》ノ評價《へうか》ニ從ヒ不動產ノ現時《げんじ》ノ價額《かがく》ヨリ賣主カ返還《へんくわん》スヘキ金額ヲ控除《こうじよ》シタル殘額ニ達《たつ》スルマテ賣主ノ債務ヲ辨濟《べんさい》シ尙《な》ホ餘剩《よじやう》アルトキハ之ヲ賣主ニ返還《へんくわん》シテ買戻權ヲ消滅《せうめつ》セシムルコトヲ得

賣主に金《かね》を貸《か》し居るものが賣主《うりぬし》が買戻しを爲さゞるにより第四百二十三條の規則により賣主に代《かは》り買戻を爲さんとするときは買主は裁判所へ其買受けたるもの丶代價の鑑定人《かんていにん》の選方《えらびかた》を願出《ねがひい》で其鑑定人《そのかんていにん》が付けたる價《あたひ》に依り其土地《そのとち》の價より賣主《うりぬし》が買主に返《かへ》すべき金高を引き去りたる殘金《ざんきん》と同《おな》じ高《たか》までを賣主の買主に支拂《しはら》ひ尙《な》は餘《あま》りあるときは其餘を賣主に返《かへ》して貸主の買戻《かひもどし》さんとする權利を止《や》むることを得べし

第五百八十三條　賣主ハ期間內ニ代金及ヒ契約《けいやく》ノ費用ヲ提供《ていきやう》スルニ非サレハ買戻ヲ爲スコトヲ得ス

買主又ハ轉得者《てんとくしや》カ不動產ニ付キ費用《ひよう》ヲ出《いだ》シタルトキハ賣主ハ第百九十六條ノ規定ニ從ヒ之ヲ償還《しやうくわん》スルコトヲ要ス但有益費《いうえきひ》ニ付テハ裁判所ハ賣主ノ請求ニ因リ之ニ相當ノ期限ヲ許與スルコトヲ得

賣主は買戻《かひもどし》の約束を爲したる期限迄《きげんまで》に賣渡代金《うりわたしだいきん》及び賣渡の約束をなすに付ての入費《にふひ》を差《さし》

出さゝれば買戾を爲すことを得ざるなり
買主又は買主より買ひたるものが其買ひたる不動產卽ち土地に付き入費《にふひ》を出したるときは賣主は第百九十六條の規則に依り返へさゝるべからず併し其土地を改良《かいりやう》するに入れたる金に付ては裁判所は賣主の申立により支拂《しはら》ふに好加減《よいかげん》の期限を與ふることを得

第五百八十四條　不動產ノ共有者《きやうゆうしや》ノ一人カ買戾ノ特約《とくやく》ヲ以テ其持分ヲ賣却シタル後其不動產ノ分割又ハ競賣《きやうばい》アリタルトキハ賣主ハ買主カ受ケタル若クハ受クヘキ部分又ハ代金ニ付キ買戾ヲ爲スコトヲ得但賣主ニ通知セスシテ爲シタル分割及ヒ競賣ハ之ヲ以テ賣主ニ對抗《たいこう》スルコトヲ得ス
土地又は家屋《かをく》を數人《すにん》にて所有する場合《ばあひ》にて其中《そのうち》の一人《いちにん》が買戾の約束にて自分《じぶん》の持分《もちぶん》を賣りたる後にて其土地又は家屋を分けるか又は競《せ》り賣りにしたるときは賣主は買主か分け前《まへ》を受けたる分《ぶん》又は受くべき分《ぶん》か又は全代金に付て買戾《かひもど》すことを得《う》るなり併し賣主に知らさずして買ひたる土地等《とちとう》を分《わか》ち及《およ》び競り賣《うり》は賣主に手向《てむか》ふことを出來ざるなり

第五百八十五條　前條ノ場合ニ於テ買主カ不動產ノ競落人《きやうらくにん》ト爲リタルトキハ賣主ハ競買ノ代金及ヒ第五百八十三條ニ揭ケタル費用ヲ拂ヒテ買戾ヲ爲スコトヲ得此場合ニ於テハ賣主ハ其不動產ノ全部ノ所有

權ヲ取得ス

他ノ共有者ヨリ分割《ぶんかつ》ヲ請求シタルニ依リ買主カ競落人ト爲リタルトキハ賣主ハ其持分《もちぶん》ノミニ付キ買戻ヲ爲スコトヲ得ス

買受けたる土地及び家屋を競り賣したる場合にて買主か競り賣りの買受人となりたるときは賣主は競り賣りの時の代金及び第五百八十三條の費用を拂ひて買戻を爲すことを得るなり斯くして買戻をなすときは賣主は土地及び家屋の總《すべ》ての所有の權を自分《じぶん》の物となすことになるべし

若し又《また》他の者より分《わ》くることを求めたるにより買主が競り賣りの買受人となりたるときは賣主は自分が兼《かね》て所持《しよぢ》したる分のみに付ては買戻を爲すことを得ざるなり

第四節　交換《かうくわん》

交換《かうくわん》とは品物《しなもの》と品物を取り換《か》へる約束なり則ち米と麥とを替へる如《ごと》し則ち通常《つうじやう》の賣買のときに一方《いつぱう》より出すべき價なる金錢が品物となるなり

第五百八十六條　交換ハ當事者カ互《たがひ》ニ金錢ノ所有權ニ非サル財産權《ざいさんけん》ヲ移轉《いてん》スルコトヲ約《やく》スルニ依リテ其效力ヲ生ス

當事者ノ一方カ他ノ權利ト共ニ金錢ノ所有權ヲ移轉スルコトヲ約シタルトキハ其金錢ニ付テハ賣買ノ代金ニ關スル規定ヲ準用ス

交換《かうくわん》は約束《やくそく》に關係《くわんけい》のものが互《たがひ》に金錢の外の物《もの》假へば火鉢《ひばち》と机《つくゑ》とかを以《もつ》て其所有の權利を遣《や》り取りするにより出來るなり故に約束の時より一方は他の一方の物の所有人となり他の一方は一方の物の所有人となるなり

關係者の一人が土地又は倉庫などと共に金錢を他の一人の所有とすることを約束したるときも右の金錢に付ては賣買の時の代金の規則を用るなり

第五節　消費《しやうひ》貸借《たいしやく》

消費貸借とは借りたるものを使ひ費やし他の物を返すものなり例ば醬油などを借りたるとき使用《しよう》せば無くなるもの故同《おな》じ品物を以て返すべきなり

第五百八十七條　消費《しやうひ》貸借《たいしやく》ハ當事者ノ一方カ種類《しゆるゐ》、品等《ひんとう》及ヒ數量《すうりやう》ノ同シキ物ヲ以テ返還ヲ爲スコトヲ約シテ相手方ヨリ金錢其他ノ物ヲ受取ルニ依リテ其效力ヲ生ス

消費貸借は關係者の一人が同じ類《たぐ》ひの物又同じ數及び同じ目方の物を返へすことを約束して他の一人より金又は其外の物を受取るにより出來る假へば播州米《ばんしうまへ》五石を借《か》り之を食し代《かは》りに攝津米《せつゝまへ》五石を返へすを約束するによりて此の貸借は出來るべし

第五百八十八條　消費貸借ニ依ラスシテ金錢其他ノ物ヲ給付スル義務ヲ負フ者アル場合ニ於テ當事者カ其物ヲ以テ消費貸借ノ目的ト爲ス

コトヲ約シタルトキハ消費貸借ハ之ニ依リテ成立《せいりつ》シタルモノト看做ス

此節の貸借によらずして金其外《そのほか》の物假《たと》へば豆何石《まめなんごく》を差出《さしいだ》すべき義務あるものが此等の物を消費貸借の目的と爲すことを約束したるときは此《これ》によりて此の貸借は出來《でき》たるものとするなり即ち關係者《くわんけいしや》は借りたるものを返へさでとも約束《やくそく》したる物を返《かへ》せば彼此言《かれこれい》ふことを得ざるべし

第五百八十九條　消費貸借ノ豫約《よやく》ハ爾後《じご》當事者ノ一方カ破産《はさん》ノ宣告《せんこく》ヲ受ケタルトキハ其效力ヲ失フ

消費貸借の契約を爲さんと前以《まへもつ》て約束し置《お》きたるも一方のものが破産《はさん》の宣告《せんこく》即ち身代限の處分《しよぶん》を受けたるときは其約束は無くなるなり

第五百九十條　利息《りそく》附ノ消費貸借ニ於テ物《もの》ニ隱《かく》レタル瑕疵《かし》アリタルトキハ貸主ハ瑕疵ナキ物ヲ以テ之ニ代フルコトヲ要ス但損害賠償ノ請求ヲ妨ケス

無利息《むりそく》ノ消費貸借ニ於テハ借主《かりぬし》ハ瑕疵アル物ノ價額《かかく》ヲ返還《へんくわん》スルコトヲ得但貸主カ其瑕疵ヲ知リテ之ヲ借主ニ告ケサリシトキハ前項ノ規定ヲ準用ス

利息附《りそくつき》にて消費貸借を取結《とりむす》びたるとき其物に外《ほか》より見《み》えざる瑕疵《かし》即ちきずあるときに貸したるものは他の疵《きず》なきものを以て其れと代《か》へざるべからず但し損害《そんがい》あるときは其償《つぐなひ》を求むることを得るなり是れ利息を附けて借るものなれば元より斯くあるべきことなり利息の附かざる消費貸借では借りたるものは其疵《きず》ある物の價を返すことが出來《でき》る所《しよ》しながら如何に利息の附かざる貸借にても貸したる者が借りたる者に其疵あるよを知らさずして貸したるときは右の規則即ち利息附の規則によるなり

第五百九十一條　當事者カ返還《へんくわん》ノ時期《じき》ヲ定メサリシトキハ貸主ハ相當ノ期間ヲ定メテ返還ノ催告ヲ爲スコトヲ得

借主ハ何時ニテモ返還ヲ爲スコトヲ得

消費貸借を爲したる者が其貸主借りしたる物を返す日を定めざるときは貸したる者も増加減《かげん》の日を定めて返すべきことの催促《さいそく》を爲すことを得るなり借りたる者は自分の氣儘《きまゝ》に借りたる物を返すことを得る蓋《けだ》し借りたるとて其返す日が來たらざれば返へすことが出來ぬとするときは借主の迷惑《めいわく》も亦甚《はなはだ》し

第五百九十二條　借主カ第五百八十七條ノ規定ニ依リテ返還ヲ爲スコト能ハサルニ至リタルトキハ其時ニ於ケル物ノ價額ヲ償還スルコトヲ要ス但第四百二條第二項ノ場合ハ此限ニ在ラス

借《か》りたる者が第五百八十七條の規則によりて其借りたる物を返すこと出來ざるに至りたるときは其返す時の價《あたひ》を返すことを要《えう》す但し第四百二條第二項の規則は別物《べつぶつ》なり第四百二條を一覽すべし

第六節　使用貸借《しようたいしやく》

使用貸借とは或物を使ふ爲めに借り而して其借りたる物を返すものを云ふ例《たと》へば農業《のうげふ》に用《もち》ゆる器《き》機《かい》又は乘り馬などを借る如し

第五百九十三條　使用貸借ハ當事者ノ一方カ無償《ひしやう》ニテ使用《しよう》及ヒ收益《しうえき》ヲ爲シタル後返還《へんくわん》ヲ爲スコトヲ約シテ相手方ヨリ或物ヲ受取ルニ因リテ其效力ヲ生ス

借りたるものを返すものは關係者《くわんけいしや》の一人が金《かね》を出《いだ》さずして其借りたるものを使《つか》ひ及び其物より益《えき》を上げたる後則ち借りたる用を足《た》したる上《うへ》返すことを約束《やくそく》して受取るときは乃ち使用貸借が出來るべし出來たる上は借りたる人は返す日來たるとき借りたる物を返さゞるべからず

第五百九十四條　借主ハ契約《けいやく》又ハ其目的物ノ性質《せいしつ》ニ因リテ定マリタル用方《ようはう》ニ従ヒ其物ノ使用及ヒ收益《しうえき》ヲ爲スコトヲ要ス

借主ハ貸主ノ承諾《しようだく》アルニ非サレハ第三者ヲシテ借用物《しやくようぶつ》ノ使用又ハ收

益ヲ為サシムルコトヲ得ス

借主カ前二項ノ規定ニ反スル使用又ハ収益ヲ為シタルトキハ貸主《かしぬし》ハ契約ノ解除《かいぢよ》ヲ為スコトヲ得

借る人が愈々《いよ〳〵》或る物を借りたるときは其借《か》りたるものゝ用ゐ方《かた》を約束したるか又は其借りたるものが乗馬《のりうま》なれば乗馬に用《もち》ゐ利益を収《をさ》めざるべからず故《ゆゑ》に乗馬《のりうま》を田畑《たはた》の耕《たがやし》などに使《つか》へば約束に背くなり

物を貸すものは借る人を見込みて貸すものなり然るに借主が其借りたるものを外の人に貸せば其の人は借りたる物を損《そん》ずるやも知る可からず故に借主は貸主の承知《しやうち》なければ外《ほか》の人に借し又《また》利益《りえき》を上《あ》げしむることを得ざるべし

借りたる人右《みぎ》の通《とほ》りにせざるときは貸主は使用貸借《しようたいしやく》の契約《けいやく》を止《と》むることを得るなり

第五百九十五条　借主ハ借用物ノ通常《つうじやう》ノ必要費《ひつようひ》ヲ負担ス

此他ノ費用ニ付テハ第五百八十三条第二項ノ規定ヲ準用ス

借りたる人が其借りたる物に入りたる費用譬へば荷車を借りたるに其車輪《しやりん》を破損《はそん》したり依て之を繕《つく》らふに入費を要したり其れ此《こ》れ等《ら》の費用の如《ごと》き通例《つうれい》借りたるものに是非共《ぜひとも》入る費用は之を支払《しはら》はざるべからず

此外《このほか》の入費は第五百八十三条第二項の規則を用《もち》ゐて貸主《かしぬし》は之を支払ふべし

第五百九十六條　第五百五十一條ノ規定ハ使用貸借ニ之ヲ準用ス

第五百五十一條の規則も此貸借にも用ゐるなり同條を一覧すべし

第五百九十七條　借主ハ契約《けいやく》ニ定メタル時期《じき》ニ於テ借用物ノ返還《へんくわん》ヲ爲スコトヲ要ス

當事者カ返還ノ時期ヲ定メサリシトキハ借主ハ契約ニ定メタル目的ニ従ヒ使用《しよう》及ヒ收益《しうえき》ヲ終ハリタル時ニ於テ返還ヲ爲スコトヲ要ス但其以前ト雖モ使用《しよう》及ヒ收益ヲ爲スニ足ルヘキ期間ヲ經過シタルトキハ貸主ハ直チニ返還ヲ請求スルコトヲ得

當事者カ返還ノ時期又ハ使用及ヒ收益ノ目的ヲ定メサリシトキハ貸主ハ何時《いつ》ニテモ返還《へんくわん》ヲ請求スルコトヲ得

借りたる人は約束《やくそく》にて物を返《へ》す日を定めたるときは其日に返さゞるべからず

關係者《くわんけいしや》が借りたる物を返す日を定めざるときは借りたる人は約束に定《さだ》めたる目的に従《したが》ひ

仮《たと》へば乘るために馬を借りたるときは其の通《とほ》りに使用《しよう》し且《か》つ收益《しうえき》し其れが終りたるときも返さゝるべからず併《しか》し約束の目的の終らざる以前《いぜん》と雖《いへ》ども使用及び收益を爲すに足る日を過ぎたるときは貸主は直ぐに返すべきことを申立つるを得

關係者が借り物を返す時又何《なに》に使ふか又何如なる收益を爲すやを定めざるときは貸した

るものは何時にても返すべしと求むることを得るなり

第五百九十八條　借主《かりぬし》ハ借用物《しやくようぶつ》ヲ原状《げんじやう》ニ復《ふく》シテ之ニ附屬セシメタル物ヲ收去スルコトヲ得

借りたる人は其《その》借り物に附《つ》け加へたるもの假《たと》へば馬を借りたる其馬具《そのばぐ》に自分所有《じぶんしよいう》の種々《しゆ／＼》ものを附け加へたるときは返す時に元《もと》の形《かたち》に戻《もど》し之れに附《つ》け加《くは》へたるものを取り去ることを得るなり借主自分《かりぬしじぶん》の物なれば之を取去《とりさ》るは勿論《もちろん》のことなり

第五百九十九條　使用貸借ハ借主ノ死亡《しばう》ニ因リテ其效力ヲ失フ

此貸借《このかしかり》は借主が死去《しきよ》するときは貸借はなくなり貸借《かしかり》したる物は返へるなり道《と》は借主を信《しん》じて貸したるものなれば死すると共に信用なくなるは固よりの事なり

第六百條　契約ノ本旨《ほんし》ニ反《はん》スル使用又ハ收益ニ因リテ生シタル損害ノ賠償及ヒ借主カ出タシタル費用ノ償還ハ貸主カ返還ヲ受ケタル時ヨリ一年内ニ之ヲ請求スルコトヲ要《えう》ス

契約したる目的と異《こと》なる使《つか》ひ方《かた》又は利益を收むるにより出來たる損害《そんがい》の償假《つぐなひたと》へば乘るために借りたる馬《うま》を荷馬《にうま》に使ひ病馬《びやうば》たらしめ爲めに損害が出來たる其の償及び其れに付き借主が出だしたる入費《にふひ》の償《つぐな》ひは貸主が貸したる物の返還《へんくわん》を受けたる時より一年《いちねん》の内《うち》に求めざるべからず然らざれば終《つひ》に求むることを得ざるべし

第七節　賃貸借《ちんたいしやく》

賃貸借は賃錢を取りて或土地家屋及び牛馬を借すものを云ふ

第一款　總則《そうそく》

本款は賃貸借の總体《そうたい》に關《くわん》する重《おも》なる規則を定《さだ》めたり

第六百一條　賃貸借《ちんたいしやく》ハ當事者ノ一方カ相手方ニ或物《あるもの》ノ使用及ヒ收益ヲ爲サシムルコトヲ約シ相手方カ之ニ其賃金ヲ拂フコトヲ約スルニ因リテ其效力ヲ生ス

賃貸借《ちんたいしやく》は關係者の一人が相手《あひて》の者に土地《とち》及び家屋《かおく》を使用《しよう》せしめ幷《ならび》に利益を收《おさ》めしむることを約束し相手の者は其借りたる物の〻代りに賃金即ち借賃を支拂《しはら》ふことを約するときは是れが賃貸借《ちんたいしやく》にして一方に或る物を貸す義務が生《しやう》じ一方のものに賃錢を拂ふ義務が出來るべし即ち關係者の兩方《りやうはう》に義務ある契約なり

第六百二條　處分ノ能力又ハ權限ヲ有セサル者カ賃貸借ヲ爲ス塲合ニ於テハ其賃貸借ハ左ノ期間ヲ超ユルコトヲ得ス

一　樹木ノ栽植《さいしよく》又ハ伐採ヲ目的トスル山林ノ賃貸借《ちんたいしやく》ハ十年

二　其他ノ土地ノ賃貸借ハ五年

三　建物《たてもの》ノ賃貸借ハ三年

四　動産《どうさん》ノ賃貸借ハ六个月

賃貸《かしちん》を取り貸す物を賣渡すことの出來ざるものが賃貸借を約束する時假へば後見人《こうけんにん》が後《こう》見《けん》して居る人の土地又ハ家屋を賃貸借するときは左《ひだり》の四個《こ》の項目《こうもく》により其期限を守《まも》らざるべからず

一　木を植《う》ゆることと又《また》は木《き》を伐《き》ることを目當《めあて》とする山林《さんりん》を賃貸借するときは其期限は十年なり古人《こじん》も木を植うるは十年のものなりと云へばなり

二　右《みぎ》の外《ほか》土地即ち畑又《はたまた》は田畝《でんぽ》は五年の期限となすなり

三　建物《たてもの》即ち倉庫《さうこ》又は借家《しやくや》は三年とせり

四　動産《どうさん》即ち鋤鍬《すきくは》其外机《つくゑ》の如きものは六ヶ月即ち半期《はんき》とせり

右《みぎ》の如《ごと》く借る日に長《なが》し短《みじ》かしある物則ち夫れ丈《だけ》借るれば間《ま》に合ふべしとの物により短《みじ》かくして用の濟《す》むものは短《みじ》かくし手間《てま》取れるものには長くしたるなり

第六百三條　前條ノ期間ハ之ヲ更新《こうしん》スルコトヲ得但其期間滿了《まんりよう》前土地ニ付テハ一年內建物ニ付テハ三个月內動產ニ付テハ一个月內ニ其更新ヲ爲スコトヲ要ス

右《みぎ》に定《さだ》めたる十年五年等《とう》の日《ひ》は改《あらた》めることが出來《でき》る即ち一旦《いつたん》日を定《さだ》めて其日來りて又其《またその》人《ひと》に貸さんとするときは土地に付ては一ヶ年內建物《たてもの》は三个月內動產《どうさん》に附《つい》ては一个月內に

改《あらた》めること必要《ひつえう》なり是れは皆其々《みなそれ〳〵》積《つも》りがあるものにて日が切れてから彼れ此れするも不都合《つがふ》なればなり

第六百四條　賃貸借ノ存續《そんぞく》期間《かん》ハ二十年ヲ超ユルコトヲ得ス若シ之ヨリ長キ期間ヲ以テ賃貸借ヲ爲シタルトキハ其期間ハ之ヲ二十年ニ短《たん》縮《しゆく》ス

前項ノ期間ハ之ヲ更新《かうしん》スルコトヲ得但更新ノ時ヨリ二十年ヲ超ルコトヲ得ス

賃貸借は二十个年より長《なが》く引續《ひきつゞ》きて貸す約束をなすことが出來ず若し二十ケ年より長き日で約束《やくそく》したるとき二十年に減少《げんせう》するなり是れもあまり永《なが》くするときは苦情《くじやう》の種《たね》となるのみならず永小作《えいこさく》と混《こん》ずればなり

右《みぎ》の二十年の期間《きかん》は改《あらた》めることが出來るべし然《しか》れども改めたる日より又《また》二十年を超《こゆ》ることを得ざるなり然らざれば二十年と定めたる效能《かうのう》なきに至《いた》るべし

第二款　賃貸借《ちんたいしやく》ノ效力《かうりよく》

賃貸借を爲すときは如何樣《いかやう》なることが出來《でき》るかは此の款《くわん》に定めたり

第六百五條　不動産ノ賃貸借ハ之ヲ登記シタルトキハ爾後其不動産ニ付キ物權ヲ取得シタル者ニ對シテモ其效力ヲ生ス

不動產《ふどうさん》即ち土地又は家屋に付き賃貸借を爲し登記《とうき》役所《やくしよ》に登記を爲したるときは登記してから後《のち》其土地を買《か》ひ受けたるものは賃貸借を忍《しの》ばざるべからず若し買受くるや直《たゞ》ちに賃借人を追《お》ひ出《いだ》すときは賃借人は安心《あんしん》して借りたる土地に肥料《ひりやう》を下ろすことが出來《でき》ず從《したがつ》て世間《せけん》の融通《ゆうづう》を害《がい》するに至《いた》る然れども賃借人登記《とうき》せざるときは買受人知らざる故《ゆへ》是の時《とき》は賃借人は追《お》ひ出《いだ》されても苦情《くじやう》を述《の》ぶることを得ざるなり

第六百六條　賃貸人ハ賃貸物《ちんたいぶつ》ノ使用《しよう》及ヒ收益《しうえき》ニ必要《ひつえう》ナル修繕《しうぜん》ヲ爲ス義務ヲ負フ

賃貸人カ賃貸物ノ保存《ほぞん》ニ必要ナル行爲《こうい》ヲ爲サント欲スルトキハ賃借人ハ之ヲ拒《こば》ムコトヲ得ス

賃貸人は金錢《きんせん》の賃を取りて貸すもの故其貸したる物《もの》を使《つか》ひ又利益《またりえき》を收《おさ》むるを得る樣に修《しう》繕《ぜん》を爲さゝるべからず即ち家屋を貸して屋根《やね》が漏《も》るときは其れを修繕《しうぜん》するが如し

又賃貸人が其貸したる物を存《そん》し置《お》くに必ず入るべき事を爲さんとする時賃借人其事に付き苦情《くじやう》を述《の》ぶることを得ず假《たと》へば家根《やね》替《がへ》をなすにより賃借人は五六日の間住《あひだす》むことも出來《でき》ざるも致方《いたしかた》なし然らざれば賃貸人は貸したる物を破《は》滅損失《そんめつしつ》する害《がい》を蒙《かふ》むるに至ればなり

第六百七條　賃貸人カ賃借人ノ意思ニ反シテ保存行爲ヲ爲サント欲スル場合ニ於テ之カ爲メ賃借人カ賃借ヲ爲シタル目的ヲ達スルコト能

ハサルトキハ賃借人ハ契約ノ解除ヲ爲スコトヲ得

賃貸《ちんがし》して居《ゐ》る人が賃錢《ちんせん》を出《いだ》して借り居る人の思《おもひ》に反對《はんたい》して假《たと》へば賃借りして居る人が其借りたる家屋が未《いま》た修繕《しゆぜん》せずとも住居《ぢうきよ》することが出來ると云ふにも拘《かゝは》らず家屋の修繕を爲さんとするにより爲めに賃借りし居る人が賃借りたる目當《めあ》てが出來ざるときは折角《せつかく》借りたるも致方《いたしかた》なし故《ゆゑ》に賃借人《ちんがりにん》は契約を止《と》むることを得るなり

第六百八條　賃借人カ賃借物ニ付キ賃貸人ノ負擔《ふたん》ニ屬《ぞく》スル必要費ヲ出タシタルトキハ賃貸人ニ對シテ直チニ其償還《しやうくわん》ヲ請求スルコトヲ得

賃借人カ有益費《いうえきひ》ヲ出タシタルトキハ賃貸人ハ賃貸借終了《しうれう》ノ時ニ於テ第百九十六條第二項ノ規定ニ從ヒ其償還ヲ爲スコトヲ要ス但裁判所ハ賃貸人ノ請求ニ因リ之ニ相當ノ期限ヲ許與スルコトヲ得

賃借物《ちんがりもの》に付き賃借人《ちんがりにん》の落《お》ち度《ど》にあらずして破損《はそん》等の生《しやう》じたるときも賃貸人は其の爲め賃錢を取るものなれば其繕《つくろ》ひを爲すべきものなり然るに賃借人が其賃貸人の脊負《せお》ふべき是非《ひと》共《も》なすべき修繕をなし費用《ひよう》を出《いだ》したるときは賃貸人に向《むか》つて其費用の償《つくな》ひを求むることを得るなり

賃借人が有益費《いうえきひ》假《たと》へば賃借物を改良《かいりやう》するに付き入れたる費用は賃貸人は矢張《やはり》返《かへ》さゞるべからず何《いつ》れの日より計算《けいさん》を爲すやと云へば賃借契約《ちんしやくけいやく》の期日《きじつ》來れるか又其外《そのほか》第六百十七條

以下に記《しる》せることにより賃貸借の終る時に第百九十六條第二項の規則即ち現に其改良の爲めに賃借物の價《あたひ》が増したるに付き賃借人の選《えら》びに依り其入れた金額《きんがく》か又は其借りたるものが價《あたひ》を増したる高《たか》を償《つくな》ふことが肝要《かんえう》なり然れども裁判所は賃貸人の求《もと》めにより其《その》償《つくなひ》を爲すに付き好加《よいか》減《げん》の期日《きじつ》を與《あた》ふることを得蓋《けだ》し賃貸人は其償を爲すに付き一時支拂ふことが出來ざることあるを以て此の期限を與ふることになしたり

第六百九條　收益ヲ目的トスル土地ノ賃借人ハ不可《ふか》抗力《こうりよく》ニ因リ借賃《しやくちん》ヨリ少《すくな》キ收益《しうえき》ヲ得タルトキハ其收益ノ額《がく》ニ至ルマテ借賃ノ減額《げんがく》ヲ請求スルコトヲ得但宅地《たくち》ノ賃貸借ニ付テハ此限ニ在ラス

賃借りする者は自分《じぶん》の勞力《ろうりよく》により賃借りしたる物《もの》より幾分《いくぶん》の利益《りえき》を得んとする爲めなり然るに此の條に規定《きてい》したる樣に土地を賃借りする人が洪水《こうずい》又は風害《ふうがい》の如き不可《ふか》抗力《こうりよく》に因り借賃《かりちん》よりも少《すくな》き利益を得たるとき其利益を收《をさ》めたる高《たか》まで借賃の減少《げんせう》を求むることを得《う》若し約束したる賃料《ちんれう》を出《い》ださしむるものとするときは賃借人を苦《くる》しむものなり併しながら宅地《たくち》などは風害等《ふうがいとう》あるも格別《かくべつ》の不利益を與ふるものにあらざれば賃料の減少を爲すに及《およ》ばざるべし

第六百十條　前條ノ場合ニ於テ賃借人カ不可抗力ニ因リ引續キ二年以上借賃ヨリ少キ收益ヲ得タルトキハ契約ノ解除ヲ爲スコトヲ得

前條即ち第六百九條に記《き》する場合には賃借人《ちんがりにん》が洪水《こうずゐ》又は風害等《ふうがいとう》の爲めに引續《ひきつゞ》き二年より多《おほ》く借賃よりも利益《りえき》を収《おさ》むること少《すくな》きときは賃貸借の約束を止《や》めにすることが出來《でき》る借賃より少《すく》なき收益《しうえき》ある土地なるも尚《な》は約束を守らしむるは賃借人を苦しむるものにして賃借人の見込《みこみ》を達《たつ》することと出來ざるなれば此の條に斯くは定めたるなり

第六百十一條　賃借物ノ一部カ賃借人ノ過失《くわしつ》ニ因ラスシテ滅失《めつしつ》シタルトキハ賃借人ハ其滅失シタル部分《ぶぶん》ノ割合《わりあい》ニ應《おう》シテ借賃ノ減額《げんがく》ヲ請求スルコトヲ得

前項ノ場合ニ於テ殘存《ざんそん》スル部分ノミニテハ賃借人カ賃借ヲ爲シタル目的ヲ達《たつ》スルコト能《あた》ハサルトキハ賃借人ハ契約《やく》ノ解除《かいじよ》ヲ爲スコトヲ得

賃借し居る物《もの》の二分《にぶ》とか或は三分《ぶ》とかが賃借人《ちんがりにん》の落ち度《おちど》にあらずして即ち火災等《くわさいとう》の爲めに滅失《めつしつ》したるときは賃借人は滅《き》え失《う》せざる前の借賃《かりちん》を拂《はら》ふに及《およ》ばず其滅失したる部分が二分《ぶ》なるときは其《その》二分丈《だ》けの借賃の減《げん》じ少《すく》なくすることを求《もと》むることを得るなり右《みぎ》の場合《ばあひ》にて其殘《そのこ》りたる物にて賃借人《ちんがりにん》が其借りたる目當《めあて》が出來ざるときは賃貸借の約束《やくそく》を解《と》くことの求めを爲すことを得《う》蓋《けだ》し賃借人が或る家屋《かをく》を借る所以《ゆゑん》のものは其家屋にて商業《しやうげふ》とか其れ〳〵種々《しゆ〳〵》の用《よう》を爲すためならん然るに今洪水等《いまこうずゐとう》にて其借りたる物の幾分

は滅《め》に失《う》せて初《はじ》めの目當《めあて》が出來《でき》ざるに尚《な》ほも賃借約束《ちんがりやくそく》を守《まも》らしむるは謂《いは》れなきことなればなり

第六百十二條　賃借人ハ賃貸人ノ承諾《しようだく》アルニ非サレハ其權利ヲ讓渡《ゆづりわた》シ又ハ賃借物ヲ轉貸《てんたい》スルコトヲ得ス

賃借人カ前項ノ規定《きてい》ニ反シ第三者ヲシテ賃借物ノ使用又ハ收益ヲ爲サシメタルトキハ賃貸人ハ契約ノ解除ヲ爲スコトヲ得

賃借人は賃貸人の承知《しやうち》の上《うへ》ならでは賃借の權利即ち土地を借りたるとき其土地を耕《たがへ》す權利を他の人に讓《ゆづ》り渡《わた》し又は賃借物を轉貸《てんたい》即ち自分《じぶん》より他の人に又貸《またがし》するとを得さるなり是れ賃借人は他人の物を借りたるものなれば固《もと》より賃貸人の承諾《しやうだく》を經《へ》なければならぬは當前《あたりまへ》なればなり

賃借人が右《みぎ》の規則に背《そむ》き他人《たにん》をして賃借物の使用《しよう》又は收益《しうえき》を爲さしめたるときは賃貸人は折角《せつかく》の契約なるも其契約を止《とゞ》むるの求《もと》めを爲すことを得るなり若し賃貸人に於て此の權利なき時は賃貸物に大《おほ》なる損害《そんがい》を來《きた》すやも知るべからざるあり

第六百十三條　賃借人カ適法《てきはふ》ニ賃借物ヲ轉貸《てんたい》シタルトキハ轉借人ハ賃貸人ニ對シテ直接《ちよくせつ》ニ義務《ぎむ》ヲ負フ此場合ニ於テハ借賃ノ前拂《まへばらひ》ヲ以テ賃貸人ニ對抗スルコトヲ得ス

前項ノ規定ハ賃貸人カ賃借人ニ對シテ其權利ヲ行使スルコトヲ妨ケス

賃借人《ちんがりにん》が賃貸人の承諾《しようだく》を得て即ち適法《てきはふ》に賃借物を又貸《またがし》したるときは又借人《またがりにん》は賃貸人に向《むかつ》て直《ぢ》き〳〵の義務を負《お》ふ故《ゆへ》に賃料《ちんりやう》の如きは賃貸人に拂《はら》はざるべからず而して又貸を許したる時に又借人は借賃は又借人に前拂《まへばらひ》をしたるとて賃貸人に向《むか》ひ借賃の求めを退《しりぞ》くることを得ざるとし即ち前拂したるは自分が勝手に拂ひたるものなれば之を以て賃貸人に拂はず張《は》り合ふことを得ざるなり

右の如く賃借物を又貸したるときには賃貸人と又借人とは直々《じき〳〵》の關係となれども賃貸人は其初め賃借人に貸したるものなれば尚《な》ほ賃借人に向《むか》つても權利を行《おこな》ふことを得るなり

第六百十四條　借賃ハ動産、建物及ヒ宅地ニ付テハ毎月末ニ其他ノ土地ニ付テハ毎年末ニ之ヲ拂《はら》フコトヲ要《えう》ス但收穫季節《しうかくきせつ》アルモノニ付テハ其季節《きせつ》後遲滯《ちたい》ナク之ヲ拂フコトヲ要ス

借賃《かりちん》は何時《いつ》之を支拂《しはら》ふべきものなるやを此の條《でう》に定《さだ》む動産即ち机膳《つくゑぜん》の如き又家屋倉及び宅地《たくち》の借賃は毎月末《まいげつすゑ》に拂ひ土地即ち田畑《でんばた》の借賃は毎年末《まいねんすゑ》に拂はざるべからず此れ土地は一ヶ年を經《へ》て收穫《しうかく》を見るべきものなれば一年の末《すゑ》と定《さだ》めたれども其他の物に一ヶ月の末に拂ふを慣習《くわんしう》とするを以て斯くは區別《くべつ》を爲したるなり然れども收穫の時わるものに付て

は其時節の後《のち》直ぐに拂ふべきものとせり

第六百十五條　賃借物カ修繕《しうぜん》ヲ要シ又ハ賃借物ニ付キ權利ヲ主張《しゆちやう》スル者アルトキハ賃借人ハ遲滯《ちたい》ナク之ヲ賃貸人ニ通知スルコトヲ要ス但賃貸人カ既ニ之ヲ知レルトキハ此限ニ在ラス

或る人より突然《とつぜん》に賃借物《ちんしやくもの》に修繕《しうぜん》を爲さゞるべからざることあり又は賃借物に付き其物は自分《じぶん》の物なりとて取戻《とりもどし》を申込《まうしこ》みたるものあるときは賃借人は其事を早速《さつそく》賃貸人《ちんたいにん》に知らさゞるべからず蓋《けだし》修繕を爲すべきことを通知《つうち》するときは賃貸人は直《たゞ》ちに修繕を爲し其損害《そんがい》を防《ふせ》ぐべく又權利を主張《しゆちやう》するものには自分が之れに答辯《たうべん》を爲し其主張を退《しりぞ》けねばならね要するに賃借人は管理《くわんり》の地位《ちゐ》に立《た》つものなれば右等《みぎら》の通知《つうち》をなすも又管理則《くわんりすなは》ち支配人の義務の一《いち》と謂ふべし併《しかし》ながら先きに右等《みぎら》の事を知り居るときは通知《つうち》を爲すに及《およ》はざるべし

第六百十六條　第五百九十四條第一項、第五百九十七條第一項及ヒ第五百九十八條ノ規定ハ賃貸借ニ之ヲ準用ス

第五百九十四條第一項即ち使用貸借《しようたいしやく》の物件用方《ぶつけんようはう》の規則及《およ》び第五百九十七條第一項即ち借用物を返す時及《およ》び第五百九十八條即ち借用物を使用するに付き借主が附屬《ふぞく》せしめたるものを借用物返還《しやくようぶつへんくわん》の時取去《とりさ》る規則等を賃借物にも用ゐるなり猶此等《なほこれら》の條々《でうでう》に照《てら》し見《み》れば明《あき》らかなり

第三款　賃貸借《ちんたいしやく》ノ終了《しうりやう》

賃貸借の約束期限《やくそくきげん》が終《をは》ることを此の款に定めたり

第六百十七條　當事者カ賃貸借ノ期間《きかん》ヲ定メサリシトキハ各當事者ハ何時ニテモ解約《かいやく》ノ申入《まうしいれ》ヲ爲スコトヲ得此場合ニ於テハ賃貸借ハ解約申入ノ後《のち》左ノ期間ヲ經過《けいくわ》シタルニ因リテ終了《しうれう》ス

一　土地ニ付テハ一年

二　建物ニ付テハ三个月

三　貸席《かしせき》及ヒ動産ニ付テハ一日

收穫《しうかく》季節アル土地ノ賃貸借ニ付テハ其季節《そのきせつ》後次《つぎ》ノ耕作《かうさく》ニ着手《ちやくしゆ》スル前ニ解約ノ申入ヲ爲スコトヲ要ス

貸主《かしぬし》及び借主が賃貸借は何日《いくか》まで續《つゞ》くや即ち其期限《きげん》を定めざるときは各貸主及《かくかしぬしおよ》び借主《かりぬし》は賃貸借《ちんたいしやく》の約束を解《と》くことを申入《まうしい》るゝを得《う》是れ何人《なにびと》も無期限に身体を束《つかね》らるゝ筈《はづ》なければなり斯《か》く期限を定めざる場合にて約束《やくそく》を解くことの申込《まうしこみ》をなすときは賃貸借の約束は其申入の後第一號二號三號の區別《くべつ》に從ひ消《き》ゆるなり

一　土地即ち宅地の如きものに付ては一年を過《す》ぐるときは賃借人は之を返《かへ》さゞるべからず

二　建物《たてもの》即ち家《いへ》又は納屋《なや》に付《つい》ては三ヶ月を過《す》ぐるときは之を賃貸人に返さゞるべからず

三　席《せき》を貸《か》し又動産即ち衣服《いふく》蒲團《ふとん》等に付ては一日としたるなり

尚《な》ほ收穫《しうくわく》の時期《じき》ある土地即ち耕地《かうち》に付ては其收穫の時の後にて次《つ》ぎの耕作を爲す前に約束を解くことの申入《まうしいれ》を爲さゞるべからず此れ皆耕地にて準備《じゆんび》あるもの故なり

第六百十八條　當事者カ賃貸借ノ期間ヲ定メタルモ其一方又ハ各自カ其期間内ニ解約《かいやく》ヲ爲ス權利ヲ留保《りうほ》シタルトキハ前條ノ規定ヲ準用ス

貸主及び借主が賃貸借の約束期限を定めたるときと雖《いへ》ども貸主か借主か何れかの一方《いつ》又は各々《おのおの》が其定めたる期日までにて約束を解《と》く權利あることを約束の中に留保《りうほ》即ち書《か》き留《と》めたるときには前條即ち第六百十七條の規則の約束を解く申入れ後に約束か終るとせる期日の定《さだ》め方《かた》等を用ゐるとなり

第六百十九條　賃貸借ノ期間滿了《まんれう》ノ後《のち》賃借人カ賃借物ノ使用又ハ收益《しうえき》ヲ繼續スル塲合ニ於テ賃貸人カ之ヲ知リテ異議《いぎ》ヲ述ヘサルトキハ前賃貸借ト同一ノ條件ヲ以テ更ニ賃貸借ヲ爲シタルモノト推定ス但各當事者ハ第六百十七條ノ規定ニ依リテ解約ノ申入ヲ爲スコトヲ得

前賃貸借ニ付キ當事者カ擔保ヲ供シタルトキハ其擔保ハ期間ノ滿了

ニ因リテ消滅《せうめつ》ス但敷金《しききん》ハ此限ニ在ラズ

賃貸借の約束の日が既《すで》に滿《み》ち終《おは》りたる後にも賃借人は賃借物を使用《しよう》し又は利益《りえき》を收《をさ》めて以前《いぜん》と同様相繼《どうやうあひつ》ぎて賃借し居る賃貸人は返還を申入れず又異議《いぎ》即ち苦情《くじやう》を述べざるときは前の賃貸借と同じ約束の箇條《かでう》にて再《ふたゝ》び賃貸借を爲したるものと推《お》し併《しか》しながら之れに關係《くわんけい》の者は第六百十七條の規則即ち契約を止むることを申入れたる後一年三ケ月一日の期日により約束を解《と》くことの申入を爲すことを得べし

若し賃借人が擔保《たんぽ》を出《いだ》したるときは賃貸借は再《ふたゝ》び出來ると雖ども擔保は期限《きげん》の滿《み》つると共《とも》に消《き》ゆるべし若し賃貸借が取結《とりむす》ばれたるとて擔保《たんぽ》も亦《また》生きるものと爲《な》すときは賃借人《ちんしやくにん》に金を貸し居るものは大《おほい》に害《がい》を受くればなり併し敷金《しききん》即ち家屋を借るに付き先づ賃貸人に入れ置く金は賃貸借が續《つゞ》くより又生きるなり蓋《けだ》し敷金《しきゝん》は家賃《やちん》の前拂《まへばらひ》とも謂《い》ふべきものなれば擔保とは大に其趣《おもむき》を異《こと》にせり

第六百二十條　賃貸借ヲ解除《かいぢよ》シタル場合ニ於テハ其解除ハ將來《しやうらい》ニ向テノミ其效力ヲ生ス但當事者ノ一方ニ過失アリタルトキハ之ニ對スル損害賠償ノ請求ヲ妨ケス

賃貸借を止めたる時《とき》即ち假《たと》へば賃借人が賃貸人の承知《しようち》あらざるに賃借物を又貸したる時等にて契約を解きたるときは將來《しやうらい》即ち其日より後《のち》に解きたることゝなりて其日以前《いぜん》にて

賃借人の爲したる事柄《ことがら》は賃貸人も亦從がひ守らざるべからず併しながら關係者の一人に過失《くわしつ》ありて損害の生《しやう》じたるときは其償《つぐなひ》を求むることを得るなり

第六百二十一條　賃借人カ破産《さん》ノ宣告《せんこく》ヲ受ケタルトキハ賃貸借ニ期間ノ定アルトキト雖モ賃貸人又ハ破産管財人《はさんくわんざいにん》ハ第六百十七條ノ規定ニ依リテ解約ノ申入ヲ爲スコトヲ得此場合ニ於テハ各當事者ハ相手方ニ對シ解約《かいやく》ニ因リテ生シタル損害ノ賠償《ばいしやう》ヲ請求スルコトヲ得ス

賃借人か身代限《しんだいかぎり》の處分《しよぶん》を受けたるときは假令《たとひ》賃貸借の期限が定めあるときと雖ども賃貸人又は破産管財人《はさんくわんざいにん》即ち身代限の時《とき》に本人《ほんにん》に代《かは》りて身代を支配《しはい》するものは第六百十七條の規則により賃貸借の約束を解くことの申入を爲すことを得蓋し身代限の處分を受けたるときは其本人は自分の身代を支配するの權なきのみならず到底賃金を支拂ふの見込なきを以てならん此場合にて各々の關係したる者は相手の者に向《むかつ》て契約を解くによりて生じたる損害《そんがい》の償《つぐなひ》を求むることは出來ざるなり

第六百二十二條　第六百條ノ規定ハ賃貸借ニ之ヲ準用ス

第六百條の規則即ち約束の通りに賃借物《ちんがりもの》を使《つか》はざるにより損害が出來《でき》たる時其償を爲すべき等の規則は賃貸借にも之を用ゐるを以て賃借人は契約《けいやく》の通りに賃借物を使《つか》ひ損失《そんしつ》の出來ざる樣《やう》にせざるべからず

第八節　雇傭《こよう》

雇傭とは人を傭ふことにて雇《やと》ふたる者と傭《やと》はれたるものとの間に權利義務が生ずる其關係《くわんけい》を此の節に定めたるなり

第六百二十三條　雇傭《こよう》ハ當事者ノ一方カ相手方ニ對《たい》シテ勞務《らうむ》ニ服《ふく》スルコトヲ約《やく》シ相手方カ之ニ其報酬《ほうしゆう》ヲ與《あた》フルコトヲ約スルニ因リテ其效力ヲ生ス

雇傭《こよう》乄關係者《くわんけいしや》の一人が相手の者に向て力《ちから》働《はたらき》の仕事《しごと》を爲すことを約束し相手の者は其仕事をせし代《かは》りに金錢《きんせん》其他の物を與ふるとの約束を爲すによりて雇傭と云ふ約束《やくそく》が出來る即ち一方《いつぱう》が仕事《しごと》を爲さゞれば裁判所へ願《ねが》ひ出で仕事を爲さしめ他の一方金錢等を拂はざれば是れ亦た裁判所へ願ひ出で拂はしむることを得るなり

第六百二十四條　勞務者《らうむしや》ハ其約シタル勞務ヲ終《を》ハリタル後ニ非サレハ報酬《ほうしう》ヲ請求スルコトヲ得ス

期間ヲ以テ定メタル報酬ハ其期間ノ經過《けいくわ》シタル後之ヲ請求スルコトヲ得

力働《ちからはたらき》の仕事《しごと》を爲すものは其約束したる仕事を爲し終《をは》らざれば仕事の代りに金錢其外《そのほか》のものを求《もと》むることを得ざるなり例となれば働《はたらき》の仕事《しごと》が出來《でき》上《あが》りて其代《そのかは》りの金錢を支拂《しはら》ふ

ものなれば勞働《はたらき》なくして金錢を先きに得る道理《だうり》なければなり

一ヶ月の末《すゑ》とか又廿日目とかの日を定めて金錢等を勞働《はたらき》の代《かは》りに支拂《しはら》ふべき約束あるときは一ヶ月又は廿日とかの日を過ぐるにあらざれば求むることを得ざるべし

第六百二十五條　使用者ハ勞務者ノ承諾アルニ非サレハ其權利ヲ第三者ニ讓渡スコトヲ得ス

勞務者ハ使用者ノ承諾アルニ非サレハ第三者ヲシテ自己ニ代ハリテ勞務ニ服セシムルコトヲ得ス

勞務者カ前項ノ規定ニ反《はん》シ第三者ヲシテ勞務ニ服《ふく》セシメタルトキハ使用者ハ契約ノ解除ヲ爲スコトヲ得

勞働《らうどう》則ち力仕事《ちからしごと》を爲す者を使《つか》ひ用《もち》ゐる者は其仕事《そのしごと》を爲す者の承知《しようち》の上《うへ》にあらざれば其使ふ權利を第三者即ち他の人《ひと》に讓渡《ゆづりわた》して使はしむることを得ざるなり蓋《けだ》し仕事《しごと》を爲す者は甲なる故勞働方《ゆへはたらきかた》を約束したるも乙《おつ》なるときは或は約束せざるやも知るべからざればなり又使用《しよう》する者は勞働者の仕事を見込《みこ》みて約束することあるものなれば仕事を爲すものは使ふ人の承知《じやうち》するにあらざれば外の人をして自分《じぶん》に代《かは》りて仕事を爲さしむることを得ざるなり

右の如きものなるに若し勞働する者が外の仕事する者をして勞働を爲さしめたるときは

使用者《しようしや》は其使ふ目的《もくてき》に反對《はんたい》することあれば契約を解くを求むることを得べし

第六百二十六條　雇傭ノ期間《きかん》カ五年ヲ超過《ちやうくわ》シ又ハ當事者ノ一方若クハ第三者ノ終身間繼續スヘキトキハ當事者ノ一方ハ五年ヲ經過《けいくわ》シタル後《のち》何時ニテモ契約ノ解除ヲ爲スコトヲ得但此期間ハ商工業見習者《しやうこうげふみならひしや》ノ雇傭ニ付テハ之ヲ十年トス

前項ノ規定ニ依リテ契約ノ解除ヲ爲サント欲スルトキハ三个月前ニ其豫告《よこく》ヲ爲スコトヲ要ス

雇傭《こよう》の期間《きかん》即ち傭《やと》ひ使《つか》ふ間が五年を越《こ》ゆ又は關係者の一方か又は他の人かの一生《いつしやう》の間《あひだ》勞働を為すべき約束等《やくそくとう》あるときは關係者《くわんけいしや》の一方は五年を過《す》ぎたる後《のち》は何時にても契約を止むることを得是れ人間《にんげん》は天性自由《てんせいじゆう》の者なるに五年以上《いじやう》も長《なが》き間束縛《そくばく》せしむるは其天性《てんせい》に戻《もと》るものと謂《い》ふの理屈《りくつ》より出しなり併《しか》し商業工業の見習《みならひ》に傭《やと》はれ居るものは五年位にては到底《たうてい》其業《げふ》を十分《じふぶん》に覺《おぼ》ゆるものにあらざれば此等の日限《にちげん》は十ケ年と定《さだ》めたり此れ至當《しとう》の事《こと》と謂《い》ふべきなり

右の規則により五年以上の契約を止《や》めんと望《のぞ》むときは三ケ月前《まへ》に豫《あらかじ》め契約を止《や》むることを通知《つうち》し置《お》くべし是《こ》れ何《いづ》れも其代《そのかは》りの者を求《もと》むるに多少《たせう》の猶豫《ゆうよ》を要《えう》すればなり

第六百二十七條　當事者カ雇傭ノ期間ヲ定メサリシトキハ各當事者ハ

何時ニテモ解約ノ申入ヲ爲スコトヲ得此場合ニ於テハ雇傭ハ解約申入ノ後二週間ヲ經過シタルニ因リテ終了《しうれう》ス

期間ヲ以テ報酬ヲ定メタル場合ニ於テハ解約ノ申入ハ次期《じき》以後《いご》ニ對シテ之ヲ爲スコトヲ得但其申入ハ當期ノ前半ニ於テ之ヲ爲スコトヲ要ス

六个月以上ノ期間ヲ以テ報酬ヲ定メタル場合ニ於テハ前項ノ申入ハ三个月前ニ之ヲ爲スコトヲ要ス

關係者《くわんけいしや》が傭《やと》ふべき期間《きかん》を定《さだ》めざるときは各《おのおの》の關係者は何時《いつ》にても自由《じゆう》に契約を止むる申入を爲すことを得是れ期間《きかん》を定《さだ》めざるは何時を問はず約束を止むるの考なりしならんとの理に因るなり而して斯《か》くの如き場合《ばあひ》に於《おい》ては契約を止むることを申入れてより二週間《にしうかん》を立《た》ちたるときは雇傭《こよう》も終《おは》るべきなり二週間の猶豫《ゆうよ》あるものは仕事《しごと》するもの丶代《かは》りかう又他《た》の雇主《やとひぬし》を探《さが》す爲に置きたるものならん

働き人の賃金を極《き》める期間則ち一ヶ月間を一期とし其の一期の賃金何程《なにほど》と定《さだ》め約束したるときに其の約束を解く申込は次期《じき》則ち來月期《らいげつき》の後よりの雇ひ方に對し爲すことが出來る但し其の申入をば當期の前半則ち當月分の十五日前に爲すべしとなり斯く定めたるは來月期より雇ひを解かるゝに其の期に至り突然《とつぜん》解かれては雇はれ人《にん》が困《こま》るんと故外《ゆゑほか》の口《くち》

を探《さが》す日限《にちげん》を與《あた》へたるなり
六ヶ月以上の日を一期として仕事《しごと》賃として金錢等を與ふる約束を爲したるときは右の申入は三ヶ月前に爲すべきなり

第六百二十八條　當事者カ雇傭《こよう》ノ期間《きかん》ヲ定メタルトキト雖モ已《や》ムコトヲ得サル事由アルトキハ各當事者ハ直チニ契約ノ解除《かいじよ》ヲ爲スコトヲ得但其事由カ當事者ノ一方ノ過失《くわしつ》ニ因リテ生シタルトキハ相手方ニ對シテ損害賠償ノ責《せめ》ニ任《にん》ス

關係者が雇傭即ち雇はれ方又も傭《やと》ひたる日限《にちげん》を約束《やくそく》にて定めたるときと雖ども已むことを得ざる事由《じゆう》假《たと》へば父母病氣の爲めに歸國《きこく》する等《とう》のことわりて迚《と》ても使用者《しようしや》の許《もと》に居《を》ることを出來ざるときは各關係者《かくくわんけいしや》即ち雇《やと》ひ人傭《にんやと》はれ人《にん》は直《す》ぐに契約を止《や》むることを得《う》倂《しか》し其已《や》むことを得ざる事由《じゆう》が一方《いつぽう》の落《お》ち度《ど》假《たと》へば使用者投機業《とうきげふ》に手《て》を出し失敗《しつぱい》を取り以前《いぜん》の營業《えいげふ》を爲すこと能《あた》はざるに至《いた》りたる等《とう》の如きも相手の者即ち契約を止《や》められたるものに向《むか》ふて損害《そんがい》を與《あた》へたるときは之を償《つくな》はざるべからずとなり

第六百二十九條　雇傭ノ期間滿了ノ後勞務者《らうむしや》カ引續キ其勞務ニ服《ふく》スル場合ニ於テ使用者カ之ヲ知リテ異議ヲ述ヘサルトキハ前雇傭ト同一ノ條件ヲ以テ更ニ雇傭ヲ爲シタルモノト推定《すゐてい》ス但各當事者ハ第六百

二十七條ノ規定ニ依リテ解約ノ申入ヲ爲スコトヲ得
前雇傭ニ付キ當事者カ擔保ヲ供シタルトキハ其擔保ハ期間ノ滿了ニ因リテ消滅《せうめつ》ス但身元保證金《みもとほしやうきん》ハ此限ニ在ラス

雇傭《こよう》に期限《きげん》の定めありて其日《そのひ》が滿《み》ちたるも勞働《ろうどう》するものが尙《な》ほ引續《ひきつゞ》きて仕事《しごと》を爲す時《とき》に於《おい》て使用《しよう》し居《を》るものが其の雇《やと》ひ期限《きげん》が終《をは》りたるに尙《な》ほ仕事《しごと》し居るを云ふことを知りて彼れ此れ苦情《くじやう》を言はさるときは其前《そのまへ》の雇傭《こよう》と同《おな》じ箇條《かでう》にて新《あら》たに傭《やと》ひ續《つゞ》けを爲したるものと推《お》し測《はか》り定《さだ》む是れ元《もと》より言《い》はざるは承知《しようち》したるものなりとの原則《げんそく》るを以てなり併《しか》しながら各關係者《かく〳〵わんけいしや》は第六百二十七條の雇傭《こよう》期限《きげん》を定めざる場合《ばあひ》には何時《なん》にても約束を止むる申入を爲すことを得るとの規則により約束を止むることを得るなり
若《も》し前《まへ》の雇傭に付き關係者が引受物《ひきうけもの》即ち土地又は保證人を出したるときは前の雇傭《こよう》の期限《きげん》切れるときは引受の物も其差出人《そのさしだしにん》の手に返《か》へるべし併しながら力働の仕事をするものが其身元《みもと》に付き差入《さしい》れたる保證金の如きは期限切れるも返へるものにあらざるなり何故《なにゆゑ》なれば其等は力仕事するものと共《とも》にするものなるを以てなり

第六百三十條　第六百二十條ノ規定ハ雇傭《こよう》ニ之ヲ準用《じゆんよう》ス
第六百二十條即ち賃借の契約を止めたるときには其止めたる日《ひ》より後《のち》に向てのみ止《や》めたることになり其以前《いぜん》に爲したることは止《や》むることと出來《でき》ざるとの規則《きそく》は雇傭《こよう》にも用《もち》ゐるな

り則ち雇人《やとひにん》が雇人として爲したる仕事《しごと》は効能《かうのう》わりて無駄《むだ》に成《な》らぬなり

第六百三十一條　使用者《しようしゃ》カ破産《はさん》ノ宣告《せんこく》ヲ受ケタルトキハ雇傭ニ期間ノ定アルトキト雖モ勞務者又ハ破産管財人ハ第六百二十七條ノ規定ニ依リテ解約ノ申入ヲ爲スコトヲ得此場合ニ於テハ各當事者ハ相手方ニ對シ解約《かいやく》ニ因リテ生シタル損害ノ賠償ヲ請求スルコトヲ得ス

力働の仕事をする者を使用する者が身代限《しんだいかぎり》の言渡《いひわたし》を受けたるときは雇傭《こよう》の期限を定《さだ》めたるときと雖《いへ》ども仕事《しごと》する者又は破産管財人《はさんくわんざいにん》即ち身代限の言渡を受けたる使用者《しようしゃ》の身代《しんだい》を支配《しはい》する言付《いひつ》けを裁判所《さいばんしょ》より受けたるものは第六百二十七條の規則により契約を止むる申入を爲すことを得るなり斯くの如き場合《ばあひ》となりたるときは各關係者は相手の者に向て契約《けいやく》を解《と》くによりて損害出來《でき》たるときも其損害《そんがい》の償《つくなひ》を求《もと》むることを得ざるなり

第九節　請負《うけおひ》

請負《うけおひ》とは假《たと》へば大工が自分《じぶん》の力《ちから》にて一《いつ》の家屋全体《かをくぜんたい》を建《た》て仕上《しあぐ》ることを約束するなどを云ふ即ち雇傭は自分の勞働《はたらき》の仕事《しごと》を或る金錢其他の物にて賣《う》るものなり請負《うけおひ》は一つの工事《こうじ》を爲し又《また》は或る業《わざ》を仕遂《しと》ぐることを引受《ひきう》けて約束するものなり

第六百三十二條　請負《うけおひ》ハ當事者ノ一方カ或《ある》仕事《しごと》ヲ完成《くわんせい》スルコトヲ約《やく》シ相手方カ其仕事ノ結果《けつくわ》ニ對シテ之ニ報酬ヲ與《あた》フルコトヲ約スルニ因

リテ其效力ヲ生ス

請負《うけおひ》は關係者《くわんけいしや》の一人又は數人《すにん》が或る仕事《しごと》假へば一つの家屋《かをく》を成就《じやうじゆ》することを約束し相手の者即ち家屋《かをく》を建《た》てしむることを約したるものは其仕事《しごと》の結果《けつくわ》即ち出來《でき》たる上《うへ》にて給付千圓又米何石を與《あた》ふることを約束するときは請負契約《うけおひけいやく》は出來《でき》るべし

第六百三十三條　報酬《ほうしう》ハ仕事《しごと》ノ目的物ノ引渡《ひきわたし》ト同時ニ之ヲ與フルコトヲ要ス但物ノ引渡ヲ要セサルトキハ第六百二十四條第一項ノ規定ヲ準用ス

報酬《はうしう》即ち仕事《しごと》の代《だい》として與《あた》ふる物《もの》は仕事の目的物《もくてきぶつ》即ち家屋《かをく》を建《た》つるが目的《もくてき》なれば其家屋出來たる上之を引渡《ひきわたし》と共《とも》に請負人《うけおひにん》に與《あた》へざるべからず此れ報酬《はうしう》は仕事《しごと》ありて與ふるものなればなり併《しか》しながら若し物の引渡しを爲すに及ばざるときは第六百二十四條即ち勞働《らうどう》者《しや》が其約束《そのやくそく》の勞働《はたらき》を終《おは》りたる後《のち》に報酬を與ふるとの同條第一項《どうでうだいいつかう》の規則を用ゐ仕事を仕遂げたる上にて報酬を與ふべしとなり

第六百三十四條　仕事ノ目的物ニ瑕疵《かし》アルトキハ注文者《ちうもんしや》ハ請負人ニ對シ相當ノ期限ヲ定メテ其瑕疵ノ修補《しうほ》ヲ請求スルコトヲ得但瑕疵カ重《ちう》要《えう》ナラサル場合ニ於テ其修補カ過分ノ費用ヲ要スルトキハ此限ニ在ラス

注文者《ちうもんしや》ハ瑕疵ノ修補ニ代ヘ又ハ其修補ト共ニ損害賠償ノ請求ヲ爲スコトヲ得此場合ニ於テハ第五百三十三條ノ規定ヲ準用ス

注文人《ちうもんにん》が請負人《うけおひにん》に或る仕事を爲さしむる約束《やくそく》したるときは疵《きづ》のなき立派《りつぱ》なるものに出來上るを願《ねが》ふて勿論《もちろん》のこととなりとす然《しか》るに今請負人の爲したる仕事に疵《きづ》あるときは注文《ちうもん》したるものは請負人《うけおひにん》に向《むかつ》て其疵を繕《つくろ》ふに好加減《よいかげん》の期限《きげん》を定めて其疵の修繕《しゆぜん》を爲すことを求《もと》むることを得《う》併《しか》しながら其疵が目的物《もくてきぶつ》に取りて別段《べつだん》大《おほ》なる害《がい》とならず殊《こと》に繕《つくろ》ふに就《つい》ては多《おほ》くの費用が入《い》るときて繕《つくろ》ひを求《もと》むることが出來ずとなり

注文したる者は疵《きづ》の繕ひに代へて損害《そんがい》の償を求め又其繕ひと共に損害の償《つぐなひ》をも求むることを得此の時は第五百三十三條の關係者の兩方《りやうはう》に義務ある規則《きそく》を用《もち》ゐるなり

第六百三十五條　仕事ノ目的物ニ瑕疵アリテ之カ爲メニ契約ヲ爲シタル目的ヲ達《たつ》スルコト能ハサルトキハ注文者ハ契約ノ解除ヲ爲スコトヲ得但建物其他土地ノ工作物《こうさくぶつ》ニ付テハ此限ニ在ラス

請負人《うけおひにん》が爲したる仕事《しごと》の目的物《もくてきぶつ》に疵《きづ》ありて其疵《そのきづ》の爲めに請負人と約束《やくそく》したる目的通り出來ざるときは注文したるものは契約を止《や》むることを得是れ固《もと》より當《あた》り前《まへ》のことにして請負人に請負はしめたるものは或る目的《もくてき》を爲さんが爲めなり然《しか》るに其目的を爲すこと出來ざるときは契約を守《まも》るに及《およ》ばざるなり併《しか》し建物其外土地を耕《たがへ》す爲めに建《た》てたる小屋等《こやとう》に付

き疵《きず》あるも契約を解《と》くに及ばざるなり

第六百三十六條　前二條ノ規定ハ仕事ノ目的物ノ瑕疵カ注文者ヨリ供《きやう》シタル材料《ざいりやう》ノ性質《せいしつ》又ハ注文者ノ與ヘタル指圖《さしづ》ニ因リテ生シタルトキハ之ヲ適用セス但請負人カ其材料又ハ指圖ノ不適當ナルコトヲ知リテ之ヲ告ケサリシトキハ此限ニ在ラス

第六百三十四條及《およ》び第六百三十五條の規則は仕事《しごと》の目的物《もくてきぶつ》の疵《きず》が注文者《ちうもんしや》より差出《さしいだ》したる材木《ざいもく》の不良《ふりやう》なる爲め又は注文者が指圖したるにより其指圖に從《したが》ひたるときに生《しやう》じたる塲《ば》合《あひ》には用《もち》ゐざるなり是れ請負人《うけおひにん》の責にあらざるを以《もつ》てなり併《しか》しながら請負人が注文人より差出《さしいだ》したる材木《ざいもく》又は指圖《さしづ》が不都合《ふつがふ》なることを知《し》り其事を注文人に告げざるより生《しやう》じたる疵なるときは請負人も亦賠償《ばいしやう》の責《せめ》を免《まぬ》がれざるべし

第六百三十七條　前三條ニ定メタル瑕疵修補又ハ損害賠償ノ請求及ヒ契約ノ解除ハ仕事ノ目的物ヲ引渡シタル時ヨリ一年内ニ之ヲ爲スコトヲ要ス

仕事《しごと》ノ目的物《もくてきぶつ》ノ引渡《ひきわたし》ヲ要セサル塲合ニ於テハ前項ノ期間ハ仕事終了ノ時ヨリ之ヲ起算ス

前三條即ち第六百三十四條第六百三十五條及び第六百三十六條に定めたる仕事の瑕疵又

は損害《そんがい》あるとき其償ひ方の請求及ひ請負約束を止むることは請負にかゝる仕事の目的物を注文人に引渡したる時より一年内に為さゝるべからず若し一年より長《なが》くするときは証據《しやうこ》の点《てん》に付き彼れ此れ紛《まぎ》らわしきこと生ずるを以て法律にて一年は適當と定めたり仕事《しごと》の目的物《もくてきぶつ》を引渡すに及ばざる場合には右《みぎ》一ヶ年の期間《きかん》の計算《けいさん》は仕事の終《をは》りたる時より計算《けいさん》するなり

第六百三十八條　土地ノ工作物ノ請負人《うけおひ》ハ其工作物又ハ地盤《ぢばん》ノ瑕疵《かし》ニ付テハ引渡ノ後五年間其擔保ノ責ニ任ス但此期間ハ石《せき》造、土造、煉瓦造又ハ金屬造ノ工造物ニ付テハ之ヲ十年トス

工作物カ前項ノ瑕疵ニ因リテ滅失《めつしつ》又ハ毀損《きそん》シタルトキハ注文者ハ其滅失又ハ毀損ノ時ヨリ一年内ニ第六百三十四條ノ權利ヲ行使スルコトヲ要ス

土地《とち》の工作物假《こうさくぶつたと》へば地下《ちか》の水を抜《ぬ》き出《いだ》すに付き地下に樋《ひ》を埋《うづ》め伏《ふ》せることを請負ひたるものは其工作物即ち樋又は地盤《ぢばん》の疵《きず》に付ても注文人《ちうもんにん》に引渡してより五年の間引受《あひだひきうけ》を為すまた又石造《いしづくり》、土造《どざう》、煉瓦造《れんぐわづくり》又金屬造《かなものづくり》の工作物に付ては之を十年の間引受を為す故に此の間に疵等《きずとう》が出來《でき》て損害《そんがい》の生《しやう》ぜたるときは賠償《ばいしやう》を為さゞるべからず

請負人が工作《こうさく》したるものが此の第一項の疵《きず》により滅《め》び失《う》せ又《また》は毀《こは》れ損《そん》じたるときは注文

したるものは其滅失《めつしつ》又は毀損《きそん》したる時より一ヶ年内に第六百三十四條の權利即ち瑕の繕《つくろ》ひを求《もと》むる權及損害《そんがい》の償《つくなひ》を求むる權《けん》を行《おこな》ふことを得べし

第六百三十九條　第六百三十七條及ヒ前條第一項ノ期間ハ普通《ふつう》ノ時效期間内ニ限リ契約ヲ以テ之ヲ伸長《しんちやう》スルコトヲ得

第六百三十七條の一ヶ年の期間《きかん》及び第六百三十八條の第一項十ヶ年の期間《きかん》は通例《つうれい》の時效《じかう》期間内即ち第百四十四條以下《いか》に定《さだ》めたる規則により約束《やくそく》を以《もつ》て其權利即ち瑕又は賠償の訴の權利を行《おこな》ふことを得るとしたるなり

第六百四十條　請負人ハ第六百三十四條及ヒ第六百三十五條ニ定メタル擔保《たんぽ》ノ責任ヲ負ハサル旨ヲ特約シタルトキト雖モ其知リテ告ケサル事實ニ付《つき》テハ其責ヲ免ルルコトヲ得ス

法律に背《そむ》かざる契約は自由《じゆう》に取結《とりむす》ぶことを得《う》れども自分《じぶん》の落《お》ち度《ど》ある時は幾分《いくぶん》か自由《じゆう》なきことゝなる乃ち此の條に第六百三十四條の瑕《きず》の繕《つくろ》ひの事及び第六百三十五條の注文したる目的を遂《と》ぐること出來《でき》ざる爲めに契約を解《と》く事等《ことゝう》に付く請負人《うけおひにん》は引受けの責《せめ》を負《お》はざることを特別《とくべつ》に約束したるときと雖ども請負人が知りて告げざる事に付ては引受けの責《せめ》は免《まぬ》がれざるなり

第六百四十一條　請負人カ仕事ヲ完成《くわんせい》セサル間ハ注文者《ちうもんしや》ハ何時ニテモ

損害ヲ賠償シテ契約ノ解除ヲ爲スコトヲ得

請負人が其請負ふたる仕事《しごと》を成就《じやうじゆ》せざる間は注文者は何時にても契約を解《と》くことを得るなり併《しか》し契約を解《と》きたる爲めに請負人《うけおひにん》に損害《そんがい》あるときは其損害は固《もと》より償はざるべからず若し此の契約を解く權利《けんり》を與《あた》へざるときは不都合《ふつがふ》の請負人なることを中途《ちうと》に至《いた》り知るも其仕事《そのしごと》の成就《じやうじゆ》まで待ち結局《けつきよく》又更《さ》らに他の請負人に注文せざるべからざることとなり甚だ不便《ふべん》を感《かん》ずることあるべければなり

第六百四十二條　注文者カ破産《はさん》ノ宣告《せんこく》ヲ受ケタルトキハ請負人又ハ破産管財人ハ契約ノ解除ヲ爲スコトヲ得此場合ニ於テハ請負人ハ其既《このすで》ニ爲シタル仕事ノ報酬《はうしう》及ヒ其報酬中ニ包含《はうがん》セサル費用ニ付キ財團《ざいだん》ノ配《はい》當《たう》ニ加入《かにふ》スルコトヲ得

前項ノ場合ニ於テハ各當事者ハ相手方ニ對シ解約《かいやく》ニ因リテ生シタル損害ノ賠償ヲ請求スルコトヲ得ス

注文者が請負人に或工事を注文中《ちうもんちう》注文者が身代限《しんだいかぎり》の言渡《いひわたし》を受けたるときは到底《たうてい》注文者は其注文したる事を持續《もちつゞ》くこと出來ざる故に請負人は勿論《もちろん》破産管財人《はさんくわんざいにん》即ち身代限の言渡あるときは裁判所は管財人即ち身代の支配人《しはいにん》の言ひ付《つ》ける則ち此の者より注文者との契約を解《と》くことを得べし請負人は早や爲したる仕事の賃及《ちんおよ》び賃の內に入らざる入費《にふひ》に付《つき》身代

限せられたる者の財産の圍《かたま》りに配《ゆ》け前《まへ》を求むることを得べし然《しか》らざれば終に仕事賃《しごとちん》即ち報酬《はうしう》を受くることを得ざるに至ればなり

右破産宣告《みぎはさんせんこく》の場合《ばあひ》にて契約を解《と》くときは各關係者相手の者に向て契約を解くために出來たる損害あるも其償《つぐな》ひを求むることを得ざるべし是れ一方破産《いつぽうはさん》の言渡を受けたるときは請《う》負《おひ》を續《つゞ》かさんとするも能《あた》はざればなり

第十節　委任《ゐにん》

委任《ゐにん》とは或る事を爲すを人に委《ゆだ》ね任《ま》かすことにして假《たと》へば甲なるものが差支《さしつかへ》あるか或は病氣等の爲めに用事《ようじ》を取扱《とりあつか》ふこと能はざるより乙なるものをして代《かは》りて其用の取扱を爲さしむるものを云ふ而して委任《ゐにん》と云ふ語《ことば》は委ね任かしたる人の方《はう》より立《た》てたる語にして委ね任せられたる者の方より云ふときは代理《だいり》と云ふ

第六百四十三條　委任ハ當事者ノ一方カ法律行爲ヲ爲スコトヲ相手方ニ委託《いたく》シ相手方カ之ヲ承諾《しやうだく》スルニ因リテ其效力ヲ生ス

委《ゆだ》ね任《ま》かすことは關係者の一人か法律行爲《はふりつかうい》即ち家屋買受《かをくかひう》けの約束を取結《とりむす》ぶことゝ或は金を借《か》ることを相手《あひて》の者に委託《いたく》即ち任《ま》かし而して其任《ま》かされたる相手の者が其任かされたる事を承諾《せうだく》するときは委任《ゐにん》なるものが出來《でき》る然《しか》る上にも委任を受けたるものは其委ね任かせられたる事件《じけん》を爲さゞるべからず又委任《にん》したるものは謝金《しやきん》を約束《やくそく》したるとき之を支拂《しはら》

はざるべからざるなり

第六百四十四條　受任者《じゆにんしや》ハ委任ノ本旨《ほんし》ニ從ヒ善良《ぜんりやう》ナル管理者《くわんり》ノ注意《ちうい》ヲ以テ委任事務ヲ處理《しより》スル義務ヲ負フ

本條《ほんでう》は委任を受けたるものは委任の事務《じむ》に付《つい》て如何なる義務《ぎむ》を背負《せお》ふやを定《さだ》む即ち委任を受けたるものは其委任を爲したる者の心《こゝろ》を酌《く》み取り委任者の心は斯々《かく／＼》なるべしと信《しん》じたるときは其樣《そのやう》に爲し善良《ぜんりやう》なる管理者《くわんりしや》が注意《ちうい》假《たと》へば通例《つうれい》物の所有主《しよいうぬし》が其物を管理支配するると同《おな》じ者にて委任《ゐにん》せられたる事務《じむ》の處置《しよち》を爲すがき義務を負《お》ふものなり

第六百四十五條　受任者ハ委任者ノ請求アルトキハ何時ニテモ委任事務處理《しより》ノ狀況《じやうきやう》ヲ報告《ほうこく》シ又委任終了ノ後ハ遲滯ナク其顛末ヲ報告スルコトヲ要ス

委任を受けたるものは委任を爲《な》したる者より求めあるときは何時《なんどき》でも委任《ゐにん》せられたる事務の處置《しよち》方《かた》の有樣《ありさま》を報知《はうち》し假《たと》へば金圓貸借《たいしやく》の約束《やくそく》取結《とりむす》びの委任を受けたるときには何時でも委任事務《じむ》取扱《とりあつかひ》方《かた》の有樣《ありさま》を告《つ》げ又委任事務が終《おは》りたる後《のち》は直《す》ぐに其顛末《てんまつ》即ち始末《しまつ》を報告《はうこく》せざるべからず是れ委任を受けたるものは自分の用を爲すものにあらずして委任したるものゝ利害《りがい》に關《くわん》するものを爲《な》しつゝあるものなれば固《もと》より斯《か》く無からざるべからず

第六百四十六條　受任者ハ委任事務ヲ處理スルニ當リテ受取リタル金

錢其他ノ物ヲ委任者ニ引渡スコトヲ要ス其收取シタル果實亦同シ

受任者カ委任者ノ爲メニ自已ノ名ヲ以テ取得シタル權利ハ之ヲ委任者ニ移轉スルコトヲ要ス

委任を受けたるものは其委任《かにん》即ち任かせられたる事務を處置《しよち》するに付《つき》委任したるものより受取《うけと》りたる金錢其外《そのほか》の物即ち圖面書類等《づめんしよるゐとう》は委任したるものに引渡《ひきわた》し返《かへ》さゞるべからず又其收め取り立《た》てたる果實假《くわじつたと》へば家賃取立《やちんどりた》ての委任を受けたるときに其家賃を受取りたるときも其れも亦引渡《またひきわた》さゞるべからず尤《もつと》も其引渡《そのひきわたし》は委任事務《かにんじむ》の始末《しまつ》を付けたるときか又は自分《じぶん》に所持《しよち》するに及《およ》ばざる物《もの》たること是れなり若し委任を受《う》けし人が所持《しよち》し居《を》る要用《にうよう》ある物なれば引き渡すに及ばざるなり

委任を受けたるものが委任を爲したるもの〻爲めに委任者則ち自分《じぶん》の名にて受取りたる權利《けんり》は委任を爲したる者《もの》に移《うつ》さゞるべからず何《なん》となれば委任せられたる事務《じむ》に付受任者は禮金《れいきん》の外《ほか》は少《すこ》しも受くる利益《りえき》なきものなればなり

第六百四十七條　受任者カ委任者ニ引渡スヘキ金額又ハ其利益ノ爲メニ用ユヘキ金額ヲ自已ノ爲メニ消費シタルトキハ其消費シタル日以後ノ利息ヲ拂フコトヲ要ス尙損害アリタルトキハ其賠償ノ責ニ任ス

委任を受けたる者が委任を爲したるものに引渡すべき金額假《きんがくたと》へば委任《ゐにん》せられたる事件《じけん》に

付き相手《あいて》のものより受取《うけと》りたる金額又委任したる者に引渡《ひきわた》さゝるべからず即ち其金額《そのきんがく》又は委任者の利益《りえき》の爲めに用《もち》ゆべき金額假《たと》へば委任者より或土地《あるとち》の買入《かひいれ》を委任せられために金額何圓を買取手續《かひとりてつゞき》を爲す入用《いりよう》にとて受取りたり然《しか》るに其金額等を自分の用《よう》に費《つひや》したるときは其費したる日から後の利息《りそく》を拂《はら》はざるべからず是れ固《もと》より然るべきことにして他人の物《もの》を自分の用《よう》に使《つか》ひたるときは其責《そのせめ》なからざるを得ず尚又《なほまた》其金を使ひたる爲め損《そん》害《がい》を委任者《ゐにんしゃ》に與《あた》へたるときも之をも償はざるべからざるなり此の償《つぐなひ》も委任を受けたるものが其義務《ぎむ》を欠きたるより生《しやう》じたるものなれば之を償ひ委任者に滿足《まんぞく》を與《あた》へざるべからず

第六百四十八條　受任者ハ特約《とくやく》アルニ非サレハ委任者《いにんしや》ニ對シテ報酬《はうしう》ヲ請求スルコトヲ得ス

受任者カ報酬ヲ受クヘキ場合ニ於テハ委任履行《いにんりかう》ノ後ニ非サレハ之ヲ請求スルコトヲ得ス但期間ヲ以テ報酬ヲ定メタルトキハ第六百二十四條第二項ノ規定ヲ準用ス

委任カ受任者ノ責《せめ》ニ歸《き》スヘカラサル事由ニ因リ其履行ノ半途《はんと》ニ於テ終了シタルトキハ受任者ハ其既ニ爲シタル履行ノ割合ニ應シテ報酬ヲ請求スルコトヲ得

人に事《こと》を頼《たの》むものは其人を信《しん》じたるによるものなれば別段謝金《べつだんしやきん》を出《いだ》さゞるものなり故に委任を受けたる者は特別《とくべつ》に謝金の約束を爲すにあらざれば委任者より其の謝金《しやきん》を受くるものにあらず即ち謝金を受くるには別《べつ》に約束を爲さゞるべからざるなり
委任を受けたる者が報酬《はうしう》即ち謝金を受くるとか又は遣《やる》との約束ある時には其委任《ゐにん》せられたる事務《じむ》を行《おこな》ひ終《おは》りたる後《のち》に非《あら》ざれば其の禮金《れいきん》を求むることを得ざるべし併《しか》し期間《きかん》即ち一ケ月間《かん》の働《はたら》きとして何程《なにほど》とか或は二ケ月間に何程づゝとかを以て謝金を出すことを定めたるときは第六百二十四條第二項即ち期間《きかん》を以《もつ》て報酬《はうしう》を定めたるときには其期間の過《す》ぎたる後《のち》にあらざれば報酬を求《もと》むることが出來ずとの規則《きそく》を用《もち》ゆ
委任したる事務が委任を受けたる者の咎《とが》にあらざる事由《ことがら》に因《よ》り假《たと》へば或る土地買入を委《ゐ》任《にん》したるに其土地の半分《はんぶん》は買入《かひい》れたるも其半分《そのはんぶん》は政府《せいふ》に買上《かひあ》げられたるときは是れ受任者の咎《とが》にあらずして其委《ゐ》任事件《にんじけん》の半途《はんと》即ち半分《はんぶん》を終《おは》りたるものなり此時《このとき》は委任を受《う》けたるものは其爲したる丈《だ》けの割合《わりあひ》にて謝金《しやきん》を求むることを得《う》るなり蓋《けだ》し委任を受けたる者は自分《じぶん》の知《し》らざる事により損害《そんがい》を受くるものにあらざればなり

第六百四十九條　委任事務ヲ處理《しより》スルニ付キ費用ヲ要スルトキハ委任《ゐにん》者ハ受任者ノ請求ニ因リ其前拂《まへばらひ》ヲ爲スコトヲ要ス

委任の事件《じけん》を處置《しよち》するに付金錢等が入るときは委任者は受任者よりの求めに依り其金錢

等の費用《ひよう》の前拂ひを爲すべし此費用は委任事件《ゐにんじけん》あるより入るものなれば委任者が差出すは至當《したう》のことにして若し然らざるときは委任事件を行《おこな》ふことも能はざるべし

第六百五十條　受任者《じゆにんしや》カ委任事務ヲ處理スルニ必要ト認ムヘキ費用ヲ出タシタルトキハ委任者ニ對シテ其費用及ヒ支出ノ日以後ニ於ケル其利息ノ償還《しやうくわん》ヲ請求スルコトヲ得

受任者カ委任事務ヲ處理スルニ必要ト認《みと》ムヘキ債務ヲ負擔《ふたん》シタルトキハ委任者ヲシテ自己ニ代ハリテ其辨濟《べんさい》ヲ爲サシメ又其債務カ辨濟期ニ在ラサルトキハ相當ノ擔保ヲ供セシムルコトヲ得

受任者カ委任事務ヲ處理スル爲メ自己ニ過失《くわしつ》ナクシテ損害ヲ受ケタルトキハ委任者ニ對シテ其賠償《ばいしやう》ヲ請求スルコトヲ得

委任《ゐにん》を受くるものが其委任せられたる事件《じけん》を處置《しよち》するに欠《か》くべからざる要用の費用と認めて一時立替《たてかへ》を爲したるときは委任したるものに向《むかつ》て其立替へたる費用及び其立替へたる日から後《のち》の利息《りそく》の償を委任したるものより求むることを得若し然《しか》らずして受任者の背負《せお》ひとなるときは委任者も受《う》くべからざる利益《りえき》を得るのみならず事件急促《じけんきうそく》の場合に一々委任者に費用の求めを爲さゞるべからざるときは取扱上《とりあつかひじやう》不便にして從《したがつ》て委任事件も捗らざるべし

委任を受けたるものが委任せられたる事件《じけん》を處置《しよち》するに是非《ぜひ》共《とも》借り入れざるべからざることと考《かんが》へ借入を爲したるときは委任を受けたる者は委任を爲したる者をして自分に代《かは》りて支拂《しはら》はしむるか又は其借入れたる借金《しやくきん》が返濟《へんさい》の期日未だ來らざるときは其の借り義務に相當《さうたう》する引受《ひきう》け卽ち保證人《ほしようにん》か又は抵當《ていたう》を差出《さしいだ》さしむることが出來るなり
又委任を受けたるものが委任の事件を處置する爲め自分にて少《すこ》しも過失《くわしつ》卽ち落《お》ち度《ど》なくして損害《そんがい》を受けたるとき假《たと》へば受任者が任せられたる事又は物より損害を受けたるとき又は受任者は甲の道《みち》により行《ゆ》かんとしたるに委任者は乙の道により行くべしと命《めい》じたるより受任者は乙の道によれり然《しか》るに途中《とちう》にて劫掠《かすめはぎ》の爲めに受任者は損害《そんがい》を受けたるときは其償《つぐなひ》を求むるを得べし

第六百五十一條　委任ハ各當事者ニ於テ何時ニテモ之ヲ解除スルコトヲ得
當事者ノ一方カ相手方ノ爲メニ不利ナル時期ニ於テ委任ヲ解除シタルトキハ其損害ヲ賠償スル事ヲ要ス但已ムコトヲ得サル事由アリタルトキハ此限ニ在ラス

委任なるものは委任を爲したる者も委任を受けたる者も何時にても止めることを得蓋し委任は其人を信じたるより起《おこ》るものなれば其信用が無くなるに至《いた》るときは委任したる事

伴も亦危《あやな》くなるを以て何時にても委任を止《や》むることゝなしたり然《しか》れども關係者《くわんけいしや》の一人《いちにん》が相手《あいて》の者の不利益なる時に於て委任を解きたるにより損害が出來たるときは之を償《つくな》はざるべからず併し病氣其外重大《びやうきそのほかちうだい》なる事の爲めに委任《ゐにん》を解《と》かざるべからざるときは別段《べつだん》なり

第六百五十二條　第六百二十條ノ規定ハ委任《いにん》ニ之ヲ準用《じゆんよう》ス

第六百二十條即ち賃貸借《ちんたいしやく》の契約を解《と》き止《や》むるときは未來《みらい》にのみ解くことゝなりて其前には及《およ》ばざるべしとの規則は委任の場合にも用ゐるなり

第六百五十三條　委任ハ委任者又ハ受任者ノ死亡又ハ破産ニ依リテ終了ス受任者カ禁治産ノ宣告ヲ受ケタルトキ亦同シ

委任の約束《やくそく》は委任を爲したるもの又は委任を受けたるものゝか何《いつ》れか一方《いつぱう》が死《し》するか又は身代限を受くるによりて終《おは》る何となれば委任を爲すは信用《しんよう》あるに外《ほか》ならざれば何《いつ》れか一《いつ》方死《ほうし》するときは信用《しんよう》も亡《ほろ》ぶべし又身代限の處分を受くるときは是れ又自分の身代《しんだい》すら支《し》配《はい》すること能はざるに至《いた》るを以てなり又委任《ゐにん》を受けたるものが禁治産《きんちさん》即ち刑事被告人《けいじひこくにん》となりたるときの如《ごと》きは身代を支配することを禁《きん》ずる故《ゆゑ》に又《また》委任終了《ゐにんしうれう》の一《いつ》となるべし

第六百五十四條　委任終了ノ場合ニ於テ急迫《きうはく》ノ事情《じじやう》アルトキハ受任者、其相續《そうぞく》人又ハ法定代理人《はうていだいりにん》ハ委任者、其相續人又ハ法定代理人カ委任

事務ヲ處理スルコトヲ得ルニ至ルマテ必要ナル處分ヲ爲スコトヲ要ス

委任《ゐにん》の終《おは》る場合《ばあひ》にて急迫《きうはく》の有様《ありさま》あるとき假へば家屋の修繕を委任せられたるとき委任者の死亡等《しばうとう》により委任終《おは》るとて修繕《しゆぜん》を止《や》むるときは大《おほい》なる損害《そんがい》の生《しやう》ずるときは委任を受《う》けたるもの又其相續人又は法定代理人卽ち後見人《こうけんにん》の如きものも委任したる者又《また》は其相續人《そうぞくにん》又は法定代理人卽ち夫《をつと》の如《ごと》きものが委任《ゐにん》せられ居《を》りし事件を其れ〳〵片付《かたつ》ける迄《まで》は是非共爲し置かざれば大なる損害を生《しやう》ずるを以て必要《ひつえう》の處分《しよぶん》をなさゞるべからず

第六百五十五條　委任終了ノ事由ハ其委任者ニ出テタルト受任者ニ出テタルトヲ問ハス之ヲ相手方ニ通知シ又ハ相手方カ之ヲ知リタルトキニ非サレハ之ヲ以テ其相手方ニ對抗《たいこう》スルコトヲ得ス

委任の終《おは》る譯《わけ》けが委任したるものより來《き》たると委任を受けたるものより出《い》づるとを問《と》はず其委任の終るべきことの委任者より來《きた》るものなるときは受任者に知《し》らし又受任者より來たるときは委任者に知らすか又は其終《そのおは》ることを知らざるも相手の者が之を知りたるときは相手の者に委任終《ゐにんおは》りたりと言《い》ひて手向《てむか》ふことを得るなり

第六百五十六條　本節ノ規定ハ法律行爲ニ非サル事務ノ委託ニ之ヲ準用ス

本節の規則即ち第十節は委任は法律行為《はふりつかうい》に非《あら》ざる事務《じむ》假《たと》へば法律を以《もつ》て支配《しはい》を受《う》くべからざるもの即ち辯護士《べんごし》の書類呈出《しよるいていしゆつ》の爲めに裁判所へ出頭《しゆつとう》する者の如《ごと》き委託《いたく》即ち委任にも用《もち》ゐるなり故に此等の委任云々《うんぬん》に付《つき》彼れ此れあるときは此の節十節に依《よ》り支配《しはい》するなり

第十一節　寄託《きたく》

寄託《きたく》とは預《あづ》くることにして預《あづ》かるものは自分《じぶん》の物と同《おな》じ樣《やう》に氣《き》を附《つ》けて預《あづ》からざるべからず詳《くは》しきことは此の節《せつ》の各《おのおの》の條《でう》にて述《の》ぶべし

第六百五十七條　寄託《きたく》ハ當事者ノ一方カ相手方ノ爲メニ保管《ほくわん》ヲ爲スコトヲ約《やく》シテ或物《あるもの》ヲ受取ルニ因リテ其效力《こうりよく》ヲ生ス

寄託《き》所謂預くと云ふものは一方《いつぱう》のものが一方の爲めに或る物を管理し保存《ほぞん》するとの約《やく》束《そく》を爲し其物を受取《うけと》るによりて出來《でき》るなり故《ゆゑ》に寄託も其預《そのあづ》かるべきものを受取るにあらずして只約束《たゞやくそく》したるのみにては成《な》り立《た》たざるべし

第六百五十八條　受寄者《じゆきしや》ハ寄託者ノ承諾《しようだく》アルニ非サレハ受寄物ヲ使用《しよう》シ又ハ第三者ヲシテ之ヲ保管《ほくわん》セシムルコトヲ得ス

受寄者カ第三者ヲシテ受寄物ヲ保管セシムルコトヲ得ル場合ニ於テハ第百五條及ヒ第百七條第二項ノ規定ヲ準用《じゆんよう》ス

寄託されたるものを預《あづか》り居るものは預けたる者の承知《しやうち》あるにあらざれば預りたるものを使《つか》

ひ用《もち》ゐ又は外の者に預からしむるを得ざるべし何となれば此の寄託も亦使用貸借《しようたいしやく》と同じく其預《そのあづか》る人を信《しん》じ此人《このひと》なれば決《けつ》して物品《ぶつぴん》に疵《きず》などを附くる人に非《あら》ずと考《かんが》へたるより預けたるものなり然《しか》るに自分より外の人に預くるときは預けたる者の考《かんがへ》を違《ちが》ふに至《いた》る故《ゆゑ》に其預《あづか》りたる者を外の人に預けんとするときは預けたる者の許《ゆるし》を得ざるべからず又預りたる者を使《つか》ひ用《もち》ゐるに附《つい》ても預けたるもの丶許を得ざるべからざるは初めは只預けたる丈《だ》けの者なれば其れを斷《ことは》りなしに使《つか》ふときは預けたる人の考《かんがへ》に違《ちが》ふに至《いた》ればなり

預《あづか》りたるものが外《ほか》の人に預りたるものを預からしむることが出來《でき》る場合《ばあひ》には第百五條即ち代理人が又の代理人を選《えら》びたるときの規則及《およ》び第百七條第二項即ち又の代理人は委任したる者又は外の人に向ては代理人と同じ權利《けんり》及び義務《ぎむ》があるとの規則を用ゐる代理人と同じ權利義務があることになるべき尙《な》は同條《どうでう》と照《て》らし合《あは》すべし

第六百五十九條　無《む》報酬《ほうしう》ニテ寄託《きたく》ヲ受ケタル者ハ受寄物ノ保管ニ付キ自己ノ財産ニ於ケルト同一ノ注意ヲ爲ス責ニ任ス

物《もの》を預《あづか》るに付き謝禮金《しやれいきん》なしに預りたるものは其預《あづか》る物に向ひて如何《いか》なる氣《き》を附《つ》くるやと云ふに自分の財産即ち自分の物に氣を附けると同じ樣《やう》なる氣を附くるときは十分なりとす是れ預けたるものが謝禮金を出《いだ》さずして預《あづ》けたる考《かんがへ》も又其積《またそのつもり》ならんと法律上にて推《お》し量《はか》り考《かんが》へるなり

第六百六十條　寄託物ニ付キ權利《けんり》ヲ主張《しゆちやう》スル第三者カ受寄者ニ對シテ訴《うたへ》ヲ提起《ていき》シ又ハ差押《さしをさへ》ヲ爲シタルトキハ受寄者ハ遲滯《ちたい》ナク其事實ヲ寄託者ニ通知スルコトヲ要ス

預《あづ》かりたる物に向《むか》て假《たと》へば其物《そのもの》を自分のものなりとて外《ほか》の者より權利を言ひ張《は》り預《あづか》りたる者に訴《うつたへ》を以《もつ》て取戾《とりもどし》を求め又は執達吏《しつたつり》より差押《さしおさへ》を爲したるときは其預りたる者は直ぐに其訴なり又《また》は取戾等《とりもどしとう》の有樣《ありさま》を預けたる者に知らさざるべからず然るときは預けたる者は其物の所有主《しよいうぬし》なれば其訴及び差押等を斥《しりぞ》くる權利を有することあらん且つ預りたる人は其預りたる物の關係《くわんけい》を殘《のこ》らず知るものにあらざれば預けたるものに通知《つうち》して其の處置方《しよちかた》を爲《な》さしむるは至當《したう》の事と謂《い》ふ可し

第六百六十一條　寄託者《きたくしや》ハ寄託物ノ性質《せいしつ》又ハ瑕疵《かし》ヨリ生シタル損害ヲ受寄者ニ賠償《ばいしやう》スルコトヲ要ス但寄託者カ過失ナクシテ其性質若クハ瑕疵ヲ知ラサリシトキ又ハ受寄者カ之ヲ知リタルトキハ此限ニ在ラス

或物《あるもの》を預けたるものは其預りたる物の性質《せいしつ》假へば「ダイナマイト」の如き劇藥《げきやく》又は其の品物の疵より出來たる損害假へば預りたる物が毒藥《どくやく》にして其入れたる物に疵《きづ》ありて其疵《きづ》より流《なが》れ出《い》でし故などよりして自分の所有品腐敗《ふはい》したる等のことありて損害を受《う》けたると

き預けたるものは其損害を償《つくな》はざるべからざるなり但し預けたるものには落《お》ち度《ど》なくして其預けたる物の性質《せいしつ》も如何なるものなるや又疵ありたるや否等《いなやとう》を知らざるときは償を爲すに及《およ》ばず是れ預けたる者には少しも落度なし落度なければ元《もと》より償を爲すに足《た》らざるなり又預りたるものが物の疵又は性質を知るときは預けたるものは償を爲すに及はず是れ預りたる者は能く知《し》りて居《を》れば氣を付くべき筈《はづ》なるに氣を付けざるより損害の出來たる次第《しだい》なれば致方《いたしかた》なし

第六百六十二條　當事者カ寄託物返還《へんくわん》ノ時期ヲ定メタルトキト雖モ寄《き》託者《たくしや》ハ何時ニテモ其返還ヲ請求スルコトヲ得

寄託物即ち預けたるものを返《かへ》すべき時を定めたるときは其時迄《そのときまで》は預り又預からしむるは當然《たうぜん》なれども若し其期限を定めざるときは預けたるものは何時《なんとき》を問《と》はず返すべき事を求むることが出《て》來《き》るなり何となれば寄託即預けることは其預けたる者の利益の爲めなり故に其期《そのき》日《じつ》も又預けたる者の爲めなれば其利益を受くるものは何時にても返すことを求め又は利益を捨てることを得るなり

第六百六十三條　當事者カ寄託物返還ノ時期ヲ定メサリシトキハ受寄者ハ何時ニテモ其返還ヲ爲スコトヲ得

返還時期《へんくわんじき》ノ定アルトキハ受寄者ハ已ムコトヲ得サル事由アルニ非サ

レハ其期限前ニ返還ヲ爲スコトヲ得ス

預けものを返すべき時を定めざるときは預りたるものは自由《じゆう》に其預りたるものを返すことを得るなり是れ返すべき期日を定めざるときは一方が何時《なんどき》にても返《かへ》さゝることを承知し居《を》るものと謂《い》ふべし併し若《もし》も返すべき時を定めたるときは預りたるものは已むことを得ざる事由《じゆう》即ち洋行《やうかう》するにより預ることを得ざる如き時は假令《たとひ》期限前《きげんまへ》と雖《いへ》ども返すことを得るなり

第六百六十四條　寄託物ノ返還ハ其保管ヲ爲スヘキ場所ニ於テ之ヲ爲スコトヲ要ス但受寄者カ正當ノ事由ニ因リテ其物ヲ轉置シタルトキハ其現在ノ場所ニ於テ之ヲ返還スルコトヲ得

預りたる物を返すべき場所《ばしよ》は何《いづ》れの所《ところ》なりやと云ふに其預《そのあづか》るべき物を管理《くわんり》する場所にて返すべし然《しか》れども預りたる者が正當《せいたう》の事由假《じゆうたと》へば預りたる物を保管《ほくわん》したる場所《ばしよ》の近傍《きんばう》に於て火災《くわさい》ありて預りたる物に損害《そんがい》の來《きた》る恐れあるときなどは其場所《ばしよ》を換《か》へたるときは其《その》所《ところ》にて返すべきなり

第六百六十五條　第六百四十六條乃至第六百四十九條及第六百五十條第一項、第二項ノ規定ハ寄託ニ之ヲ準用ス

第六百四十六條より第六百四十九條即ち委任《ゐにん》を受けたるものが委任を爲したる者に向て

盡《つく》すべき義務《ぎむ》及《およ》び第六百五十條第一項第二項即ち委任を受けたるものが立替《たてか》へたる金《きん》に付き委任者《ゐにんしや》より支拂《しはらひ》を爲すべき規則は受寄者《じゆきしや》及び寄託者《きたくしや》の權利義務に用《もち》ゐるなり

第六百六十六條　受寄者カ契約ニ依リ受寄物ヲ消費スルコトヲ得ル場合ニ於テハ消費貸借ニ關スル規定ヲ準用ス但契約ニ返還ノ時期ヲ定メサリシトキハ寄託者ハ何時ニテモ返還ヲ請求スルコトヲ得

預りたる者が其預りたる物を費《つひや》して他《ほか》の同《おな》じ類《たぐひ》の物を返《かへ》す等《とう》の約束あるときは消費《せうひ》の貸し借りの規則を用《もち》ゐるなり併し其契約に預りたる物を返《かへ》す期日《きじつ》を定《さだ》めざるときは預けたるものは何時《なんどき》にても返すべきことを求むる事が出來《でき》る此《この》ことは消費貸借《しやうひたいしやく》と異《こと》なれり

第十二節　組合《くみあひ》

組合とは五六人《ごろくにん》資本《しほん》即ち本手《もとで》の金《きん》を出《いた》し假へば一の家屋を建つるか又或る橋《はし》を架《か》ける等の事業《じげふ》を爲し利益《りえき》あるときは其れを平等《びやうどう》に分《わか》ち損あるときは平等に受くるものなり

第六百六十七條　組合契約《くみあひけいやく》ハ各當事者カ出資《しゆつし》ヲ爲シテ共同ノ事業ヲ營《いとな》ムコトヲ約スルニ因リテ其效力ヲ生ス

出資《しゆつし》ハ勞務《らうむ》ヲ以テ其目的ト爲スコトヲ得

組合の契約は各《おの／＼》の約束したるものが資本金《しほんきん》を出《いた》して共に同《おな》じ事業《じげふ》即ち仕事《しごと》を爲すことを約束するにより此契約は成立《なりた》ちて各の契約者《けいやくしや》は其約束したる金《きん》を出さゞるべからず

資本《しほん》は金錢其外家屋等の外の勞務《らうむ》假へば大工《だいく》なれば其藝《げい》を資本《しほん》として差入るゝことを得るなり勞務《らうむ》も金錢に見積《みつも》ることを得《う》る故《ゆゑ》なり

第六百六十八條　各組合員ノ出資其他ノ組合財産《くみあひざいさん》ハ總組合員《くみあひ》ノ共有ニ屬ス

組合《くみあひ》は各《おの／＼》が資本《しほん》を差出《さしいだ》して爲すものなることは以上《いじやう》に述《の》べたるが如し而して其差出《さしいだ》したる資本《しほん》又は其外組合《ほかくみあひ》にある財産即ち机火鉢椅子《つくゑひばちいす》等《とう》の物は總《すべ》て組《く》み合《あ》ひ居《を》るものゝ共《とも》に所有するものとなすべきなり

第六百六十九條　金錢ヲ以テ出資ノ目的ト爲シタル場合ニ於テ組合員カ其出資ヲ爲スコトヲ怠リタルトキハ其利息ヲ拂フ外尚損害ノ賠償ヲ爲スコトヲ要ス

金錢を組合の資本《しほん》に差入《さしい》るゝ場合に其金錢を差入るゝことを怠《おこた》りたるときは其資本に差入るゝ日より法律上《はふりつじやう》の利息即ち年五分《ねんごぶ》の利息を拂《はら》ひ尚《な》は損害を受けたるときは之を償《つくな》はざるべからず普通《ふつう》金錢上の損害は年五分の利息さへ辨償《べんしやう》する時は其れにて十分と爲したるに組合の資本には何故《なにゆゑ》此の條の如く利息と損害とを償《つくな》はしむるやと云ふに抑《そ》も組合を爲すものは多《おほ》くの利益《りえき》を得《ゑ》んと欲してなり然《しか》るに其資本に差入るゝ義務を怠《おこた》るときは此《こ》れ組合に對《たい》して損害を與《あた》へたるものなれば之を償《つくな》ふは蓋し至當《したう》の事と謂ふ可きなり

第六百七十條　組合ノ業務《すふむ》執行《しつかう》ハ組合員ノ過半數《くわはんすう》ヲ以テ之ヲ決ス

組合契約ヲ以テ業務ノ執行ヲ委任シタル者數人アルトキハ其過半數ヲ以テ之ヲ決ス

組合ノ常務《じやうむ》ハ前二項ノ規定ニ拘《かゝ》ハラス各組合員又ハ各業務執行者之ヲ專行《せんかう》スルコトヲ得但其結了前ニ他ノ組合員又ハ業務執行者カ異議ヲ述ヘタルトキハ此限ニ在ラス

組合《くみあひ》の事務《じむ》は組合員《くみあひゐん》の過半數《くわはんすう》即ち五人の組合員《くみあひゐん》ある場合に白《しろ》と爲す異見《いけん》と黒《くろ》と爲す意見《いけん》とに分れ之を全組合員《ぜんくみあひゐん》に計《はか》りたるに三人の意見白《いけんしろ》としたるときは其れに決《けつ》して行《おこな》ふ然らざれば到底全員一致《たうてい、ぜんゐんいつち》と云ふことは出來《でき》ざるなり

組合の契約にて組合の事務を行ふことを任《まか》したるもの三四人あるときは是れも亦其過半《またそのくわはん》數《すう》にて定《さだ》め行《おこな》ふべし

組合の平常《へいじやう》の事務は右の規則あるに拘《かゝは》らず各々《おの〳〵》の組合の者又は各々の事務を行ふ者は專ら行ふことを得るなり併しながら其事業を行ひ終る前《まへ》に外《ほか》の組合の者又は事務を行ふ者が異議《いぎ》即ち苦情《くじやう》を申述《もうしの》べたるときは業務を行ふことを得ざるなり

第六百七十一條　組合ノ業務ヲ執行スル組合員ニハ第六百四十四條乃至第六百五十條ノ規定ヲ準用ス

組合の事務即ち仕事《しごと》を行ふものには第六百四十四條より第六百五十條の定《さだ》め方《かた》即ち委任《いにん》を受けたるものが委任を爲したるものに向《むかつ》て盡すべき義務の規則を用《もち》ゆ故に組合の事務を行《おこな》ふものは他の事務を行はざるものに向ては委任を受けたる者が委任を爲したるものに向て負《お》ふ義務と同様《どうやう》なり

第六百七十二條 組合契約ヲ以テ一人又ハ數人ノ組合員ニ業務ノ執行ヲ委任《いにん》シタルトキハ其組合員ハ正當《せいたう》ノ事由《じいう》アルニ非サレハ辭任《じにん》ヲ爲スコトヲ得ス又解任セラルルコトナシ

正當ノ事由ニ因リテ解任《かいにん》ヲ爲スニハ他《た》ノ組合員ノ一致《いつち》アルコトヲ要ス

組合を設《まう》くるときの約束にて一人《いちにん》か又《また》は二三人の組合ふ者に事業《じげふ》を行ふことを任《まか》したるときは其事業を行ふ組合員は正當《せいたう》の事由《じゆう》即ち起《た》つべからざる病氣等の如き場合におらざれば辭任《じにん》即ち其業《げふ》を止《や》むることを得ざるなり又何等《またなんら》の落《お》ち度《ど》もなきに其任を解《と》き止《や》めらるゝことなし是れ組合契約にて定めたる事業取扱人《とりあつかひにん》は組合を立つる一《いつ》の箇條《かでう》なればなり正當《せいたう》の事由即ち病氣等にて取扱ひの任《にん》を止《や》むるには外《ほか》の組合ひ居《を》るものが皆承諾《みなしようだく》することが必要《ひつえう》なり故に多數《たすう》の者が同意《どうい》するとて任を解《と》くことを得ざるべし

第六百七十三條 各組合員ハ組合ノ業務ヲ執行スル權利ヲ有セサルト

キト雖モ其業務及ヒ組合財産ノ状況《じやうきやう》ヲ検査《けんさ》スルコトヲ得

各組合《おのくくみあ》ひ居《を》る人は組合ひの事務を行《おこな》ふべき權利を有《いう》せずと雖《いへ》ども其組合の事務の有様《ありさま》は如何に成り居《を》るや又組合の財産《ざいさん》即ち組合の身代《しんだい》は如何なる有様なるやを検査《けんさ》即ち取調《とりしら》ぶることを得《う》若《も》し組合の事務《じむ》を取扱《とりあつか》はざるものにして検査《けんさ》する權利なしとせんか其事務を取扱《とりあつか》ふ者或は組合の身代に詐欺《さぎ》を行《おこな》はんも知るべからざればなり

第六百七十四條　當事者カ損益分配《そんえきぶんぱい》ノ割合ヲ定《さだ》メサリシトキハ其割合《わりあひ》ハ各組合員ノ出資ノ價額ニ應シテ之ヲ定ム

利《り》益《えき》又ハ損失ニ付テノミ分配ノ割合ヲ定メタルトキハ其割合《わりあひ》ハ利益及ヒ損失ニ共通《きやうつう》ナルモノト推定《すいてい》ス

組合を爲し居《を》る者が損益分配《そんえきぶんぱい》即ち組合ひが損失《そんしつ》したるときは各組合員《かくくみあひゐん》は何程《なにほど》の頭割《あたまわ》りに背負《せお》ふや又利益を得たるときは何程宛《なにほどづゝ》を各組合員に分くるや等《とう》の事を定《さだ》めざるときも其割合は如何《いかゞ》するやと云ふに各組《く》み合《あ》ひ居《を》るもの丶資本の高に割り當て定む假令ば五百圓を差出《さしいだ》したるものは何程《なにほど》二千圓を差出し居《を》る者《もの》には五百圓の者の四倍《しばい》と定むるが如し又利益又は損失したることに付て斗《はか》り分け方《かた》の割合《わりあひ》を定めたるときは其割合の規則で利益を分くるときと損失を背負《せお》ふときとに通《つう》じて用《もち》ゐるものと推《お》し定むるなり故《ゆゑ》に假へば組合が營《いとな》みつゝある一事業《いちじげふ》に付き損失を爲し他の一事業に付て利益を得たるときは其れ

を差引《さしひ》き利益の方多《はうおほ》ければ利益を分《わか》ち損失多《おほ》ければ損失の負擔《ふたん》を爲さしむべきなり

第六百七十五條　組合ノ債權者ハ其債權發生《さいけんはつせい》ノ當時《たうじ》組合員ノ損失分擔《ぶんたん》ノ割合ヲ知ラサリシトキハ各組合員ニ對シ均一部分《きんいつぶぶん》ニ付キ其權利ヲ行フコトヲ得

組合に金《きん》を貸し又は組合との取引《とりひき》に付て權利を有するものは其金錢上の權利が出來たる時《とき》に各組合《かくくみあひ》の者は損失利益《そんしつりえき》の分け方《かた》に付《つい》て如何《いか》なる割分《わりあひ》を定め居るやを知らずして金を貸し又は取引を爲したるときは各《おのおの》の組み合ひ居る者に向ふて其差出したる資本高《しほんだか》の多きと少《すく》なきに拘《かゝは》らず均一部分《きんいちぶぶん》即ち何れの組合員にも同樣《どうやう》に求むることを得《う》るなり何《なん》となれば組み合ひ居るものか損失利益《そんしつりえき》の分《わ》け方《かた》に付き種々《しゆじゆ》の分け方《かた》を定《さだ》むるものは其組合ひ居る者の間《あひだ》のことにして組み合ひ居らざる外《ほか》の者には何《なん》の用《よう》にも立《た》たざるなり然《しか》れども組合と取引を爲し又は金を貸したる時に其分《わか》ち方《かた》を知りたるときは其分ち方に從《したが》はざるべからず故に此《こ》の條《でう》に權利《けんり》が出來たるとき組合員の損失分擔《そんしつぶんたん》の割合《わりあひ》を知らざるとき云々《うんぬん》と記《しる》したるなり

第六百七十六條　組合員カ組合財產ニ付キ其持分ヲ處分シタルトキハ其處分ハ之ヲ以テ組合及ヒ組合ト取引ヲ爲シタル第三者ニ對抗《たいかう》スルコトヲ得ス

組合員ハ清算前ニ組合財産《ざいさん》ノ分割《ぶんかつ》ヲ求《もと》ムルコトヲ得ス

現《げん》に組合《くみあひ》に加入《かにふ》し居《を》るものが組合の身代《しんだい》に付き其持分假《もちぶんたと》へば組合が利益《りえき》を得たるときは其分け前《まへ》を求むる權利又は組合を解くときに分け前を求むる權利を外《ほか》の人《ひと》に賣り渡《わた》し又讓《ゆづ》り渡《わた》し後日組合に損失を受けたるときには自分《じぶん》は組合に何等《なんら》の關係《くわんけい》なしとて其損失《そんしつ》の割《わ》り方《かた》を退《しりぞ》くることを得ず又は組合《くみあひ》と取引《とりひき》をなしたるものに脊負《せお》ひ居る義務を譯《やく》すに付き自分は預《あづ》かり關係する所に非《あ》らずと申立《まうした》つることを得ざるべし畢竟組合員《ひつきやうくみあひゐん》が組合に有する權利を他人《たにん》に讓渡《ゆづりわた》すとも其れは組合には矢張《やはり》其讓渡したる者が組合員なりと謂《い》ふに在り

組合員も組合の財産仕譯《ざいさんしわけ》假《たと》へば利益何程《りえきなにほど》とか又は損失何程とかの清算《せいさん》をなす迄《まで》は組合財産を分くることを求むるを得ざるなり何《なん》となれば清算する迄《まで》は組合員の共有《きやういう》にして何《いづ》れの組合員の權利は何程なりやも知ることを得《え》ず殊に清算は組合外《くみあひぐわい》の者に向《むか》て有《いう》する權利を取立《とりた》て又は義務は返濟《へんさい》すべきものなれば其清算前《せいさんぜん》に分《わ》け前《まへ》を求むるは組合に取りては非常《ひじやう》の手數《てすう》と謂《い》はざるべからず

第六百七十七條　組合ノ債務者ハ其債務ト組合員ニ對スル債權トヲ相《さう》殺スルコトヲ得ス

組合《くみあひ》より金を借り居る者又も組合に金錢の支拂《しはらひ》を爲すべき義務あるものは其債務《そのさいむ》を組《く》み

合《あ》ひ居《を》る者に向《むかつ》て金錢其他《そのた》の權利を有《いう》する場合に於て其權利を差引《さしひき》することを得ざるべし若し差引することを許《ゆる》すときは組合の身代は無くなり組合は成立《なりた》たざるに至《いた》る而已《のみ》ならず組合の身代は各組み合ひ居るものゝ身代なれば組合の者一人《いちにん》に對《たい》する權利と全組合《ぜんくみあひ》員《ゐん》に對《たい》する義務とは到底差引《とうていさしひき》することを得ざればなり

第六百七十八條　組合契約ヲ以テ組合ノ存續期間《そんぞくきかん》ヲ定メサリシトキ又ハ或組合員ノ終身間《しうしんかん》組合ノ存續スヘキコトヲ定メタルトキハ各組合員ハ何時ニテモ脱退《だつたい》ヲ爲スコトヲ得但已ムコトヲ得サル事由アル場合ヲ除《のぞ》ク外《ほか》組合ノ爲メ不利《ふり》ナル時期ニ於テ之ヲ爲スコトヲ得ス

組合ノ存續期間ヲ定メタルトキト雖モ各組合員ハ已ムコトヲ得サル事由アルトキハ脱退ヲ爲スコトヲ得

組合《くみあひ》を拵《こしら》へるときの約束にて其組合《そのくみあひ》の存續期間《そんぞくきかん》即ち組合を立《た》てゝ置《お》くべき日《ひ》を定《さだ》めざるとき又は組合員中《ゐんちう》の或る者が死《し》する迄《まで》組合を續《つゞ》かしむべきことを定めたるときは各々《おのおの》の組《く》み合《あ》ひ居《を》る者は自由《じいう》に組合を脱《だつ》し退《しりぞ》くことを得るなり是れ何人《なんびと》も期日《きじつ》の確《たし》かならざるものに加《くは》ゝり居《を》るの義務《ぎむ》なく又は或組合者《あるくみあひしや》の死《し》する迄組み合ひ居る如きは天性《てんせい》の自由を害《がい》するものなるを以て斯くは定めたるなり併《しか》しながら組合が假《たと》へば一《いつ》の土地を耕《たがや》すべき事業を目的とし今や收穫《しうくわく》の最中《さいちう》なる時に脱《だつ》せんとするは組合の爲めに不利《ふり》なれば脱《だつ》すること

ことを得ず然れども已むことを得ざる事由假へば病氣等の爲めに到底組合中《たうていくみあひちう》に在ること出來ざるときは脱退《だつたい》することは出來るなり組合の續《つゞ》くべき日《ひ》を定《さだ》めたる時と雖ども已《や》むことを得ざる事由假へば智識《ちしき》を失《うしな》ひ常人《じやうじん》となることを能はざる場合の如きは組み合ひ居るに及はず脱《だつ》することを得るなり是れ吾々《われ〳〵》は自由の性《せい》を有するものなればなり

第六百七十九條　前條ニ掲《けい》ケタル場合ノ外組合員ハ左ノ事由ニ依リテ脱退ス

一　死亡《しばう》
二　破産《はさん》
三　禁治産《きんぢさん》
四　除名《じよめい》

第六百七十八條に各組合員《かくくみあひゐん》は組合の續《つゞ》くべき日を定《さだ》めざるとき又は或る組合員の一生涯《いつしやうがい》中《ちう》組合が續《つゞ》くべきことに定めたるとき又は已むことを得ざることあるときに組合を脱することを得ると定めたりしが尚《な》ほ此の外《ほか》組合員は此の條第一より四迄の原由《げんゆう》により組合を脱することを得るなり

一　死亡《しばう》により組合を退《しりぞ》くことを得其所以《ゆゑん》は組合なるものは多《おほ》くは相互《あひたがひ》に知り合ふも

のなるか若しくは實直《じつちよく》の聞《きこ》え高《たか》きもの丶寄り合ひたるか兎《と》に角信用《かくしんよう》と云ふもの丶より成り立ち居るものなり然るに今一《いまいつ》の組合員死するときは其人の信用《しんよう》は此れにて切れたるものなれば相續人《そうぞくにん》あるも其信用を續《つゞ》かすことを得ざるべし要《よう》するに信用は人に存すとの確言《くわくげん》より來りたるものなり

二　破産《はさん》とは身代限《しんだいかぎり》のことにして今日《こんにち》では商法《しやうはふ》にて失敗《しつぱい》を取り支拂《しはらひ》を止《と》むるときは茲《こゝ》に云ふ處《ところ》の破産の言渡《いひわたし》を受くるに至《いた》る現今行《げんこんおこな》はる丶法律には債務を支拂ふことと出來ざるときは身代限りの言渡を受く此民法實施《じつし》せらる丶に至《いた》るときは身代限の法はなくなり破産《はさん》と云ふことになるべし其破産の言渡を受けたる組合員は總《すべ》ての權利義務を投出《なげいだ》し總勘定《そうかんぢやう》を爲すべきものなれば到底《たうてい》組合中に在りて持分《もちぶん》を持《も》ち居ることと能はざるなり

三　禁治産《きんちさん》とは罪《つみ》を犯《をか》し刑罰《けいばつ》に處《しよ》せられたるときは其處刑中《しよけいちう》は自分の身代即ち土地又は家屋《をく》の賣却等《ばいきやくとう》を爲すことを得ざるものを云ふされば到底組合中に在りて權利義《ぎ》務《む》の取扱《とりあつかひ》を爲すことを得ざるべし

四　除名《ぢよめい》とは其文字《そのもんじ》の如く名《な》を除《のぞ》く即ち組合より除《のぞ》き去《さ》ると云ふことなり即ち組合に向《むかつ》て不正《ふせい》の事を爲すか或《あるひ》は組合の名を汚《けが》し組合の信用皆無《しんようかいむ》と成《な》らんとするときに除名を爲す除名すれば此れと共《とも》に組合を退《しりぞ》くことになるなり

第六百八十條　組合員ノ除名《じよめい》ハ正當《せいたう》ノ事由アル場合ニ限《かぎ》リ他ノ組合員ノ一致ヲ以テ之ヲ爲スコトヲ得但除名シタル組合員ニ其旨ヲ通知スルニ非サレハ之ヲ以テ其組合員ニ對抗スルコトヲ得ス

或組合員《あるくみあひゐん》を組合より除《のぞ》くには猥《みだ》りに除くことを得ず何《なん》となれば組合を爲すには其組み合ひ居るものが承諾《しやうだく》の上にて組み合ひたるものなれば何人《なんぴと》と雖《いへ》ども不法《ふはふ》の理由《りゆう》を以て其承諾を取《と》り消《けさ》るゝものにあらざるなり然るに或る組合員か不正《ふせい》の事を爲し組合に損害《そんがい》を加《くは》へたるときには外《ほか》の組合の一致《いつち》即ち除名するに同《おな》じ意見《いけん》なるときは除名することを得るなり是れ此の條の正當《せいたう》の事由云々《じゆううんく》と記したる所以《ゆゑん》なり併《しか》しながら除名したることを其除名となりたる組合員に通知《つうち》をなしたるにあらざれば假令他《ほか》の組合員に於て除名の決議《けつぎ》を爲すも何《なん》の效《かう》あらざるなり

第六百八十一條　脱退《だつたい》シタル組合員ト他ノ組合員トノ間ノ計算《けいさん》ハ脱退ノ當時ニ於ケル組合財產ノ狀況ニ從ヒ之ヲ爲スコトヲ要ス

脱退シタル組合員ノ持分《もちぶん》ハ其出資《しゆつし》ノ種類《しゆるい》如何《いかん》ヲ問ハス金錢ヲ以テ之ヲ拂戻《はらひもど》スコトヲ得

脱退ノ當時ニ於テ未《いま》タ結了《けつれう》セサル事項《じかう》ニ付テハ其結了後ニ計算《けいさん》ヲ爲スコトヲ得

第六百七十八條及《および》第六百七十九條により或る組合員を脱退《だつたい》したるときは未だ組合の解かれたるものにあらざれば脱退する組合員と他の組合員との間《あひだ》の計算方《けいさんかた》を定めざるべからず即ち此の條に組合より退《しりぞ》きたる者と組合に殘《のこ》り居る者との間の計算は組合を退きたる時分《じぶん》の組合財産の狀況《じやうきやう》即ち組合を拵《こしら》へたるときは組合の財産五千圓なりしも退くの時は四千圓に減《げん》じたるときは四千圓又は組合が利益《りゑき》を得て八千圓となりたるときは八千圓の割合《わりあひ》にて勘定《かんぢやう》を爲し其《そ》の退《しりぞ》く組合員の持分《もちぶん》を定むるなり

組合を退《しりぞ》く組合の者の持分《もちぶん》は其出資《そのしゆつし》の種類如何を問はず即ち組合ひたるときには土地又は家屋或は其他の動産を差入れたるにも拘《かゝは》らず其時の代價《だいか》に見積《みつも》り金錢を以て拂《はら》ひ戻《もど》すべきなり、蓋《けだ》し組合に入れたるときは組合の所有《しよいう》となりて差入《さしい》れたる組合員の手を離《はな》るゝのみならず若《も》し此れを取り去らるゝ時は組合は業《げふ》を營《いとな》むことを得ざればなり

或る組合員が組合を退《しりぞ》く時に於て組合が營《いとな》み居《を》る事業《じげふ》未《いま》だ出來《でき》上がらざるものあるときは其事業に付ては出來たる上《うへ》にて勘定《かんぢやう》をなすべきなり

第六百八十二條　組合ハ其目的タル事業ノ成功又ハ其成功《そのせいこう》ノ不能《ふのう》ニ因リテ解散ス

脫退《だつたい》は或る一二の組合員か組合を退《しりぞ》くことなれども解散《かいさん》は組合を解《と》き止《や》むることにして脫退とは其趣《おもむき》を異《こと》にせり而して此の條には組合が解散《かいさん》すべき二の場合を定《さだ》む即ち組合が

目的《もくてき》とする事業の成功《せいこう》假《たと》へば一《いつ》の橋《はし》を架《か》けることを目的《もくてき》とし組合を爲じたる時に其の橋《はし》出來《でき》上《あが》りたるときは組合の目的を達《たつ》し得《え》たるものなれば組合は解散《かいさん》す又は其事業は出來上る見込《みこ》みなきとき假《たと》へば氣《き》船沈沒《せんちんぼつ》したるものを上《あ》げんとの目的より組合を爲し事業《じげふ》に着手《ちやくしゆ》したるも到底《たうてい》上げ能《あた》はざるときは是亦《これまた》組合を解《と》かざるべからざるなり

第六百八十三條　已ムコトヲ得サル事由アルトキハ各組合員ハ組合ノ解散ヲ請求スルコトヲ得

數人《すにん》或る事業《じげふ》を營《いとな》まんとの目的より組合の約束を爲し一旦《いつたん》組合を立てたれども各組合員に於て其目的とする事業を爲すには各組合員の差出したる資本《しほん》にては不足《ふそく》を告《つ》げ迚《とて》も事業の出來る見込《みこみ》の立《た》たざるときは是れ此の條に云《い》ふ處《ところ》の已《や》むことを得《え》ざる事由《じゆう》にして各《かく》組合員《くみあひゐん》も組合の解散《かいさん》即ち解《と》き止《や》むることを求むることを得るなり即ち斯る場合には見込なき事業《じげふ》に資本《しほん》を入るゝものなれば組合《くみあひ》を解《と》くの求めを爲すは至當《したう》のことにして又此の條に此の規則を掲《かゝ》げたるは蓋《けだ》し實際《じつさい》に適《てき》したるものと謂《い》ふべし

第六百八十四條　第六百二十條ノ規定ハ組合契約ニ之ヲ準用ス

第六百二十條即ち賃貸借《ちんたいしやく》を解《と》き止《や》むる時は其效《そのかう》は將來《しやうらい》即ち其解《そのと》く日《ひ》より後《のち》に向《むか》つてのみ生ずとの規則を組合に用《もち》ゐる組合を解きたる時は同じく其效は將來に向てのみ效を生ずる也

第六百八十五條　組合カ解散シタルトキハ清算ハ總組合員共同ニテ又

ハ其選任《せんにん》シタル者ニ於テ之ヲ爲ス

清算人ノ選任ハ總組合員ノ過半數《くわはんすう》ヲ以テ之ヲ決ス

組合が解けたるときは組合の財産は何程《なにほど》ありや又は借り金は幾何《いくばく》ありやを清算《せいさん》せざるべからず其清算は總《すべ》ての組合員共々《ともども》にて爲すか或は組合外の者を選《えら》び任したるときは其者が之を爲すべきなり

清算人《せいさんにん》の選《えら》び方《かた》は總《すべ》ての組み合ひ居る者の半數以上《はんすういじやう》のものが指し定めを以て極るなり

第六百八十六條　清算人數人アルトキハ第六百七十條ノ規定ヲ準用ス

清算を爲すべき者五六人あるときは第六百七十條即ち組合《くみあひ》の事務《じむ》を行《おこな》ふときの規則を用ゐるにより同條《どうでう》を一見《いつけん》すべし

第六百八十七條　組合契約ヲ以テ組合員中ヨリ清算人ヲ選任シタルトキハ第六百七十二條ノ規定ヲ準用ス

組合《くみあひ》を立《た》てたるときの約束にて組合の者の中《うち》より清算を爲す人を選《えら》びたるときは第六百七十二條の定め方即ち組合契約《くみあひけいやく》にて業務《げふむ》を行《おこな》ふものを選《えら》びたるときは猥《みだ》りに其任を解《と》き又は辭任《じにん》することを得ざる等の規則を用ゐるなり故《ゆゑ》に組合を立《た》てたる契約と共に選《えら》ばれたる清算人も不正《ふせい》なる清算假《たと》へば甲の債權者《さいけんしや》には其の債權の全額《ぜんがく》を支拂《しはら》ひ乙の債權者には其半額《そのはんがく》より支拂《しはら》ふことを出來ずとて半額を支拂ひ所謂《いはゆる》依估贔負の清算を爲したるときは

解任《かいにん》をなすべきものなり

第六百八十八條　清算人ノ職務及ヒ權限ニ付テハ第七十八條ノ規定ヲ準用ス

殘餘財産《ざんよざいさん》ハ各組合員ノ出資ノ價額《かく》ニ應《おう》シテ之ヲ分割ス

清算人の職務《しよくむ》及び權限《けんげん》即ち如何《いか》なる仕事《しごと》を爲すべきや其仕事は如何なる所《ところ》までなすことが出來るやは第七十八條の規則によるべし此の規則は會社《くわいしや》の解散《かいさん》したるときには清算人を選《えら》ぶは組合の場合《ばあひ》と同《おな》じ其清算人の職務に付て設《まう》けたる規則なり同條《どうでう》の注解《ちうかい》を一覧すれば明了《めいれう》なるべし

殘餘《ざんよ》財産即ち組合の借金等を支拂《しはら》ひて其跡《そのあと》に殘《のこ》りたる財産は組合員が差出したる資本高《しほんだか》に割《わ》り合《あ》ひ相互《あひたがひ》に分配《ぶんぱい》するなり

第十三節　終身定期金《しうしんていきかん》

終身定期金とは一生涯《いつしやうがい》の間《あひだ》一ケ月目《め》とか又《また》は一ケ年の末毎《すゑごと》に金額を定《きだ》めて甲《かふ》より乙《おつ》に與《あた》ふるものを云ふ此定期金は忠實《ちうじつ》なる僕婢《ぼくひ》に其功勞《こうらう》の爲めに與ふることあり或は子《こ》より父に向《むか》ふて養《やしな》ひ料《りよう》として與《あた》ふることとなり

第六百八十九條　終身定期金契約《しうしんていききんけいやく》ハ當事者ノ一方カ自己相手方又ハ第三者ノ死亡《しばう》ニ至ルマテ定期ニ金錢其他ノ物ヲ相手方又ハ第三者ニ給

付スルコトヲ約スルニ因リテ其效力ヲ生ス

終身定期金の契約は如何《いか》なる時に成《な》り立《た》つやと云ふに當事者《たうじしや》の一方假《いつぱうたと》へば甲なるものが自分《じぶん》又は相手方《あひてかた》即ち乙又は甲又乙より外の者が死《し》するまで二ヶ月目《め》とか又は六ヶ月目とかに金錢又は其外のものを乙に與《あた》ふることを約《やく》し又は外《ほか》の者に與ふることを約するにより此の契約は出來るなり契約せざる外の者に定期金を與ふるとは如何なる場合なるやと云ふに甲《かふ》が乙《おつ》に向て曰く自分《じぶん》は汝《なんぢ》に一つの家屋《かをく》を贈與《ぞうよ》即ち無代價《むだいか》にて與るにより汝は丙《へい》に年々《ねん〳〵》五十圓宛《づゝ》丙の一生涯贈《いつしやうがいおく》るべしとの約束を爲したるときも乃ち丙は此の條に云ふ所の第三者にして即ち外の者なり偖て此の終身定期金の契約出來たる上は義務者《ぎむしや》は其約束《やくそく》したる日に金又は其外の物を與へざるべからず一方のものは之を受取《うけと》る權利あれば若し義務者與へざるときは裁判所へ訴《うつた》へて取立《とりた》つることを得るなり

第六百九十條　終身定期金ハ日割ヲ以テ之ヲ計算ス

終身定期金《しうしんていききん》は日割《ひわり》にて計算《けいさん》を爲す故《ゆゑ》に例へば一ヶ年の定期にて五百圓の金を贈るべき約束ある場合にて其受くるものが三月目に死亡《しばう》するときも五百圓を一ヶ年の日に割り三ヶ月の日數丈《につすうだ》けの分《ぶん》を與《あた》ふるなり其定期金《そのていききん》を受くるものよりは日々《にち〳〵》に生《しやう》ずる利子《りし》の如きものなれば斯くは日數《じつすう》にて與ふることになしたるなり

第六百九十一條　定期金債務者カ定期金ノ元本ヲ受ケタル場合ニ於テ

其定期金ノ給付ヲ怠リ又ハ其他ノ義務ヲ履行セサルトキハ相手方ハ元本ノ返還ヲ請求スルコトヲ得但既ニ受取リタル定期金ノ中ヨリ其元本ノ利息ヲ控除《こうぢよ》シタル殘額《ざんがく》ヲ債務者ニ返還スルコトヲ要ス
前項ノ規定ハ損害賠償ノ請求ヲ妨ケス

（解問）

定期金《ていきさん》を支拂《しはら》ふ者が定期金の元本《げんぽん》即ち元金の如き物を受けたる場合即ち甲が乙に向て曰く自分《じぶん》は汝《なんぢ》に金一萬圓を渡《わた》すによりて自分の一生《いつしやう》の間《あひだ》年々金五百圓宛《づゝ》を贈くられたしと此場合に於て甲より乙に渡すとの一萬圓の金は此に云ふ所《ところ》の元本《げんぽん》なり即ち乙が甲より一萬圓の金を受けたる時にて乙は年々支拂《しはら》ふべき五百圓を怠《おこた》りて支拂はず又は其他の義務即ち一萬圓の金の管理《くわんり》をせずして猥《みだ》りに費《つひ》やし到底《たうてい》一生涯の間《あひだ》支拂ふべき見込立たざる等の場合《ばあひ》には相手方《あひてかた》たる右に云ふ處の甲は渡《わた》えたる一萬圓の金を返《かへ》すべしとの求《もとめ》を乙に爲すことを得《う》然《しか》しながら人は謂《いは》れなくして人の財産に付き利益を得るの權利なきを以て元本即ち右一萬圓の金が返《かへ》り來《き》たるときは既《すで》に受取りたる定期金の中より一萬圓の利息を差引き其殘《そののこ》りの部分《ぶぶん》を債務者たる乙に返すべし若しも差引《さしひ》かずして其元本《げんぽん》及び定期金を受取るときは甲は受くべからざる物を受けたりと謂ふべし

若し元本を渡したる者即ち右に云ふ處の甲は定期金其外の義務を盡さゞるより元本即ち一萬圓の金を取戻《とりもど》さゞるべからざることゝ成《な》り損害あるときは右の規則あるにも拘《かゝは》らず

其償を求むることを得るなり

第六百九十二條　第五百三十三條ノ規定ハ前條ノ場合ニ之ヲ準用

第五百三十三條即ち關係者《くわんけいしや》即ち兩方《りやうはう》に義務を負《お》ふ契約には一方《いつぱう》の者が義務を盡《つく》すまでは外《ほか》の一方《いつぱう》の者も亦義務を盡《つく》すべきことを拒《こば》むとの規則は前條に當《あ》て嵌《は》むるなり故《ゆゑ》に定期金の契約成《けいやくな》るも一方の者元本《ものげんぽん》を渡《わた》すの義務を盡《づく》さゝるときは他《た》の一方《いつぱう》の者も亦《また》定期金を支拂ふに及ばざるなり

第六百九十三條　死亡《しばう》カ定期金債務者ノ責《せめ》ニ歸《き》スヘキ事由ニ因リテ生シタルトキハ裁判所ハ債權者又ハ其相續人ノ請求ニ因リ相當《さうたう》ノ期間《きかん》債權ノ存續スルコトヲ宣告スルコトヲ得

前項ノ規定ハ第六百九十一條ニ定メタル權利ノ行使ヲ妨ケス

定期金を受《う》くるものが死亡《しばう》したるが其死亡は定期金の支拂《しはらひ》を爲すべき債務者《さいむしや》の責《せめ》に歸《き》すべき事由假へば定期金を支拂ふべき者が定期金を受くるものを殺《ころ》したる等《とう》の場合は裁判所は債權者即ち定期金を受くる者に金を貸《か》したる者又は定期金を受くるもの〻相續人《さうぞくにん》より求めあるときは相當《さうたう》の期間《きかん》即ち若し定期金を受くるものが今殺《いまころ》されざるときは多分《たぶん》十年間は生存《せいぞん》したるならんと思《おも》はるゝときは十年の間定期金を支拂ふべきの言渡《いひわたし》を爲すべきなり定期金を受くる者が死亡《しばう》するときは定期金支拂の義務は其死亡《そのしばう》により盡《つく》し終りた

ること〻なり元本《げんぽん》は一二回の定期金支拂を以て得ること〻なるを以て定期金を支拂ふもの者が其定期金を受くるものを殺《ころ》す例《ため》しあるを以て斯《か》る場合の定期《ていき》金《きん》は如何《いか》なるやの疑を解く爲めに此の條を設《もう》けたり

右《みぎ》の規則あるも第六百九十一條の規則により既《すで》に渡《わた》したる元本《げんぽん》を取戻《とりもど》し定期金の契約《けいやく》を解《と》くことを得るなり

第六百九十四條　本節ノ規定ハ終身定期金ノ遺贈《いぞう》ニ之ヲ準用ス

本節即ち第十三條の則規は終身定期金を死亡の時殘《のこ》したる言葉《ことば》即ち遺言《ゆいごん》にて何某《なにがし》に年々《ねん〱》何百圓の金を與《あた》ふるとのことに當《あ》てゝ用《もち》ゐるなり

第十四節　和解《わかい》

和解《わかい》とは文字《もじ》の如く和《やわら》げ解くることにして假《たと》へば甲と乙との間《あひだ》に出來《でき》たる爭《あらそ》ひに付き互《たがひ》に讓《ゆづ》り合《あ》ひて其爭《そのあらそ》ひを止《や》むることを云ふ和解を爲すときは如何なる利益《りえき》ありやと云ふに政府《せいふ》は法律を設《もう》け吾々《われく》の權利の有る處《ところ》は何處《どこ》までも之を申立《まうした》て吾々《われく》をして殘《のこ》り惜《をし》きことなからしめたりされば法律は爭ひを好《この》むるものなるや尚《な》は言《い》ひ換《か》ゆれば政府《せいふ》は爭ひを好《この》むものなるや否《い》な然らず成るべく事を穩便《おんびん》にせんことを好《この》めり即ち爭ひを裁判所に持ち出さずして和解にて局《きよく》を結《むす》ぶを好《この》めり和解にて爭《あらそ》ひを止《や》むるときは第一費用《ひよう》を省《はぶ》く即ち裁判にて黒白《こくびやく》を付くるときは非常《ひじやう》の入費を掛《か》け假令《たとひ》勝利《しやうり》を得るも少《すこ》しも得る處《ところ》なく所《いは》

謂る火《ひ》消えて灰《はひ》も殘《のこ》らざるなり第二怒《いかり》を永《なが》く殘《のこ》さゞるにあり抑《そもそも》も爭《あらそひ》を裁判所に持《も》ち出し之を爭ふとき其敗《そのはい》を取《と》りたるものは不正《ふせい》と云ふことになるも誰《たれ》か斯《か》ゝる思《おもひ》を爲すものあらんや即ち何《いづ》れの日《ひ》か其れを雪《すゝ》がんと思《おも》ふに相違《さうゐ》なけん其れ斯くの如くんば國《くに》の爲《た》め賀《が》すべきにあらず是を以て和解なるものを設けたるなり

第六百九十五條　和解ハ當事者カ互《たがひ》ニ讓歩《じやうほ》ヲ爲シテ其間ニ存《そん》スル爭ヲ止ムルコトヲ約スルニ因リテ其效力ヲ生ス

和解は和解をなし居《を》る本人《ほんにん》が相互《あひたがひ》に讓《ゆづ》り合ひて其互に爭ふことを止《や》むる約束したるときは成り立《た》つなり假《たと》へば甲は乙に向て五百圓の貸金あるも申立《まうした》て乙は五百圓にあらずして三百圓なりと答《こた》へ互に其差《さ》し違《ちが》ひを爭ひたりしが斯《か》くては果《は》ての付くべきことなしと茲《こゝ》に和解《わかい》を爲すことを約《やく》し甲は四百圓に減《げん》ずと申込《まうしこ》み乙は三百圓の申出なりしも百圓を增《ま》し四百圓にて承知《しやうち》するとて互に讓《ゆづ》り合《あ》ひたるときも茲《こゝ》に和解は出來上《できあが》りたるなり

第六百九十六條　當事者ノ一方カ和解ニ依リテ爭ノ目的タル權利ヲ有スルモノト認メラレ又ハ相手方カ之ヲ有セサルモノト認メラレタル場合ニ於テ其者カ從來《じうらい》此權利ヲ有セサリシ確證《かくしよう》又ハ相手方カ之ヲ有セシ確證出テタルトキハ其權利ハ和解ニ因リテ其者ニ移轉シ又ハ消滅シタルモノトス

土地《とち》所有《しよゆう》の權利に付き爭ありたる場合に於て和解により其土地《そのとち》は甲の所有なりと認《みと》められ乙《おつ》は其所有者にあらざることを認められたる後《のち》に於て和解により認めたるものと反對《はんたい》の證書《しようしよ》即ち其土地の所有權は甲者のものに有らざる確證《かくしやう》又は乙者が有したりしとの證書が出《い》でたると雖《いへ》ども其土地の權利は和解によりて甲者に移《うつ》りての權利は消滅《しやうめつ》したるものとなる然れども若し一方《いつぱう》の詐欺《さぎ》手段《しゆだん》によりて證書が和解の時に出でざることが知れたるときは假令《たとへ》和解《わかい》によりて落着《らくちやく》が付き居《を》ると雖ども更《さら》に改《あらた》めざるべからず此の事は此の條に記《しる》しなけれども普通《ふつう》の法理《はふり》により固《もと》より然《しか》らざるべからざるなり

第三章　事務管理《じむくわんり》

事務管理《じむくわんり》とは本人より何《なん》の依頼《いらい》もなくして他人の事務を支配《しはい》することを云ふ假へば甲は商業《しやうげふ》の爲めに旅行《りよかう》を爲し二三年歸宅《きたく》せず留守中《るすちう》其所有の家屋《かをく》は誰《たれ》も支配《しはい》するもののなきを以て風害《ふうがい》の爲めに壁《かべ》落ち見る影《かげ》もなく將《まさ》に倒《たを》れんとす乙隣家《りんか》に在りて見捨《みす》て置《お》くに忍《しの》びず自分の費用にて其破れ損《そん》ヒたるを繕《つくろ》ひ漸《やや》く前の有樣に至れりと斯くの如き乙の行《おこな》ひは甲之を依頼《いらい》したるにあらず乙又甲より依頼を受けたるにあらず實《じつ》に親切上《しんせつじやう》より出でたるなり甲歸宅《きたく》して曰く自分は乙に依頼《いらい》したるものにあらず乙勝手《かつて》に繕《つくろ》ひを爲したるものなれば自分は乙の支出したる費用は一厘も償《つぐな》ふこと能《あた》はずと若し甲の云ふ通り乙は入費《にふひ》損《そん》をするときは誰も繕ふ者なく甲の家屋は破れ經濟上《けいざいじやう》甚《はなは》だ不利益《ふりえき》なれば茲《ここ》に事務管理の章

を設《せう》け入費《にうひ》を償《つぐな》はしむることゝせり然《しか》れども若し右の場合にて乙は甲より依頼《いらい》を受けたるときは前《まへ》に述《の》べたる委任《ゐにん》となる筈《はず》にて委任と異《こと》なる處は只一方《たゞいつぱう》のものは他の一方の者に或る事を任《まか》したると任さゞるとにあり此より種々《しゆ〴〵》の違《ちが》ふことが出來るべし其《それ》は委任《ゐにん》と事務管理との條々《でう〴〵》を照《てら》し合《あは》せて知るべし

第六百九十七條　義務ナクシテ他人ノ爲メニ事務ノ管理ヲ始メタル者ハ其事務ノ性質《せいしつ》ニ從ヒ最《もつと》モ本人ノ利益《りえき》ニ適《てき》スヘキ方法ニ依リテ其管理ヲ爲スコトヲ要ス

管理者カ本人ノ意思ヲ知リタルトキ又ハ之ヲ推知スルコトヲ得ヘキトキハ其意思ニ從ヒテ管理ヲ爲スコトヲ要ス

他人《たにん》の事務《じむ》を管理《くわんり》即ち支配《しはい》を爲すとの約束《やくそく》もせず即ち義務もなくして他人の爲めなるとて其他人の事務の支配《しはい》を爲し始《はじ》めたるときも其支配すべき事務の素性《すじやう》を能《よ》く考《かんが》へ且本人の利益《りえき》となるべき方法《はうほふ》によりて管理を爲すべし若し此の規則なきとは他人の事務《じむ》にして且其他人たる本人は不在なれば好加減《よいかげん》の管理を爲し損害を爲さんも未知るべからず殊《こと》に親切上《しんせつじやう》より出でたるものなれば成るべく丁寧《ていねい》に爲すべし

管理をなし居るものが本人の意思《いし》即ち考へを知りたるとき又は其者は多分《たぶん》斯《かく》の如《ごと》きもの

ならんと推《お》し知《し》ることが出來たるときも其者への通《とほ》り管理をなすべし假《たと》へば甲者は一個《いつこ》の土地《とち》を乙者より買受けの約束を爲し置きなから過急《くわきう》の用事《ようじ》の爲め其賣買の始末《しまつ》を付けずして旅行《りよかう》をなし一年あまり歸《かへ》らず而して其土地の代價《だいか》は既《すで》に先方に支拂《しはら》ひたれども登《とう》記《き》を經《へ》ず稍《やゝ》もすれば乙は其賣渡《そのうりわた》したる土地《とち》を他へ賣らんとするを以て丙者其土地を登記するの管理を爲したり是れ代價を拂《はら》ひたるより見るときは其土地を登記《とうき》するの意《い》なることを推《お》し知《し》らるゝなり又甲者が曾て丙《へい》に向ひ自分は乙より土地を買《か》ひ新宅《しんたく》を爲さん積《つも》りなりとの話《はなし》を爲したることあるときは丙者は甲の意思《いし》を知りたるものなり故《ゆゑ》に右《みぎ》の場合には賣買《ばいばい》を解《と》き代價《だいか》取戾《とりもどし》の管理を爲すことを得ざるなり

第六百九十八條 管理《くわんり》者《しや》カ本人ノ身體《しんたい》、名譽《めいよ》又ハ財產ニ對スル急迫《きうはく》ノ危害《きがい》ヲ免レシムル爲メニ其事務ノ管理ヲ爲シタルトキハ惡意《あくい》又ハ重《ちゆう》大《だい》ナル過失《くわしつ》アルニ非サレハ之ニ因リテ生シタル損害ヲ賠償スル責ニ任セス

甲は惡馬《あくば》の爲めに其身体《そのしんたい》を害《がい》せられんとし又は乙なるものゝ言《ことば》により名譽《めいよ》を害《がい》せられんとし又は其家屋たる財產に對《たい》する害假令《がいたとへ》ば家屋に火《ひ》を附《つ》けんとするものあり此《か》る危險《きけん》の場合に於て丙に其惡馬《そのあくば》を追《お》ひ退《しりぞ》け又は乙者の言《ことば》は正《たゞ》しからず甲者は乙の言《い》ふ如き人物《じんぶつ》にあらずと答辯《とうべん》を爲し又は其家屋に放火《はうくわ》せんとする者を捕《とら》へたるが如きは是れ矢張《やはり》事務の

管理《くわんり》なり右の管理を爲したるときは管理したる丙者《へいしや》は甲者に害《がい》を加《くは》ふる意《い》ありて損害を加《くは》へ又は非常《ひじやう》に重《おも》き落《お》ち度《ど》あるになければ過急《くわきふ》に取紛《とりまぎ》れ損害を加《くわ》へたると雖《いへ》ども其れを償《つくな》ふに及《およ》ばさるなり若し損害あるとて償はしむるときは斯《か》る急迫《きはく》なる場合の救《すく》ひを爲す者なきに至《いた》ればなり

第六百九十九條　管理者ハ其管理《くわんり》ヲ始メタルコトヲ遲滯《ちたい》ナク本人ニ通知スルコトヲ要ス但本人カ既ニ之ヲ知レルトキハ此限ニ在ラス

管理《くわんり》を爲し居るものは他人の財産に付て管理を爲し始《はじ》めたるときは直《す》ぐに本人に其管理を爲し居ることを通知《つうち》せざるべからず本人は其通知に接《せつ》し急《いそ》ぎ其事務を管理することもあるべし又急ぎ歸宅《きたく》して自《みづか》ら管理するか或は管理を委任《ゐにん》するか管理方法を指し示《しめ》すか兎《と》に角《かく》何にか沙汰《さた》あるべければ茲《こゝ》に斯る義務を管理《くわんり》する人に負《おは》せたり然《しか》れども本人は既《すで》に何某《なにがし》が管理し居ることを知るときは別《べつ》に通知するに及ばざるべし

第七百條　管理者ハ本人、其相續人又ハ法定代理人《ほふていだいりにん》カ管理《くわんり》ヲ爲スコトヲ得ルニ至ルマテ其管理ヲ繼續スルコトヲ要ス但其管理ノ繼續カ本人ノ意思《いし》ニ反《はん》シ又ハ本人ノ爲メニ不利ナルコト明カナルトキハ此限ニ在ラス

管理し始《はじ》めたる者は假令《たとひ》本人《ほんにん》の所在分明《しよざいぶんめい》になりたりと雖《いへ》ども相續人《さうぞくにん》出でたりと雖《いへ》ども又

法定代理人即ち相續人は未《いま》だ幼稚《ようち》なるを以《もつ》て後見人《こうけんにん》の如きものが有ると雖《いへ》ども一旦《いつたん》管理を爲したる以上《いじやう》は猥《みだ》りに止《や》むることを得ざるべし必《かなら》ず本人又《ほんにんまた》は本人死亡《しばう》したるときは相《さう》續人《ぞくにん》若くは後見人《こうけんにん》が管理《くわんり》を爲すことを得《う》る迄《まで》は其管理を續《つゞ》かしめざるべからず是れ世《よ》には世話好《せわずき》を以《もつ》て事をするものありて一旦《いつたん》管理を始《はじ》めたるも面白《おもしろ》からずとて中止《ちうし》し爲めに本人を害《がい》することあるを以《もつ》て斯く定《さだ》めたるなり併しながら管理を續《つゞ》かすときは本人の思ひに反《はん》することあり又本人《またほんにん》の爲めに不利益《ふりえき》となることが明《あきら》かなるときは管理を續《つゞ》かしむるに及《およ》ばざるなり即ち管理を爲す所以《ゆゑん》のものは本人《ほんにん》の爲めを斗《はか》りて爲すものなるに本人の考へに反對《はんたい》し又は不利益となるか如きは管理を爲すも何等《なんら》の利益なく却《かへつ》て害となるものなれば茲《こゝ》に但書《たゞしがき》を設けたり

第七百一條　第六百四十五條乃至第六百四十七條ノ規定ハ事務管理ニ之ヲ準用ス

第六百四十五條より第六百四十七條までの規則即ち委任《ゐにん》を受けたるもの〻委任事務《ゐにんじむ》に付ての報告《はうこく》委任事務の爲めに受取《うけと》りたる金錢を委任者《ゐにんしや》への引渡し又は委任を受けたるものが委任者に引渡すべき金錢を費やしたるときの利息等《りそくとう》の規則は事務管理にも用ゆるなり故に事務管理するものは事務報告及び金錢引渡又は利息支拂等を爲さゞるべからず同條《どうでう》を一見《いつけん》すべし

第七百二條　管理者カ本人ノ爲メニ有益ナル費用ヲ出タシタルトキハ本人ニ對シテ其償還《しやうくわん》ヲ請求《せいきう》スルコトヲ得

管理者カ本人ノ爲メニ有益ナル債務ヲ負擔シタルトキハ第六百五十條第二項ノ規定ヲ準用ス

管理者カ本人ノ意思ニ反シテ管理ヲ爲シタルトキハ本人カ現ニ利益ヲ受クル限度ニ於テノミ前二項ノ規定ヲ適用ス

管理《くわんり》したる者が其管理を爲すに付《つき》き本人《ほんにん》の爲めに利益有る費用即ち本人不在中《ふざいちう》其家屋の屋根《やね》を修繕《しゆぜん》するに付五百圓を入れたるときは本人より五百圓の償を求むることを得是れ本人も其管理により利益を得たるものなるに若し五百圓の入費《にふひ》を返《かへ》すに及《およ》ばさるときは人の管理に利益を得るものにして甚《はなは》だ謂《いは》れなきことなり

又管理したるものが本人の爲めに管理を爲し爲めに借錢《しやくせん》を爲したるときも第六百五十條第二項即ち委任を受けたるものが委任の事務の爲めに借金《しやくきん》し爲るときの規則を用《もち》ゐるなり故に管理者は本人をして自分《じぶん》に代《かは》りて其借金《そのしやくきん》を支拂はしむるか又は其借金が返濟の期日來《きた》らざるときは保証人若くは抵當質《ていたうしち》の如きを差出《さしいだ》し管理者《くわんりしや》を安心《あんしん》せしむべきなり

管理したるものが本人の考《かんが》へに反對《はんたい》したる管理を爲したるとき即ち本人は管理人の管理を爲したる物は修繕をなさずして捨《す》て置《お》くの積《つもり》なりし然《しか》るに之を管理したるときも本人

は其管理人の出《いだ》したる費用を支拂《しはら》ふべきやと云《い》ふに此の條に規則を設《もう》けて曰《いは》く本人《ほんにん》が現《げん》に管理によりて得たる利益《りえき》丈《だ》けに付き此の條の前二項に依り本人は支拂《しはらひ》を爲さゝるべからざるなりと假令《たとひ》管理人が本人の意《い》に反對《はんたい》して管理を爲したればとて本人は支拂を爲すに及ばずとするときは是れ謂《いは》れなき利益を得ると謂はざるべからざるなり

第四章　不當利得

不當《ふたう》の利得とは文字《もじ》の如く不正當《ふせいたう》なる原因《げんゐん》によりて他人《たにん》の財産に付て利益《りえき》を得るを云ふ猶《な》は手短《てみじ》かに言《い》ふときは受くべからざるものを受取りたると云ふべきなり夫《そ》れ人は受取《うけと》るべきものを受取《うけと》るの權利あれども受取るべからざる物を受取るの權利なし故《ゆゑ》に受取るべからざる物を受取るときは返さゝるべからさるは蓋し物の道理と謂ふ可し假《たと》へば甲は千圓の借金あり乙《おつ》を自分《じぶん》の債權者なりと思《おも》ひ乙に返《かへ》したるに其實《そのじつ》乙は債權者にあらずして眞《しん》の債權者は丙《へい》なるときは乙は其受取りたる千圓の金を返さゝるべからず若し乙に於て返さゝるときは所謂《いはゆ》る不正當の利を得たるものなれば法律は強《しひ》て返さしむるなり

第七百三條　法律上ノ原因《げんいん》ナクシテ他人ノ財産又ハ勞務《らうむ》ニ因リ利益ヲ受ケ之カ爲メニ他人ニ損失《そんしつ》ヲ及ホシタル者ハ其利益ノ存《そん》スル限度《げんど》ニ於テ之ヲ返還スル義務ヲ負フ

法律上の原因《げんゐん》なくして他人の財産により利益を受くるとは假令《たとへ》ば貸借契約の如きものを

取結びたることあらざるに金錢《きんせん》返濟《へんさい》するものあるときは之を受けたる如きを云ふ又法律上の原因《げんいん》なくして他人の勞務《らうむ》に因り利益を受くるときは假へば雇傭契約《こようけいやく》の取結《とりむすび》を爲したることあらざるに人より勞力《らうりよく》を以て仕事《しごと》を爲し貰《もら》ひ利益を受くる如き云ふ以上《いじやう》の如き場合に於て一方は利益を得一方《いつぱう》は之れが爲めに損失を爲したるときは利益を得たるものは利益が現《げん》に殘《のこ》り居る丈《た》けに付き之を返すべき義務を負《お》ふ是れ何人《なんぴと》と雖《いへ》ども謂《いは》れなくして他人の物に付き利益を受くべからざる所より來《き》たる然《しか》れども其損失《そのそんしつ》したる者の高は千五百圓にして利益を得たる者の其高は千圓なるときは千圓を返《かへ》せば事足《ことた》るなり其所以は金錢又は勞力を差出《さしいだ》す者は何某《なにそれ》は此金を受取《うけと》るべき人なるや否《いな》やを取調《とりしら》ぶべきに之を取《とり》調《しら》べずして差出したるは自分にも落《お》ち度《ど》あることにして且其受取るべき者も差出すべき人なければ受取るべきものにあらず殊《こと》に他人の借金は他の人が支拂《しはら》ふことは法律に於《おい》て許《ゆる》すものなれば此の條に於て斯く存《そん》する利益を返《かへ》せば可なりとせり

第七百四條　惡意《あくい》ノ受益者《じゆえきしや》ハ其受ケタル利益ニ利息《りそく》ヲ附シテ之ヲ返還スルコトヲ要ス尙ホ損害アリタルトキハ其賠償ノ責ニ任ス

前條の規則即ち他人《たにん》の財產又は勞務《らうむ》により利益を得たるものは善意《ぜんい》即ち金錢又は勞務《らうむ》を受けたるときは其人より支拂《しはら》ひ及び務《つと》むべきものと信じたりしが後日に至り其金錢又は勞務《らうむ》は受くべきものにあらざることが知れたる場合なり然るに本條は丸《まる》で前條と正反對

たり即ち悪意《あくい》の受益者《じゆえきしや》にして假へば甲と乙を債權者なりと信《しん》じ金錢を支拂ひ又は勞務《らうむ》を爲したり乙は自分は甲より金錢又は勞務《らうむ》を受くる筈《はづ》なしと知るにも拘《かゝは》らず受けたる場合には其受けたる利益に利息《りそく》を附《つ》けて返還《へんくわん》を爲《な》し尚は損害《そんがい》あるときは其れを償《つくな》はざるべからず其故は自分の受くべからざるものたることを知《し》る以上は後日《ごじつ》其利益の取戻《とりもどし》を受《う》くべきは必然《ひつぜん》たることも亦《また》知らざるべからず是れ其利益を受けたる日より利息《りそく》を付け損害《そんがい》も亦償ふことに定めたる所以《ゆゑん》なり

第七百五條　債務ノ辨濟トシテ給付ヲ爲シタル者カ其當時債務ノ存在セサルコトヲ知リタルトキハ其給付シタルモノノ返還ヲ請求スルコトヲ得ス

借金の支拂《しはらひ》として金錢を渡《わた》したるものが其渡《そのわた》す時分《じぶん》に債務即ち借金は既《すで》に他の者が拂ひたるか或は自分《じぶん》より兼《かね》て貸《か》したる金と差引《さしひき》を爲して消《き》えたることを知りたるときは其渡《わた》したるものゝ返還《へんくわん》を求むることを得ざるべし是れ既《すで》に借金の義務は消《き》えたることを知りて渡す以上は取戻を望《のぞま》ざるは勿論《もちろん》或は贈與《ざうよ》する積《つもり》なりしやも知るべからざるなり

第七百六條　債務者カ辨濟期《べんさいき》ニ在ラサル債務ノ辨濟トシテ給付ヲ爲シタルトキハ其給付シタルモノノ返還ヲ請求スルコトヲ得ス但債務者カ錯誤《さくご》ニ因《よ》リテ其給付ヲ爲シタルトキハ債權者ハ之ニ因リテ得タル

利益ヲ返還スルコトヲ要ス

借錢《しやくせん》の支拂を爲すべき期日《きじつ》來《きた》らざるに其支拂《そのしはらひ》の爲めに金錢を渡したるときは取戻すことを得ざるべし何となれば大抵期日《たいていきじつ》は債務者の爲めに設《まう》けたるものなりされば債務者は其利益たる期日《きじつ》を棄《す》つるは自分の勝手《かつて》なれば債權者には債務者は利益を棄てゝ辨濟《べさい》を爲したると思《おも》ひ受けたるものなれば取戻《とりもどす》を許《ゆる》すときは無用《むよう》の手數を爲すものと謂ふべしされども債務者は錯誤《さくご》即ち辨濟《べんさい》の期日未《きじついま》だ來《きた》らさるに來《き》たるものと信《しん》じ支拂《しはらひ》を爲したるときは債權者は期日前《きじつぜん》に支拂ひを受けたるが爲めに得たる利益を返《か》へすべし債權者は債務者の誤《あやま》りたるを幸《さいはひ》として自分《じぶん》を利《り》するが如きは有るべからざることとなり

第七百七條 債務者ニ非サル者カ錯誤ニ因リテ債務ノ辨濟ヲ爲シタル場合ニ於テ債權者カ善意《ぜんい》ニテ證書《しようしよ》ヲ毀滅《きめつ》シ、擔保ヲ拋棄シ又ハ時效ニ因リテ其債權ヲ失ヒタルトキハ辨濟者ハ返還ノ請求ヲ爲スコトヲ得ス

前項ノ規定ハ辨濟者ヨリ債務者ニ對スル求償權《きうしやうけん》ノ行使《かうし》ヲ妨ケス

甲は乙の債權者たり乙は甲の債務者たり然るに丙なるもの即ち債務者に非らざるものが錯誤《さくご》即ち誤《あやま》りにて乙の債務を甲に辨濟《べんさい》を爲したり甲は辨濟を受けたるを以て證書は不用なるを以て毀滅《きめつ》即ち毀《や》ぶり或は擔保《たんぽ》を拋棄《はうき》し即ち保證人を免《ゆる》し又は質等《しちとう》を棄《す》て或は時效《じかう》

即ち法律に定めたる期日《きじつ》が過《す》ぎ去りたる爲め債權が役《やく》に立《た》たぬことゝなるときは假令《たとへ》辨《べん》濟者《さいしや》には誤《あやま》りあるも返還を求むることを得ざるべし若し辨濟を爲したる物を返すべきことゝ爲すときは債權者は辨濟者の誤にて大《おほい》なる迷惑《めいわく》を受け終《つひ》に其權利を失《うしな》ふに至《いた》るべし

右の規則により辨濟したる者は債權者より取戻すことを得ざるも債務者よりは償求むることを得蓋《けだ》し債權者は債務者以外《さいむしやいぐわい》のものゝ辨濟を受けたれども辨濟は尚辨濟れば眞の債務者より再《ふたゝ》び辨濟を受くるものに非《あら》ず從《したがつ》て眞《しん》の債務者は其債務を利することゝなるを以て其償《つぐなひ》を爲すは至當《しとう》のことなり

第七百八條　不法《ふほふ》ノ原因《げんいん》ノ爲メ給付《きうふ》ヲ爲シタル者ハ其給付シタルモノノ返還ヲ請求スルコトヲ得ス但不法ノ原因カ受益者ニ付テノミ存シタルトキハ此限ニ在ラス

法律に許《ゆる》さゞる原因により金錢其他のものを支拂《しはら》ひたるときも其支拂ひたるものゝ返還を求むることを得ざるべし假《たと》へば賭博《とばく》により一方《いつぱう》は一方のものに五百圓の金を借りて後日五百圓を返したるときの如し何故《なにゆゑ》に取戻《とりもど》すことを許《ゆる》さゞるやと云ふに賭博の如きものに基《もとづ》きたる權利は法律上保護《ほご》するものにあらざれども一旦支拂《いつたんしはらひ》を爲したるものゝ返還《へんくわん》を許《ゆる》すときは之を裁判所に持《も》ち出《いだ》し其原因《げんいん》たる賭博に迄《まで》論及《ろんきふ》するに至《いた》り甚《はなは》だ不都合《ふつがふ》なり併しながら不法の原因《げんいん》が利益《りえき》を受けたる者にのみ在るときは返還を求むることを得るなり

假へば甲者は乙者に向《むかつ》て曰く自分は汝《なんぢ》の父に金五百圓を貸したり然《しか》るに汝の父《ちゝ》は其金を返還《へんきい》せずして死したり汝は相續人《きうぞくにん》なれば速《すみやか》に返濟《へんさい》せられよ而して債權證書は則ち是れなりとて父署名《ちゝしよめい》の古證書《ふるしようしよ》一通《いつゝう》を示《しめ》せるを以《もつ》て乙者は五百圓を返《かへ》したり然《しか》るに甲が乙に向ての言《ことば》は皆詐《みないつは》りにして且證書も亦僞《またぎ》造《ざう》に係《かゝ》るときは本條但書以下《たゞしがきいか》の場合にして乙者は其支拂ひたる五百圓を取戻《とりもど》すことを得るなり

第五章　不法行爲

不法行爲とは法律に許さゞる行ひにして其行を以て人に損害を加へたるときは之を償ふべきことを本章中《ほんしやうちう》に定むるなり抑《そもそ》も人は活物《くわつぶつ》なれば其行《そのおこな》ひにより知らざる間《あひだ》に人に損害を與《あた》へることあり或は人を害《がい》せんとの考《かんがへ》にて害を爲すことあり又其行ひにも名譽《めいよ》を害することあり或は身体《しんたい》の自由《じゆう》財産を害することありて從《したがつ》て其損害の高同《たかおな》じからず此れ本章に種々《しゆじゆ》の規則を掲《かゝ》げたる所以《ゆゑん》なり

第七百九條　故意《こい》又ハ過失《くわしつ》ニ因リテ他人ノ權利《けんり》ヲ侵害《しんがい》シタル者ハ之ニ因リテ生シタル損害ヲ賠償スル責ニ任ス

本條も故意《こい》即ち知りつゝ又《また》は過失《くわしつ》にて他人の權利を害《がい》したるときも其損害を償ふべきことを定めたり故意にて他人の權利を害する場合は假へば乙者所有の土地《とち》は收穫《しうくわく》多し而して乙者は目下《もくか》不在《ふざい》なれは之を耕《たがや》して利益を得んとて甲者復之を耕したる場合なり又は過《くわ》

失《しつ》にて他人の權利を害したる場合は茲に一つの家屋《かをく》あり其家屋は自分《じぶん》の所有なりとて乙なるもの之に住居《ぢうきよ》したるに數《す》ヶ月《げつ》の後《のち》其家屋《かをく》は甲なるものゝ所有なりとて明《あ》け渡《わたし》を求《もと》めらるゝときは之れ知らずして乙者は甲者の權利を害《がい》したるものなり夫れ吾々は故《ゆゑ》なくして他人の權利を害《がい》することを得ざるものなる以上《いじやう》は若し少《すこ》しにても損害《そんがい》を與《あた》へたるときは之を償はざるべからざるなり

第七百十條　他人ノ身體《しんたい》、自由《じゆう》又ハ名譽《めいよ》ヲ害《がい》シタル場合ト財産權ヲ害シタル場合トヲ問ハス前條ノ規定ニ依リテ損害賠償ノ責ニ任スル者ハ財産以外ノ損害ニ對シテモ其賠償ヲ爲スコトヲ要ス

他人《たにん》の身体假《しんたいたと》へば自分《じぶん》所有の家屋《かをく》の倒《たほ》れたる爲めに身体《しんたい》を傷《きず》けたる時又は他人の自由假へば或人《あるひと》不正《ふせい》の事を爲したるとて之を捕《とら》へたる時又他人の名譽《めいよ》を害《がい》したる時假《たと》へば或人は目下《もくか》數萬《すまん》の財産を有するも欺詐《さぎ》に依りて斯る財産を拵《こしら》へたるものなりと公衆《こうしう》の面前《めんぜん》に於て演舌《えんぜつ》したる時は名譽《めいよ》を害《がい》したるものなり以上數個《いじやうすうこ》の場合と財産權を害《がい》したる場合即ち他人の机《つくゑ》を自分のものなりとて之を奪《うば》ひたる如き場合とを問《と》はず前條の規則に依《よ》りて損害の償を爲すべき者は財産以外に在りて損害あるときは之が償を爲さゞるべからず財産以外《いぐわい》の損害とは假へば名譽《めいよ》を害《がい》せられたる爲め信用全《しんようまつた》く無くなり爲めに一事を爲すこと能はざるに至《いた》りたる場合の如し此の場合の賠償方法《ばいしやうはう》は新聞紙《しんぶんし》の廣告《こうこく》其他の廣告《こうこく》による

の外道《ほかみち》あらざるなり

第七百十一條　他人ノ生命《せいめい》ヲ害《がい》シタル者ハ被害者《ひがいしや》ノ父母《ふぼ》、配偶者《はいぐうしや》及ヒ子ニ對シテハ其財産權ヲ害セラレサリシ場合ニ於テモ損害ノ賠償ヲ爲スコトヲ要ス

他人の生命《せいめい》を害したるもの即ち人を殺《ころ》したる者は其殺《ころ》されたる物の父母《ふぼ》又は配偶者《はいぐうしや》即ち夫《をつと》が殺《ころ》されたるときは妻《つま》、妻《つま》が殺《ころ》されたるときは夫及《をつとおよ》び其殺されたる者の子《こ》に向《むか》ては此等の者の財産を害《がい》せられざるときと雖《いへ》ども損害を償《つくな》はざるべからず即ち殺《ころ》されたるが爲めに悲《かなし》みに堪《た》へざる場合に於て損害を見積《みつも》ることを得るときは償《つくのひ》を求《もと》むることを得るなり

第七百十二條　未成年者《みせいねんしや》カ他人ニ損害ヲ加ヘタル場合ニ於テ其行爲ノ責任《せきにん》ヲ辨識《べんしき》スルニ足ルヘキ知能《ちのう》ヲ具ヘサリシトキハ其行爲ニ付キ賠償ノ責ニ任セス

本條は幼者《ようしや》が他人に損害《そんがい》を加《くは》へたる場合の規則なり即ち未成年者《みせいねんしや》が他の人に損害《そんがい》を加《くは》へたるときは其幼者《そのようしや》は之れが償を爲すべきやと云ふに幼者が其行《そのおこな》ひたることに付て其是非《そのぜひ》を見分《みわ》くる知識《ちしき》あるときは其行ひより生《しやう》じたる損害を償《つくな》ひ若し行《おこな》ひの是非《ぜひ》を見分《みわ》くる知《ち》識《しき》なきときは償を爲すに及《およ》ばざるなり斯《か》る區別《くべつ》ある所以《ゆえん》のものは吾々《われ〲》は是非《ぜひ》を見分くる知識あるを以て法律の支配《しはい》を受くるものなり今是非《いまぜひ》を見分くる知識なき幼者《ようしや》は法律の下《もと》

にて保護《ほご》せらるゝものなれば從て損害を償ふの義務あらざるなり然《しか》れども是非を見分《みわ》くる幼者《ようしや》は大人《たいじん》と同《おな》じきものなれば同様《どうやう》に償ひの求めを受けざるべからず

第七百十三條　心神《しんしん》喪失《そうしつ》ノ間ニ他人ニ損害《そんがい》ヲ加《くは》ヘタル者ハ賠償ノ責ニ任セス但故意又ハ過失ニ因リテ一時ノ心神喪失ヲ招キタルトキハ此限ニ在ラス

精神《せいしん》を失《うしな》ひ居る間に他人に損害を加へたるときは賠償《ばいしやう》の責《せめ》なし精神《せいしん》有りてこそ是非《ぜひ》を區《く》別《べつ》し從て義務あるものなれども既《すで》に損害を生せしめし行は精神を失ひたる中《うち》のことなれば風雨の害《がい》と同じき者なれば人に向て償を求むることを得ざるべし但し故意《こい》即ち故《こと》さらに人に害を加へつゝある間に精神を失《うしな》ひ又は過失《くわしつ》によりて人に害を加へたるときに精神《せいしん》を失《うしな》ひたる時假へば或物《あるもの》に付き力《ちから》を試《こゝろ》みんとて其物を上《あ》げたるに力足《ちからた》らずして倒《たふ》れ精神を失ひたり此時倒るゝと共《とも》に幼者《ようしや》が側《かたはら》に居《ゐ》たるを知《し》らずして傷《きず》けたり此等《これら》の場合《ばあひ》は害を加へると共に心神を失《うしな》ひたるものなれば償を爲さゞるべからず

第七百十四條　前二條ノ規定ニ依リ無能力者ニ責任ナキ場合ニ於テ之ヲ監督《かんとく》スヘキ法定ノ義務アル者ハ其無能力者カ第三者ニ加ヘタル損害ヲ賠償スル責ニ任ス但監督義務者カ其義務ヲ怠《おこた》ラサリシトキハ此限ニ在ラス

監督義務者ニ代ハリテ無能力者ヲ監督スル者モ亦前項ノ責ニ任ス

第七百十二條第七百十三條の規則に依り未成年者《みせいねんしや》及び心神喪失者《しんくそうしつしや》即ち無能力者《むのうりよくしや》が他人に損害を加《くは》へたるも之を償ふべき義務なき時には之を監督する法律上の義務ある者即ち后《こう》見人《けんにん》は此等の者が他人に加へたる損害を償はざるべからず何となれば若も后見人等が十分に未成年者及び心神を失ふたるもゝの取締《とりしまり》を十分にしたるときは斯る損害はわらざりしならん斯る損害は不取締《ふとりしまり》の結果《けつくわ》なればなり但し監督義務者即ち後見人が取締を十分に爲したるも其損害を防ぐことを能はざるときは償ふに及ばざるなり

又監督義務者即ち後見人に代りて無能力者即ち未成年者及び心神を失ふたる者を監督するものも亦其監督行屆《ゆきとゞ》かざるときは之れが償を爲さゞるべからず

第七百十五條　或《ある》事《じ》業《げふ》ノ爲メニ他人ヲ使用スル者ハ被用者カ其事業ノ執行ニ付キ第三者ニ加ヘタル損害ヲ賠償スル責ニ任ス但使用者カ被用者ノ選任《せんにん》及ヒ其事業ノ監督《かんとく》ニ付キ相當ノ注意ヲ爲シタルトキ又ハ相當ノ注意ヲ爲スモ損害カ生スヘカリシトキハ此限ニ在ラス

使用者ニ代ハリテ事業ヲ監督スル者モ亦前項ノ責ニ任ス

前二項ノ規定ハ使用者又ハ監督者ヨリ被用者ニ對スル求償權ノ行使ヲ妨ケス

或る事業《じげふ》の爲めに他人を使用《しよう》するもの假《たと》へば或人が一つの橋《はし》を架《か》ける請負《うけお》ひを爲すは多《おほ》くの人を使《つか》ひ用《もち》ゐることあり此《かゝ》る場合《ばあひ》に於て其使用せらるゝ者が其事業を行ひつゝある間に他人に損害《そんがい》を加へたるときは使用者其れを償はざるべからず然れども使用せられ居るものも自由を有するものなれば其一擧一動《いつきよいちどう》に付使用者の指圖《さしづ》通《どほ》りに行はるゝものにあらず故に使用者《しようしや》が使用せられ居るものゝ選《えら》び方《かた》及び其事業に付き十分の監督十分《かんとくじふぶん》の注意《ちうい》即ち氣を附けたるとき又は相當の注意を爲すも損害が免《まぬ》かれざるときは使用者は償をなすに及ばざるなり

大《おほい》なる事業なるときは使用者に代りて使用せられ居るものの即ち職工《しよくこう》を監督《かんとく》するものも其監督行屆《かんとくゆきとゞ》かずして職工等《しよくこうら》が他人に損害《そんがい》を與《あた》へたるときは右《みぎ》に述《の》べたる如く其損害の償を爲さゞるべからず又は但書も用らるゝなり

右に述《の》べたる規則は使用者又は監督者と其損害を受けたるものとの間に於ける規則なり即ち使用者及び監督者が損害を償ひたるときは損害を爲したるもの即ち使用せらるゝ者に對し償を求むることを得るなり

第七百十六條　注文者ハ請負人《うけおひにん》カ其仕事ニ付キ第三者ニ加ヘタル損害ヲ賠償スル責ニ任セス但注文又ハ指圖ニ付キ注文者ニ過失アリタルトキハ此限ニ在ラス

注文者《ちうもんしや》が或仕事《しごと》を請負人に爲さしめたる場合に於て請負人が其仕事に付き他人に損害を加へたるときは其損害を償ふ義務あらざるなり注文者が斯る償を爲す義務なき所以は請負人は注文人より仕事を受けて爲すものなれば其仕事は請負人の仕事にして注文人には直々《ぢき〳〵》の關係《くわんけい》あらざれば固《もと》より償ふの責《せめ》あらざるなり然れども請負人の仕事を爲すに至りたるものは注文者の注文によるものなれば若し注文又は其指圖《さしづ》に付き注文したるものに落ち度あるときは注文者は其償ひの責を免《まぬ》がるゝことを得ざるべし

第七百十七條　土地ノ工作物ノ設置又ハ保存ニ瑕疵アルニ因リテ他人ニ損害ヲ生シタルトキハ其工作物ノ占有者ハ被害者ニ對シテ損害賠償ノ責ニ任ス但占有者カ損害ノ發生《はつせい》ヲ防止《ばうし》スルニ必要ナル注意ヲ爲シタルトキハ其損害ハ所有者之ヲ賠償スルコトヲ要ス

前項ノ規定ハ竹木ノ栽植《さいしよく》又ハ支持ニ瑕疵アル場合ニ之ヲ準用ス

前二項ノ場合ニ於テ他ニ損害ノ原因ニ付キ其責ニ任スヘキ者アルトキハ占有者又ハ所有者ハ之ニ對シテ求償權ヲ行使スルコトヲ得

土地《とち》の工作物《こうさくぶつ》の設置《せつち》假《たと》へば畑《はた》を田《た》にせんが爲めに水樋を作《つく》り又は其保存《ほぞん》に瑕疵《かし》あるに因り假へば其水樋《みつひ》を永《なが》く續《つゞ》け置くの約束なりしに疵の爲めに破損《はそん》せる等の爲めに他の人に損害を加《くは》へたるときは其工作物を占有《せんいう》する者即ち土地を借り居る者は其損害を受けたる

者に向て損害を償はざるべからず何となれば工作物を拵《こしら》へ又は保存を爲すには十分に氣を附け他人に損害を與ふべからざるものなるに其損害を生ぜしめたるは自分の不行屆《ふゆきとどけ》なればそれが賠償の義務なからざるを得ず併しながら其工作物の占有者即ち土地を借り居るものが損害の出來るを防き止むるに十分の注意を爲したるときは其損害は所有者即ち工作物の持主之を償はざるべからず

右に述べたる規則は樹木《じゆもく》又は竹《たけ》を植えたることに疵《きず》あるとき樹木の倒《たふ》れざる爲めに之を支《さゝ》へたることに不行屆《ふゆきとどき》わりて樹木が倒れ又も支へたる木に虫入《むしいり》ありて折れたる爲めに他人の身体に害を加へたる場合にも當て用ゐるなり

右二個の項《こう》に述《の》べたるは所有者又は占有者《せんいうしや》と損害を受けたるものとの場合なり若し其損害を爲したる本《ほん》に付其責《つきそのせめ》に任《まか》すべきものあるとき假へば他人が樹木又は工作物を破毀《はくわい》して損害を加へたるものなるときは所有者又は占有者は其者に向て償を求むる權利有る也

第七百十八條　動物ノ占有者ハ其動物カ他人ニ加ヘタル損害ヲ賠償スル責ニ任ス但動物ノ種類及ヒ性質ニ從ヒ相當ノ注意ヲ以テ其保管ヲ爲シタルトキハ此限ニ在ラス

占有者ニ代ハリテ動物ヲ保管スル者モ亦前項ノ責ニ任ス

動物《どうぶつ》即ち犬馬牛等《いぬうまうしとう》を一時所有者《しよいうしや》らしく持《も》つ者は其馬牛犬が暴《あば》れ廻《ま》はり他人に損害《そんがい》を加《くは》へ

たるときは其損害を償はざるべからず是れ馬牛犬等のものは之を占有するもの十分に氣を附け取締《とりしまり》を爲さゞるべからず然るに他人に損害《そんがい》を與《あた》へる所以《ゆゑん》は取締の不行屆と謂《い》はざるべからず是れ不行屆のものが其損害を償ふ義務あると定めたる所以なりされども動物の種類《しゆるゐ》及《およ》び性質《せいしつ》に從《したが》ひ相當《さうたう》の注意《ちうい》を以て相當の保管假へば馬牛なれば廐《うまや》につなぎ出つるときは手綱《たづな》を付くる等のことを爲したるに猶《な》ほ暴《あば》れ廻《まは》り損害を加《くは》へたるものなるときは損害の出來るとも償《つくな》ふに由《よし》なきなり

占有者に代りて動物《どうぶつ》を預《あづ》り居るものも其取締の不行屆きより他人に損害を加へたるときは之を償はざるべからざるなり

第七百十九條　數人カ共同《きやうどう》ノ不法行爲《ふはふかうい》ニ因リテ他人ニ損害ヲ加ヘタルトキハ各自《かくじ》連帶《れんたい》ニテ其賠償ノ責ニ任ス共同行爲者中ノ孰レカ其損害ヲ加ヘタルカヲ知ルコト能ハサルトキ亦同シ

教唆者《きやうさしや》及ヒ幇助者《はうじよしや》ハ之ヲ共同行爲者ト看做ス

數人にて法律に許さゞる行に依り假へば五六人にて或人を打ちたるときに一人は手を取り一人は足《あし》を持《も》ち一人は棒《ぼう》にて打つ行ひをなすときは連帶にて損害の償を爲さゞるべからず故に損害を受けたるものより數人中の一人に向つて損害の償を求め來たるときは自分一人がなしたるにあらざれば總てのものに向て求むべしと申立つることを得ず是れ連

帶なるものゝ性質《せいしつ》より來たるなり又共に行ひたるものゝ内にて傷《きず》を加へしめたるものあり然れども何人が此の傷を加へたるや知ることを能はざるときも右と同じく連帶にて償を爲さゞるべからず

教唆者《けうさしや》即ち言ひ附けたるもの及び幇助者《ほうじよしや》即ち不正《ふせい》の事を成すもの者を助けたるもの共に行ひたるものとして損害の償は矢張《やはり》連帶にて負《お》はざるべからず

第七百二十條　他人ノ不法行爲ニ對シ自己《じこ》又ハ第三者ノ權利ヲ防衛《ばうゑい》スル爲メ已ムコトヲ得スシテ加害行爲ヲ爲シタル者ハ損害賠償ノ責ニ任セス但被害者ヨリ不法行爲ヲ爲シタル者ニ對スル損害賠償ノ請求ヲ妨ケス

前項ノ規定ハ他人ノ物《もの》ヨリ生シタル急迫《きうはく》ノ危難《きなん》ヲ避《さ》クル爲メ其物ヲ毀損《きそん》シタル場合ニ之ヲ準用ス

他人の不法行爲《ふはふかうゐ》に對《たい》し假へば即も刀《かたな》を振《ふる》ふて自分又は第三者即ち他人を殺《ころ》さんと迫《せ》まり來《きた》りたり自分は彼れに向て害《がい》を加《くは》へるか又は第三者を救《すく》ふにあらざれば自分又は第三者は殺さることを必然《ひつぜん》たる場合に於て終《つひ》に自分又は第三者の生命《せいめい》の權利を防《ふせ》ぎ衛る爲めに已《や》むことを得ずして彼の暴行者《ぼうこうしや》を殺したるとき假令損害を彼れに加へたりと雖ども之《これ》を償ふに及ばず其故如何《そのゆゑいかん》となれば吾々《われわれ》は自分を守衛《しゆゑい》するの權利あるは天性《てんせい》なり其守衛の權利

を自由に行ふことを許《ゆる》すときは忽《たちま》ち一《いつ》の修羅《しゆら》の巷《ちまた》を現《げん》ずに至《いた》らん是を以て茲に損害を加へたるものあるときは裁判所へ訴《うつた》へ出《い》で後ち償ふべきことと定めたる之然れども危害《きがい》の切《せつ》迫《ぱく》にして裁判所へ訴へ出づる暇《いとま》なき時には自分を守る權利の實行《じつかう》を許《ゆる》せり既《すで》に本條の場合は權利の實行なれば損害の償を爲さゞるや蓋《けだ》し至當《したう》の事と謂ふべし併しながら損害を受くることあるときは其暴行《ぼうかう》を爲したるものに向て償を求むることを得るなり

右は人と人との間に起りたる行に付ての規則なれども若し他人の物より出來たる急迫の危險《きけん》を避《さ》け逃《のが》るゝが爲め假へば他人所有の大箱《おほはこ》の下敷《したじき》となり今暫《いましばら》く立《た》つときは斃死《ふつし》せんとする場合に外の人來り其物即ち大箱を毀損《きそん》即ち破《やぶ》りたる場合にも右一項《みぎいつこう》を用ゐ償せ爲すに及ばざるなり

第七百二十一條　胎兒《たいじ》ハ損害賠償ノ請求權《せいきうけん》ニ付テハ既《すで》ニ生マレタルモノト看做ス

胎兒《たいじ》即ち母《はゝ》の腹中《ふくちう》に有りて未《いま》だ生《うま》れざる子《こ》と雖《いへ》ども損害賠償《そんがいばいしやう》を求むる權利に付《つき》ても早《は》や生《うま》れたるものと看做《みな》し若し胎兒《たいじ》が損害を受け償を求《もと》めんとするときは代理《たいり》人《にん》を立てゝ行ふべしとなり

第七百二十二條　第四百十七條ノ規定ハ不法行爲ニ因ル損害ノ賠償ニ之ヲ準用ス

被害者ニ過失アリタルトキハ裁判所ハ損害賠償ノ額ヲ定ムルニ付キ之ヲ斟酌《しんしやく》スルコトヲ得

第四百十七條即ち損害を償ふに別に約束にて定めあらざるときは金錢にて其額を定むとの規則なり此規則は不法行爲《ふほふかうい》即ち犯罪《はんざい》又は法律に許《ゆる》さゞる不正の行ひによりて生じたる損害を償ふ場合にも此の規則を用ゐ金錢にて其額を定むるなり

被害者即ち損害を受けたるものにも落ち度ありて少しは損害の助けとなりたるとき假へば甲は乙に棒《ぼう》にて打たれたるより三四個の傷《きず》を受け一ヶ月程の休業《きうげふ》を爲したり然るに乙か甲を打《うち》しは初め甲は乙を嘲《あざけ》りて骨《ほね》なし又《また》不勉强《べんきやう》のものと言ひたるを以て乙は立腹《りつぷく》の餘斯《かゝ》る始末《しまつ》に及びたる場合にして若し甲は乙を嘲《あざけ》らざれば斯《かゝ》る損害の出來《でき》ることなからん裁判所は斯《かゝ》る場合に兩方《りやうはう》の行に照《て》らし損害を定む

第七百二十三條　他人ノ名譽ヲ毀損シタル者ニ對シテハ裁判所ハ被害者ノ請求ニ因リ損害賠償ニ代ヘ又ハ損害賠償ト共ニ名譽ヲ回復スルニ適當ナル處分ヲ命スルコトヲ得

他人《たにん》の名譽《めいよ》を毀損《きそん》したる者即ち甲は公衆《こうしう》に向て乙は姦通《かんつう》に因《よ》り出來たる子なり盜賊《たうぞく》なり言ひたる時は甲は乙の名譽を害したるものなり被害者乙は裁判所へ名譽回復《めいよくわいふく》の訴を爲すときは裁判所は損害の償に代《か》へ又は損害の償と共《とも》に其名譽を取戻《とりもど》すに適當《てきたう》なる處分《しよぶん》即ち

善《よ》き方法《ほうほう》例へば新聞紙に廣告をなし甲の言葉《ことば》を取消《とりけ》さしむる等《とう》のことを命《めい》ずるなり今日《こんにち》の慣例《くわんれい》は名譽《めいよ》の回復に付金錢にて償はしむることは殆《ほとん》どなし大抵廣告《たいていこうこく》にて謝言《しやげん》せしむるのみ

第七百二十四條　不法行爲ニ因ル損害賠償ノ請求權ハ被害者又ハ其法定代理人カ損害及ヒ加害者ヲ知リタル時ヨリ三年間之ヲ行ハサルトキハ時效ニ因リテ消滅ス不法行爲ノ時ヨリ二十年ヲ經過シタルトキ亦同シ

本條《ほんでう》は不《ふ》法行爲《ほふかうゐ》即ち犯罪等《はんざいとう》の爲め生じたる損害の償ひを求むるには何年間は求むることを得るやを定む即ち犯罪《はんざい》に依《よ》る損害《そんがい》の償ひを求むる權利は損害を受けたるもの又は法定代《ほふていだい》理人《りにん》即ち後見人等が損害を受けしこと及び損害を加へたるものを知りたる時より三ケ年間に行はざるときは時效《じかう》と云ふものにより消《き》えて行ふこと能はざるに至る又は不法行爲即ち犯罪等ありたる日より二十年を經《へ》たるときは亦時效《またじかう》によりて消《き》ゑて償を求むることを得ざると此の三年とか二十年とかは法《はふ》を立てたる人が三年なれば可《か》ならん二十年なれば十分ならんと思《おも》ひて立てたるなり

第四編《へん》 親族《しんぞく》

親族とは俗《ぞく》に身内《みうち》と云ふことにして乃ち此の編には身内に關《くわん》する一切《いつさい》の事柄《ことがら》を記載《きさい》せり而して此の親族編は民法の中《うち》に於ても實《じつ》に大切《たいせつ》なる法律にして其組《く》み立《た》て方《かた》の良《よ》し惡《あ》しにより一國《いつこく》の盛衰《せいすゐ》に拘《かゝは》るとも謂《い》ふべきものなり开《そ》は國《くに》の本《もと》は家《いへ》にあり家の本《もと》は身内《みうち》にあり身内よく和合《わがふ》すれば一家榮《いつかさか》へ一家榮《さか》ふれは一國富《と》むと云ふべき順序《じゆんじよ》なれば此の編を組《く》み立《た》つるに付昔《むかし》よりの慣習《くわんしふ》を取調《とりしら》べ其慣習に基《もとづ》きたると云《い》ふことなり

第一章《しやう》 總則《そうそく》

總則と云ふことは總《すべ》ての規則のことにして本編に通《つう》じて用ふる規則を此の章に定《さだ》めたり

第七百二十五條 左ニ掲《かゝ》ケタル者《もの》ハ之ヲ親族《しんぞく》トス

一 六親等内《しんとうない》ノ血族《けつぞく》

二 配偶者《はいぐうしや》

三 三親等内《しんとうない》ノ姻族《いんぞく》」

本條は親族とは如何《いか》なるものかと云ふことを定めたり親族の内には血《ち》を分《わか》ちたる親族と又縁組《えんぐみ》等より親族の關係《くわんけい》か出來《しゆつたい》するものとあれば本條は之を三個に分《わか》ちたり

第一號《がう》の六親等内《しんとうない》の血族《けつぞく》とは血《ち》を分《わか》ちたるもの乃《すなは》ち祖父母《そふぼ》父母《ふぼ》兄弟姉妹子《きやうだいしまいし》孫等《そんとう》の如き親

族にして其等級《とうきふ》六等までのものを云ふ而《しか》して其六親等以外《いぐわい》のものは[illegible]合[illegible]を分《わか》ちたるものにても法律上《はふりつじやう》の親族とせざるべし

第二號の配偶者《はいぐうしや》と云ふことは夫婦《ふうふ》のことにして夫婦は同一躰《どういつたい》と云ふこともあれば若し之を親族とせざるときは甚《はなは》だ不都合《ふつがふ》なり第三號の姻族《いんぞく》とは婚姻《こんいん》により夫《をつと》の方《かた》と婦《つま》の親族と又婦《つま》の方《かた》と夫《をつと》の親族との間柄《あひだがら》を云ふ此《こ》の親族は三代《だい》までを親族とすと定《さだ》めたり刑法《けいはふ》於ても同《おな》じことを記載《きさい》せり其《そ》は我國《わがくに》の現在《げんざい》に於ても同樣《どうやう》の有樣《ありさま》と謂《い》ふも差支《さしつかへ》なからん、

第七百二十六條　親等《しんとう》ハ親族《しんぞく》間《かん》ノ世數《せすう》ヲ算《さん》シテ之《これ》ヲ定《さだ》ム

傍系親《ばうけいしん》ノ親等《しんとう》ヲ定《さだ》マルニハ其《その》一人《にん》又ハ其配偶者《はいぐうしや》ヨリ同始祖《どうしそ》ニ遡《さかのぼ》リ其始祖《しそ》ヨリ他《た》ノ一人ニ下ルマテノ世數《せすう》ニ依《よ》ル

本條には親族の等親《とうしん》の算《かぞ》へ方を定む第一項は親等乃ち親族の等級を數ふるには前條に掲《かゝ》げたる親族の間の世《よ》の數を計《かぞ》へ六親等又は三等親《とうしん》に至るとせり假令《たとへ》ば甲《かふ》の親等を見んに甲は父に對して其血筋《ちすぢ》一等なれば父は甲に對し一親等なり祖父は甲に對しては甲の父を隔《へだ》てたれば二親等なり又甲は其子に對して血筋一等なれば子は甲に對し一親等なり孫《まご》は血筋子《ちすぢこ》を經《へ》たれば甲と子《こ》との間は一等子と孫との間は一等合して二親等となるなり斯《かく》の如《ごと》く高曾祖《こうそうそ》父母《ふぼ》に遡《さかのぼ》り或は玄孫《げんそん》に下り六親等を得て法律上の親族の限りを定るものなり第二項は傍系親《ばうけいしん》乃ち兄弟姉妹其子孫等の親等を定むるには如何にするかを記載《きさい》す乃ち今

親族の等級《とうきふ》を定めんとする者又は夫若《おつとも》しくば婦《つま》より其生《うま》れ出でたる父又は母に遡り而して其父又は母より兄弟姉妹の一人に下りて親等を計ふるものなるを定む今從兄弟《じゆうけいてい》の間柄《あひだがら》なる甲乙《かふおつ》の親等を示さんに甲は其父に對して一親等其祖《そふ》父に對して二親等なり其祖父は甲乙に向《むか》ふて始祖《しそ》なれば其始祖たる甲乙の祖父《そふ》より乙《おつ》の父に對して三親等に當《あた》り更《さら》に乙に至りて四親等となれば從兄弟《いとこ》は其親等四親等《ししんとう》なるを知《し》るべし

第七百二十七條　養子《やうし》ト養親《やうしん》及《およ》ヒ其血族トノ間ニ於テハ養子縁組ノ日ヨリ血族間ニ於ケルト同一ノ親族關係ヲ生《しやう》ス

本條は養子の縁組《えんぐみ》ありたるときは養子と其養家《やうか》の父母とは如何なる關係が生ずるかを定めたり乃ち養家の父母及び其養父母の血を分ちたる身内のものとは養子の縁組ありたる日より血《ち》を分ちたる親族と同じき親族の關係が出來るとせり若《も》し然らざるときは養子となるものなく自然《しぜん》家を尊《たつと》ぶ我國風《こくふう》なきに至《いた》ればなり

第七百二十八條　繼父母《けいふぼ》ト繼子《けいし》ト又嫡母《ちやくぼ》ト庶子トノ間ニ於テハ親子間ニ於ケルト同一ノ親族關係ヲ生ス

本條は繼父母《けいふぼ》俗《ぞく》に所謂《いはゆる》「まゝ親《おや》」と繼子《けいし》即ち「まゝ子」とは眞の我子と同じき關係が出來又嫡母《ちやくぼ》と庶子《しよし》との間乃ち正當《せいたう》の儀式を爲し縁組したる母と妾腹に出來たる子との間柄は此父眞《しん》の親と子との關係が出來ると記載せり故に庶子《しよし》と雖《いへ》ども相續することを得《う》るなり

第七百二十九條　姻族關係及ビ前條ノ親族關係ハ離婚ニ因リテ止ム
夫婦ノ一方ガ死亡シタル場合ニ於テ生存配偶者ガ其家ヲ去リタルトキ亦同シ

本條は婚姻《こんいん》によりて親族《しんぞく》となりたる場合又は第七百二十條に定めたる「まゝ子」と「まゝ親」又は嫡母《ちやくぼ》と妾腹《せふふく》の子との親族關係は離婚《りこん》即ち「まゝ親」又は嫡母が其家を去りたるときは他人となり法律上《はふりつじやう》何の關係《くわんけい》もなくなり又夫若《をつとも》しくは婦《つま》が死したる場合に其生《い》き殘《のこ》りたる夫若《をつとも》しくは婦《つま》が其家を去《さ》りたるときにも同じく親族關係は切るゝものとせり

第七百三十條　養子ト養親及ヒ其血族トノ親族關係ハ離緣ニ因リテ止ム
養親ガ養家ヲ去リタルトキハ其者及ヒ其實方ノ血族ト養子トノ親族關係ハ之ニ因リテ止ム
養子ノ配偶者、直系卑屬《ちよくけいひぞく》又ハ其配偶者カ養子ノ離緣ニ因リテ之ト共ニ養家ヲ去リタルトキハ其者ト養親及ヒ其血族トノ親族關係ハ之ニ因リテ止ム

本條の第一項は如何なることを定むるかと云ふに養子《やうし》が離緣《りえん》して實家《じつか》に歸《かへ》りたるときは養家《やうか》の父母《ふぼ》及び其血《ち》を分《わか》ちたる親族とは他人になると云ふことを記載《きさい》す第二項は他家《たけ》よ

り入りて一家を立てたる場合に其者が養家を去りたるときは其者と其者が養子《やうし》縁組によりて貰《もら》ひたる養子との親族關係又其養父母《やうふぼ》の實家《じつか》の血統《けいとう》あるものと養子との親族關係は止《や》むものなるを定む第三項は貰《もら》ひ子の夫《をつと》又は婦《つま》其子孫《しそん》其子孫の夫婦が養子の縁組を止《や》めて共に養家を去りたるときは此等《これら》の者と養家の父母及び其養父母より血を分ちたる親族の關係は切るゝものなりと記載《きさい》す

第七百三十一條　第七百二十九條第二項及ヒ前條第二項ノ規定《きてい》ハ本家《ほんけ》相續《さうぞく》、分家《ぶんけ》及ヒ廢絶家《はいぜつか》再興《さいこう》ノ場合ニハ之ヲ適用《てきよう》セス

第七百二十九條第二項即ち夫婦の内何れか一方《いつぱう》死《し》したるにより未《いま》だ死せざる夫婦の内一人が本家を相續《さうぞく》するためか又は分家《ぶんけ》或は絶《た》えたる家を再《ふたゝ》び立つる爲めに家を去るも尚《なほ》は其縁組先《さき》の家に在ると同じこととなし又前條第二項の他家より入りたる養親《やしなおや》が養家を去りたるは前段《ぜんだん》と同じく本家相續又は分家等の爲めなるときは矢張《やはり》親族の關係あるものとせり這《こ》は我國は家を尊《たつと》ぶの風習《ふうしふ》なれば此等に基《もとづ》きたるものなり

第二章　戸主及ヒ家族

此の章には戸主乃ち一家の長《をさ》と家族乃ち戸主の婦及び其家にある親族との關係等を示《しめ》し尚《なほ》は誰《たれ》が戸主《こしゆ》にして又誰《たれ》が家族なるかを定めたり

第一節　總則《そうそく》

此節には本章の戸主《こしゆ》及家族に付ての總則を記載《きさい》せり

第七百三十二條　戸主《こしゆ》ノ親族ニシテ其家ニ在ル者及ヒ其配偶者ハ之ヲ家族《かぞく》トス

戸主ノ變更《へんかう》アリタル塲合ニ於テハ舊戸主《きうこしゆ》及ヒ其家族ハ新戸主ノ家族トス

戸主《こしゆ》乃ち一家の長の身内《みうち》の者にして其戸主の家に住居《すまゐ》する者又は戸主の婦《つま》の如きは家族《かぞく》とすと第一項に定《さだ》め第二項には戸主の變《かは》りたるときに舊戸主《きうこしゆ》たりし者及び舊戸主の家族は新《あら》たに戸主となりたる者の家族となると本條に定《さだ》めたり

第七百三十三條　子ハ父ノ家ニ入ル

「父《ちゝ》ノ知《し》レサル子ハ母ノ家ニ入ル

父母共《ふぼとも》ニ知レサル子ハ一家ヲ創立《さうりつ》ス」

本條第一項に父の誰《たれ》なるか明《あきら》かに知れ居《を》る子は父の家に入り其家族たると定め第二項には父の知れざる子は母の家に入ると揭《かゝ》げたり其《そ》は子は母なるものが生《う》むにより父の知れざる私生子《しせいし》は母の家に入るは當然《たうぜん》の事なり又父母共に知れざる者所謂《いはゆる》捨《す》て子の如きは何れにも入るゝ所なきを以て一家を立つることを第三項に記載す

第七百三十四條　「父カ子ノ出生前《しゆつせうぜん》ニ離婚《りこん》又ハ離緣《りえん》ニ因リテ其家ヲ去リ

タルトキハ前條第一項ノ規定ハ懷胎《くわいたい》ノ始ニ遡《さかのぼ》リテ之ヲ適用ス

前項ノ規定ハ父母カ共ニ其家ヲ去リタル場合ニハ之ヲ適用セス但母カ子ノ出生前《しゆつしやうぜん》ニ復籍《ふくせき》ヲ爲シタルトキハ此限《このかぎり》ニ在ラス

父が子の生《うま》るゝ前則ち母の腹中《ふくちう》にある内に離縁《りえん》又は離婚《りこん》により其家を去りたるときは生《うま》れたる子は何《いづ》れに入るものかは第一項に之を定む前條により父に屬《ぞく》するものとするときは不都合《ふつがふ》なるにより矢張《やはり》母の家に入ることゝしたり然れども父母共に其家を去りたるときは矢張前條第一項により父の家に入ると第二項に定めたるも但書《たゞしがき》を設《まう》け母が子の生《うま》るゝ前に自分の家に復籍《ふくせき》したるときに於ては父の家に入ることゝせり至當と謂《い》ふべし

第七百三十五條　家族ノ庶子《しよし》及ヒ私生子ハ戸主ノ同意アルニ非サレハ其家ニ入ルコトヲ得ス

庶子カ父ノ家ニ入ルコトヲ得サルトキハ母ノ家ニ入ル

私生子カ母ノ家ニ入ルコトヲ得サルトキハ一家ヲ創立《さうりつ》ス

家族中の男と正式《せいしき》の婚姻を經ざる女との間に生れたる子にして男の方が之を認《みと》め又家族中の女が正式の婚姻を經ずして生《う》みたる子は戸主が其家に入ること即ち家族となることを許《ゆる》すにあらざれば家族となることを得ずと本條第一項に記載《きさい》せり此の二子等は人道に背《そむ》きて生れたるものなれば戸主は之を引取り養育《やういく》するに及ばざる故なり然らば何人の家

族となるかと云ふに其母は自分の腹《はら》より生みたるものなれば若し自分の家に引受けざるときは餓死《がし》するに至るを以て第二項母の家に入るとせり又第三項には私生子が母の家族となることを得ざるときは一家を立《た》つることゝ定《さだ》めたるは當然《たうぜん》のことなり

第七百三十六條　女戸主カ入夫婚姻ヲ爲シタルトキハ入夫ハ其家ノ戸主ト爲ル但當事者カ婚姻ノ當時反對ノ意思ヲ表示シタルトキハ此限ニ在ラス

本條は女戸主たりしものが夫《をつと》を貰《もら》ひたるときは其入り來たる夫は其女戸主と代《かは》りて戸主となるか若し入夫又は女戸主か其の考《かんがへ》におちざるときは矢張《やはり》女が戸主たりと記載せり

第七百三十七條　戸主ノ親族ニシテ他家ニ在ル者ハ戸主ノ同意ヲ得テ其家族ト爲ルコトヲ得但其者カ他家ノ家族タルトキハ其家ノ戸主ノ同意ヲ得ルコトヲ要ス

前項ニ掲《かゝ》ケタル者カ未成年者《みせいねんしや》ナルトキハ親權ヲ行フ父若クハ母又ハ後見人ノ同意ヲ得ルコトヲ要ス

本條は一家の戸主の身内《みうち》のものにして他の家に在るときに戸主さへ承知《しやうち》するときは何時にても其家族となることを得然れども若し他の家に在る親族が他の家の家族なるときは他の家の戸主の承知あるにあらざれば家族《かぞく》とすることを得ざるべしと第一項に定《さだ》め第二

項には第一項に掲《かゝ》けたる家族が未成年者乃ち二十歳以下の者なるときは親たる父又は母若《もし》くは後見《こうけ》人《にん》の承知あらざれば猥《みだ》りに博《てん》ずることを許《ゆる》さずと定めたり

第七百三十八條　婚姻又ハ養子縁組《ゑんぐみ》ニ因《よ》リテ他家ニ入リタル者カ其配《はい》偶《ぐう》者《しゃ》又ハ養親《やうしん》ノ親族ニ非サル自己ノ親族ヲ婚家又ハ養家ノ家族ト爲サント欲《ほつ》スルトキハ前條ノ規《き》定《てい》ニ依ル外其配偶者又ハ養親ノ同意ヲ得ルコトヲ要ス

婚家又ハ養家ヲ去リタル者カ其家ニ在ル自己ノ直系卑《ちよくけいひ》屬《ぞく》ヲ自家ノ家族ト爲サント欲スルトキ亦同シ

第一項は婚姻をなしたる上か又は養子となりて他の家に入りたるものが其自分の婦か夫か身内《みうち》にわらざるもの乃ち自分の親族を縁組《ゑんぐみ》先きの家族と爲さんとするときは前條に従《したが》ひたる上尚外に自分の夫若くは婦の承知を得又其父母の許《ゆるし》を得べきことゝ定《さだ》めたり然らざるときは一家和合《わがふ》を欠くに至ればなり第三項には嫁《よめ》入り先きの家又は養家を去りたるものが其縁組先《ゑんぐみさき》の家にある自分の子又は孫《まご》をも自分の家族と爲さんと欲するときは第一項と同じく養家の父母又は自分の配偶者《はいぐうしゃ》の承《しやう》知を入用とすと記載《きさい》せり

第七百三十九條　婚姻又ハ養子縁組ニ因リテ他家ニ入リタル者ハ離婚又ハ離縁ノ場合ニ於テ實家ニ復籍ス

婚姻《こんいん》して他家に入り又養子《やうし》の縁組《えんぐみ》により他の家に入りたる者か離婚《りこん》又は離縁《りえん》したるときは何れに行《ゆ》くかと云ふに本條は實の家に復籍《ふくせき》即ち歸《かへ》ると記載せり至當と謂《い》ふ可し

第七百四十條　前條ノ規定ニ依リテ實家ニ復籍スヘキ者カ實家ノ廢絶ニ因リテ復籍ヲ爲スコト能ハサルトキハ一家ヲ創立ス但實家ヲ再興スルコトヲ妨《さまた》ケス

本條は前條の規則《きそく》即ち離縁又は離婚により其生《うま》れたる家に歸るものか既に其生れたる家か廢絶《はいぜつ》即ち絶《た》ゑたるを以て藉《き》を還《かへ》さんとするも出來ざるときは別に一家を立つべし又其實家を再興即ち再び立つるも差支《さしつかへ》なしとの規定なり故に何れとも自由なり

第七百四十一條　婚姻又ハ養子縁組ニ因リテ他家ニ入リタル者カ更ニ婚姻又ハ養子縁組ニ因リテ他家ニ入ラント欲スルトキハ婚家又ハ養家及ヒ實家ノ戸主ノ同意ヲ得ルコトヲ要ス

前項ノ場合ニ於テ同意ヲ爲サザリシ戸主ハ婚姻又ハ養子縁組ノ日ヨリ一年内ニ復籍ヲ拒《こば》ムコトヲ得《う》

婚姻若《もし》くは養子縁組により他の家の養子又は夫若くは婦《つま》となりたるものか又其縁組先より再び他の家と婚姻又は養子縁組を爲《な》されとするときには婚姻先の戸主又は養家の戸主の承知《しやうち》を得たる上尚《な》は實家の戸主の承知を得ざるべからざるものと第一項に定めたり故

に右の場合に於て他の家に入ることを承知《しやうち》せざりし戸主は婚姻又は養子緣組のありたる日より一ケ年内に其戸《こ》籍《せき》を還《か》へすことを拒《こば》むを得る故に一ケ年後は拒むを得ざるべし

第七百四十二條　離籍セラレタル家族ハ一家ヲ創立ス他家ニ入リタル後復籍ヲ拒マレタル者カ離婚又ハ離緣ニ因リテ其家ヲ去リタルトキ亦同シ

本條は第七百四十九條により其戸籍《こせき》を離《はな》されたる家族又前條により其戸籍を還《かへ》すことを拒《こば》まれたる者か離婚又は離緣によりて其緣組先《えんぐみさき》を去《さ》りたる場合には一家を立つるの外《ほか》あらざるにより之れか規則を設《まう》けたるなり

第七百四十三條　家族ハ戸主ノ同意《どうい》アルトキハ他家《たけ》ヲ相續《さうぞく》シ、分家ヲ爲シ又ハ廢絶《はいぜつ》シタル本家、分家、同家其他親族《しんぞく》ノ家ヲ再興スルコトヲ得但未成年者《みせいねんしや》ハ親權《しんけん》ヲ行フ父若クハ母又ハ後見人ノ同意ヲ得ルコトヲ要ス

本條は如何なることを定むるかと云ふに家族《かぞく》なるものは戸主さへ承知《しやうち》するときは他の家を相續《さうぞく》するを得又分家即ち新家《しんや》を立て又は絶《た》えたる本家又分家又同じ家其外親族の家を再《ふたゝ》び興《おこ》すことを得るは自由《じゆう》なれども未成年者は其親たる父母又は後見人の同意を得べきことを規定《きてい》す此れ現今慣習《げんこんくわんしふ》の既《すで》に認むる所なり

第七百四十四條　法定《ほふてい》ノ推定《すゐてい》家督《かとく》相續人《さうぞくにん》ハ他家ニ入リ又ハ一家ヲ創立スルコトヲ得ス但本家相續ノ必要アルトキハ此限ニ在ラス
前項ノ規定ハ第七百五十條第二項ノ適用ヲ妨《さまた》ケス

本條の法定の推定《すゐてい》家督《かとく》相續人とは法律の上に於て相續人と定り居るものゝことにして其者が他家に入り又は更《さら》に一家を立つることは出來すと第一項に定めたるは既《すで》に一家の相續人たる上は猥《みだ》りに相續を許《ゆる》さゞるを以てなり然れども本條に但書を設け本家相續の必要あるときは本家の相續をなすも差支《さしつかへ》なしとなしたり又右の規定は第七百五十條第二項の場合には一家を立つるも適用《てきよう》せざることゝ第二項に定《さだ》めたり

第七百四十五條　夫カ他家ニ入リ又ハ一家ヲ創立シタルトキハ妻ハ之ニ隨《したが》ヒテ其家ニ入ル

本條は夫《をつと》が他の家に入り相續又は戸主となるか又は一家を立てたるときは其妻《つま》は夫《をつと》に從《したが》ひて其家に入るべきものと定む今日の慣習《くわんしふ》に認《みと》むる所なり

第二節　戸主《こしゆ》及ヒ家族ノ權利義務《けんりぎむ》

本節には一家の長たる戸主及び其家族の權利《けんり》又は義務《ぎむ》は如何又其權利は如何にして行ふかを定めたり

第七百四十六條　戸主《こしゆ》及ヒ家族ハ其家ノ氏《うぢ》ヲ稱《しよう》ス

戸主なり家族なりは其家の氏《うじ》を用ゐることゝ定めたるは別に説明《せつめい》せずとも明《あきら》かなり

第七百四十七條　戸主ハ其家族ニ對シテ扶養《ふやう》ノ義務ヲ負《お》フ

戸主は其家族に向ふて之を養《やしな》ひ又教育《けういく》せざるべからざることゝ本條に定めたるは當然《たうぜん》のことにして家族なるものは大概貧《たいがいひん》なればなり其扶養《ふやう》即ち養育は身分に應《おう》じて爲すべし

第七百四十八條　家族カ自己ノ名ニ於テ得タル財産ハ其特有財産トス

戸主又ハ家族ノ孰《いづ》レニ屬《ぞく》スルカ分明ナラサル財産ハ戸主ノ財産ト推定《すゐてい》ス

第一項は家族が自分《じぶん》の爲めに自分の名にて得たる財産《ざいさん》即ち身代《しんだい》は其特有財産《とくいうざいさん》即ち自分の所有なりと云ふことを規定《きてい》す第二項は此の財産は戸主の物なるか又家族のものなるか明《あきら》かならざる財産は戸主《こしゆ》たる者の財産と爲すと定《さだ》めたり

第七百四十九條　家族ハ戸主ノ意ニ反《はん》シテ其居所ヲ定ムルコトヲ得ス

家族カ前項ノ規定ニ違反《ゐはん》シテ戸主ノ指定《してい》シタル居所ニ在ラサル間ハ戸主ハ之ニ對シテ扶養《ふやう》ノ義務ヲ免《まぬか》ル

前項ノ塲合ニ於テ戸主ハ相當《さうたう》ノ期間《きかん》ヲ定メ其指定シタル塲所ニ居所《きよしよ》ヲ轉《てん》スヘキ旨《むね》ヲ催告《さいこく》スルコトヲ得若シ家族カ其催告ニ應《おう》セサルトキ

ハ戸主ハ之ヲ離《り》籍《せき》スルコトヲ得但其家族カ未成年者ナルトキハ此限ニ在ラス

第一項は家族は戸主の意見《いけん》に背《そむ》き其居る所を猥《みだ》りに定むるを得ざることを規定す此れ戸主は家族に對《たい》して取締《とりしまり》の權《けん》を有《いう》すればなり第二項は家族か自分勝手に其居所を變《かは》りて戸主の定めたる所に居らざるときは戸主は養《やしな》ひ代《だい》及び其他の義務を盡《つく》すに及ばずと定めたり右の場合に於て戸主は其家族に相當《さうたう》の期間《きかん》十日なれば十日程《ほど》の日を定めて戸主の定めたる所に變《かは》るべきことを催促《さいそく》するを得若《も》し家族其催促を受けて催促の通りに爲さゝるときは其者を離籍《りせき》即ち俗《ぞく》に所謂「ホリ出」すことを得然れとも其者未成年即ち二十歳までの者なるときは其智識《ちしき》十分ならざれば離籍するに及ばざることゝ第三項に定めたり

第七百五十條　家族カ婚姻又ハ養子緣組ヲ爲スニハ戸主ノ同意ヲ得ルコトヲ要ス

家族カ前項ノ規定ニ違反《ゐはん》シテ婚姻又ハ養子緣組ヲ爲シタルトキハ戸主ハ其婚姻又ハ養子緣組ノ日ヨリ一年内ニ離籍《りせき》ヲ爲シ又ハ復籍《ふくせき》ヲ拒《こば》ムコトヲ得

家族カ養子ヲ爲シタル場合ニ於テ前項ノ規定ニ從ヒ離籍セラレタルトキハ其養子ハ養親ニ隨ヒテ其家ニ入ル

第一項には家族《かぞく》が婚姻《こんいん》又は養子《やうし》縁組を爲すときは必ず其戸主の同意を經べきものとせり是れ自分勝手の事を爲し戸主を煩《わずら》はすこと多ければなり第二項は若《も》し家族が前項の規定《きてい》に反《はん》し即ち自分の勝手氣儘《かつてきまま》なる婚姻又は養子縁組を爲したるときは其戸主は其婚姻又は養子縁組を爲したる日より一年の内に離籍《りせき》を爲し又は籍《せき》を還《かへ》すことを拒《こば》むことを得となし第三項には家族が養子を爲したるときに第二項の規則《きそく》により離籍せられたるときには其養子は養親たる離籍せられたる者の家に入ると定めたり

第七百五十一條　戸主《こしゆ》カ其權利《けんり》ヲ行《おこな》フコト能ハサルトキハ親族會之ヲ行フ但戸主ニ對シテ親權ヲ行フ者又ハ其後見人アルトキハ此限ニ在ラス

本條は戸主が其權利を行ふことが出來ざる場合假令《たとへ》は一時不在《ふざい》或は精神《せいしん》の確《たし》かならざる時に於ては戸主たる本節《ほんせつ》に定めたる權利を行《おこな》ふことが出來ざるゆゑに親族會即ち親族の者共寄合《よりあ》ふたる會が戸主に代《かは》りて之を行ふ然れども戸主には其親があるか又は後見人《こうけんにん》あるときは親族會が行ふに及はず何となれば其親又は後見人が行ふを以てなり

第三節　戸主權《こしゆけん》ノ喪失《さうしつ》

戸主權即ち家族に向《むか》ふて其居る所を定むる權利の如き其他家族が縁組を爲すとき同意を與《あた》ふる權利の如きは一家を取締るに付重大《ちうだい》のものなれば其權利の喪失《さうしつ》即ち失《うしな》ふことに關《くわん》

して明確《めいかく》に本節《ほんせつ》に定めたり

第七百五十二條　戸主ハ左ニ揭《かゝ》ケタル條件《でうけん》ノ具備《ぐび》スルニ非サレハ隱居《いんきよ》ヲ爲スコトヲ得ス

一　滿六十年以上ナルコト

二　完全《くわんぜん》ノ能力《のうりよく》ヲ有スル家督相續人《かとくさうぞくにん》カ相續ノ單純承認《たんじゆんしやうにん》ヲ爲スコト

戸主たるものが戸主を止《や》め隱居《いんきよ》即ち隱れ人となるには如何なる條件即ち箇條が揃《そろ》ふときは可なるかと云ふに第一六十歳に滿《み》ちたること第二完全《くわんぜん》の能力《のうりよく》即ち十分の智識《ちしき》ある家督相續人がありて相續をなすことを單純承認《たんじゆんしやうにん》即ち何の箇條もなくして承諾《しやうだく》することゝの二箇の條々が揃《そろ》ふときは隱居《いんきよ》するを得ると定めたり

第七百五十三條　戸主《こしゆ》カ疾病《しつぺい》本家ノ相續又ハ再興其他已ムコトヲ得サル事由ニ因リテ爾後《じご》家政《かせい》ヲ執《と》ルコト能ハサルニ至リタルトキハ前條ノ規定ニ拘《かゝ》ハラス裁判所《さいばんしよ》ノ許可ヲ得テ隱居ヲ爲スコトヲ得但法定ノ推定家督相續人アラサルトキハ豫《あらかじ》メ家督相續人タルヘキ者ヲ定メ其承認《しやうにん》ヲ得ルコトヲ要ス

隱居を爲すには前條の條々が必要《ひつよう》なれども其れでは不都合なるを以て本條には戸主が

係又は本家の相續をすべき場合又は本家の絶《た》えたる場合に再《ふたゝ》び立つる必要あるとき其他已《や》むことを得ざる事柄《ことがら》によりて其家の用を取扱《とりあつか》ふこと出來ざるときは前條の規則によらずして裁判所《さいばんしよ》に願《ねが》ひ出で其許可《きよか》を得たる上にて隱居を爲すことを得然れども法律上《はふりつじやう》の定《さだ》まりたる相續人《さうぞくにん》あらざるときは前以て家督相續人を定め然る後其承諾《しやうだく》を得るを必要《ひつえう》となしたり然らざるときは一家斷絶《だんぜつ》の不都合《ふつがふ》を生《しやう》ずればなり

第七百五十四條　戸主カ婚姻ニ因リテ他家ニ入ヲントスルトキハ前條ノ規定ニ從ヒ隱居ヲ爲スコトヲ得

戸主カ隱居ヲ爲サスシテ婚姻ニ因リ他家ニ入ヲント欲スル場合ニ於テ戸籍吏《こせきり》カ其屆出ヲ受理《じゆり》シタルトキハ其戸主ハ婚姻ノ日ニ於テ隱居ヲ爲シタルモノト看做《みな》ス

本條の規定は戸主が殊《こと》に女戸主が婚姻を爲し他の家に入らんとするときは前條の規定即ち裁判所の許可を得て隱居を爲し然《しか》る後《のち》他家に入るべきものと定めたり然るに若《も》し戸主が隱居を爲さずして婚姻の上他の家に入らんと欲《ほつ》するときに戸籍吏《こせきり》たるものか其屆出を受け納《おさ》めたるときは致方なし婚姻の日に於て隱居を爲したるものと看做《みな》すと二項に定めたり是れ手續《てつゞき》の誤《あやま》りたるより婚姻を解《と》くは人情《にんじやう》に反《はん》するを以て斯くの如くになしたるなり

第七百五十五條　女戸主ハ年齢ニ拘《かゝ》ハラス隱居ヲ爲スコトヲ得
有夫ノ女戸主カ隱居ヲ爲スニハ其夫ノ同意ヲ得ルコトヲ要ス　但夫ハ正當ノ理由アルニ非サレハ其同意ヲ拒《こば》ムコトヲ得ス

本條第一項は女戸主は假令《たとへ》其年齢六十歳以下なるも隱居《いんきよ》をなすことを得ると規定せり是れ今日の慣習《くわんしふ》上男戸主は通例《つうれい》のものなればなり第二項は女戸主が隱居を爲すには夫《をつと》のあるものなれば其夫《をつと》の承知《しやうち》を入用とす其《そ》は夫に從ふと云ふ德を主とするものなれば斯《か》くは定めたるなり然れども夫は正當《せいたう》の理由《りゆう》即ち相當の譯合《わけあひ》あるにあらざれば其承諾《しやうだく》を與《あた》ふるを拒《こば》むを得ざるなりと但書に定めたり

第七百五十六條　無能力者カ隱居ヲ爲スニハ其法定代理人ノ同意ヲ得ルコトヲ要セス

本條は無能力者《むのうりよくしや》即ち二十歳以下の者等は隱居を爲すには其法定代理人乃ち後見人の承諾《しやうだく》は別段入用とせざるべしと規定したるものなり

第七百五十七條　隱居ハ隱居者及ヒ其家督相續人《かとくさうぞくにん》ヨリ之ヲ戸籍吏《こせきり》ニ屆出ツルニ因リテ其效力ヲ生《しやう》ス

本條は隱居《いんきよ》を爲すときは何れの日より隱居したるものとなるかと云ふを定めたり即ち隱居したる者及び其家督相續人《かとくさうぞくにん》たるものより戸籍吏《こせきり》に屆出つるときは其時より隱居したる

こととなるなり

第七百五十八條　隱居者ノ親族及檢事ハ隱居屆出ノ日ヨリ三ヶ月內ニ第七百五十二條又ハ第七百五十三條ノ規定ニ違反《いはん》シタル隱居ノ取消《とりけし》ヲ裁判所《さいばんしよ》ニ請求《せいきう》スルコトヲ得

女戶主カ第七百五十五條第二項ノ規定ニ違反シテ隱居ヲ爲シタルトキハ夫ハ前項ノ期間《きかん》內ニ其取消ヲ裁判所ニ請求スルコトヲ得

本條第一項の規定は隱居したる者の親族及び裁判所の檢事《けんじ》は隱居をなしたる其屆出の日より三個月の內に第七百五十二條の二個の條々又は第七百五十三條の規則に背《そむ》きたる隱居なるときは其取消を裁判所に請求《せいきう》乃《あるい》は申立つることを得るとのことなり

第二項は女戶主が第七百五十五條第二項の規定即ち夫の許可《きよか》を經《へ》ずして隱居を爲したるときは前項の期間內《きかんない》即ち三箇月內に其隱居の取消を裁判所に請求することを得るとせり

第七百五十九條　隱居者又ハ家督相續人カ詐欺《さぎ》又ハ强迫《きやうはく》ニ因リテ隱居ノ屆出ヲ爲シタルトキハ隱居者又ハ家督相續人ハ其詐欺《さぎ》ヲ發見《はつけん》シ又ハ强迫《きやうはく》ヲ免《まぬか》レタル時ヨリ一年內ニ隱居ノ取消ヲ裁判所ニ請求スルコトヲ得但追認《ついにん》ヲ爲シタルトキハ此限ニ在ラス

隱居者又ハ家督相續人カ詐欺《さぎ》ヲ發見《はつけん》セス又ハ强迫《きやうはく》ヲ免《まぬか》レサル間ハ其

親族又ハ檢事ヨリ隱居ノ取消ヲ請求スルコトヲ得但其請求ノ後隱居者又ハ家督相續人カ追認《つゐにん》ヲ爲シタルトキハ取消權ハ之ニ因リテ消滅ス

前二項ノ取消權ハ隱居屆出ノ日ヨリ十年ヲ經過《けいくわ》シタルトキハ時效《じかう》ニ因リテ消滅ス

隱居者又は家督相續人が詐欺《さぎ》にて詐られ又強迫《きやうはく》にて迫られて隱居の屆出を爲したるときは其隱居を爲したるもの又は家督相續人は其詐欺《さぎ》を發見《はつけん》したる時又は強迫を免れたる時より一年の内に其隱居は詐欺《さぎ》又は強迫《きやうはく》によりて爲したるものなれば取消あらんことを裁《さい》判所《ばんしよ》に請求することを得這は正當の事にして若し斯の如くせざるときは其弊害《へいがい》言ふ可《べ》からざらん然れども隱居したるもの又は家督相續人が追認即ち詐欺又は強迫の濟《す》みたる後《のち》に於て更《さら》に十分の考《かんが》へにて隱居することゝなしたるときは取消《とりけし》を申立つることを得ざるべし又隱居者又は家督相續人《かとくさうぞくにん》に於て詐欺《さぎ》を見出さず又強迫を免れざる内は其者より取消を求《もと》むること實際上《じつさいじやう》なし能《あた》はざれは親族又は檢事《けんじ》より屆出を爲したる隱居は正當《せいたう》にあらざれば取消《とりけし》すべきものなりとて取消を求《もと》むるを得然れども其取消請求の後《のち》に至り隱居者又は家督相續人が又追認《つゐにんすあは》乃ち之を認《みと》めたるときは取消の權利《けんり》はなくなるべし以上述《の》べれる取消の權利は何日迄《いつまで》も行《おこな》ふことを得るとせば際限《さいげん》なきを以て十年を過《す》ぎたるときは消

ゆるものなりと定め又其十年は隱居の届《とゞけ》ありたる日より算《かぞ》ふるものとなしたり

第七百六十條　隱居ノ取消前ニ家督相續人ノ債權者《さいけんしや》ト爲リタル者ハ其取消ニ因リテ戶主タル者ニ對《たい》シテ辨濟《べんさい》ノ請求ヲ爲スコトヲ得但家督相續人ニ對《たい》スル請求《せいきう》ヲ妨《さまた》ケス

債權者《さいけんしや》カ債權取得ノ當時隱居取消ノ原因《げんいん》ノ存スルヲ知リタルトキハ家督相續人ニ對シテノミ辨濟《べんさい》ノ請求《せいきう》ヲ爲スコトヲ得家督相續人カ家督相續前ヨリ負擔《ふたん》セル債務《さいむ》及ヒ其一身《しん》ニ專屬《せんぞく》スル債務ニ付キ亦同シ

一旦隱居の屆出ありて其取消を申立つる前に家督相續人に金錢又は其他の債主となりたるものは其隱居の取消ありて後戶主《のちこしゆ》となりたるものに向《むか》ふて辨濟《べんさい》即ち返却《へんきやく》の請求を爲すことを得但し其辨濟《べんさい》をなしたる戶主は家督相續人に向ふて返却《へんきやく》を求《もと》むることを得然れども債主即ち金錢を貸《か》したるもの其貸したる時隱居の屆出は詐欺《さぎ》又は强迫《きやうはく》により爲したるものなることを知《し》るに於ては其取消《とりけ》さるゝものなることを知りて金錢等を貸すものなれば固《もと》より家督相續人に向《むか》ふてのみ返却の求めを爲すは至當《したう》の道理《だうり》なり又家督相續人が家督相續を爲す以前より負擔乃《ふたんすなは》ち借《か》り居る義務《ぎむ》又自分《じぶん》一身上《しんじやう》に付き居る義務に付ても無論《むろん》同人に請求を爲すべきものなり

第七百六十一條　隱居又ハ入夫《にふふ》婚姻ニ因ル戶主權《こしゆけん》ノ喪失《そうしつ》ハ前戶主又ハ

家督相續人ヨリ前戸主ノ債權者《さいけんしや》及ヒ債務者《さいむしや》ニ其通知ヲ爲スニ非サレハ之ヲ以テ其債權者及ヒ債務者ニ對抗《たいかう》スルコトヲ得ス

隱居を爲し又は夫を貰《もら》ひし女戸主たるものが其戸主たる權利《けんり》無くなるときは前に戸主たりしもの又は家督相續人より前戸主の債權者及び債務者即ち金《かね》を借《か》り居《を》るもの等《とう》に其戸主の代《かは》りたることを知らすにあらざれば自分《じぶん》は既に戸主の地位を退《しりぞ》きたれば少しも關係《くわんけい》無《な》しとて其債權者及び債務者に故障《こしやう》を申立つることを得ざるなり若し然らざるときは其債權又は債務を免《まぬ》かれんが爲めに戸主の地位《ちゐ》を代《か》わるもの生《しやう》ずればなり

第七百六十二條　新《あらた》ニ家ヲ立テタル者ハ其家ヲ廢《はい》シテ他家ニ入ルコトヲ得

家督相續ニ因リテ戸主ト爲リタル者ハ其家ヲ廢スルコトヲ得ス但本家ノ相續又ハ再興《さいこ》其他正當《せいたう》ノ事由ニ因リ裁判所ノ許可《きよか》ヲ得タルトキハ此限ニ在ラス

第一項は新《あらた》に一家を立てたるものは其家を止《や》めて他の家に入ることを得ると規定《きてい》せり是れは新に一家を立てたるものを止《や》むるも祖先《そせん》の祭を止むると云ふこともあらざればなり第二項は家督相續により戸主《こしゆ》となりたるものは祖先の祭を存すると云ふ重大《ぢゆうだい》の義務《ぎむ》あれは勝手に廢家《はいか》を許《ゆる》さゞるなり然れども其相續し居る家が分家にして本家の相續人なき場

合又は本家が絶《た》え居るときに之を再興《さいこう》するとか其他廢家《はいか》するに正當《せいとう》の譯合《わけあひ》あるときは裁判所の許可《きよか》を得て廢家することを得るなり

第七百六十三條　戸主カ適法《てきはふ》ニ廢家シテ他家ニ入リタルトキハ其家族モ亦其家ニ入ル

一家の戸主が適法即ち法律上《はふりつじやう》の規定に從ひて廢家し他の家の相續を爲したるときは其家族も從《したが》ひて其家に入るは勿論《もちろん》の事と謂《い》ふ可《べ》し

第七百六十四條　戸主ヲ失《うしな》ヒタル家ニ家督相續人ナキトキハ絶家《ぜつか》シタルモノトシ其家族ハ各一家ヲ創立《さうりつ》ス但子ハ父ニ隨《したが》ヒ又父カ知レサルトキ、他家ニ在ルトキ若《も》クハ死亡《しばう》シタルトキハ母ニ隨ヒテ其家ニ入ル

前項ノ規定ハ第七百四十五條ノ適用ヲ妨《さまた》ケス

本條は戸主を失《うしな》ひたる家即ち戸主が死亡《しばう》するか又は外國人となりたるときに其家に家督相續人なきときは其家は絶《た》えたるものと看做《みな》し其家族は各一家を立つることゝなる然して子は父に隨《したが》ひ若《も》し又其父知れざるとき又他の家に在るとき又は死《し》したるものなるときは母に從《したが》ひ其家に入るべきものとなせり而《しか》して斯《かく》の規定は第七百四十五條の場合には矢《や》張《はり》其れに依るべきものと但書に定めたるなり

第三章　婚姻

婚姻《こんいん》とは言ふまでもなく一人の男《をとこ》と女《をんな》との結《むす》び合《あ》ひたることにして本章には其事を定めたるものにして實《じつ》に婚姻は一家の本となるべければ之を忽《ゆるかせ》にす可からざるなり

第一節　婚姻ノ成立

此節は婚姻は如何するときは成立《せいりつ》即ち出來るものかを定めたり

第一款　婚姻ノ要件《ようけん》

此款には婚姻をなすに付き其個條を定むるものなり

第七百六十五條　男ハ滿十七年女ハ滿十五年ニ至ラサレハ婚姻ヲ爲スコトヲ得ス

男は滿《まん》十七歳になり女は滿《まん》十五歳になれば婚姻を爲すことを得るとの規定なり此の年齢《ねんれい》に至《いた》れば身体《しんたい》は大分相揃《だいぶんあひそろ》ひ婚姻をなすも差支《さしつかへ》なからんと見たるを以て斯く定めたり

第七百六十六條　配偶者《はいぐうしや》アル者ハ重《かさ》子テ婚姻ヲ爲スコトヲ得ス

一旦《いつたん》婚姻の式《しき》を上け現に夫婦たるものは更《さら》に二重の婚姻を爲すことを得ずとのことにして若《も》し之を許《ゆる》すときは國の風俗《ふうぞく》を害《がい》すればなり何れの國も之を禁《きん》したるなり

第七百六十七條　女ハ前婚ノ解消《かいせう》又ハ取消ノ日ヨリ六个月ヲ經過《けいくわ》シタル後ニ非サレハ再婚《さいこん》ヲ爲スコトヲ得ス

女カ前婚ノ解消《かいせう》又ハ取消ノ前ヨリ懷胎《くわいたい》シタル場合ニ於テハ其分娩《ぶんべん》ノ日ヨリ前項ノ規定《きてい》ヲ適用セス

女か一旦婚姻を爲し再び婚姻を爲さんと欲《ほつ》するときは前の婚姻の解消《かいせう》乃ち解《と》けたる日又は取消となりたる日より六ケ月を過《す》ぎざれば婚姻を爲すことを得ずと這は或《あるひ》は前婚姻の場合に子の胎《やど》り居るやも知らざるを以てなり又第二項には女が前の婚姻の解消《かいせう》又は取消《とりけ》のある前より胎《はら》み居るときは前の心配《しんぱい》なきを以て其分娩《ぶんべん》即ち子の出産《しゆつさん》ありたる日よりは右の規則を用ゐるに及ばずとなしたり

第七百六十八條　姦通《かんつう》ニ因リテ離婚又ハ刑《けい》ノ宣告《せんこく》ヲ受ケタル者ハ相姦《さうかん》者《しや》ト婚姻ヲ爲スコトヲ得ス

姦通《かんつう》乃ち夫《をつと》ある女か他の男子と私に通したるにより離婚《りこん》又は離婚なくとも刑《けい》の宣告《せんこく》あるも處分《しよぶん》を受けたるときは其私に通じたる者と婚姻を許《ゆる》さずと本條に定めたり

第七百六十九條　直系血族《ちよくけいけつぞく》又ハ三親等内ノ傍系血族《ばうけいけつぞく》ノ間ニ於テハ婚姻ヲ爲スコトヲ得ス但養子《やうし》ト養方《やうはう》ノ傍系血族トノ間ハ此限ニ在ラス

本條は直系血族《ちよくけいけつぞく》乃ち自分より眞直に祖父の方に遡《さかのぼ》り又は子孫の方に下りたる血を分ちたる親族の間に於て及三親等内に傍系血族《ばうけいけつぞく》の間乃ち自分より父に遡《さかのぼ》り父より下りて兄弟《けいてい》姉妹に至る者即叔父母と甥姪と兄弟姉妹の間には婚姻を爲すことを禁じたり這は其血は斷

らしくして風儀《ふうぎ》を害《がい》するに至り又我國風も之を爲さゞるなり然れども養子と養家との傍《ばう》系《けい》の親族間には之を禁《きん》せず何故と云へば血《ち》を分ちたるものにあらざる故なり

第七百七十條　直系姻族ノ間ニ於テハ婚姻ヲ爲スコトヲ得ス　第七百二十九條ノ規定ニ依リ姻族關係《くわんけい》カ止《や》ミタル後亦同シ

本條は直系の姻婚乃ち婚姻により親族《しんぞく》となる者の間假令《たとひ》は母の伴《つ》れ子と婚姻により生《うま》れたる子との間には婚姻を許《ゆる》さずと定めたり又第七百二十九條の規定乃ち離婚により姻族たるべき關係か止《や》みたる後に於ても亦同樣婚姻を許さゞるなり是は實際《じつさい》姻族の關係切れたる後と雖《いへ》ども曾て父と呼《よ》び子と呼びたる者の間に婚姻を許すは不當と見たればなり

第七百七十一條　養子、其配偶者、直系卑屬又ハ其配偶者ト養親又ハ其直系尊屬トノ間ニ於テハ第七百三十條ノ規定ニ依リテ親族關係カ止ミタル後ト雖モ婚姻ヲ爲スコトヲ得ス

本條は貰《もら》ひ子又其貰《もら》ひ子の夫又は婦たる者直系卑屬即ち自分の子孫或は其子孫の夫又は婦たる者と其養《やしな》はれたる親又は其養家の祖父母等の間に於ては第七百三十條乃ち離縁により親族たる關係《くわんけい》が止《や》む後と雖《いへ》ども婚姻を爲すを許《ゆる》さずと定めたり其理由《りいう》は前條の譯《わけ》と同じければ之を略《りやく》す

第七百七十二條　子カ婚姻ヲ爲スニハ其家ニ在ル父母ノ同意ヲ得ルコ

トヲ要ス但男カ滿三十年女カ滿二十五年ニ達《たつ》シタル後ハ此限ニ在ラス

父母ノ一方《ぽう》カ知《し》レサルトキ、死亡《しぼう》シタルトキ、家ヲ去リタルトキ又ハ其意思《いし》ヲ表示《へうじ》スルコト能《あた》ハサルトキハ他ノ一方ノ同意ノミヲ以テ足《た》ル

父母共ニ知レサルトキ、死亡シタルトキ、家ヲ去リタルトキ又ハ其意思ヲ表示《へうじ》スルコト能《あた》ハサルトキハ未成年者《みせいねんしや》ハ其後見人《こうけんにん》及ヒ親族會ノ同意ヲ得ルコトヲ要ス

子が婚姻を爲すには氣儘《きまゝ》に取結《とりむす》ぶことを得ず必ず其家に居る父[illegible]の同意を得るものと第一項に定め但書は男は滿《まん》三十歳女は滿二十五歳になりたるときは父母の承諾《しやうたく》を得るに及ばずとのことなり此の歳になるときは十分の考《かんがへ》も出來《でき》る故猥《みだ》りに婚姻を爲すと想像《さうぞう》し能《あた》はざればなり第二項は父の一方《ぱう》が何處に居るか更《さら》に明《あきら》かならざるか又既《すで》に死したるとき又離婚等の事より其家を去《さ》りたるとき又は白痴《はくち》其他口言ふこと能はざるより承知《しやうち》したるとの事を言ひ現《あらわ》すこと出來されば他の一方の承知あれば其れにて十分なりとなし第三項には父母兩方共知《ふたりやうはうともし》れざるとき死したるとき其家を去りたるとき又は其の考《かんがへ》を言ひ表《あらは》すこと能《あた》はざるときは二十歳以下の者は其後見人《こうけんにん》及び親族會《しんぞくくわい》の承諾《しやうたく》を求《もと》めざるべからず

となしたり此等の規定は一家の和合を思ひてより起りたるものならん

第七百七十三條　繼父母《けいふぼ》又ハ嫡母カ子ノ婚姻ニ同意セサルトキハ子ハ親族會ノ同意ヲ得テ婚姻ヲ爲スコトヲ得

繼父母《けいふぼ》俗《ぞく》に云ふ「マヽ親」又は嫡母か其子の婚姻の同意を爲さゝるときは子は親族會の同意を求《もと》めて而して婚姻を爲すことを得と規定《きてい》したるは隨分《ずゐぶん》世間《けん》には繼子庶子に對し繼父母か故障《こしやう》を入るゝと云ふことも有るを以てならん

第七百七十四條　禁治産者《きんちさんしや》カ婚姻ヲ爲スニハ其後見人ノ同意ヲ得ルコトヲ要セス

本條の禁治産者《きんちさんしや》とは精神不確《せいしんふかく》の者か法律上より其財産《ざいさん》を支配《しはい》することを止められたるものゝことにして乃ち其者か婚姻を爲すには後見人《こうけんにん》の同意を得るに及はずと定めたるものは後見人は禁治産者に對《たい》し婚姻に付ての權利《けんり》を有するとの誤《あやまり》を防《ふせ》ぐ爲めなり

第七百七十五條　婚姻ハ之ヲ戸籍吏《こせきり》ニ届出ツルニ因リテ其效力ヲ生ス
前項ノ届出ハ當事者《たうじしや》雙方《さうはう》及ヒ成年ノ證人二人以上ヨリ口頭《こうとう》ニテ又ハ署名《しよめい》シタル書面《しよめん》ヲ以テ之ヲ爲スコトヲ要ス

第一項は婚姻を爲し夫婦《ふうふ》の關係《くわんけい》を生《しやう》ずるは何れの時より生ずるかを定む乃ち其婚姻の届を戸籍《こせき》を取扱《とりあつか》ふものになすにより茲《こゝ》に夫婦たる關係《くわんけい》を生ず而して此届は（一）當事者《たうじしや》雙方《さうはう》乃

ち婚姻を爲したる者及び（二）成年《せいねん》の証人乃ち二十歳以上のもの二人以上の証據人（三）口頭か又は署名《しよめい》したる書面乃ち自分が自分の手《て》にて自分の名を書《か》きたる書面《しよめん》を以て爲さゞるべからず故《ゆゑ》に代筆《だいひつ》又は代人《だいにん》は許《ゆる》さず其《そ》は雙方《さうはう》のものをして眞《しん》に婚姻を爲すの考《かんが》へなるか否《いな》やを確《たしか》かむる爲めなり

第七百七十六條　戸籍吏《こせきり》ハ婚姻カ第七百四十一條第一項、第七百四十四條第一項、第七百五十條第一項、第七百五十四條第一項、第七百六十五條乃至《ないし》第七百七十三條及ヒ前條第二項ノ規定其他ノ法令《はふれい》ニ違反《ゐはん》セサルコトヲ認《みと》メタル後ニ非サレハ其屆出ヲ受理《じゆり》スルコトヲ得ス

但婚姻カ第七百四十一條第一項又ハ第七百五十條第一項ノ規定ニ違反スル場合ニ於テ戸籍吏《こせきり》カ注意ヲ爲シタルニ拘《かゝ》ハラス當事者《たうじしや》カ其屆出ヲ爲サント欲《ほつ》スルトキハ此限ニ在ラス

本條は婚姻の屆出ある場合に於ての取扱《とりあつかひ》を規定したるものなり即ち戸籍吏《こせきり》は第七百四十一條第一項の場合又第七百四十四條第一項第七百五十條第一項第七百五十四條第一項第七百六十五條より第七百七十三條及《およ》び前條第二項の規定《きてい》尚は其他の法律規則《はふりつきそく》等に背《そむ》きたる屆にあらず正當《せいたう》の屆なることを認《みと》めたるにあらざれば其婚姻の屆を受け納《をさ》むべからざることを規定し但書には其屆出をなしたる婚姻《こんいん》が第七百四十一條第一項又は第七百五十

係第一項の規定《きてい》に背《そむ》きたるときに此届は規則によらざれば更《さら》に仕直《しなほ》すべしと注意《ちうい》をなし猶其れに從《したが》はず婚姻を取結《とりむす》びたる者が其届を强《し》ひて爲さんとせば戸籍吏は之を受け取るも差支《さしつかへ》なしと定めたり

第七百七十七條　外國ニ在ル日本人間ニ於テ婚姻ヲ爲サント欲スルトキハ其國ニ駐在《ちうざい》スル日本ノ公使《こうし》又ハ領事《りやうじ》ニ其届出ヲ爲スコトヲ得此場合ニ於テハ前二條ノ規定ヲ準用《じゆんよう》ス

外國に在る日本人間に於て婚姻《こんいん》を爲すときは其日本人の住《すまひ》ずる外國に駐在《ちうざい》即ち出張《しゆつちやう》する日本の公使《こうし》又は領事《りやうじ》と云ふ官吏《くわんり》に届出を爲すを得此時は如何なる規則に從ふかと云ふに尙《なほ》は前に述《の》べたる二條の規則に從ひて届出を爲すべし

第二款　婚姻ノ無效及ヒ取消

婚姻が初《はじ》めて出來居らざるものを無効《むかう》と云ひ一旦《いつたん》成立して婚姻は出來たるも後《のち》に至りて初より出來居らざる如くするを取消《とりけし》と云ふ本款《ほんくわん》は此等《これら》に付ての規定なり

第七百七十八條　婚姻ハ左ノ場合ニ限リ無效トス

一　人違《ひとちがひ》其他ノ事由ニ因リ當事者間ニ婚姻ヲ爲ス意思ナキトキ

二　當事者カ婚姻ノ届出ヲ爲サヽルトキ但其届出カ第七百七十五條第二項ニ掲《かゝ》ケタル條件《じやうけん》ヲ缺《か》クニ止《とゞ》マルトキハ婚姻ハ之カ爲

メニ其效力《かうりよく》ヲ妨《さまた》ゲラルヽコトナシ

本條は婚姻の無效《むかう》の場合を規定す乃ち其場合は第一人違甲と思ひたるに乙なる時其他脅《きやう》迫暴行《はくばうかう》により當事者の間に婚姻を爲す考なき第二當事者が婚姻の屆出を爲さゞるときの二個の場合を無效《むかう》とせり此等《これら》の場合は少しも婚姻の出來居らざるものなれば無效たるは當然《たうぜん》のことなり然れども第七百七十五條第二項の証人《しようにん》二人以上なきか又自筆《じひつ》にあらざる屆書を差出《さした》したる如きは婚姻は成立《せいりつ》するも只其手續《てつゞき》のみが誤《あやまり》なれば婚姻の效力を妨《さまた》げることなし至當《したう》の規定と謂《い》ふ可し

第七百七十九條　婚姻ハ後七條ノ規定ニ依ルニ非サレハ之ヲ取消スコトヲ得ス

婚姻を取消すには第七百八十條以下の七條に記載《きさい》したる場合にあらざれば取消すことを得ざるものなり故に取消を請求《せいきう》するには是《ぜ》非《ひ》共《と》其規定によらざるべからす

第七百八十條　第七百六十五條乃至第七百七十一條ノ規定ニ違反シタル婚姻ハ各當事者、其戸主、親族又ハ檢事《けんじ》ヨリ其取消ヲ裁判所ニ請求スルコトヲ得但檢事ハ當事者ノ一方カ死亡シタル後ハ之ヲ請求スルコトヲ得ス

第七百六十六條乃至第七百六十八條ノ規定ニ違反シタル婚姻ニ付テ

ハ當事者ノ配偶者又ハ前配偶者モ亦其取消ヲ請求スルコトヲ得

本條は第七百六十五條より第七百七十一條の七個條の規則に背《そむ》きて爲したる婚姻は各當《かくたう》事者《じしや》乃ち其夫婦《ふうふ》のもの其夫婦の家の戸主《こしゆ》及び親族又は檢事《けんじ》より取消《とりけし》の訴を裁判所に申立つることを得但し檢事《けんじ》は當事者の中の一人死したる後は取消を求《もと》むることを得ざるべし又第七百六十六條より第七百六十八條までの三個條に背《そむ》きたる婚姻の取消《とりけし》は何人か之を爲《な》すかと云ふに當事者の中の夫又は婦の一方又は前の配偶者《はいぐうしや》たりし夫又は婦が申立つることを得るなり

第七百八十一條　第七百六十五條ノ規定ニ違反シタル婚姻ハ不適齡者カ適齡ニ達シタルトキハ其取消ヲ請求スルコトヲ得ス
不適齡者ハ適齡ニ達シタル後尚ホ三个月間其婚姻ノ取消ヲ請求スルコトヲ得但適齡ニ達シタル後追認ヲ爲シタルトキハ此限ニ在ラス

本條第一項の規定《きてい》は第七百六十五條乃ち男は十七歳女は十五歳の年齡《ねんれい》に至《いた》らずしてなしたる婚姻は假令《たとへ》不都合《ふつがふ》なるも其不適齡者《ふてきれいしや》乃ち年齡《ねんれい》の來らざるものが右の年齡に達《たつ》したる時は取消を求《もと》むる事を得ざる可しとの事なり此れは不適齡者以外《いぐわい》の者に對《たい》する規定にして不適齡者は假令《たとへ》適齡《てきれい》に達《たつ》したるも尚《なほ》三月の間は其婚姻の取消を求《もと》むることを得ると爲し不適齡者には三ケ月丈《だ》けの猶豫《ゆうよ》を與《あた》へたり然れども右の年齡に達したる後に於て追《つゐ》

變更に仕《し》直《なほ》しを為すときは取消を求むるを得ざるべし

第七百八十二條　第七百六十七條ノ規定《きてい》ニ違反《ゐはん》シタル婚姻ハ前婚ノ解《かい》消若クハ取消ノ日ヨリ六个月ヲ經過《けいくわ》シ又ハ女カ再婚後懷胎《くわいたい》シタルトキハ其取消ヲ請求スルコトヲ得ス

本條は第七百六十七條に背《そむ》きたる婚姻乃ち一旦婚姻を為し更《さら》に婚姻を為さんとするときは六ヶ月を經《へ》ざるべからざるに之に因《よ》らずして為したる婚姻は其六ヶ月を過ぎ又は女か再婚《さいこん》の後懷胎《くわいたい》したるときは其取消を求むるを許《ゆる》さず是れ六百六十七條は血統《けつとう》の混《こん》ずるを防《さまた》ぐ為めに設《まう》けたるものなれども本條の如き場合は右の憂《うれひ》は存《ぞん》せざるを以てなり

第七百八十三條　第七百七十二條ノ規定ニ違反シタル婚姻ハ同意ヲ為ス權利ヲ有《いう》セシ者ヨリ其取消ヲ裁判所ニ請求《せいきう》スルコトヲ得同意カ詐《さ》欺《ぎ》又ハ強迫《きやうはく》ニ因《よ》リタルトキ亦同シ

本條は第七百七十二條の規定《きてい》即ち子か婚姻《こんいん》を為さんとするときは父母等《ふぼとう》の許《ゆるし》を得べきに其許《ゆるし》を得ずして婚姻を為すときは其同意を為す權利《けんり》を有《いう》する父母等より其取消を裁判所に請求《せいきう》することを得又其同意を表《へう》したるも其同意か詐欺《さぎ》又は強迫《きやうはく》により為されたるときは是亦其同意の取消を求《もと》め併《あは》せて婚姻の取消を求《もと》むるを得るなり

第七百八十四條　前條ノ取消權ハ左ノ場合ニ於テ消滅ス

一　同意ヲ爲ス權利ヲ有セシ者カ婚姻アリタルコトヲ知リタル後又ハ詐欺《さぎ》ヲ發見《はつけん》シ若《もし》クハ強迫《きやうはく》ヲ免《まぬか》レタル後六个月ヲ經過《けいくわ》シタルトキ
二　同意ヲ爲ス權利ヲ有セシ者カ追認《つゐにん》ヲ爲シタルトキ
三　婚姻屆出ノ日ヨリ二年ヲ經過《けいくわ》シタルトキ

本條は以上に規定したる取消《とりけし》の權利《けんり》は三個の場合に於て消滅《せうめつ》することを規定す乃ち第一同意を爲す權利を有《いう》する父母か後見《こうけい》人《にん》親族會《しんぞくくわい》か婚姻ありたることを知りたる後又は詐欺《さぎ》若《もし》くは強迫《きやうはく》を免《まぬ》かれたる後六ケ月を過《す》ぎたる場合第二同意を爲すべき者が後より認《みと》めたるとき第三婚姻屆出《とどけいで》のありたる日より二ケ年を過《す》ぎたるときの場合に於ては取消を求《もと》むるを得ず是れ婚姻は種々《しゆゞ》の事柄《ことがら》に關《くわん》するを以て成《あ》る可く速《すみや》かに確定《かくてい》を欲《ほつ》してなり

第七百八十五條　詐欺《さぎ》又ハ強迫《きやうはく》ニ因リテ婚姻ヲ爲シタル者ハ其婚姻ノ取消ヲ裁判所ニ請求《せいきう》スルコトヲ得
前項ノ取消權《とりけしけん》ハ當事者カ詐欺《さぎ》ヲ發見《はつけん》シ若《もし》クハ強迫ヲ免レタル後三个月ヲ經過《けいくわ》シ又ハ追認《つゐにん》ヲ爲シタルトキハ消滅《せうめつ》ス

婚姻の求《もと》めを詐欺《さぎ》假令《たとへ》ば一方は品行方正《ひんかうはうせい》或は高等教育《かうとうけういく》あるものと信《しん》じたるに然らざるとき其強迫　令ば余と婚姻を爲さゞれば殺《ころ》すとかにより婚姻をなしたるときは其婚姻の取消を裁判所に求むるを得而《しかう》して此の取消の權利《けんり》は當事者《とうじんしや》が詐欺《さぎ》を發見《はつけん》し又は強迫を免《まぬか》れ

たる後に於て三ケ月を經《へ》るか又は追認《つゐにん》を爲したるときは消滅《せうめつ》するなり

第七百八十六條　婿養子《むこやうし》縁組ノ場合ニ於テハ各當事者ハ縁組ノ無效又ハ取消ヲ理由トシテ婚姻ノ取消ヲ裁判所ニ請求スルコトヲ得但縁組ノ無效又ハ取消ノ請求ニ附帶《ふたい》シテ婚姻ノ取消ヲ請求スルコトヲ妨ケス

前項ノ取消權ハ當事者カ縁組ノ無效ナルコト又ハ其取消アリタルコトヲ知リタル後三个月ヲ經過《けいくわ》シ又ハ其取消權ヲ拋棄《はうき》シタルトキハ消滅ス

婿養子《むこやうし》の縁組の場合に於ては其婿養子及び養家《やうか》の親《おや》は其縁組は無効なり取消なりとの理《り》由《ゆう》を申立て裁判所に取消を求《もと》むることを得る又其養子縁組の訴に付帶して共に婚姻の取消も申立つることを得而して此取消すことを得る權利《けんり》は當事者《とうじしや》たる養子養父母が縁組は無效《むかう》なること又は取消のありたるを知りたる後三ケ月を過《す》ぎたるか又は其取消の權を拋《はう》棄《き》乃ち捨《す》てたるときは消滅《せうめつ》し更《さら》に取消を求《もと》めんとするも能《あた》はず

第七百八十七條　婚姻ノ取消ハ其效力ヲ既往《きわう》ニ及ホサス

婚姻ノ當時其取消ノ原因《げんいん》ノ存《そん》スルコトヲ知ラサリシ當事者カ婚姻ニ因リテ財産《ざいさん》ヲ得タルトキハ現《げん》ニ利益《りえき》ヲ受クル限度ニ於テ其返還《へんくわい》ヲ爲

スコトヲ要ス

婚姻ノ當時其取消ノ原因ノ存スルコトヲ知リタル當事者ハ婚姻ニ因リテ得タル利益《りえき》ノ全部《ぜんぶ》ヲ返還《へんくわん》スルコトヲ要ス尙《なほ》ホ相手方カ善意ナリシトキハ之ニ對シテ損害賠償《そんがいばいしやう》ノ責《せめ》ニ任《にん》ス

第一項は婚姻の取消わるときに其結果《けつくわ》は如何なるかを規定す乃ち其効力は既往《きわう》に遡《さかのぼ》らざることゝせり故に一旦《いつたん》婚姻を爲したるも其の條々の揃《そろ》はざる爲め取消となるときは其間に出來たる子に付ても又親に付ても取消前の婚姻は矢張《やはり》有効《いうかう》とするなり又第二項は婚姻を爲したる時に夫なり婦が取消の原因《げんいん》の有ることを知らざりしが其婚姻により財産《さいさん》を得たるか其婚姻は取消されたるとき即ち夫婦の關係《くわんけい》なくなるときは其得たる財産は現在利《げんざいり》益《えき》のありし分丈《ぶんだ》け返還《へんくわん》すれば事足るべし

又婚姻の時其婚姻は後日《ごじつ》取消さるゝことを豫《あらかじ》め知りゝ婚姻を爲したるときは所謂惡意《いはゆるあくい》ある婚姻者にして此場合には婚姻ありたるために得たる利益《りえき》の總《すべ》てを返還《へんくわん》せざるべからず尙《なほ》は相手方《あひてかた》即ち一方のものか善意にして取消の原因《げんいん》を知らざるときは其者に損害《そんがい》あれば其れも賠償《ばいしやう》乃ち支拂《しはら》はざるべからず

第二節　婚姻ノ效力

本節には婚姻の成立ときは如何なることが出來るかを規定す乃ち婚姻の効力の事なり

第七百八十八條　妻ハ婚姻ニ因リテ夫ノ家ニ入ル

入夫及ヒ婿養子ハ妻ノ家ニ入ル

第一項には婚姻をなすときは妻《つま》は其夫たる者の家に入ると規定《きてい》し第二項には入夫即ち女戸主の夫となりたる者又婿養子《むこやうし》乃ち女ある家に婿となりて養子となりたるものは妻の家に入ると爲したるを以て其家の氏《うぢ》を稱《しやう》し又其家に屬《ぞく》する身分《みぶん》等を受くることになるべし

第七百八十九條　妻ハ夫ト同居スル義務《ぎむ》ヲ負《お》フ

夫ハ妻ヲシテ同居ヲ爲サシムルコトヲ要ス

既《すで》に婚姻を爲し夫となり妻となるときは妻は夫と同居をなし又夫は妻と同居せざるべからずと爲したれば若《も》し妻にして夫と同居を好《この》まざるときは強《しひ》て同居せしめ若し逃亡等《とうばうとう》を爲すときは之を引立《ひきた》て夫の居所に至《いた》らしむるを得べし

第七百九十條　夫婦ハ互《たがひ》ニ扶養《ふやう》ヲ爲ス義務《ぎむ》ヲ負《お》フ

本條は夫婦は互《たがひ》に扶養《ふやう》乃ち助け相養ふべきものなることを定む這は實に當然《たうぜん》の事にして然らざるときは一家を組み立つるを得ざればなり

第七百九十一條　妻カ未成年者《みせいねんしや》ナルトキハ成年ノ夫ハ其後見人行《おこな》フ

妻か二十歳未滿のものなるときは二十歳以上の夫は其妻の後見人となるなり

第七百九十二條　夫婦間ニ於テ契約《けいやく》ヲ爲シタルトキハ其契約ハ婚姻中何時ニテモ夫婦ノ一方ヨリ之ヲ取消スコトヲ得但第三者ノ權利ヲ害スルコトヲ得ス

本條《ほんでう》は夫婦の間に於て爲したる契約《けいやく》即ち一方の物を買《か》ふとか或は賣《う》るとかの約束《やくそく》をするか物を一方の者に與《あた》ふるの約束を爲したるときは婚姻中は何時《なんどき》にても夫婦の一方より取消すことを得何故と云ふに夫婦は其愛情《あいじやう》に溺《おぼ》れ知らざる間に不當の約束を爲すに至《いた》ればなり然《しか》れども其取消を爲すに於て第三者乃ち其夫婦《ふうふ》中の一方が夫婦間に於て爲したる約《やく》束《そく》の事柄《ことがら》に付て他の人と約束を爲したるときは損害《そんがい》を及ぼすことあるを以て此の場合には取消を行《おこな》ふことを得ざるなり

第三節　夫婦財產制

人は生活《せいくわつ》の動物《どうぶつ》なれば多少の金錢物件《ぶつけん》を要す故に今婚姻を爲さんと欲するものが多少の財產《ざいさん》を所有するときは其婚姻を爲す前《まへ》に於て何とか之れが處置を付くるの必要あり是れ本節を設《まう》けたる所以なり

第一款　總則

本款には夫婦財產制《ざいさんせい》に通じて用ゐらるゝ規則《きそく》を定めたり

第七百九十三條　夫婦カ婚姻ノ屆出前ニ其財產ニ付キ別段ノ契約ヲ爲サヽリシトキハ其財產關係ハ次款ニ定ムル所ニ依ル

本條には夫婦が婚姻《こんいん》を爲し其屆出を爲す以前《いぜん》に各が所有する財產に付別段《べつだん》の契約《けいやく》則ち何等の契約《けいやく》をも爲さゞるときは其財產の關係《くわんけい》は次ぎの款に定めたる所に從《したが》はざるべからずと定めり

第七百九十四條　夫婦《ふうふ》カ法定財產制《はふていざいさんせい》ニ異《こと》ナリタル契約ヲ爲シタルトキハ婚姻ノ屆出マテニ其登記《とうき》ヲ爲スニ非サレハ之ヲ以テ夫婦ノ承繼人《しやうけいにん》及ヒ第三者ニ對抗《たいかう》スルコトヲ得ス

夫婦が法定財產制《はふていざいさんせい》乃ち本節の規則に異《ことな》りたる契約を爲したる場合には婚姻を屆出づる前に其契約を登記《とうき》し以て世間《せけん》に公示《こうし》するにあらざれば其夫婦の承繼人《しやうけいにん》卽ち相續人其他債主等及び第三者に對抗《たいかう》して以て其夫婦間の契約《けいやく》を主張《しゆちやう》するを得ず其《そ》は夫婦間には如何なる約束《やくそく》も自由自在《じゆうじざい》たればなり

第七百九十五條　外國人カ夫ノ本國ノ法定財產制《はふていざいさんせい》ニ異リタル契約ヲ爲シタル場合ニ於テ婚姻ノ後《のち》日本ノ國籍《こくせき》ヲ取得シ又ハ日本ニ住所《ぢうしよ》ヲ定メタルトキハ一年內ニ其契約《けいやく》ヲ登記《とうき》スルニ非サレハ日本ニ於テハ之ヲ以テ夫婦ノ承繼人《しやうけいにん》及ヒ第三者ニ對抗《たいかう》スルコトヲ得ス

本條は日本の戸籍《こせき》を有する外國人又は日本に住所《ぢうしよ》を有する外國人の夫婦財產制に關《くわん》する規定なり乃ち外國人が夫の本國の法律《はふりつ》に定めたる財產制に異《こと》なりたる契約《けいやく》を爲し而して婚姻の後日本の戸籍《こせき》を得乃ち日本人となり又は日本に住所《ぢうしよ》を定めたるときは一ケ年の內に其夫婦間に爲したる契約を登記《とうき》せざるときは日本に於ては其夫婦《ふうふ》中一人の承繼人《しやういにん》又は第三者に對《たい》して主張《しゆちやう》するを得ざるなり

第七百九十六條　夫婦ノ財產關係ハ婚姻屆出ノ後ハ之ヲ變更《へんかう》スルコトヲ得ス

夫婦ノ一方カ他ノ一方ノ財產ヲ管理《くわんり》スル塲合ニ於テ管理ノ失當《しつたう》ニ因リ其財產ヲ危《あやふ》クシタルトキハ他ノ一方ハ自《みづか》ラ其管理ヲ爲サンコトヲ裁判所ニ請求スルコトヲ得

共有財產《きようゆうざいさん》ニ付テハ前項ノ請求ト共ニ其分割《ぶんかつ》ヲ請求スルコトヲ得

夫婦間に財產《ざいさん》の契約《けいやく》を爲したるときは婚姻屆出の後は變更《へんかう》することを得ずと第一項に定《さだ》めたるは蓋《けだ》し婚姻後に於ては一は夫の權利《けんり》一は愛情《あいちやう》の爲めに變《へん》することあるによる

第二項は夫婦中の一方が他の一方の財產《ざいさん》を支配《しはい》する塲合に於て其支配の不都合より其財產を危《あや》ふからしむるときは他の一方即ち支配せざるものは自《みづか》ら之を支配せんとの申立を裁判所に請求するを得るとし第三項には共有財產《きようゆうざいさん》乃ち夫婦が共に所有する物に付ては分《ぶん》

割《かつ》を申立つるを得以て自己《じこ》の利益《りえき》の保護《ほご》を許《ゆる》したるなり

第七百九十七條　前條ノ規定又ハ契約《けいやく》ノ結果《けつくわ》ニ依リ管理者《くわんりしや》ヲ變更《へんかう》シ又ハ共有財産《きようゆうざいさん》ノ分割ヲ爲シタルトキハ其登記《とうき》ヲ爲スニ非サレハ之ヲ以テ夫婦ノ承繼人《しようけいにん》及ヒ第三者ニ對抗《たいかう》スルコトヲ得ス

前條の規則に從《したが》ひ管理者《くわんりしや》を代《か》ゆるか又は管理者を代ゆる契約《けいやく》を爲し又は共有財産の分割を爲したるときは其代りたる管理者《くわんりしや》又は分《わか》ちたる部分《ぶぶん》に付之れが登記《とうき》を爲さゞるときは夫婦の相續人《さうぞくにん》及び其他の者に手向《てむか》ふことを得ざるべし

第二款　法定財産制

本款の法定財産制とは夫婦が各所有《かくしよいう》する財産を如何にして管理《くわんり》するか若《も》し其管理方法を契約《けいやく》せざるときは法律《はうりつ》に於て之れが規定をなし置《お》かざるべからず乃ち法律上《はふりつじやう》に定めたる財産制度《ざいさんせいど》と謂《い》ふことゝなり以下の各條により其如何なるものかを知るを得可し

第七百九十八條　夫《をつと》ハ婚姻ヨリ生《しやう》スル一切《きい》ノ費用《ひよう》ヲ負擔《ふたん》ス但妻カ戸主タルトキハ妻之レヲ負擔ス

前項ノ規定ハ第七百九十條及ヒ第八章ノ規定ノ適用ヲ妨ケス

本條は婚姻《こんいん》を爲し其より出來る一切の費用《ひよう》は夫か引受くるものとなしたり然るに妻か若《も》し戸主たるときは其之を引受《ひきう》くることゝなしたり是れ戸主《こしゆ》たるものが一切の財産を所有《しよいう》

ずるを以てならん而して此の規則《きそく》は第七百九十條乃ち夫婦は互《たがひ》に相助《あひたす》け合の義務《ぎむ》及び第八章の規則は別段《べつだん》にして若《も》し夫が貧困《ひんこん》に陥《おちい》りたる時は妻は之を助けざるべからず

第七百九十九條　夫又ハ女戸主ハ用方ニ從ヒ其配偶者ノ財産ノ使用及ヒ收益《しうえき》ヲ為ス權利ヲ有ス

夫又ハ女戸主ハ其配偶者ノ財産ノ果實《くわじつ》中ヨリ其債務《さいむ》ノ利息《りそく》ヲ拂《はら》フコトヲ要ス

夫又は女戸主は其配偶者《はいぐうしや》の財産の用方即ち乘馬《じやうば》なれば乘馬に用ゐる如くに其一方の財産を使用《しよう》し尚《なほ》は其上に收益《しうえき》即ち利益《りえき》の上ぐるものなれば利益を上ぐる權利を有す又夫若《も》しくは女戸主は其一方のものゝ財産の果實《くわじつ》中即ち家屋《かおく》なれば其家賃《やちん》の中より借錢《しやくせん》あれば其利息を支拂《しはら》ふべきものなり

第八百條　第五百九十五條及ヒ第五百九十八條ノ規定ハ前條ノ場合ニ之ヲ準用《じゆんよう》ス

本條には第五百九十五條即ち借主なるものは其借《か》りたる物に付是非《ぜひ》共通例《ともつうれい》其物に入る費用に對《たい》し之を支拂《しはら》ふべきものなること又第五百九十八條即ち物《もの》を借《か》るときは其物を原《もと》の通りに復《ふく》して返却《へんきやく》すべきこと等の規則は前條に之を用ゐるとのことを規定したるものなり

第八百一條　夫ハ妻ノ財産ヲ管理ス

夫カ妻ノ財産ヲ管理スルコト能《あた》ハサルトキハ妻自ラ之ヲ管理ス

第一項は夫は其妻の所有する物に付支配《しはい》するものなるを規定す第二項は夫が狂氣者《きやうきしや》となりたるときの規定にして乃《すなは》ち此の場合は妻が夫に代《かは》りて其財産を管理《くわんり》することゝなしたるなり然らざれば其財産《ざいさん》は荒破《くわうは》するに至《いた》るべきなり

第八百二條　夫カ妻ノ爲メニ借財ヲ爲シ、妻ノ財産ヲ讓渡《ゆづりわた》シ、之ヲ擔《たん》保《ほ》ニ供《きよう》シ又ハ第六百二條ノ期間《きかん》ヲ超《こ》エテ其賃貸ヲ爲スニハ妻ノ承諾ヲ得ルコトヲ要ス但管理ノ目的ヲ以テ果實ヲ處分スルハ此限ニ在ラス

夫は其妻に對《たい》し重大《ぢゆうだい》なる權利《けんり》の有るにもせよ本條《ほんでう》に規定する妻の爲めに金を借り又は妻の財産を賣却《ばいきやく》し又は抵當《ていたう》に差入るゝか又は第六百二條の期間乃ち十年五年の如《ごと》き月日を過《す》ぎ其財産を貸渡《かしわた》す如き場合には妻の承諾《しやうだく》なからざればなし能《あた》はざるべし是は事重大なるを以《もつ》てならん故に只財産を支配《しはい》するの目的《もくてき》にて其果實《くわじつ》乃ち上り高《あがりだか》を賣却するは此を許《ゆる》すと但書《たゞしがき》に規定《きてい》したるなり

第八百三條　夫カ妻ノ財産ヲ管理スル場合ニ於テ必要アリト認《みと》ムルトキハ裁判所ハ妻ノ請求ニ因リ夫ヲシテ其財産ノ管理及ヒ返還《へんくわん》ニ付キ

相當ノ擔保《たんぽ》ヲ供《きよう》セシムルコトヲ得

夫が妻の財産を管理するに付妻の財産を危《あやふ》くすること往々《わう〳〵》あるを以て裁判所は妻の求めにより其の求か正當《せいたう》と認《みと》むるときは夫をして其財産の管理及び返還に付後日《ごにち》損害《そんがい》を償《つぐな》ふに足《た》る丈《だ》けの擔保《たんぽ》即ち引當を差出さしむるものなり

第八百四條　日常ノ家事ニ付テハ妻ハ夫ノ代理人ト看做《みな》ス

夫ハ前項ノ代理權ノ全部又ハ一部ヲ否認《ひにん》スルコトヲ得但之ヲ以テ善意ノ第三者ニ對抗スルコトヲ得ス

第一項は日々の家に起《おこ》る事柄《ことがら》に付妻は夫の代理人と看做《みな》したれば婦の爲したる行ひは夫自身が爲したると同一の事となる然《しか》れども妻は十分の智識《ちしき》を供ふるもの少きは今日實際《じつさい》の有樣なれば夫は右の代理《だいり》の權利《けんり》の全部又は一部を認《みと》めすして取消すことを得と第二項に規定せり然れども其取消を以て何事も知らずして爲したる第三者を害《がい》するを得ずとし但書を以て第三者を保護《ほご》したるなり

第八百五條　夫カ妻ノ財産ヲ管理シ又ハ妻カ夫ノ代理ヲ爲ス場合ニ於テハ自已《じこ》ノ爲メニスルト同一ノ注意ヲ爲スコトヲ要ス

本條は夫が妻の財産を管理《くわんり》し又妻が夫の代理《だいり》を爲すときに於ての注意《ちうい》を規定したるものにして即ち其注意は自已《じこ》の爲めに管理《くわんり》をするを同一の注意を入用とすとなせり

第八百六條　第六百五十四條及ヒ第六百五十五條ノ規定《きてい》ハ夫カ妻ノ財産ヲ管理シ又ハ妻カ夫ノ代理ヲ爲ス場合ニ之ヲ準用ス

第六百五十四條及び第六百五十五條の規則は代理人《だいりにん》の時に用《もち》ゐる規則にして此規則は夫か妻の財産《ざいさん》を管理《くわんり》し又妻が夫の代理を為す場合《ばあひ》にも之を準《じゆん》じ用ゐるなり

第八百七條　妻又ハ入夫ノ婚姻前ヨリ有セル財産及ヒ婚姻中自己ノ名ニ於テ得タル財産ハ其特有《とくいう》財産トス

夫婦ノ孰《いづ》レニ屬《ぞく》スルカ分明ナラサル財産ハ夫又ハ女戸主ノ財産ト推《すゐ》定《てい》ス

妻又は他より入り來りたる夫が婚姻《こんいん》を爲す以前より有する財産《ざいさん》及び婚姻中即ち婚姻加わりたる以來《いらい》自分の名義《めいぎ》にて得たる財産は特有《とくいう》財産乃ち自分が特別に所有とするものなりと第一項に定め第二項は夫婦の孰《いづ》れの物となるか否《いな》や明《あきら》かならざる財産は夫又は女戸主《こしゆ》たるものゝ所有とすと定めたり至當《したう》の規定と謂《い》ふ可《べ》し

第四節　離《り》婚《こん》

此の節《せつ》には離婚《りこん》即ち縁切《えんきり》の事を規定せるか離婚は許《ゆる》すべきものなるか否《いな》やは隨分喧《ずいぶんやかま》しき議論《ぎろん》あれども許《ゆる》す方を可とし茲《こゝ》に規定せり

第一款　協議《けふぎ》上《じやう》ノ離婚

協議上《けふぎじやう》の離婚とは相談《さうだん》を遂《と》げたる上夫婦が相分かるゝことなり

第八百八條　夫婦ハ其協議ヲ以テ離婚ヲ爲スコトヲ得

本條は夫婦は其協議《けふぎ》相談《さうだん》の上離婚《りこん》することを得ると規定せり

第八百九條　滿《まん》二十五年ニ達《たつ》セサル者カ協議上《けふぎじやう》ノ離婚ヲ爲スニハ第七百七十二條及ヒ第七百七十三條ノ規定ニ依リ其婚姻ニ付キ同意ヲ爲ス權利ヲ有スル者ノ同意ヲ得ルコトヲ要ス

滿二十五年に至《いた》らざるものが相談《さうだん》の上離婚を爲さんとするときは第七百七十二條及び第七百七十三條の規則《きそく》に從《したが》ひ父母又は親族會は其婚姻に付同意を爲すの權利を有するに付其者の承諾《しやうだく》を得然して離婚をなさゞるべからず是れ此年齢迄《ねんれいまで》のものは其精神《せいしん》十分と云ふことを得ざれば父母等の同意《どうい》を得猥《みだ》りに離婚を爲すことを防《ふせ》ぎたるなり

第八百十條　第七百七十四條及ヒ第七百七十五條ノ規定ハ協議上ノ離婚ニ之ヲ準用《じゆんよう》ス

本條に第七百七十四條及び第七百七十五條は離婚《りこん》の場合に準《じゆん》じ用《もち》ゐると規定せるを以て即ち禁治産者《きんぢさんしや》が離婚を爲すには後見人の同意も入用とせず又離婚は戸籍《こせき》吏たる村長《そんちやう》に屆出づるに付夫婦の關係《くわんけい》はなくなり而して其屆出は二十年以上の證人《しようにん》に尙夫婦のせのゝ自筆《ひつ》か或は無筆《むひつ》なるときは口頭《こうとう》に爲さゝるべからざるなり

第八百十一條　戸籍吏ハ離婚カ第七百七十五條第二項及ヒ第八百九條ノ規定其他ノ法令ニ違反セサルコトヲ認メタル後ニ非サレハ其屆出ヲ受理スルコトヲ得ス

戸籍吏カ前項ノ規定ニ違反シテ屆出ヲ受理シタルトキト雖モ離婚ハ之カ爲メニ其效力ヲ妨ケラルルコトナシ

戸籍吏《こせきり》は離婚が第七百七十五條第二項及び第八百九條の規則《きそく》尚其外の法律には背《そむ》かざるものと認《みと》めたるに非《あら》ざれば離婚の屆出を受け取る可からずと第一項に規定を爲《な》し又若し戸籍吏が過《あやま》ちて前段述《の》べたる規則に背《そむ》き離婚の屆を受け取りたるときと雖《いへ》ども一且其屆出を受取りたるときは離婚《りこん》は出來《でき》ざるものなきことゝなしたり若し離婚が詐欺《さぎ》又は強迫《きやうはく》によりて離婚をなしたるときは又之れを取消《とりけ》すことをも得べし

第八百十二條　協議上ノ離婚ヲ爲シタル者カ其協議ヲ以テ子ノ監護《かんご》ヲ爲スヘキ者ヲ定メサリシトキハ其監護ハ父ニ屬《ぞく》ス

父カ離婚ニ因リテ婚家ヲ去リタル場合ニ於テハ子ノ監護ハ母ニ屬ス

前二項ノ規定ハ監護ノ範圍《はんゐ》外《ぐわい》ニ於テ父母ノ權利義務ニ變更《へんかう》ヲ生スルコトナシ

本條は協議上の離婚を爲す時其子の監護《かんご》に付協議を爲さゞるときは其監護は父に爲すべ

きものと第一項に定め若《も》し父《ちゝ》が離婚によりて婚家を去りたる場合には子の監護《かんご》は母に屬《ぞく》すと第二項に規定したるも此の規定は監護《かんご》のみに關《くわん》したるものにして父母たる權利及び義務《ぎむ》には何等の變更《へんかう》を及ぼさゞるものと第三項に定めたり

第二款　裁判上ノ離婚

裁判上の離婚とは或る原因《げんいん》により裁判に請求《せいきう》して離婚を爲すものにして離婚の中の第二となるものなり

第八百十三條　夫婦ノ一方ハ左ノ場合ニ限リ離婚ノ訴《うつたへ》ヲ提起《ていき》スルコトヲ得

一　配偶者《はいぐうしや》カ重婚《ぢうこん》ヲ爲シタルトキ
二　妻ガ姦通《かんつう》ヲ爲シタルトキ
三　夫カ姦淫罪《かんいんざい》ニ因リテ刑《けい》ニ處セラレタルトキ
四　配偶者《はいぐうしや》ガ僞造、賄賂、猥褻、竊盜、强盜、詐欺取財、受寄財物消費、贓物ニ關《くわん》スル罪若クハ刑法《けいはふ》第百七十五條第二百六十條ニ揭《かい》ゲタル罪ニ因リテ輕罪《けいざい》以上ノ刑ニ處セラレ又ハ其他ノ罪ニ因リテ重禁錮三年以上ノ刑ニ處セラレタルトキ
五　配偶者ヨリ同居ニ堪《た》ヘサル虐待《ぎやくたい》又ハ重大ナル侮辱《ぶじよく》ヲ受ケタ

六　配偶者ヨリ惡意ヲ以テ遺棄《ゐき》セラレタルトキ

七　配偶者ノ直系尊屬《ちよくけいそんぞく》ヨリ虐待又ハ重大ナル侮辱ヲ受ケタルトキ

八　配偶者カ自己ノ直系尊屬ニ對シテ虐待《ぎやくたい》ヲ爲シ又ハ之ニ重大ナル侮辱《ぶじよく》ヲ加ヘタルトキ

九　配偶者ノ生死《しやうし》カ三年以上分明ナラサルトキ

十　婿養子《むこやうし》縁組ノ場合ニ於テ離縁アリタルトキ又ハ養子カ家女ト婚姻ヲ爲シタル場合ニ於テ離縁若クハ縁組ノ取消アリタルトキ

本條は裁判上の離婚《りこん》の原因《げんゐん》を規定す乃ち(一)配偶者が重婚即ち一旦婚姻を爲し其婚姻未《いま》だ解《と》けざるに更《さら》に他の男女と婚姻をなしたるとき(二)妻が本夫以外の男子と姦通《かんつう》をなしたるとき(三)夫が姦淫罪《かんいんざい》乃ち他の女を強姦《がうかん》したるか或は有夫の婦と私通したる罪に因りて刑に處せられたるとき(四)夫婦の中の一人が重禁錮《ぢゆうきんこ》三ケ年以上の刑を受けたるとき(五)夫婦の中一人が同居するを得ざる程《ほど》の虐待《ぎやくたい》乃ち酷しく苦役せらるゝか又は甚《はなはだ》しき侮辱乃ち恥かしめを受けたるとき(六)夫婦の一方より惡意《あくい》を以て遺棄《ゐき》せられたるとき假令《たとへ》ば夫が婦を故と打捨《うちす》て他行し數年養料を送《おく》らずして歸宅《きたく》せざる如き場合(七)配偶者の一方の直系尊屬乃ち

父母祖父曾祖父等より虐待甚しき取扱《とりあつかひ》を受け又は重大なる侮辱を受けたるとき(八)配偶者が自分の父母及祖父母に向《むか》ふて虐待又は重大なる侮辱を爲したる時(九)配偶者の生活《せいくわつ》し居るか死《し》したるか三年間以上も明かならざるとき此場合に尚《なほ》は離婚を許《ゆる》さゞるは酷に過ぐるを以てなり(十)婿養子《むこやうし》縁組のときに於て離縁ありたるとき又養子か養家の女と婚姻を爲したる場合に離縁《りえん》又は縁組の取消《とりけし》ありたるときに離婚を許《ゆる》すことゝなしたり

第八十四條　前條第一號乃至第四號ノ場合ニ於テ夫婦ノ一方カ他ノ一方ノ行爲《かうゐ》ニ同意シタルトキハ離婚ノ訴《うつたへ》ヲ提起《ていき》スルコトヲ得ス

前條第一號乃至第七號ノ場合ニ於テ夫婦ノ一方カ他ノ一方又ハ其直系尊屬ノ行爲ヲ宥恕《いうぢよ》シタルトキ亦同シ

本條は前條記載《きさい》の原因《げんいん》あると雖《いへ》ども離婚の訴《うつたへ》を起《おこ》すことを得ざる場合を規定す則ち前條第一號より第四號の場合に於て夫婦の一方が他の一方の爲したる行《おこなひ》に同意《どうい》したる場合と又第一號より第七號の場合に於て夫婦の一人が他の一人又は其祖父母《そふぼ》及父母等の行を宥《いう》恕《ぢよ》乃ち免《ゆる》したるときとの二個の場合なり

第八百十五條　第八百十三條第四號ニ掲《かゝ》ケタル處刑《しよけい》ノ宣告《せんこく》ヲ受ケタル者ハ其配偶者ニ同一ノ事由《じいう》アルコトヲ理由《りいう》トシテ離婚ノ訴ヲ提起スルコトヲ得ス

第八百十三條第四號乃ち重禁錮三ヶ年以上の刑《けい》を受けたる者は其一方の夫又は婦にも同じ離婚の理由《りゆう》あるとて離婚の訴《うつたへ》を起《おこ》すことを得ずとなり

第八百十六條　第八百十三條第一號乃至第八號ノ事由ニ因ル離婚ノ訴ハ之ヲ提起スル權利ヲ有スル者カ離婚ノ原因《げんいん》タル事實ヲ知リタル時ヨリ一年ヲ經過《けいくわ》シタル後ハ之ヲ提起スルコトヲ得ス其事實發生《はつせい》ノ時ヨリ十年ヲ經過シタル後亦同シ

本條は離婚の訴を起すべき期限《きげん》を規定す乃ち第八百十三條第一號より第八號の間に記載《きさい》したる事項による離婚の訴は提起すべき權利《けんり》を有《いう》する者が其離婚の原因《げんいん》たることを知りたる時より一年を過《す》ぎたるときは其訴の權利を失《うしな》ひ又其事實《じじつ》が生《しやう》じたる時より十年を過《す》ぎたるときは同じく其離婚の訴を起す權利を失ふなり

第八百十七條　第八百十三條第九號ノ事由ニ因ル離婚ノ訴ハ配偶者ノ生死《しやうし》カ分明《ぶんめい》ト爲リタル後ハ之ヲ提起《ていき》スルコトヲ得ス

本條の規定は第八百十三條第九號の事由《じゆう》による離婚《りこん》の訴は配偶者《はいぐうしや》の生《い》きて居《ゐ》るか既《すで》に死《し》したるかの明《あきら》かになりたるときは離婚の訴《うつたへ》を起《おこ》すことを得ざるなりと定《さだ》む

第八百十八條　第八百十三條第十號ノ場合ニ於テ離緣又ハ緣組取消ノ請求アリタル トキハ之ニ附帶シテ離婚ノ請求ヲ爲スコトヲ得

第八百十三條第十號ノ事由ニ因ル離婚ノ訴ハ當事者カ離縁又ハ縁組ノ取消アリタルコトヲ知リタル後三个月ヲ經過《けいくわ》シ又ハ離婚請求ノ權利ヲ拋棄《はうき》シタルトキハ之レヲ提起《ていき》スルコトヲ得ス

第八百十三條第十號の場合《ばあい》に於て養子縁組の離縁あるか又は縁組取消の請求《せいきう》ありたるときは離婚の訴《うつたへ》は其れに付て共に申立つるを得るも第一項に記載《きさい》を爲し第二項に第八百十三條第十號の場合に於ける訴は夫婦《ふうふ》の者が養子《やうし》の離縁又は養子縁組の取消ありたることを知りたる後三ケ月を過《す》ぎたるか又は離婚請求の權利を拋棄《はうき》則ち捨《す》つるときは最早《もはや》離婚の訴を起すことを得ざる可しと第二項に定めたり

第八百十九條　第八百十二條ノ規定ハ裁判上ノ離婚ニ之ヲ準用ス但裁判所ハ子ノ利益ノ爲メ其監護ニ付キ之ニ異ナリタル處分ヲ命スルコトヲ得

本條には裁判上の離婚に付ても尚《な》は第八百十二條の規則を準《じゆん》じ用ゆと規定《きてい》したるを以て則ち裁判上の離婚《りこん》ある當時《たうじ》子の監護に對《たい》し別段何等の協議を爲さゞるときは父又は母の一方之を爲さゞるべからず然れども裁判上《さいばんじやう》の離婚起《おこ》る場合は常に夫婦の間に於て和合《わがふ》を欠《か》くは實際《じつさい》の有樣なるを以て第八百十二條に準《じゆん》じ子の監護《かんご》を夫婦の一方に任《まか》ますときは却《かへつ》て子の不利益たると信《しん》じたるときは之れに異《こと》なりたる監護《かんご》方法《はふはう》を命《めい》ずと定めたり

第四章　親子

本章には親子《おやこ》の關係《くわんけい》を規定す卽ち第一節には實子《じつし》のこと第二節には養子のことを揭げたり各條により其詳細《しやうさい》を知る可し

第一節　實子《じつし》

本節の實子とは正式《せいしき》の婚姻を爲したる男女の間に擧《あ》げたる子及び父の知《し》れざる子れざる子等の事にして本節は此事に付ての規則《きそく》を定むるものなり

第一款　嫡出子

嫡出子《ちやくしゆつし》とは正當《せいたう》の式《しき》即ち法律上に定めたる規則に從ひ婚姻を遂《と》げたる男女の間に生《う》みたる子にして本款には如何《いか》なる者か嫡出子《ちやくしゆつし》なるかと規定す

第八百二十條　妻カ婚姻中ニ懷胎《くわいたい》シタル子ハ夫ノ子ト推定《すゐてい》ス
婚姻成立《せいりつ》ノ日ヨリ二百日後又ハ婚姻ノ解消《かいせう》若《も》クハ取消ノ日ヨリ三百日內ニ生《うま》レタル子ハ婚姻中ニ懷胎《くわいたい》シタルモノト推定ス

第一項は妻が婚姻中即ち婚姻を爲したる後に懷胎《くわいたい》したる子は其夫の子と推定《すゐてい》即ち推測《すゐそく》して極《きは》め置くとの規定なり故に妻の生《う》みたる子は婚姻前《ぜん》より胎《はら》み居《を》りたる證據《しやうこ》ある場合は其夫の子とするに及ばざるなり然らば婚姻の後何日目《あんにち》に生《うま》れたるを以て夫の子となすか第二項に之れが規定を爲して曰《いは》く婚姻を爲したる日より二百日後又は婚姻の解《と》けたるか

又は取消のありたる日より三百日内に生《うま》れたる子は婚姻中に胎《はら》みたるものと推定《すゐてい》すとあり人は大凡《およそ》十ケ月を以て懐胎《くわいたい》の期《き》となせども醫學《いがく》に於ては二百日を以て大凡人体《じんたい》を形《かたち》つくるとすれば斯《か》る期日《きじつ》を定めたるものならん

第八百二十一條　第七百六十七條第一項ノ規定ニ違反《ゐはん》シテ再婚《さいこん》ヲ為シタル者カ分娩《ぶんべん》シタル場合ニ於テ前條ノ規定ニ依リ其子ノ父ヲ定ムルコト能《あた》ハサルトキハ裁判所之ヲ定ム

本條は第七百六十七條第一項の規定《きてい》即ち前の婚姻か解《と》くるか又は取消ありて再《ふた》び婚姻せんとするときは六ケ月を過《す》ぎたる後にあらざれば能《あた》はざるものなるに此規則に背《そむ》きて再び婚姻を為したる女が分娩《ぶんべん》即ち子を生《う》みたる場合に於て前條により其生《うま》れたる子の父は前の夫《をつと》の子か又後の夫の子なるか定むること能《あた》はざるときは裁判所に申立てゝ其の子の父を定むとなしたり

第八百二十二條　第八百二十條ノ場合ニ於テ夫ハ子ノ嫡出《ちやくしゆつ》ナルコトヲ否認《ひにん》スルコトヲ得

第八百二十條の規定に婚姻中に胎《はら》みたる子は夫の子と推定《すゐてい》すとあるも夫は其子は自分《じぶん》の子にあらずと故障《こしやう》を申立つることを得《う》ると本條に規定《きてい》せり故に其否認《ひにん》即ち故障《こしやう》の權利《けんり》は夫のみに屬《ぞく》し子は其父は自已《じこ》の父にあらずとて否認《ひにん》するを得ざるなり

第八百二十三條　前條ノ否認權《ひにんけん》ハ子又ハ其法定代理人《はふていだいりにん》ニ對スル訴ニ依リテ之テ行フ但夫カ子ノ法定代理人ナルトキハ裁判所ハ特別代理人ヲ選任《せんにん》スルコトヲ要ス

前條に定めたる否認《ひにん》の權利は何人に對《たい》して行ふべきものなるか是れ本條に規定する所にして則ち其子又は其子の法律《はふりつ》に定めたる代理人に對《たい》して行ひ若《も》し夫《をつと》か子の法律上の代理人則ち後見人《こうけんにん》なるときは此の權利は行《おこな》ふを得ざるにより此場合には裁判所は特別《とくべつ》に代理人を選任《せんにん》すれば其者に對《たい》して行ふ可きなり

第八百二十四條　夫カ子ノ出生後ニ於テ其嫡出ナルコトヲ承認シタルトキハ其否認權ヲ失フ

本條は夫《をつと》か否認《ひにん》の權利を失ふ可き場合を規定《きてい》す則ち夫が子の生《うま》れたる後に於て其子は正《せい》當《たう》の子なることを承認《しようにん》したるとき假令《たとへ》は夫は婚姻前《こんいんぜん》より母の胎内《たいあい》に在りたることを知《し》るか又出生の屆に關係《くわんけい》したる如き場合には其子に對《たい》して否認《ひにん》の權利を行《おこな》ふことを得《え》ざるべし然らざるときは言《い》ふ可からざる弊害《へいがい》を生《しやう》ずればなり

第八百二十五條　否認《ひにん》ノ訴《うつたへ》ハ夫カ子ノ出生ヲ知リタル時ヨリ一年内ニ之ヲ提起《ていき》スルコ[illegible]

本條は否認《ひにん》は[illegible]ことを得るかを規定《きてい》せり則ち夫か子の生《うま》れたることを知り

たる時より一ヶ年の内に起《おこ》すべしとあれば一年内に起《おこ》さゝるときは權利《けんり》を失ふに至ればなり

第八百二十六條　夫カ未成年者《みせいねんしや》ナルトキハ前條ノ期間ハ其成年ニ達《たつ》シタル時ヨリ之ヲ起算《きさん》ス但夫カ成年ニ達シタル後ニ子ノ出生ヲ知リタルトキハ此限ニ在ラス

夫カ禁治產者《きんちさんしや》ナルトキハ前條ノ期間ハ禁治產ノ取消アリタル後夫カ子ノ出生ヲ知リタル時ヨリ之ヲ起算《きさん》ス

若し夫《をつと》が未成年者《みせいねんしや》則ち二十歳以下なるときは右の一年の期限は夫《をつと》が二十歳以上に至りたる時より計算《けいさん》を為す然れども夫が二十歳になりたる後に子の生れたることを知りたるときは尚は前條によりて其知りたる時より計算《けいさん》を立つべきなり又夫が禁治產《きんちさん》の者なるときは前條に定めたる期間《きかん》は禁治產の取消《とりけし》ありて尚は子の生《うま》れたるを知りたる時より計算を立つべきものなり

第二款　庶子《しよし》及ヒ私生子《しせいし》

庶子《しよし》と云ふものは妾《てかけ》の腹《はら》に出生《しゆつしやう》したるものを云ふ私生子《しせいし》とは父母の知れざる子を云ふ是れ等は法律に規定《きてい》すべきものにあらざれども現今《げんこん》の風俗《ふうぞく》を重《おも》じ規定することゝせり

第八百二十七條　私生子《しせいし》ハ其父又ハ母ニ於テ之ヲ認知《にんち》スル コトヲ得

父カ認知《にんち》シタル私生子《しせいし》ハ之ヲ庶子《しよし》トス

私生子《しせいし》は父又は母に於て其子は自分《じぶん》の子とて之を認《みと》むることを得、父母共に認むるとある子は多くは捨子《すてご》の類《るゐ》ならん而して父のみ私生子を認めたるときは其子は庶子《しよし》となる此れ從來の慣習《くわんしふ》を重したるなり

第八百二十八條　私生子《しせいし》ノ認知《にんち》ヲ為スニハ父又ハ母カ無能力者《むのうりよく》ナルトキト雖モ其法定代理人ノ同意ヲ得ルコトヲ要ス

私生子の認知《にんち》をなし自分の子と為るに付其父母が未成年者《みせいねんしや》若くは禁治産者《きんぢさん》なるときと雖ども法律上の代理人たる後見人《こうけんにん》の同意《どうい》を求むるに及ばざるなり此れ子を擧《あ》ぐる如き者は大概相當《たいがいさうたう》の年齢に達《たつ》し居るものなれば之れに私生子の認知《にんち》を為《な》さしむるも害《がい》なけん

第八百二十九條　私生子ノ認知ハ戸籍吏《こせきり》ニ届出ツルニ依リテ之ヲ為ス

認知ハ遺言《ゆゐごん》ニ依リテモ亦之ヲ為スコトヲ得

本條は私生子の認知を為《な》すには如何《いか》にするか則ち戸籍吏《こせきり》に届出つるものと規定せり又認知は遺言《ゐげん》によりても為すことを得ると第二項に定めたり

第八百三十條　成年ノ私生子ハ其承諾《しやうだく》アルニ非サレハ之ヲ認知スルコトヲ得ス

成年以上になりたる私生子は其者の承知を得るにあらざれば其父たり母たりと信《しん》ずるも之を認むるを得ざるなり既に成年迄《で》すて置きながら尚は随意《ずゐい》に其認知《にんち》を許《ゆる》すときは軽《かろ》しく人の身分を左右《さいう》するに至《いた》ればなり

第八百三十一條　父ハ胎内《たいあい》ニ在ル子ト雖モ之ヲ認知スルコトヲ得此場合ニ於テハ母ノ承諾ヲ得ルコトヲ要ス

父又ハ母ハ死亡《しばう》シタル子ト雖モ其直系卑屬《ちよくけいひぞく》アルトキニ限リ之ヲ認知スルコトヲ得此場合ニ於テ其直系卑屬カ成年者ナルトキハ其承諾《しようだく》ヲ得ルコトヲ要ス

本條は未だ出生せざる胎内《たいあい》に在る子と雖《いへ》ども自分の子と認《みと》むるを得る併《しか》し此場合には母の承認《しやうにん》を必要とするなり然らざれば猥《みだ》りに人の胎内《たいあい》に在るものを認むるに至り母の迷惑《めいわく》甚だ大なり第二項は父又母は既《すで》に死したる子と雖ども其死したる者に子又は孫《まご》あるときに於て認知《にんち》することを得此場合に直系卑屬《ちよくけいひぞく》か二十年以上なるときは其者の承諾《しやうだく》を要《えう》すとなしたり此れ成年者の利害《りがい》に關《くわん》するを以てなり

第八百三十二條　認知ハ出生ノ時ニ遡《さかのぼ》リテ其效力ヲ生ス但第三者カ既ニ取得シタル權利ヲ害スルコトヲ得ス

茲《こゝ》に子あり其子は自分の子なり故に之を認知すとて其手續《てつゞき》を爲すときは茲《こゝ》に於て親族の

關係《くわんけい》を生《しやう》ず其關係は其子の生れたる時に遡り其時より親族《しんぞく》となる然れども第三者《しや》たる他人の權利を害《がい》することを得《う》ざるべきなり

第八百三十三條　認知ヲ爲シタル父又ハ母ハ其認知ヲ取消スコトヲ得ス

既《すで》に認知を爲したるときは其父母は其爲《な》したる認知《にんち》を取消すことを得《う》ざるべしと定めたるは是れ認知は私生子《しせいし》の自分《じぶん》の子《こ》たることを認《みと》むるものなるが故に一旦《いつたん》認知したる以上は猥《みだ》りに其取消を爲《な》すこと能《あた》はざるものと爲《な》したるなり

第八百三十四條　子其他ノ利害關係人《りがいくわんけいにん》ハ認知ニ對シテ反對《はんたい》ノ事實ヲ主《しゆ》張《ちやう》スルコトヲ得

本條は子及其他の利害關係人《りがいくわんけいにん》か或人の認知《にんち》せんとするは詐《いつは》りなると信《しん》したるときに其反《はん》對《たい》の事柄あれば其反對を主張《しゆちやう》することを得《う》となしたり其《そ》は詐《いつは》りの認知《にんち》より生《しやう》ずる害《がい》を避《さ》けしむるが爲めに設《まう》けたるなり

第八百三十五條　子《こ》、其直系卑屬《ちよくけいひぞく》又ハ此等ノ者ノ法定代理人《はふていだいりにん》ハ父又ハ母ニ對シテ認知ヲ求ムルコトヲ得

子及び其卑屬《ひぞく》即ち子孫《しそん》又は此等の者の後見人等《こうけんにんとう》は其父又は母と信《しん》ずる者に對《たい》して認知《にんち》を爲し呉《く》れと求むることを得と規定《きてい》したるは子をして正當《せいたう》の子たらしむるを欲《ほつ》せばなり

第八百三十六條　庶子《しよし》ハ其父母ノ婚姻ニ因リテ嫡出子《ちやくしゆつし》タル身分ヲ取得ス

婚姻中父母カ認知《にんち》シタル私生子《しせいし》ハ其認知ノ時ヨリ嫡出子タル身分ヲ取得ス

前二項ノ規定ハ子カ既ニ死亡シタル場合ニ之ヲ準用《じゆんよう》ス」

本條は庶子《しよし》は其父と母とが婚姻《こんいん》を爲すときは嫡出子《ちやくしゆつし》たる身分《みぶん》と爲る又私生子《しせいし》は父母が婚姻中認知したるときば其認知《にんち》の時より嫡出子となる而して此の規定ば子が死したるときと雖とも尚《なほ》は準《じゆん》じて用《もち》ゆと定め成《な》るべく嫡出子に復《ふく》するを希望《きばう》したればなり

第二節　養子

養子《やうし》は子なき男女が他人の男女たる子を貰《もら》ひ受け以て自分《じぶん》の跡目《あとめ》相續《さうぞく》を爲《な》さしむるものを云ふ或は養子制《せい》を廢《はい》すべしと云ふものあれども我國風《わがこくふう》は家を重《おも》ずるを以て若し養子を廢《はい》するときは一家《いつか》斷絶《だんぜつ》するものなれば茲《こゝ》に規定《きてい》するに至《いた》りたるなり

第一款　緣組ノ要件《えうけん》

本欵《くわん》の緣組要件《えうけん》とは養子を貰《もら》ふに付ての必要《ひつえう》なる箇條《かでう》を定めたるものなり

第八百三十七條　成年《せいねん》ニ達シタル者ハ養子ヲ爲スコトヲ得

本條は成年《せいねん》に達《たつ》したる者は養子を貰《もら》ふことを得《う》ると規定したり故に養子を爲すには二十

歳以上のものにあらざれば法律上為《あ》し能《あた》はざるものと謂《い》はざるべからず未成年者が養子を為すが如きは頗《すこぶ》る危險《きけん》と謂《い》はざるべからざるなり

第八百三十八條　尊屬《そんぞく》又ハ年長者《ねんちやうしや》ハ之ヲ養子ト為スコトヲ得ス

本條は自分《じぶん》より歳の長じたるもの、又尊屬親《そんぞくしん》なる父母叔父母《しゆくふぼ》の如き者は養子《やうし》となすを得ざることを規定《きてい》す何者《なんとなれば》養子なるものは自分《じぶん》に子なき所より他の子を貰《もら》ひて子とするものなれば年長者尊屬《ねんちやうじやそんぞく》の如きを養子となすは養子制度の性質《せいしつ》に反《はん》すればなり

第八百三十九條　法定ノ推定家督相續人《すゐていかとくさうぞくにん》タル男子アル者ハ男子ヲ養子ト為スコトヲ得ス但女婿ト為ス為メニスル場合ハ此限ニ在ラス

法律上定《はふりつじやうさだ》まりたる家督《かとく》相續人たる男の子を有する者は更《さら》に男子を貰《もら》ひ受けて子《こ》となすことを得ずと是れ數人《すうにん》の養子は法律上禁《きん》ずるものにあらざれども養子を為すにより推定《すゐてい》家督相續人の權利《けんり》を害するに至る然れども其家の女《むすめ》の婿《むこ》となす為めに男を貰《もら》ふは差支《さしつかへ》なし

第八百四十條　後見人《こうけんにん》ハ被後見人《ひこうけんにん》ヲ養子ト為スコトヲ得ス其任務《にんむ》カ終《しう》了《れう》シタル後未タ管理《くわんり》ノ計算《けいさん》ヲ終《お》ハラサル間亦同シ

前項ノ規定ハ第八百四十八條ノ塲合ニハ之ヲ適用《てきよう》セス」

後見人《こうけんにん》即ち人の後見を為し居る者は被後見人《ひこうけんに》其後見せらるゝ者を養子と為すことを得ず

す又其任務《にんむ》則ち後見の役《やく》を終《をは》りたる後と雖《いへ》ども未だ後見《こうけん》したる事件《じけん》の管理《くわんり》の勘定を終らざる間も同じく被後見人《ひこうけんにん》を相續人と爲すことを得ざるなり而《しか》して此規則は第八百四十八條の場合には當《あ》て込《こ》まざるなり是れ管理計算《くわんりけいさん》の義務《ぎむ》を盡《つく》さしめんが爲めなり

第八百四十一條　配偶者アル者ハ其配偶者ト共ニスルニ非サレハ縁組ヲ爲スコトヲ得ス

夫婦ノ一方カ他ノ一方ノ子ヲ養子《やうし》ト爲スニハ他ノ一方ノ同意《どうい》ヲ得ルヲ以テ足《た》ル

配偶者《はいぐうしや》のある者は其配偶者と共《とも》に爲さゞれば縁組《えんぐみ》を爲す可からざることを定む蓋《けだ》し婦《つま》は夫《をつと》の身分姓氏《せいし》を受くるものなれば夫も其婦と分離《ぶんり》して隨意《ずゐい》に他人の養子と爲ることを得さる故なり又夫婦の一方か他の夫なり婦なりの子を養子に貰《もら》はんとなすには其他の一人の承知《しやうち》するときは十分なりと本條に定めたり

第八百四十二條　前條第一項ノ場合ニ於テ夫婦ノ一方カ其意思ヲ表示《へうじ》スルコト能《あた》ハサルトキハ他ノ一方ハ雙方《さうはう》ノ名義《めいぎ》ヲ以テ縁組ヲ爲スコトヲ得

前條第一項即ち夫婦《ふうふ》共《とも》に養子に行《ゆ》かんとする場合に夫婦の内の一人其考《かんがへ》を言《い》ひ表《あら》はすこと出來ざるときは他の一人に兩方《りやうはう》の名にて養子の縁組を爲すことを得是《こ》れ一方の精神《せいしん》を

失ひたる場合には斯《かゝ》る規定の有らざるときは實際上《じつさいじやう》不都合《ふつがふ》あるを以てなり

第八百四十三條　養子ト爲ルヘキ者カ十五年未滿ナルトキハ其家ニ在ル父母之ニ代ハリテ縁組ノ承諾《しやうだく》ヲ爲スコトヲ得

繼父母又ハ嫡母《ちやくぼ》カ前項ノ承諾ヲ爲スニハ親族會《しんぞくくわい》ノ同意ヲ得ルコトヲ要ス

養子となるべき者か十五歳《さい》以下なるとき其精神不確《せいしんふたしか》なれば其父母は之に代《か》はりて其諾否《だくひ》を定む繼父母《けいふぼ》又は嫡母《ちやくぼ》か繼子《まゝこ》又は庶子《しよし》が其年齢十五歳にして養子の縁組の承諾《しやうだく》を爲すには親族會の同意を必要《ひつえう》となせり其《そ》は繼父母及び嫡母は庶子繼子に對《たい》しては愛《あい》する情《じやう》に乏《とぼ》しく却《かへつ》て他人の養子を爲さんと計るもの多ければ其弊《へい》を防がん爲めに第二項を設けたり

第八百四十四條　成年《せいねん》ノ子カ養子ヲ爲シ又ハ滿十五年以上ノ子カ養子ト爲ルニハ其家ニ在ル父母ノ同意ヲ得ルコトヲ要ス

本條には成年《せいねん》以上の者か養子を貰《もら》ふか又は十五歳以上の者が養子となるには其家に在る父母の同意《どうい》を入用とせり其《そ》は養子縁組より其父母に利害《りがい》の關係を及《およ》ぼすを以てなり

第八百四十五條　縁組又ハ婚姻ニ因リテ他家《たけ》ニ入リタル者カ更《さら》ニ養子トシテ他家ニ入ラント欲《ほつ》スルトキハ實家ニ在ル父母ノ同意ヲ得ルコトヲ要ス但妻カ夫ニ隨《したが》ヒテ他家ニ入ルハ此限ニ在ラス

養子《やうし》縁組又は婚姻を爲し他《た》の家に入りたる者が又養子となり他の家に入らんとするときは其實家《じつか》の父母の承諾《しやうだく》を得て決《けつ》すべきなり然れども其妻が夫に隨《したが》ひて他の家に入るものなるときは實家《じつか》の父母の承諾《しやうだく》を求むるに及ばざるなり

第八百四十六條　第七百七十二條第二項及ヒ第三項ノ規定ハ第三條ノ場合ニ之ヲ準用ス

第七百七十三條ノ規定ハ前二條ノ場合ニ之ヲ準用ス

第七百七十二條第二項及び同條第三項の規則《きそく》は前三條即ち第八百四十三條第八百四十四條及第八百四十五條の場合に準用《じゆんよう》し第七百七十三條の規定《きてい》は前二條の場合に準用すと規定せり右の各條は其場合相似《あひに》たれば其重複《ちやうふく》を避《さ》くる爲めに斯《か》く規定したるなり

第八百四十七條　第七百七十四條及ヒ第七百七十五條ノ規定ハ縁組ニ之ヲ準用ス

第七百七十四條及第七百七十五條の規定《きてい》も亦《また》養子縁組に用《もち》ゐるとなしたるは其二重の規定を避くる爲めにして余《よ》も亦説明《せつめい》を略《りやく》す

第八百四十八條　養子ヲ爲サント欲スル者ハ遺言《ゆゐごん》ヲ以テ其意思ヲ表示スルコトヲ得此場合ニ於テハ遺言執行者《ゆゐごんしつかうしや》、養子ト爲ルヘキ者又ハ第八百四十三條ノ規定ニ依リ之ニ代ハリテ承諾ヲ爲シタル者及ヒ成年

ノ證人《しようにん》二人以上ヨリ遺言カ效力《かうりよく》ヲ生《しやう》シタル後遲滯《ちたい》ナク緣組ノ屆出ヲ爲スコトヲ要ス

前項ノ屆出ハ養親《やうしん》ノ死亡ノ時ニ遡《さかのぼ》リテ其效力ヲ生ス

本條には養子を爲さんと欲《ほつ》する者は遺言即ち死亡者《しばうしや》が言《い》ひ殘《のこ》すとによりて何人を養子と爲すかを表《あらは》すことを得ると規定せり而して遺言《ゐげん》にて養子を爲したるときは其遺言《ゐげん》を行ふ者又養子となるべき者又は第八百四十三條の規定《きてい》に依り承諾《しやうだく》を爲したるもの即ち養子となる者か十五歳未滿《みまん》なるときは其父母及び成年《せいねん》の証人二人より遺言か效力《かうりよく》を生じたる後遺言か出來上《できあ》がりたる後には速《すみや》かに養子緣組の屆出を爲すことが必要《ひつえう》なりと定め而して其屆出を爲すときは養父母《やうふぼ》の死《し》したる時に遡《さかのぼ》りて養子となりたることゝなるなり

第八百四十九條　戶籍吏ハ緣組カ第七百四十一條第一項、第七百四十四條第一項、第七百五十條第一項及ヒ前《ぜん》十二條ノ規定其他ノ法令《はふれい》ニ違反《ゐはん》セサルコトヲ認《みと》メタル後ニ非サレハ其屆出ヲ受理《じゆり》スルコトヲ得ス

第七百七十六條但書ノ規定ハ前項ノ場合ニ之ヲ準用ス

本條は戶籍吏に對する規定なり則ち養子緣組か第七百四十一條第一項其他本條に規定する各條及び其他の法律に背《そむ》かざるものなることを認《みと》めたる後に非ざれば緣組の屆書を受《じゆ》

理《り》すべからざることを規定《きてい》せり又第二項の規定は第七百七十六條但書《たゞしがき》の規定則ち戸籍吏が其届書の法式の不正《ふせい》に付注意したるも當事者《たうじしや》承諾せずして届書を差出すときは受理《じゆり》ずるも戸籍吏の責《せめ》に非《あ》らざる規定にして此規定も前項《ぜんこう》の場合に準用《じゆんよう》すとなしたるなり

第八百五十條 外國《ぐわいこく》ニ在ル日本人間ニ於テ緣組ヲ爲サントスルトキハ其國ニ駐在《ちうざい》スル日本ノ公使《こうし》又ハ領事ニ其屆出ヲ爲スコトヲ得此場合ニ於テハ第七百七十五條及ヒ前二條ノ規定ヲ準用ス

本條は日本人が外國に於《おい》て養子緣組を爲すときの規定《きてい》にして此場合には其國《くに》に出張《しゆつちやう》し居る日本の公使《こうし》又は領事《りやうじ》に其届出を爲すことを得此場合には第七百七十五條及び前二條の規定を準用《じゆんよう》すとあれば別段說明《べつだんせつめい》をせざるなり

第二款 緣組ノ無效及ヒ取消

本款には養子緣組の無效《むかう》及び取消の場合を規定《きてい》す而して如何なる場合が無効《むかう》なるか又如何なる場合《ばあひ》か取消なるかは各條下《かくでうか》に於て明《あきら》かなるべし

第八百五十一條 緣組ハ左ノ場合ニ限リ無效トス
一 人違《ひとちがひ》其他ノ事由《じいう》ニ因リ當事者間ニ緣組ヲ爲ス意思《いし》ナキトキ
二 當事者カ緣組ノ屆出ヲ爲ササルトキ 但其屆出カ第七百五十五條第二項及ヒ第八百四十八條第一項ニ揭ケタル條件《じやうけん》ヲ缺《か》クニ

止マルトキハ縁組ハ之カ爲メニ其効力ヲ妨《さまた》ケラルルコトナシ

本條は養子縁組の無効《むかう》となる場合を規定す則ち(一)人違《ひとちがへ》假令《たとへ》は甲を養子となるべきものと思ひ居たるに乙なるとき又甲に養子《やうし》とならんと思ひたるに乙なる場合尚其他の事柄《ことがら》により養親《やうしん》と養子との間に縁組を爲す若へなきとき此の場合は双方《さうはう》の思ひか合同《がふどう》し居らざれば無効たることは當然のことなり(二)當事者則ち養子を貰《もら》ふ者と貰らはるゝ者か其縁組の届出を爲さゝる時此場合は無論《むろん》公然《こうぜん》の沙汰《さた》なきものなれば無効たるべきは明《あきら》かなり然るに其届出か本條但書《たゞしがき》に規定せるが如《ごと》く第七百七十五條第二項則ち成年《せいねん》以上の証人及び當事者の自筆《じひつ》の届又は口頭《こうとう》の届出をなす可きこと及び第八百四十八條第一項則ち遺言にて養子を爲したる場合《ばあい》の届出の手續等《てつゞきとう》を欠《か》くのみなるときは養子縁組は其効力《かうりよく》は妨《さまた》げられずして只取消さるゝのみなり

第八百五十二條　縁組ハ後七條ノ規定ニ依ルニ非サレハ之ヲ取消スコトヲ得ス

本條の規定は養子縁組か後《のち》の七條に背《そむ》きたる場合に非《あら》ざれば取消すことを得ずとの意《い》にして此の場合の外《ほか》は取消を申立つるを得ざるなり

第八百五十三條　第八百三十七條ノ規定ニ違反シタル縁組ハ養親又ハ其法定代理人ヨリ其取消ヲ裁判所ニ請求スルコトヲ得但養親カ成年

ニ違シタル後六个月ヲ經過《けいくわ》シ又ハ追認《つゐにん》ヲ為シタルトキハ此限ニ在ラス

本條は取消の第一場合にして則《すなは》ち第八百三十七條に成年《せいねん》になりたるにわらざれば養子と爲すことを得ずとわるを以て此の規定《きてい》に背《そむ》きて爲したる養子縁組は養家の父母又は其後《こう》見人《けんにん》より其取消を裁判所に申立つることを得然れども其養子を爲したる親《おや》が成年《せいねん》に達《たつ》したる後《のち》六ケ月を過《す》ぎ又は其養子縁組を更《さら》に認《みと》めたるときは茲《こゝ》に縁組は正當《せいたう》となりて取消を申立てんとするも能《あた》はざるなり

第八百五十四條　第八百三十八條又ハ第八百三十九條ノ規定ニ違反《ゐはん》シタル縁組ハ各當事者《たくたうじしや》、其戸主《こしゆ》又ハ親族ヨリ其取消ヲ裁判所ニ請求スルコトヲ得

本條は第二の取消の場合《ばあひ》にして則ち第八百三十八條に尊屬《そんぞく》及年長者《ねんちやうしや》は養子と爲《な》ることを得ざる規則にして此の規定に背《そむ》き又第八百三十九條に推定家督相續人《すゐていかとくさうぞくにん》あるものは更《さら》に男子を養子《やうし》と爲すことを得ずとわり此規定《きてい》に背《そむ》き養子縁組を爲したるときは各の養親及養子となりたる者及び其戸主《こしゆ》又は親族より取消を裁判所《さいばんしよ》に申立つることを得《う》此の取消に期《き》限《げん》を付《ふ》せざるものは公益《こうえき》に關《くわん》するを以てなり

第八百五十五條　第八百四十條ノ規定ニ違反シタル縁組ハ養子又ハ其

實方《じつかた》ノ親族ヨリ其取消ヲ裁判所ニ請求スルコトヲ得但管理《くわんり》ノ計算《けいさん》カ終ハリタル後養子カ追認ヲ爲シ又ハ六个月ヲ經過シタルトキハ此限ニ在ラス

追認《つゐにん》ハ養子カ成年ニ達《たつ》シ又ハ能力《のうりよく》ヲ回復《くわいふく》シタル後之ヲ爲スニ非サレハ其效ナシ

養子カ成年ニ達《たつ》セス又ハ能力ヲ回復《くわいふく》セサル間ニ管理ノ計算《けいさん》カ終ハリタル場合ニ於テハ第一項但書ノ期間ハ養子カ成年ニ達シ又ハ能力ヲ回復シタル時ヨリ之ヲ起算ス

本條は取消の第三場合《ばあひ》にして則ち第八百四十條の規定《きてい》に背《そむ》きたる縁組即ち後見人《こうけんにん》が被後見人《けんにん》を養子と爲すことを得ざるにも拘《かゝは》らず養子と爲したるときは養子又は養子の親類《しんるゐ》より其取消を裁判所に請求することを得然《しか》れども後見人《こうけんにん》の管理《くわんり》の勘定《かんぢやう》か相濟《あひす》みたる後養子が追認《つゐにん》を爲すか又は六ケ月も過《す》ぎたるときは取消に及ばざるなり而して其追認は養子が二十歳に達《たつ》し又は禁治產者《きんぢさんしや》が其禁止《きんし》を許《ゆる》されたる後に爲《な》したるに非《あら》ざれば其追認の效《かう》わらざるなり又養子が成年に達《たつ》せず又は其能力《のうりよく》が未だ復《ふく》せざる間《あひだ》に後見人が管理《くわんり》を終《をは》りたる場合に於ては本條但書《たゞしがき》の六ケ月の數《かぞ》へ方《かた》は養子が成年《せいねん》に達し又は能力《のうりよく》を回復《くわいふく》したる時より計算するものとなしたり其未成年《みせいねん》の內又能力を回復せざる間は自由《じゆう》の承諾《しやうだく》を

爲さしめんが爲めなり

第八百五十六條　第八百四十一條ノ規定ニ違反シタル縁組ハ同意ヲ爲サザリシ配偶者《はいぐうしや》ヨリ其取消ヲ裁判所ニ請求スルコトヲ得但其配偶者カ縁組アリタルコトヲ知リタル後六个月ヲ經過《けいくわ》シタルトキハ追認ヲ爲シタルモノト看做《みな》ス

本條は第三の取消の場合《ばあひ》にして則ち第八百四十一條に配偶者《はいぐうしや》ある者は其配偶者と共にするに非《あら》ざれば縁組を爲すことを得ずとあり此規定《きてい》に背《そむ》きて縁組を爲し又配偶者が一方の子《こ》を養子となすには其一方の同意《どうい》を得べしとあるに同意を得ざるときは其同意を爲さゞりし配偶者より其取消《とりけし》を裁判所に請求《せいきう》することを得《う》然れども其配偶者が縁組ありたることを知りたる後六ケ月も過《す》ぎたるときは最早《もはや》縁組を認《みと》めたるものと看做《みな》せり

第八百五十七條　第八百四十四條乃至《ないし》第八百四十六條ノ規定ニ違反シタル縁組ハ同意ヲ爲ス權利《けんり》ヲ有セシ者ヨリ其取消ヲ裁判所ニ請求スルコトヲ得同意カ詐欺《さぎ》又ハ强迫《きやうはく》ニ因リタルトキ亦同シ

第七百八十四條ノ規定ハ前項ノ場合ニ之ヲ準用ス

本條は取消の第四の場合にして第八百四十四條乃至《ないし》第八百四十六條の規定に背《そむ》き則ち父母の承諾《しやうだく》を得て縁組を爲すべきにも拘《かゝは》らず隨意《ずいい》に爲したるが爲めに其同意《どうい》を爲す權利を

有せし者より取消を裁判所《さいばんしよ》に請求することを得《う》べしとなり又同意は與《あた》へたるも其同意は、詐欺《さぎ》に陷《おちい》りたるか又強迫《きやうはく》によりて爲《な》したるときは又其取消を裁判所に請求することを得べし而《しか》して第七百八十四條則ち取消權《とりけしけん》の消滅《せうめつ》を記載《きさい》したる場合も右の場合に準用《じゆんよう》し其取消權を消滅《せうめつ》せしむ是れ本條末項《まつこう》に規定する所なり

第八百五十八條　壻養子《むこやうし》緣組ノ場合ニ於テハ各當事者ハ婚姻ノ無效又ハ取消ヲ理由《りいう》トシテ緣組ノ取消ヲ裁判所ニ請求スルコトヲ得但婚姻ノ無效又ハ取消ノ請求ニ附帶《ふたい》シテ緣組ノ取消ヲ請求スルコトヲ妨《さまた》ケス

前項ノ取消權ハ當事者カ婚姻ノ無效ナルコト又ハ其取消アリタルコトヲ知リタル後六个月ヲ經過《けいくわ》シ又ハ其取消權ヲ拋棄《はうき》シタルトキハ消滅ス

本條は取消の第五の場合の規定《きてい》なり即ち壻《むこ》養子緣組の場合にて各當事者《かくたうじしや》は其家女《かちよ》との婚姻は無效《むかう》となりたるか又は取消となりたるかを理由《りいう》として壻養子緣組の取消を裁判所に請求する場合なり然《しか》れども右緣組の取消の訴を別に訴《うつた》へずして婚姻の無效《むかう》又は取消の請求と共に申立つるも差支《さしつかへ》あらざるなり二請求を同一時《どういちじ》に判決《はんけつ》するの便利《べんり》あればなり而して右の取消の權利は壻《むこ》養子關係者が婚姻の無效《むかう》なると又は其取消のありたるを知りたる

後六ケ月も打過《うちす》ぎ又は其取消權を拋棄《はうき》すると明言《めつげん》するか又は其行《おこな》ひに於て顯《あら》はるゝときは最早《もはや》消滅し行ふことを得さるなり

第八百五十九條 第七百八十五條及ヒ第六百八十七條ノ規定ハ緣組ニ之ヲ準用ス但第七百八十五條第二項ノ期間ハ之ヲ六个月トス

本條は取消の第六場合を規定《きてい》す第七百八十五條の場合と同じく婚姻《こいん》か詐欺《さぎ》又は强迫《きやうはく》によりて取結ばれたる場合《ばあひ》と同じく養子緣組も詐欺《さぎ》に陷《おちい》りたるか又は强迫《やうはく》に依りて爲したるときに於て取消を裁判所《さいはんしよ》に請求《せいきう》する場合なり而して此取消の權は其詐欺《さぎ》ありしことを見出すか又は强迫を免《まぬ》かれたる後三ケ月を打過《うちす》ぎ又は其を認《みと》めたるときは取消の權利《けんり》を行ふを得ざるべし而して取消ありたるときは如何《いか》なるかと云ふに第七百八十七條の規定を準用《じゆんよう》ずるを以て其効力は既往《きわう》に逆上《さかのぼ》らざるなり故《ゆゑ》に取消前に於て養子の爲したることは凡《す》べて有効《いうかう》となるなり尚詳《あほくわ》しきは七百八十七條を見よ

第三款　組合ノ效力

本款は養子緣組あるときは如何《いか》なる効力即ち結果《けつくわ》を生ずるかを規定す

第八百六十條 養子ハ緣組ノ日ヨリ養親ノ嫡出子《ちやくしゆつし》タル身分《みぶん》ヲ取得ス

本條の規定は養子の緣組ありたるときは其緣組の日《ひ》より養子は養親の嫡出子《ちやくしゆつし》即ち正式上《せいしきじやう》生《うま》れたる子と同一《どういつ》の身分《みぶん》を得《う》るなりと定む故に右緣組の日より養子と養親の親族と親族

關係《くわんけい》を生《しやう》ずることゝなるなり

第八百六十一條　養子ハ緣組ニ因リテ養親ノ家ニ入ル

養子なるものは其緣組により養家《やうか》に入るは古來《こらい》よりの慣例《くわんれい》にして說明《つい》するに及ばす

第四款　離緣

本款は養子の離緣《りえん》に關《くわん》する一切《いつさい》の規定を一括《いつかつ》して小區別を爲《な》さゞるなり

第八百六十二條　緣組ノ當事者ハ其協議《けふぎ》ヲ以テ離緣ヲ爲スコトヲ得

養子カ十五年未滿ナルトキハ其離緣ハ養親ト養子ニ代ハリテ緣組ノ承諾《しやうだく》ヲ爲ス權利ヲ有スル者ト協議ヲ以テ之ヲ爲ス

養親カ死亡《しばう》シタル後養子カ離緣ヲ爲《あ》サント欲《ほつ》スルトキハ戶主《こしゆ》ノ同意ヲ得テ之レヲ爲スコトヲ得

緣組に關係《くわんけい》する者は其協議《けふぎ》即ち相談《さうだん》づくにて離緣《りえん》を爲《な》すことを得《う》是れ緣組により嫡出子《ちやくしゆつし》たる身分《みぶん》を得《う》るも元《も》と自分の子《こ》にあらざるを以て離婚《りこん》するは當然《たうぜん》のことなり而《しか》して養子が十五歲にならざるときは養子に代《かは》りて緣組の承諾《しやうだく》を爲したるものが養親と協議《けふぎ》して離緣を爲し又養親か既《すで》に死したるときは戶主《こしゆ》の同意を得て離緣を爲《な》し若《も》し又養子か既《すで》に戶主たるときは親族會の同意を得《う》べきことゝ爲したるは當然の事と謂《い》ふ可《べ》し

第八百六十三條　滿二十五年ニ達セサル者カ協議上ノ離緣ヲ爲スニハ

第八百四十四條ノ規定ニ依リ其縁組ニ付キ同意ヲ爲ス權利ヲ有スル者ノ同意ヲ得ルコトヲ要ス

第七百七十二條第二項、第三項及ヒ第七百七十三條ノ規定ハ前項ノ場合ニ之ヲ準用ス

滿二十五歳に達《たつ》せざる者が協議上《けふぎじやう》の離縁を爲《あ》すには第八百四十四條に規定《きてい》する如く其養子の縁談に對《たい》し承諾《しやうだく》を與《あた》ふべき者即《すなは》ち父母等の同意を經《へ》ざるべからず是れ利害《りがい》を判斷《はんだん》する智《ち》識乏《しきとぼし》ければなり而して第七百七十二條第二項の規定《きてい》子が婚姻《こんいん》を爲《あ》すに父母の同意を得《う》ることと同第三項父母の不在《ふざい》又は死亡等《しばうとう》のときは其一方《いつぱう》の同意を得《う》ることと第七百四十三條繼父母《けいふぼ》又は嫡母《ちやうぼ》が子の婚姻に同意せざるときの規定を前項に準用《じゆんよう》すれば相照台《あひぜうがふ》して前項を活用《くわつよう》すべし

第八百六十四條　第七百七十四條及ヒ第七百七十五條ノ規定ハ協議上ノ離縁ニ之ヲ準用ス

第七百七十四條及び第七百七十五條は協議上《けふぎじやう》の離婚にも準用《じゆんよう》すとあるにより則ち禁治産《きんちさん》の者が養子縁組を爲すには其後見人《こうけんにん》の同意を求《もと》むるに及ばず又養子縁組は戸籍吏《こせきり》たる區長《くちやう》或は村長《そんちやう》に届けざるべからず其届出の式《しき》は當事者たる養子及養子と爲《あ》すものより口頭又は自筆《じひつ》にて其姓名を書《しよ》すべきことと証人は二人を要すべき等の手續《てつゞき》を爲《あ》さゞるべからざ

るなり

第八百六十五條　戸籍吏《こせきり》ハ離縁《りえん》カ第七百七十五條第二項、第八百六十二條及ヒ第八百六十三條ノ規定其他ノ法令《はふれい》ニ違反《ゐはん》セサルコトヲ認《みと》メタル後ニ非サレハ其ノ届出《とゞけいで》ヲ受理《じゆり》スルコトヲ得ス

戸籍吏《こせきり》カ前項ノ規定ニ違反シテ届出ヲ受理シタルトキト雖モ離縁ハ之カ爲メニ其效力ヲ妨ケラルルコトナシ

本條は第八百十一條の規定と同じことにして則ち離縁《りえん》は第七百七十五條第二項前條に述《の》べたる手續及第八百六十二條及《および》第八百六十三條の規則及其他の法律《はふりつ》に背《そむ》きたるものにあらずと認《みと》めたる上にあらざれば離縁の届《とゞけ》を受くべからずと第一項に定め第二項には戸籍《こせき》吏《り》が右の規定に背《そむ》き則ち前述《ぜんじゆつ》の如く各條々《かくでうく》に背《そむ》きたるや否《いな》やを認《みと》むるときに認めずして離縁の届を受取りたるものと雖《いへ》ども離縁は矢張《やはり》離縁となるも其效《かう》あるとの規定なり

第八百六十六條　縁組ノ當事者《たうじしや》ノ一方ハ左ノ場合ニ限リ離縁ノ訴《うつたへ》ヲ提《てい》起《き》スルコトヲ得

一　他ノ一方ヨリ虐待《ぎやくたい》又ハ重大ナル侮辱《ぶじよく》ヲ受ケタルトキ

二　他ノ一方ヨリ惡意《あくい》ヲ以テ遺棄《ゐき》セラレタルトキ

三　養親ノ直系尊属《ちよくけいそんぞく》ヨリ虐待又ハ重大ナル侮辱ヲ受ケタルトキ

四　他ノ一方カ重禁錮《ぢうきんこ》一年以上ノ刑《けい》ニ處《しよ》セラレタルトキ

五　養子ニ家名ヲ瀆《けが》シ又ハ家産ヲ傾《かたむ》クヘキ重大ナル過失《くわしつ》アリタルトキ

六　養子カ逃亡《とうぼう》シテ三年以上復歸《ふくき》セサルトキ

七　養子ノ生死《しやうし》カ三年以上分明《ぶんめい》ナラサルトキ

八　他ノ一方カ自己ノ直系尊属《ちよくけいそんぞく》ニ對《たい》シテ虐待《ぎやくたい》ヲ爲シ又ハ之ニ重大ナル侮辱《ぶじよく》ヲ加ヘタルトキ

九　壻養子《むこやうし》縁組ノ場合ニ於テ離婚アリタルトキ又ハ養子カ家女ト婚姻ヲ爲シタル場合ニ於テ離婚《りこん》若《もし》クハ婚姻《こんいん》ノ取消アリタルトキ

本條は協議上《けふぎじやう》の離縁が出來《でき》ざる場合に其縁組に關係《くわんけい》するものより離縁の訴《うつたへ》を起《おこ》すことを得る場合を定めたり(一)養子又は養親が何《いづ》れか一方より苦《くる》しき取扱《とりあつかひ》又は言《い》ふに言《いは》れぬ辱《はづか》しめを受けたる場合(二)養子又は養親の中何《いづ》れか一方より惡意《あくい》則ち貧乏《びんぼう》なれば養料《やしなひりやう》を與《あた》ふべきに其《それ》を知《し》りつゝ與へざるとき(三)養親の其父又は母等より苦《くる》しき取扱又は甚《はなは》だしき辱《はづかし》

めを受《う》けたるとき(四)養親か養子かの中《うち》一人が重禁錮《ぢうきんこ》一年以上の刑《けい》に處《しよ》せられ入獄《にふごく》したるとき(五)其貰《もら》ひたる養子に養家の名義《めいぎ》を瀆《けが》さるゝか則ち養子か夫《をつと》ある婦《をんな》と私通《しつう》などを爲《な》したる如き場合にして其家名《かめい》か墜《お》ちたる時又は養家の財産《ざいさん》を浪費するか或は相場《さうば》の如き投《たう》機《き》業《げふ》を營《いとな》み養家の財産を傾《かたむ》くべき重大《ぢうだい》の過《あやまち》あるとき(六)養子が家出《いへで》して三年以上も家に歸《かへ》らざるとき(七)養子が他にて生《い》き居《を》るか又死《し》したるか三年以上も分《わか》らざるとき(八)養子が養親の內にて自分の父又は母に向《むか》ふて苦《くる》しき取扱を爲《な》すか又は甚《はなは》しき辱《はづかし》めを與《あた》へたる如きとき假令《たとへ》は養子が養親の父又は母に向《むか》ふて右の行《おこなひ》を爲《な》したるとき(九)婿養子《むこやうし》に行《ゆ》きたるときに其婦《ふ》と離婚になりたるとき又は養子が其養家の女《むすめ》と婚姻を爲《な》したる場合に其婚姻が離婚となるか又は或る原因《げんいん》によりて婚姻の取消《とりけし》となりたるとき此等《これら》九個の場合に於て裁判所へ離婚請求を持出すことを得るなり

第八百六十七條　養子カ滿十五年ニ達《たつ》セサル間ハ其緣組ニ付キ承諾權《しやうだくけん》ヲ有スル者ヨリ離緣ノ訴《うつたへ》ヲ提起《ていき》スルコトヲ得

第八百四十三條第二項ノ規定ハ前項ノ場合ニ之ヲ準用ス

養子が滿《まん》十五歲にならざるときは其離緣の訴《うつたへ》は何人が起すか是れ本條に規定する所にして則ち此者は十分の智《ち》識《しき》備《そなは》らざれば其緣組に付て承諾《しやうだく》する權《けん》を有《いう》する父又は母は養子に代《かは》りて訴を起すことを得《う》而して其親か繼父母《けいふぼ》なるか嫡母《ちやくぼ》なるときは如何《いか》にするかと云ふ

に第二項に第八百四十三條第二項の規定を準用《じゆんよう》とあるを以て親族會《しんぞくくわい》の同意《どうい》を得《え》たる上《うへ》ならでは養子に代《かは》りて離緣の訴《うつたへ》を起《おこ》すことを得ざるべし

第八百六十八條　第八百六十六條第一號乃至第六號ノ場合ニ於テ當事者ノ一方カ他ノ一方又ハ其直系尊屬ノ行爲《かうゐ》ヲ宥恕《いうぢよ》シタルトキハ離緣ノ訴ヲ提起スルコトヲ得ス

第八百六十六條第一號より第六號までの場合《ばあひ》にて養子が養親に又養親が養子に又は此等《これら》の者の父母祖父母等に右諸號記載《しよがうきさい》の不良《ふりやう》の行《おこなひ》を宥《ゆる》したるときは離婚《りこん》の訴《うつたへ》を起《おこ》すことを得ざる可し其《そ》は既《すで》に其離婚の原因を宥《ゆる》したる以上は訴を起す理由消滅《りゆうせうめつ》したればなり

第八百六十九條　第八百六十六條第四號ノ場合ニ於テ當事者ノ一方カ他ノ一方ノ行爲《かうゐ》ニ同意シタルトキハ離緣ノ訴ヲ提起スルコトヲ得ス

第八百六十六條第四號ニ掲ケタル刑《けい》ニ處《しよ》セラレタル者ハ他ノ一方ニ同一ノ事由アルコトヲ理由トシテ離緣ノ訴ヲ提起スルコトヲ得ス

第八百六十六條第四號の場合則ち重禁錮《ぢうきんこ》一年以上の刑《けい》に處《しよ》せられたる時に關係者《くわんけいしや》の一人が其犯罪《はんざい》に同意したるものなるときは最早《もはや》離婚の訴《うつたへ》を起すことを得ざるべし而《しか》して此の刑に處《しよ》せられたる者は他の一方にも同じ理由《りゆう》あるとて其《そ》れを言《い》ひ立てゝ離緣の訴《うつたへ》を起すことを得ず其《そ》は訴訟《そしよう》の二重《にぢう》に起《おこ》るを避《さ》くる爲《た》めなり

第八百七十條　第八百六十六緣第一號乃至第五號及ヒ第八號ノ事由ニ因ル離緣ノ訴ハ之ヲ提起スル權利ヲ有スル者カ離緣ノ原因《げんいん》タル事實ヲ知リタル時ヨリ一年ヲ經過《けいくわ》シタル後ハ之ヲ提起スルコトヲ得ス其事實發生《はつせい》ノ時ヨリ十年ヲ經過シタル後亦同シ

本條は離緣の訴を起すべき期限《きげん》を規定す即ち第八百六十六條第一號より第五號及び第八號に記載《きさい》する理由に付ての訴は其訴を爲す可き權利《けんり》を有する者か其離緣の原因《げんいん》となる事《こと》柄《がら》を知りたるときより一年間に起《おこ》す可し故に一年後は十《と》分なる理由あるも爲し能《あた》はざるなり又縱《よ》しや離緣の原因《げんいん》たる事實《じじつ》を知らざるも永久《えいきう》其訴を許《ゆる》すときは不都合《ふつがふ》なるを以て其事柄の生《しやう》じたる時より十年を過《す》ぐるときは最早《もはや》訴の權利は消滅《せうめつ》するに至るべきなり

第八百七十一條　第八百六十六條第六號ノ事由《じいう》ニ因ル離緣《けいくわ》ノ訴《うつたへ》ハ養親カ養子ノ復歸《ふくき》シタルコトヲ知リタル時ヨリ一年ヲ經過《けいくわ》シタル後ハ之ヲ提起スルコトヲ得ス其復歸ノ時ヨリ十年ヲ經過シタル後亦同シ

第八百六十六條第六號の離緣の訴假令《たとへ》ば養子が家出《いへで》して三ヶ年間《ねん》も歸《かへ》らざるより起る訴は養親か其養子の歸《かへ》りたることを知りたるときは其時より一年も過《す》ぐるに於ては最早訴を起《おこ》すことを得ず又其歸《かへ》りたる時より十年も經《ふ》るときは訴の權利は無《な》くなるべし

第八百七十二條　第八百六十六條第七號ノ事由ニ因ル離緣ノ訴ハ養子

ノ生死カ分明ト爲リタル後ハ之ヲ提起スルコトヲ得ス

第八百六十六條第七號の養子の生死分明《しやうしぶんめい》ならざるより起る離緣の訴《うつたへ》は養子の生存《せいそん》するか死亡《しばう》したるかが明《あきら》かとなりときは訴の必要わらざるを以て訴ふることを得ざるなり

第八百七十三條　第八百六十六條第九號ノ場合ニ於テ離婚又ハ婚姻取消ノ請求アリタルトキハ之ニ附帯《ふたい》シテ離緣ノ請求ヲ爲スコトヲ得

第八百六十六條第九號ノ事由《じいう》ニ因ル離緣ノ訴ハ當事者カ離婚又ハ婚姻ノ取消アリタルコトヲ知《し》リタル後六ケ月ヲ經過《けいくわ》シ又ハ離緣請求ノ權利ヲ拋棄《はうき》シタルトキハ之ヲ提起《ていき》スルコトヲ得ス

第八百六十六條第九號婿《むこ》養子緣組の場合に於て婚姻の取消又は離婚の請求あるときは其訴ヘ共に養子緣組の離緣を請求することを得《う》と規定《きてい》したるは蓋《けだ》し訴訟《そしよう》の便宜《べんぎ》より來《き》たるものならん何《なん》となれば一《ひと》裁判に於て二《ふたつ》個の訴の判決を爲すは利益あればなり又同號の訴は養子緣組に關係する者が離婚又は婚姻の取消ありたることを知りたるときは其知りたるときより六ケ月を過《す》ぐるか又は離緣を求《もと》むるの權利を拋棄《はうき》即ち離緣を求《もと》めずと明言《めいげん》したるときは最早《もはや》訴を起《おこ》すを得ざるなり

第八百七十四條　養子カ戸主ト爲リタル後ハ離緣ヲ爲スコトヲ得ス但隱居ヲ爲シタル後ハ此限ニ在ラス

本條は養子の離緣を爲《な》すことを得ざる場合を規定す即ち養子が既《すで》に戸主と爲《な》りたる後《のち》は離緣を爲すことを得《え》ず蓋《けだ》し我國風《こくふう》の家《いへ》を重《おも》ずるの點《てん》より來《き》たるなり并《そ》は養子が戸主となりたる以後《いご》に於ても離緣を許《ゆる》すときは虚僞《きよぎ》の負債《ふさい》を爲《な》し一家の財産は皆無《かいむ》となるに至るを以てなり然《しか》れども隱居《いんきよ》を爲すときは一家の財産は大方《おほかた》相續人に移《うつ》り居《を》れば前項《ぜんこう》の心配《しんぱい》わらざるを以て離緣を許《ゆる》すことと但書《たゞしがき》に規定せり

第八百七十五條　養子ハ離緣ニ因リ其實家ニ於テ有セシ身分ヲ回復ス但第三者カ既《すで》ニ取得シタル權利ヲ害スルコトヲ得ス

養子が離緣と爲《な》るときは其實家《じつか》たる生《うま》れたる家《いへ》の身分《みぶん》を回復《くわいふく》し養家の身分は無《な》くなるは之れ固《もと》より自然《しぜん》の狀態《じやうたい》に復《ふく》せしむるにより當然の事なり然れども其離緣以前に於て既《すで》に第三者と約束《やくそく》したる等の事柄《ことがら》ありて第三者が權利を有《いう》するときは其權利は害《がい》するを得《え》ざるべし世《よ》には養子の離緣を爲《な》し他人を害《がい》せんとするものあるを以て但書《たゞしがき》を設《まう》けたり

第八百七十六條　夫婦カ養子ト爲リ又ハ養子カ養親ノ他ノ養子ト婚姻ヲ爲シタル場合ニ於テ妻カ離緣ニ因リテ養家ヲ去ルヘキトキハ夫ハ其選擇《せんたく》ニ從《したが》ヒ離婚又ハ離緣ヲ爲スコトヲ要ス

夫婦二人が養子と爲り又は養子が養親の他に貰《もら》ひたる養子と婚姻《こんいん》を爲《な》したるときは夫《おつと》たるものに二個《こ》の權利わり即ち妻が離緣となり養家を去《さ》るときは夫は離緣を爲すか又は離

婚を爲すか何《いづ》れなりとも右一個を撰びて一方の關係を消滅《せうめつ》せしめざるべからず然らざれば夫婦其籍《せき》を異《こと》にし其居《きよ》を別にし婚姻の本旨《ほんし》に背《そむ》くに至《いた》ればなり

第五章　親權

本章には親の權を定む親にして子に對《たい》する權利なければ其子を監護《かんご》し及び教育《けういく》するを得ず

第一節　總則

本節には親の權利に關する一切《いつさい》の規定を爲《な》す又本節《ほんせつ》には親の權を行《おこな》ふべきものを定む

第八百七十七條　子ハ其家ニ在ル父ノ親權《しんけん》ニ服《ふく》ス但獨立《どくりつ》ノ生計《せいけい》ヲ立ツル成年者ハ此限ニ在ラス

父カ知レサルトキ、死亡《しばう》シタルトキ、家ヲ去《さ》リタルトキ又ハ親權ヲ行フコト能《あた》ハサルトキハ家ニ在ル母之ヲ行フ

本條第一項に子は其家に在《あ》る父たる者の親の權に服《ふく》すと定めたるを以て子《こ》は成年《せいねん》たると未成年者《みせいねんしや》たるを問《と》はず凡《すべ》て親たるもの丶命令《めいれい》に服從《ふくじう》せざるべからざることは言《い》ふ迄《まで》もなし若し親にして此《こ》の權なければ一家《いつか》團欒《だんらん》の德《とく》を傷《そこな》ふに至る然るに但書《たゞしがき》を設け獨立《どくりつ》して生計《せいけい》即ち自分一本立《いつぽんだ》ちにて暮《くら》し居《を》る成年者は親の權に從《したが》ふに及ばずと蓋し此等《これら》成年者にも尙《なほ》は親の權に從はざるべからずとする時は其自由《じゆう》を束縛《そくばく》せられ獨立《どくりつ》の生計《せいけい》を爲《な》すこと能

はざるに至らん然れども余《よ》は親權を制限《せいげん》する度合酷《どあひこく》に過《す》ぎざるかと信《しん》ずるなり
第二項に父が何《いづ》れに在るか知れざるとき又既に死去《しきよ》したるとき又其家を去りたるとき又精神《せいしん》を失《うしな》ふか或は五官《ごくわん》の用《よう》を失《うしな》ふたる如き場合には其家《いへ》に在る母《ふ》はこれに代《かは》りて親の權を行《おこな》ふとせり固《もと》より斯《か》く無《な》からざるを得《じ》ざるなり

第八百七十八條　繼父《けいふ》、繼母《けいぼ》又ハ嫡母《ちやくぼ》カ親權ヲ行フ場合ニ於テハ次章《じしやう》ノ規定ヲ準用ス

繼父《けいふ》繼母《けいぼ》及び嫡母《ちくぼ》即ち庶子《しよし》より見て父の正妻《ほんさい》が親の權を行ふべき場合は第六章後見《こうけん》の部に記載《きさい》する規定に從《したが》ふと本條に爲《な》したれが其章下《しやうか》の説明《せつめい》を見るべし

第二節　親權ノ效力

親《おや》の權《けん》の效力《かうりよく》とは親の權を行《おこな》ふときは其《それ》より起《おこ》る所の結果《けつくわ》を云ふ詳しきは各條《かくでう》に在り

第八百七十九條　親權ヲ行フ父又ハ母ハ未成年ノ子ノ監護《かんと》及ヒ教育《けういく》ヲ爲ス權利ヲ有シ義務《ぎむ》ヲ負《お》フ

親の權利を行《おこな》ふ父又は母は其二十歳以下《いか》の子の監護《かんと》即ち取締《とりしまり》及び教育《けういく》を爲《な》すべき權利を有《いう》し又義務《ぎむ》もあれば其子の不都合《ふつがふ》なき樣取締をなし子が教育を厭《いと》ふと雖《いへ》ども強《し》ひて爲《な》さしめざるべからず又教育を爲《な》すに付き費用《ひよう》も支拂《しはつ》はざるべからず子が他人に損害《そんがい》を加《くわ》ふることあるときは其損害《そんがい》も償《つくな》はざるべからざるなり

第八百八十條　未成年ノ子ハ親權《しんけん》ヲ行フ父又ハ母カ指定《してい》シタル場所ニ其居所《きよしよ》ヲ定ムルコトヲ要ス但第七百四十九條ノ適用ヲ妨《さまた》ケス

未成年の子は如何《いか》なる所に其居所《きよしよ》を定むべきか本條には親の權を有する父之を行《おこな》ひ若し父が不在《ふざい》なるか又死去《しきよ》したるか家を去《さ》りたる等の場合は母が指定《してい》即ち定めたる場所《ばしよ》に其居所を定むべきなり是れ親《おや》をして其監護《かんご》の權《けん》を行《おこな》はしめんが爲《た》めなり若し子《こ》が其命《めい》に從はずして場所《ばしよ》を轉《てん》ずるときは親は其義務《ぎむ》を免《まぬ》かれ又た戶籍を分離《ぶんり》することを得る此れ第七百四十九條に規定する所にして同條によりて詳《くわし》きを知《し》るべし

第八百八十一條　未成年ノ子カ兵役《へいゑき》ヲ出願《しゆつぐわん》スルニハ親權ヲ行フ父又ハ母ノ許可《きよか》ヲ得ルコトヲ要ス

未成年者の子《こ》が兵役《へいゑき》を願出づるには親の權を行《おこな》ふ父又は母の許《ゆるし》を得るを必要《ひつよう》とする故に是非《ぜひ》共《とも》其許可を得《え》ざれば兵役を願出づることを得《え》ず是れ其監護《かんご》及び教育《けういく》に關《くわん》して利害《りがい》を及ぼすこと大なるを以てなり

第八百八十二條　親權ヲ行フ父又ハ母ハ必要ナル範圍《はんゐ》內ニ於テ自ラ其子ヲ懲戒《ちようかい》シ又ハ裁判所ノ許可ヲ得テ之ヲ懲戒場ニ入ルルコトヲ得

子ヲ懲戒場ニ入ルル期間《きかん》ハ六个月以下ノ範圍《はんゐ》內ニ於テ裁判所之ヲ定ム但此期間ハ父又ハ母ノ請求《せいきう》ニ因リ何時ニテモ之ヲ短縮《たんしゆく》スルコトヲ

得

本條第一項には親《おや》の權《けんり》を行《おこな》ふ父又は母は其子の品行不良《ひんかうふりやう》にして自己《じこ》の命令《めいれい》に服《ふく》せず到底《たうてい》親權を行《おこな》ふこと能《あた》はざるものと考《かんが》へたる場合には必要《ひつよう》なる範圍《はんゐ》内《ない》に於て自《みづか》ら之を懲戒《ちようかい》即ち輕少《けいせう》の體罰《たいばつ》又は監禁《かんきん》を爲し又は裁判所の許可を得て懲戒場《ちようかいぢやう》に入るゝことを得《う》然《しか》らざれば親の權は不良《ふりやう》の子に對しては何の効《かう》も有《あ》らざるなり而して其懲戒場に入るゝ期間《きかん》は六ケ月内にて裁判所が之を定む又其懲戒の期間は父又は母より其短縮《たんしゆく》することを請求《せいきう》するときは何時《なんどき》にても之を短《みじか》くすることが出來《でき》ると第二項に定めたり

第八百八十三條　未成年ノ子ハ親權ヲ行フ父又ハ母ノ許可《きよか》ヲ得ルニ非サレハ職業《しよくげう》ヲ營《いとな》ムコトヲ得ス

父又ハ母ハ第六條第二項ノ場合ニ於テハ前項ノ許可《きよか》ヲ取消シ又ハ之ヲ制限《せいげん》スルコトヲ得

未成年《みせいねん》たる子は猥《みだ》りに職業《しよくげふ》を營《いとな》むことを得ず必ず父母の許《ゆるし》を得たる上《うへ》にあらざれば職業に就《つ》くことを得ざるべし是れ未成年者が隨意《ずい》に職業を營《いとな》み父母に責任《せきにん》を被《かうむ》らしむるを以てなり而して父又は母は一旦《いつたん》職業《しよくげふ》に付き許可《きよか》したるときと雖《いへど》も第六條第二項即ち未成年に許《ゆる》したる職業《しよくげふ》が其未成年者に堪《た》へざる事跡《じせき》あるときは右の許可《きよか》を取消《とりけ》し又は職業の幾分《いくぶん》を減少《げんせう》して營《いとな》ましむることを得るなり

第八百八十四條　親權ヲ行フ父又ハ母ハ未成年ノ子ノ財產ヲ管理シ又其財產ニ關スル法律行爲ニ付キ其子ヲ代表《だいへう》ス但其子ノ行爲ヲ目的トスル債務《さいむ》ヲ生スヘキ場合ニ於テハ本人ノ同意ヲ得ルコトヲ要ス

親權を行《おこな》ふ父又は母は其未成年たる子の財產《ざいさん》を賃貸《ちんたい》し又其財產に關《くわん》する法律行爲《かうゐ》則ち子の財產が腐敗《ふはい》せんときは賣買《ばいばい》する爲めに他人と契約《けいやく》を取結ぶ場合に未成年者を代理《だいり》し而かも未成年者の同意を要せざるなり然れども其子《こ》の行爲《かうゐ》假令《たとへ》ば子を雇人《やとひにん》として差遣《さしつか》すべき場合に於ては其子の同意を得ざるべからず是《こ》れ子の自由《じゆう》を思ひて然るのみならず又人《にん》情《じやう》に悖《もと》るを以て但書《たゞしがき》を加へ親の代理《だいり》權《けん》の濫用《らんよう》を防《ふせ》ぎたるなり

第八百八十五條　未成年ノ子カ其配偶者ノ財產ヲ管理《くわんり》スヘキ場合ニ於テハ親權ヲ行フ父又ハ母之ニ代《かは》リテ其財產ヲ管理ス

本條は未成者が配偶者《はいぐうしや》ある場合に於て其配偶者の財產《ざいさん》は夫たる未成年者に管理《くわんり》を爲さしめずして親たる父又は母が其夫《をつと》に代《かは》りて財產を管理《くわんり》すとなしたる規定《きてい》なり

第八百八十六條　親權ヲ行フ母カ未成年ノ子ニ代ハリテ左ニ揭ケタル行爲ヲ爲シ又ハ子ノ之ヲ爲スコトニ同意スルニハ親族會《しんぞくくわい》ノ同意ヲ得ルコトヲ要ス

「一　營業ヲ爲スコト」

二　借財又ハ保證ヲ爲スコト」

三　不動産《ふどうさん》又ハ重要《ぢうよう》ナル動産ニ關スル權利ノ喪失《そうしつ》ヲ目的トスル行爲ヲ爲スコト

四　不動産又ハ重要ナル動産ニ關スル和解《わかい》又ハ仲裁《ちうさい》契約《けいやく》ヲ爲スコト

五　相續ヲ抛棄《はうき》スルコト」

六　贈與《ぞうよ》又ハ遺贈《ゐぞう》ヲ拒絶《きよぜつ》スルコト

本條は親の權を行《おこな》ふ母が未成年者なる子の代理を爲し又子が爲《な》すことに同意するには更に親族會の同意を得べき場合を規定す則ち(一營業《えいげふ》即ち商業工業を爲す場合(二)借財《しやくざい》又は他人の保證《ほしよう》をなすこと是《と》は未成年者の財産に重大なる影響《えいきやう》を及《およ》はすを以てなり(三)土地《とち》又は家屋《かおく》又は高價《かうか》或は傳來《でんらい》の動産《どうさん》に對する所有權等《しよいうけんとう》を賣買又は交換《かうくわん》を目的《もくてき》となしたるとき(四)土地又は家屋等又は傳來の動産即ち名刀《めいたう》の如き物に付紛議《ふんぎ》あるときに和解《わかい》又は仲裁《ちうさい》即ち誰《たれ》かを指《さ》し定めて其人に托《たく》して紛議を收《をさ》むる契約《けいやく》の如き(五)或る相續《さうぞく》を爲すべきことに定まり居るに其《ソ》れを捨《す》つるとき(六)贈與《ぞうよ》即ち人に物を與《あた》ふこと又は遺贈《ゐぞうゐ》遺言《げん》にて物を與ふること此等を申込まれたるに其れを退《しりぞ》くるときの六個の場合には是非共《ぜひとも》親族會の承諾《しやだく》を經《へ》ざるべからず蓋《けだ》し以上の事柄《ことがら》は凡《すべ》て事重大《ちうだい》に屬《ぞく》すればなり

第八百八十七條　親權ヲ行フ母カ前條ノ規定ニ違反シテ爲シ又ハ同意ヲ與ヘタル行爲ハ子又ハ其法定代理人ニ於テ之ヲ取消スコトヲ得此場合ニ於テハ第十九條ノ規定ヲ準用ス

前項ノ規定ハ第百二十一條乃至第百二十六條ノ適用ヲ妨ケス

親權を行ふべき父又は母は其權限《けんげん》即ち分《ぶん》に過《す》ぎたる事柄を爲し又は前條六個の場合に背《そむ》きて同意を與《あた》へ他人と取結《とりむす》びたる事柄は父又は母若《も》しくは子が之を取消すことを得而して此を取消すには第十九條の規定を準用《じゆんよう》すとあるにより同條《どうでう》に從はざるべからず第二項には其取消を爲したるときは如何《いか》なる效《かう》を生《しやう》ずるかを規定す則ち第百二十一條より第百二十六條に規定したる取消の章に從ふべきものなれば同章《どうしやう》を見るべし

第八百八十八條　親權《しんけん》ヲ行フ父又ハ母ト其未成年ノ子ト利益《りえき》相反《あいはん》スル行爲ニ付テハ父又ハ母ハ其子ノ爲メニ特別《とくべつ》代理《たいり》人《にん》ヲ選任《せんにん》スルコトヲ親族會ニ請求スルコトヲ要ス

父又ハ母カ數人《すにん》ノ子ニ對《たい》シテ親權ヲ行フ場合ニ於テ其一人ト他ノ子トノ利《り》益相反《えきあいはん》スル行爲ニ付テハ其一方ノ爲メ前項ノ規定ヲ準用ス

親の權を行ふ父又は母は其未成年者《みせいねんしや》たる子に對《たい》して代理を爲すものなるを以《も》て其未成年者たる子との間に利益か互《たがい》に反對《はんたい》する行爲《かうゐ》事柄《ことがら》あるときは父又は母は其子の爲《た》めに特別《とくべつ》

に代理人を選《えら》び任《まか》せんことを親族會に請求《せいきう》すべし又數人の子に對して父又は母が親の權を行ふ場合に其子の一人と他《た》の子《こ》との間に利益《りえき》の衝突《しやうとつ》する行爲に付ては其一方の者の爲めに前項を準用し特別《とくべつ》に代理人を選任《せんにん》せざるべからず

第八百八十九條　親權ヲ行フ父又ハ母ハ自己ノ爲メニスルト同一ノ注意ヲ以テ其管理權ヲ行フコトヲ要ス
母ハ親族會ノ同意ヲ得テ爲シタル行爲ニ付テモ其責《せめ》ヲ免《まぬか》ルルコトヲ得ス但母ニ過失《くわしつ》ナカリシトキハ此限ニ在ラス

親の權を行ふ父又は母は其未成年者たる子の財產《ざいさん》を管理《くわんり》し又代理を爲すには如何なる注意を爲すときは可《か》なるかと云かに自分《じぶん》の物を管理すると同じ注意を爲《な》すときは十分なり又母か親族會《しんぞくくわい》の同意を得《え》て子を代表《だいへう》して爲したる事柄に付ても其責《せめ》を免《まぬ》かるゝことを得《え》ず尚《なほ》は其不都合あるときは其責《せめ》に任《にん》せざるべからず然れども母に何等の過失《くわしつ》あらざるときは別段《べつだん》責を負《お》ふに及《およ》ばざるなり

第八百九十條　子カ成年ニ達《たつ》シタルトキハ親權《しんけん》ヲ行ヒタル父又ハ母ハ遲滯《ちたい》ナク其管理ノ計算ヲ爲スコトヲ要ス但其子ノ養育《やういく》及ヒ財產ノ管理ノ費用《ひよう》ハ其子ノ財產ノ收益《しうえき》ト之ヲ相殺シタルモノト看做《みな》ス

子が成年となるときは親の權《けん》を行ひたる父又母は其子が未成年中《みせいねんちう》なしたる管理《くわんり》の計算《けいさん》

速《すみや》かに爲《な》さゞるべからず而《しか》して其子の養育《やういく》に要《えう》したる費用《ひよう》及財產の管理の爲めに入りたる費用は其子の財產の上り高《たか》と差引《さしひき》したるものと看做《みな》す故に何程《なにほど》親が財產管理等《とう》のために費用を入れたるも請求するを得《え》ざるなり

第八百九十一條　前條但書ノ規定ハ無償《むしやう》ニテ子ニ財產ヲ與フル第三者カ反對《はんたい》ノ意思ヲ表示《へうじ》シタルトキハ其財產ニ付テハ之ヲ適用《てきよう》セス

前條但書即ち子の財產の收益と管理及び敎育の費用を差引するとの規則は無償《むしやう》乃ち恩惠《おんけい》にて子に與《あた》へたる者ありて其者が反對《はんたい》の意思即ち右差引《さしひき》は不承知《ふしやうち》なる事を言《い》ひ出《だ》したるときは其財產に付ては差引を爲すべからず此場合は子の敎育の爲めに仕送《しおく》るものなるに若し但書の通り行《おこな》ふに於ては其與《あた》へたる者の精神《せいしん》に背《そむ》けばなり

第八百九十二條　無償《むしやう》ニテ子ニ財產ヲ與フル第三者カ親權ヲ行フ父又ハ母ニシテ之ヲ管理セシメサル意思《いし》ヲ表示《へうじ》シタルトキハ其財產ハ父又ハ母ノ管理ニ屬《ぞく》セサルモノトス

前項ノ場合ニ於テ第三者カ管理《くわんり》者《しや》ヲ指定《してい》セサリシトキハ裁判所ハ子、其親族又ハ檢事《けんじ》ノ請求ニ因リ其管理者ヲ選任《せんにん》ス

第三者カ管理者ヲ指定《してい》セシトキト雖モ其管理者ノ權限《けんげん》カ消滅《せうめつ》シ又ハ

之ヲ改任《かいにん》スル必要アル場合ニ於テ第三者カ更《さら》ニ管理者ヲ指定セサルトキ亦同シ

第二十七條乃至《ないし》第二十九條ノ規定ハ前二項ノ場合ニ之ヲ準用ス

無償《むしやう》にて未成年者たる子《こ》に財産《ざいさん》を與《あた》へたる者が其父又は母をして其與《あた》へたる財産を管理《くわんり》支配《しはい》ぜしめざる旨《むね》を示したるときは其父又は母は管理《くわんり》することを得《え》ざるなり此場合に其與へたるものが管理するものを誰《たれ》なるか定めざるときは裁判所が之れを定む而して子又は親族の者又は檢事《けんじ》より管理者《くわんりしや》の定め方《かた》を請求すべきなり又假令《たとひ》其財産を與《あた》へたる者が管理者を選《えら》び定めたる場合と雖《いへ》ども其管理者の權限《けんげん》即ち管理の期限來《きげんきた》りて權利《けんり》なくなるか又は不都合の点《てん》ありて改任《かいにん》せざるべからざるときに又其財産を與《あた》へたる者が管理者を定《さだ》めざるときは裁判所が之を定むること前述《ぜんじゆつ》の場合と同じ右三個の場合には第二十七條及第二十八條第二十九條の規定《きてい》を準用《じゆんよう》するものなれば同條に於て詳《くわ》しきを知るべし

第八百九十三條　第六百五十四條及ヒ第六百五十五條ノ規定ハ父又ハ母カ子ノ財産ヲ管理スル場合及ヒ前條ノ場合ニ之ヲ準用ス

本條に規定《きてい》する第六百五十四條及第六百五十五條の規定は委任終了《ゐにんしうれう》の場合の規定にして此の規則は父又は母が子の財産《ざいさん》を管理《くわんり》する場合及び前條の場合に準用《じゆんよう》するなり

第八百九十四條　親權ヲ行ヒタル父若《もし》クハ母又ハ親族《しんぞく》會員《くわいゐん》ト其子トノ間ニ財産ノ管理ニ付テ生《しやう》シタル債權《さいけん》ハ其管理權消滅ノ時ヨリ五年間之ヲ行ハサルトキハ時效ニ因リテ消滅ス

子カ未タ成年ニ達《たつ》セサル間ニ管理權カ消滅シタルトキハ前項ノ期間《きかん》ハ其子カ成年ニ達シ又ハ後任《こうにん》ノ法定代理人カ就職《しうしよく》シタル時ヨリ之ヲ起算ス

親の權を行ふ父又は母又は親族會《くわい》の者は未成年者《みせいねんしや》の子の財産に付き管理《くわんり》の權を有《いう》するものなるを以て其管理《くわんり》より生《しやう》じたる金錢上の權利は其管理權が消滅《せうめつ》したる時より五年の間も何等《なんら》の求めを爲さゞるときは時效《じかう》により消滅《せうめつ》し最早《もはや》申立つることを得《う》ざるべし而して子が未成年中に管理《くわんり》する權利が消滅《せうめつ》するときは右の五年の期限《きげん》は其子《こ》が二十年に達《たつ》したる時より計算するか又は後任《こうにん》の法定《はふてい》の代理人《だいりにん》が管理を爲《な》すに至りたる時より計算を立つるなり

第八百九十五條　親權ヲ行フ父又ハ母ハ其未成年《みせいねん》ノ子ニ代《かは》リテ戸主《こしゆ》ノ權《けん》及ヒ親權ヲ行フ

親の權を行ふ父又は母は其子《こ》が未成年《みせいねん》にして戸主なる時は其子《こ》に代りて戸主の權及び親たる權を行ふ蓋《けだ》し未成年者にして親權に服《ふく》しながら他人《たにん》の上親《うへおや》の權《けん》を行ふ不都合《ふつがふ》なるを

以でなり又其子《こ》に代りて戸《こ》主權《しゆけん》を行《おこな》ふも亦同じ理由《りゆう》なり

第三節　親權ノ喪失

親權の喪失《さうしつ》とは親が子に對《たい》して有《いう》する權利を失《うしな》ふことを云ふ其失ふ場合は各條《かくでう》に規定す

第八百九十六條　父又ハ母カ親權ヲ濫用《らんよう》シ又ハ著《いちじる》シク不行跡《ふぎやうせき》ナルトキハ裁判所ハ子ノ親族又ハ檢事《けんじ》ノ請求ニ因リ其親權ノ喪失《さうしつ》ヲ宣告《せんこく》スルコトヲ得

本條は親の權利の濫用《らんよう》を防《ふせ》ぎ併《あは》せて子の利益を保護《ほご》する爲めなり則《すなは》ち親の權利を行ふ父又は母が其親の權を猥《みだ》りに使用《しよう》し又は著《いちじる》しき不行跡《ふぎやうせき》假令《たとへ》ば子の財産の所有權を賣却《ばいきやく》し自分の遊樂《ゆうらく》の資《し》となす如き場合には裁判所は其子の親族《しんぞく》又は檢事《けんじ》の請求により其親の權利の喪失《さうし》即ち親權を失ふものと言渡《いひわた》すことを得《う》此の規定ありてこそ子の利益を全《まつた》ふすることを得又子に其訴權《そけん》を與へざるは名分《めいぶん》の上に於て不都合なればなり

第八百九十七條　親權ヲ行フ父又ハ母カ管理ノ失當ニ因リ其子ノ財産ヲ危《あやよ》クシタルトキハ裁判所ハ子ノ親族又ハ檢事《けんじ》ノ請求ニ因リ其管理權ノ喪失《さうしつ》ヲ宣告《せんこく》スルコトヲ得

父カ前項ノ宣告ヲ受ケタルトキハ管理權ハ家ニ在ル母之ヲ行フ」

親權を行ふ父又は母が其管理《くわんり》が正當《せいたう》ならざるより其子の財産《ざいさん》を危《あやう》うし將《まさ》に元をも失《うしな》はん

とする如き場合には裁判所は其子の親族《しんぞく》又は検事《けんじ》の請求を待ちて管理權を失ふべきものと言渡《いひわた》すことを得而して父が爲す管理《くわんり》にして正當《せいたう》ならざる爲《た》めに右の言渡を受けたるときは其管理《くわんり》の權利は母が之を行ふことになるべし

第八百九十八條　前二條ニ定メタル原因《げんいん》カ止《や》ミタルトキハ裁判所ハ本人又ハ其親族ノ請求ニ因リ失權《しつけん》ノ宣告《せんこく》ヲ取消スコトヲ得

本條は前二條に定めたる原因《げんいん》即ち親權を濫用《らんよう》し又は著《いちじる》しく不行跡《ふぎやうせき》又は其子の財産を危《あやふ》くする等《とう》のことが止《や》まりたるときは裁判所は本人又は親族の請求により親權を失ふとの言《い》渡《わたし》を取消すことを得ると規定したるは固と止《や》むを得《え》ざるより來りたるものなれば其原因《げんいん》止《や》むときは取消を許すは至當《したう》の事と謂《い》ふ可《べ》し

第八百九十九條　親權ヲ行フ母ハ子ノ財産ノ管理《くわんり》ヲ辭《じ》スルコトヲ得

本條の規定は母は子の財産に付其管理《くわんり》を辭《じ》することを得《る》となしなり其《そ》は母は婦人のことなれば父の如く注意《ちうい》の行屆《ゆきとゞ》かざるより其辭退《じたい》を許したるなり

第六章　後見

後見《こうけん》とは親に代《かは》りて其後見せらるゝ者の權利を行ふべきものにして詳細《しやうさい》は各條《かくでう》にあり

第一節　後見ノ開始

後見の開始《かいし》とは如何《いかん》なる場合に後見が始まるかと云ふことなり即ち本節には其後見の開

始する場合を規定するものなり

第九百條　後見ハ左ノ場合ニ於テ開始ス

一　未成年者ニ對シテ親權ヲ行フ者ナキトキ又ハ親權ヲ行フ者カ管理權ヲ有セサルトキ

二　禁治産ノ宣告アリタルトキ

本條は後見人を設《まう》くる場合を規定す(一)未成年者にして親權を行ふべき父又は母のあらざるとき又親の權を行ふ者か子の財産に付き管理即ち支配《しはい》する權を有《いう》せざるとき(二)禁治産《きんぢさん》即ち精神《せいしん》を失ひ是非《ぜひ》の區別《くべつ》が出來ざる場合又前の言渡《いひわたし》を受《う》けて其財産を支配《しはい》す可からざる言渡を受けたるとき此二個の場合に於て後見《こうけん》を設《まう》くるものとし

第二節　後見ノ機關

後見の機關《きくわん》とは後見を爲すに付て要《えう》する人にして則ち此《こ》れ無くんば後見の效《かう》を擧《あ》ぐること能《あた》はざるものなり其機關《きくわん》は後見人後見監督人《かんとくにん》及び親族會とす親族會は第七章に在り

第一款　後見人

先《ま》づ後見人の事を規定し後ち後見監督人を規定するは至當《したう》なるを以て後見人を先《さき》にせり

第九百一條　未成年者ニ對シテ最後《さいご》ニ親權ヲ行フ者ハ遺言ヲ以テ後見人ヲ指定スルコトヲ得但シ管理權ヲ有セサル者ハ此限ニ在ラス

親權ヲ行フ父ノ生前ニ於テ母カ豫《あらかじ》メ財産ノ管理ヲ辭《じ》シタルトキ父ハ前項ノ規定ニ依リ後見人ノ指定ヲ爲スコトヲ得

本條は未成年者《みせいねんしや》は十分の智識《ちしき》を備《そな》ふるものにあらざれば其利益を保護《ほご》する爲めに最後《さいご》に親の權を行ふ者即ち父が先《さ》きに死《し》すれば母、又母が先《さ》きに死《し》するときは父が遺言《ゐげん》にて後見人を定め置くことを得然れども若し父先《さ》きに死し母管理《くわんり》の權を有せざるときは父は遺言にて定め置《お》かざる可からず若し父の生前《せいぜん》に於て母が財産の管理するを辭退《じたい》したるときは到底《たうてい》母に後見人の職務《しよくむ》を任《にん》ずることを得ざるを以て前項より父は後見人を指《さ》し定《さだ》めざるべからず

第九百二條　親權ヲ行フ父又ハ母ハ禁治産者ノ後見人ト爲ル

妻カ禁治産ノ宣告《せんこく》ヲ受ケタルトキハ夫其後見人ト爲ル夫カ後見人タラサルトキハ前項ノ規定ニ依ル

夫カ禁治産ノ宣告ヲ受ケタルトキハ妻其後見人ト爲ル妻カ後見人タラサルトキ又ハ夫カ未成年者ナルトキハ第一項ノ規定ニ依ル

本條第一項は禁治産者《きんぢさんしや》に對《たい》する後見人を規定す即ち禁治産者の父又は母が後見人と爲る第二項は妻《さい》が禁治産の言渡《いひわたし》を受けたるときは夫は其後見人と爲る夫が後見人と爲らざるときは其父又は母が後見人《こうけんにん》となる第三項は夫が禁治産の言渡《いひわたし》を受けたるときは妻は夫の

後見人と爲《な》り妻後見人たらず又夫が二十歳《さい》以下なるとき其父又は母が後見人と爲《な》る夫婦の禁治《きんち》産《さん》の場合に夫婦をして後見たるを父母《ふぼ》より先きに爲《な》したるは夫婦間《かん》には特別《とくべつ》の關《くわん》係《けい》わるを以てなり

第九百三條　前二條ノ規定ニ依リテ家族《かぞく》ノ後見人タル者アラサルトキハ戸主其後見人ト爲ル

本條は前二ヶ條により家族《かぞく》の後見人たる者あらざるとき則ち遺言《ゐごん》にて後見人を定めず或は父母夫妻の何《いづ》れもなき場合あり此場合には戸主《こしゆ》其後見人となる戸主未成年者なるときは其未成年者の後見人《こうけんにん》がなるか或は親族《しんぞく》會にて之を定むなり

第九百四條　前三條ノ規定ニ依リテ後見人タル者アラサルトキハ後見人ハ親族會之ヲ選任ス

前三條の規定によりて後見人《こうけんにん》の指定《してい》あらざるときは親族會に於て選任《せんにん》を爲すなり

第九百五條　母カ財産ノ管理ヲ辭《じ》シ、後見人カ其任務《にんむ》ヲ辭シ、親權ヲ行ヒタル父若《も》クハ母カ家ヲ去《さ》リ又ハ戸主カ隱居《いんきよ》ヲ爲シタルニ因リ後見人ヲ選任《せんにん》スル必要ヲ生シタルトキハ其父、母又ハ後見人ハ遲滯《ちたい》ナク親族會ヲ招集《せうしふ》シ又ハ其招集ヲ裁判所ニ請求スルコトヲ要ス

母が財産の支配《しはい》を辭退《じたい》し又後見人が其後見の任務《にんむ》を斷《ことは》り親の權を行ひたりし父若《もし》くは母

が離婚等にて家を去《き》り又戸主が隱居《かんきよ》を爲《ゐ》したるに因り其未成年者又禁治《きんぢ》産者《さんしん》に對《たい》する後見を選任《せんにん》する必要《ひつえう》出來たるときは其父母又は後見人は速かに親族會を集《あつ》め又集まらざるときは裁判所に願ひ出で招集《せうしふ》を爲すことを得るなり

第九百六條 後見人ハ一人タルコトヲ要ス

後見人は一人たるべきものと本條に定めたり蓋《けだ》し二人以上の後見人あるときは其意見《いけん》二途《と》に分《わか》れ却《かへつ》て紛擾《ふんじやう》を増《ま》すに至るべき理由なり

第九百七條 後見人ハ婦女ヲ除《のぞ》ク外左ノ事由アルニ非サレハ其任務ヲ辭スルコトヲ得ス

一　軍人トシテ現役《げんえき》ニ服《ふく》スルコト

二　被後見人ノ住所ノ市又ハ郡《ぐん》以外ニ於テ公務ニ從事スルコト

三　自己ヨリ先《さき》ニ後見人タルヘキ者ニ付キ本條又ハ次條ニ掲《かゝ》ケタル事由ノ存セシ場合ニ於テ其事由カ消滅《せうめつ》シタルコト

四　禁治産者《きんぢさんしや》ニ付テハ十年以上後見ヲ爲シタルコト但配偶者、直系血族及ヒ戸主ハ此限ニ在ラス

五　此他正當《せいたう》ノ事由

後見人として選任《せんにん》せられたるときは婦女子《ふちよし》の外は本條規定の理由《りゆう》あらざれば其任《にん》を辭《じ》す

ることを得ざるべし則ち其場合は一軍人《ぐんじん》として現在役務に服《ふく》するときは到底此多忙《たうていこのたばう》の職務《しよくむ》の外餘暇《よか》なければなり(二)被《ひ》後見人即ち未成年者及び禁治《きんぢ》産者《さんしや》の住所の市又は郡の外にて公務即ち町村役場の役の如き職務に在るとき(三)自分より先きに後見人となるべき者なるに本條の事故《じこ》又は次ぎの條の事故により後見人とならざりしが最早《もはや》其事由《じいう》消滅して今は後見人となるに差支《さしつかへ》のなきとき(四)禁治産者の後見を十年以上も爲《な》したるとき但配偶者《はいぐうしや》又直系の血族《けつぞく》戸主たるものは十年以上なしたるとて辭《じ》することを得ず(五)以上四個の場合の外に後見人たる任務《にんむ》を辭《じ》するに足《た》る正當《せいたう》の理由あるとき此五個の場合に於て辭することを得而して婦人を除《のぞ》きたるは我國慣例《くわんれい》に於て此《かく》の如くするを至當《したう》と見たるならん

第九百八條　左ニ掲《かゝ》ケタル者ハ後見人タルコトヲ得ス

一　未成年者
二　禁治産者及ヒ準禁治産者
三　剝奪《はくだつ》公權者《こうけんしや》及ヒ停《てい》止公權者
四　破産者《はさんしや》
五　裁判所ニ於テ免黜《めんちゆつ》セラレタル法定代理人又ハ保佐人
六　被後見人ニ對シテ訴訟《そしよう》ヲ爲シ又ハ爲シタル者及ヒ其配偶者竝《ならび》ニ直系血族

七　行方《ゆくゑ》ノ知レサル者

八　裁判所ニ於テ後見ノ任務《にんむ》ニ堪《た》ヘサル事跡《じせき》、不正ノ行爲又ハ著シキ不行跡アリト認メタル者

本條は後見人と爲ることを得ざるものを定む則ち(一)未成年者此者は自分にも後見人あるものなれば人の後見を爲《あ》す能《あた》はざるは當然《たうぜん》の事なり(二)禁治《きんち》産者《さんしや》即ち精神《せいしん》を失ひ居るもの及び準禁治産者則ち啞盲《おしめくら》の如きものは自分も尙は人より世話《せわ》せらるゝものなれば後見人となる能はざるなり(三)剝奪《はくだつ》公權乃ち重罪の刑に處《しよ》せられたる場合に於て公權を取り上げられたる者及び停止《ていし》公權者則ち輕罪《けいざい》に處せられたる者が其公權を行《おこな》ふを止《や》められたる者(四)裁判所に於て其管理等《くわんりとう》が不都合とて法定の代理《だいり》又は保佐《ほさ》たる職務《しよくむ》を免《めん》じ黜《しりぞ》けられたるもの(五)破産者則ち或る商業《しやうげふ》に附失敗《しつぱい》し俗《ぞく》に身代限《しんだいかぎり》を爲《あ》したる者(六)被後見人即ち後見をせらるゝ者に向ふて訴訟を起《おこ》し居る者《を》又既に訴訟を爲《あ》したる者及び其配偶者《はいぐうしや》尙子孫此等は多《た》少恨《せうらみ》を有し公平《こうへい》を欠《か》くの恐《おそれ》あり(七)行方の知れざる者(八)裁判所にて後見の務を爲すことを得ざる者又正《たゞ》しからざる行《おこなひ》ある者又世間《せけん》に知れ渡りたる不始末《ふしまつ》のある者此の八個の場合に於て後見人となることを得ずと定めたるは至當《したう》の事と謂《い》ふ可し

第九百九條　前七條ノ規定ハ保佐人《ほさにん》ニ之ヲ準用《じゆんよう》ス

保佐人又ハ其代表《たいへう》スル者ト準禁治産者トノ利益《りえき》相反《あいはん》スル行爲《かうゐ》ニ付テ

ハ保佐人ハ臨時《りんじ》保佐人ノ選任《せんにん》ヲ親族會ニ請求スルコトヲ要ス

本條第一項は第九百二條以下本條迄《まで》の規定は保佐人と後見人とに區別《くべつ》わらざれば尙《なほ》は保佐人《さにん》にも用ゐるとなしたり而《しかう》して保佐人は禁治産者の利益を保護《ほご》する爲めに設《まう》くるものなり而して保佐人と又或る者を代理《だいり》する者と準禁治産者との利益相反《あいはん》し一方の爲《た》めにせんとすれば他の者の爲《た》めに不利益《ありえき》となるべきときは保佐人は一時《いちじ》の保佐人の選任《せんにん》を親族會に求《もと》めざるべからず然らざれば保佐《ほさ》せらるゝ者は損害《そんがい》を受くるに至《いた》らん

第二款 後見監督人《こうけんかんとくにん》

後見監督人《かんとくにん》とは後見人か果《はた》して能《よ》く後見人の職《しよく》を盡《つく》すや否《いなや》を取締《とりしま》る爲めに設《まう》くるものにして後見に關《くわん》し必要《ひつえう》なる機關《きくわん》なり

第九百十條 後見人ヲ指定スルコトヲ得ル者ハ遺言ヲ以テ後見監督人ヲ指定スルコトヲ得

後見人を指定《してい》するを得る者即ち父又は母の如き者は遺言《ゐげん》を以て後見《こうけん》を取締る人を指定《してい》し置くことを得若《も》し斯《か》くせざるときは不都合の者が監督人《かんとくにん》となるに至《いた》らん

第九百十一條 前條ノ規定ニ依リテ指定シタル後見監督人ナキトキハ法定後見人又ハ指定後見人ハ其事務ニ著手スル前親族會ノ招集ヲ裁判所ニ請求シ後見監督人ヲ選任セシムルコトヲ要ス若シ之ニ違反シ

タルトキハ親族會ハ其後見人ヲ免黜《めんちゅつ》スルコトヲ得

親族會ニ於テ後見人ヲ選任《せんにん》シタルトキハ直《たゞ》ニ後見監督人ヲ選任スルコトヲ要ス

前條の規定あるに後見監督人《かんとくにん》の無《な》きときは如何にするか則ち法定の後見人父又は母か若《も》しくは指定後見人法定後見人が其職《しょく》を止《とゞ》められたるときに指《さ》し定めたる者又は父母か遺《ゐ》言《ごん》にて定めたる後見人は其後見の事務《じむ》に手を着《つ》くる前以て親族會の集《あつ》まるべきことを裁判所に申出で、後見監督人を選任《せんにん》せざるべからず若《も》し斯《か》くせざるときは親族會其後見人を止《や》めしむるを得而《しか》して親族會に於て後見人を選《えら》びたるときは直《す》ぐに後見監督人を選ばざる可からず此れ被《ひ》後見人の利益《りえき》を思ふて斯《か》くは定めたるなり

第九百十二條　後見人就職《じゅしょく》ノ後後見監督人ノ缺《か》ケタルトキハ後見人ハ遲滯《ちたい》ナク親族會ヲ招集《せうしふ》シ後見監督人ヲ選任《せんにん》セシムルコトヲ要ス此場合ニ於テハ前條第一項ノ規定ヲ準用ス

後見人が其後見の職《しょく》に就《つ》きたる後に於て若《も》し後見監督人の辭任《じにん》するか其他の事理《じり》により欠《か》けたるときは後見人は速《すみや》かに親族會を集會《しふくわい》せしめ後見監督人を選《えら》ばざるべからず若し選《えら》はざるときは後見人を止《や》めしむ可《べ》きなり

第九百十三條　後見人ノ更迭《かうてつ》アリタルトキハ親族會ハ後見監督人ヲ改

選スルコトヲ要ス但前後見監督人ヲ再選スルコトヲ妨ケス

新後見人カ親族會ニ於テ選任《せんにん》シタル者ニ非サルトキハ後見監督人ハ遲滯《ちたい》ナク親族會ヲ招集シ前項ノ規定ニ依リテ改選ヲ爲サシムルコトヲ要ス若《も》シ之ニ違反《ゐはん》シタルトキハ後見人ノ行爲《かうゐ》ニ付キ之ト連帶《れんたい》シテ其責《せめ》ニ任《にん》ス

後見人が更迭《かうてつ》即ち代《かは》りたるときは親族會は後見監督人を改正《かいせい》せざるべからず是れ後見人の年齡及經歷《けいれき》等を考へ後見監督人《かんとくにん》を定めたるものなれば後見人の代ると同時に代《かは》らしむるは至當の事と謂《い》ふ可し然れども前きの後見監督人が再び選《えら》ばるゝも敢《あへ》て差支あらざるべし新《あら》たに爲りたる後見人が親族會《くわい》の選任にあらざるときは後見監督人は猶豫《いうよ》なく親族會を集《あつ》め前項の規定により後見監督人の改選《かいせん》を爲さしめざる可からず若し斯く爲《な》さゞるときは後見人の爲したる事件《じけん》に付ては連帶《れんたい》即ち同一の責任《せきにん》を負《お》はざるべからず

第九百十四條　後見人ノ配偶者、直系血族又ハ兄弟姉妹ハ後見監督人タルコトヲ得ス

後見人の夫又は婦又は子孫《しそん》又は兄弟姉妹《けいていしまい》は後見監督人と爲ることを得ざるべし并《そ》は此等の者が後見監督人となるも十分の効《かう》なからんとて斯くは定めたるなり

第九百十五條　後見監督人ノ職務《しよくむ》左ノ如シ

一　後見人ノ事務《じむ》ヲ監督《かんとく》スルコト

二　後見人ノ缺《か》ケタル場合ニ於テ遲滯《ちたい》ナク其後任者ノ任務ニ就クコトヲ促《うなが》シ若シ後任者ナキトキハ親族會ヲ招集《せうしふ》シテ其選任ヲ爲サシムルコト

三　急迫《きふはく》ノ事情アル場合ニ於テ必要ナル處分ヲ爲スコト

四　後見人又ハ其代表《だいへう》スル者ト被後見人トノ利《り》益《えき》相反《あひはん》スル行爲ニ付キ被後見人ヲ代表スルコト

本條後見監督人の職務《しよくむ》即ち仕事《しごと》を規定す(一)後見人の爲すべき事柄《ことがら》は正《ただ》しきものなるか否《いな》やを取締ること(二)後見人が欠けて有《あ》らざる場合に速かに其後の者が後見人となるべきことを催促《さいそく》し若し後《のち》に後見人となるものあらざるときは親族會を招《まね》き集め後見人を選《えら》ばしむること(四)後見人又は其代理《だいり》する者と後見せらるゝ者との利益互《たがひ》に相反《あひはん》し後見人の爲めにするときは被後見人の不利益《ふりえき》となり之に反《はん》すれば後見人の不利益となるときは被後見人を代理《だいり》することの四個の職務《しよくむ》なり

第九百十六條　第六百四十四條、第九百七條及ヒ第九百八條ノ規定ハ後見監督人ニ之レヲ準用ス

本條は第六百四十四條即ち委任《ゐにん》を受けたるものが其委任に付《つい》ての注意《ちうい》を規定したる條に

して第九百七條は後見人は其後見を辭《ことは》することを得《え》ざる旨《むね》を規定したる條にして第九百八條は後見人となることを得《え》ざるものを規定したる條にして此三條も後見監督人に準用《じゆんよう》すとあるを以て後見監督人は其監督《かんとく》に付ては善良《ぜんりやう》なる注意を爲《な》さゝるべからず又猥《みだ》りに監督を辭《ことは》することを得《え》ざるは勿論《もちろん》又何人にても後見監督人と爲ることを得ざるべし

第三節　後見ノ事務

本節には後見人《こうけんにん》の事務《じむ》即ち其仕事《しごと》を規定す

第九百十七條　後見人ハ遲滯《ちたい》ナク被後見人ノ財産ノ調査《てうさ》ニ著手《ちやくしゆ》シ一个月内ニ其調査ヲ終ハリ且其目錄ヲ調製スルコトヲ要ス但此期間ハ親族會ニ於テ之ヲ伸長《しんちやう》スルコトヲ得

財産ノ調査及ヒ其目錄《もくろく》ノ調製ハ後見監督人ノ立會《たちあひ》ヲ以テ之ヲ爲スニ非サレハ其效ナシ

後見人カ前二項ノ規定ニ從ヒ財産ノ目錄ヲ調製セサルトキハ親族會ハ之ヲ免黜《めんちゆつ》スルコトヲ得

後見人は其選任《せんにん》を受くるや否《いあ》や速《すみや》かに被後見人即ち未成年者又は禁治産者の財産は何程有るか又其産は家屋土地なるか其收益《しうえき》は一月《ひとつき》に何程上《あ》がるか等を取調べ其目錄を作《つく》らざる可からず又目錄は一ヶ月の間に作り終らざる可からざるなり然れども親族會に於て

財産多くして此の時日《じじつ》に目錄の出來上《できあが》ること困難と見るときは一ヶ月を延ばすことを得べし而して其目錄《もくろく》を作り又財産の取調を爲すには後見監督人の立會《たちあひ》わりて爲《な》したるにわらざれば無効なり并《そ》は或は不正《ふせい》の事生《しやう》ぜんを恐《おそ》れてなり法律は斯《か》くの如く後見人の職務を爲すに付規定したるにも拘《かゝは》らず後見人此規定に從《したが》はざるときは親族會は後見人を罷《や》めしむるを得るなり

第九百十八條　後見人ハ目錄ノ調製ヲ終ハルマデハ急迫ノ必要アル行爲ノミヲ爲ス權限ヲ有ス但之ヲ以テ善意ノ第三者ニ對抗スルコトヲ得ス

後見人は目錄の調製《てうせい》を終《を》はる迄打ち捨《す》て置くときは損害《そんがい》を被後見人の財産に生ずる恐れあるときは其急迫《きふはく》なる事柄丈けを管理《くわんり》する權利を有す但し目錄の作成《さくせい》なきとて何事も知らざる善意《ぜんい》の第三者を害《がい》することを得ざるべし則ち第三者は後見人は通常の權限《けんげん》あると信《しん》じ取引したるに後日《ごにち》に至り其取引の當時《たうじ》に目錄の調製《てうせい》なかりしとて其取引を無效とし又は取消さるゝときは頗《すこぶ》る迷惑《めいわく》を感ずるにより本條に但書を設《まう》けたるなり

第九百十九條　後見人カ被後見人ニ對シ債權《さいけん》ヲ有シ又ハ債務《さいむ》ヲ負フトキハ財産ノ調査ニ著手スル前ニ之ヲ後見監督人ニ申出ツルコトヲ要ス」

後見人カ被後見人ニ對シ債權ヲ有スルコトヲ知リテ之ヲ申出テサルトキハ其債權ヲ失フ

後見人カ被後見人ニ對シ債務ヲ負フコトヲ知リテ之ヲ申出テサルトキハ親族會ハ其後見人ヲ免黜スルコトヲ得

本條は後見人が被後見人に向《むか》ふて債權《さいけん》を有するか又債務《さいむ》則ち金錢《きんせん》或は其他の物件《ぶつけん》を借り居るときは被後見人の財産《ざいさん》の取調に手を着《つ》くろ前に其由を後見監督人に申出で承知を爲さしめ置《お》くべし然るに其債權《さいけん》の有ることを後見監督人《こうけんかんとくにん》に申出でざるときは其債權は後に至りて請求《せいきう》することを得ず又債務《さいむ》を負《お》ふたるときに其事を後見監督人に申出でざるときは親族會は其後見人を罷《や》めしむるを得《う》蓋《けだ》し後見人と被後見人との債權債務混同《こんどう》じ被後見人の迷惑《めいわく》と爲ることも往々有る可きことなれば斯《か》る規定を設《まう》けたるなり

第九百二十條　前三條ノ規定ハ後見人就職《じうしよく》ノ後被後見人カ包括《はうくわつ》財産ヲ取得シタル場合ニ之ヲ準用ス

前述したる前三條の規定は後見人が其後見《こうけん》の職《しよく》に就《つ》きたる後に於て被後見人たる未成年者又禁治産者が包括《はうくわつ》財産則ち此土地此家屋を指《さ》し定めずして動産不動産を一と纏《まと》めとしたる財産にして此財産《ざいさん》を得たる場合に適用《てきよう》するものとなしたるを以て目錄《もくろく》の調製及び債權債務の申出でを爲さゞるべからざるなり

第九百二十一條　未成年者ノ後見人ハ第八百七十九條乃至第八百八十三條及ヒ第八百八十五條ニ定メタル事項《じかう》ニ付キ親權《しけん》ヲ行フ父又ハ母ト同一ノ權利義務《ぎむ》ヲ有ス但親權ヲ行フ父又ハ母カ定メタル敎育《けうく》ノ方法及ヒ居所ヲ變更《へんかう》シ、未成年者ヲ懲戒場《ちようかいぢやう》ニ入レ、營業ヲ許可シ、其許可《きよか》ヲ取消シ又ハ之ヲ制限《せいげん》スルニハ親族會ノ同意ヲ得ルコトヲ要ス

未成年者のみに付ての後見人は如何《いか》なる權利義務を其未成年者に有するかと云ふに則ち第八百七十九條乃至《ないし》第八百八十三條及び第八百八十五條に定めたる事柄《ことがら》に付其未成年の親たる父又母と同一の權利及《およ》び義務を有す故に後見人は未成年に對《たい》し監護《かんご》及び敎育を爲さゞる可からず又居所を指定《してい》するの權等を有するなり然れども既《すで》に親の權を行ふ父又は母が定め置ける敎育《けういく》の仕方《しかた》又居所を變《へん》じ又は未成年者を懲戒場《ちやうかいぢやう》に入れ營業《えいげふ》を許《ゆる》し其既《すで》に許したる營業を取消し又其營業に付資本《しほん》を減《げん》ずるとか二種の商業を一種に爲す如き場合には親族會の同意を得て之を爲さゞるべからざるなり

第九百二十二條　禁治產者ノ後見人ハ禁治產者ノ資力《しりよく》ニ應《おう》シテ其療養《れうやう》看護《かんご》ヲ力《つと》ムルコトヲ要ス

禁治產者ヲ瘋癲病院《ふうてんびやうゐん》ニ入レ又ハ私宅ニ監置スルト否トハ親族會ノ同

意ヲ得テ後見人之ヲ定ム」

禁治《きんち》産者《さんしや》即ち精神《せいしん》を失《うしな》ひたる者に付する後見人は其禁治産者の身代《しんだい》の多少《たせう》を斗《はか》り其病氣の療養又介抱《かいはう》を爲さゝるべからず又禁治産者を瘋癲《ふうてん》病院即ち氣違《きちが》ひ病院に入院せしめ又は一己《いつこ》人《じん》の家に監置《かんち》即ち入れ置くと否《いな》やとは親族會の同意ありて後ち後見人之を決定すと規定したるは此等の事は重大なるを以てなり

第九百二十三條　後見人ハ被後見人ノ財産ヲ管理シ又其財産ニ關スル法律行爲ニ付キ被後見人ヲ代表ス

第八百八十四條但書ノ規定ハ前項ノ場合ニ之ヲ準用ス

後見人は被後見人たる未成年者及び禁治《きんち》産者《さんしや》の財産を支配《しはい》し他人に賃貸《ちんがし》を爲し其收益《しうえき》を納《おさ》め又財産に關《くわん》する法律行爲《かうゐ》假令《たと》へば金錢を他人に貸渡す如きことに付被後見人を代理す故《ゆゑ》に後見人が爲《あ》したる事柄は皆有効となるなり又第八百八十四條の但書は子の行爲を目的とする事に付ては親は其子の同意を必要としたる條にして親子の間に於てすら然り況《ま》して後見人の場合は一層《そう》強《つよ》き同意を要すべきなり

第九百二十四條　後見人ハ其就職ノ初ニ於テ親族會ノ同意ヲ得テ被後見人ノ生活、教育又ハ療養看護及ヒ財産ノ管理ノ爲メ毎年費スヘキ金額ヲ豫定スルコトヲ要ス前項ノ豫定額《よていがく》ハ親族會ノ同意ヲ得ルニ非サレハ之ヲ變更スルコトヲ得ス但已《や》ムコトヲ得サル場合ニ於テ豫定額《よていがく》ヲ超《こ》ユル金額ヲ支出スルコトヲ妨ケス

後見人は其後見と爲《な》るべき初《はじめ》に親族會の同意を得て被後見人たる未成年者及び禁治産者の生活《せいくわつ》に付ての入費《にふひ》及教育《けういく》に付ての入費禁治産者には病氣療養介抱《れうやうかいはう》に付ての費用其他財産を支配するに關《くわん》し年々費《つひ》やすべき金額を前以て定め置くことを得るなり而して一旦《いつたん》定めたる金額は猥《みだ》りに變更《へんかう》することを得ず之を變《へん》ぜんとするには必ず親族會の同意を得ざるか可らざるなり然《しか》れども事急《きふ》にして親族會の同意を得るの暇《いとま》あらざるときは其豫《あらかじ》め定めたる金額を變更《へんかう》することを得るなり

第九百二十五條　親族會ハ後見人及ヒ被後見人ノ資力《しりよく》其他ノ事情《じじやう》ニ依リ被後見人ノ財産中ヨリ相當《さうたう》ノ報酬《ほうしう》ヲ後見人ニ與フルコトヲ得但後見人カ被後見人ノ配偶者《はいぐうしや》、後系血族又ハ戸主ナルトキハ此限ニ在ラス

本條は後見人に報酬《はうしう》則ち俗《ぞく》に云ふ禮物《れいもつ》を與ふ可きことの規定にして則ち親族會に於ては後見人の身代の輕重《けいぢう》被後見人の身代の輕重尚《なほ》其他後見事務に關《くわん》し非常《ひじやう》の手數を入れたる等《など》の事情《じじやう》あるときは其等を取調べ其に相當《さうたう》する物を與ふることを得るも若し後見人が被

後見人の夫婦《ふうふ》たるか又は子孫《しそん》なるか又は戸主なるときは報酬《はうしう》を與ふるに及ばざるなり此等の者は其後見の事務《じむ》を取るべきは當然《たうぜん》なるを以てなり

第九百二十六條　後見人ハ親族會ノ同意ヲ得テ有給ノ財產管理者ヲ使用スルコトヲ得但第百六十條ノ適用ヲ妨ケス

後見人は親族會の同意有るときは給料を與へ被後見人の財產を管理《くわんり》するものを使用《しよう》することを得此場合に於て後見人の責任如何《せきにんいかん》と云ふに本條但書《たゞしがき》に第百六條云々《しか〴〵》とあり故に同條により其管理《くわんり》せしむる者の行に付被後見人に向ふて責《せめ》に任《にん》せざるべからず

第九百二十七條　親族會ハ後見人就職《じうしよく》ノ初ニ於テ後見人カ被後見人ノ爲メニ受取リタル金トカ何程ノ額ニ達セハ之ヲ寄託《きたく》スヘキカヲ定ムルコトヲ要ス

後見人カ被後見人ノ爲メニ受取リタル金錢カ親族會ノ定メタル額ニ達スルモ相當ノ期間內《きかんない》ニ之ヲ寄託セサルトキハ其法定利息ヲ拂フコトヲ要ス

金錢ヲ寄託スヘキ場所ハ親族會ノ同意《どうい》ヲ得テ後見人之ヲ定ム

親族會は後見人が其後見の職《しよく》に就《つ》く初《はじめ》に被後見人の金錢を如何程《いかほど》の高まで受取るときは其高以上のものは銀行其他の所へ預くべきことを定め置くべしと第一項に規定せり第二

項には後見人が被後見人《ひこうけんにん》のために受取りたる金錢親族會の定めたる額《たか》を越《こ》え居《を》るに相當の期限内に寄託《きたく》即ち預《あづ》け入れを爲さゞるときは法律上に定めたる利子を支拂《しはら》はざるべからずと是れは被後見人の財産《ざいさん》より利益《りえき》を得るに至るを以てなり而して其金錢を寄託すべき場所は時に閉店等《へいてんとう》の恐《おそ》れあれば親族會の同意を得て後見人之を定むべきなり

第九百二十八條　指定《してい》後見人及ヒ選定後見人ハ毎年少クトモ一回被後見人ノ財産ノ狀況《じやうきやう》ヲ親族會ニ報告スルコトヲ要ス

親《おや》の權を行ふ者が指《さ》し定めたる後見人又は後見監督人及び親族會が選定《せんてい》したる後見人は毎年少くとも一回被後見人たる者の財産の狀況《じやうきやう》則ち如何《いか》に成《な》り行《ゆ》きつゝあるか其有樣《ありさま》を親族會に報告《はうこく》し置くべきものとなせり是其管理《くわんり》の私なからんことを欲《ほつ》してなり

第九百二十九條　後見人カ被後見人ニ代《か》ハリテ營業若《えいげふもし》クハ第十二條第一項ニ掲《かい》ケタル行爲《かうゐ》ヲ爲シ又ハ未成年者ノ之ヲ爲スコトニ同意《どうい》スルニハ親族會ノ同意ヲ得ルコトヲ要ス但元本《げんぽん》ノ領收《りやうしう》ニ付テハ此限ニ在ラス

後見人が被後見人に代《か》はり營業《えいげふ》をなし又第十二條一項に規定する所の第一號より第九號迄の事項を爲《な》し又未成年者が其事柄《ことがら》を爲すことに同意するには親族會《しんぞくくわい》の同意を得ることゝ爲たるは事重大に屬《ぞく》し時に未成年に損害《そんがい》を與へんを恐れてなり然るに第一號前件《ぜんけん》の元《げん》

元《がん》本を受取りたるとて被後見人たる幼者《ようしや》に損害を與ふるの恐《おそ》れなきを以て但書に元本を領《りやう》收《しう》するには親族會の同意を要《よう》せずとなしたり

第九百三十條　後見人カ被後見人ノ財産又ハ被後見人ニ對スル第三者ノ權利ヲ讓受《ゆづりう》ケタルトキハ被後見人ハ之ヲ取消スコトヲ得此場合ニ於テハ第十九條ノ規定ヲ準用ス

前項ノ規定ハ第百二十一條乃至《ないし》第百二十六條ノ適用《てきよう》ヲ妨《さまた》ケス」

後見人が被後見人の動産《どうさん》若くは不動産又は第三者たる他人が未成年者《みせいねんしや》若くは禁治産者《きんちさんしや》に對《たい》して賣上げ代金或は貸金の權利を讓《ゆづ》り受けたるときは被後見人は其讓受を取消すことを得此場合には第十九條の規定を準用して取消を爲すべきなり而して此の規定は第百二十一條より第百二十六條を適用《てきよう》すべきものにして固《もと》より言《いふ》を待《ま》たざれども疑《うたがひ》を避《さ》け爲《ため》めに斯く規定したるものなり

第九百三十一條　後見人ハ親族會ノ同意ヲ得ルニ非サレハ被後見人ノ」財産ヲ賃借《ちんしやく》スルコトヲ得ス

後見人は親族會の承知を得ざれば被《ひ》後見人の財産を賃借《ちんがり》することを得ざるなり故に動産《どうさん》にせよ不動産にせよ凡《すべ》ての親族會の承知《しやうち》なければ借《か》ることを得ざるべし斯《か》くせざるときは其賃料に付ても種々の面倒《めんだう》なることと起《おこ》るに至ればなり

第九百三十二條　後見人カ其任務《にんむ》ヲ曠《むなし》クスルトキハ親族會ハ臨時管理人ヲ選任《せんにん》シ被後見人ノ責任《せきにん》ヲ以テ被後見人ノ財産ヲ管理《くわんり》セシムルコトヲ得

後見人が其任務《にんむ》を曠《むなし》くするとき則ち十分の注意《ちうい》十分の支配を爲さゞるときは親族會は臨《りん》時の管理人《くわんりにん》を選《えら》び其管理人のなしたる事項に付不都合の事あるときは其責任《せきにん》は後見人に引受けしめ以て被《ひ》後見人の財産を管理《くわんり》せしむることを得るなり是れ踏《とく》に過《す》ぐるが如き思わるも畢竟《ひつきやう》後見人自分の怠《おこた》りより來たるものなれば致方《いたしかた》なし

第九百三十三條　親族會ハ後見人ヲシテ被後見人ノ財産《ざいさん》ノ管理及ヒ返《へん》還《くん》ニ付キ相當ノ擔保《たんぽ》ヲ供《きよう》セシムルコトヲ得

後見人は被《ひ》後見人の財産を管理《くわんり》し及び預《あづか》り居るものなれば或は損害を被後見人に加《くは》ふるかも知れざれば親族會に其損害《そんがい》を豫防《よぼう》する爲めに相當の擔保《たんぽ》即ち相當を引當《ひきあて》を後見人より入れしむることを得るとなしたり其擔保は不動産《ふどうさん》なるか動産なるか一に親族會に任《まか》したれば茲《こゝ》に明言《めいげん》することを得ざるなり

第九百三十四條　被後見人カ戸主《こしゆ》ナルトキハ後見人ハ之ニ代《かは》ハリテ其權利ヲ行フ但家族ヲ離籍《りせき》シ、其復籍ヲ拒《こば》ミ又ハ家族カ分家ヲ爲シ若クハ廢絶家《はいぜつか》ヲ再興スルコトニ同意スルニハ親族會ノ同意ヲ得ルコト

ヲ要ス

後見人ハ未成年者ニ代《か》ハリテ親權ヲ行フ但第九百十七條乃至第九百二十一條及ヒ前十條ノ規定ヲ準用ス

後見人が其後見をなし居る被《ひ》後見人が戸主《こしゆ》なる場合には其戸主たる權利《けんり》を被後見人に代《かは》りて行ふ故に種々《しゆ〃》の願出届出の如きも戸主が被後見人なるときは後見人より之を爲さゞる可からず然れども家族の戸籍《とせき》を分《わか》ち又其復籍《ふくせき》を拒《こば》み又は家族が分家を爲すが如き廢家《はいか》又は絶家《ぜつか》を再び興《おこ》すが如きことに同意を爲《な》すには親族の同意を得ざる可からず又未成年者等《とう》の家族あるときは未成年者に代《かは》りて親《おや》の權《けん》を行ふ然れども尚《な》ほ第九百十七條乃至《ないし》第九百二十一條及前十條の規定を準用《じゆんよう》せざる可からず

第九百三十五條　親權ヲ行フ者カ管理《くわんり》權《けん》ヲ有セサル場合ニ於テハ後見人ハ財産ニ關《くわん》スル權限ノミヲ有ス

親の權を行ふ父又は母が管理《くわんり》の權《けん》を有《いう》せざるより後見が始《はじ》まりたるときは後見人は被後見人たる者の財産《ざいさん》に付ての管理權《くわんりけん》のみを有して其身の上の權[illegible]の權利なし

第九百三十六條　第六百四十四條、第八百八十七條、第八百八十九條第二項及ヒ第八百九十二條ノ規定ハ後見ニ之ヲ準用ス

本條は第六百四十四條即ち受任者《じゆにんしや》が委《ゐ》任《にん》に付ての注意に關する規定及第八百八十七條第

八百八十九條第二項《こう》及第八百九十二條の規定《きてい》は後見にも用《もち》ゆと爲したるを以て此等《これら》の諸條を引用し親《おや》の權《けん》を行ふ後見人が其權限《けんげん》を超《こ》へて爲し又は同意を與《あた》へたるときは之を取消すことを得又後見人か親族會《しんぞくくわい》の許可《きよか》を得て爲したる事に付ても尚は其責任を負《お》はざる可からず又子に無償《たゞ》にて財産を與《あた》へたる者が後見人に其財産《ざいさん》を管理《くわんり》せしめざる旨を示したるときは後見人は管理《くわり》することを得ざるべし

第四節　後見ノ終了

後見の終了《しうれう》とは後見の終《をは》ると云ふことにして詳《くは》しきは各章《かくしやう》にあり

第九百三十七條　後見人ノ任務《にんむ》カ終了シタルトキハ後見人又ハ其相續人ハ二个月内ニ其管理ノ計算《けいさん》ヲ爲スコトヲ要ス但此期間ハ親族會ニ於テ之ヲ伸長スルコトヲ得

本條の規定は後見人の任務《にんむ》即ち其仕事《しごと》か終《をは》るときは後見人又は後見人の相續人は二ケ月の内に其管理に付ての勘定を爲さゞる可からず开《そ》は固《もと》より管理其者より來《き》たる結果《けつくわ》なり而して此二ケ月の期限《きげん》は親族會に於て計算《けいさん》の出來《でき》兼ぬると見たるときは伸《の》ばすことを得ると定めたるものなり

第九百三十八條　後見ノ計算《けいさん》ハ後見監督人ノ立會《たちあひ》ヲ以テ之ヲ爲ス

後見人ノ更迭《かうてつ》アリタル場合ニ於テハ後見ノ計算ハ親族會ノ認可《にんか》ヲ得

ルコトヲ要ス

後見の計算は如何《いか》にしてなすか後見監督人の立會《たちあひ》を以て之を爲す後見人の更迭《かうてつ》即ち代《かは》るときは後見の計算は親族會の認《みと》めを得ざるべからざるなり

第九百三十九條　未成年者カ成年《せいねん》ニ達《たつ》シタル後後見ノ計算ノ終了前ニ其者ト後見人又ハ其相續人《さうぞくにん》トノ間ニ爲シタル契約《けいやく》ハ其者ニ於テ之ヲ取消スコトヲ得其者カ後見人又ハ其相續人ニ對シテ爲シタル單獨行《たんどくかう》爲《ゐ》亦同シ

第十九條及ヒ第百二十一條乃至第百二十六條ノ規定ハ前項ノ場合ニ之ヲ準用ス

未成年者が成年者となりたる後後見の計算《けいさん》の終《をは》る前に未成年者と後見人又は後見人の相續人との間に於て取結《とりむす》びたる契約《けいやく》は未成年者が取消を爲すことを得又未成年者が後見人又は後見人の相續人に對《たい》して爲したる單獨行《たんどくかう》爲即ち義務を免除《めんじよ》するが如きことも取消すことを得是れ未成年者が其管理《くわんり》を自分《じぶん》が爲さんとして種々《しゆじゆ》の恩惠《おんけい》を後見人に施《ほどこ》すを以て未成年者を保護《ほご》する爲めに設《まう》けたるなり第十九條及び第百二十一條乃至《ないし》第百二十六條は前項の場合に準用《じゆんよう》し其取消を爲すときは如何なることになるか是れ此等《これら》の諸條に規定したれば就《つい》て見るべし

第九百四十條　後見人カ被後見人ニ返還《へんくわん》スヘキ金額及ヒ被後見人カ後見人ニ返還スヘキ金額ニハ後見ノ計算《けいさん》終了《しうれう》ノ時ヨリ利息ヲ附スルコトヲ要ス

後見人カ自已《じこ》ノ為メニ被後見人ノ金錢ヲ消費《せうひ》シタルトキハ其消費ノ時ヨリ之ニ利息《りそく》ヲ附スルコトヲ要ス尚ホ損害《そんがい》アリタルトキハ其賠償《ばいしやう》ノ責《せき》ニ任《にん》ス

後見人が被後見人に返《かへ》すべき金額假令ば管理の為めに被後見人の金額を受取るときは其金額及被後見人が後見人に返《かへ》すべき金額假令《たとへ》ば管理の為に後見人が費《つひ》やしたる金額、其金額は被《ひ》後見人より後見人に返すべきものにして後見計算《けいさん》の終りの時より利息《りそく》を付《ふ》するものとす又被後見人が自分《じぶん》の用を為す為めに被後見人の金錢を費《つひ》やしたるときは其費したるときより利息《りそく》を附《ふ》するものとす若し損害《そんがい》あるときは之を償《つぐの》はざるべからず

第九百四十一條　第六百五十四條及ヒ第六百五十五條ノ規定ハ後見ニ之ヲ準用ス

第六百五十四條は委任《ゐにん》終了の規定にして後見の終る場合には同條を準用《じゆんよう》し後見人は次きの後見人が任務《にんむ》を處理《しより》するまで必要なる處分を為《な》す可く又第六百五十五條は是れ亦委任の終る場合の規定にして後見の終る事由《じゆう》を相手方《あひてかた》に通知《つうち》し又は相手方が之を知りたるを

さに非ざれば其後見の終《をは》りたるとて對抗《たいかう》するを得ざるべし

第九百四十二條　第八百九十四條ニ定メタル時效《じかう》ハ後見人、後見監督人又ハ親族會員ト被後見人トノ間ニ於テ後見ニ關《くわん》シテ生シタル債權ニ之ヲ準用ス

前項ノ時效ハ第九百三十九條ノ規定《きてい》ニ依リテ法律行爲《はふりつかうゐ》ヲ取消シタル場合ニ於テハ其取消ノ時《じ》ヨリ之ヲ起算《きさん》ス

第八百九十四條に定めある時效即ち親權《しんけん》を行ひたる父若くは母又は親族會員と其子との間の時效にして即ち本條にも之を準用《じゆんよう》し後見人後見監督人又は親族會員と被後見人との間に於て後見より生《しやう》じたる債權は其管理權消滅《せうめつ》の時より五年にて消滅するなり而して此を計算《けいさん》するには被後見人が成年《せいねん》と爲らざる內に管理權が消滅したるときは被後見人が成年に達《たつ》し又は後任《こうにん》の後見人が後見人となりたる時より起算《きさん》すべきものなり又此の五年の時效は第九百三十九條の未成年者《みせいねんしや》が成年と爲りたる後と後見の計算《けいさん》の終《おは》る前との間に於て未成年者と後見人又は其後見人の相續人《さうぞくにん》との間になしたる法律行爲《はふりつかうゐ》即ち契約《けいやく》を取消したる場合には其取消の時より計算《けいさん》を立《た》つべきものなり

第九百四十三條　前條第一項ノ規定ハ保佐人又ハ親族會員ト準禁治產者トノ間ニ之ヲ準用ス

前條第一項の規定は保佐人《ほさにん》と準禁治産者《じゆんきんぢさんしや》との間に保佐に關して生じたる債權《さいけん》と區別《くべつ》すべき理由《りゆう》なきを以て本條は保佐の場合《ばあい》にも用ゆべきものとなしたり

第七章　親族會

本章には親族會の事柄を規定す親族は家の基《もとゐ》なるを以て親族會なるものを設《まう》け以て通常未成年者の利益《りえき》を保護《ほご》し時としては親族の間の重要《ぢうよう》なる事件《じけん》を決定《けつてい》するを目的《もくてき》となす

第九百四十四條　本法《ほんぽう》其他ノ法令ノ規定ニ依リ親族會ヲ開《ひら》クヘキ場合ニ於テハ會議《くわいぎ》ヲ要スル事件ノ本人、戸主、親族、後見人、後見監督人、保佐人、檢事《けんじ》又ハ利害《りがい》關係人ノ請求ニ因リ裁判所之ヲ招集《せうしふ》ス

本條は本法即ち親族法其他《はか》の法令により親族會を開《ひら》くべき時には其會議《くわいぎ》を為す可き事件に關係《くわんけい》の本人戸主其親族の者後見を為す者後見を取締《とりしま》る後見監督人《かんとくにん》保佐人檢事《けんじ》又は利害關係の者より請求《せいきう》あるときは裁判所が親族會を招き集むるなり此の裁判所が親族會を招き集むるものは止《や》むを得ざる場合に於《おい》てするものにして先《ま》づ親族及び後見人等より招《まね》するは言ふ迄《まで》もなきことなり

第九百四十五條　親族會員ハ三人以上トシ親族其他本人又ハ其家ニ緣《えん》故《こ》アル者ノ中ヨリ裁判所之ヲ選定《せんてい》ス

後見人ヲ指定《してい》スルコトヲ得ル者ハ遺言《ゆゐごん》ヲ以テ親族會員ヲ選定スルコ

トヲ得

親族會員は三人以上にして其三人は親族《しんぞく》の中より選び親族の中に三人なきときは其本人に縁故《えんこ》ある者則ち本人の親友種々《しんいうしゆ〃》の縁故ある者家に縁故ある者より裁判所が之を選び定むるものなり然れども後見人を指定《してい》することを得る者は遺言《いごん》にて親族會員を選定することを得るなり其《そ》は親族會員の如何により未成年者等に及ぼすこと大にして殊《こと》に公益《こうえき》に關《くわん》するを以てなり

第九百四十六條　遠隔《ゑんかく》ノ地ニ居住スル者其他正當ノ事由アル者ハ親族會員タルコトヲ辭《じ》スルコトヲ得

後見人、後見監督人及ヒ保佐人ハ親族會員タルコトヲ得ス

第九百八條ノ規定ハ親族會員ニ之ヲ準用ス

遠隔《ゑんかく》則ち遠方《ゑんぱう》に住《す》み居《を》る者其他親族會員たるを得ざる正當《せいたう》の事理《じり》あると親族會にて認《みと》めたるときは親族會員たるを斷《ことは》ることを得《う》又後見人後見監督人及び保佐人は親族會員たることを得ざる所以《ゆゑん》は親族會の爲《な》す可き事柄《ことがら》は大半此等《たいはんこれら》の者の利害に關し且彼等の監督を爲すものなれば親族會員たらしむるを不都合《ふつがふ》と見たるものならん

第九百四十七條　親族會ノ議事《ぎじ》ハ會員ノ過半數《くわはんすう》ヲ以テ之ヲ決ス

會員ハ自己《じこ》ノ利害ニ關スル議事ニ付キ表決《へうけつ》ノ數ニ加ハルコトヲ得ス

本條は親族會の議決法《ぎけつはふ》を規定す即ち親族會に議《ぎ》する事は其會員の半數《はんすう》以上同意者《どういしや》あるときは其れに決定《けつてい》す又會員は自已《じこ》の利害に付き議《ぎ》し居《を》る場合には其議決の數に加《くわ》はることを得ざるべし

第九百四十八條　本人、戸主、家ニ在ル父母、配偶者、本家竝ニ分家ノ戸主、後見人、後見監督人及ヒ保佐人ハ親族會ニ於テ其意見《いけん》ヲ述《の》フルコトヲ得

親族會ノ招集《せうしふ》ハ前項ニ掲ケタル者ニ之ヲ通知スルコトヲ要ス

本條は親族會に非《あら》ざる者則ち本人戸主家《いへ》に居《を》る所の父母本人の配偶者《はいぐうしや》又本家分家《ぶんけ》の戸主及び後見人後見監督人保佐人は親族會に出席《しゆつせき》して其意見を述《の》ぶることを得是れ其利害の關する所大《たい》なるを以てなり斯《か》くの如く意見を述《の》ぶる權利あるを以て親族會の招集《せうしふ》あるときは右等《ら》の者に其招集を通知《つうち》し以て其意見を有《いう》する所を十分聞《き》かざるべからず是《こ》を以て本條第二項は其通知を爲《な》すべきを要すと掲《かゝ》げたるなり

第九百四十九條　無能力者《むのうりよくしや》ノ爲メニ設ケタル親族會ハ其者ノ無能力ノ止《や》ムマテ繼續《けいぞく》ス此親族會ハ最初《さいしよ》ノ招集ノ場合ヲ除《のぞ》ク外本人、其法定代理人、後見監督人、保佐人又ハ會員之レヲ招集ス

本條は無能力者《むのうりよくしや》則ち未成年者禁治産者の爲めに設《まう》けたる親族會は其者無能力者の無能力

たる原因《げんいん》が止《や》むまで引續《ひきつゞ》ぐ可きものなり而して此親族會は何人が招集するかと云ふに最《さい》初《しよ》の招集即ち其親族會を組《く》み立《た》てたる初《はじ》めの集合場合の外は本人即ち無能力者又其法律上の代理人即ち後見人後見監督《かんとく》人保佐人又は親族會員が之を招《まね》き集むるなり

第九百五十條　親族會ニ缺員《けつゐん》ヲ生《しやう》シタルトキハ會員ノ補缺員《ほけつゐん》ノ選定ヲ裁判所ニ請求スルコトヲ要ス

本條は親族會に於て其會員に欠員《けつゐん》を生《しやう》じたるときは親族會員は其欠員を補《おぎな》ふべき定め方を裁判所に求《もと》むることを得一人又は二人の欠員ある毎《ごと》に凡《すべ》ての會員を解《と》き更《さら》に選定《せんてい》を爲す可き時は大に面倒《めんだう》なるを以て斯《か》く定めたるなり

第九百五十一條　親族會ノ決議《けつぎ》ニ對シテハ一个月內ニ會員又ハ第九百四十四條ニ揭ケタル者ヨリ其不服ヲ裁判所ニ訴《うつた》フルコトヲ得

本條は親族會の決議に對し不服《ふふく》を唱《とな》ふることを許したるの條なり則ち親族會に於て爲したる決議《けつぎ》に對しては一ケ月內に親族會員又は第九百四十四條に揭《かゝ》げたる者即ち會議を要する事件《じけん》の本人又は戶主親族後見人後見監督人保佐人檢事《けんじ》又は利害の關係人より其の不服を裁判所に訴《うつた》ふることを得るなり若《も》し不服を唱《とな》ふることが得ざるときは如何《いか》なる不正《ふせい》の事柄《ことがら》も服せざる可からざるに至る可し

第九百五十二條　親族會カ決議ヲ爲スコト能《あた》ハサルトキハ會員ハ其決

議ニ代ハルヘキ裁判ヲ爲スコトヲ裁判所ニ請求スルコトヲ得
本條の親族會が決議《けつぎ》を爲すこと能《あた》はざるときは假令《たとへ》ば親族會員中旅行《りよかう》等をなし開會《かいくわい》すること能《あた》はず又開會するも過半數《くわはんすう》を得る能はざるときは會員は其決議に代《か》はる裁判を裁判所に申立つることを得若《も》し然らざるときは後見人其他の者に種々《しゆ〴〵》の不都合を生《しやう》ずるに至らん

第九百五十三條　第六百四十四條ノ規定ハ親族會員ニ之ヲ準用ス
本條は親族會員の注意《ちうい》を示《しめ》したる條にして即ち六百四十四條は受任者《じゆにんしや》は委任《ゐにん》の本旨《ほんし》に從ひ善良《ぜんりやう》なる管理者の注意を以て委任の事務を處理《しより》云々とあるを以て親族會員も亦《また》善良なる注意を以て專に從《したが》はざる可からざるなり

第八章　扶養ノ義務

扶養《ふやう》とは互《たがひ》に助け養ふとの義《ぎ》にして即ち家族制《せい》より來たる結果《けつくわ》にして則ち本條に其義務を規定す而して如何《いか》なるものが其義務あるかは各《おの〳〵》本條に規定す

第九百五十四條　直系血族《ちよくけいけつぞく》及ヒ兄弟姉妹ハ互ニ扶養ヲ爲ス義務ヲ負フ
夫婦ノ一方ト他ノ一方ノ直系尊屬ニシテ其家ニ在ル者トノ間亦同シ
本條には直系血族《ちよくけいけつぞく》即ち余《われ》より祖先《そせん》に至り下りて子孫に至り六親等の者及び兄弟姉妹の者は互に助合《たすけあ》ひ且養育《やういく》する義務ありとせり故に庶子《しよし》たると繼子《ままこ》たるとを問《と》はず扶養の義務

わるものなり又夫婦の一方《いつぽう》と他の一方の直系尊屬《そんぞく》則ち婦《つま》の親にして夫《をつと》の家に在《あ》り夫の親にして婦の家に在る者は亦《また》互に扶養の義務わるものなり

第九百五十五條　扶養ノ義務《ぎむ》ヲ負《お》フ者數人アル場合ニ於テハ其義務ヲ履行《りかう》スヘキ者ノ順序《じゆんじよ》左《さ》ノ如シ

第一　配偶者

第二　直系卑屬

第三　直系尊屬

第四　戸主

第五　前條第二項ニ揭ケタル者

第六　兄弟姉妹

直系卑屬又ハ直系尊屬ノ間ニ於テハ其親等《しんとう》ノ最《もつと》モ近キ者ヲ先ニス前條第二項ニ揭ケタル直系尊屬間亦同シ

本條には扶養の義務を負《お》ふ者數人ある場合は如何《いか》なる順序《じゆんじよ》により其義務を行ふべきか其順序を規定せり第一は配偶者《はいぐうしや》たる夫婦第二ハ直系卑屬《ちよくけいひぞく》則ち子孫第三は直系尊屬《そんぞく》即ち親祖《おやそ》父母《ふぼ》第四は戸主第五は前條第二項の者即ち夫の親又は祖父母等《とう》にして婦《つま》の家に在《あ》る者又孫婦《つま》の親又は祖父母等にして夫の家《いへ》に在《あ》る者第六は兄弟姉妹にして直系の卑屬又は直系

尊屬の間に於ては其親等即ち血《ち》の新《ちか》しき者一親等《いつしんとう》を先《さ》きにし一親等なきときは二親等の者を先きになす前條第二項に掲《かゝ》げたる直系尊屬の間に於ても亦《また》同様親等の近《ちか》き者を先《さ》きになすべきなり

第九百五十六條　同順位《どうじゆんゐ》ノ扶養義務者《ふやうぎむしや》數人アルトキハ各《おのく》其資力《しりよく》ニ應シテ其義務ヲ分擔《ぶんたん》ス但家ニ在ル者ト家ニ在ラサル者トノ間ニ於テハ家ニ在ル者先ツ扶養ヲ爲スコトヲ要ス

若し扶養義務《ふやうぎむ》を負《お》ふ可き者數人ありて其順序同等なるときは各其身代《しんだい》に應《おう》じ扶養の義務を分《わか》ち盡《つ》くす然《しか》れども若《も》し此等《これら》の者が家に在るものと在《あ》らざる者あるときは家《いへ》に在る者が先きに扶養《ふやう》の義務を爲すべきことになしたり

第九百五十七條　扶養ヲ受クル權利ヲ有スル者數人アル場合ニ於テ扶養義務《ぎむ》者ノ資力《しりよく》カ其全員《ぜんゐん》ヲ扶養スルニ足《た》ラサルトキハ扶養義務者ハ左ノ順序《じゆんじよ》ニ從《したが》ヒ扶養ヲ爲スコトヲ要ス

第一　直系尊屬

第二　直系卑屬

第三　配偶者

第四　第九百五十四條第二項ニ掲ケタル者

第五　兄弟姉妹

第六　前五號ニ掲ケダル者ニ非サル家族

第九百五十五條第二項ノ規定ハ前項ノ場合ニ之ヲ準ミ

扶養を受くる権利《けんり》を有する者五六人《いう》わるときに於て扶養の義務《ぎむ》を負《お》じ

五六人の權利を有する者を扶養《ふやう》するに足《た》らざるときは其義務者は本條規定の第一號より第六號に規定する順序《じゅんじょ》による則ち(一)直系尊屬(二)直系卑屬(三)配偶者(四)第九百五十四條第二項に揭《あ》げたる者(五)兄弟姉妹(六)前五號即ち本條第一號より第五號に揭《あ》げざる家族《ぞく》等は此順序により義務を盡《つく》すべきなり而して尊屬《そぞく》の卑屬《ひぞく》を先《さ》きに置きたるは我國の慣例《くわんれい》最《もつと》も尊屬親を尊敬《そんけい》するが故に此の慣例《くわんれい》を取りたるものなり而して第九百五十五條第二項の規定則ち直系卑屬又は直系尊屬の間には其親等《しんとう》の最も近《ちか》き者を先《さき》にすべきものにして此規定も又適用《てきよう》するものなれば親等《しんとう》の近《ちか》きものを先にし又夫婦の一方と他の一方の直系尊屬が其家に在るときは其家に在るものに扶養の義務を爲すべきなり

第九百五十八條　同順位《どうじゅんゐ》ノ扶養權利者數人アルトキハ各其ノ需要《じゆよう》ニ應《おう》シテ扶養ヲ受クコトヲ得

第九百五十六條但書ノ規定ハ前項ノ場合ニ之ヲ準用ス

扶養權利者數人ありて其順序同等《どうとう》なるときは各需要《じゆよう》に應《おう》じ即ち入用丈《だ》けの者を受くるこ

とを得又第九百五十六條但書《たゞしがき》の規定は右の場合に準用《じゆんよう》するものなれば家に在る者と在らざる者とあるときは家《いへ》に在る者に先《ま》づ扶養を受けざる可からず

第九百五十九條　扶養ノ義務《ぎむ》ハ扶養ヲ受クヘキ者カ自己《じこ》ノ資産《しさん》又ハ勞《らう》務《む》ニ依リテ生活《せいくわつ》ヲ為スコト能ハサルトキニノミ存在ス自己ノ資産ニ依リテ教育《けういく》ヲ受クルコト能《あた》ハサルトキ亦同シ

兄弟姉妹間ニ在リテハ扶養ノ義務ハ扶養ヲ受クル必要《ひつえう》カ之ヲ受クヘキ者ノ過失《くわしつ》ニ因ラスシテ生シタルトキニノミ存在ス但扶養義務者カ戸主ナルトキハ此限ニ在ラズ

本條は如何なる場合に於て扶養の義務あるかを規定す則ち扶養を受くべの者が自分の身代又は仕事《しごと》に依りて暮《くら》しを為すこと能《あた》はざるときに於てのみ扶養を為す可きものにして又自分の身代《しんだい》によるも教育《けういく》を受くること能《あた》はざるときにのみ扶養の義務《ぎむ》あるものなり又兄弟姉妹の間に在りては猥《みだ》りに請求するを得ざるものにして其扶養を受けざるべからざることが其者等の過失《くわしつ》なくして生《しやう》じたるときに非らざれば扶養を求《もと》むるを得ざる可し

第九百六十條　扶養ノ程度《ていど》ハ扶養權利者ノ需要《じゆよう》ト扶養義務者ノ身分及ヒ資力トニ依リテ之ヲ定ム

本條は扶養の義務は如何《いか》なる點迄《てんまで》為す可きかを定む則ち扶養を受《う》くる者は如何程の入用

あれば十分なるか又扶養《ふやう》を爲《な》す可き者は勞力者《らうりよくしや》か或は商業を營《いとな》むものか又其身代《しんだい》は如何程《ほど》有し居るか等を取調《とりしら》べ以て其扶養の高を定む是れ至當《したう》の規定にして扶養を受くる者の入用ある丈《だ》け請求せらるゝに於て扶養義務者の身代巨萬《きよまん》を積《つ》むも堪《た》ゆる所にあらざるなり

第九百六十一條　扶養義務者ハ其撰擇《せんたく》ニ從《したが》ヒ扶養權利者ヲ引取リテ之ヲ養ヒ又ハ之ヲ引取ヲスシテ生活《せいくわつ》ノ資料《しれう》ヲ給付《きふふ》スルコトヲ要ス但正當ノ事由アルトキハ裁判所ハ扶養權利者ノ請求ニ因リ扶養ノ方法ヲ定ムルコトヲ得

扶養義務者は其扶養の義務を盡《つく》すに付扶養を受くる者を引取《ひきと》りて養《やしな》ひ又は引取らずして生活《せいくわつ》に要する資料《しれう》則ち物品を贈《おく》ることを得然れども裁判所は正當《せいたう》の事由《じゆう》あるときは扶養の方法を定《さだ》むることもなし得るなり尤も此時《このとき》は扶養を受くる者の請求を爲すべきは言《いふ》を待《ま》たざるなり

第九百六十二條　扶養ノ程度《ていど》又ハ方法カ判決《はんけつ》ニ因リテ定マリタル場合ニ於テ其判決ノ根據《こんきよ》ト爲リタル事情ニ變更《へんかう》ヲ生シタルトキハ當事者ハ其判決ノ變更又ハ取消ヲ請求スルコトヲ得

扶養の高又は其仕方《しかた》に付苦情《くじやう》起り裁判所に持ち出し其判決により定まりたり然るに其判《はん》

決《けつ》の基《きその》となりたる事情に變更《へんかう》を生《しやう》じたる時假令《たとへ》は判決の當時《たうじ》は義務者に一萬圓の身代《しんだい》ありしを以て判決は其によりて下《くだ》したるに其後二千圓に減《げん》じたる時は當事者は其判決の變更又は取消を請求することを得是れ至當《したう》の規定と謂《い》ふべし

第九百六十三條　扶養ヲ受クル權利ハ之ヲ處分《しよぶん》スルコトヲ得ス」

本條は扶養を受《う》くる權利は處分即ち賣買又は讓渡《ゆづりわたし》を爲すことを得ざるなりと定めたり开《そ》は扶養の權利《けんり》又は扶養の義務《ぎむ》の性質上《せいしつじやう》固《もと》より然《しか》らざるを得《え》ざるを以てなり

第五《だいご》編《へん》　相續《さうぞく》

此《こ》の篇《へん》は文字《もじ》の示《しめ》すが如く一家《いつか》の戸主《こしゆ》が死亡《しばう》したる場合《ばあい》或は隱居《いんきよ》したる場合等に於て其の嫡子《ちやくし》或は自然《しぜん》の血統《けつとう》の人《ひと》が相續《さうぞく》するに就《つい》ての一切《いつさい》の事柄《ことがら》を規定《きてい》したる者なり則ち如何なる場合に於て相續人《さうぞくにん》か其の家《いへ》を相續せりと云ふ事《こと》が確《たしか》に定《さだま》り又た世間《せけん》の人より見《み》ても彼《か》の人《ひと》は愈誰某《たれそれ》の家を相續したりと認《みと》め得《え》らるゝか或は相續するには相續人が何某《なにがし》の家を相續するを承知《しやうち》したりとか或は承知せぬとか云ふ決心《けつしん》を入用《いりよう》とするか一家《いつか》の戸主《こしゆ》たる人が死亡《しばう》せる等の場合《ばあい》に於ては當然《とうぜん》相續したる者と云ふも差支《さしつかへ》なきか又一家の田畑《たはた》公債等は何れの時《とき》よりして相續したる人の所有《しよいう》となるべきや其他腹《はら》の中《なか》に在りて未《ま》だ生れ出でざる者を相續人と見做《みな》さるゝか先戸主《せんこしゆ》が死ぬる時に何々《なにく》の品は誰某《たれそれ》に何品は何某に於て自分《じぶん》の所有と爲《な》すべし等の言《い》ひ殘《のこ》しを爲して死《し》せる時は如何《いか》なる手續《てつゞき》にて相續人の物と爲すべきや何時《いつ》から相續人が所有の權《けん》を得るものか等《とう》相續に就《つい》ての資格《しかく》方法を一々定めたるなり其の細《こま》かなる内譯《うちわけ》は次に定めたる條文《でうぶん》に依り知り得《う》べきなり

第一章　家督《かとく》相續

本章は一家《いつか》の家督を相續するに就《つい》ての規則《きそく》なり則ち家督相續と云ふ事《こと》は封建《ほうけん》の時代よりの言《い》ひ來りし處《ところ》にして所謂る武士《ぶし》が其の家柄《いへがら》を相續せるを云へるなり假令《たと》へば家老の家柄にして何千石《ごく》を藩主《はんしゆ》より賜《たま》はるとの家ならば其の家老《かろう》の跡目《あとめ》相續則ち何千石を取《と》る處

の何々《なにく》家と云ふを相續《さうぞく》するを云へるなり素より現今《げんこん》とても事實は同じ様なれども尚《なほ》武士たる何々家と云ひて君主《くんしん》に對する義務と同時に名譽《めいよ》ある家の跡を相續する事に重きを置たる者にて此《こ》の法律に於て家督と云へるは凡《すべ》て國民が一家を相續する場合《ばあい》にして則ち一家の首長《しゆちやう》たる權利《けんり》所謂る何々家の主人《しゆじん》となりて指揮《しき》取締《とりしまり》を爲すの權利及び其家《そのいへ》の前戸主の所有《しよゆう》に屬せる財産其家に負《お》ひたる義務《ぎむ》一切を引受けて主人《しゆじん》として凡ての處置《しよち》を爲すの人となるを稱《しやう》して家督相續を爲すとは云ふなり然《しか》して此《こ》の章《しやう》を三節に分ちて第一節には家督相續に關《くわん》する大体の事を定め第二節には家督《かとく》相續人となり得べき人及び相續人となる事を得ざる人等に付き詳細《しやうさい》の規定《きてい》を爲せり第三節は家督相續を爲したる時は如何《いか》なる効能《かうのう》あるか乃ち如何なる權利《けんり》は相續人に移《うつ》り又は義務《ぎむ》は盡《つく》さゞるべからざるか等《とう》に付き指《さ》し定《さだ》めたるなり

第一節　總則《そうそく》

茲《こゝ》に定めたる事は家督《かとく》相續に就ての大体《だいたい》にして如何なる場合《ばあい》は家督相續を爲すべき者《もの》か則ち家督相續の始《はじま》る時期或は旅行《りよかう》中等に於て已れが相續《さうぞく》すべき家督の權利を他人《たにん》に相續せられ居るを發見《はつけん》せる場合に取り返《かへし》を行ふべき期限《きげん》等に就き規定を爲せり

第九百六十四條　家督《かとく》相續ハ左《さ》ノ事由《じゆう》ニ因リテ開始《かいし》ス

一　戸主《こしゆ》ノ死亡隱居《いんきよ》又ハ國籍喪失

二 戸主カ婚姻《こんいん》又ハ養子縁組《えんぐみ》ノ取消ニ因リテ其家《そのいへ》ヲ去リタルトキ

三 女戸主ノ入夫婚姻、其取消《そのとりけし》又ハ入夫《にうふ》ノ離婚

本條は家督《かとく》相續とは如何なる事柄《ことがら》の有りたるときより始《はじ》まるかを示せり則ち左《さ》に擧げたる三項の場合に於《おい》て相續人が家督相續を爲《な》すの時期が來るなり

第一　戸主《こしゆ》則ち一家の主人が死去《しきよ》せるとき仮令へば病氣《びやうき》其他過失或は他人に殺されたる時等凡て一家《いつか》の主人が死去せるときは其の子《こ》或は子なき時は孫《まご》の如き者が直ちに家督《かとく》相續を爲して一家の主人《しゆじん》となるなり又た老年《らうねん》に至り家事向一切の事出來《でき》ざるか病氣の爲《た》め一家の取締《とりしまり》が出來兼ねる等よりして家《いへ》の主人たることを止め隱居《いんきよ》したるときは子或は孫等が家督《かとく》を引繼ぎ相續人と成り又は國籍《こくせき》を失ふ場合則ち戸籍法《こせきほふ》の第百六十條に定《さだ》めたる時の如く仮令《たとへ》へば日本國の戸籍簿の内より取除《とりのぞ》き或る外國の戸籍面に入るときの如きは其《その》の相續人が家督相續《かとくさうぞく》を爲すべきなり

第二　戸主則ち一家の主人が是迄婿入り或は養子《やうし》として其の家を取締《とりしま》り居りたる者が都合に依《よ》り又は其他の事情《じじやう》より離別するか養子《やうし》たるを辭して立《た》ち去る場合には一家《いつか》の戸主を失《うしな》ふが故に相續人が家督《かとく》を相續することゝなるなり

第三　女戸主の入夫《にうふ》婚姻則ち夫を失《うしな》ふたる女が一時《いちじ》一家の主人として支配し居たる者が再び夫を迎《むか》へたる場合又は其夫が離別《りべつ》したる時は入夫婚禮を爲したる者が家督《かとく》相續を

爲《あ》し戸主と成《あ》り又た其入夫《にうふ》が婚姻を爲し戸主と成り居れるに後日《ごじつ》離別《べつ》する時は先の女戸主《こしゆ》は入夫したる者に繼《つ》ぎ家督の相續を爲《あ》すべきなり

第九百六十五條　家督相續《きうぞく》ハ被相續人ノ住所《ちうしよ》ニ於テ開始ス

本條は家督相續を爲す塲所《ばしよ》に付て定めたり則ち家督《かとく》相續は被相續人《ひきうぞくにん》の住所に於て開《ひら》け始まる者とす言葉《ことば》を換へて言《い》へば被相續人則ち今將《いまゝさ》に家督の相續を爲《な》さんとする人の前戸主が住居《ちうきよ》した塲所に於て家督《かとく》を繼ぐ事になるなり是等《これら》の規則は若《も》し家督相續を爲《あ》すに就き爭の起《おこ》る塲合等に裁判所《さいはんしよ》を定むるに要用《ゑうよう》なり仮令相續爭が起《おこ》れりとするも既に本條に於《おい》て被《ひ》相續人則ち前《まへ》戸主たる者の住所に於て家督相續が始《はじ》まる者と定まれるを以て裁判所とても被相續《ひきうぞく》人則ち前戸主の住居《すまゐ》したる所の裁判所《さいはんしよ》を爭裁判所と定むるが如し

第九百六十六條　家督相續回復《くわいふく》ノ請求權ハ家督相續人又ハ其法定《はふてい》代理人《にん》カ相續權侵害ノ事實《じつ》ヲ知リタル時ヨリ五年間之《これ》ヲ行ハサルトキハ時效《じかう》ニ因リテ消滅ス相續開始ノ時ヨリ二十年ヲ經過《けいくわ》シタルトキ亦同シ

本條は自分《じぶん》が相續權《けん》を有《いう》し居るも或《あ》る事情よりして他人《たにん》が已れに代り相續を爲し居《を》たる塲合に或《あ》る手段《しゆだん》を以て已《おの》れに相續權有るを主張《しゆちやう》せざれば家督相續權を失《うしな》ふ事を定めたり則ち他人《たにん》が已れの相續すべき家督《かとく》を知らぬ間に相續し居れる時《とき》に已れが相續權《きうぞくけん》を取返さ

んと訴《うつた》へ求むるの權利《けんり》は其の家督を取返さんとする相續《さうぞく》人又は其法定《はうてい》代理人則ち相續人が幼年者《ようねんしや》たるを以て其の父母が法律上《はふりつじやう》當然代理を爲すの權《けん》を有する場合等に於《おい》て相續人或は其代理《だいり》人《にん》よりして相續權を他人より侵《おか》し害はれたる事柄《ことがら》を知り得たる時《とき》より五年の間取返《とりへし》の權利を申立てざるときは時効《じかう》則ち法律に於て或る一定の期限《きげん》間に於て權利《けんり》を行はざれば權利を失《うしな》ふたる者と見做《みな》すの規則に依り家督《かとく》相續する權利ありと爭ひ訴ふるの權利《けんり》が消《き》え失せるなり又相續の權利が他人《たにん》より妨げ侵《おか》されたる事柄を知り得ざる場合《ばあい》に於ても二十年の間過《す》ぎ去《き》りたる時は同じく相續《さうぞく》權を主張するの權利《けんり》を失ふなり仮令ひ他人より已《おの》れの權利《けんり》を損はれたる事を知《しら》ずとは云ふものゝ斯《か》の如き長き間に已《おの》れの相續權《けん》に就て相當《さうとう》の申立を爲さゞる如きは不注意《ふちうい》の甚しき者にして且《か》つ相續の如きは財產《ざいさん》に關係する事《こと》の多き者他人が相續《さうぞく》を爲し世人《せじん》も其の他人が相續人たるは正當《せいとう》の者として種々の關係《くわんけい》を生じ事の定りたる後日《ごじつ》に至り訴を起して爭《あらそ》ふが如きは甚だ不安心《ふあんしん》にして例の極《きま》りが付かざる事故《ことゆへ》仮令他人より已《おの》れの權利を害はれたるを知《し》ると知らざるとに係はらず二十年を過《す》ぎ去りたる後は取返《とりかへし》の訴を爲すの權利は失《しつ》せる者と定めたるなり

第九百六十七條　相續財產ニ關スル費用ハ其財產中《ざいさんちう》ヨリ之ヲ支辨ス但家督相續人ノ過失ニ因ルモノハ此限ニ在ラス

前項《ぜんかう》ニ揭ケタル費用ハ遺留分《ゐりうぶん》權利者カ贈與ノ減殺《げんさい》ニ因リテ得タル財

産ヲ以テ之ヲ支辨スルコトヲ要セス

本條は財産《ざいさん》を相續するに就て費用《ひよう》の出所を定めたり則ち財産權《ざいさんけん》を相續するに當り登記に收《をさ》むる費用とか其他相續を爲すに當り代價の見定人を雇ふたる時の費用の如きは相續人が引受くべき財産の內《うち》より支拂《しはら》ふなり併し若し家督《かとく》相續人が己れの失策よりして多くの費用《ひよう》を要したる場合には相續すべき財産中《ざいさんちう》より支拂ふこと出來《でき》ずとの定めなり如斯《かくのごとく》費用迄相續財産中より支拂ふときは前《ぜん》戸主に對し夫等《それら》の財産を信用し貸《かし》付等を爲したる債利者の利益《りえき》を害するを恐《おそ》るゝの理由《りゆう》に出でたるなり

前項に擧《あ》げたる財産相續に要《えう》する費用は遺留《ゐりう》分權利者則ち家督相續《さうぞく》人が前戸主の財産中より法律上の規定《きてい》に從ひ全財産の半額《はんがく》或は三分の一を得《う》べき權利者則ち此の家督相續人が其已れが前戸主《ぜんこしゆ》より當然相續し得べき財産の他の部分より前戸主が他人に對し財産を贈《おく》り與ふべしなどの約束《やくそく》を爲し居たる場合に家督《かとく》相續人は已れが當然《たうぜん》相續すべき遺留分に就き其《そ》の贈與《ぞうよ》等の約束あるが爲め不利益《ふりえき》を受くるときは贈與の財産《ざいさん》高を減じ改めしむる權利《けんり》あり此の權利に依り贈與財産の內より殘分を己れの所有《しよゆう》と爲せしときは此の財産中より財産を相續するに要《えう》する費用を支拂ふに及ばずとなり既《すで》に遺留分の權利者が不利益を蒙《かむ》ふる患なからしむるが爲めに贈與《ぞうよ》に對し故障を申出づる權利を與へたるに係らず其《そ》の權利に依り得たる財産中《ざいさんちう》より財産相續を爲すの費用《ひよう》迄を强て支拂はしめんとせば甚

角家督相續人の利益を保証《ほしよう》しながら其實少《すこ》しも利益を得ざる如き結果を生ずるを以て其の費用《ひよう》は支拂ふに及ばずと爲せり

第二節　家督相續人

本節は家督《かとく》相續人の一身上に就ての規定《きてい》なり則ち生《うま》れ出でんとする子は家督相續に付如何なる關係《くわんけい》を有するや若し嫡子《ちやくし》なれば何れの場合に於ても相續《さうぞく》人と成ることを得るか或は家督相續人無《な》き時は如何なる手續を爲すべき誰等專ら家督相續人其者に付逐々の場合を定めたり

第九百六十八條　胎兒《たいじ》ハ家督相續ニ付テハ既《すで》ニ生マレタルモノト看做ス

前項《ぜんかう》ノ規定ハ胎兒カ死《し》體《たい》ニテ生マレタルトキハ之ヲ適用セス」

本條は家督《かとく》相續に付き子が母《はゝ》の胎內《たいない》に在る時は法律上一個の人と見做《みな》すべきや又は生るゝか死《し》ぬるか分明ならざれば法律の目《め》より見れば未だ人が有る者として認めざるやに就て定《さだ》めたり則ち法律にては胎內に在るも既に生れたる子と見做すと云へり故に仮令ひ母の胎內《たいない》に在りとても其子が家督相續を爲《な》すべき人と定り居るなり

未だ生れざる腹《はら》の中《うち》に居るも一人の人間《にんげん》と見做し家督《かとく》相續人と見做さるゝも若《も》し出産の時《とき》既に死し居たる時は前項《ぜんかう》の規則に依らずとなり故に胎內に在る時は是は後日に於て家

督相續《さうぞく》を爲すべき子供と爲し丈夫にて生れ出たる節には腹《はら》の中に居《お》りし時より引續き家督を相續せる者の如くに見做《みな》さるゝも若《も》し生《うま》れ出たる時《とき》に死し居れる時は胎内《たいない》に在りし時《とき》に生れたる小兒《こども》と見做さゞるなり故に腹に在《あ》る當時戸主たる父親が死亡《しばう》せる者と假りに定《さだ》むれば生れ出たる時健全《けんぜん》なる小兒なれば其の父の死去せる時《とき》より家督相續を爲せし者と見做され生れ出たる時に死し居れる小兒《せうに》なれば其の父親が死亡の時に於て家督相續を爲したる者と法律上より認めずとなり則ち出生の際死し居たる者は胎内《たいない》に在るとき既に生れたるものと看做すの規則を用ゐざるを以てなり

第九百六十九條　左ニ掲ケタル者《もの》ハ家督相續人タルコトヲ得ス

一　故意ニ被《ひ》相續《さうぞく》人又ハ家督相續ニ付キ先順位《せんじゆんゐ》ニ在ル者ヲ死ニ致シ又ハ死ニ致《いた》サントシタル爲メ刑ニ處《しよ》セラレタル者

二　被相續人ノ殺害セラレタルヲ知リテ之レヲ告發又ハ告訴セサリシ者但其《その》者ニ是非ノ辨別《べんべつ》ナキトキ又ハ殺害者カ自己ノ配偶《はいぐう》者若クハ直系《ちよくけい》血族ナリシトキハ此限《このかぎり》ニ在ラス

三　詐欺又ハ強迫《きやうはく》ニ因リ被相續人カ相續ニ關スル遺言《ゆゐごん》ヲ爲シ之ヲ取消シ又ハ之《これ》ヲ變更スルコトヲ妨《さまた》ケタル者

四　詐欺《さぎ》又ハ強迫ニ因リ被相續人ヲシテ相續《さうぞく》ニ關スル遺言ヲ爲サシメ之《これ》ヲ取消サシメ又ハ之ヲ變更《へんかう》セシメタル者

五　相續ニ關《くわん》スル被相續人ノ遺言書ヲ僞造、變造《へんざう》、毀滅又ハ藏匿シタル者

本條は家督相續《さうぞく》人たることを得ざる人々は如何《いか》なる者かを定めたり

第一　故意《こい》則ち惡き心を以て被《ひ》相續人則ち前の戸主又は家督《かとく》相續を爲すに付き先順位に在る者仮令《たとへ》は兄弟あるときに兄《あに》より相續の順序《じゆんじよ》が下に有る弟が兄を殺し又は殺さんと爲せるを以て刑法《けいはふ》に依り處罰せられたる者是等《これら》は已れが財産を相續し利益を得んが爲め目上の人を殺さんとせる者《もの》有るべく仮令《たとへ》ひ利欲の爲めに非ずとするも既《すで》に已れが跡目を相續《さうぞく》せんする其の前戸主を殺し又は目上に有《あ》る人を殺《ころ》さんとし刑罰《けいばつ》に處せられたる如《ごと》き者は人間《にんげん》道德上の大惡人たる而已《のみ》ならず刑法上に於ける罪人なり然るに相續なる者は元と人間の愛情に基き血筋《ちすじ》の近き者を相續人と爲す位《くらい》の者なれば上に述べたる惡人をば家督《かとく》相續人と爲す事は法律の上より出來《でき》ずと定めたるは人情に基き法律の理屈上よりして批難《ひなん》する能はざる至當《しとう》の定めと云ふ可きなり

第二　被《ひ》相續者則ち前戸主が殺《ころ》されたる事を知つて居りながら裁判所《さいばんしよ》に向て告發又は告訴等を爲さゞる者は家督《かとく》相續人たる事は出來《でき》ずとなり既に前項にも述べたる如く元と

人間《にんげん》の愛情に基き血筋を採《さぐ》り相續を定むべき位の者なれば十分人情を辨へ道理に叶ふたる人を相續人と爲すべき筈《はづ》の者なり然るに已れが相續《さうぞく》を爲す先代たるべき被相續人は殆《ほと》んど親とも云ふべき位の者なるに此の人が殺《ころ》されたる事を知り居るに係らず訴を爲さゞる如き人情《にんじやう》に悖る者は相續人たるを得ずと定めたるなり併《しか》しながら其の告訴告發を爲さゞる者が未だ年若等にして善惡の考が十分ならざるとき又は殺したる者が自分の夫《をつと》或は妻なるか若くは直系の血族則ち子か孫か已《おの》れより上にも下にも一筋の血統の者なるときは仮令《たとへ》訴を爲さずとも相續人たる事には差支なしとなり何故《なにゆゑ》ぞと云ふに善惡の見別けの付かぬ者に向ひ人情《にんじやう》を知らぬとか道に背き居るとか云ふ無理な注文なればなり又《また》自分《じぶん》が連れ合の者又は血筋の者が殺したる者とせば殺《ころ》したる者の仕方の惡《あし》しきは勿論の事なれども此等のときは兩方《りやうはう》とも元を正せば親類同志と云ふ如き者故に殺したる者に對《たい》し訴を起し刑罰に處せんとするは俗《ぞく》に云ふ血で血を洗《あら》ふ事となるべければ寧訴を起《おこ》さず穩かに濟さんとするは却《かへつ》て人情に叶ふたる仕方《しかた》と云ふ可しとの理屈に基きたる者なり

第三　詐欺《さぎ》か又は腕力とか其の他手向《てむか》ひする事の出來ざる原因《げんいん》よりして被相續人が相續上の事に付き已《おの》れが死したる後は何某に何萬圓の財産を與《あた》ふべし等の如き遺言を爲したりとせば法律《はふりつ》上當然取消し得べく又は無効《むかう》と成るべき者なり然るに之を取消し變へ」

更めんとするを妨げ立てするは心底《しんてい》の惡しき人情に違ふ者か己れが財産《ざいさん》を多く得んとする惡人《あくにん》に相違なし故に相續人たる事は出來《でき》ずとなり

第四　本項の理由《りゆう》は概ね前項と異《こと》ならず前項は心になき遺言を取消し又は改め變へることを邪魔《じやま》したる者に就ての定めなれども本項《ほんかう》にては詐欺か無理往生に因り前戸主をして遺言を爲すの心なき者を強《しい》て遺言を爲さしめ或は折角《せつかく》自分の思ふ丈の遺言を爲したるに心になき事を以て取り換《か》へ或は無理に遺言を止《や》めしめたる如き者是亦た前項に述べたると同樣《どうやう》の人間なれば相續《さうぞく》人となるを許さゞるなり

第五　相續上に付き被《ひ》相續人則ち前《ぜん》戸主たる人の言ひ殘《のこ》したる書面を詐り造り又は變改めたる者《もの》或は遺言書を破《やぶ》り損じ無き樣に爲すか又《また》は隱して他人に與ふべき者を與へざる樣《やう》に爲すか又己れの取り分を多く爲さんとするか惡しき心を以て前戸主の眞心に反對せる事《こと》を爲す者故是亦た相續人たる事が出來ずと爲せり

第九百七十條　被相續人ノ家族《かぞく》タル直系卑屬ハ左《さ》ノ規定ニ從ヒ家督相續人ト爲ル

一　親等《しんとう》ノ異ナリタル者《もの》ノ間ニ在リテハ其近キ者ヲ先ニス

二　親等ノ同シキ者ノ間《あひだ》ニ在リテハ男ヲ先ニス

三　親等ノ同シキ男《をとこ》又《また》ハ女ノ間ニ在リテハ嫡出子ヲ先ニス

四　親等ノ同シキ嫡出子、庶子《しよし》及ヒ私生子ノ間《あひだ》ニ在リテハ嫡出子及《およ》ヒ庶子ハ女ト雖モ之ヲ私生子ヨリ先ニス

五　前四號ニ掲《かゝ》ケタル事項ニ付キ相同シキ者《もの》ノ間ニ在リテハ年長者ヲ先ニス

第八百三十六條ノ規定ニ依《よ》リ又ハ養子縁組ニ因リテ嫡出子《ちやくしゆつし》タル身分ヲ取得シタル者《もの》ハ家督相續ニ付《つい》テハ其嫡出子タル身分ヲ取得シタル時ニ生マレタルモノト看做ス

本條は家督《かとく》相續を爲すべき人の順序を定めたり則ち被相續人の家族《かぞく》にして前戸主より直に下に向け一筋の血續の親族は左に定めたる順序《じゆんじよ》に從ひて家督相續人と成るべし

第一　親等《しんとう》の異りたる者則ち親族篇に於て親族の間柄《あひだがら》を壹等貳等と等級を定め人と人との間を一等と爲せり仮令《たとへ》は前戸主と子の間は一等の親族《しんぞく》にして前戸主と孫との間は前戸主《ぜんこしゆ》と子の間を一等と爲し子と孫《まご》の間を一等と爲す故に二等となるべし此の一等親族の子と二等《とう》親族の孫との如き間柄に於ては其近き者則ち一等親族たる子が先きに相續人と爲《な》るべきなり

第二　親等《しんとう》の同じき者の間柄《あひだがら》則ち前戸主に二人の子供あり長《ちやう》は女にして次は男なりとせんに此《この》両人は何《いづ》れも前戸主の子にして直系《ちよく》卑族則前戸主より見れは眞直に下に向ての

一等親《いつとうしん》族なり斯《かく》の如き同じ等級《とうきう》の間に於ては仮令《たと》ひ弟たりとも男子を先に相續人と爲すなり是等は從來《じゆうらい》日本の習慣より見《み》るも人情の上《うへ》より見るも至當《したう》の事なり

第三　等級《とうきう》の同じき本妻及妾腹の男子《だんし》の間又は同じく女子同志の間に於ては本妻腹の子を先《さ》きに相續人と爲すなり之は別《べつ》に說明《せつめい》する迄もなく本妻と妾との間に於て等級が同じとすれば本妻《ほんさい》出の子を先きに相續《さうぞく》人と爲すは物の順序《じゆんじよ》に於て當然のことなり

第四　同じ等級の本妻腹《はら》の子と妾腹《せうふく》の子及び私生子則ち本妻に非《あら》ざるは勿論妾腹の子にも非《あら》ざる或る婦人《ふじん》と通じ出生したる者との間《あひだ》に於ては本妻腹の子及妾腹の子は女子たりとも私生《しせい》の男の子より先きに相續《さうぞく》人となるなり是等は其子自身《じしん》は罪のなき筈なるも已《すで》に本妻とか妾とか有るに係《かゝは》らず竊かに通じたる婦人の如きは聊か卑しむべき者にして殊に道理上《だうりじやう》本妻に子が有れば仮令《たと》ひ日本の習慣《しふくわん》の如きは男を先きにすべき事なるも先づ本妻の子が有すべき權利《けんり》利益《りえき》を保護し次ぎに近き妾腹《せふく》の子を保護せざるべからず是則ち本妻《ほんさい》の子或は妾腹の子は女子と雖《いへど》も私生の男子より先きに相續する權利ありと爲せる所以なり是亦た人情上至極穩當の定め方なり

第五　前に述べたる四個《よつ》の場合に於て事柄《ことがら》が同じきときは年《とし》上の子を家督相續人と定むるなり假令へば前戸主則ち被相續《さうぞく》人の下に向け數ふる一等親族《しんぞく》たる女子が二人あるときは年上《としうへ》の女を先きに相續人と爲し又私生の男の子二人を各異なる婦人をして出生せ

しめたるときは先づ年上の私生子を相續人と爲すなり

第八百三十六條の規則《きそく》則ち始めは妾腹の子《こ》として取扱はれ居たる場合に其の父及び妾たる母が婚姻《こんいん》を爲せば本妻の子と同樣《どうやう》に取扱はるゝ身分《みぶん》になのると定めに依り又婚姻を爲し居る際に父母が自分等の子として認《みと》むれば本妻及妾腹の外に出生したる子と雖《いへ》ども其の認められたるときより本腹《ほんはら》の子と同一の取扱を受くる等の定め方《かた》に依り或は他家に養子として緣組《えんぐみ》したるに依り本妻の子と同樣《どうやう》の身分を得たる者等が家督相續を爲すに就ては其《そ》の本妻腹《ほんさいはら》同樣の取扱を受くる身分に成りたるときに始《はじ》めて生れたる子と看做さるゝなり言葉を換へて言《い》へば此時に始めて生れ家督相續《さうぞく》人と定まるが如く此の身分を得たるときに始《はじ》めて家督相續人と定まるなり故に本妻に一人《いちにん》の嫡子あり妾腹にも一人男子ありて妾腹の子が本妻の子より二三歳《にさんさい》年上の場合の如き通常《つうじやう》相續の仕方に依れば年上の子先きに相續《さうぞく》人と成るが故に本妻の子に生《うま》れ順當に家督相續を爲るべき人を押し除け妾腹の子が相續を爲《あ》して正當《せいとう》に本妻の子として生れ居りながら年若《としわか》きを以て已れの相續すべき權利を害《がい》さるゝ恐《おそれ》あるを以て本項《かう》を設けて本妻腹の子の權利《り》々益《ゑき》を保護せるなり即ち假令ひ妾腹《せうふく》の子は年上《としうへ》たりとも其の本腹の子たる身分《みぶん》を得たるとき始めて生れたる者と看做すが故《ゆゑ》に相續に付《つひ》ては本妻の子より却《かへつ》て年若き事となるなり依《よつ》て本妻の嫡出子は先きに相續を爲し利益を全ふすることを得るなり

第九百七十一條　前條《ぜんでう》ノ規定ハ第七百三十六條ノ適用《てきよう》ヲ妨ケス

本條は前條に於て相續人と成る順序《じゆんじよ》を定めたりと雖ども親族《しんぞく》篇の第七百三十六條に於て入夫《にうふ》婚姻を爲したる場合《ばあひ》に其の入婿《むこ》は女戸主に代りて新戸主として其《そ》の家を相續するとの規則を用ゐることは差支《さしつかへ》なしとなり故に假令《たとへ》女戸主に子《こ》が有りて家督相續人たる資格あるときに其の女が入夫《にうふ》婚姻に依り婿《むこ》を迎《むか》へたりとせば其の入婿は女の子供たる相續人あるに係《かゝは》らず戸主として其家《そのいへ》を相續し取締《とりしまり》るに差支なしとの定めなり

第九百七十二條　第七百三十七條及ヒ第七百三十八條ノ規定《きてい》ニ依リテ家族ト爲《な》リタル直系《ちよくけい》卑屬ハ嫡出子又ハ庶子タル他《た》ノ直系卑屬ナキ場合ニ限リ第九百七十條ニ定《さだ》メタル順序ニ從ヒテ家督《かとく》相續人ト爲ル

第七百三十七條の戸主《こしゆ》の親族にして他家《たけ》に在りし者が戸主の承諾《しやうだく》に依り戸主の家族と成り又は第七百三十八條の入婿《いりむこ》或は養子が自分《じぶん》の親族の人を新に己《おの》れの妻となりたる者か養《やしな》ひ親の承諾を以て入夫《にうふ》婚姻先《さ》きの家族又は養家の家族《ぞく》と爲したるときに戸主の一筋に下《した》に向ての血續《ちつゞき》の子か入婿又は養子の一筋《ひとすぢ》に目下の者ならば他に其者より眞直に下に向ての親族なき場合に限り第九百七十條に定めたる順位に依り相續人と爲ることを得るなり

第九百七十三條　法定ノ推定《すいてい》家督相續人ハ其姉妹《しまい》ノ爲メニスル養子緣

組ニ因リテ其《その》相續權《そうぞくけん》ヲ害セラルルコトナシ

本條は法律上の推定家督《すいていかとく》相續人則ち第九百七十條に於て定《さだ》まりたるが如き家督相續人たる者は假令《たと》ひ己《おの》れの姉や妹が養子縁組を爲《ゐ》したりとて自分《じぶん》が相續を爲すの權利を害さるゝ事《こと》なしとの規則なり譬《たと》へば二人の姉妹《しまい》あるときに其の姉に養子《やうし》縁組を爲し婿を迎ふれは其の婿《むこ》たる養子は戸主と成るなり然《しか》るに男女二人の子あり女は男より年上なる場合と雖ども第七百九十七條の第一項第二の定めに依《よ》り男は當然《たうぜん》法律上の相續人と成り居るときに姉《あね》が養子縁組に依り婿《むこ》を迎へたるときは前に述《の》べたる例《れい》の如く法律上相續人と定まれる弟を押し除《の》け其の婿養子が戸主《こしゆ》として相續人となるべきやと思《おも》はるれども本條には既に弟《おとうと》が法律上の相續人と定められたる以上は其《そ》の姉婿等の爲めに權利《けんり》々益を害はるゝ事なしと法律《はふりつ》に於て確然《くわくぜん》と保証せるなり

第九百七十四條　第九百七十條及ヒ第《だい》九百七十二條ノ規定ニ依《よ》リテ家督相續人タルヘキ者《もの》カ家督相續ノ開始《かいし》前ニ死亡シ又ハ相續權ヲ失ヒタル場合《ばあい》ニ於テ其者ニ直系卑屬アルトキハ其直系卑屬ハ第九百七十條及ヒ第九百七十二條《でう》ニ定《さだ》メタル順序ニ從ヒ其者ト同順位ニ於テ家督相續人ト爲ル

第九百七十條に列記《れつき》したる家督相續人となり得べき者及第九百七十二條の規則にて家督

を相續人と成るべき者等《ら》が家督《かとく》相續の開始前則ち戸主が隱居《いんきよ》或は死亡の事故無くして家督相續を爲すべき時機《じき》が至らずして死亡《しぼう》し刑罰を受くるとか緣類の變更よりして相續する權利を失ひたるときに其等《それら》の者に直系《ちよくけい》卑屬則ち子とか孫とか有るときは此の子或は孫の如き者《その》は第九百七十條の同じ等級《とうきう》の間にては近き者を先《さ》きに相續人と爲すとか男と女と有るときは男《おとこ》を先きにするとか又は第九百七十二條に定めたる戸主の親族《しんぞく》且つ子孫の如き直系し人の卑屬親《しん》或は入婿、養子等の親族にして相續人《きうぞく》と爲るとかの規則に依り同じ順番《じゆんばん》にて相續人と成るなり

第九百七十五條　法定《はふてい》ノ推定家督相續人ニ付《つき》キ左ノ事由アルトキハ被相續人ハ其推定家督《かとく》相續人ノ廢除ヲ判裁所《さいはんしよ》ニ請求スルコトヲ得

一　被相續人ニ對《たい》シテ虐待ヲ爲シ又ハ之ニ重大《ぢうだい》ナル侮辱ヲ加ヘタルコト

二　疾病《しつぺい》其他身體又ハ精神《せいしん》ノ狀況ニ因リテ家政《かせい》ヲ執ルニ堪ヘサルヘキコト

三　家名ニ汚辱《をじよく》ヲ及ホスヘキ罪ニ因リテ刑《けい》ニ處セラレタルコト

四　浪費者《らうひ》トシテ準禁治產《じゆんきんちさん》ノ宣告ヲ受ケ改悛ノ望《のぞみ》ナキコト

此他正當《せいたう》ノ事由アルトキハ被相續人ハ親族會《しんぞくくわい》ノ同意ヲ得テ其廢除ヲ

請求《せいきう》スルコトヲ得

法律上より推し定まれる家督相續人則ち第九百七十條或は第九百七十二條の如き當然相續人たるを得《う》るとか斯くの場合には相續人と成ることを得るとか法律《はふりつ》にて定まり居る者等が左に記したる如き事柄の有るときは被《ひ》相續人則ち前《ぜん》戸主の地位に有る人は其等の相續人の權利《けんり》を失はしめ相續人たる位《ゐ》置及び資格を廢し除くの訴を裁判所に起す事を得べし

第一　被《ひ》相續人則ち家督相續《さふぞく》を爲さんとする者の先代《せんだい》の人に對して其の前戸主として盡すべき禮義《れいぎ》を厚くせざる而已か其《そ》の待遇《たいぐう》が甚だ酷くして獸類に對する如き仕打ちを爲し又は被《ひ》相續者に對して甚だ重くして道德上《だうとくじやう》宥るすべからざる辱《はづか》しめを與へたるとき罵へけ衆人中《しうぢんちう》に於て被相續人に對し汝は竊盜を爲し財產《ざいさん》を蓄へたる者なりとか汝が馬鹿者故に財產を使《つか》ひ減じたりとか目上《めうへ》の人に對し無禮千萬なる耻を與へたる如きの場合などを云へるものなり斯《か》くの如き者は人間の愛情《あいじやう》及道理に基きたる相續の權利《けんり》を與ふべき資格なき而已《のみ》ならず斯の如き者をして依然《いぜん》相續人たるを得せしむる如きは社會組織の根本たる人倫《じんりん》を破るものなり因て此等《これら》の者に對し相續人たる權利《けんり》を奪《うば》ひ廢する訴を起すことを被相續人に許したるは當然《たうぜん》の事にして念の爲め明に條文に言《い》ひ著《あらは》したる者にして深く理屈を述《の》ぶる要用《えうよう》なき者なり

第二　病氣《びやうき》の爲め家務を取締ること能《あた》はざるか身体が不具になれりとか又は精神が亂れて狂人《きやうじん》の如くに成りて到底《たうてい》家事萬端を取扱はしむるには甚だ不《ふ》安心《あんしん》なるときの如き場合なり是等のときは相續人たる者《もの》は心術《しんじゆつ》の上にて少しく咎むべきことはなけれど其の一家の爲めに廢《はい》し止めんとするは萬々《ばん〳〵》已むを得ざる次第なり

第三　家名に汚辱《をじよく》を及はすべき罪《つみ》則ち詐僞取財とか竊盜《せつたう》とか道德上少しも取る處なき罪惡を犯《をか》し家柄に傷《きず》を付け處分《しよぶん》せられたるときの如し故に若《も》し政治上《せいぢじやう》に關する犯罪の如きは家の名譽《めいよ》を汚すよりも或る場合には於て名譽と見らるゝことも有るを以て少しも相續人廢除《はいじよ》の理由とはならざるなり

第四　浪費者《らうひしや》則ち一家の財産を湯水《ゆみづ》の如く規律なく蒔き散らし動《やゝ》もすれば其家を滅ぼすに至る患《うれひ》あるより刑罰を受けたる者は自分の財産を自由《じゆう》にするを禁じたる如き例に倣ふて己れの財産を處置《しよち》するを裁判所に於て禁《きん》ぜられたる放蕩者なる家督相續《さうぞく》人が幾年を經るも心を改め辛抱人《しんばうにん》と成る望の絶ゑたるとき是等《これら》の者に對して相續人たるを廢《はい》せんとするは全《まつた》く一家の將來《しやうらい》を思ふが故にして實に至當《したう》のことなりと云ふべし

右に擧《あ》げ記したる四個の原因の外に尚は到底《たうてい》此の相續人を此の儘《まゝ》に爲し置けば一家は滅亡する恐《おそれ》ありと云ふ如き道理上然るべき理由あるときに於て被《ひ》相續人は親族會議を開き取調《とりしらべ》の上此の會の贊成を得るならば是亦た相續人たる權利の取除《とりのぞ》けを斷ふることを得る

なり

第九百七十六條　被相續人カ遺言《ゐげん》ヲ以テ推定家督相續《さうぞく》人ヲ廢除スル意思ヲ表示《へうじ》シタルトキハ遺言執行者ハ其遺言カ効力《かうりよく》ヲ生シタル後遲滯ナク裁判所ニ廢除ノ請求《せいきう》ヲ爲スコトヲ要ス此場合《このばあい》ニ於テ廢除ハ被相相人ノ死亡《しばう》ノ時ニ遡リテ其効力ヲ生ス

本條は被《ひ》相續人が死亡《しばう》等の際に遺言の書面などを以て家督《かとく》相續人を廢し除くの意思なることを表《あら》はし置きたるときに遺言執行者即ち遺言を受けたる人譬《ひとたと》へば兄が馬鹿者にして「家督相續せしむる見込《みこみ》なきより弟に向ひ汝宜《あんじ》しく家督相續を爲すべしと言殘したるときの如きは弟が遺言《ゐげん》執行者と成るに依り弟は其の遺言が効力《かうりよく》を生じ實際に行はるゝ場合則ち被相續人が死亡して遺言の通り行はざる可《べ》からざる場合に至りたる後《のち》は時日の延引すること無《な》き様に裁判所《さいばんしよ》に向つて至急に兄たる相續人を廢《はい》し除かんことを訴《うつた》へ出づることを肝要と爲せり然して裁判所に於て至當《したう》と認めて相續人を廢し除《のぞ》きたるときは被相續人の死亡に遡り効能《かうのう》わりとなり即ち被相續人が死亡《しばう》したるとき既に相續人たる資格權利の無かりし者《もの》と看做すなり故に若《も》し廢除されたる相續人が被《ひ》相續人の死亡せるときより裁判所に於て廢《はい》し除かるゝ迄の間に於て相續人たる資格《しかく》を以て財産其他の事《こと》に付き處置を爲《な》したりとせば夫等の行爲は全く無効と成るべし何んとなれば既《すで》に死亡の始めに於て相

續人に非《あら》ずと看做さるゝ者なれば其間に於て相續人たる資格に於て爲したりとて資格は法律上無き者と成《な》る事故從つて相續人としての行爲《かうゐ》は悉く無効となるべきなり

第九百七十七條　推定家督相續人廢除ノ原因止ミタルトキハ被相續人又ハ推定家督相續人ハ廢除《はいじよ》ノ取消ヲ裁判所ニ請求《せいきう》スルコトヲ得

第九百七十五條第一項第一號ノ場合ニ於テハ被相續人ハ何時ニテモ廢除《はいじよ》ノ取消ヲ請求スルコトヲ得

前《ぜん》二項ノ規定ハ相續開始ノ後ハ之《これ》ヲ適用セス

前條ノ規定《きてい》ハ廢除ノ取消《とりけし》ニ之ヲ準用ス

本條は一旦廢し除きたる法律上の家督相續人が其の權利を廢し除かれたる事の原因が止みたるとき則ち病氣《びやうき》が全快せるか浪費者が相當の分別者《ふんべつもの》に成りたる場合の如きときは被相續人又は相續を爲すべき本人《ほんにん》は先きに家督相續人を取り除《のぞ》き訴へ出で許可を得たりしも今は最早《もはや》其の懸念は無用に成りしを以て家督《かとく》相續人たる資格權利を廢し除きたる判定を取消《とりけ》し元の家督相權人たるを得べき者と爲《な》さんことを裁判所に訴へ求むることを得べきなり

第九百七十五條第一項第一號の場合則ち被《ひ》相續人に對し相續人が無禮亂暴の待遇を爲し又は恥辱《ちじよく》を與へたる場合の理由を以て家督相續人の廢除《はいしよ》を請求したる者なるときは被相

續人は何時にても相續人《さうぞく》を廢除せる裁判を取消《とりけ》さんことを求め得るなり元と此の場合の理由《りゆう》は愛情《あいじやう》及び人道に背きたる所業《しよげう》にして直接被相續人と相續人との關係《くわんけい》にして被相續人の身《み》に取りて處《と》ずる程度に因りて廢除《はいじよ》の原因と成らざるかを決定し得る如き者なるに既に其の本人たる被相續人が一旦訴を起し許可《きよか》を得たる事柄を取消さんとするは蓋し相續人たるべき者の行爲《しよゐ》が改まりたるか其の原因たるべき事が本人《ほんにん》に於て深く相續人を咎むる理由《りゆう》を認めざるに至れるなるべし左《さ》れば法律に於ても強て相續人《にん》たることを廢除せしむる必要を見《み》ざるなり故に何時にても被《ひ》相續人の隨意に任したり斯の如く被相續人に對する原因より起ることなれば相續人は自ら廢除の裁判を取消されんことを求むる理由を有せざるなり故に被相續人の何時《なんどき》にても取消を求むるに係らず相續人は取消《とりけし》を已れより進んで求むることを許さず道理上《だうりじやう》當さに然るべきことなり

前二項の規定則ち相續人廢除の原因の止みたるとき及び相續人が被相續人に對し無禮の仕《し》打《うち》を爲し辱《はつ》かしめを與へたるに依り廢除《はいじよ》を爲し居りし時に於ては廢除の取消を請求するを得《う》るも相續開始の後即ち他の相續人が已に相續を爲せるときは何時にても廢除の取消を求むることを得るとの規則を用ゐずとなり何となれば已に外の相續人が相續を爲せる以上《いじやう》は最早其者《もの》が權利を得たる者故先きに廢除《はいじよ》せるを取消すも効能《かうのう》を見ざる而已ならず却て一旦《いつたん》相續權を得たる者の利益權利を害するに至《いた》るべければなり

前條の相續人を廢《はい》する遺言《ゐげん》ありたるときは遺言を受けたる人は速かに裁判所に向つて其の手續を爲《ゐ》すことが要用とする規則は本條《ほんでう》の場合にも同じ樣に用《もち》ゐるとなり故に一旦廢し止めたる相續人は再び元通《もとどほ》りに相續人と爲る事《こと》を許すべしとて先きの廢除《はいじよ》を取消さんと遺言《ゐげん》せるときは其の遺言に依り相續人たるを得《う》る人は前の戸主《こしゆ》か死亡し遺言の效力を生じ實行すべきときに至《いた》れば延引することなく直《たゞ》ちに裁判所に向て廢除されたる決定を取消《とりけ》さるゝ樣の求めを爲すべしとなり是等《これら》は財産に關係する場合多く他人に對して種々の取引關係等有る場合に相續人と成る者《もの》が確定せざるは一家の整理上又は他に向つても甚《はなは》だ不安の念《ねん》を與ふる者なれば速《すみや》かに手續を爲すを要するなり

第九百七十八條　推定《すいてい》家督相續人ノ廢除《はいじよ》又ハ其取消ノ請求アリタル後其裁《さい》判《はん》確《しよ》定前ニ相續カ開始シタルトキハ裁判所ハ親族、利害關係人又ハ檢事ノ請求ニ因リ戸主權《けん》ノ行使及ヒ遺産ノ管理ニ付キ必要ナル處分ヲ命スルコトヲ得廢除ノ遺言アリタルトキ亦同シ

裁判所カ管理人《くゑんりにん》ヲ選任シタル場合ニ於テハ第二十七條乃至第二十九條ノ規定《きてい》ヲ準用ス

推定《すいてい》家督人則ち法律に於て斯々《かく〳〵》の人は家督相續人たるを得ると定《さだ》まれる相續人を廢止することを又《また》は其の廢止《はいし》せる原因止みたるにより取消《とりけし》すことの訴《うつた》へがありてより其の事に付

き裁判所に於て判決《はんけつ》が定りの付かざる前に相續が開始《かいし》前ち前戸主が死亡せし等より愈家督相續を爲《な》さゞる可からざるに至りたるときよ一方《いつぱう》の相續人を廢することゝ又は廢止せる決定を取消す事《こと》が何《いづ》れとも分明《ぶんめい》ならず一方に於ては一家の取締《とりしまり》を爲す戸主が死亡して一家の事《こと》が始末の付かざる如き場合故裁判所は差當り親類の者か利害關係人則ち前戸主と貸借りの關係《くわんけい》ある人か又は檢事の請求則ち檢事《けんじ》は社會の秩序《ちつじよ》利益を保護する職務よりして主人の定らざる如き家《いへ》の財産又は一家の組織に付き監督の爲めに請求《せいきう》を爲したる等の場合は戸主としての權利を行ふことゝ及び財産を取締るに付き要用なる處置を言付くることを得《う》るなり相續人廢除の遺言《ゆいごん》ありたるときの如《ごと》きも遺言を受けたる人が廢除の請求を爲すと雖《いへ》ども裁判確定前迄《まで》は前に述べたる場合と同じ一家《いつか》の極りが付《つ》かぬ事故《ことゆへ》裁判所は仮りに同樣《どうやう》の處分方を命令《めいれい》することを得べしとなり

裁判所が第一項の請求《せいきう》に依り財産の取締人を選《えら》び任じたるときは民法第二十七條より第二十九條等に於て失踪者《しつそうしや》則ち行先不明の者に對し裁判所が不存中に財産取締人を選ぶ事を定めたる規則《きそく》を本條の場合にも引き用ゆるを示せり

第九百七十九條　推定ノ法定《すいてい》家督相續人ナキトキハ被《の》相續人ハ家督相續人ヲ指定《してい》スルコトヲ得此指定ハ法定ノ推定家督相續人アルニ至リタルトキハ其《その》効力《かうりよく》ヲ失フ

家督相續人ノ指定《してい》ハ之ヲ取消スコトヲ得
前《ぜん》二項《かう》ノ規定ハ死亡又ハ隱居《いんきよ》ニ因ル家督相續ノ場合ニノミ之《これ》ヲ適用ス

法律にて豫《あらか》じめ定めたる家督相續人なき時《とき》は被相續人則ち家督相續を讓《ゆづ》る人は新に家督相續人として已《おの》れの信用する人を定むることを得《う》るなり併し此の相續人を定めたることは法律にて家督相續人たることを得ると定《さだ》まれる人が出《いで》で來りたるときは無効に歸るなり故に一旦《たん》家督相續人を指し定《さだ》めたる後に實子が生《うま》れたるときの如きは指し定めたる家督相續人は相續する權利《けんり》は効力を失ふて元《もと》の無關係人となるべし

法律にて定《さだま》れる家督相續人なきを以て己れの信用《しんよう》する人を家督相續人と定めたるも後に不都合を見出《みいだ》したるときは一旦定《さだ》めたる者を取消すことを得るなり

前二項の家督相續人を定むること及び取消《とりけ》すと出來るとの規則《きそく》は死亡《しぼう》せるとき又は隱居を爲すが爲《た》め家督相續人を要するときに而已《のみ》之を用ゆるとなり何んとなれば離縁の爲めに戸主《こしゆ》が家を去るときの如《ごと》きは其の家に無關係の人となるを以《もつ》て其の後を繼る相續人を指し定《さだ》むることを得ざるは當然の事《こと》なり故に戸主は飽迄《あくまで》其の家に居りて死亡せるときの爲めに隱居《いんきよ》を爲すときの如《ごと》きは深《ふか》く其の家を思ふての事故《ことゆへ》相續人を定むるを得ると爲せるは至極《しごく》道理に叶ふたる規定《きてい》なり

第九百八十條　家督相續人ノ指定《してい》及ヒ其取消ハ之レヲ戸籍吏ニ届出ツルニ因リテ其效力《かうりよく》ヲ生ス

家督相續人を指し定むるとき及び取消さんとするときは戸籍係りの役員《やくいん》に誰某を家督相續人と爲《な》せりとか又は家督相續人たる事《こと》を廢し止むることに爲せるに依り此の旨届出づとの手續を爲せば指し定め又は取消を爲したる效能《かうのう》わりとなり左れば一旦定められ又は取消《とりけ》されたる相續人は權利《けんり》を得るも失ふとは此《こ》の届出に因り定まるなり

第九百八十一條　被相續人カ遺言《ゆゐげん》ヲ以テ家督相續人ノ指定又ハ其取消ヲ爲《な》ス意思ヲ表示シタルトキハ遺言執行者《しつかうしや》ハ其遺言カ效力ヲ生シタル後遲滞ナク之ヲ戸籍吏《こせきり》ニ届出ツルコトヲ要ス此場合《このばあい》ニ於テ指定又ハ其取消ハ被相續人ノ死亡ノ時ニ遡リテ其效力ヲ生ス

被《ひ》相續人則ち前戸主が遺言《ゆゐげん》に依りて家督相續人を定め又は其の定めを取消《とりけ》したるときは遺言を受《う》けたる者は其の遺言が效力を生《しやう》じたる後則ち遺言者が死亡せる後速かに戸籍係りの役員《やくいん》に届出づることが要用《じうよう》なり是れ第九百七十六條等に於て手籍を速かにする場合と同一の理由《りゆう》に基くなり但し此の遺言に依り相續人を定め又取消《またとりけ》したるときは前戸主が死亡したる時に遡りて效能わりとなり則ち死亡《しばう》の時より一方は相續人たる權利を得て一方は死亡の時既《ときすで》に相續人たることを取消され權利《けんり》を失ふべきなり

第九百八十二條　法定又ハ指定ノ家督相續人ナキ場合《あい》ニ於テ其家ニ被相續人ノ父アルトキハ父、父《ち》アラサルトキ又《また》ハ父カ其意思ヲ表示スルコト能ハサルトキハ母、父母《ふぼ》共ニアラサルトキ又《また》ハ其意思ヲ表示スルコト能《あた》ハサルトキハ親族會ハ左ノ順序《じゆんじよ》ニ從ヒ家族中ヨリ家督相續人ヲ選定ス

第《だい》一　配偶者《はいぐうしや》但家女ナルトキ

第二　兄弟

第三　姉妹《しまい》

第四　第一號ニ該當《がいたう》セサル配偶者

第五　兄弟姉妹ノ直系《ちよくけいの》卑屬《ぞく》

本條は法律に定まれる相續人もなく又前主戶が指し定めたる相續人なきときに於ける相續に付《つい》て定めたり則ち此の場合に被《ひ》相續人の父《た》有るときは父、父あらざるとき又は父が己れが考《かんがへ》を何れの方法にても表《あら》はし示すことを能はざるとき母《は》が父に代り、父母共に無きとき又《また》は父母共に自分の考を他人に知《し》らしむる能はざる時は親族の會議を開き左に記したる順序《じゆんじよ》に因り家族の中より家督相續人を選《えら》び定むとなり

第一　前戶主の妻にして家付の娘《むすめ》なりしときは第一に相續人となるなり

第二　前戸主の妻なきときは弟を相續人と爲すべし若し弟なきときは兄を相續人と爲すべきなり

第三　前《まへ》の二個の場合に當《あた》る人が無きときは前戸主《こしゆ》の妹《いもと》を相續人と爲すべく妹なきときは姉《あね》を相續人と爲すなり此《こ》の兄弟姉妹の前後に付ては明に本條《ほんじやう》に定《さだ》めなけれども相續は目上より下に行《ゆ》く順序に因《よ》るは正則にして下《しも》に屬《ぞく》する者なきときは目上《めうへ》に至るなり故《ゆへ》に弟妹は兄姉より先きに相續人たるべきなり

第四　之は第一號の家付《いへつき》の娘に非ず他より嫁入《よめいり》したる妻を云ふなり

第五　前戸主の兄弟姉妹の直系卑屬則ち其等《それら》の者の子とか孫とかを云《い》ふなり故に兄弟姉妹等皆《み》な死亡せるも其等の者の子假令《たとへ》ば妹の子一人或は兄の孫が有るときの如きは其妹の子を相續人《さうぞく》と爲す若し其子が無く兄の孫が有るときは孫を以て相續人と爲すなり

第九百八十三條　家督相續人ヲ選定《せんてい》スヘキ者ハ正當《せいとう》ノ事由アル場合ニ限リ裁判所ノ許可《きよか》ヲ得テ前條ニ掲《かゝ》ケタル順序ヲ變更シ又ハ選定ヲ爲ササルコトヲ得

本條は家督相續人を選び定むべき者《もの》が相當《さうたう》の理由ある場合は裁判所《さいばんしよ》の許を得て前條に掲げたる順序に係《かゝは》らずして其の中より勝手《かつて》に選び定め又は前條の中より選《えら》び定めず其儘になし置《お》くことを得《う》るなり故に其の家《いへ》は絶ゆることも有るべし

第九百八十四條 第九百八十二條ノ規定《きてい》ニ依リテ家督相續人タル者ナキトキハ家ニ在《あ》ル直系尊屬中親等ノ最《もつと》モ近キ者家督相續《さうぞく》人ト爲ル但親等ノ同《おな》シキ者ノ間ニ在《あ》リテハ男ヲ先ニス

本條は第九百八十二條に因り選《えら》び定むべき相續人たる者《もの》なきときは其家《そのいへ》に居る前戸主の一筋《ひとすじ》に目上に在りて間柄の最も近き者則ち父或は父なきときは祖父《そふ》等が相續人と成るなり目上に有る二人が同《おな》じ等級の男女なるときは男《をとこ》が先きに相續人と成るとなり之は相續に於ける普通《ふつう》の理由に從ふたる者にして外《ほか》の理由《りゆう》あるに非ざるなり

第九百八十五條 前條ノ規定ニ依リテ家續《かぞく》相續人タル者ナキトキハ親族會ハ被相續人ノ親族《しんぞく》、家族、分家ノ戸主又ハ本家若クハ分家《ぶんけ》ノ家族中ヨリ家督相續人ヲ選定ス

前項ニ掲《かゝ》ケタル者ノ中ニ家督相續《さうぞく》人タルヘキ者ナキトキハ親族會《しんぞくくわい》ハ他人ノ中ヨリ之《こ》レヲ選定ス

親族會《しんぞくくわい》ハ正當ノ事由アル場合《ばあい》ニ限リ前二項ノ規定ニ拘《かゝ》ハラス裁判所ノ許可ヲ得テ他人ヲ選定スルコトヲ得《う》

前條に定《さだ》めたる方法 依りても家督相續人たる者なきときは親族《しんぞく》の會議を開き被相續人則ち前戸主の親族、家族、分家《ぶんけ》の戸主又は本家若くは分家の家族《かぞく》の中より家督相續人を選

び定むべしとなり
若し前項に擧《あ》げたる者の中に相當《さうたう》する家督相續人たる者なきときは親族會は他《た》人《にん》にして緣《えん》の無き者の中より選《えら》び定むるなり
親族會は相當の理《り》由《ゆう》あるときは前二項に定めたる親族又は分家《ぶんけ》等あるに係らず裁判所の許を受けて他人の中より家督相續人を選び出《いだ》すことを得べし

第三節 家督相續ノ效力

本節は家督相續の効力《かうりよく》は如何なる者かを定めたり則ち家督相續の開《あ》け始《はじ》まるときは相續人が財産上に於ける關係《くわんけい》等は如何なる狀態に至るべきや種々の場合を擧げて定めたり

第九百八十六條 家督相續人ハ相續開始《かいし》ノ時ヨリ前戸主ノ有《いう》セシ權利義務ヲ承繼ス但前戸主《こしゆ》ノ一身ニ專屬《せんぞく》セルモノハ此限ニ在ラス

家督相續人は家督相續を爲せる時より前戸主が有せし處《ところ》の一家の取締又は財産に關する一切の權利《けんり》義務を受け繼《つ》ぐことになるなり故に前戸主が土地家屋《かをく》等一家財産權を有せしときには家督相續人は是等の權利《けんり》を受け繼ぎ勝手《かつて》に處分するを得るに至ると同時に前戸主か家の商賣上《しやうばいじやう》等の爲めに數百圓の負債《ふさい》を爲したりとせば相續人は此等《これら》の負債を返却する義務をも負ふなり但し前戸主が道樂或は自分一己の物好より商賣を爲して負債を作りたる如《ごと》きときは相續人は返濟《へんさい》の義務を權利と共に受け繼《つ》ぐに及ばずとなり

第九百八十七條　系譜、祭具《さいぐ》及ヒ墳墓《ふんぼ》ノ所有權ハ家督相續ノ特權ニ屬ス

一家の先祖《せんぞ》以來《いらい》の系圖及び祖先の靈《れい》を祭るに用ゆる道具類及び墓標《ぼへう》の如き物の所有權は家督相續の權利の內でも特別《とくべつ》の權利にして他の土地《とち》家屋を所有する權利の如く一方に權利を負ふ故に一方に義務《ぎむ》を負ひ其の義務を果《はた》す爲め相續したる所有權等を他人に讓り渡し義務の辨濟《べんさい》を爲さゞる可からざる權利《けんり》とは同じからざるなり故に義務《ぎむ》の辨濟等に關係なき特別の權利とも言ふ可きなり

第九百八十八條　隱居者及ヒ入夫婚姻《こんいん》ヲ爲ス女戸主ハ確定《かくてい》日附アル證書ニ依リテ其財產《そのざいさん》ヲ留保スルコトヲ得但家《か》督《とく》相續人ノ遺留分ニ關スル規定ニ違反スルコトヲ得ス

隱居を爲さんとする戸主及び入夫を迎《むか》へて婚禮を爲さんとする女戸主は後日に爭の起らざる樣に確かなる日附《ひつけ》ある證書を認め相續人又は入夫《にうふ》に相續せらるゝ財產《ざいさん》の內の幾部分を或る要意《ようい》の爲めに自身の物として相續《さうぞく》せしめずに殘し留《とゞ》むることを得《う》るなり但し家督相續人が第七章以下の規則《きそく》に依り法律上當然《たうぜん》得べき財產に關《くわん》する定め方に反對して殘し留むることを得ざるなり

第九百八十九條　隱居又ハ入夫《にうふ》婚姻ニ因ル家督相續ノ場合《ばあひ》ニ於テハ前

戸主ノ債權者ハ其前戸主《こしゆ》ニ對シテ辨濟ノ請求《せいきう》ヲ爲スコトヲ得

入夫婚姻《こんいん》ノ取消又ハ入夫ノ離婚ニ因《よ》ル家督相續ノ場合ニ於テハ入夫カ戸主タリシ間ニ負擔《ふたん》シタル債務ノ辨濟ハ其《その》入夫ニ對シテ之ヲ請求スルコトヲ得

前二項ノ規定ハ家督相續人ニ對《たい》スル請求ヲ妨ケス

隱居を爲し又は入夫《にうふ》を迎へ婚禮を爲したるに依り家督相續人が出來たる場合に隱居又は入夫を迎へたる前戸主等に對《たい》する權利者は其の前戸主に對し義務の返濟を求むることを得べし

入夫婚禮を取消し又は一旦《いつたん》入夫を爲し都合の爲め離緣《りゑん》するに依り新に家督相續人が[illegible]たる場合に於て入夫《にうふ》が結婚《けつこん》して戸主たりしときに負《お》ひたる義務は其の離緣《りゑん》したる元の夫に向つて返却《へんきやく》を求むることを得るなり通常ならば前項《ぜんかう》或は本項の場合の如きは相續人が既に其家の權利義務を受け繼ぎたる者なれば其者に請求するは當然なれども却つて先戸主《こしゆ》たりし者に向つて請求《せいきう》する方が利益なることも有《あ》るべし故《ゆへ》に法律にては權利者の見込みを以て夫等の者に請求《せいきう》するを便利《べんり》とせば差支なしと爲せるなり既に權利者《けんりしや》の都合利益の爲めに前《ぜん》二項の方法《はうはふ》を定めたる者故に通常の理屈に從ひ新なる相續人に對《たい》し返却を求めんとすることは前《ぜん》二項の定《さだめ》ありとても元より差支なしとの旨を

本項《ほんかう》に明に示したるなり

第九百九十條　國籍喪失者《さうしつ》ノ家督相續人ハ戸主權及《および》ヒ家督相續ノ特權ニ屬スル權利ノミヲ承繼《しようけい》ス但遺留分及ヒ前戸主カ特ニ指定《してい》シタル相續財産ヲ承繼スルコトヲ妨ケス

國籍《こくせき》喪失者カ日本人ニ非《あら》サレハ享有スルコトヲ得《え》サル權利ヲ有スル場合ニ於テ一年内《いちねん》ニ之ヲ日本人ニ讓渡《ゆづりわた》ササルトキハ其權利ハ家督相續人ニ歸屬ス

國籍喪失者假令へば日本國民《にほんこくみん》たる籍を離れて米國《べいこく》等に歸化し彼の國人たらんとする者の家督相續人たるべき者は戸主《こしゆ》權則ち一家の主人《しゆじん》として統べ理《をさ》むる權利及び第九百八十七條の家督相續に附隨する特別《とくべつ》の權利而已を承け繼《つ》ぐなり既に其の國の籍面《せきめん》を脱する者の財産《ざいさん》の如きは國の所有と爲すが至當の者なり故に相續人等は前《まへ》に述べたる二種の權利より外相續すること無《あ》きなり併し法律《はふりつ》に定まれる相續人にして法律上當然《たうぜん》受くべき第七款以下の遺留分に關する財産及び前戸主が特別《とくべつ》に指し定めたる財産を相續するには差支なしとなり是れ畢竟《ひつきやう》相續人は國籍を去る如き者に非《あら》ず且つ身分上より法律に依り受くべき財産を相續するは却《かへ》つて法律の趣意に合當する者なればなり又《ま》た前戸主が特別に定めたる侍の如きも相續人は其利益《そのりえき》を受くる能はざる理由なく殊《こと》に國籍喪失者とても已れの意

由を明にして特に相續人に與へんとするを拒《こば》む理由なければなり
自分の生國《しやうこく》の戸籍面より脱れ出んとする者が日本に籍《せき》を有《いう》する者に非ざれば得ることが出來ざる權利假令へば鑛山《くわうざん》の所有は日本人に非ずば所有する能《あた》はずと法律に定めたる場合の如きときに是等の權利を所有《しよいう》せる國籍喪失者は國籍を失ふ時より一ケ年以内《いない》に他の日本人に賣渡《うりわた》すか贈與等を爲して處置《しよち》を付けざるときは夫等の權利は法律上當然國籍を失ふ者の家督相續人の所有《しよいう》に屬すべしとなり

第九百九十一條　國籍喪失ニ因《よ》ル家督相續ノ場合ニ於《おい》テハ前戸主ノ債權者ハ家督相續人ニ對《たい》シテ其受ケタル財産ノ限度ニ於テノミ辨濟ノ請求ヲ爲スコトヲ得

國籍を失ふたるに依り新《あらた》に家督相續人の定まりたる場合《ばあい》に於て前戸主則ち國籍を失ふたる者に對し貸付《かしつけ》を爲したる人々は家督相續人に向つて前戸主《せんとしゆ》の借財を請求することを得べし併《しか》しながら其の相續人が受け繼《つ》ぎたる財産の有り丈より餘分に取立てんとすることは出來ずとなり通常《つうじやう》家督相續人は已れが相續を爲す家に對《たい》する權利義務は一切引受くべき者なれども國籍喪失者の家督相續人《にん》の如きは戸主權の外《ほか》僅かの財産權を受け繼ぐ者なれば從つて前戸主に係《かゝ》る義務として全部を負擔《ふたん》するは道理に叶はざるを以て法律に於ては引受くべき限りを付けたる者なり

第二章　遺産《ゐさん》相續

本章は前《せん》の財産を所有したる者が死亡せる場合《ばあい》に於て其の緣續の者が殘り財産を引受け所有する事に付きての規則なり前章の場合は家督相續とて一家《いつか》の取締權及財産の權利等を悉く引受くる規則《きそく》なれども本章の場合は單《ひとへ》に財産權を受け繼ぐに付て[illegible]

第一節　總則

此の第一節は遺産《ゐさん》を相續するに付て用ゆる全体の規定にして遺産は如何《いか》なるときに遺産相續が始まるべきや如何なる處《ところ》に於て相續を爲すか等を定めたり

第九百九十二條　遺産相續ハ家族ノ死亡ニ因リテ開始ス

遺産相續を爲すべき時は家族《かぞく》の死亡則ち財産を所有し居たる家族が死去《しきよ》せるときに其の緣續の者は殘《のこ》り財産を相續することが始まるとなり

第九百九十三條　第九百六十五條乃至第九百六十八條ノ規定《きてい》ハ遺産相續ニ之ヲ準用ス

第九百六十五條の家督相續は前戸主の住居せる處《ところ》に於て始まることと第九百六十六條の家督相續權を害されたるとき取返《とりかへ》すの權利を行ふの定め方第九百六十七條の相續を爲すに付ての諸費用《しよひよう》支拂方又は第九百六十八條の家督相續が始りしとき腹の中に在る子は生れたる者と看做す等の規定は殘り財産を相續する場合にも擧《あ》げ用ゆべしとなり故《ゆへ》に遺産を

相續する場所は前に財産を所有し居れる人の住居に於て始まり又已れが相續すべき遺産を他人に相續せしたる時は其《そ》の相續すべき權利ある者か法律上《はふりつじやう》定まれる代理人等は第九百六十六條の期限内《きげんない》に取返すの處置を爲さゞるべからず又《ま》た相續を爲すに付ての費用は相續せる財産の中《うち》より支拂ひ已れの失策《しつさく》の爲めに費したる分《ぶん》は自分持になるべく又た遺産を相續する場合則ち財産を所有せる家族が死亡《しぼう》せるに其の相續者は未だ胎内に在り生れ出でさるときは已《すで》に生れた者を看做す其腹の子が相續を爲したることになるなり若し生れたるときに死し居れるときは腹の中に有りしとき生れ居りし者とは見做さゞるなり故に其の死せる子《こ》は一度も財産を相續せる事無き者となるべし以上《いじやう》の事柄は前に述べたる家督相續人に關《くわん》する規則を用《もち》ゆるに因り斯く定まるなり

第二節　遺産相續人

本節は遺産を相續することを得《う》るは如何なる人々《ひとびと》か又は遺産を相續するに付數人あるときは如何なる順番《じゆんばん》にて相續を爲す等に付規定せり

第九百九十四條　被相續人ノ直系卑屬ハ左ノ規定ニ從ヒ遺産相續人ト爲ル

一　親等ノ異ナリタル者ノ間ニ在リテハ其近キ者ヲ先ニス

二　親等ノ同シキ者ハ同順《どうじゆん》位ニ於テ遺産相續人ト爲ル

本條は遺產相續人となるべき人は如何なる者かを定めたり被相續人則ち財產を殘して死亡せる者《もの》の眞直《まつすぐ》に一筋の目下の者は左《さ》に擧げたる規則に因り遺產《いさん》を相續する人と成るべし例へば子又は孫等は直系の卑屬親と稱する者なり

第一　親類の間柄《あひだがら》に於て等級の異なる者《もの》二人以上有るとき例《たと》へば被相續者に子及び孫の有るときは親《おや》と子の間は一の等級なれども親と孫との間柄は中に子が一人あるを以て親より子《こ》、子より孫と二の等級と成るべし故《ゆゑ》に斯の如き場合に於ては一の等級《とうきう》たる緣近き子を遺產の相續人と爲すべきなり

第二　親《した》しき等級の同じ間柄《あひだがら》なれば同順位則ち順番の前後無《な》しに同じ位に共に相續人と成《あ》るべし例へば被相續人の子が二人ありとせば其《そ》の二人は共に遺產《いさん》を相續する事に成るなり其《そ》の相續する步合《ぶあい》の如きは後の條に於て定めたり

第九百九十五條　前條ノ規定ニ依《よ》リテ相續人タルヘキ者《もの》カ相續ノ開始前ニ死亡シ又ハ其相續權ヲ失《うしな》ヒタル場合ニ於テ其者ニ直系卑屬アルトキハ其直系卑屬《そのちよくけいひぞく》ハ前條ノ規定ニ從《したが》ヒ其者ト同順位ニ於テ遺產相續人ト爲ル

前條に於て定まれる遺產相續人と成《な》り得べき者《もの》が相續を爲すの時機《じき》が至らざる前に死亡するか又た法律《はふりつ》に定めたる理由よりして其者等《そのもの》が相續を爲すの權利を失ひたる時に於て

死亡したる者又は相續權《さうぞくけん》を失ふたる者に一筋に繰續なる目下の親屬《しんぞく》あるときは其の目下の者等は前の條文に定たる規則に依《よ》り死亡し又は相續權を失《うしな》ひたる者と同じ順序にて遺産の相續人となるべし故《ゆゑ》に死亡《しばう》せる者又は權利を失ひたる者《もの》に二人の子有るとき其子等は死亡者又は權利を失《うしな》ふたる者に兄弟有りて共に相續人と成るが如《ごと》く二人共に相續人と爲《あ》り若《も》し又た死亡者等に子及び孫の有りしときは死亡《しはう》者等が被相續者の孫より先きに相續を爲《あ》すが如く死亡者の子は孫に先《さき》んじて相續人と成るべきなり畢竟《ひつきやう》本條は當然遺産相續人と成るべき人に故障《こしやう》ありし爲めに尙は其の目下の人が相續を爲す迄のことにして第九百九十條に依り相續の順序《じゆんじよ》を定むることには變る所なきなり

第九百九十六條 前二條ノ規定ニ依《よ》リテ相續人タルヘキ者ナキ場合《ばあい》ニ於テ遺產相續《ゐさんさうぞく》ヲ爲スヘキ者ノ順位左ノ如シ

第一 配偶者

第二 直系尊屬

第三 戸主

前項第二號ノ場合《ばあい》ニ於テハ第九百九十四條ノ規定《きてい》ヲ準用ス

前の二條に於て定めたる遺產《ゐさん》を相續する者なきときには如何《いか》なる人々を以て相續人と爲すべきや及び其の順序は如何なるかを本條に定めたり

第一　遺産《ゐさん》を所有せる者の配合《はいがふ》則ち死亡せる被相續者男子なれば其妻《さい》が第一に相續を爲し死亡《しばう》せる者女なるときは其夫《をつと》が殘り財産を相續するなり

第二　第一の場合の如く妻《つま》或は夫なきか或は獨身者《どくしんもの》なるときは其の直系尊屬則ち一筋に上に向つての親類《しんるい》なる父が相續を爲し父なきときは母《はゝ》又《また》は祖父母等段々目上の人が相續を爲すことになるなり

第三　若《も》し前の二個の場合の相續人なきときは死亡者《しばうしや》が籍《せき》を置きし家の戸主が相續を爲すべきなり

本項は本條第二號に擧げたる相續者が相續《さうぞく》を爲すときは第二號に於て少《すこ》しく述《の》べたる如く第九百九十四條の順序に從《したが》ふべしとなり例へば父と祖父と有るときは先づ縁の近き父が相續者と成り父《ちゝ》のなきときは祖父が相續を爲し若し同時に父と母《はゝ》と有るときは同じ位番にて共に相續を爲すが如し

第九百九十七條　左ニ揭《かゝ》ケタル者ハ遺産相續人タルコトヲ得ス

一　故意ニ被相續人又ハ遺産相續ニ付キ先順位《せんじゆんゐ》若《もし》クハ同順位ニ在ル者ヲ死ニ致シ又ハ死ニ致サントシタル爲メ刑ニ處セラレル者

二　第九百六十九條第二號乃至第五號ニ揭ケタル者

本條は遺產《ゐさん》を相續することの出來ざる人を定めたり則《すなは》ち左に擧げたる二つの場合の何れかに當て篏《は》まる者は相續を爲すを得ずとなり

第一　故意則ち過失《くわしつ》に非ず己れより謀りて被相續者又は遺產《ゐさん》を相續するには自分より先の順序に居《を》る人又は同じ位置《ゐち》にて共に相續を爲すべき人を殺したり又は殺さんと爲せるが故に法律に因りて處分《しよぶん》せられたる者は相續者《さうぞく》と成るを得ざる者とせり道理上實に左も有るべきこととなり何んとなれば已《すで》に過失に非ずして斯《かく》の如き惡事を爲す者は被相續者を殺して早く遺產を得《え》んとするか已《おの》れより先《さ》きに相續する者あれば自分が相續すること能《あた》はざるより利欲《りよく》の爲めに本心《ほんしん》を失ふて斯くの如き始末《しまつ》に立ち至る者甚だ多く假令ひ財產に就《つい》て惡意を生《しやう》じたるに非ずとするも遺產《ゐさん》を相續するに付已れの先に立つ者にして尊敬《そんけい》すべき義務あり又は御互《おたがひ》に利得を共にする位置に在る者なるに係らず殺害せんとする如きは人情《にんじやう》に悖《もと》る其甚ものにして已に家督相續の場合に述べたる如く凡て相續を近き者《もの》を先にする如きは愛情《あいじやう》に基く者なれば到底是等《これら》の惡人をして相續せしむるは道理の許さゞる所なれば本條は明かに相續する權利なきものと爲せり

第二　第九百六十九條の第二號より第五號迄の間に在《ゐ》る家督相續人と成ることを能はざる者は遺產《ゐさん》に就《つい》ても相續することを得《う》ずとなせり其理由の如きは第九百六十九條にて述べたると同じき事柄《ことがら》故に再び述《の》ぶる要用なきを以て省くべし

第九百九十八條　遺留分ヲ有スル推定遺《すいていゐ》産《さん》相續人カ被相續人ニ對シテ虐待《ぎやくたい》ヲ爲シ又ハ之レニ重大ナル侮辱《じよく》ヲ加ヘタルトキハ被相續人ハ其推定遺産相續人ノ廢除ヲ裁判所ニ請求スルコトヲ得

遺留分《ゐりうぶん》を有ずる推定相續人則ち被相續者の一筋《ひとすぢ》に目下の者にして法律《はふりつ》に依り當然被相續者の財産を遺《のこ》し留めらるゝ分を相續する者《もの》が被相續者則ち死亡の際《さい》に財産を發すべき人に對《たい》して酷《む》ごき取扱を爲し又は被《ひ》相續者に對し容易《ようい》ならざる無禮の辱しめを加へたるときは被《ひ》相續者は裁判所に向て其の相續人たるべき者を廢《はい》し除けたき旨を訴へ出づることを得るなり

第九百九十九條　被相續人ハ何時《あんどき》ニテモ推定遺産相續人廢除《はいじよ》ノ取消ヲ裁判所ニ請求スルコトヲ得

被相續人は若《も》し遺産の推定《すいてい》相續人が前條に擧げたる相續人たる資格を廢し除けたる原因が止みたるか或は許《ゆる》すも差支なしと思《おも》ふときは何時《あんどき》にても一旦相續人たる身分を廢し止めたるも最早《もはや》深く咎《とが》むる要用《ひつよう》が無くなりたれば廢除《はいじよ》の命令を取消されんことを裁判所に向つて願ひ出づることを得るなり

第千條　第九百七十六條及第九百七十八條ノ規定ハ推定遺産《すいていゐさん》相續人ノ廢除及ヒ其取消ニ之ヲ準用ス

第九百七十六條の家督相續人に於て遺言《ゐごん》を以て相續人を廢《はい》し除《の》けたるときに遺言を受けたる人が行ふべき手續の定め方及び第九百七十八條の家督《かとく》相續人を廢し止むる訴の起りて未た其《そ》の裁判が結局《けつきよく》の付かざる前に被相續人が死亡《しばう》せる等にて愈々其相續人が相續の手續を爲すべき場合《ばあひ》に至りたるも相續人が定まらざるを以て裁判所《さいばんしよ》が相續人廢除の訴が極りの付く迄假《かり》に財産を預り取締る人を命《めい》ずるの手續の如きは遺産《ゐさん》相續人を廢除する訴が起りたる時にも同樣《どうやう》に用ゆべしとの定めなり

第三節　遺産相續ノ效力

本節は愈々《いよく》遺産を相續することとなれば相續《さうぞく》人は財産上に付き如何なる結果を引き起す者なるか相續人が多きときは如何樣《いかやう》の始末《しまつ》に至るべきや遺腹《さうふく》の子などが遺産を相續すべきときに實子《じつし》等の五六人も有りたりとせば其《そ》の分け前は何程なるべきや等に付き細かに分ち定めたり

第一款　總則

本款は遺産《ゐさん》相續の效力《かうりよく》は如何なる者かに付ての總体《そうたい》の規則にして相續を爲せば如何なる有樣になるかと云ふ根本の事を定めたり

第千一條　遺産相續人《さうぞくにん》ハ相續開始ノ時ヨリ被《ひ》相續人ノ財産ニ屬セシ一切ノ權利《けんり》義務ヲ承繼ス但被相續人ノ一身ニ專屬《せんぞく》セシモノハ此限ニ在ラス

ス

遺産を相續する者《もの》は相續開始《かいし》の時則ち被相續人の死亡せる時より被相續人の財産に關係したる凡《すべて》の權利義務を受け繼ぐなり但し被相續人の一身《いつしん》に而已附屬せる權利義務ならば必ずしも相續《きうぞく》人が受け繼《つ》ぐべきものには非ずとなり

第千十二條　遺産相續人數人《すにん》アルトキハ相續財産《ざいさん》ハ其共有ニ屬ス

遺産を相續すべき者《もの》が五六人もあるときは相續を爲すべき財産《ざいさん》は相續人全体の共同所有物となるべきを定めたり

第千十三條　各共同《かくきやうどう》相續人ハ其相續分ニ應《おう》シテ被相續人ノ權利義務ヲ承繼ス

遺産を相續する者《もの》五六人あるときには前條《ぜんじやう》に從つて相持になれども其の相持の高は相續人の身分《みぶん》に因《よ》り各異なる者なり左れば其の持高《もちだか》部分の異《こと》なると同じ割合にて被相續人の權利及び義務《ぎむ》を受け繼《つ》ぐべしとなり

第二欵　相續分

本欵は相續人が多人數《たにんずう》なるとき相續財産の割《わ》り當《あ》て方《かた》又は相續人の中にて被相續人より特別《とくべつ》に財産に付《つい》ての權利と與《あたへ》られ居るときの如きに於て公平に分配する方法等《はうはふとう》をYめたり

第千四條　同順位ノ相續人數人アルトキハ其各自《そのおのおの》ノ相續分ハ相均シキモノトス但直系卑屬數人アルトキハ庶子《しよし》及ヒ私生子ノ相續分ハ嫡出子ノ相續分ノ二分ノ一トス

同じ順番《じゆんばん》の遺産相續人が二人以上有《あ》るときは其の所有になるべき財産《ざいさん》の割合は平均に同じ分前を取《と》るなり例《たと》へば父と母との尊《たつと》き親族二人が五千圓の殘り財産を相續《さうぞく》するときは平らかに二千五百圓宛相續すべしとなり併《しか》しながら被《ひ》相續者の一筋に目下に當る子或は孫等が五六人も有るときに妾腹《せうふく》の子及び私生《しせい》の子供等が遺産を相續する分け前は被相續者の本妻腹《ほんさいばら》の子供等が相續すべき分け前《まへ》の二分の一即ち半分丈《だけ》を相續する者とす

第千五條　第九百九十五條ノ規定《きてい》ニ依リテ相續人タル直系卑屬ノ相續分ハ其《その》直系卑屬カ受《う》クヘカリシモノニ同シ但直系卑屬數人《すうにん》アルトキハ其各自ノ直系尊屬カ受《う》クヘカリシ部分《ぶぶん》ニ付キ前條ノ規定ニ從ヒテ其相續分ヲ定ム

第九百十五條の規則《きそく》は當然《たうぜん》遺産相續人たるべき者が死亡せるか相續權《さうぞくけん》を失ひたる場合に其系續の目下《めした》の者が相續人と成るとの規則《きそく》に依り相續人と成りたる者《もの》の相續として受け繼ぐべき割合は其の直系尊屬《ちよくけいそんぞく》則ち死亡せるか權利を失ひたるかに依り相續人で有りながら相續せざりし者《もの》が受け繼ぐ事《こと》に定り居りし部分と同じ割合《わりあい》なり併《しか》しながら其《その》の死亡者

又は權利を失ひたる者の目下の者等五六人も有るときは其各相續人の目上《めうへ》の者が受け繼ぐ筈で有りし分量《ぶんりやう》の內より前條の規則に從ひ割合《わりあい》を定むとなり

第千六條 被相續人ハ前條《ぜんじやう》ノ規定ニ拘ハラス遺言《ゐげん》ヲ以テ共同《きようどう》相續人ノ相續分ヲ定《さだ》メ又ハ之ヲ定ムルコトヲ第三者ニ委託《いたく》スルコトヲ得但被相續人又ハ第三者ハ遺留分《ゐりうぶん》ニ關スル規定ニ違反《ゐはん》スルコトヲ得《と》ス

被相續人カ共同相續人《さうぞくにん》中ノ一人若《も》クハ數人ノ相續分ノミヲ定《さだ》メ又ハ之ヲ定メシメタルトキハ他《た》ノ共同《きやうどう》相續人ノ相續分ハ前二條ノ規定ニ依《よ》リテ之《これ》ヲ定《さだ》ム

被《ひ》相續者は前の二條の文に於て各《かく》相續人の割合を定め有《あ》るに係《かゝは》らず遺言を以て共に相續する者四五人有るときは其者《そのもの》が受け繼ぐべき分量《ぶんりやう》を定め又は已れの死亡して後《のち》に法律に依らず分《わ》け前《まへ》を定むべきことを相續人以外の人に依賴するを得《う》べし被相續人又は第《だい》三者は法律に於て幾分は相續人《さうぞくにん》の所有に爲すべしと遺《のこ》し與へたる規則に背きて遺言《ゐごん》を爲すてとが出來ず依賴されたる人も亦た同樣なりとなり

若しも被相續人が共に相續する人《ひと》が五六人も有るに其中《そのうち》の一人又は二三人の受け繼《つ》ぐべき分量丈を極《き》め又《また》は之を極めしめんと爲《あ》せるときに外の共に相續すべき人の受け繼《つ》ぐべき割合は前《ぜん》の個條《かじやう》の規則に依り之を定むべしとなり

第千七條　共同相續人中被相續人《ひさうぞくにん》ヨリ遺贈ヲ受ケ又《また》ハ婚姻、養子緣組、分家、廢絕家再與《さいかう》ノ爲メ若クハ生計ノ資本《しほん》トシテ贈與ヲ受ケタル者アルトキハ被相續人カ相續開始《かいし》ノ時ニ於テ有セシ財產ノ價額《かがく》ニ其贈與ノ價額ヲ加《くは》ヘタルモノヲ相續財產ト看做シ前三條ノ規定ニ依リテ算定シタル相續分ノ中《うち》ヨリ其遺贈又ハ贈與《ぞうよ》ノ價額ヲ控除シ其殘額ヲ以テ其者ノ相續分トス

遺贈又ハ贈與ノ價額カ相續分《さうぞくぶん》ノ價額ニ等シク又ハ之《これ》ニ超ユルトキハ受遺者《じゆゐしや》又ハ受贈者ハ其相續分ヲ受《う》クルコトヲ得ス

被相續人カ前《ぜん》二項《かう》ノ規定ニ異ナリタル意思《ゐし》ヲ表示シタルトキハ其《その》意志表示ハ遺留分ニ關スル規定《きてい》ニ反セサル範圍內ニ於テ其効力ヲ有ス

共に遺產《ゐさん》を爲すべき相續人の中にて被《ひ》相續人則ち財產を遺《のこ》すべき人あり法律にて相續すべき割合《わりあひ》に係らず余が死去せるときは自分《じぶん》の財產中より幾部分を與ふべしとの約束《やくそく》を受け又は婚禮《こんれい》、養子《やうし》として緣組を爲すが爲め或は分家《ぶんけ》を爲すか斷絕せる家を再び建て直す等に付き若《もし》くは活計を爲すに付き商賣の資本《しほん》として貰ひ受けたる者あるときは被相續人が死亡せる等より相續のことが開け始《はじ》まる時に所持《しよぢ》せし財產の價に前に擧《あ》げたる原因

に依り遺贈《ゐぞう》又は贈與を爲したる價を併《あは》せ計算せる者を相續財産と看做《みな》し前の三個條の規則に依り計算し定《さだ》めたる相續すべき割合《わりあい》の内より遺贈又は贈與《ぞうよ》等にて與へたる價ひを引き去り其《そ》の殘り分を以て遺贈等に依り受《う》け繼ぐべき外の相續の分《わ》け前《まへ》として受け繼ぐべしとなり遺贈又は贈與等に依り得《え》たるものゝ代價《だいか》が相續分の代價と同じく或は非常に大にして外《ほか》の者が相續すべき割合《わりあい》部分より多きとき又は同じき場合《ばあい》に於《おい》ては遺贈《ゐぞう》或は贈與を受けたる者《もの》は外に相續の分け前とし貰《もら》ひ受くることが出來ずとなり

若《も》し又た被《ひ》相續人が前《ぜん》の二項の定め方に反對《はんたい》して遺贈等を爲さんとの心を明かにしたるとき其明かにしたる考が第七章の遺留分《ゐりうぶん》の規則に依り財産を法律上にて與《あた》ふる規則に違はざるなれば其の遺産又は贈與《ぞうよ》を爲すの心は立派に成立つの力ありとなり

第千八條　前條ニ揭ケタル贈與《ぞうよ》ノ價額ハ受贈者《じゆぞうしや》ノ行爲ニ因リ其目的タル財産カ滅失《めつしつ》シ又ハ其價格ノ增減《ぞうげん》アリタルトキト雖モ相續開始《さうぞくかいし》ノ當時仍ホ原狀《げんじやう》ニテ存スルモノト看做《みな》シテ之レヲ定ム

前條に擧《あ》げたる共同相續人の中に贈與《ぞうよ》したるものゝ代價が其の贈與を受《う》くべき者の行ひに因りて目當の財産《ざいさん》を失ひたる爲め皆無になりたるか又《また》は其の代價が減《げん》じたり增したりせるときとても尚《な》は相續が開け始まる時に於ては財産《ざいさん》は元通りにして變《かは》りたることなきものと看做して贈與等の價ひを引去るべしとなり此等の規定は贈與を受《う》くべき者の權利

を大切《たいせつ》に爲したる者なり

第千九條　共同相續人ノ一人《いちにん》カ分割前ニ其相續分ヲ第《だい》三者ニ讓渡シタルトキハ他ノ共同《きやうどう》相續人ハ其價額及ヒ費用《ひよう》ヲ償還シテ其相續分ヲ讓受クルコトヲ得

前項《ぜんかう》ニ定《さだ》メタル權利《けんり》ハ一个月內ニ之《これ》ヲ行使スルコトヲ要ス

相續人五六人ありて相續《さうぞく》財産を相持に相續せるとき其《そ》の內《うち》の一人が已れの割り前を未だ割合が幾分《いくぶん》と定まらざる先《さ》きに相續人以外の人に讓《ゆづ》り與へたるときは外《ほか》の相持の相續人は其の讓渡しの費用《ひよう》及び相續の目的なりし物の代價《だいか》を支拂ひ返して自分等に於て讓り受くることを得べしとなり

前項に擧《あ》げたる他人に讓り渡したるものを受け戻すの權利は讓渡が有りてより一ケ月の間《あひだ》に行ひ用ゆることが肝要《かんよう》なり若し他人《たにん》に讓渡しし其の人より又々他人《たにん》へと讓渡し物事が確かに定まりてより受《う》け戻すことを許すときは甚だ迷惑《めいわく》を被ふる人有るを以て短き期限內《げんない》に非ざれば受け戻《もど》すことが出來ずと爲《な》せり

第三款　遺産ノ分割

本款は相續人《さうぞくにん》五六人もあるときは相續財産の相持《あひもち》に成るも永久相持は不便《ふべん》なるへければ之を分配《ぶんぱい》して所有するに付ての定めなり

第千十條　被相續人ハ遺言《こん》ヲ以テ分割ノ方法ヲ定《さだ》メ又ハ之《これ》ヲ定ムルコトヲ第三者ニ委託スルコトヲ得

被相續人は已れが殘すべき財產《ざいさん》に就き死して後效能《かうのう》ある言ひ殘《のこ》しを以て相續財產を各相續人の間に分配《ぶんばい》する方法を定め又は他人に對《たい》し定むることを依賴《いらい》を爲すを得べし

第千十一條　被相續人《ひさうぞくにん》ハ遺言ヲ以テ相續開始《かいし》ノ時ヨリ五年ヲ超エサル期間內分割《ぶんかつ》ヲ禁スルコトヲ得《う》

被相續人は已れが死《し》したる後ちと雖《いへ》ども相續人等が分別《ふんべつ》が足らざるを以て各勝手に所有せしむれば悉く使ひ盡《つく》すなどの恐《おそ》わりと思ふときは相續が開《ひら》け始《はじ》まりてより五年の期限を過ぎざる內《うち》は分配することはならぬと禁《きん》じ止めることを得《う》るなり

第千十二條　遺產《さん》ノ分割ハ相續開始《かいし》ノ時ニ遡《さかのぼ》リテ其效力ヲ生ス

財產を遺《のこ》されたるを相持《あひもち》に相續を爲し後に分配したるときは相續が開《ひら》け始まりたる時に遡りて分配せると同じ效力《かうりよく》わりとなり故に相續が開け始まりて後《のち》に相續財產に對し利息《りぞく》にても有《あ》りたるときは相續したる時《とき》に遡りて各貰《もら》ひ受け分に對する利息を受け取り得へきなり故ヌ若し相續《さうぞく》が始まりて以來相續財產に對《たい》し或る負債にても生《しやう》じ後に分配せるときは遡《さかのぼ》りて相續の效有る者故已れの持分《もちぶん》に對する丈の費用を支拂《しはら》はざるへからずとなり

第千十三條　各共同相續人ハ相續開始《さうぞくかいし》前ヨリ存スル事由《じゆう》ニ付キ他ノ共

同相續人ニ對《たい》シ賣主ト同シク其《その》相續分ニ應シテ擔保ノ責ニ任ス

遺産相續に因り相持《あいもち》と成れる各相續人は相續が始《はじ》まれる前より有りたる原因《げんいん》に依り相續財産に故障《こしやう》の有ることとなれば御互《おたがい》の間に於て賣主が買主に對し賣物に付義務有る如く保証の責《せ》めあるとなり例《たと》へば相續人三人ありて相續財産を三分《ぶん》して各所有せる後《のち》に至り一人の持分《もちぶん》の財産は相續を爲《な》せる前より其の物に付存じ居りたる原因《げんいん》の爲め財産の一部分を失ひたりとせば他《た》の二人の相續者は其の失ひたる代價《だいか》の三分の一宛を支出して其《そ》の損分を平等に受け負ふべしとの意味《いみ》なり元より此の三人の相續人は相續《さうぞく》財産に就ては平かに利益を受《う》くべき筈なるに一人は不幸《ふかう》にして運《うん》の惡しき所に當りたる如き有様《ありさま》にて損失を來せし者とせば他の二人も平等《びやうどう》に損分を受《う》け負ふは遺産を相持にて相續せる趣旨に叶ふものと云ふべきなり

第千十四條　各共同相續人ハ其相續分ニ應《おう》シ他ノ共同《きやうどう》相續人カ分割ニ因リテ受ケタル債權《さいけん》ニ付キ分割ノ當時《たうじ》ニ於ケル債務者ノ資力ヲ擔保ス

辨濟期《べんさいき》ニ在ラサル債權及ヒ停止《ていし》條件附債權ニ付テハ各共同相續人ハ辨濟ヲ爲スヘキ時《とき》ニ於ケル債務者《さいむしや》ノ資力ヲ擔保《たんぽ》ス

遺産を相持に相續せる各相續人は各其《そ》の分《わ》け前《まへ》の歩合相當の力を以て外《ほか》の相持の相續人

が相續財産を分配《ぶんぱい》したる結果として受《う》け負ひたる借方《かりかた》に就ては分配を以て相續《さうぞく》財産を所持したるときに相續者の一人《いちにん》たる義務者が負ひたる借方に付《つ》き義務を盡すことを得べかりし財産力丈《だけ》を保証《ほしよう》する義務ありとなり

返濟の期限が來り居らざる貸方の權利《けんり》及び停止條件附債權則ち或《あ》る期限《きげん》に至らざれば愈々返濟すべきか義務《ぎむ》が有るか無きか分明《ぶんめい》ならざる貸方《かしかた》の權利に付ては遺産を相續せし者持の相續人等は返濟《へんさい》を爲すべき時に於て債務《さいむ》者《しや》即ち相持の相續人の一人《いちにん》が返濟を爲し得べき丈の財産《ざいさん》に就ては保証《ほしやう》する義務ありとなり

第千十五條　擔保ノ責《せめ》ニ任スル共同相續人中償還《しやうくわん》ヲ爲ス資力ナキ者アルトキハ其償還スルコト能《あた》ハサル部分ハ求償者《きうしやうしや》及ヒ他ノ資力アル者各其相續分ニ應シテ之ヲ分擔《ぶんたん》ス但求償者ニ過失アルトキハ他ノ共同相續人《さうぞくしや》ニ對シテ分擔ヲ請求《せいきう》スルコトヲ得ス

相持の相續人が互《たがひ》に保証し合ふ其中に一人の相續人が已《おの》れが受負《うけを》ふ丈の義務を濟せるたがなき者あるときは其《そ》の返濟《へんさい》すること能《あた》はざる者の受《う》け負ふべき部分は其の權利に因り返濟を求《もと》めたる者及び他の返濟すべき財産力《りよく》ある相持の相續人が各受け繼ぎし割《わり》前に相當する丈《だけ》のものを以て返濟分《ぶん》に當つることに成るなり但し貸方《かしかた》の權利《けんり》を有する者が已れが爲すべき手續《てつゞき》と爲さゞる過失等よりして相持《あいもち》相續者の一人が返濟する財産が無くな

りたるときの如《ごと》き場合には外の相持の相續人に對《たい》して分け合《あ》ふて義務を盡さしめんと請求する能はざるなり

第千十六條　前三條ノ規定《きてい》ハ被相續人カ遺言《ゐごん》ヲ以テ別段ノ意思ヲ表示シタルトキハ之ヲ適用セス

前の三個條文《でうぶん》に擧げたる遺産を相持にて相續せる者は互《たがひ》に他《た》の一人《いちにん》の負債に就ては保證し合ふべしとの規則《きそく》は若し被相續者則ち財産《ざいさん》を遺す人が別段の意思則ち遺産相續人の中なる誰某《たれかれ》は自分の死後《しご》の借り方に付ては或《あ》る者《もの》丈を返濟せば外《ほか》の借り方に付《つ》き外の共同相續人と同じ割合《わりあひ》にて返濟を爲《な》すに及ばずなどの意見《いけん》を發表したる時は適《あ》て用ゐずとなり

第三章　相續ノ承認及ヒ抛棄

本章は家督相續及遺産《ゐさん》相續に付き相續が始《はじ》まれば何時にても異存《ゐぞん》なく承諾すべきものか或は其の一部分丈を承諾し得《う》べきか又た全く相續權《さうぞく》を打捨《うちす》つることを得る等に付きての規則なり

第一節　總則

此の節に記《しる》したる事柄《ことがら》は相續することを承諾し又《また》は相續の權利《けんり》を打ち捨つる等に付ては家督相續及び遺産《ゐさん》相續に用ゆべき總規則《そうきそく》にして相續を爲さゝるも一部分の相續を爲《な》さん

とするも根本《こんぽん》は本節の定めに從はざる可からず尤《もつと》も家督相續と遺産《ゐさん》相續とは性質多少異なるを以て同一の規則《きそく》に從ふこと能《あた》はざる場合は法律にて各異《かくゐ》なる規定を爲せり

第千十七條　相續人ハ自己《じこ》ノ爲メニ相續《さうぞく》ノ開始アリタルコトヲ知《し》リタル時ヨリ三个月內ニ單純《たんじゆん》若クハ限定ノ承認又ハ抛棄《はうき》ヲ爲スコトヲ要ス但此期間ハ利《り》害《がい》關係人又ハ檢事《けんじ》ノ請求ニ因リ裁判所ニ於テ之ヲ伸長スルコトヲ得

相續人ハ承認又《また》ハ抛棄ヲ爲ス前ニ相續《さうぞく》財產ノ調査ヲ爲スコトヲ得

相續を爲すべき人は自己《じこ》の爲《ため》に相續の開始《かいし》則ち何某が死去せる事なれば自分は法律に從ひて家督相續を爲すべき順序なりとか又は誰某が死去せる上は其の遺産は自分にて相續の手續を爲《な》さゞるべからずなどの如く相續《さうぞく》すべき時期《じき》が始まりたることを知りたるときより三ケ月間の內《うち》に單純《たんじゆん》則ち別に意見をも定めず單《ひとへ》に悉く相續すべしとか若くは限定の承認則ち或《あ》る財產《ざいさん》と之に附き從ふべき義務丈は相續すべしとの如く區域を定め相續を爲すことを承知《しやうち》するか又は抛棄則ち相續のことは權利《けんり》にても利益にても全く望みなき故に已れが相續すべき場合《ばあい》なるも打捨《うちす》てゝ構はぬとか何れなりとも三ケ月の間に決心して其手續を爲すことが肝要と爲《な》せり但し三ケ月《げつ》と云ふ期限は利《り》害關係《がいくわんけい》人則ち被相續者に貸借りの關係ある者《もの》又は檢事則ち社會の秩序《ちつじよ》を保つ爲めに一家の繼續爭の場合《ばあい》などにて之等に

は立ち合《あ》ふて監督する權利《けんり》ある役人等より請求《せいきう》ある場合には裁判所に於て期限《きげん》を增加へし又は三ヶ月を四ヶ月位《くらゐ》に延期するを得べし

相續する人は承諾を爲すか又は相續權を捨《すて》るかを定むる前《まへ》に先以《まつもつ》て已れが相續すべき財產の高《たか》は幾何位《いくばツくらい》有るや又た其相續財產に對する借方《かりかた》の義務は幾何位有るや等の件々を取り調《しら》ぶることが出來《でき》るとなり

第千十八條　相續人カ承認《しようにん》又ハ拋棄ヲ爲サスシテ死亡《しばう》シタルトキハ前條第一項ノ期間ハ其者ノ相續人《さうぞくにん》カ自己ノ爲メニ相續ノ開始アリタルコトヲ知リタル時ヨリ之ヲ起算ス

若しも相續《さうぞく》を爲すべき人が相續すべきの承知《しようち》又は相續權を打捨《うちすつ》る手續を爲すの暇なくて死去せるときに前條《ぜんでう》第一項の三ヶ月の期限《きげん》を數ふるは其の相續を爲すべき筈《はづ》で有りながら死去《しはう》せる者の相續人が自分《じぶん》の爲めに相續の開け始まりたるを知《し》り得たるときより始むべしとなり例《たと》へば何々家を相續すべき順序《じゆんじよ》にて有りし者が果して其家《そのいへ》を相續するか又は凡て相續權を打《う》ち捨《す》つるかを定めずして死去せるときに次《つぎ》に相續すべき順序は其の死亡者の子《こ》なるも暫く家《いへ》を出で外に居りし爲め已れが相續の順番《じゆんばん》に當り居るを知らず後日に至り父が或る家を相續すべきや否《いな》やを定めざる中《うち》に死去し今は自分の相續すべき順序に立ち至りたるを知りたるも旣《すで》に三ヶ月餘《よ》も過ぎ去り普通の場合ならば相續《さうぞく》を爲す心の

有無を定むる所か相續權は己《すで》に失《うしな》へる場合なれども此《こ》の場合《はあい》の如きは實際上知り得べからざりし者故本條《ほんでう》の定めを以て其の事柄《ことがら》を知りてより三ケ月內にさへ相續を爲すか否やを決心せば足れるを以て知《し》らざる內に相續《さうぞく》する權利を失ふ樣のことはなきなり

第千十九條　相續人カ無能力者《むのうりよく》ナルトキハ第千十七條第一項ノ期間ハ其法定代理人《だいりにん》ガ無能力者ノ爲《た》メニ相續ノ開始《かいし》アリタルコトヲ知リタル時ヨリ之ヲ起算ス

相續を爲《な》すべき人が無能力者則ち未《いま》だ一人前の年齢《ねんれい》に達せざる法律上に於て十分の辨別心なき者と爲せる者なるときは第千十七條の相續を承諾《しようだく》するか又は相續權《けん》を打捨《うちす》つるかを定むへき三ケ月《げつ》の期間《きげん》は無能力者の法定代理人則ち父とか母《はゝ》とか子の爲めに法律上より代理を當然《たうぜん》爲すべき者と定められたる者《もの》が其の無能力者の爲《た》め相續すべき時期に至れりと云ふ事を知《し》り得たる時《とき》より算へ始むべしとなり

第千二十條　法定家督相續人ハ抛棄《はうき》ヲ爲スコトヲ得ス但第九百八十四條ニ掲《かゝ》ケタル者ハ此限ニ在《あ》ラス

法律に於て第九百七十條の如く當然家督相續人と成ることを定められたる法定の相續人は家督《かとく》相續を爲すの權利を打《う》ち捨《す》つることを得ずとなり但《たゞ》し第九百八十四條に擧げたる法律上の相續人《さうぞくにん》なきとき相續を爲すを得る人々等は相續權を打捨《うちす》つるを得べしとより何

故に家督相續人は相續權《さうぞくけん》を捨つることを得《ロ》ざるかと云ふに家督相續なる者は日本《にほん》の習慣上重きを置く處《ところ》にして一家の組織《そしき》上尤も大切の權利にして一方《いつぱう》より云へば家督を相續するは名譽《めいよ》とも云ふべき者なり故に輕忽《けいこつ》に相續權を打ち捨《す》つるを得ずと爲せり之に反《はん》して第九百八十四條の如《ごと》きは法律に定まれる相續人なき時に始めて相續《さうぞく》人となる者にして極めて緣遠《えんとほ》き者なれば假令ひ家督相續なればとて無理《むり》に相續すべき義務ある者《もの》とは法律に於て看做さゞる所以なり

第千二十一條　相續人ハ其固有財產《そのこゆうざいさん》ニ於ケルト同一ノ注意《ちうゐ》ヲ以テ相續財產ヲ管理《くわんり》スルコトヲ要ス但承認又ハ拋棄《はうき》ヲ爲シタルトキハ此限ニ在ラス

裁判所《さいばんしよ》ハ利害關係人又《また》ハ檢事ノ請求ニ因リ何時《なんどき》ニテモ相續財產ノ保存ニ必要《ひつよう》ナル處分ヲ命スルコトヲ得《う》

裁判所カ管理人ヲ選任《せんにん》シタル場合ニ於テハ第二十七條乃至第二十九條ノ規定ヲ準用ス

凡て相續人となるべき人《ひと》が後に己れが相續すべき筈《はづ》の財產を取扱《とりあつか》ふときは其の固有財產則ち相續に因《よ》らずして己れが固《もと》より所持せる財產と同じく氣《き》を付けて取締るへしとなり言ひ換ゆれば自分の者として丁寧《ていねい》に取締るべしとなり何《な》んとなれば後に己れの物と成る

べき順序なりとも夫迄《それまで》は兎に角く先代《せんだい》の財産たる者故注意するを要《よう》するなり併しながら若しも自分《じぶん》が其の相續と承諾するか又《また》は相續すべき權利を打《う》ち捨《す》てたるときは夫等の注意は無用なりとなり畢竟《ひつきやう》承諾を爲せば全く自分の者となれば大事《だいじ》にするも捨るも自由《じゆう》なればなり又た相續權を打ち捨てたるときは他人《たにん》の者にして己れに關係なき者故如何になり行くも搆《かま》はざるもの故注意して取締《とりしまり》を爲さゞるも差支なきの理由《りゆう》に出でたるなるべし裁判所は被《ひ》相續人と貸借《たいしやく》の關係ある者より請求せらるゝか又は檢事《けんじ》が職務上よりして未だ相續人の定《さだま》らざる間くは夫れ〴〵取締を爲《あ》されたしと請求せられたる時は何時にても相續財産を保護《ほご》するに要用《えうよう》なりと認むる處置を爲すの命令《めいれい》を爲すことを得べしとなり裁判所が相續財産に付《つ》き取締り扱《あつか》ふ人を定め任《にん》じたるときは民法の第二十七條より第二十九條等の規則にて財産《ざいさん》の取締人を定めたる場合に取締人等が盡《つく》すべき注意に關する定め方は同樣に用ゆべしとなり

第千二十二條　承認及ヒ拋棄《はうき》ハ第千十七條第一項ノ期間《きかん》內ト雖モ之ヲ取消スコトヲ得ス

前項《ぜんこう》ノ規定ハ第一編及ヒ前編《ぜんぺん》ノ規定ニ依リテ承認又ハ拋棄ノ取消《とりけし》ヲ爲スコトヲ妨ケス但其取消權ハ追認《ついにん》ヲ爲スコトヲ得《う》ル時ヨリ六个月間之ヲ行ハザルトキハ時效《じかう》ニ因リテ消滅ス承認又《また》ハ拋棄ノ時ヨリ十年

ヲ經過シタルトキ亦同シ

相續に付《つい》て相續を爲すことを承諾《しやうだく》し又は相續權を打ち捨《す》つると決定したる場合は第千十七條第一項の期間《きかん》則ち相續人は自分等に向つて相續すべき時期《じき》が至れるを知りたるときより相續を承諾するか又《また》は相續權を打ち捨《す》つるかを定むるを得べき三ケ月間の内《うち》と雖ども一旦承諾するとか打ち捨つるとかの決心《けつしん》を取り消《け》すことが出來ずとなり既《すで》に述べたる如《ごと》く相續《さうぞく》は大切《たいせつ》の者にして之を小にしては一家の組織《そしき》に關係し之を大にしては國の組織にも及ぼす位の者故《ものゆへ》品物の遣り取りの如く一旦《いつたん》定めたるものを輕々しくするを許《ゆる》さゝるなり殊に利益《りとく》損失の關係に依りて相續するとか相續權を打ち捨るとか云ふ如《ごと》き者が一旦承諾しながら取消すを申《まう》し出づる如きことも往々《わう〱》有る事なれば法律にては一旦定めたる者は斷じて取消すことを許さずとせり

前項に定《さだ》めたる相續に關《くわん》する承諾又は拋棄《はうき》は一旦定めて後ち取消すを得ずと定めたる規則は第一編又は前《せん》の親族篇等に於て法律上《はふりつじやう》許可したる相續を爲すの承諾又は拋棄を取消す權利を行ふに付《つい》ては少しも差閊《さしつか》へる所なしとなり但し是等の場合《ばあい》に於ける取消權と雖ども承諾又《また》は拋棄に付て相續人が決定したるものを追《おふ》て認《みと》めて成立せしむるを得《う》ると爲せる時より六ケ月の間申出《うしい》でぬ時は時効則ち法律に於て何々《なに〱》の權利は幾年間行はざれば消へたる者と見做《みな》すと定めたる規則の力にて其の取消權ハ消ゑ失るとなり又《また》は相續の

承諾を爲すか相續權を拋ち棄てたるかの時より十年間《かん》を過《す》ぎ去りたるときも取消すの權利は消えて無くなるなり

第二節　承認

本章は家の相續をする者《もの》が被相續人とて戶主《こしゆ》より跡目を相續せよと言《い》はるゝ其相續の務を承認する即ち受諾《じゆだく》するに就てのことを規定《きてい》せり此承認に二種ありて一《いつ》を單純承認と云ひ一を限定承認と云ふ

第一款　單純承認

本欵は單純《たくじゆん》承認事のを規定したるとのなり抑も單純の字義は單へに純らと云ふことにて單純《たくじゆん》の承認とは相續人の我れ一分《いちぶん》の身代とする固有の財產と相續財產とて相續すべき財產とを混同して被相續人即ち先代《せんだい》の戶主の負債《ふさい》即ち借金の全部を負擔けて相續《さうぞく》するを承諾するなり此《この》單純承認を爲したる者は縱《たと》ひ先代の借金《しやくきん》が相續する財產の高より超えても其借金は拂はずばあらず又其先代《またそのせんだい》の戶主が父ならば人情固より貸借《かしかり》を論せねども左なき相續にても先代《せんだい》戶主へ貸したるものも取れず借りたるものも返さぬことなり此《この》承認とさ̀れば其責余《せめよ》程《ほど》重し

第千二十三條　相續人カ單純《たくじゆん》承認ヲ爲シタルトキハ無限《むげん》ニ被相續人ノ權利義務ヲ承繼ス

本條は相續する者《もの》が右第一款に述べたる單純承認《たくじゅんしょうにん》を爲したれば無限《むげん》の責任を負ひ被相續人即ち先代戸主の權利《けんり》も義務も受け繼ぐなり權利を受け繼《つ》ぐのみならば先代が貸金をも取り立て已《おの》れが物とする故によけれど義務《ぎむ》を受けつぎ借金を返《かへ》す義務をも負ふことゆゑ誠《まこと》に責めは重し併し人たる者《もの》父の跡を相續するは單純《たくじゅん》承認せざるべからず

第千二十條　左ニ揭ケタル場合《ばあい》ニ於テハ相續人ハ單純承認ヲ爲シタルモノト看做ス

一　相續人カ相續財產《ざいさん》ノ全部又ハ一部ヲ處分《しょぶん》シタルトキ但保存行爲及ヒ第六百二條ニ定《さだ》メタル期間《きかん》ヲ超エサル賃貸ヲ爲スハ此限ニ在ラス

二　相續人カ第千十七條第一項ノ期間內ニ限定承認又ハ拋棄《はうき》ヲ爲ササリシトキ

三　相續人カ限定《げんてい》承認又ハ拋棄ヲ爲《な》シタル後ト雖モ相續財產《ざいさん》ノ全部若クハ一部ヲ隱匿《いんとく》シ私ニ之ヲ消費シ又ハ惡意《あくい》ヲ以テ之ヲ財產目錄中ニ記載《きさい》セサリシトキ但其相續人カ拋棄ヲ爲シタルニ因リテ相續人《さうぞくにん》ト爲リタル者カ承認ヲ爲シタル後《のち》ハ此限ニ在ラス

本條の左に掲《かゝ》げ記《しる》したる場合《ばあい》に於ては相續《さうぞく》をする者單純承認をせずとも其《その》承認をしたるものと見做すとなり

其第一號は相續をする者《もの》が相續人に傳《つた》はる所の財産の皆々《かい／＼》か又は其一部分にても思ふ儘の計《はか》らひをしたるときは單純承認をしたるものと見做《みな》すなり何《なに》となれば全部の權利義務を引きうけたる者《もの》ならねば財産を自由《じいう》に處分《しよぶん》することは出來ぬが故なりこれを自儘にするからには一切《いつさい》を引うけたる事實あれはなり單純承認せりと看做《みな》さるゝも是非《ぜひ》なきことなり併し保存《ほぞん》行爲とて此財産《このざいさん》を失ふてはならぬと思ひ大切《たいせつ》にしまつする積りにてしたること、第六百二條に定めたる山林土地《さんりんとち》、建物動産の賃貸《ちんたい》をする期間を超《こ》えぬ賃貸をするは單純承認と看なすの限りでは無いとなり

第二號は相續《さうぞく》する者《もの》が第千十七條第一項の期間內《きかんない》即ち自己の爲めに相續の事《こと》の始《はじ》まりたるを知りたる時《とき》より三个月の內に限定《げんてい》承認もせず又は拋棄《はうき》をもせぬときには單純承認たりと見《み》なすなり限定承認とは限り定《さだ》めて財産を相續し我が固有《こいう》の財産《ざいさん》を混同せず先代戸主の借金《しやくきん》が相續する財産の高を超《こ》せば拂はぬなり詳《くは》しくは第二款に說くへし拋棄と云ふは相續をする權利《けんり》を捨《す》つるなり

第三號は相續する者が單純《たんじゆん》の承認はせずして限定《げんてい》の承認を爲し又は相續權《けん》を捨《す》てたる後にても相續《さうぞく》すべき財産の全部又は一部を隱《かく》し內証にて費し又《また》は惡心を起して財産の目錄

中へ書《か》きのせずに置《お》きたるときは單純承認と看《み》なすなり併し是等《これら》のことをしたる相續人が相續の權利を捨てヽ捨《す》てたによりて代《かは》りて相續人となりたる者が承認《しようち》をした後では單純承認をしたる者とは見なさぬとなり

第二款　限定承認

本款は限定《げんてい》承認のことを規定せり此承認は限《かぎ》り定《さだ》めのある承認にて相續《きうぞく》するものが自分の別なる固有の財産《ざいさん》と先代《せんだい》の戸主より受くる相續財産とを混同《こんどう》せず相續財産の高までなければ被《ひ》相續人即ち先代の戸主が借《か》りたる借金を辨償せぬと云ふ一つの限定を設けてから相續を承認することとなり右の如《ごと》きが故に相續人が先代《せんだい》の戸主に貸しかあれば相續財産の内より自分《じぶん》一己の固有財産の内へ取《と》り又先代戸主に借りがあれば自已《じこ》の一個の財産中より相續財産の內《うち》へ返《かへ》し詰り一人にて相續財産と固有《こいう》財産とを持ち區別をなし置くなり依て自分《じぶん》が借財したる物の外《ほか》固有財産の内より《よ》は償《つぐの》はぬなり

第千二十五條　相續人ハ相續ニ因リテ得タル財產《ざいさん》ノ限度ニ於テノミ被相續人ノ債務《さいむ》及《きよ》ヒ遺贈ヲ辨濟《べんさい》スヘキコトヲ留保《りうほ》シテ承認ヲ爲スコトヲ得

本條は限定《げんてい》して相續を承認することを規定《きてい》す相續する者は相續するによりて手に入りたる財産の限りの度《ど》に滿《み》つる丈けの先代戸主の借金拂なり人へ物をやると言《い》ひ置きたるこ

とに拂ふといふ被相續人《ひさうぞくにん》に堅く承知をさせて而して相續することを承諾《しようだく》することが出來るとなり例《たと》へば先代の相續財産の價格《ねうち》が十萬圓ありて負債と遺贈物《もの》とが十万圓あれば差引零となる勘定にて負債《ふさい》等が六万圓あれば四万圓殘り十一万圓ありても其《その》十万圓のみを拂ひ相續財産の高《たか》のみに止め我が固有財産にはかゝらぬなり充分危らげなき相續の受方也

第千二十六條　相續人カ限定承認《しようにん》ヲ爲サント欲スルトキハ第千十七條第《だい》一項《かう》ノ期間內ニ財産目錄ヲ調製《ちやうせい》シテ之ヲ裁判所ニ提出《ていしゆつ》シ限定承認ヲ爲ス旨ヲ申述《しんじゆつ》スルコトヲ要ス

本條は相續する者《もの》が限定《げんてい》承認をせんと思ふときには自分《じぶん》を相續人とせんとの事が始まりたることを知りたる時より三ケ月《げつ》のうちに財産《ざいさん》の目錄《もくろく》をこしらへて裁判所へ差《さ》し出《だ》し私は限定承認を致《いた》すといふことを申《まう》し述へねばならぬとなり則ち限定《げんてい》承認をする手續きを定めたるものなり

第千二十七條　相續人カ限定《げんてい》承認ヲ爲シタルトキハ其《その》被《ひ》相續人ニ對シテ有セシ權利《けんり》義《ぎ》務ハ消滅セサリシモノト看做ス

本條は相續人と被相續人との間に於て權利義務の消滅《せうめつ》し盡《つ》きぬさまを云ふ相續する者が限定の承認《しやうにん》としたときには其先代《せんだい》戶主に對して有るところの權利《けんり》義務は消滅して無くな

らぬものと見《み》なすとなり即ち借《か》りは拂ひ貸《か》しは取ることを得ればなり

第千二十八條　限定承認者ハ其《その》固有《こいう》財産ニ於ケルト同一ノ注意ヲ以テ相續財産ノ管理《くわんり》ヲ繼續スルコトヲ要ス

第六百四十五條、第六百四十六條、第六百五十條第一項、第二項及ヒ第千二十一條第二項、第三項ノ規定《きてい》ハ前項ノ場合ニ之《これ》ヲ準用ス

限定承認したる者《もの》は相續財産は管理《くわんり》するものにて預り物《もの》もやうなる物なり故に太切にして管理せざるべからず固有《こいう》の我が財産は言《い》ふまでもなく太切にするもの故《ゆゑ》それと同じ心得にて相續財産の管理《くわんり》を繼續してするが肝要《かんえう》であるとなりさもあるべき事《こと》なり又第六百四十五條以下受任者《じゆにんしや》の規定第千二十一條管理人《にん》にかゝりたることは前項の場合に準じ用ゐるとなり

第千二十九條　限定承認者ハ限定承認ヲ為《ゐ》シタル後《のち》五日内ニ一切ノ相續債權者及ヒ受遺者ニ對シ限定承認ヲ為シタルコト及ヒ一定ノ期間内ニ其請求《そのせいきう》ノ申出ヲ為スヘキ旨ヲ公告《こうこく》スルコトヲ要ス但其期間ハ二个月ヲ下ルコトヲ得《え》ス

第七十九條第二項及ヒ第三項ノ規定ハ前項ノ場合ニ之ヲ準用ス

相續をする者が限定承認《しやうにん》をしたるときには其《その》承認をしてより後ち五日の內《うち》に先代戸主の

負債ある一切の貸し方の者と先代戸主が物を與へ贈らんと約束《やくそく》して其遺り物を受くる者方へ此度限定承認をなしたることゝ一定《いつてい》の時日《じゝつ》の間に其請求を申し出でよと公告《こうこく》せねばならぬ併し其一定の間の時日といふは二ヶ月より少うは出來《でき》ぬとなりされば期間は二ヶ月より上にて隨意に定むることとなり

第七十九條第二項第三項は清算人《せいさんにん》が債權者へ請求の申出を公告《こうこく》するに付ての規定なり前項の場合には準ヒて用ゆとなり

第千三十條　限定承認者ハ前條第一項ノ期間《きかん》滿了前ニハ相續債權者及ヒ受遺者ニ對《たい》シテ辨濟《べんさい》ヲ拒ムコトヲ得

限定承認をしたるものは前條《ぜんでう》則ち第千二十九條の第一項に規定《きてい》したる一定の期間內仮令ば二ヶ月と限《かぎ》れば二ヶ月に滿る前には相續《さうぞく》財產より支拂《しはら》ふべき債權者又は遺り物を受くる者に辨濟《べんさい》するを拒《こば》むことが出來るとなり

第千三十一條　第千二十九條第一項ノ期間滿了ノ後ハ限定承認者ハ相續財產ヲ以テ其期間內ニ申出テタル債權者《さいけんしや》其他知レタル債權者ニ各其債權額《がく》ノ割合ニ應シテ辨濟《べんさい》ヲ爲スコトヲ要ス但優先權ヲ有スル債權者ノ權利ヲ害スルコトヲ得ス

第千二十九條第一項の一定の期間仮令《たとへ》ば二ヶ月即ち六十一日間《かん》とし此期間が滿ちて六十

二日目以後《いご》になりたれば限定《げんてい》承認をして相續したる者は相續《さうぞく》の財産にて其六十一日間の内に申出でたる貸《か》し方《かた》の者其外知れたる先代《せんだい》戸主への貸し方の者へそれぐ先代戸主への貸し高の割合に應《おう》じて借金拂をせねばならぬ併《しか》し優先權とて已に抵當品を取りたる貸し方か或は先取《さきどり》の特權ある貸し方の權利を害《がい》することは出來ぬとなり

第千三十二條　限定承認者ハ辨濟《べんさい》期ニ至ラサル債權《さいけん》ト雖モ前條ノ規定ニ依リテ之ヲ辨濟スルコトヲ要ス

條件附《でうけんつき》債權又ハ存續期間ノ不《ふ》確定《かくてい》ナル債權ハ裁判所ニ於《おい》テ選任シタル鑑定人《かんていにん》ノ評價ニ從ヒテ之ヲ辨濟《べんさい》スルコトヲ要ス

本條は限定承認したる相續人《さうぞくにん》は相續財産にて相續債權者なる先代《せんだい》戸主への貸し方の者へ借金拂《はらひ》をする時が來らぬものにても前《まへ》の第千三十一條の規定によりて之《これ》を辨濟《べんさい》せにやならぬこと又彼《か》れこれと條件《でうけん》の附きたる借金なり有りつゝく間の慥《たし》かならぬ借金は裁判所にて選みて役づけたる目《め》きゝ者の下直段《したね》に從ふて辨濟《べんさい》せよとなり斯くするは債權者なる貸し方も債務者なる借り方も跡《あと》へわづらひが殘らず片づきのよきやうにとて規定せしなり

第千三十三條　限定承認者ハ前《ぜん》二條《でう》ノ規定ニ依リテ各債權者《かくさいけんしや》ニ辨濟ヲ爲《な》シタル後ニ非《あら》サレハ受遺者ニ辨濟ヲ爲《な》スコトヲ得ス

本條は受遺者《じゆうゐしや》即ち先代戸主が遺《のこ》り物を與へと言ひ置《お》きたる方へ遺るの規定なり限定承認したる相續人《さうぞくにん》は前の第千三十一條と第千三十二條との規定にてそれ〲の先代《せんだい》戸主へ貸し方の者へ辨濟をしたる後《のち》でなければ先代戸主よりの遺《おく》り物を受くる者に辨濟をすることはならぬとなり此遺物と云ふは上方《かみがた》地方にて「カタミ」わけなど云《い》ふ物《もの》なり相續人は先づ借金を片づけ而《しか》して後に遺り物を與《あた》へざれば受遺者なほ〱起《おこ》り出れば困るが故なり

第千三十四條　前三條ノ規定ニ從ヒテ辨濟《べんさい》ヲ爲スニ付キ相續《さうぞく》財産ノ賣却ヲ必要トスルトキハ限定《げんてい》承認者ハ之ヲ競賣ニ付スルコトヲ要ス但裁判所ニ於《おい》テ撰任《せんにん》シタル鑑定人ノ評價ニ從ヒ相續《さうぞく》財産ノ全部又ハ一部ノ價額《かがく》ヲ辨濟シテ其競賣《きやうばい》ヲ止ムルコトヲ得

前の第千三十一、三十二、三十三條の規定《きてい》に從ひて辨濟をするに付きて相續《さうぞく》をする財産の物を賣《う》ることが必要であれば限定承認《しやうにん》をしたる相續人は其物を競賣《せりうり》にせねばならぬ併し裁判所にて選《えら》みたる鑑定人の下直を入れるに從ひて相續する財産の皆々か又は一部分の代價丈けの物を辨濟して其競賣《せりうり》を止めることが出來るとなり

第千三十五條　相續債權者及ヒ受遺者《じゆゐしや》ハ自己ノ費用ヲ以《もつ》テ相續財産ノ競賣《きやうばい》又ハ鑑定ニ參加スルコトヲ得此場合ニ於テハ第二百六十條第二項ノ規定ヲ準用ス

本條は相續に就て先代戸主へ貸しの有る者を先代戸主が死後に物を遺ると言ひ置き之を受ける者は自分《じぶん》の入費にて相續する財産の山《やま》とか田畑とかの競賣に加はり又は目きゝ人として加《くは》はることが出來る此場合《このばあい》には第二百六十條第二項の共有物《きやうゆうぶつ》の債權者の參加の規定に準じて用《もち》ゐるとなりこれは相續債權者と受遺者を保護する爲に設けたる規定なり

第千三十六條　限定承認者カ第《だい》千二十九條《でう》ニ定メタル公告《こうこく》若クハ催告ヲ爲スコトヲ怠《おこた》リ又ハ同條第一項ノ期間内ニ或債權者若クハ受遺者《じゆゐしや》ニ辨濟ヲ爲シタルニ因リ他《た》ノ債權者若クハ受遺者ニ辨濟ヲ爲スコト能ハサルニ至リタルトキハ之ニ因リテ生シタル損害ヲ賠償スル責ニ任ス第千三十條乃至第千三十三條ノ規定《きてい》ニ違反《ゐはん》シテ辨濟ヲ爲シタルトキ亦同《またおなじ》シ

前項ノ規定ハ情ヲ知《し》リテ不當《ふたう》ニ辨濟ヲ受ケタル債權者又ハ受遺者ニ對《たい》スル他ノ債權者又《また》ハ受遺者ノ求償ヲ妨《さまた》ケス

第七百二十四條ノ規定ハ前《ぜん》二項《かう》ノ場合ニモ亦《また》之ヲ適用ス

本條は限定承認したる相續人が第千二十九條に定《さだ》めたる請求《せいきう》を申し出でよとの公告をすることを怠《おこた》り或は續いで之を催促することをも怠り又《また》は第千二十九條第一項の二ヶ月ならば二ヶ月といふ期間内に一《いつ》の貸し方《かた》の者か又は遺財を受《う》くる者に辨濟《べんさい》をしたるに因り

て他の債權者即ち貸《かし》し方《かた》の者或は遺り物を受くる者に辨濟《べんさい》が出來ぬに至つたときには之れから起《おこ》つた損害は賠償《ばいしやう》する責を受けねばならぬ扨て又《また》第千三十條なり第千三十三條《でう》の規定に背《そむ》きて辨濟を爲《な》したるときも同《おな》じく其損害は償はずばあらずとなり此規定は誠に至當のことなり

前項の規定《きてい》は不當に受けては後《のち》とが足らぬと云ふ情《じやう》を知りながら不當の辨濟《べんさい》を受け不法行爲をなしたり因《よつ》て此惡き行爲《しわざ》ある債權者又は受遺者に對する他《た》の債權者と受遺者は償を求《もと》め即ち不當に辨濟を受けたる者より取返してもよしとなり

第七百廿四條の不法行爲《ふはふかうゐ》に因る損害賠償權云々の規定《きてい》は前の二項の場合にも適用するとなり

第千三十七條　第千二十九條第一項ノ期間内ニ申出《まうしで》テサリシ債權者及ヒ受遺者ニシテ限定《げんてい》承認者ニ知レサリシ者ハ殘餘財産《ざんよざいさん》ニ付テノミ其權利ヲ行フコトヲ得但相續財産《ざいさん》ニ付キ特別擔保ヲ有スル者ハ此限ニ在ラズ

本條は第千二十九條の第一項の二ケ月ならば二ケ月と云ふ請求《せいきう》申出の期間《きかん》内に申して出でぬ貸し方と遺り物を受《う》くる者にて限定承認の相續人に知《し》れぬ者は殘り餘つたる所謂る拂ひ殘りの財産に付《つい》てばかり權利を行ひ取り立てることが出來るなり是れにては殘り物

にて取るより仕方《しかた》はなきやうなれども併《しか》し相續財產に付きて格別に引き當てを取て居るものは此限《このかぎ》りでは無いとなり是れは後の債權者受遺者が前《まへ》に取りたる債權者《さいけんしや》受遺者より取かへすことは出來《でき》ぬなり期間《きかん》に申出でざる誤《あやま》りある故と知るべし

第三節　拋棄

本節は拋棄に付てのことを規定《きてい》す拋棄といふは打捨てることにて相續人の順位《じゆんゐ》に在る者が其相續をする權利《けんり》を捨つるなり夫故に其相續權は次《つぎ》の順位の者にうつるなりされば相續權を打ち捨てたるものは相續《さうぞく》には關係なきゆゑ被《ひ》相續人即ち先代《せんだい》の戶主の爲したる負財を償《つくの》ふ義務はなく而《しか》して先代の戶主へ貸《か》しがあれば相續財產中から辨濟を受くることも出來又先代戶主に借りがあれば返さなければならぬことなり

第千三十八條　相續ノ拋棄ヲ爲サント欲スル者ハ其旨《そのむね》ヲ裁判所ニ申述スルコトヲ要ス

本條は相續をする權利《けんり》を捨《す》て相續すまじと思ふ者は其ことを裁判所《さいばんしよ》へ申し述べねばならぬとなり即ち相續權を捨《す》つる手續《てつゞき》きを規定す

第千三十九條　拋棄ハ相續《さうぞく》開始ノ時ニ遡《さかのぼ》リテ其效力ヲ生ス」

數人ノ遺產相續人アル場合《ばあい》ニ於テ其一人カ拋棄ヲ爲シタルトキハ其相續分ハ他ノ相續人ノ相續分ニ應シテ之ニ歸屬ス

相續をする權利を捨《す》てるは既に相續權を得て捨《す》てるが故に相續《さうぞく》事の始まりの時に遡りて効力の起るものなり

相續人にも種類《しゆるい》ありて是れまで言《い》ひたる相續人は家督相續人のことにて此《こゝ》に遺產相續人とあるは遺したる財產を相續《さうぞく》することなり家督相續人は先戸主《せんこしゆ》の死にたる跡をつぐか又は先戸主が隱居《いんきよ》して其跡をつぐなり遺產なるものは家族《かぞく》のうちの者に死して遺したる財產なり何人も遺產相續人があるときに其《その》うちの一人が其相續權を捨《す》てたるときは其相續する分量は他の相續人幾人もあるもの丶取《と》り分《ぶん》に應じてそれに一々《いちく》付くなり家督相續人は二人以上はあらず一人に限れども遺產《ゐさん》相續人は相持《あひもち》に相續することもあるなり此に相續分とあるは強ち平分《へいぶん》にあらず三分の一の取得者あり五分の一の取得者あり應《おう》じてといふは其分量に應ずるなりと知るべし

第千四十條　相續ノ抛棄ヲ爲シタル者ハ其抛棄《そのはうき》ニ因リテ相續人ト爲リタル者カ相續財產《さいさん》ノ管理ヲ始ムルコトヲ得ルマテ自己《じこ》ノ財產ニ於ケルト同一ノ注意ヲ以テ其財產ノ管理ヲ繼續スルコトヲ要ス

第六百四十五條、第六百四十六條、第六百五十條第一項、第二項及ヒ第千二十一條第二項、第三項ノ規定《きてい》ハ前項ノ場合《ばあい》ニ之ヲ準用ス

自分が相續をすべき順位《じゆんゐ》にあるに其權利を捨《す》てたる者は拋棄《はうき》したりとて何もかも打すて

ろにわらず抛棄《はうき》したるに因りて相續人となりたる者が相續財產の管理をするまで自分の財產を管理すると同じ心得《こゝろえ》で財產の管理をつゝいてせねばならぬとなり第六百四十五、四十六、五十條第一項第二項の受遺者の規定《きてい》と第千二十一條第二項第三項の管理者に就ての規定とは前項《ぜんこう》の場合に準じ用ゆとなり

第四章　財產ノ分離

本章は財產を分離《はあ》すを規定す是れ被《ひ》相續人たる先代戸主への貸し方を保護し又相續をする當代戸主への貸し方をも保護《ほご》する爲めにす若し此制度《せいど》なければ被相續人が借金多ければ相續人への貸《か》し方《かた》の者不慮の損失を蒙《かうむ》り又は相續人への貸し方多ければ被相續人への貸し方の者不慮の損害を受くればなり

第千四十一條　相續債權者又ハ受遺者《じゆゐしや》ハ相續開始ノ時《とき》ヨリ三个月內ニ相續人ノ財產中ヨリ相續財產《さうぞくざいさん》ヲ分離センコトヲ裁判所ニ請求スルコトヲ得其期間滿了ノ後ト雖モ相續財產カ相續人《にん》ノ固有財產ト混合セサル間亦同シ

裁判所《さいけんしよ》カ前項ノ請求ニ因《よ》リテ財產ノ分離ヲ命《めい》シタルトキハ其請求ヲ爲シタル者ハ五日內《ない》ニ他ノ相續債權者及ヒ受遺者《じゆゐしや》ニ對シ財產分離ノ命令アリタルコト及ヒ一定ノ期間內ニ配當加入ノ申出ヲ爲スヘキ旨

ヲ公告スルコトヲ要ス但其期間《きかん》ハ二个月ヲ下ルコトヲ得ス

本條は相續財産より償却を受くる即ち先代《せんだい》戸主へ貸《か》しの有る者又は先代戸主より遺言によりて贈り者を受くる受遺者は相續《さうぞく》の事が始まる時より三ヶ月の内に相續をする者の身代の内から混同《こんどう》したる先代戸主の財産を分《わ》けさせることを裁判所《さいばんしよ》へ請ひ求むることが出來る其《その》三ヶ月内と云ふ期間《きかん》が滿ち終りたる後にても先代《せんだい》より傳はる相續財産を相續する者が一己の固有《こゆう》財産と混同《こんどう》せぬ間は同じく裁判所へ分離《ぶんり》の請求が出來る

裁判所が前項《ぜんこう》の相續債權者又は受遺者よりの請求《せいきう》に因りて相續人の財産《ざいさん》の分離を申し付けたるときには其請求《せいきう》をしたる甲の相續債權者と受遺者は五日の内に他《た》の乙の相續債權者と受遺者に對《たい》して財産分離《ぶんり》の命令が有りたることゝ定《さだ》めたる期間内に辨濟金の配當を受くるに加入《かにう》の申出をせよと公告せねばならぬ併《しか》し其一定の期間といふものは二ヶ月より少くすることは出來ぬとなり

第千四十二條　財産分離《ぶんり》ノ請求ヲ爲シタル者及ヒ前條《ぜんでう》第二項ノ規定ニ依リテ配當《はいたう》加入ノ申出ヲ爲シタル者ハ相續財産ニ付キ相續人ノ債權者ニ先チテ辨濟ヲ受ク

相續人の財産分離《ぶんり》を裁判所へ請求したる相續《さうぞく》債權者と受遺者と此請求したる者よりの公告によりて配當《はいたう》加入の申出を爲したる者は相續人が先代《せんだい》戸主より讓り受くべき財産に付

ては相續人に貸しのある者よりは先だちて辨濟を受くることとなり

第千四十三條　財産分離ノ請求《せいきう》アリタルトキハ裁判所《さいばんしよ》ハ相續財産ノ管理ニ付キ必要ナル處分ヲ命スルコトヲ得

裁判所カ管理人ヲ選任《せん》シタル場合ニ於《おい》テハ第二十七條乃至第二十九條ノ規定ヲ準用ス

相續債權者と受遺者とより債務者なる相續人《さうぞくにん》の財産分離の請求《せいきう》がありたるときは裁判所は相續をする先代《せんたい》の財産の管理《くわんり》に付きて必要の處分方を申し付《つ》けることが出來る併し裁判所が財産の管理人《くわんり》を選み役《やく》づけたるときには第廿七條より第廿九條までを管理人即ち取《とり》しまり方に就ての規定《きてい》を準じ用ゆとなり

第千四十四條　相續人ハ單純承認ヲ爲シタル後《のち》ト雖モ財産分離ノ請求アリタルトキハ爾後其固有財産ニ於ケルト同一ノ注意ヲ以テ相續財産ノ管理《くわんり》ヲ爲スコトヲ要ス但裁判所《さいばんしよ》ニ於テ管理人ヲ選任《せんにん》シタルトキハ此限ニ在ラス

第六百四十五條乃至第六百四十七條及第六百五十條第一項、第二項ノ規定ハ前項《ぜんかう》ノ場合ニ之ヲ準用ス

相續をする者は先代戸主《せんだいこしゆ》の權利義務とも一切引きうけ何時借財《しやくざい》ありとも無限に責を受く

る單純承認を爲したる後《のち》にても相續債權者受遺者より裁判所へ相續人自分《じぶん》の財産を分離するの請求ありたるときは其後《そのご》は自分一已の特有財産と同樣《どうやう》に心得て相續すべき財産の管理をせねばならぬ併《しか》し裁判所にて管理人を選んで申し付けたるときには此限《このかぎり》ではないとなり第六百四十五條より第六百四十七條までと第六百五十條第一項、第二項の受任者に就ての規定《きてい》は前項の場合に準《じゆん》じ用ゆとなり

第千四十五條　財産ノ分離ハ不動産《ふどうさん》ニ付テハ其ノ登記ヲ爲スニ非サレハ之ヲ以テ第三者ニ對抗スルコトヲ得ス

相續人の財産の分離《ぶんり》は山、田、畑、等のごとき不動産《ふどうさん》ならば登記をしたる上でなければ一般の人に對して申し樣はなきなり

第千四十六條　第三百四條ノ規定《きてい》ハ財産分離《ぶんり》ノ場合《ばあい》ニ之ヲ準用ス

第三百四條の先取特權《さきどりとくけん》に就ての規定《きてい》は此財産を分くる場合《ばあい》にも準じ用ゆとなり

第千四十七條　相續人ハ第千四十一條第一項及ヒ第二項ノ期間滿了前ニハ相續債權者《さうぞくさいけんしや》及ヒ受遺者ニ對《たい》シテ辨濟ヲ拒ムコトヲ得

財産分離ノ請求アリタルトキハ相續人ハ第千四十一條第二項ノ期間滿了ノ後相續財産ヲ以テ財産分離ノ請求《せいきう》又ハ配當加入ノ申出ヲ爲シタル債權者及受遺者ニ各其債權ノ割合ニ應シテ辨濟ヲ爲スコトヲ要ス但優先權ヲ有スル債權者ノ權利ヲ害スルコトヲ得ス

第千三十二條乃至第千三十六條ノ規定《きてい》ハ前項ノ割合ニ之ヲ準用《じゆんよう》ス

本條、相續する者は第千四十一條第一項及び第二項の三ヶ月內又は二ヶ月以上の期間が滿ち終る前には先代《せんだい》に貸しある者及び先代戶主より遺物《おくりもの》を受くる者に對して辨濟を拒むことが出來る

相續債權者受遺者より裁判所《さいばんしよ》へ相續人の財產分離の請求《せいきう》がありたるとき相續人は第千四百一條第二項の二ヶ月以上の期間が滿ち終りたる後ち相續する所の財產にて財產の分離を請求したるもの又は配當加入《はいたうかにう》の申込を爲したる先代《せんだい》戶主への貸《か》し方《かた》の者と遺物を受くる者にそれ〴〵其辨濟高《べんさいだか》の割合に應じて辨濟せねばならぬ併し抵當物《ていたうぶつ》を取る者が先取特權のある優先權《せんゆうけん》を持て居る貸し方の權利《けんり》を害することは出來ぬ

第千三十二條の辨濟期に至らぬ借金にても辨濟すると第三十六條の損害賠償の責に任ずるの規定は前項の場合に準じ用ゆるなり

第千四十八條　財產分離ノ請求ヲ爲シタル者及ヒ配當加入ノ申出ヲ爲シタル者ハ相續財產《さうぞくざいさん》ヲ以テ全部ノ辨濟ヲ受クルコト能ハサリシ場合ニ限リ相續後ノ固有財產ニ付キ其權利ヲ行フコトヲ得此場合ニ於テハ相續人《さうぞくにん》ノ債權者ハ其者《その》ニ先チテ辨濟ヲ受クルコトヲ得

相續人の財產分離《ぶんり》の請求をしたる者と其公告《そのこうこく》にて辨濟の配當加入の申し出をしたる者

は相續の財産にて全き辨濟《べんさい》を受けることの出來《でき》ざりし時に限り相續人の自己の特有財産より取り立てることが出來る併し此時には相續人へ貸したる貸し方の者は先代戸主へ貸したる者に先《さきだ》ちて辨濟を受《う》くることを出來るとなり

第千四十九條　相續人ハ其固有財産ヲ以テ相續債權者若クハ受遺者ニ辨濟ヲ爲シ又ハ之《これ》ニ相當ノ擔保ヲ供《きやう》シテ財産分離ノ請求《せいきう》ヲ防止シ又ハ其效力ヲ消滅セシムルコトヲ得但相續人ノ債權者カ之ニ因リテ損害ヲ受クヘキコトヲ證明《しやうめい》シテ異議ヲ述《の》ヘタルトキハ此限《このかぎり》ニ在ラス

相續をする者《もの》は其自分一己の特有《とくいう》の財産《さいさん》にて先代戸主に貸しのある者又《また》は先代戸主の言ひ置きにて遺物を受《う》くる者は辨濟《べんさい》を爲し又は之に相當《さうたう》の引きあてを出て財産分離の請求することを防《ふせ》ぎ止《と》め又は其分離をせんとするの効力を無くさせることが出來《でき》る併し相續人に貸しのある者が左樣にしられたればそれに因《よう》て損害《そんがい》を受《う》くると云ふことを證明して彼れこれと言ふときには此限《このかぎ》りではなし防止も滅失《めつしつ》もさせられぬとなり

第千五十條　相續人カ限定《げんてい》承認ヲ爲スコトヲ得ル間《あひだ》又ハ相續財産カ相續人ノ固有財産ト混合《こんがう》セサル間ハ其債權者《さいけんしや》ハ財産分離ノ請求ヲ爲スコトヲ得

第三百四條、第千二十七條、第千二十九條乃至第千三十六條、第千

四十三條乃至第千四十五條及ヒ第千四十八條ノ規定ハ前項ノ場合ニ之ヲ準用ス但第千二十九條ニ定メタル公告及ヒ催告ハ遺產分離ノ請求ヲ爲シタル債權者之ヲ爲スコトヲ要ス

本條第一項は財產分離の請求《せいきう》を云ふ其請求を爲すことが出來るは相續人が限定承認を爲すことが出來《でき》る間と相續する財產が相續人の特有《とくいう》の資產と混《こん》じぬ間は其爲し方は財產分離の請求をすることが出來る

第三百四條の先取特權云々と第千二十七條、第千二十九條より第千三十六條まで又第千四十三條より第千四十五條までと第千四十八條との規定《きてい》は前項《ぜんこう》の場合に準じ用ゆ但し第千二十九條に定めたる公告《こうこく》と催促《さいそく》とは相續人の財產分離の請求をしたるもの即ち相續債權者が之《これ》を爲《な》さねばならぬとなり相續債權者は先代《せんだい》戸主に貸《か》しのある者なり

第五章　相續人ノ曠缺

本章は相續人の缺《か》けて無きに就《つい》てのことを規定す曠缺の字義は空しく缺《か》けるなり其曠缺といふは有《あ》る相續人が現《あら》はれ出でず又は相續人の有《あ》りや無きやが分明ならず又は相續人がありても其相續《このさうぞく》を欲せずして權利を拋棄するの類なり

第千五十一條　相續人アルコト分明ナラサルトキハ相續財產《さうぞくざいさん》ハ之ヲ法人トス

法人《ほふじん》とは多くの人を一人と見做《みな》すなり今《いま》相續人が有りとも無しとも分明ならざる故《ゆゑ》相續する身代《しんだい》は一家族の人數を一人と見《み》たる法人《ほふじん》とせざるを得《え》ざるなり

第千五十二條　前條ノ場合《ばあい》ニ於テハ裁判所《さいばんしよ》ハ利害關係人又《また》ハ檢事《けんじ》ノ請求ニ因リ相續財産ノ管理人《くわんりにん》ヲ選任《せんにん》スルコトヲ要ス

裁判所ハ遲滯《ちたい》ナク管理人ノ選任ヲ公告《こうこく》スルコトヲ要ス

前條《ぜんでう》のごとく財産を法人《ほふじん》のものとすれば之を管理するものなくばあらず依《よ》て斯る場合に於ては裁判所《さいばんしよ》は打ちすてゝをけず利《り》も害《がい》も關係する者か又は檢事《けんじ》の請求によりて其相續人なき相續《さうぞく》の財産の取《とり》しまるものを選《えら》みて申し付けねばならぬ

右のみならず裁判所《さいばんしよ》は直《たゞ》ちに管理人を選みて申付けたりと云《い》ふことを公告《こうこく》即ち晴れて世間へ知らすことが肝要であるとなり

第千五十三條　第二十七條乃至第二十九條ノ規定《きてい》ハ相續財産ノ管理人ニ之ヲ準用ス

第二十七條より第二十九條までの規定《きてい》は相續《さうぞく》する身代の取しまり人に準《じゆん》じ用ゆとなり

第千五十四條　管理人《くわんりにん》ハ相續債權者又《また》ハ受遺者ノ請求アルトキハ之ニ相續財産ノ状況《じやうきやう》ヲ報告スルコトヲ要ス

管理人は相續《さうぞく》の財産を預り支配する者なり他《たの》相續人に貸《かし》のある相續債權者又《また》は被相續

人の遺物《おくりもの》を受くる者より請求《せいきう》のあるときには相續の財産の有様《ありさま》を知らさねばならぬとなり

第千五十五條　相續人アルコト分明《ぶんめい》ナルニ至リタルトキハ法人ハ存立セサリシモノト看做《みな》ス但管理人カ其《その》權限《けんげん》內ニ於テ爲シタル行爲ノ效力ヲ妨ケス

相續人が在《あ》ることが判然《はつきり》とわかりたるときは法人《ほふじん》と云ふものは無きものと看做す併し其相續財産の管理人《くわんりにん》が其權利の限りの內《うち》にて爲したる仕わざの效力《かうりよく》は之が爲めに妨げず立派に立てあるとなり

第千五十六條　管理人ノ代理權《だいりけん》ハ相續人カ相續ノ承認《しようにん》ヲ爲シタル時ニ於テ消滅《しようめつ》ス

前項ノ場合ニ於テハ管理人ハ遲滯ナク相續人ニ對シテ管理ノ計算《けいさん》ヲ爲スコトヲ要ス

管理人は畢竟《ひつきやう》相續人が無かりし故《ゆへ》に代理の位置に在りて代理《だいり》の權利を有したり其代理權なるものは相續《さうぞく》をするものが相續のことを承知《しやうち》したる時に無くなるなり

前項の如く相續人《にん》が出來たれは管理人は速《すみや》かに管理の勘定《かんじやう》して相續人へ見せねばならぬ

第千五十七條　第千五十二條第二項ニ定メタル公告《こうこく》アリタル後二个月

內ニ相續人アルコト分明《ぶんめい》ナルニ至《いた》ラサルトキハ管理人《くわんりにん》ハ遲滯ナク一切ノ相續債權者及ヒ受遺者ニ對《たい》シ一定ノ期間內ニ其請求《せいきう》ノ申出ヲ爲スヘキ旨《むね》ヲ公告《こうこく》スルコトヲ要ス但其期間《きかん》ハ二个月ヲ下ルコトヲ得ス

第七十九條第二項第三項及ヒ第千三十條乃至《ないし》第千三十七條ノ規定《きてい》ハ前項ノ場合ニ之ヲ準用ス但第千三十四條但書ノ規定ハ此限ニ在ラス

本條は前《まへ》なる第千五十二條の第二項に定《さだ》めてある管理人を選任《せんにん》したる公告がありたる後ち二ケ月の內に相續《さうぞく》人のあることが判然《はつきり》と分らねば管理人は速《すみや》かに一切の先代《せんだい》戶主へ貸しのある者又は先代戶主より遺《おく》り物《もの》を受くる者の方へ定《さだ》まりの時日のうちに取り立て請求の申出でをせよと公告《こうたく》を爲さねばならぬ但し其定まりの時日《じじつ》といふは二ケ月の間より少くすることは出來ぬ

第七十九條の第二項第三項の淸算人《けいさんにん》が貸し方の者に對《たい》することゝ第千三十條より第千三十七條までの規定《きてい》は前項の場合に準《じゆん》じ用ゆ併し第千三十四條の但書の競賣《けいばい》を止むることを得ると云ふ規定は此限《かぎ》りではないとなり

第千五十八條　前條第一項期間滿了ノ後仍ホ相續人《さうぞくにん》アルコト分明ナラサルトキハ裁判所《さいばんしよ》ハ管理人又ハ檢事《けんじ》ノ請求ニ因リ相續人アラハ一定ノ期間內ニ其權利ヲ主張《しゆちやう》スヘキ旨ヲ公告スルコトヲ要ス但其期間ハ

二年ヲドルコトヲ得ス

本條は前條の第一項の二ケ月以《げつい》內の期間が滿ち終わりたる後《の》ち仍ほ相續人のあることが分明ならねば裁判所《さいはんしよ》は管理人又は檢事の請求に因りて相續人があれば定まりたる期間《あひだ》のうちに其權利を張《は》れといふことを公告《こうこく》せねばならぬ但し其期間《あひだ》は一年間より少くすることは出來ぬとなりこれは相續人《さうぞくにん》の有無を檢するために設けたるなり併《しか》し又は貸し方の利益を保護する結果ともなる

第千五十九條　前條ノ期《き》間內ニ相續人タル權利《けんり》ヲ主張スル者ナキトキハ相續財產ハ國庫ニ歸屬ス此場合《このばあい》ニ於テハ第千五十六條第二項ノ規定ヲ準用ス

相續債權者《さうぞくさいけんしや》及ヒ受遺者ハ國庫《こくこ》ニ對シテ其權利ヲ行《おこな》フコトヲ得ス

本條は前條の一年以上の期間《あひだ》の內に相續人たる權利を主張《しゆちやう》する者が無ければ相續をする財產は其持主が無きゆゑ政府の金庫《きんこ》へ沒入すべきことである歸屬《きぞく》すといふは其の處へ收むるより仕方《しかた》の無いものである此場合には管理人《くわんりにん》が相續人に對して速に計算するの規定を準じ用ゆるなり國庫に歸屬《きぞく》するとすれば政府が相續人の位置《ゐち》に立つなり

相續債權者即ち先代《せんだい》の戶主に貸しのある者先代の戶主が言ひ置《おき》して遺る物を受くる者は政府《せいふ》の金庫《きんこ》に對しては貸金を取り立てることも出來《でき》ず遺物を與れよとも言へぬなり是れ

ぞ即ち其權利《けんり》を行ふことが國家《こくか》の爲なり

第六章　遺言

本章は遺言に就《つ》きてのことを規定す抑《そもそ》も相續は人事《じんじ》の太切なることにして遺言は其元《もと》とするものなれば太切《たいせつ》の上にも太切なるものなり而《しか》して其の遺言のみならばよけれど遺言なりを僞《いつは》ることあり又は强て迫《せま》り威して遺言をさする等のことあるを以《もつ》て此規定なかるべからず

第一節　總則

本節は遺言《ゐげん》の要式行爲たることゝ遺言をする者の資格《しかく》と遺言に依りて處分することを得べき財產部分に關したる規定を總括せり

第千六十條　遺言ハ本法ニ定《さだ》メタル方式《はうしき》ニ從フニ非サレハ之ヲ爲スコトヲ得ス

遺言をするは此民法《このみんぽう》に定めある仕方の式に從はざれば爲すことは出來ぬなり遺言なるものは其遺言をしたる本人《ほんにん》の死したる後に其效力《かうりよく》の生ずるものにて後《のち》になりて改むることの出來ぬものなれば間違《まちが》ひや詐りの起《おこ》らぬやう式を設けて豫防《よばう》せずばならず依て本條のごとく式を要する行爲《かうゐ》なることを示すなり

第千六十一條　滿十五年ニ達シタル者ハ遺言《ゐげん》ヲ爲スコトヲ得

年齢が滿十五年に達《たつ》したる者は遺言《ゐげん》をすることが出來るなり普通《ふつう》の法律行爲に關する成年は滿二十歳なれども遺言《ゐげん》の事は本人に限りて法定《はふてい》代理人と雖も本人に代りて爲すことを得ざるものなれば斯《か》く成年以下の年齢《ねんれい》にて定めたり殊に滿《まん》十五歳となれば養子縁組又は婚姻等も爲す位《くらゐ》の事ゆゑ實際上遺言の必要を感《かん》ずることも少からざるべければ斯く定めたるなり

第千六十二條　第四條、第九條、第十二條及ヒ第十四條ノ規定ハ遺言ニハ之ヲ適用セス

第四條の規定は未成年者《みせいねんしや》が法律行爲を爲すには其法定《そのはふてい》代理人の同意を得ることを要し單に權利を得又は義務《ぎむ》を免るべき行爲は此限《このかぎり》にあらず此規定に反する行爲《かうゐ》は之を取消すことが出來ることにて第九條は財産《ざいさん》を自由にすることを禁《きん》じられたる者の行爲は取消すことが出來ると云ふ規定《きてい》にて第十二條は準禁治産者《じゆんきんちさんしや》の保佐人の同意を得る行爲第十四條は妻が夫の許可を得《う》る行爲なり是等《これら》の規定遺言の時《とき》にはあてはめぬとなり

第千六十三條　遺言者ハ遺言ヲ爲ス時《とき》ニ於テ其能力《そのゝうりよく》ヲ有スルコトヲ要ス

本條は遺言をする者は遺言《ゐげん》を爲すときに是非《ぜひ》判明なる能力が無ければならぬ是れ其效力の死後まで失ふことなきを期すればなり

第千六十四條　遺言者ハ包括《はうくわつ》又ハ特定ノ名義ヲ以テ其財産《そのざいさん》ノ全部又ハ一部ヲ處分スルコトヲ得但遺留分《ゐりうぶん》ニ關スル規定ニ違反スルコトヲ得ス

遺言をする者は包括《はうくわつ》名義にても特定《とくてい》名義にても其財産の全き部分又は一部分を思ふ儘に處分することが出來る併し第七章の遺留分に關《くん》する規定に背くことは出來ぬなり右に述べたる包括名義とは例《たと》へば家産の全部若くば一部又《また》は動産《どうさん》の全部若くば一部又は不動産の全部若くば一部を贈《おく》り與《あた》へ又は讓り渡すなどを云ふ而《しか》して其家産の全部若くば一部中には動産も不動産《ふどうさん》も含み居るべく又動産の全部若くば一部《いちぶ》中には金錢も含み居るべく衣類も含み居るべく又不動産の全部《ぜんぶ》若くば一部中には土地《とち》も家屋《かをく》も含み居るべし故にこれを包括の名義と云ふ特定《とくてい》の名義とは例へば某の家某の田某の獸と特に其物品を定めて贈り與へ若くば讓り渡すがごときを云ふなり

第千六十五條　第九百六十八條及ヒ第九百六十九條ノ規定ハ受遺者ニ之ヲ準用ス

第九百六十八條の胎兒《たいじ》は家督相續に就ては既《すで》に生れたるものと看做《みな》すと第九百六十九條の家督相續人となることが出來ぬ箇條《かでう》とは遺贈物を受くる者に準《じゆん》じ用ゐぬとなり即ち受遺者の資格《しかく》に關《くわん》する規定なり

第千六十六條　被後見人カ後見《こうけん》ノ計算終了前ニ後見人又ハ其配偶者《そのはいぐうしや》若クハ直系卑屬ノ利益《りえき》ト爲ルヘキ遺言ヲ爲シタルトキハ其遺言ハ無效トス

前項ノ規定ハ直系《ちよくけい》血族配偶者又ハ兄弟姉妹《しまい》カ後見人タル場合《ばあい》ニハ之ヲ適用セス

被後見人即ち未年成者《せいねんしや》にして二十歳未滿《みまん》なるものが死ぬとき其《その》後見の勘定が終らぬ前に其後見人又は其配偶《つれあひ》者なる夫とか妻とかの者若《もし》くば直系卑屬の子とか孫《まご》とかの利益となるべき遺言をしたるときは其《その》遺言は効《けん》なきものとす何となれば後見人《こうけんにん》は未成年者の被後見人に自已又は配偶《つれあひ》者若くは子や孫の利益になるやう適宜《てきぎ》の遺言をさせるは甚た易し本條は此弊害《へいがい》を豫防《よばう》せんとする趣旨に基けり

第二節　遺言ノ方式

本節は遺言の方式に關《くわん》する規定を掲ぐ遺言なるものは本人《ほんにん》の死後に效力を生ずるものなれば後日に至りて不都合《ふつがう》なきやう之を豫防《よばう》せるため一定の方式に從《したが》はしむるは肝要なりとぞ

第一款　普通方式

遺言の方式に通常《つうじやう》の方式と特別《とくべつ》の方式とあり本款《ほんくわん》は普通の方式を規定すとなり

第千六十七條　遺言ハ自筆證書《じひつしようしよ》公正證書又ハ祕密《ひみつ》證書ニ依リテ之ヲ爲スコトヲ要ス但特別《たゞしとくべつ》方式ニ依ルコトヲ許ス場合ハ此限ニ在ラス

遺言には證書なくばあらず本條《ほんでう》は此普通方式に三種あることを示すなり其一《そのいつ》は遺言する者が自ら書きたる證書一は公證人が公證《こうしよう》したる公正證書又た一は内々にて書きて與ふる證書《しやうしよ》なり此三種の内の證書を與《あた》へて遺言をせずばならぬ併《しか》し後《のち》に掲ぐる特別方式に依ることを許《ゆる》す場合には此限《このかぎり》には在らずとなり

第千六十八條　自筆證書ニ依《よ》リテ遺言ヲ爲スニハ遺言者《ゆゐごんしや》其全文日附及ヒ氏名ヲ自書シ之ニ捺印《あついん》スルコトヲ要ス

自筆證書中ノ挿入《ちうにう》、削除其他ノ變更ハ遺言《ゆゐごん》者其場所ヲ指示シ之ヲ變更シタル旨ヲ附記シテ特《とく》ニ之ニ署名《ちよめい》シ且其變更ノ場所《ばしよ》ニ捺印スルニ非サレハ其效ナシ

本條は自筆證書《じひつしようしよ》に依る遺言の方式を規定《きてい》せしものなり即ち自ら證書を書きて遺言するには其遺言する者が證書の全き文言《もんごん》なり日附なり苗字《めうじ》と名とを自分に書きて之《これ》に印を押さねばならぬことなり

借て又た自分に書《か》きたる證書に書き入れをし又《また》は字《じ》を削《けづ》り除け其外文言を變へたるときは遺言したる者《もの》は其挿入、削除、變更、何れにてもしたる場所を指し示し之を變へたり

と云ふことを書《か》き添《そ》へ取《とり》わけ之に氏名《しめい》を書きしるし且つ其變《そのか》へたる所に印を押さずしては效の無きものなり

第千六十九條　公正證書ニ依《よ》リテ遺言ヲ爲《あ》スニハ左ノ方式《はうしき》ニ從フコトヲ要ス

一　證人二《に》人《にん》以《い》上《じやう》ノ立會アルコト

二　遺言者カ遺言ノ趣旨《しゆし》ヲ公證人ニ口授《こうじゆ》スルコト

三　公證人カ遺言者ノ口述《こうじゆつ》ヲ筆記シ之ヲ遺言者《ゆいごんしや》及ヒ證人ニ讀聞カスコト

四　遺言者及ヒ證人《しやうにん》カ筆記ノ正確《せいかく》ナルコトヲ承認シタル後各自之ニ署名、捺印《あついん》スルコト但遺言者カ署名《しよめい》スルコト能ハサル場合ニ於テハ公證人《こうしようにん》其事由ヲ附記シテ署名ニ代フルコトヲ得

五　公證人カ其證書ハ前四號ニ掲ケタル方式《はうしき》ニ從ヒテ作リタルモノナル旨《むね》ヲ附《ふ》記シテ之ニ署名捺印スルコト

本條は公正證書に依《よ》る遺言《ゆゐごん》の方式を規定せしものなり即ち公證人に請《こ》ひて公正證書を作らせ其證書に依りて遺言《ゆゐごん》を爲すには左に記《き》す方式に從はずばわらず

證據人二人以上の立會《たちあひ》あること〇遺言する者が遺言の趣《むね》きを公證人へ口にて言ふてとの

公證人が遺言する者の口《くち》に言《い》ふことを書きとめ之を遺言《ゆゐごん》する者と證人に讀み聞かすことと○遺言する者と證人《しようにん》が公證人が書きとめたることを正《たゞ》しくして確《たし》かなりと承認したち各自に姓名を書《か》き印《いん》を押すこととなり併し遺言した者が姓名《せいめい》を書くことと出來《でき》ぬときには公證人は其譯《そのわけ》を書き添へて姓名を書《か》くに代へることが出來る○公證人《こうしようにん》が其證書は前の第四號に掲《かゝ》げたる遺言者及び證人が云々とある方式に從《したが》ひて作りたりそのことを書き添へて之に姓名《せいめい》を書き印《いん》を押《お》すこととなり

第千七十條　秘密證書ニ依リテ遺言《ゆゐごん》ヲ爲スニハ左《さ》ノ方式《はうしき》ニ從フコトヲ要ス

一　遺言者カ其證書《しようしよ》ニ署名、捺印スルコト

二　遺言者カ其證書ヲ封《ふう》シ證書ニ用ヰタル印章ヲ以テ之ニ封印《ふういん》スルコト

三　遺言者《ゆゐごんしや》カ公證人一人及《およ》ヒ證人二人以上ノ前ニ封書《ふうしよ》ヲ提出シテ自己ノ遺言書ナル旨《むね》及ヒ其筆者ノ氏名《しめい》住所ヲ申述《しんじゆつ》スルコト

四　公證人カ其證書提出《ていしゆつ》ノ日附及ヒ遺言者ノ申述ヲ封紙ニ記載シタル後遺言者及ヒ證人《しようにん》ト共ニ之ニ署名捺印スルコト

第千六十八條第二項ノ規定《きてい》ハ秘密《ひみつ》證書ニ依ル遺言ニ之ヲ準用ス

本條は祕密《ひみつ》證書に依りて遺言する方式即ち誰にも知《しら》さぬ祕密證書にて遺言をするには左に掲ぐる方式《はうしき》に從ふことが入用なり

遺言する者が其祕密《ひみつ》證書に姓名を書き印《いん》を押《お》すこと〇遺言《ゆゐごん》したる者が其祕密證書を封じ其證書に押し用ゐたる印《いん》を以て之に封印すること〇遺言をしたる者が《の》公證人一人と證人二人より上《うへ》の前《まへ》に封書を差し出して自分《じぶん》の遺言書であることゝ其證書を書《か》きたる者の姓名と住所とを申し《の》述べること〇公證人が其証書を差出《さしだ》したる日の日付と遺言したるものゝ申し述べを封紙《ふうし》に書きのせたる後ち遺言したる者と證人と共に姓名《せいめい》を書き印を押すこと

第千六十八條の第二項の自筆《じひつ》證書の文言變更の規定は祕密《ひみつ》證書の遺言に準じ用ゆとなり

第千七十一條　祕密證書ニ依ル遺言ハ前條《ぜんでう》ニ定メタル方式ニ缺《か》クルモノアルモ第千六十八條ノ方式《はうしき》ヲ具備スルトキハ自筆證書ニ依《よ》ル遺言トシテ其效力ヲ有ス

本條は祕密《ひみつ》證書の遺言の效力を有《いう》することを規定《きてい》す祕密證書に依る遺言は前《ぜん》の第千七十條に定めたる方式《はうしき》に缺けるものがありとも第千六十八條の遺言者は其全文日付及び氏名を自書し之に捺印《あついん》すると云ふの方式《はうしき》を具ふるときには自筆《じひつ》證書に依るの遺言として立派に効力を有つものであるとなり

第千七十二條　言語《げんご》ヲ發スルコト能《あた》ハサル者カ祕密證書ニ依《よ》リテ遺言

ヲ爲ス場合ニ於《おい》テハ遺言者ハ公證人《こうしようにん》及ヒ證人ノ前ニ於テ其《その》證書ハ自己ノ遺言書ナル旨《むね》竝《なら》ニ其筆者ノ氏名、住所ヲ封紙《ふうし》ニ自書シテ第千七十條第一項第三號ノ申述ニ代フルコトヲ要ス

公證人ハ遺言《ゆいごん》者カ前項ニ定メタル方式《はうしき》ヲ踐ミタル旨ヲ封紙《ふうし》ニ記載シテ申述ノ記載ニ代フルコトヲ要ス

物言《ものい》ふことが出來ぬ者が秘密の證書に依りて遺言《ゆいごん》をする場合には遺言する者は公證人《こうしようにん》と證人の前にて其證書《しようしよ》は自分の遺言書にてあるといふことゝ竝《ならび》に其證書を書きたるものゝ氏名と住所とを封《ふう》じたる紙に自筆《じひつ》にて書き第千七十條の第一項の第三號の遺言者が公證人一人及《およ》び證人二人以上の前《まへ》に封書を提出《ていしゆつ》して自己の遺言者なる旨及び其筆者《そのひつしや》の氏名、住所を申述《しんじゆつ》することゝ云ふ申し述べ代《か》へなければならぬとなり

さて又公證人は遺言した者が前項に定めたる方式の通りにしたることを封紙に書のせ申し述べを書くに代へねばならぬとなり

第千七十三條　禁治産者カ本心《ほんしん》ニ復シタル時ニ於《おい》テ遺言ヲ爲スニハ醫師二人以上ノ立會アルコトヲ要ス

遺言ニ立會ヒタル醫師《いし》ハ遺言者カ遺言ヲ爲《な》ス時ニ於テ心神喪失《そうしつ》ノ狀況ニ在ラサリシ旨ヲ遺言書ニ附記《ふき》シテ之ニ署名、捺印《なついん》スルコトヲ要ス

ス但秘密證書ニ依リテ遺言ヲ爲《な》ス場《ば》合《あい》ニ於テハ其封紙ニ右ノ記載及ヒ署名、捺印ヲ爲スコトヲ要ス

本心を喪《うしな》ひたる者にて自己《じこ》の財産さへも自由にすることを止《と》められて居るものが本心に立ち復りたるときに遺言《ゆゐごん》をするには醫者《いしや》二人以上の立會がなければならぬとなり是《こ》れ本人が彌よ本心に立《た》ちかへりたるかを診斷《しんだん》し兼ねて證人に立つなり

遺言するに立會《たちあ》ひたる醫者は遺言する者《もの》が遺言を爲すときに本心《ほんしん》を失ふて居らぬと云ふことを遺言の書に書き添へて之に氏名《しめい》を書き印《いん》を押さねばならぬ併《しか》し秘密證書にて遺言をする場合《ばあい》には其封紙に右《みぎ》の書きのせと氏名を書き印《いん》を押すことはせずばあらずとなり

第千七十四條　左ニ掲ケタル者《もの》ハ遺言ノ證人又《また》ハ立會人《たちあひにん》タルコトヲ得ス

一　未成年者

二　禁治産者及《およ》ヒ準禁治産者《じゆんきんぢさんしや》

三　剥奪公權者《はくだつこうけんしや》及ヒ停止公權者

四　遺言者ノ配偶者

五　推定相續人、受遺者及ヒ其配偶者並ニ直系血族

六　公證人ト家ヲ同クスル者《もの》及ヒ公証人ノ直系《ちよくけい》血族並ニ筆生、雇人、

左に書き記《しる》したるものは遺言するときの證人《しようにん》又は立會人となることはならぬなり未成年者にて即ち滿《まん》二十歳にならず獨立《どくりつ》せぬものなり○禁治《きんち》産者《さんしや》は本心を失ひて能力のなき者にて我が財産を自由《じゆう》にすることを止《と》められて居《を》る者と此禁治産者に準《じゆん》ぜらるゝ放蕩無頼の者○重罪《ぢうざい》を犯して公權《こうけん》を剝ぎ取られて居る者と輕罪《けいざい》を犯して公權を止められて居《を》る者○遺言したる者の妻《つま》とか又は夫○推定相續人彼《か》れは必ず相續をすると推《お》しはかり定められて居る者にて法定《はふてい》の推定相續人は長男とか長女《ちやうぢよ》とか先づ相續人の第一位に在る者受遺者は遺言にして遺《ゐ》物を贈るを受くる者、其者《そのもの》の連れ合ひにて夫ならば妻、妻ならば夫なり又直系血族といふは系圖上《けいづじやう》の眞直ぐに通りたる血《ち》のかゝりし者よりも尊上《めうへ》にては親、祖父母、卑下《かした》ならば子孫なり○公證人と同居《どうきよ》する者、公證人の直系の血《ち》のかゝりし者、公證人の物書き人雇人なり

是等を證人《しようにん》又は立會人とせぬは弊害《へいがい》の起《おこ》るを防《ふせ》ぎたるなり

第千七十五條　遺言ハ二人以上同一《どういつ》ノ証書ヲ以テ之《これ》ヲ爲スコトヲ得ス

本條は共同遺言を禁《きん》じたるなり即ち遺言《ゆゐごん》をするには二人以上に同じ共有《きやうゆう》一通の遺言證書にて遺言をすることはならぬとなり

第二款　特別方式

本款は前《まへ》の普通方式《ふつうはうしき》と異なりて特別の方式に就てのことを規定せり

第千七十六條　疾病《しつぺい》其他ノ事由ニ因リテ死亡ノ危急《きふ》ニ迫リタル者カ遺言ヲ為サント欲スルトキハ證人《しようにん》三人以上ノ立會ヲ以テ其一人ニ遺言ノ趣旨ヲ口授《くじゆ》シテ之ヲ為スコトヲ得此場合ニ於テハ其《その》口授ヲ受ケタル者之ヲ筆記シテ遺言者及ヒ他《た》ノ證人《しやうにん》ニ讀聞カセ各証人其筆記ノ正確ナルコトヲ承認シタル後之ニ署名、捺印スルコトヲ要ス

前項《ぜんかう》ノ規定《きてい》ニ依リテ為シタル遺言ハ遺言《ゆゐごん》ノ日《ひ》ヨリ二十日内ニ證人ノ一人又ハ利害關係人ヨリ裁判所《さいばんしよ》ニ請求シテ其確認ヲ得ルニ非サレハ其效ナシ

裁判所ハ遺言カ遺言者ノ眞意《しんゐ》ニ出テタル心證ヲ得ルニ非《あら》サレハ之ヲ確認スルコトヲ得ス

病氣其外の事由《じいう》に因りて今にも死《し》ぬる危急《きいう》に迫《せま》りたる者か取急きて遺言をせんと思ふときには證人として三人以上を立ち會はせ其三人の内《うち》の一人《いちにん》に遺言する者《もの》が遺言の趣を口づから言《い》ひて遺言とすることが得《え》られる此場合《ばあい》には其口づから言ふを聞きたる者が其ことを書きとめて遺言《ゆゐごん》をしたる者と外の二人の證人に讀み聞《き》かせ各の證人が其書きとめの確にして正《たゞ》しきことを承知したる後《のち》之に氏名を書《か》きしるし印《いん》を押《お》さねばならぬとであるとなり蓋し本邦人《ほんぽうにん》の慣習として生存中《せいぞんちう》に遺言するものは少く死に迫りて遺言する者多

故に此簡易《かんゐ》なる方式即ち特別方式を定めたり斯《かく》る場合には前《まへ》に規定せるが如き普通方式は行へぬことなり然《しか》るに餘り簡易《かんい》にて證人三人が共謀して増減變更する等の事ありてはならず故に第二項三項にて之を豫防するなり

前項《ぜんかう》の規定に依りて爲したる遺言は遺言をしたる日より二十日の内に證人三人の内《うち》の一人か又は遺言したる者《もの》に貸借《かし》ありて利害に關係する者より裁判所《さいばんしよ》へ請求して確に認めらるゝで無くば其遺言《そのゆゐごん》の効《かう》はなきなり

裁判所は遺言したことが遺言した者《もの》の誠の心《こゝろ》から出でたる心の證を得るにあらねば之を眞誠《しんせい》の遺言とは確《たし》かに認むることが出來《でき》ぬとなり

第千七十七條　傳染病ノ爲メ行政《ぎやうせい》處分ヲ以テ交通ヲ遮斷《しやだん》シタル場所ニ在ル者ハ警察官一人及《およ》ヒ証人一人以上ノ立會《たちあい》ヲ以テ遺言書ヲ作ルコトヲ得

本條は傳染病《でんせんびやう》の爲めに行政の處分《しよぶん》にて交通を遮斷せられたる場所《ばしよ》に在るとき遺言するの規定なり斯るときには警察官一人と證人一人より上《うへ》の立會にて遺言書を作ることが得らるるなり

第千七十八條　從軍中ノ軍人《ぐんじん》及ヒ軍屬《ぐんぞく》ハ將校又ハ相當官一人及ヒ証人二人以上ノ立會ヲ以テ遺言書ヲ作ルコトヲ得若シ將校《しやうこう》及ヒ相當官カ

其場所ニ在ラサルトキハ準士官《じゆんしくわん》又ハ下士一人ヲ以《もつ》テ之ニ代フルコトヲ得

從軍中《じゆうぐんちう》ノ軍人又ハ軍屬カ疾病又ハ傷痍《しようい》ノ爲メ病院ニ在ルトキハ其院ノ醫師ヲ以テ前項ニ掲《かゝ》ケタル將校又ハ相當官ニ代《か》フルコトヲ得

國家出兵の事がありて其從軍中《じゆうぐんちう》の軍人と軍屬は將校《しやうかう》か又は將校に相當する官人一人と證人二人より上の立會《たちあひ》にて遺言書を作ることが出來《でき》るなり若しも將校と相當官《さうたうくわん》が其場所に居らねば將校に次げる準士官《じゆんしくわん》か下士一人を代りとすることが出來《でき》るとなりさて軍人と云ふは戰闘をする人一切の總稱にて上は元帥將官より下兵卒に至るまでを云ひ軍屬と云ふは戰闘《せんとう》をせず軍人に屬《ぞく》するものにて相當官《さうとうくわん》以下書記等に至るまでなり又將校といふは元帥以下將官《しやくわん》、佐官、尉官を云ひ相當官は將校に相當する監督、軍吏、軍醫《ぐんい》等なり又た準士官といふは士官《しくわん》に準ずる特務曹長にて下士《かし》は曹長軍曹なり上等兵は下士に準せらる是れ陸軍の則なり海軍《かいぐん》にては兵曹《へいそう》を下士とす

從軍中の軍人又は軍屬《ぐんぞく》が病氣が起《おこ》るか又は大疵《おほきず》を受くるかにて病院《びやうゐん》に在るときには其病院の醫師《いし》を以て前項《ぜんかう》に定めたる將校又は相當官に代《か》へることが出來るとなり

第千七十九條　從軍中疾病、傷痍《しようい》其他ノ事由ニ因《よ》リテ死亡《しばう》ノ危急ニ迫リタル軍人及《およ》ヒ軍屬ハ証人二人以上ノ立會《たちあい》ヲ以テ口頭ニテ遺言ヲ爲

スコトヲ得

前項ノ規定ニ從《したが》ヒテ爲シタル遺言《ゆいごん》ハ證人其趣旨ヲ筆記《ひつき》シテ之ニ署名シ捺印シ且證人ノ一人《いちにん》又ハ利害關係人《くわんけいにん》ヨリ遲滯ナク理事又ハ主理ニ請求シテ其確認ヲ得ルニ非サレハ其效ナシ

第千七十六條第三項ノ規定《きてい》ハ前項ノ場合《ばあい》ニ之ヲ準用《じゆんよう》ス

從軍中に病氣が發《おこ》るか大疵《おほきづ》を受くるか其他の事由《わけ》にて今にも死《し》ぬといふ場合に迫りたる軍人又は軍屬《ぐんぞく》は證人二人より上の立會《たちあい》にて口頭にて遺言をすることが出來るとなり前項の定めに從《したが》ひて爲したる遺言は證人か其遺言の趣旨《しゆし》を書きとめて之《これ》に氏名を書きて印を押し且つ證人の內《うち》の一人又は此遺言する者に貸借《かしかり》の關係ある者より速かに陸軍は理事、海軍は主理に請求して其確かなる認めをせらるゝでなければ效《かう》はなきなり理事は陸軍の裁判官の職務を行ひ主理《しゆり》は海軍の裁判官の職務《しよくむ》を行ふものなるが故なり

第千八十條　艦船中ニ在ル者ハ軍艦及ヒ海軍所屬ノ船舶《せんはく》ニ於テハ將校又ハ相當官一人及ヒ證人《しようにん》二人以上其他ノ船舶《せんはく》ニ於テハ船長又ハ事務員一人及ヒ證人二人以上ノ立會《たちあい》ヲ以テ遺言書ヲ作ルコトヲ得

前項ノ場合ニ於テ將校《しやうこう》又ハ相當官カ其艦船中ニ在ラサルトキハ準士官又ハ下士《かし》一人ヲ以テ之ニ代《か》フルコトヲ得

本條は船中《せんちう》に在り　の特別方式なり即ち軍艦《ぐんかん》なり商船中に在る者は海軍々人軍屬にて軍艦又は海軍に屬したる船中にて遺言書《ゆゐごんしよ》を作るには將校か又は將校の相當官一人《いちにん》と證人二人以上の立會を要《よう》するなり其外の商船等にては船《せん》長か又は事務員一人と證人二人以上の立會を要することとなり

前項の場合《ばあい》にて將校即ち將官佐官尉官又は其相當官《そのさうたうくわん》の主計官、軍醫、機關士等が軍艦中に在らざるときは準士官《じゆんしくわん》か下士即ち兵曹一人を以て將校又は相當官に代《か》へることが出來るとなり

第千八十一條　第千七十九條ノ規定ハ艦船遭難《かんせんそうなん》ノ場合ニ之ヲ準用ス但海軍ノ所屬ニ非《あら》サル船舶中ニ在《あ》ル者カ遺言ヲ爲シタル場合《ばあい》ニ於テハ其確認ハ之ヲ裁判所ニ請求スルコトヲ要ス

前の千七十九條の從軍中に死亡の危急に迫《せま》りたるときの遺言の規定《きてい》は軍艦又は船舶が遭難船をする場合に準じ用ゐることとなり併《しか》し海軍《かいぐん》に屬せぬ船の內に居る者が遺言をしたる場合には其確認《そのくわくにん》は裁判所に請求せねばならぬとなり海軍《かいぐん》軍人軍屬にて軍艦中《ぐんかんちう》ならば主理へ請求することとなり

第千八十二條　第千七十七條、第千七十八條及ヒ第千八十條ノ場合ニ於テハ遺言者、筆者、立會人《たちあいにん》及ヒ證人ハ各自遺言書ニ署名《しよめい》シ捺印ス

ルコトヲ要ス
第千七十七條の交通遮斷《かうつうしやだん》の處に在る場合第千七十八條の從軍中の場合第千八十條の艦船中に在る場合是等《これら》の場合に於ては遺言する者遺言書を書《か》きたる者立會《たちあ》ひたる者と證人は銘々が遺言の書に氏名《しめい》を記し印《いん》を押《お》さねばならぬとなり

第千八十三條　第千七十七條乃至第千八十一條ノ場合ニ於テ署名又ハ捺印《なついん》スルコト能ハサル者アルトキハ立會人《たちあひにん》又ハ証人ハ其事由《じいう》ヲ附記ニスルコトヲ要ス
千七十七條より千八十一條までの交通遮斷《かうつう》の地に在《あ》る場合從軍中の場合艦船中に在る場合に氏名を記し印《いん》を押《お》すこと出來ぬ者あれば立會人《たちあひにん》又は證人は其事由《わけ》を書き添へねばならぬとなり

第千八十四條　第千六十八條第二項及ヒ第《だい》千七十三條乃至《ないし》第千七十五條ノ規定ハ前八條ノ規定ニ依ル遺言ニ之ヲ準用ス
第千六十八條第二項の自筆《じひつ》證書の文言《もんごん》の變更と第千七十三條より第千七十五條までの禁治産者が本心に歸《かへ》りたるときの遺言と遺言の證人《しようにん》又は立會人になることが出來ぬと二人以上相持の遺言書の作《つく》られぬてとゝは第《たい》千七十六條以下の定めの遺言《ゆゐごん》には[illegible]ゐるとなり

第千八十五條　前九條ノ規定《きてい》ニ依リテ爲シタル遺言ハ遺言者カ普通方式ニ依リテ遺言《ゆゐごん》ヲ爲スコトヲ得《う》ルニ至リタル時《とき》ヨリ六个月間生存スルトキハ其效ナシ

本條の前の九ケ條の規定《きてい》によりて爲したる遺言《ゆゐごん》は皆特別方式の遺言にて何《いづ》れも危急に迫り取急ぎたる遺言なり依《よつ》て其死すると思ひたる遺言者が生存《せいぞん》することもあるなりされば其遺言したるものが死《し》せずして生存し普通《ふつう》の方式にて遺言を爲《な》すことを得《う》るに至りたる時より六ケ月間生《い》きながらへたれば其效は無しとなり何《なん》どなれば遺言は遺言者の死後に效力を有《いう》するものなれば死《し》すと思ひし遺言者が世に存命するを以てなり

第千八十六條　日本《にほん》ノ領事《りやうじ》ノ駐在スル地ニ在《あ》ル日本人カ公正證書又ハ祕密證書ニ依《よ》リテ遺言ヲ爲サント欲《ほつ》スルトキハ公証人ノ職務《しよくむ》ハ領事之ヲ行フ

本條は外國に在りて公正證書、祕密《ひみつ》證書によりて遺言《ゆゐごん》を爲さしむと思ふときのことを規定す即ち日本の領事《りやうじ》が駐り在る外國の地に居《お》る日本人が公正證書《こうせいしようしよ》又は祕密證書に依りて遺言を爲さんと思《おも》ふに公正證書にても祕密證書にても何《いづ》れも公證人を要《えう》することゆゑ其無きに困らん然《しか》るに困ることは無し公證人《こうしようにん》の職務は領事が行ふを以て領事へ請ふて證書を作り其遺言の目的を達するを得るとなり

第三節　遺言ノ效力

本節は遺言の效力《かうりよく》を示し其効力に關《くわん》することを規定し遺言の執行《しつかう》とは別に一節を置きたるなり

第千八十七條　遺言ハ遺言者ノ死亡《しばう》ノ時ヨリ其效力ヲ生ス

遺言ニ停止條件ヲ附《ふ》シタル場合《ばあい》ニ於テ其條件カ遺言者ノ死亡後ニ成就シタルトキハ遺言ハ條件成就ノ時ヨリ其效力ヲ生ス

遺言と云《い》ふものは遺言したる者《もの》の死したる時より其効力《そのかうりよく》を生ずとなりされば生存して居れは其効《かう》なきなり故に生存中は何時にても取消《とりけ》すことを得るなり

遺言の箇條に斯様《かやう》の場合まで遺物を贈るを停止《ていし》するとの遺言條件を附《つ》けたる場合に其條件が遺言したる者《もの》の死したる後に成就《ぜうじう》したるときには其遺言は條件《じうけん》成就の時より效力を生ずとなり蓋し遺言の效力《かうりよく》は條件が成就せずとも有《あ》るものなれば畢竟《ひつきやう》期限が來らざりしなり如何《いか》に條件成就の時が來《きた》るも遺言したる者生存せば效《かう》なきなり

第千八十八條　受遺者ハ遺言者ノ死亡後何時《なんどき》ニテモ遺贈《ゐぞう》ノ拋棄ヲ爲スコトヲ得

遺贈ノ拋棄ハ遺言者《ゆゐごんしや》ノ死亡ノ時ニ遡《さかのぼ》リテ其效力ヲ生ス

遺言をしたる者より遺物を贈《おく》るを受くる者は遺言《ゆゐごん》したる者の死《し》したる後《のち》何時にても其

遺物を受くる權利《けんり》を打ち捨てることが出來る何《なん》となれば遺言したる者《もの》が生存中は之を受くる權利なし受くる權利のなき時《とき》には捨てる權利《けんり》なきなり依《よつ》て死亡後《しばうご》は何時にても權利の拋棄が出來るなり

第二項の遺物を贈るを拋棄《はうき》して受けざるは遺言者《ゐげんしや》が死亡の時に効力を生じたる遺贈物ゆゑ遺言者の死亡《しばう》の時に遡りて其効力を生ずるは當然《たうぜん》のことなりこれ猶は相續權の拋棄は相續開始の時に遡りて其効力を生ずると同一の理由なり

第千八十九條　遺贈義務者其他ノ利害《りがい》關係人ハ相當ノ期間《きかん》ヲ定メ其期間内ニ遺贈ノ承認又ハ拋棄ヲ爲スヘキ旨ヲ受遺者ニ催告スルコトヲ得若シ受遺者カ其《その》期間内ニ遺贈義務者ニ對《たい》シテ其意思ヲ表示《へうじ》セサルトキハ遺贈ヲ承認シタルモノト看做ス

本條は遺物を贈るを受るの期間《きかん》を限りたり即ち遺贈義務者なる相續人《さうぞくにん》と其他被相續人なる先代戸主に貸借《たいしやく》ある利害關係人は相當《さうたう》の期間を何日の内とか一月《ひとつき》の内とかに定め其期間の内に遺物を贈《おく》るを承認して受くるか又《また》は其受くる權利を捨てるか二つに一つの意思を表示せよと其遺物を受くる者《もの》に催促《さいそく》することが出來《でき》る若し受ける者が其《その》期間の内に遺贈義務者の相續人へ何《なん》とも心を明かさず答《こた》へをせぬときには遺物を受くるを承知したるものと見なすとなり

第千九十條　受遺者カ遺贈ノ承認《しようにん》又ハ拋棄ヲ爲サスシテ死亡《しばう》シタルトキハ其相續人ハ自己ノ相續權ノ範圍《はんゐ》内ニ於テ承認又《また》ハ拋棄ヲ爲スコトヲ得但遺言者カ其遺言ニ別段《べつだん》ノ意思ヲ表示シタルトキハ其《その》意思ニ從フ

遺物を受くる者が前條《ぜんでう》の如くにすとも遺贈を受《うく》ると言《い》ひて其の承認もせず又受《う》けぬと言ひて拋棄もせず而《しか》して死《し》したるときは其受遺者の相續人は自分の相續《さうぞく》をする權利の圍みの内にて承認又は拋棄《はうき》を爲すことが出來る併《しか》し其先代戸主にて前《さき》に受遺者にありし者が其遺言に別段《べつだん》の思わくを言ひ述《の》べたれば其意思《おもはく》に從ふことなり

第千九十一條　遺贈ノ承認《しようにん》及ヒ拋棄ハ之ヲ取消《とりけ》スコトヲ得ス

第千二十二條第二項ノ規定ハ遺贈ノ承認及ヒ拋棄ニ之ヲ準用ス

遺物を受《う》くることの承認と拋棄とは取消《とりけ》すことが出來《でき》ぬなり能く心得べきことなり第千二十二條第二項の相續の承認《しようにん》又は拋棄の取消は遺贈の承認と拋棄にも準《じゆん》じ用ゆとなり

第千九十二條　包括受遺者ハ財産相續人ト同一ノ權利義務ヲ有ス

包括名義のことは前《まへ》に詳《は》しく述べたり其遺物を受《う》くる者は遺産を相續する者と同じ權利義務を持つとなり

第千九十三條　受遺者ハ遺贈カ辨濟期《べんさいき》ニ至ラサル間《あひだ》ハ遺贈義務者ニ對

シテ相當ノ擔保ヲ請求スルコトヲ得停止條件附遺贈ニ付キ其條件ノ成否未定ノ間亦同シ

遺物を受ける者は其遺物《そのゐぶつ》贈りの期限が來りて辨濟《べんさい》の期日に至《いた》らぬうちは遺物を贈る義務者即ち相續人に相當の引きあてを異《く》れよと請求が出來る又停止《ていし》條件付《でうけんつき》の遺り物に付て其條件の成就すると否《いな》との未だ定まらぬ間《ま》も亦同じく引き當てを異《く》れよと請求することが出來るなり

第千九十四條　受遺者ハ遺贈ノ履行《りかう》ヲ請求スルコトヲ得ル時《とき》ヨリ果實ヲ取得ス但遺言者カ其遺言ニ別段ノ意思ヲ表示シタルトキハ其意思ニ從フ

遺物を受くる者は遺物《ゐぶつ》を贈ることをせよと請求《せいきう》することが出來る時から是より生ずる利益を取り得るなり併し遺言するものが其遺言に別段の意思《おもはく》を表示したれば其意思に從ふとなり

第千九十五條　遺贈義務者カ遺言者ノ死亡《しばう》後遺贈ノ目的物《ぶつ》ニ付キ費用ヲ出タシタルトキハ第二百九十九條ノ規定《てい》ヲ準用ス

果實ヲ收取スル爲メニ出タシタル通常ノ必要費ハ果實ノ價格ヲ超エサル限度《けんど》ニ於テ其償還《そのしやうくわん》ヲ請求スルコトヲ得

遺物を贈る義務者なる相續人《さうぞくにん》が其先代の戸主なる遺言者の死《し》にたる後ち受遺者に贈る目的の物に付き入費《にうひ》を出したるときは第二百九十九條の留置權《りうちけん》ある者が留置したる物に付き必要費を出だしたるときは所有者《しよいうしや》に其償還をなさしむると云ふの規定《きてい》を準じ用ゆ其物より生じたる利益《りゑき》を取る爲めに出したる通常《つうじやう》の必要費は其物より出したる利益の直打《ねうち》を超ゑぬ限度にて償還せよと請求《せいきう》することが出來《でき》るとなり詰《つま》り遺贈物を預り其物が果實を生ずる木《き》のごとく利益《りゑき》を生ずるものにてそれに必要《ひつえう》の入費を取かへたるゆゑ其取替金を取るなり併《しか》し其果實の價格は三十五圓なれば其《その》三十五圓を超ゑざる限度三十二圓とか三十四圓五十錢とかの償還を請求するとなり

第千九十六條 遺贈ハ遺言者ノ死亡《しばう》前ニ受遺者カ死亡シタルトキハ其效力ヲ生セス

停止條件附遺贈《ゐぞう》ニ付テハ受遺者カ其條件《でうけん》ノ成就前ニ死亡シタルトキ亦同シ但遺言者カ其遺言ニ別段《べつだん》ノ意思ヲ表示シタルトキハ其《その》意思《ゐし》ニ從フ

遺物を贈ることは遺言《ゆゐごん》したる者が死《し》ぬる前に其遺物を受《う》くる者が死にたるときは其遺物を受くる效力を生《しやう》せぬとなり遺物は總《すべ》て遺言者が死してこそ遺物なれ遺言《ゆゐごん》者生存して後に殘る者とせし受遺者《じゆゐしや》が先だちて死する故當然の理なり

右と同一の理由にて停止《ていし》條件《でうけん》附の遺り物に付《つい》ては受くる者が其條件の形がつきて成就する前に死したるときは亦た同じく効力《かうりよく》を生ぜざるなり

併し遺言せし者が其《その》遺言に別段《べつだん》の意思を表示たるときは其《その》意思に從ふことなり

第千九十七條　遺贈ガ其效力《そのかうりよく》ヲ生セサルトキ又ハ抛棄ニ因リ其効力ナキニ至リタルトキハ受遺者カ受《う》クヘカリシモノハ相續人ニ歸屬ス但遺言《ゆゐごん》者カ其遺言ニ別段ノ意思ヲ表示《へうじ》シタルトキハ其意思ニ從フ

贈るべき遺物が其受《そのう》くる方へ受くる效力を生ぜざるときと又は受くる者が其權利を拾てたに因りて其效力《かうりよく》が無きに至りたるときは受《う》くる者が受ける筈《はづ》にてありたるものが遺贈義務者の即ち贈る方なる相續人の物《もの》となるなり併《しか》し遺言したるのち相續人《さうぞくにん》の先代戸主が遺言をするときに別段《べつだん》に意思を表示《いひのべ》たるときは其意思に從ふことなり

第千九十八條　遺贈ハ其目的タル權利《けんり》ガ遺言者ノ死亡ノ時《とき》ニ於テ相續財產ニ屬セサルトキハ其效力《そのかうりよく》ヲ生セス但其權利《けんり》カ相續財產ニ屬セサルコトアルニ拘《かゝ》ハラス之ヲ以テ遺贈ノ目的《もくてき》ト爲シタルモノト認ムヘキトキハ此限ニ在ラス

遺物の贈り物は其目的《そのもくてき》である權利が遺言をする者の死亡《しばう》の時に相續財產に屬せぬときには其効力は生ぜぬものなり併《しか》し其遺贈物の權利が相續財產に屬《ぞく》せざるにもせよ遺物を贈

るの目的と爲したるものと認《みと》むべきときには他人《たにん》の權利を目的とするとも遺贈效力を生ずることを得るとなり即ち此限にあらざるなり

第千九十九條　相續財産ニ屬セサル權利《けんり》ヲ目的トスル遺贈カ前條《ぜんでう》但書ノ規定ニ依リテ有效ナルトキハ遺贈義務者ハ其權利ヲ取得シテ之ヲ受遺者ニ移轉《いてん》スル義務ヲ負フ若《も》シ之ヲ取得スルコト能《あた》ハサルカ又ハ之ヲ取得スルニ付キ過分ノ費用ヲ要スルトキハ其價額ヲ辨償スルコトヲ要ス但遺言者《ゆゐごんしや》カ其遺言ニ別段《べつだん》ノ意思ヲ表示シタルトキハ其意思ニ從フ

相續する財産に屬《ぞく》せぬ權利を目的とする遺贈物が前條の但書の規定《きてい》に依《よ》りて效《かう》わるものとなるときは遺贈義務者《しや》なる相續人は其權利を取得《しゆとく》して即ち相續財産に權利が屬し此權利を遺物を受くる者に移《うつ》すの義務を負ひ若し此權利を取《と》り得《う》ることが出來《でき》ぬか又は相續財産中へ權利を取り得るに付き過分《くわぶん》の費用がかゝるときには其價《あたひ》を辨償せねばならぬ但し遺言した者が其遺言《そのゆゐごん》に別段の意思を表示《いひのべ》たるときは其意志に從ふこととなり

第千百條　不特定物ヲ以《もつ》テ遺贈ノ目的ト爲シタル場合ニ於《おい》テ受遺者カ追奪ヲ受ケタルトキハ遺贈義務者ハ之ニ對シテ賣主ト同シク擔保ノ責ニ任ス

前項ノ場合ニ於《おい》テ物ニ瑕疵《かし》アリタルトキハ遺贈義務者ハ瑕疵ナキ物ヲ以テ之ニ代フルコトヲ要ス

特定物のことは既《すで》に前《まへ》に述《の》べたり不特定物とは家屋、田畑、家畜《かちく》等の特定物ならぬ器具類なりこれを以て遺贈の目的としたる場合《ばあい》に其遺物を受けたるものが追《お》ふて遺贈義務者なる相續人に奪《と》らるるときは遺贈《いぞう》義務者へ受遺者を賣主と同じき者とし擔保の責を受ずばあらず

前項の場合にて其物《そのもの》に疵があれば遺贈義務者なる相續人《さうぞくにん》は疵《きず》のなき物と代へねばならぬとなり

第千百一條　遺言者カ遺贈《いぞう》ノ目的物ノ滅失若クハ變造《へんざう》又ハ其占有ノ喪失ニ因リ第三者ニ對《たい》シ償金ヲ請求スル權利《けんり》ヲ有スルトキハ其權利ヲ以テ遺贈ノ目的《もくてき》ト爲シタルモノト推定ス

遺贈ノ目的物カ他ノ物ト附合又ハ混和《こんわ》シタル場合ニ於《おい》テ遺言者カ第二百四十三條乃至第二百四十五條ノ規定ニ依リ合成物又ハ混和物ノ單獨所有者又ハ共有者《きやうゆうしや》ト爲リタルトキハ其全部《ぜんぶ》ノ所有權又ハ共有權ヲ以テ遺贈ノ目的ト爲シタルモノト推定ス

遺言をしたる者が遺物《ゐぶつ》として贈《おく》らんとする目的の物がもはや用《よう》に立たぬことになりて無

くなり或は變造《へんざう》しられすりかへられるやうなることありて又はしまつしたるものが紛失したるに因り他の人《ひと》に對《たい》して償ふ金を請求する權利《けんり》を有するときには其償金を請求する權利を以て遺物を贈《おく》るの目的としたるものと推《おし》はかり定めるとなり

遺物を贈らんとする目的《もくてき》の物が外《ほか》の物と附合になり又は混《まじ》りたる場合に遺言したる者が第二百四十三條より第二百四十五條までの合成物混和物の規定に依りて其合成物又は混和物の一人持ち又《また》は相持と爲りたるときには其全部分《ぜんぶぶん》の所有の權利と又《また》は[illegible]するの權利を以て遺物を贈《おく》るの目的としたるものと推しはかり定めるとなり

第千百二條　遺贈ノ目的タル物《もの》又ハ權利カ遺言者ノ死亡ノ時ニ於テ第三者ノ權利ノ目的《もくてき》タルトキハ受遺者ハ遺贈義務者ニ對《たい》シ其權利ヲ消滅セシムヘキ旨ヲ請求《せいきう》スルコトヲ得ス但《たゞし》遺言者カ其遺言ニ反對ノ意思ヲ表示シタルトキハ此限ニ在ラス

遺物の目的である物又は權利が遺言をする者の死するときに相續財產中に權利を持つにでは無く他の一般の第《だい》三者《しや》の權利になる目的《もくてき》即ち第三者が權利を有《いう》するやう第三者へ質に入れ抵當《ていたう》に差出すやうの目的が有りたれば其《その》遺物を受くる者は遺贈義務者なる相續人に對し其第三者の權利《けんり》即ち質に取りたる權利《けんり》抵當に取りたる權利を無くせざる旨を請求《せいきう》することは出來ぬ併し遺言した者が其遺言に反對したる意思を表示たるときは此限りて

はなしとなり

第千百三條　債權ヲ以テ遺贈ノ目的《もくてき》ト爲シタル場合《ばあい》ニ於テ遺言者カ辨濟ヲ受ケ且其受取《そのうけと》リタル者カ尚ホ相續財產中ニ存スルトキハ其物ヲ以テ遺贈ノ目的ト爲シタルモノト推定ス

金錢ヲ目的トスル債權《さいけん》ニ付テハ相續財產中ニ其債權額《そのさいけんがく》ニ相當スル金錢ナキトキト雖モ其金額《そのきんがく》ヲ以テ遺贈ノ目的ト爲シタルモノト推定ス

本條は債權則ち貸したる物《もの》を取り立つる權利を遺贈の目的と爲すことを推定することを規定す則ち貸《か》したる物を取り立てる權利を遺贈の目的《もくてき》としたる場合に遺言《ゆゐげん》したる者が其貸したる物の辨濟を受け且つ其受取りたる物が尚は相續をする財產《さんさい》の内に有るときは其辨濟を受けたる物《もの》が相續《さうぞく》財產中に有るものを以て遺物《ゐぶつ》を贈るの目的としたるものと推しはかり定むるとなり

金錢を得るを目的《もくてき》とする即ち貸金《かしきん》取り立ての權利に付ては相續の財產《ざいさん》の内に其貸し金取り立ての高に相當する金錢が無きときにても其金高《きんだか》を遺物を贈るの目的としたるものと推しはかり定むるとなり

第千百四條　負擔附遺贈ヲ受タル者ハ遺贈ノ目的ノ價額ヲ超エサル限度ニ於テノミ其負擔シタル義務ヲ履行スル責ニ任ス

受遺者カ遺贈ノ拋棄ヲ爲《ゐ》シタルトキハ負擔《ふたん》ノ利益ヲ受クヘキ者自ラ受遺者ト爲ルコトヲ得《う》但遺言者カ其遺言《ゆゐごん》ニ別段《べつだん》ノ意思ヲ表示シタルトキハ其意思ニ從フ

負擔附の遺贈とは其《その》遺贈物に就《つい》て引き受けることが附帶《ふたい》しあるなり此種の遺物を受けたるものは其遺物の目《め》あての價額を超えぬ限《かぎ》りの度《ど》までに其引きうけたる義務《ぎむ》を實地に果す責を受けるなりわらく譬《たと》ふれば一の物品にして百圓の物なれば其内《そのうち》五十圓を拂ひ殘り五十圓を拂ふことを負擔《ふたん》するものは遺物として受けたれば遺贈の目的の價額を五拾圓とし其價額を超《こ》えざる限度《げんど》まで負擔したる義務の五十圓を實際《じつさい》拂ふの責に任ず[illegible]ることとなり

然るに遺《おく》り物を受くる者が遺物を受くる權利の拋棄《はうき》を爲《ゐ》したるときに[illegible]る仮令《たとへ》ば拂ひ殘《のこり》として受くべき五十圓を取る者が自分《じぶん》が遺物を受くる者となることが出《で》來《き》るこれは全体受遺者が拋棄《はうき》して其遺物を受けざれば受贈義務者の相續人が取得《しゆとく》すべき筈《はず》なれども、それには第三者なる五十圓の拂ひ殘りを受る者が何時までも斷定が形づかぬ故に負擔の利益を受くべき者が受遺者となることが出來《でき》るなり、併《しか》し遺言をした者が其遺言に別段の意思《おもわく》を表示《いひのべ》たるときには其意思《おもわく》に從ふことなり

第千百五條　負擔附遺贈ノ目的《もくてき》ノ價額カ相續ノ限定《げんてい》承認《しようにん》又ハ遺《ゐ》留《りう》分回《ぶんくわい》復《ふく》ノ訴ニ因リテ減少《げんせう》シタルトキハ受遺者ハ其減少ノ割合《わりあひ》ニ應シテ其負擔《ふたん》シタル義務ヲ免ル但遺言者カ其遺言ニ別段《べつだん》ノ意思ヲ表示シタルトキハ其意思ニ從フ

引うけ付きの遺《おく》り物の目的の價額《ねだん》が相續の限定承認（此限定承認の事は詳《くは》しく前に述べたり）又は遺《ゐ》留分《りうぶん》とて相續財産の半額《はんがく》或は三分の一額を相續人の他のものに分ち與ふるを回復とて一旦定めたる額より幾分《いくぶん》か取り返へすの訴訟がありしに因《より》て配分の受け高が減りたるときは遺《ゐ》物《ぶつ》を受くる者は其減りたる割合に應《おう》じて其引きうけたる義務を免るゝなり例へば配分高が三百圓減《へ》りたらば其《その》三百圓額に對する丈けの負擔《ふたん》義務を免るゝを得るなり併《しか》し遺言したる者が其遺言に別段の意思を表示たるときは其意思に從ふことなり

第四節　遺言ノ執行

本節は遺言の事を執《と》り行ふことを規定す遺言のことを執《と》り行ふには遺言執行者を要す故に主として此任務を規定す

第千百六條　遺言者ノ保管者《ほくわんしや》ハ相續ノ開始ヲ知リタル後《のち》遲滞ナク之レヲ裁判所ニ提出《ていしつ》シテ其檢認ヲ請求スルコトヲ要ス遺言書ノ保管者ナ

キ場合ニ於テ相續人カ遺言書《ゆゐごんしよ》ヲ發見シタル後亦同《のちまたおな》シ
前項ノ規定ハ公正證書ニ依ル遺言ニハ之ヲ適用セス
封印アル遺言書ハ裁判所ニ於テ相續人《さうぞくにん》又ハ其代理人ノ立會《たちあひ》ヲ以テスルニ非サレハ之ヲ開封スルコトヲ得ス

遺言書を太切に預《あづ》かる者は相續の事の始《はじ》まるを知りたる後《の》ち速かに之を裁判所へ差し出して其遺言書を撿査《けんさ》し遺言書の正確なることを認《みと》められよと請求せねばならぬ併《しか》し遺言書の預り人が無くて相續人が遺言書《ゆゐごんしよ》を見出したる後ちは亦た右に同じく裁判所《さいばんしよ》へ差し出して其撿認を請求すべきことゝなり
前項の定《さだ》めは公正證書に依《よ》る遺言には之《これ》をあてはめぬとなり
封印のある遺言書は裁判所《さいばんしよ》にて相續人か又は其遺言したる代理人《だいりにん》の立會がなければそれを開封することとならぬとなり

第千百七條　前條ノ規定《きてい》ニ依リテ遺言書ヲ提出《ていしゆつ》スルコトヲ怠リ、其撿認ヲ經スシテ遺言ヲ執行《しつかう》シ又ハ裁判所外《ぐわい》ニ於テ其開封ヲ爲《な》シタル者ハ二百圓以下ノ過料ニ處セラル

前條の定めに依りて遺言書《ゆゐごんしよ》を差し出すことを怠り其《その》撿査して認可《にんか》を受くることをせずして遺言したることを實地《じつち》に執り行ひ又は裁判所の外にて其《その》開封をしたる者は二百圓まで

の過料を出させらるゝなり

第千百八條　遺言者ハ遺言《ゆゐごん》ヲ以テ一人又ハ數人《すうにん》ノ遺言執行者ヲ指定シ又ハ其《その》指定《してい》ヲ第三者ニ委託スルコトヲ得

遺言執行者指定ノ委託《いたく》ヲ受ケタル者ハ遲滯《ちたい》ナク其指定ヲ爲《な》シテ之ヲ相續人ニ通知スルコトヲ要ス

遺言執行《しつかう》者指定ノ委託ヲ受ケタル者カ其委託ヲ辭《じ》セントスルトキハ遲滯ナク其旨ヲ相續人ニ通知スルコトヲ要ス

遺言したるものは遺言して一人《いちにん》か又は何人かの遺言を執《と》り行ふ者を指し定め又は其指定することを第三者なる一般の人即ち自分《じぶん》と相續人との外の者に委《ゆだ》ね任せることが出來る

遺言を執り行ふ者を指し定むる委託《ゐたく》を受けたる者は速かに其指定《そのしてい》をして之を相續人へ知らさねばならぬなり

遺言の事を執り行《おこな》へとて指定の委託《ゐたく》をば受けたる者が其委託されたろを斷《ことは》らんとするときは速に其ことを相續人に知らせやらねばならぬとなり

第千百九條　遺言執行者カ就職ヲ承諾《しようだく》シタルトキハ直《たゞ》チニ其任務ヲ行フコトヲ要ス

遺言の事を執り行《おこな》ふ者が其遺言執行の[illegible]に役づくことを承知したるときは直ぐ其役向の

ことをせねばならぬとなり

第千百十條　相續人其他ノ利害關係人《りがいくわんけいにん》ハ相當ノ期間ヲ定メ其期間內ニ就職ヲ承諾スルヤ否ヤヲ確答スヘキ旨《むね》ヲ遺言執行者ニ催告スルコトヲ得若シ遺言執行者《しつかうしや》カ其期間內ニ相續人ニ對《たい》シテ確答ヲ爲サヽルトキハ就職ヲ承諾シタルモノト看做ス

相續人又は其他の先代《せんだい》戶主へ貸借《かしかり》がありて利と害とに關係のある人は相當《さうたう》の期間を定めて其期間の內に役《やく》に就くことを承諾するかせぬかと云ふことを確かに答へよと遺言の事を執り行ふ者に催促《さいそく》することが出來る若し遺言の事を執《と》り行ふ者が其定めたる時日《じじつ》の中に相續人に對して確《たし》かなる答をせぬときは役《やく》づくことを承諾したるものと看做すとなり

第千百十一條　無能力者及ヒ破產者《はさんしや》ハ遺言執行者タルコトヲ得ス

無能力者とは年齡二十歲に滿《み》たざる所謂《いはゆる》未成年者にて是非の辨別《べんべつ》の階きかぬるものとせりそれと身代《しんだい》を破り分散したるものは遺言《ゆゐごん》の事を執り行ふ者《もの》とすることが出來《でき》ぬとなり

第千百十二條　遺言執行者ナキトキ又ハ之レナキニ至《いた》リタルトキハ裁判所ハ利害關係人ノ請求《せいきう》ニ因リ之《これ》ヲ選任スルコトヲ得

前項ノ規定ニ依《よ》リテ選任シタル遺言執行者《ゆゐごんしつかうしや》ハ正當ノ理由アルニ非サ

レハ就職ヲ拒ムコトヲ得ス

遺言の事を執り行ふ者か無《な》きときと又は遺言の事を執《と》り行ふ者が無きに至《いた》りたるときは裁判所は其遺言する者に貸借《かしかり》ありて利害に關係ある人々の請求《せいきう》に因り此役向を人を選み《えら》て申し附くることが出來る

前項の定めに依りて選《えら》みて役づけたる遺言を執《と》り行ふ者は正《たゞ》しき當然の理由が無ければ其執行者になることを拒《こば》むことはならぬとなり

第千百十三條　遺言執行者ハ遲《ち》滯《たい》ナク相續財產ノ目錄《もくろく》ヲ調製シテ之ヲ相續人ニ交付スルコトヲ要ス

遺言執行者ハ相續人《さうぞくにん》ノ請求アルトキハ其立會《たちあひ》ヲ以テ財產目錄ヲ調製シ又ハ公證人《こうしようにん》ヲシテ之ヲ調製《ちやうせい》セシムルコトヲ要ス

遺言の事を執り行ふ者は速《すみや》かに相續をする身代の目錄を拵《こしら》へて之を相續人に交付すことが肝要である

遺言した事を執《と》り行ふ者は相續人の請求《せいきう》がありたるときには其相續人ノ立會にて身代即ち相續財產の目錄を拵へ又《また》は公證人に目錄を調製《こしら》へさせねばならぬとなり

第千百十四條　遺言執行者ハ相續《さうぞく》財產ノ管理其他遺言《ゆゐごん》ノ執行ニ必要ナル一切ノ行爲ヲ爲ス權利義務ヲ有ス

第六百四十四條乃至第六百四十七條及ヒ第六百五十條ノ規定《きてい》ハ遺言執行者ニ之ヲ準用ス

遺言の事を執《と》り行ふ役を受けたる者は相續《さうぞく》をする財産の取しまりと其他《そのた》遺言の執り行ひに必要なる總《す》べての行爲を爲す權利《けんり》と義務とを有つなり

第六百四十四條より第六百四十七條までと第六百五十條の定めのことは遺言を執り行ふ者にも準じ用ゆるなり

第千百十五條　遺言執行者アル場合《ばあい》ニ於テハ相續人ハ相續《さうぞく》財産ヲ處分シ其他《そのた》遺言ノ執行《しつかう》ヲ妨クヘキ行爲ヲ爲スコトヲ得ス

遺言の事を執り行ふ者があるときには相續人《さうぞくにん》は相續をする財産のはからひを爲し其外遺言の執り行ひを妨《さまた》ぐる行爲をすることが出來ぬ

第千百十六條　前三條ノ規定《きてい》ハ遺言カ特定財産ニ關《くわん》スル場合ニ於テハ其財産ニ付テノミ之ヲ適用ス

本條より前三條の定めは遺言《ゆゐごん》が家屋《かほく》、田《でん》、畑《はた》、家畜《かちく》等の特定財産にかゝる場合《ばあい》にては其財産に付ての事ばかりに適用すとなり

第千百十七條　遺言執行者ハ之《これ》ヲ相續人ノ代理人《だいりにん》ト看做ス

遺言を執り行ふ者は之《これ》を相續人《さうぞくにん》の代理人と看做すなり即ち法定《はふてい》代理人にて通例の代理よ

りは重き故に代理人《だいりにん》とするとは書かず看做すとあり

第千百十八條　遺言執行者ハ已《や》ムコトヲ得サル事由《じゆう》アルニ非サレハ第三者ヲシテ其任務《そのにんむ》ヲ行ハシムルコトヲ得ス但遺言者カ其遺言《ゆゐごん》ニ反對ノ意思ヲ表示シタルトキハ此限ニ在ラス

遺言執行者カ前項《ぜんかう》但書ノ規定《きてい》ニ依リ第三者ヲシテ其任務《そのにんむ》ヲ行ハシムル場合ニ於テハ相續人ニ對《たい》シ第百五條ニ定《さだ》メタル責任ヲ負フ

遺言を執り行ふ者は據なき事由《わけ》が無ければ相續人の他《た》の第三者《だい》に其役向のことを爲せることはならぬ併《しか》し遺言する者が其遺言に反對《うらうへ》したる意思《おもはく》を表示たるときは此限りにては無しとなり

遺言を執り行ふ者が前項《ぜんかう》の但書の規定即ち遺言者が其遺言《そのゆゐごん》に反對の意思を表示したるときは此限りに在らずと云《い》ふの文面《ぶんめん》に依りて相續人外の第三者《だい》に其遺言執行者の任務を行せるときには相續人《さうぞくにん》に對して第百五條の代理人《だいりにん》が複代理人を選任《せんにん》したるときには其選任したることゝ監督《かんとく》に付きて本人《ほんにん》に對して其責に任ずと云ふの責任を負はざるを得ずとなり

第千百十九條　數人ノ遺言執行者《しや》アル場合《ばあい》ニ於テハ其《その》任務ノ執行ハ過半數ヲ以テ之《これ》ヲ決ス但《たゞし》遺言者カ其遺言ニ別段ノ意思《いし》ヲ表示シタルト

ヤハ其意思ニ從フ

各遺言執行者ハ前項ノ規定ニ拘ハラス保存行爲ヲ爲スコトヲ得

幾人も遺言を執り行ふ者がある場合《はあい》に其役向の事を執り行ふは過半數即ち半分過ぎにて五人あれば三人の意見《いけん》を以て其事を決《けつ》するなり併《しか》し遺言したる者が其《その》遺言よ別段の意思何々の事は某にて決《けつ》せよなどゝいふことを表示さたるときは其意思に從ふことなり各々《そく》の遺言の執行者は前項《ぜんかう》の定めがあるにも拘《かゝ》はらず保存をする行爲《かうゐ》を爲すことが出來るとなり

第千百二十條　遺言執行者ハ遺言《ゆゐごん》ニ報酬《ほうしう》ヲ定メタルトキニ限リ之《これ》ヲ受クルコトヲ得

裁判所ニ於テ遺言執行者《しつかうしや》ヲ選任シタルトキハ裁判所《さいばんしよ》ハ事情ニ依リ其報酬ヲ定ムルコトヲ得

遺言執行者カ報酬《ほうしう》ヲ受クヘキ場合ニ於《おい》テハ第六百四十八條第二項及ヒ第三項ノ規定ヲ準用ス

遺言《ゆゐごん》を執り行ふ者は遺言をするときに禮物を定めたるときに限りて之を受けることが出來る

裁判所にて遺言を執行《しつかう》する者を選《ゑら》みて申し付けたるときには裁判所《さいばんしよ》は事情に依りて其禮

物の高を定むることが出來る
遺言を執行する者が禮物《れいもつ》を受くべき場合には第《だい》六百四十八條の第二項と第三項との委任を受けたる者の規定《きてい》を準じ用《もち》ゆとなり

第千百二十一條　遺言執行者カ其任務《にんむ》ヲ怠リタルトキ其他《そのた》正當ノ事由アルトキハ利害《りがい》關係人ハ其解任ヲ裁判所《さいはんしよ》ニ請求スルコトヲ得
遺言執行者ハ正當《せいたう》ノ事由アルトキハ就職《じゆしよく》ノ後ト雖モ其任務ヲ辭スルコトヲ得

遺言を執り行ふ者が其役向《そのやくむき》を怠りたるときと其外遺言執行者に不都合が有るとの正當の事由が有るときには遺言者即ち先代《せんだい》の戸主に貸借《かしかり》ありて利害の關係ある者《もの》は其役即ち遺言執行者の役を解《と》きて止《や》めさせることを裁判所へ請求《せいきう》することが出來るとなり
遺言の執行者は正《たゞ》しき當然の事由《わけ》が有るときには役に就きたる後《のち》にても其役目を斷ることが出來るなり

第千百二十二條　第六百五十四條及ヒ第六百五十五條ノ規定ハ遺言執行者ノ任務《にんむ》カ終了シタル場合ニ之ヲ準用《じゆんよう》ス

第六百五十四條と第六百五十五條との定めの受任者が委任の事を終るに就てのことは此の遺言執行者が任務《やくめ》を終《おは》りたる場合に之を準《じゆん》じて用ゐるなり

第千百二十三條　遺言ノ執行《しつかう》ニ關スル費用ハ相續《さうぞく》財產ノ負擔トス但之ニ因リテ遺留分ヲ減スルコトヲ得ス

遺言の執り行ひにかゝる入費は相續する財產の引き受けとする併し之に因りて遺留分の半額《はんがく》又は三分の一額《がく》と減《へ》らすことが出來《でき》る

第五節　遺言ノ取消

本節は遺言の取消《とりけし》に就ての事《こと》を規定せり

第千百二十四條　遺言者ハ何時ニテモ遺言ノ方式ニ從ヒテ其遺言ノ全部又ハ一部ヲ取消スコトヲ得

遺言したる者は一旦《いつたん》遺言したることは取消《とりけし》がならぬと云ふにあらず前に規定したる遺言を方式にさへ從《したが》へば其遺言全き部分なり又は其一部を取り消すことが出來るとなり

第千百二十五條　前ノ遺言ト後《のち》ノ遺言ト牴觸《ていしよく》スルトキハ其牴觸スル部分ニ付テハ後ノ遺言ヲ以テ前ノ遺言ヲ取消シタルモノト看做ス

前項ノ規定《きてい》ハ遺言《ゐげん》ト遺言後ノ生前處分其他ノ法律行爲《かうゐ》ト牴觸スル場合ニ之ヲ準用ス

遺言は死後に效力を生ずるものなり然《しか》るに一度遺言《ゐげん》をしたることも其遺言者が生存するときは再び遺言し直《なほ》すことあり依《よつ》て遺言に前後二度あるなりされば前《まへ》の遺言と後の言

と觸れ當るときは其突《つ》き合ひたる部分《ところ》ばかりは後の遺言にて前《まへ》の遺言を取消したるものと看做すなり

前項の定めは遺言したること〻遺言《ゐごん》してより後ち生《い》き存らへて居るうちの處分と其外の法律の行爲の觸《ふ》れ當りたる場合に之《これ》を準へ用ゆとなり

第千百二十六條　遺言者カ故意《こゐ》ニ遺言書ヲ毀滅シタルトキハ其毀滅《そのきめつ》シタル部分ニ付テハ遺言ヲ取消《とりけ》シタルモノト看做《みな》ス遺言者カ故意ニ遺言ノ目的物ヲ毀滅シタルトキ亦同シ

遺言したる者が故意《わざ》と心ありて遺言書を破《やぶ》りたるときは其破りたる部分ばかりは遺言を取消したるものと看做《みな》すそれと又遺言したる者が故意《こゝろ》と心ありて遺物として贈る物の目的の物を毀し無くし所謂《いはゆ》る役に立たぬやうにしたるときも同じく取消したるものと看做すとなり

第千百二十七條　前三條ノ規定ニ依《よ》リテ取消サレタル遺言ハ其取消《そのとりけし》ノ行爲カ取消サレ又《また》ハ效力《かうりよく》ヲ生セサルニ至リタルトキト雖モ其效力ヲ回復セス但其行爲カ詐僞又ハ強迫ニ因ル場合ハ此限ニ在ラス

本條は一旦《いつたん》取消されたる遺言は更に其取消を取消すに因《よ》りて其效力を復び活せるものか復び活かせぬかといふことを定《さだ》めたり即ち前の三ケ條の規定《きてい》に依りて取消されたる遺言

は其取消したる行爲が宜しくないとわつて更に取消《とりけ》され又は其前の取消の效力を生せざるに至りたる時でも其效力は元へ復らぬ併《しか》し其最初の取消の行爲が詐り欺じれるか又は強て迫りて威《おど》したるかの場合には此限《このかぎり》ではないとなり

第千百二十八條 遺言者ハ其遺言ノ取消權《とりけしけん》ヲ拋棄スルコトヲ得ス

遺言した者は其遺言《ゆゐごん》の取消をする權利を捨《す》てることは出來《でき》ぬとなり抑も遺言は死後に效力を生ずるものなれば生存中《せいぞんちう》は取消權を捨つると云ふ實際《じつさい》道理はなきことなればなり

第千百二十九條 負擔附遺言ヲ受《う》ケタル者《もの》カ其負擔シタル義務ヲ履行セサルトキハ相續人ハ相當《さうたう》ノ期間ヲ定メテ其履行《そのりかう》ヲ催告シ若シ其期間内ニ履行ナキトキハ遺贈ノ取消《とりけし》ヲ裁判所ニ請求《せいきう》スルコトヲ得

前にも負擔付の遺贈の事あり此負擔附の遺物を受《う》けたる者は其受けたる遺物に付て引き受けたる義務《ぎむ》を約束通りに果《はた》さぬときには相續人たる者は相當《さうたう》の時日を期間として定めて其實地《じつち》に義務を果《はた》すことを催促し若し其期間として定《さだ》めたる時日のうちに約束通りに義務を果さぬときには遺言の取消《とりけし》を裁判所へ請求することが出來《でき》るとなり

第七章 遺留分

遺留分とは其文字の通り遺《のこ》し留むる分と云ふことにして則ち自分《じぶん》の財産は如何なる分まで相續人に殘こし如何《いか》なる點まで他の人に與《あた》ふるを得るかこれ本章に定むる所にして各

條下に至《いた》り詳《くは》しきを知るべし

第千百三十條　法定《はふてい》家督相續人タル直系卑屬ハ遺留分トシテ被《ひ》相續人ノ財産ノ半額ヲ受ク

此他《このた》ノ家督相續人ハ遺《ゐ》留分《りうぶん》トシテ被相續人ノ財産ノ三分《ぶん》ノ一ヲ受ク

第一項は既に相續の部に於て述《の》べたる如く法定の家督《かとく》相續人に當る直系卑屬則ち子又孫は遺留分として被《ひ》相續人即ち相續をせらるゝ人《ひと》の財産の半額《はんがく》假令ば二万圓の身代ある人の相續ならば一万圓を受《う》くと定む故に被《ひ》相續人は其財産の半額は何人《なにひと》にても自由に與ふるを得第二項は此他《このた》の家督相續人則ち指定の家督相續人等は被《ひ》相續人の財産の三分の一を受くと定めたり斯《か》く區別《くべつ》あるは相續人の身上《しんじやう》より見るも自然に來たるものならん

第千百三十一條　遺産相續人タル直系《ちよくけい》卑屬ハ遺留分トシテ被《ひ》相續《さうぞく》人ノ財産ノ半額ヲ受《う》ク遺産相續《さうぞく》人《にん》タル配偶者又ハ直系尊屬《そんぞく》ハ遺留分トシテ被相續人ノ財産ノ三分ノ一ヲ受ク

遺産相續人則ち家族《かぞく》の死亡によりて始まる相續人にして卑屬《ひぞく》親は遺留の部分として相續せらるゝ死者の財産《ざいさん》の半額を受《う》くと第一項に定めたるも這は正面の解にして若し三人あるときは財産《ざいさん》半額の三分の一を受くことになるべし第《だい》二項《かう》に遺産相續人たる者が配偶者なるか又は直系尊屬則ち父母及び祖父母なるときは遺留分《りうぶん》として被《ひ》相續人の財産の三分《ぶん》の

一を受くと定めたり是れも一人《いちにん》ある場合の規定にして數人あるときは三分の一を各自に分つべきなり

第千百三十二條　遺留分ハ被相續人《ひさうぞくにん》カ相續開始ノ時ニ於テ有セシ財產ノ價額ニ其贈與シタル財產《ざいさん》ノ價額ヲ加ヘ其中《そのうち》ヨリ債務ノ全額ヲ控除シテ之ヲ算定ス

條件附權利又ハ存續期間《そんぞくきかん》ノ不確定ナル權利《けんり》ハ裁判所ニ於テ選定《せんてい》シタル鑑定人ノ評價ニ從ヒ其價格ヲ定ム

家督相續ノ特權《とくけん》ニ屬スル權利ハ遺留分《ゐりうぶん》ノ算定ニ關シテハ其價格ヲ算入セス

本條は如何にして遺留分《ゐりうぶん》を定むるかを規定す即ち被《ひ》相續人が相續が始まる時《とき》に所有し居たる財產を金額何程《なにほど》かに定め其價の高に既に贈與《ざうよ》したる財產の價を加へ若し債務《さいむ》ある時は其全体の額を差引《さしひ》き而して遺留分の何程あるかを定むるものと第《だい》一項《かう》に規定せり第二項に條件附權利とあり其《そ》は假令ば甲なる者が被相續人と約して曰《いは》く若し本年の麥作一反に付二石六斗宛の收穫《しふくわく》あらば六斗丈け君に與ふ可しとの契約《けいやく》をなしたるときは此條件附權利にして又存續期間の不確定なる權利とは假令ば余が死するときは此財產を與ふべしと甲《かう》なる者が被相續人に契約《けいやく》したる場合の權利にして此等《これら》の權利は其確定を俟

つときは斷定を爲すこと甚だ遲くなるを以て裁判所《さいばんしよ》に於て選定したる鑑定人《かんていにん》に評價を入れしめ其價《そのあたひ》に從ひ如何程の價あるかを定《さだ》む又第三項に家督相續に關する特權に屬する權利は遺留分の財産の價を立《た》つるに付ては其計算《そのけいさん》に入れざるなりと規定せり

第千百三十三條　贈與ハ相續開始前一年間《いちねん》ニ爲シタルモノニ限《かぎ》リ前條ノ規定ニ依《よ》リテ其價額《かがく》ヲ算入ス一年前《ぜん》ニ爲シタルモノト雖《いへど》モ當事者雙方ノ遺留分權利者ニ損害ヲ加フルコトヲ知リテ之《これ》ヲ爲シタルトキ亦同シ

贈與は相續が始まる前一年間則ち被相續人が明治三十一年一月一日死亡したるときは明治三十一年一月一日以來《いらい》に爲したるものに對《たい》し前條の規定に依り遺留分《ゐりうぶん》として計算を立つる内に入るゝも若《も》し三十一年一月一日以前の贈與《ぞうよ》なるときは算入せざるべし然れども若し贈與を受けたるものと贈與《ぞうよ》を爲したるものと双方《そうはう》が遺留分に對する權利者に損害を與ふるも开は辨はぬとの考よりなしたる贈與《ぞうよ》なるときは假令《たとへ》一年内になしたるものと雖ども矢張遺留分中に入れて計算をなすべきなり

第千百三十四條　遺留分權利者及《およ》ヒ其承繼人《そのしようけいにん》ハ遺留分ヲ保全スルニ必要ナル限度ニ於テ遺贈及ヒ前條《ぜんでう》ニ揭ケタル贈與ノ減殺《げんさつ》ヲ請求スルコトヲ得

遺留分權利者則ち直系《ちよくけい》卑属親等の如き及び其承繼人は遺留《ゐりう》となる部分を保全則ち保存完全を爲すために何如程《いかほど》の高迄殘し置かざる可からざるか則ち遺贈《ゐぞう》及び贈與は遺留の部分を過ぎ居るとて遺贈者は前條《ぜんでう》に記載せる贈与の減少《げんせう》を求むることを得ることと本條に定めたり

第千百三十五條　條件附權利又《また》ハ存續期間ノ不確定《ふかくてい》ナル權利ヲ以テ贈與又ハ遺贈ノ目的《もくてき》ト爲シタル場合ニ於テ其贈與《そのぞうよ》又ハ遺贈ノ一部ヲ減殺スヘキトキハ遺留分權利者ハ第千百三十二條第二項ノ規定ニ依リテ定メタル價格《かかく》ニ從ヒ直ナニ其殘部《そのざんぶ》ノ價額ヲ受贈者又《また》ハ受遺者ニ給付スルコトヲ要ス

第千百三十二條第二項に定めたる條件《でうけん》付權利又は存續《そんぞく》期間の不確定なる權利を贈與し又は遺贈したる時に於《おい》て其贈與又は遺贈か遺留分《ゐりうぶん》を超えたるを以て此等《これら》を減少せざる可からざるときは遺留分の權利者《けんりしや》は千百三十二條第二項に定めたる如《ごと》く裁判所にて選定したる鑑定人の評價したる價により直ちに贈與を受けたる者又は遺贈《ゐぞう》を受けたる者《もの》に右の殘りの價丈けを給付則ち渡すべきものと記載せるものなり

第千百三十六條　贈與ハ遺贈ヲ減殺シタル後ニ非サレハ之《これ》ヲ減殺スルコトヲ得ス

本條は贈與は遺贈を減殺したる後ならでは減少《げんせう》するとを得《え》ずとす理由は贈與は先きにして遺贈は後《のち》なれば先きに爲したる處分を後にする精神より來たるものならんか

第千百三十七條　遺贈ハ其目的ノ價《か》額《く》ノ割合ニ應シテ之ヲ減殺《けんさつ》ス但遺言者カ其遺言ニ別段ノ意思ヲ表示シタルトキハ其意思ニ從フ

遺贈の減殺は如何《いか》なる方法による可きか本條《ほんでう》には其遺贈の目的たる價の割合に應じ減少すと則ち土地と家屋《かほく》とを遺贈したる場合には土地に付て何《な》圓《ゑん》家屋に付何圓都合《つがふ》何圓を減ずることになすべきものなりと然《しか》れども遺贈《ゐぞう》したるものが其《その》遺言書等に別段の意思則ち以上の割合に依《よ》らざる旨を指《さ》し示したるときは其《そ》れによると但書に規定《きてい》せり

第千百三十八條　贈與ノ減殺ハ後ノ贈與ヨリ始メ順次ニ前ノ贈與ニ及フ

贈與を減殺する方法《はうはふ》は如何にするか本條は後の贈與より順次に前に遡ると故《ゆへ》に假令《たとへ》ば三月一日三月二日同四日との三個の贈與あるときは四日より減殺し始むるなり

第千百三十九條　受贈者ハ其返還《へんくわん》スヘキ財産ノ外《ほか》尙ホ減殺ノ請求アリタル日以後ノ果實《くわじつ》ヲ返還スルコトヲ要ス

受贈者に對し遺留分の超《こ》えたる部分の減殺に關し返還請求ありたるときは其返還を爲すべき財産と尙は外に右請求《せいきう》ありたる日より後ちの果實《くわじつ》則ち利子を返却せざる可からず是

れ至當の規定にして若し相續開始《かいし》以來の利子等を返却せざる可からざるなりとするときは甚た酷《こく》なるを以《もつ》て斯《か》く定めたるなり

第千百四十條　減殺ヲ受《う》クヘキ受贈者ノ無《む》資力《しりよく》ニ因リテ生《しやう》シタル損失ハ遺留分權利者ノ負擔ニ歸ス

遺留分を超《こ》えたる部分《ぶぶん》を贈與せられ而して減殺を受くる受贈者《じゆぞうしや》の無資力則ち貧困となり減殺部分を返却《へんきやく》すること能はざる爲《た》めに遺留分が法律上の定めたる部分《ぶぶん》を保つこと能はざるときは其損失は遺留分《ゐりうぶん》に對し權利を有するもの丶引受《ひきう》けとなるべし

第千百四十一條　負擔附贈與ハ其目的《そのもくてき》ノ價額中《ちう》ヨリ負擔ノ價額《かがく》ヲ控除シタルモノニ付キ其減殺ヲ請求スルコトヲ得

負擔附贈遺假令ば甲《かう》が乙に金五千圓を贈與《ぞうよ》するにより丙へ終身間年々百圓づ丶を支拂ふべしとて金五千圓を贈與する如きを云《い》ふ此の贈與は其目的《もくてき》の價額中則ち五千圓より負擔《ふたん》の價額を控除《かうじよ》したるもの年々百圓を差引したるものより遺留分《りうぶん》の超えたる額の減殺を請求することを得るなり

第千百四十二條　不相當ノ對價《たいか》ヲ以テ爲シタル有償行爲ハ當事者《たうじしや》雙方カ遺留分權利者ニ損害ヲ加《くは》フルコトヲ知リテ爲シタルモノニ限リ之ヲ贈與ト見做ス此場合《このばあい》ニ於テ遺留分權利者《けんりしや》カ其減殺ヲ請求スルトキ

ハ其對價ヲ償還スルコトヲ要ス

本條の不相當の對價《たいか》を以て爲したる有償《いうせう》行爲假令ば金百圓にて四千圓もする家屋《かおく》を賣却したる如き契約にして其契約は當事者《たうじしや》が遺留分權利者に損害を加ふるとを知りつゝなしたるものなるときは假令《たとへ》ば名は有償行爲なるも尙は贈與と看做《みな》す故に此場合に於て遺留分に對し權利を有《いう》するものは遺留分《ゐりうぶん》に超えたるとの理由を以て減殺《げんさい》を請求するには對價即ち右の四千圓を償ひ還すべきことを申立つるを要す

第千百四十三條　減殺ヲ受《う》クヘキ受贈者カ贈與《ぞうよ》ノ目的ヲ他人《たにん》ニ讓渡シタルトキハ遺留分權利者ニ其價額《そのかがく》ヲ辨償スルコトヲ要ス但讓受人カ讓渡ノ當時遺留分《ゐりうぶん》權利者ニ損害ヲ加《くは》フルコトヲ知リタルトキハ遺留分權利者ハ之ニ對シテモ減殺ヲ請求スルコトヲ得

前項ノ規定《きてい》ハ受贈者カ贈與ノ目的ノ上ニ權利《けんり》ヲ設定《せつてい》シタル場合ニ之ヲ準用ス

遺留分たる半額又《また》は三分一を超えたるとの理由《りいう》を以て減殺を受くべき受贈者《じゆぞうしや》が贈與の目的を既に他人に讓渡《ゆづりわた》したるときは最早《もはや》如何とも致方なし故に其價額《かがく》を償ふ可きものとす然れども讓受人が受贈者の讓渡の時《とき》に遺留分權利者《けんりしや》を害するものなることを知りて讓受けたるときは遺留分《ゐりうぶん》の權利者は減殺を請求することを得此の規定は受贈者が贈與の目的

物の上に抵當《ていたう》其他質權を設けたる場合にも尚は右の通りに取扱《とりあつか》ふ可きものなり

第千百四十四條　受贈者及ヒ受遺《じゆゐ》者《しや》ハ減殺ヲ受クヘキ限度《げんど》ニ於テ贈與又ハ遺贈ノ目的《もくてき》ノ價額ヲ遺留分權利者ニ辨償《べんしやう》シテ返還ノ義務ヲ免ルルコトヲ得

前項ノ規定ハ前條第《だい》一項《かう》但書ノ場合ニ之ヲ準用ス

受贈者及び受遺者は遺留分に付五百圓の超過《てうくわ》を受けたるものなるときは其五百圓は減殺を受く可きものなれば其限度《げんど》に於て實際受けたる物件《ぶつけん》の代りに遺留分の權利《けんり》者《しや》に辨へ[illegible]ひて以て返還すべき義務《ぎむ》を免るゝことを得而《しか》して此の規定は前條第一項但書の場合則ち讓受人が讓受けの當時遺留分權利《けんり》者《しや》に害を與ふることを知《し》りたるときは讓受人も又減殺を受けざる可からざる故《ゆゑ》に現物の代りに減殺《さしひき》を受くる價額を償ひて其義務を免《まぬが》るゝことを得るなり

第千百四十五條　減殺ノ請求權ハ遺留《ゐりう》分《ぶん》權利者カ相續ノ開始《かいし》及ヒ減殺スヘキ贈與又《また》ハ遺贈アリタルコトヲ知《し》リタル時ヨリ一年間之ヲ行ハサルトキハ時效ニ因《よ》リテ消滅《せうめつ》ス相續開始《かいし》ノ時ヨリ十年ヲ經過《けいくわ》シタルトキ亦同シ

本條は減殺を請求《せいきう》する權利は何年間之《これ》を行《おこな》ふことを得るかを定めたり則ち遺留分に對[illegible]

利を有する者が相續《さうぞく》の開始及び減殺を爲す可き贈與又は遺贈ありたるを知《し》りたる時より之を計へ一年の間之《これ》を行はざるときは時效《じかう》によりと消滅す若し相續開始《かいし》の時より十年間も過ぎたるときは假令ひ相續開始又《また》は贈與遺贈のありたることを知《し》らずと雖とも最早行ふことを得ざる可しと定めたるなり

第千百四十六條　第九百九十五條、第千四條、第千五條、第千七條及ヒ第千八條ノ規定ハ遺留分ニモ之ヲ準用ス

本條には第九百九十五條第千四條第千五條第千七條及第《だい》千八條の規定は遺留分にも準用ゆと爲《ゐ》し以《もつ》て同條を規定《きてい》するの重複《ぢゆうふく》を避《さ》けたるなり

民法施行法《みんぱふしかうはふ》

民法施行法とは民法を行ふに附き如何《いか》にして行《おこな》ふべきかを規定《きてい》したる法律なり若し此法律なきときは如何樣《やう》立派《りつぱ》なる民法も何等の用を爲すものにあらず則ち民法は機械《きかい》の如く本法は機械を動《うごか》す用《よ》方書《はうがき》の如し機械は用方書によりて運轉《うんてん》せられ民法は本法《ほんぱふ》によりて行ふことを得實《うじつ》に民法は本法と相待《ま》ちて完全《くわんぜん》なる法律となるものなり

第《だい》一章《しやう》　通則《つうそく》

通則とは總則の如きものにして本法全体に通じて用ゐらるゝ規則を本章に書き載す

第一條　民法《みんぱふ》施行前ニ生シタル事項ニ付テハ本法ニ別段《べつだん》ノ定《さだめ》アル場合ヲ除《のぞ》ク外民法ノ規定ヲ適用《てきよう》セス

民法を實際に行《おこな》ふ日の前に既に出來居《できを》る事項《じこう》に付ては如何《いか》にするか今迄の例《れい》に依るか據は民法に支配さるゝかと云ふに本條に本法即ち民法施行法に別段に書き定めある場合は民法に依る可くして何等《なんら》のことを書き定めざる場合は矢張《やはり》今迄の例《れい》に依りて行《ゆ》くとなり

第二條　民法ニ於《おい》テ破產《はさん》ト稱《しよう》スルハ民事ニ付テハ家資分散ヲ謂フ

民法にて破產《はさん》と稱《しよう》し往々《わうく》破產の文字を規定せる條文あり則ち第六十八條第三項第七十條の如き是れなり此等《これら》は民事上に於ては家資分散《かしぶんさん》を謂《い》ふとのことなり而して家資分散法は

明治二十年八月法律第六十九號にして明治二十四年一月一日より實施《じつし》せられたり

第三條　身代限ノ處分ヲ受ケタル者ハ其債務ヲ完濟《くわんさい》スルマテハ之ヲ破產者ト看做《みな》ス

身代限《しんだいかぎり》の處分則ち債務者其借金を返濟せざる所より身代ある限り債務者に支拂《しはら》ふ可き處分にして此處分を受けたる者は其借金を完《まつた》く返却《へんきやく》するまでは破產者と看做《みな》す故に此處分を受けたるものは民事に於て破產者たる取扱を受く可きなり

第四條　證書《しようしよ》ハ確定日附《かくていひづけ》アルニ非サレハ第三者ニ對シ其作成《さくせい》ノ日ニ付キ完全《くわんぜん》ナル證據力ヲ有セス

本條は證書《しようしよ》は確定日附《かくていひづけ》則ち次ぎの條に規定する場合にあらざれば第三者其證書《しようしよ》の事柄に關係せざる者に向ふて假令《たと》ひ證書《しようしよ》を作りたる日附を記入《きにう》せるも完全即ち全き證據力《しようこりよく》なしとのことなり故に證書記載の日附は次ぎの條に記定したる場合の外なるときは證書關係者間《かん》には證據力あるも其他の者には十分の證據力あらざるなり

第五條　證書《しようしよ》ハ左ノ場合ニ限《かぎ》リ確定《かくてい》日附アルモノトス

一　公正《こうせい》證書ナルトキハ其日附《そのひづけ》ヲ以テ確定日附トス

二　登記所《とうきしよ》又ハ公證人役場ニ於テ私《し》署《しよ》證書《しようしよ》ニ日附アル印章ヲ押捺シタルトキハ其印章《そのいんしやう》ノ日附ヲ以テ確定日附トス

三　私署證書ノ署名者中ニ死亡《しばう》シタル者《もの》アルトキハ其ノ死亡ノ日ヨリ確定《かくてい》日附《ひづけ》アルモノトス

四　確定《かくてい》日附アル證書中ニ私署證書ヲ引用シタルトキハ其證書《しようしよ》ノ日附ヲ以テ引用《いんよう》シタル私署證書ノ確定日附トス

五　官廳《くわんちやう》又ハ公署ニ於テ私署證書ニ或事項《じかう》ヲ記入《きにふ》シ之ニ日附《ひづけ》ヲ記《き》載《さい》シタルトキハ其日附ヲ以テ其證書《しようしよ》ノ確定日附トス

本條は確定日附《かくていのひづけ》ある證書とするには如何《いか》なる場合なるかを規定す則ち左の如し

（一）證書が公證書《こうしようしよ》なるときは其記入の日附《ひづけ》を確定日附とす公正《こうせい》證書は公證人の作りたる證書にして公證人は公吏《こうり》なれば其記入の日附は正當《せいとう》のものとなしたるによる（二）登記所又は公證人役場まて私署《ししよ》證書則ち一己《いつこ》人《じん》相互の間に作りたる證書のことにして其證書に何月何日の日附ある印《いん》を捺《お》したるときは其印《いん》の日附《ひづけ》を確定のものとす是れも登記所又は公證人役場は公《おほや》けの所にして印《いん》は公印又捺印したる者は公吏又は官吏なれば假令《たとひ》證書は

私しのものなるも日附は確定のものとなしたり(三)私署証書に姓名を記したる者の中に死したる者あるときは其死したる日以後《いご》より確定日附《ひづけ》あるものとせり是れ死亡者あるときは其死せる者が再《ふたゝ》び日附《ひづけ》を書きたるならんとの想像《さうぞう》を爲《な》し能《あた》はざればなり(四)確定日附ある証書假令《たとへ》は公証書中に私署証書の事柄を引用《いんよう》したるときは其証書に記入せる日附《ひづけ》を以て引用《いんよう》したる私署《しし》証書《しよ》の確定日附とす其理由は確定ある証書を作りたる當時《たうじ》は既《すで》に引用したる私署証書は成立せるものなること明《あきら》かなればなり(五)官廳則ち裁判所又は市町村役場たる公署《こうしよ》に於て私署証書に或る事項《じこう》假令《たとへ》は聞届け候事とかいふ如きことを記入し且《かつ》何年何月何日の日附《ひづけ》を記載したるときは其日附は確定日附《かくていひづけ》となるべし

第六條　私署證書《ししよしようしよ》ニ確定日附ヲ附スルコトヲ登記所《とうきしよ》又ハ公證人役場ニ請求《せいきう》スル者アルトキハ登記官吏又ハ公證人ハ確定日附簿《かくていひづけぼ》ニ署名者ノ氏名又ハ其一人ノ氏名《しめい》ニ外何名ト附記シタルモノ及ヒ件名《けんめい》ヲ記載《きさい》シ其證書ニ登簿番號ヲ記入シ帳簿《ちやうぼ》及ヒ證書《しようしよ》ニ日附アル印章《いんしやう》ヲ押捺《おうあつ》シ且其印章《いんしやう》ヲ以《もつ》テ帳簿《ちやうぼ》ト證書トニ割印《わりいん》ヲ爲スコトヲ要ス

證書《しようしよ》カ數紙ヨリ成レル場合ニ於テハ前項ニ掲《かゝ》ケタル印章《いんしやう》ヲ以テ毎紙

ノ綴目《とぢめ》又ハ繼目《つぎめ》ニ契印《けいいん》ヲ爲スコトヲ要ス

私署《ししよ》証書に確定の日附《ひづけ》を附くることを登記所又は公證人役塲に請求する者あるときは登記官吏《くわんり》又は公證人は如何なる取扱を爲すべきかと云ふに登記官吏又は公證人は確定日附《づけ》の帳簿《ちやうぼ》に私署証書に記入《きにう》したる者の氏名又數多《あまた》の署名者《しよめいしや》あるときは其一人の氏名に外何名即ち五名とか六名とかを附記したるものと及び件名《けんめい》其事柄《ことがら》の名假令《たとへ》ば物件貸借証書の確定日附なれば物件貸借及び其私署証書に登簿したる番號を記入し而して確定日附の帳簿に日付ある印《いん》を押捺《あふあつ》すること又証書にも同じく日附ある印を押捺し且其印にて帳簿と証書とに割印を爲すべく若し証書が數紙《すうし》にて作たる塲合に於ては日附ある印《いん》にて一枚毎《ごと》に契印《けいいん》即ち繼印《つぎいん》を爲《な》す可しとの規定なり

第七條　確定日附簿ニハ豫《あらかじ》メ登簿番號ヲ印刷《いんさつ》シ請求順ヲ以テ前條《ぜんでう》ノ規定ニ從ヒ記入ヲ爲スコトヲ要ス

確定日附簿《かくていひづけぼ》ニハ地方裁判所長其紙數《しすう》ヲ表紙《へうし》ノ裏面《りめん》ニ記載シ職氏名ヲ署シ職印ヲ押捺《あふあつ》シ且職印ヲ以テ毎紙ノ綴目又ハ繼目《つぎめ》ニ契印《けいいん》ヲ爲スコトヲ要ス

確定日附簿には前以て登簿番號なるものを印刷《いんさつ》し置き確定日附の請求順《じゆん》により第六條の

規定に從ひ記入を爲す可しとは第一項の規定にして第二項は確定日附簿《づけぼ》には地方裁判所長は確定日附簿の紙の數《かず》を表紙《へうし》の裏《う》らに記載し職名《しよくめい》氏名を書し職掌《しよくしやう》の印《いん》を捺《お》し尚《なほ》職印を以て一紙毎の綴《つゞ》り目《め》に契印《つぎいん》を爲す可《べ》し規定したるは皆是《これ》正確《せいかく》を欲《ほつ》してなり

第八條　私署證書ニ確定日附ヲ附スルコトヲ登記所《とうきしよ》又ハ公證人役場ニ請求《せいきう》スル者ハ命令《めいれい》ノ定ムル所ニ因リ手數料《てすうりう》ヲ納《をさ》ムルコトヲ要ス

本條は私署証書に確定日附を付くることを請求するものは命令則ち省令等《しやうれいとう》の定めたる所の手數料《てすうれう》を納《をさ》めざる可からずと定めたり若し手數料《てすうれう》を納《をさ》めざるときは右の請求は拒絕《きよぜつ》せらるゝなり

第九條　左ノ法令ハ民法施行《しかう》ノ日ヨリ之ヲ廢止《はいし》ス。

一　明治五年第二《だい》百九十五號布告《ふこく》
二　明治六年第二十一號布告
三　同年第二十八號布告
四　同年第四十號布告
五　同年第百六十二號布告

六　同年第百七十七號布告
七　同年第二百十五號布告代《だい》人《にん》規《き》則《そく》
八　同年第二百五十二號布告
九　同年第三百六號布告動《どう》産《さん》不動産書《かき》入《いれ》金《きん》穀《こく》貸《たい》借《しやく》規《き》則《そく》
十　同年第三百六十二號布告出《しゆつ》訴《そ》期《き》限《げん》規則
十一　明治七年第二十七號布告
十二　明治八年第六號布告
十三　同年第六十三號布告
十四　同年第百二號布告金《きん》穀《こく》貸《たい》借《しやく》請人證人辨《べん》償《しやう》規《き》則《そく》
十五　同年第百四十八號布告建《たて》物《もの》書入質《しち》規則及ヒ建物賣《ばい》買《ばい》讓《ゆづり》渡《わたし》規《き》則《そく》
十六　明治九年第七十五號布告
十七　同年第九十九號布告
十八　明治十年第五十號布告

十九　明治十四年第七十三號布告

二十　明治十七年第二十號布告

二十一　明治二十三年法律第九十四號財産委棄法《ざいさんゐきはふ》

二十二　同年勅令第二百十七號辨濟《べんさい》提供《ていきやう》規則

明治六年第十八號布告地所質入《しちいれ》書入《かきいれ》規則ハ第十一條ヲ除《のぞ》ク外民法施行ノ日ヨリ之ヲ廢止《はいし》ス

本條は民法施行《しかう》の日則ち本年七月十六日より民法が實施《じつし》せらるゝものなれば其日より後は本條に規定する法令は廢止《はいし》となる可きことを規定す(一)明治五年第二百九十五號布告則ち人身の賣買を禁《きん》じ諸奉公人《しよほうこうにん》の年限《ねんげん》を定め藝娼妓《げいしやうぎ》を解放《かいはう》し之に付きての貸借訴訟《たいしやくそしよう》は取上げざる件を定めたる布告(二)明治六年第二十一號布告妻にあらざる婦女が生《う》みたる子は私生《しせい》と爲《な》し其婦女の引受けたらしむる件に付ての布告(三)同年二十八號布告華士族家督相續の件に付ての布告(四)同年第四十號貸金銀利足の制を定め双方示談《じだん》の上證文に記載せしむに付ての布告(五)同年第百六十二號夫婦の際已むを得ざる事故ありて其婦離縁を請《こ》ふも夫承知せざるときは出訴《しゆつそ》するを許すに付ての布告(六)同年第百七十七號脱籍《だつせき》並《ならび》に行衛《ゆくゑ》知れざる者八十歳を過ぐれば除籍《じよせき》する件に付ての布告(七)同年第二百十五號代人

規則に付ての布告(八)同年第二百五十二號負債《ふさい》にて身代限《しんだいかぎり》の者へ貸金穀《きんこく》其他義務《ぎむ》を得べき者定約《ていやく》期限未《み》滿内《まんない》の分處《ぶんしよう》置振《ぶり》の件に付ての布告(九)同年第三百六號動産不動産書入金穀貸借規則に附ての布告(十)同年第三百六十二號出訴期限則金穀物件の貸借に付返濟《へんさい》せざるものに對《たい》し訴《うつたへ》を爲す可き期限に付ての規則(十一)同七年第廿七號預金穀證書中封印《ふういん》の儘《まゝ》預り或は使用せざるの明文なきものは出訴の節貸金と同様に裁判せしむ件に付ての布告(十二)同八年第六號民法裁判上負債者失踪《ふさいしやしつそう》後の訴訟例改正《そしようれいかいせい》の件に付ての布告(十三)同八年第六十三號金銀其他借用證書に數名連印《れんめい》中失踪《しつそう》又は死亡し相續人なきとき償却《しやうきやく》方の件《けん》に付ての布告(十四)同年第百二號金穀貸借請人證人が辨償《べんしやう》に付ての件に關する布告(十五)同年第百四十八號建物《たてもの》書入質入規則及建物賣買規則に付ての布告(十六)同九年第七十五號合家《がふか》を禁止《きんし》し從前《じゆうぜん》合家せし分取扱《ぶんとりあつかひ》方の件に付ての布告(十七)同年第九十九號金穀等借用證書讓渡《ゆづりわたし》の節書換《せつかきか》へしむる件に付ての布告(十八)同十年第五十號諸證書の姓名は自書《じしよ》し實印《じついん》を押《お》さしむる等の件に付ての布告(十九)同十四年第七十三號無能力《むのうりよく》者法律に定めたる代人及民事擔當人《たんたうにん》の件に付ての布告(二十)同十七年第二十號單身《たんしん》戸主死亡又は除籍者絶家《じよせきしやぜつけ》期限《きげん》の件に付ての布告(二十一)同二十三年法律第九十四號財産委棄《ゐき》する法(二十二)同年勅令《ちよくれい》第二百十七號辨濟提供《べんさいていきやう》規則にして尚《なほ》明治六年第十八號地所《ちしよ》質入書入規則に付ての布告にして同布告第十一條地所は勿論《もちろん》地券《けん》のみなりしも外國人《ぐわいこくじん》へ賣買質入書

入等致《いた》し金子請取又は借受《かりうけ》候儀一切不相成候事の件を除《のぞ》き他は皆廢止《はいし》となるべし此等諸法律布告は民法中に規定したる事柄なるを以て斯の如く廢止《はいし》となしたるなり

第十條　民法中不動產上《ふどうさんじやう》ノ權利《けんり》ニ關《くわん》スル規定ハ當分ノ內之ヲ沖繩縣《おきなはけん》ニ施行セス

本條は民法の中《うち》にて不動產上の權利に付ての規定則ち地《ち》役地上權《えきちじやうけん》の如き規定は當分《たうぶん》の內は沖繩縣《おきなはけん》には行《おこな》はざるなりとの規定なり

第十一條　本法ハ民法施行ノ日ヨリ之ヲ施行ス

本法は何日より施行するかを本條に定めたり民法施行の日より行《おこな》ふと是れ初《はじ》めに述べたる如く本法は民法と脣《くちびる》と齒《は》の如き關係《くわんけい》を有《いう》するを以てなり

第二章　總則編《そうそくへん》ニ關スル規定

總則編に關《くわん》する規定とは民法の總則を施行《しかう》するに付ての規定《きてい》なり

第十二條　民法施行前ニ民法第七條又ハ第十一條ニ掲《か》ケタル原因《げんいん》ノ爲メニ後見人《こうけんにん》ヲ附《ふ》シタル者ハ其施行ノ日ヨリ禁治產者《きんちさんしや》又ハ準禁治產者ト看做ス

後見人ハ民法施行《みんぱふしかう》ノ日ヨリ一个月內ハ禁治產又ハ準禁治產《じゆんきんちさん》ノ請求《せいきう》ヲ

爲スコトヲ要ス

民法を施行する以前に於て民法第七條又は第十一條に掲《かゝ》げたる原因《げんいん》即ち心神喪失者《しんしんそうしつしや》又は心神耗弱者《じやくかうしや》聾者《ろうしや》唖者《あしや》盲者《まうしや》及び浪費者《らうひしや》等の爲《た》めに後見人を附《ふ》したるものは民法を行ふべき日より禁治産者又は準《じゆん》禁治産者と看做《みな》す又後見人は民法を施行する日より起算《きさん》し一ヶ月の內に禁治産又は準禁治産たる請求《せいきう》を爲さゞる可からず

第十三條　後見人其他民法第七條ニ掲《かゝ》ケタル者カ民法施行ノ日ヨリ一个月內ニ禁治産又ハ準禁治産《じゆんきんぢさん》ノ請求ヲ爲サヽリシトキハ其期間《きかん》經過《けいくわ》ノ後ハ前條第一項ノ規定ヲ適用《てきよう》セス

前項ノ期間內《きかんない》ニ禁治産又ハ準禁治産ノ請求《せいきう》アリタルモ裁判所ニ於テ之ヲ却下《きやくか》シタルトキハ抗告期間經過《かうこくきかんけいくわ》ノ後若シ抗告《かうこく》アリタルトキハ最後ノ抗告棄却《ききやく》ノ時ヨリ又訴《うつたへ》ニ於テ禁治産又ハ準禁法産ノ宣告《せんこく》ヲ取消シタルトキハ其判決確定《かくてい》ノ日ヨリ前條第一項ノ規定ヲ適用《てきよう》セス

第一項は後見人其他《こうけいにんそのた》民法第七條に掲《かゝ》げたる者則ち心神喪失《しんしんそうしつ》の本人配偶者四親等內《はいぐうしやししんとうない》の親族《しんぞく》戶主保佐人又檢事等が一ヶ月の內に禁治産者又は準禁治産たる請求を爲さゞりしときは

如何するかと云ふに右の一ヶ月が過《す》ぎ去《さ》りたる後は前條第一項の規定を適用《てきよう》せず則ち同項に掲《かゝ》けたる者は禁治《きんち》産者《きんしゃ》又は準《じゅん》禁治産者と看做さゞるなりとの規定なり

第二項は前項の期間内則ち一月内に禁治産者又は準禁治産者たるの請求ありたるも裁判所にて右請求を却下《きやくか》したる場合には抗告《かうこく》期間七日を過《す》ぎたる後若《も》し抗告ありたるときは其抗告は理由《りゆう》なしとて棄却《きゝやく》の時より又禁治産又は準禁治産たらずとの訴《うつたへ》を爲《な》し既《すで》に禁治産たるの宣告《せんこく》を受けたる取消《とりけし》ありたるときは其判決《はんけつ》が確定《かくてい》したる日より前條第一項を適《てき》用《よう》せざるべし故に又同項に掲《かゝ》げたる者は禁治産又は準禁治産者と看做《みな》さゞるなりとなり

第十四條　刑法《けいはふ》第十條第三號、第三十五條、第三十六條、刑法附則《ふそく》第四十一條、陸軍刑法第十八條第四號及ヒ海軍刑法第九條第四號、第二十二條ハ之ヲ削除《さくじよ》ス

刑法第五十五條中「行政《ぎやうせい》ノ處分ヲ以テ治産ノ禁ノ幾分《いくぶん》ヲ免《めん》スルヿヲ得但」ノ二十三字及ヒ陸軍《りくぐん》刑法第三十二條中「第三十五條第三十六條」ノ十字ハ之ヲ削除《さくじよ》ス

刑法第十條第三號規定の禁治産同第三十六條の規定刑法附則《けいはふふそく》第四十一條重罪《ぢうざい》の刑に處《しよ》せられたる者が假出獄《かりしゆつごく》の身となり自《みづか》ら財産を治《をさ》めんとする時の規定陸軍刑法第十八條第四

號及び海軍刑法第九條第四號第二十二條は禁治産に付ての規定なれば削《けづ》ることゝなしたり又刑法第五十五條中に於て本條規定の二十三字を削り陸軍刑法第三十二條中にて本條規定の十字を削《けづ》ることゝなり此《こ》れ皆民法と牴觸《ていしよく》するを以てなり

第十五條　民法施行ノ日ニ於テ刑事《けいじ》禁治産者《きんぢさんしや》タル者ハ其施行ノ日ヨリ能力《のうりよく》ヲ回復《くわいふく》ス

民法が行《おこな》はるゝ日に於て刑事上《けいじじやう》の處分《しよぶん》により禁治産者たる者は其日《その》より能力《のうりよく》を回復《くわいふく》して通常《つうじやう》の人となるとの規定なり蓋《けだ》し刑に處《しよ》せられたるとて其財産を治《おさ》むるの能力を缺くなるの道理《だうり》なきを以てなり

第十六條　民法施行前ヨリ刑事禁治産者ノ財産《ざいさん》ヲ管理《くわんり》スル者ハ刑事禁治産者又ハ刑事禁治産者《けいじきんぢさんしや》カ定メタル他ノ管理者カ其財産《さいさん》ヲ管理スルコトヲ得ルマテ管理ヲ繼續スルコトヲ要ス

前項ノ場合《ばあひ》ニ於テ管理者ハ民法第百三條ニ定メタル權限《けんげん》ヲ有ス但刑事禁治産者カ別段《べつだん》ノ意思《いし》ヲ表示《へうじ》シタルトキハ此限《このかぎり》ニ在ラス

民法が施行せらるゝ時は刑事上《けいじじやう》の禁治産は其能力《のうりよく》を回復《くわいふく》するも民法施行前より刑事禁治産者の財産を管理《くわんり》するものは其刑事禁治産者が財産を管理するか又他《た》に管理者を定めた

るときは其者が管理する迄は管理を引き續《つゞ》きなさゝるべからずとなり

右の場合に於ける管理者は如何《いか》なる權限《けんげ》を有《いう》するかと云《い》ふに民法第百三條に定めたる處の權限《けんげ》即ち其管理《そのくわんり》に付て保存《ほぞん》する事柄《ことがら》と管理の目的《もくてき》たる物又は權利《けんり》を變《へん》せざる樣《やう》に利用《りよう》し又は改良《かいりやう》することゝを爲《な》すことを得《う》然れども刑事禁治產者が別段の意思則ち右百三條の權限と異《こと》なることを示《しめ》すときは其れに從《したが》はざる可からず

第十七條　民法第二十五條乃至第二十九條ノ規定ハ民法施行前ニ住所又ハ居所《きよしよ》ヲ去リタル者ニ付テモ亦之ヲ適用《てきよう》ス

民法施行前ヨリ不在者《ふざいしや》ノ財產ヲ管理《くわんり》スル者ハ其施行ノ日ヨリ民法ノ規定ニ從《したが》ヒテ其管理ヲ繼續《けいぞく》ス

本條の第二十五條乃至《あいし》第二十九條は失踪《しつそう》の場合の規定にして此等《これら》諸條の規定は民法を行ふ前より其住所又は居所を去りたる者に適用《てきたう》すと第一項に規定す第二項は民法を施行する前より其住所に居らざる者の財產を管理《くわんり》し居る者は民法を行《おこな》ふべき日より民法の規定に從ひ其管理を引き續ぐべしとの規定なり

第十八條　民法第三十條及ヒ第三十一條ノ規定ハ民法施行前ヨリ生死《しやうし》分明《ぶんめい》ナラサル者ニモ亦之ヲ適用《てきよう》ス

民法施行前既ニ民法第三十條ノ期間《きかん》ヲ經過《けいくわ》シタル者ニ付テハ直チニ失踪《しつそう》ノ宣告《せんこく》ヲ爲スコトヲ得此場合ニ於テハ失踪者ハ民法ノ施行《しかう》ト同時ニ死亡シタルモノト看做《みな》ス

本條は生死《しやうし》の明《あきら》かならざるものに用《もち》ゐる規定にして則ち民法を施行《しかう》する前より其生《い》き居《を》るか又は死《し》したるものか明《あきら》かならざる者には民法第三十一條第三十條の生死分明《ぶんめい》ならざる規定を適用《てきよう》すと第一項に定め第二項には民法を施行する前に民法第三十條の期間《きかん》則ち不在者《ふざいしや》の生死分明ならざること既《すで》に七年も經過《けいくわ》したる者に付ては直《たゞ》ちに失踪の言渡《いひわたし》を爲《な》すことを得《う》るを以て此場合の失踪者《しつそうしや》は民法の施行《しかう》あると同時《どうじ》に死亡したるものと看做《みな》し死者の取扱《とりあつかひ》を爲すべきものなり

第十九條　民法施行前ヨリ獨立《どくりつ》ノ財産ヲ有スル社團《しやだん》又ハ財團《ざいだん》ニシテ民法第三十四條ニ掲《かゝ》ケタル目的ヲ有スルモノハ之ヲ法人トス

前項ノ法人ノ代表者ハ民法第三十七條又ハ第三十九條ニ掲ケタル事項其他社員《しやいん》又ハ寄附者カ定メタル事項ヲ記載《きさい》シタル書面《しよめん》ヲ作リ民法施行ノ日ヨリ三个月内ニ之ヲ主務官廳《しゆむくわんちやう》ニ差出タシ其認可《にんか》ヲ請フコト

ヲ要ス此場合ニ於テ主務官廳《しゆむくわんちやう》ハ其書面カ民法其他ノ法令《はふれい》ニ反スルトキ又ハ公益《こうえき》ノ爲メ必要《ひつえう》ト認《みと》ムルトキハ其變更《へんかう》ヲ命スルコトヲ要ス

前項ノ規定ニ從ヒテ認可ヲ得タル書面《しよめん》ハ定款《ていくわん》又ハ寄附行爲ト同一ノ效力ヲ有ス

民法施行前より自己獨有《じこどくいう》の財産を有《いう》する社團《しやだん》又は財團《ざいだん》にして其社團財團が民法第三十四條に揭《かゝ》げたる目的則ち祭祀《さいし》宗教等營利《えいり》を目的《もくてき》とせざるものは法人《はふじん》とすと第一項に定めたり故に第二項に右の法人を代表《だいへう》する者《もの》は民法第三十七條則ち社團法人の定款《ていくわん》の記載《きさい》事項《じかう》又は第三十九條に揭《かゝ》げたる事項其他社員の者又は寄附《きふ》したる者が定めたる事項を記したる書面を作り民法施行の日《ひ》より三月の内《うち》に主務官廳《しゆむくわんちやう》之を取扱ふ可き役所《やくしよ》に差出し其認《みと》めを受けざるべからず而《しか》して主務官廳は其差出したる書面《しよめん》は民法其他の法律規則等に背《そむ》きたるとき又は其書面中の或《あ》る條《でう》を更《あらた》むるは公益の爲めなるときは其變更《へんかう》を命《めい》ずることを得《う》斯《か》くして認可《にんか》を得《え》たる書面は定款《ていくわん》又は寄附行爲《きふかうゐ》と同じ效力《かうりよく》あるものとなるべし

第二十條　法人ノ代表者カ前條第二項ノ規定ニ從ヒ主務官廳《しゆむくわんちやう》ノ認可《にんか》ヲ得タルトキハ二週間《しうかん》内ニ各事務所ノ所在地ニ於テ左ノ事項ヲ登記《とうき》スルコトヲ要ス

一　民法第四十六條第一項第一號乃至第三號及ヒ第五號乃至第八號ニ掲ケタル事項

二　主務官廳《しゆむくわんちやう》ノ認可ノ年月日

前項ノ期間ハ主務官廳ノ認可書《にんかしよ》ノ到達《たうたつ》シタル時ヨリ之ヲ起算《きさん》ス

第一項ノ規定ニ從《したが》ヒテ爲シタル登記ハ民法第四十六條第一項ニ定メタル登記《とうき》ト同一ノモノト看做《みな》ス

前條の規定に從ひ法人の代理人が其筋の認可を得《え》たるときは二週間内《しうかんない》に各社團《かくしやだん》又は財團《ざいだん》の事務《じむ》を取扱ふ所の所在地《しよざいち》にて(一)民法第四十六條の目的名稱事務所及存立時期《ぞんりつじき》あるときは其時期資産《しさん》の總額出資方法《そうがくしゆつしはうはふ》及び理事《りじ》の氏名住所(二)主務官廳認可の年月日を登記し請求せざる可からず然らざれば何人《なんぴと》も法人のあることを知《し》らざるを…なり而して第一項二週間《にしうかん》の計《かぞ》へ方《かた》は主務官廳の認可書が到着《たうちやく》したる時より起算《きさん》し又第一項により爲したる登記は民法第四十七條第一項の規定たる登記と同一の效《かう》あるものと看做《みな》したるなり

第二十一條　第十九條第一項ノ法人カ財産目錄《ざんさんもくろく》又ハ社員名簿《しやいんめいぼ》ヲ備ヘサルトキハ民法施行ノ後遲滯《おたい》ナク之ヲ作《つく》ルコトヲ要ス

本條は第十九條第一項に掲《かゝ》げたる法人則ち社團《しやだん》又は財團《ざいだん》が其所有《しよいう》する財産に付ての目録又は社員名簿を備《そな》へざるときは如何にするかを定む則ち民法施行あれは遲滯《ちたい》なく速《すみやか》に此等《これら》の帳簿を作《つく》るべしと規定せり

第二十二條　法人ノ代表者《だいへうしや》カ前三條ノ規定ニ反《はん》シ認可《にんか》ヲ受ケ登記《とうき》ヲ爲シ又ハ財産目録《ざいさんもくろく》若クハ社員名簿《めいぼ》ヲ作ルコトヲ怠《おこた》リタルトキハ五圓以上二百圓以下ノ過料《くわれう》ニ處セラル

法人の代理人が前三條の規定に反《はん》し則ち三月内《ない》に認可《にんか》を受く可きにも拘《かゝは》らず認可を受くる手續を爲《な》さず又二週間内に登記を爲さず此等《これら》を僞《いつは》りて認可を受け登記ヲ爲《な》し又は財産目録又は社員名簿を作ることを怠《おこた》りたるときは五圓以下二百圓以下の過料《くわれう》に處《しよ》せらるゝことゝ爲《な》したり是れ其怠慢《たいまん》を防《ふせ》ぐ目的に出《い》でたるなり

第二十三條　第十九條第一項ノ法人カ其目的《もくてき》以外ノ事業《じげふ》ヲ爲シ又ハ認可ノ條件ニ違反《ゐはん》シ其他公益ヲ害《がい》スヘキ行爲《かうい》ヲ爲シタルトキハ主務官廳ハ其解散《かいさん》ヲ命スルコトヲ得

第十九條第一項に規定したる法人が其目的以外《いぐわい》の事業假令《たとへ》は初《はじ》めの目的は土木受負《どぼくうけおひ》なりしに礦山開掘《くわうざんかいくつ》の事業を爲し又は主務省《しゆむしやう》より認可を與《あた》へたる个條《かでう》に背《そむ》き又公益《こうえき》を害《がい》する行《かう》

為《ため》假令《たとへ》は出金《しゆつきん》を爲《な》し賭博《とばく》を幇助《ほうじよ》すべきことを爲したるときは主務官廳は其會社の解散《かいさん》を命《めい》ずることを得《う》るなり

第二十四條　民法ノ規定ニ依リ法人《ほうじん》ニ關シテ登記シタル事項ハ裁判所ニ於テ遲滯《ちたい》ナク之ヲ公告《こうこく》スルコトヲ要ス

民法の規定する處によれ法人に關する登記の事柄《ことがら》は其登記を取扱ふ可き裁判所は速《すみや》かに公告《こうこく》し以て世人《せじん》に其法人の設立《せつりつ》を知らしむる知らしめざる可からず

第二十五條　主務官廳カ正當《せいとう》ノ理由ナクシテ法人ノ設立許可《せつりつきよか》ヲ取消シ又ハ其解散《かいさん》ヲ命シタルトキハ其法人ハ行政《ぎやうせい》裁判所ニ出訴《しゆつそ》スルコトヲ得

主務官廳則ち會社等の目的とする事業を取扱ふ役所は法人の設立《せつりつ》を許可しながら正當《せいとう》の取消す可き理由《りゆう》なきにも拘《かゝは》らず其設立を取消し又解散《かいさん》すべき理由《りゆう》なきにも拘《かゝは》らず解散を命じたるときは法人は主務官廳を行政《ぎやうせい》裁判所に訴《うつた》ふることを得るなり

第二十六條　法人ノ清算人《せいさんにん》カ民法第七十九條及ヒ第八十一條第一項ノ規定ニ依《よ》リ爲スヘキ公告ハ裁判所カ爲スヘキ登記事項《とうきじかう》ノ公告ト同一

ノ方法ヲ以テ之ヲ爲スコトヲ要《えう》ス
法人の解散する場合に清算《せいさん》する爲めに設けたる清算人は民法第七十九條及び第八十一條第一項の規定により爲《な》すべき公告は如何《いか》なる方法によるべきか則ち本條は裁判所が爲《な》す處の登記事項に付《つい》ての公告と同じ方法にて公告すべしと定《さだ》めたり

第二十七條　剝奪《はくだつ》公權《こうけん》者及ヒ停止《ていし》公權《こうけん》者ハ法人ノ理事、監事《かんじ》又ハ清算人タルコトヲ得ス
本條は法人の理事監事《かんじ》及は清算人は何人《なんぴと》にても爲ることを得《う》るかを定《さだ》めたり則ち重罪《ぢうざい》の刑《けい》に處分《しよぶん》せられて公權《こうけん》を剝奪《はくだつ》せられたる者及び輕罪《けいざい》の刑に處《しよ》せられつゝある間は公權を停止《ていし》するものなるを以て此等《これら》の者は法人の理事《りじ》監事《かんじ》及は清算人たることを得ざるべし

第二十八條　民法中法人ニ關スル規定ハ當分ノ內神社《じんしや》、寺院《じゐん》、祠宇《しう》及ヒ佛堂《ぶつどう》ニハ之レヲ適用セス
民法の中法人の事に關《くわん》して爲《な》したる規定は當分《たうぶん》の內神社《じんしや》寺院《じゐん》祠宇《しう》及び佛堂等《ぶつどうとう》には適用《てきよう》せずと定めたるは此等《これら》のものは所謂《いはゆる》法人なれども現今《げんこん》の事情《じじやう》許さゞる所あるを以て暫《しばら》く其適用を見合せたるなり

第二十九條　民法施行前ニ出訴期限《しゆつそきげん》ヲ經過《けいくわ》シタル債權ハ時效《じかう》ニ因リテ

消滅《しやうめつ》シタルモノト看做《かんあ》ス

民法を行ふべき日則ち明治三十七年七月十六日以前に最早訴《もはやうつた》へ出《い》づる期限則ち明治六年第三百六十二號布告の期限を過《す》ぎたる債權《さいけん》は民法に謂《い》ふ所の時效《じかう》により消滅《せうめつ》したるものと看做《みな》したるとのことなり

第三十條　民法施行前ニ出訴《しゆつそ》期限《きげん》ヲ經過《けいくわ》セサル債權ニ付テハ民法中時效ニ關《くわん》スル規定ヲ適用《てきよう》ス

本條は民法を行ふ可き前《まへ》に出訴期限を經過《けいくわ》せざる債權は尙《あ》は有效《いうかう》のものなれば民法の時《じ》效《かう》の規定を適用し凡て民法の支配《しはい》を受《う》くべきものと定めたり

第三十一條　民法施行前ニ進行《しんかう》ヲ始《はじ》メタル出訴《しゆつそ》期限《きげん》カ民法ニ定メタル時《じ》效《かう》ノ期間ヨリ長キトキハ舊法ノ規定ニ從フ但其殘期《ざんき》カ民法施行ノ日ヨリ起算シ民法ニ定メタル時效《じこう》ノ期間《きかん》ヨリ長キトキハ其日ヨリ起算シテ民法ノ規定ヲ適用《てきよう》ス

民法に施行すべき日《ひ》以前に出訴《しゆつそ》期限が進行《しんかう》を始めたるとは假令茲《たとへこゝ》に一個《いつこ》の契約《けいやく》あり其期限は既《すで》に來りて民法施行の日と幾分《いくぶん》の餘日《よじつ》あるときを云ふものにして此契約の事項に關

する時效が民法に定めたる時效より長きときは尙は舊法《きうはふ》により支配す然れども其殘期《ざんき》間則ち民法施行の日以後《いご》の期限が民法を施行《しかう》する日より計算を爲《な》し其期日が民法に定める時效の期間より長き時は其日則ち民法施行の日より計算を立て民法の規定を用《もち》ゆとなし以て大に債權者《さいけんしや》及び債務者《さいむしや》を保護《ほご》したる規定なり

第三十二條　前條但書ノ規定ハ舊法《きうはふ》ニ出訴期限《しゆつそきげん》ナキ權利ニ之ヲ準用《じゆんよう》ス

本條は前條但書の規定は舊《ふる》き法令《はふれい》等に出訴《しゆつそ》の期限を定めざる權利《けんり》に準《じゆん》じ用ゆと定めたり

第三十三條　前三條ノ場合ニ於テ民法中時效ノ中斷《ちうだん》及ヒ停止《ていし》ニ關《くわん》スル規定ハ民法施行ノ日ヨリ之ヲ適用ス

前三條に定めたる事項に付ては民法中の時效の中斷《ちうだん》及び停止《ていし》に關する規定は民法を施行すべき日より適用《てきよう》と本條に定めたるを以て施行の日《ひ》以前には中斷《ちうだん》及び停止の場合なしと謂《い》はざる可からず是れ時效《じかう》は遡《さかのぼ》るべき效なきを以てなり

第三十四條　第三十條乃至第三十二條ノ規定ハ時效期間《じかうきかん》ノ性質《せいしつ》ヲ有セサル法定期間《きかん》ニ之ヲ準用《じゆんよう》ス

本條は第三十條より第三十二條迄の規則《きそく》は時効期間《きかん》の性質《せいしつ》のなき法律上の期間《きかん》にも準《じゆん》じ用ゆとなしたるなり

第三章　物《ぶつ》權編《けんぺん》ニ關《くわん》スル規定

本章は民法物《ぶつ》權編を施行するに付ての規定なり

第三十五條　慣習上《くわんしうじやう》物權ト認メタル權利ニシテ民法施行前ニ發生《はつせい》シタルモノト雖モ其施行ノ後ハ民法其他ノ法律《はふりつ》ニ定ムルモノニ非《あら》サレハ物權タル效力《かうりよく》ヲ有ス

本條は民法施行前慣習上《くわんしうじやう》物權を認《みと》めたる權利にして假令《たと》ひ其權利は民法を施行する前に生じたるものと雖ども民法施行後は民法又は其他の法律に於て物權と認《みと》めたるにあらざれば物權たる效力《かうりよく》あらざるなり

第三十六條　民法ニ定メタル物《ぶつ》權《けん》ハ民法施行前ニ發生《はつせい》シタルモノト雖モ其施行ノ日ヨリ民法ニ定メタル效力ヲ有ス

民法に定めたる物權は好しや民法施行前に生《しやう》じたるものなるも舊法《きうはふ》に於て物權と認《みと》めざる債權利なるときは民法施行の日《ひ》より民法に定めたる效力《かうりよく》を生《しやう》せざるなり

第三十七條　民法又ハ不動產登記《ふどうさんとうき》法ノ規定ニ依リ登記スヘキ權利ハ從《じゆう》來登記ナクシテ第三者ニ對抗《たいかう》スルコトヲ得ヘカリシモノト雖モ民法

施行ノ日ヨリ一年内ニ之ヲ登記スルニ非《あら》サレハ之ヲ以テ第三者ニ對《たい》抗《かう》スルコトヲ得ス

民法又は不動産登記法の規定により是非《ぜひ》登記を為《な》さゞるべからざる權利は民法施行の日迄は登記せざるも第三者に對抗《たいかう》することを得《う》べきもの假令《たとへ》ば土地賃貸《ちんがし》の如きものは民法施行後は其施行の日より一年内に登記を為さゞるときは第三者に對抗《たいかう》するを得《う》ざるべし

第三十八條　民法施行前ヨリ占有《せんゆう》又ハ準占有《じゆんせんよう》ヲ為ス者ニハ其施行ノ日ヨリ民法ノ規定ヲ適用ス

民法を施行する日以前より占有《せんゆう》の事實《じじつ》又は準占有《じゆんせんいう》の事實《じじつ》を為《な》す者には民法を行ふべき日より民法の規定を用ゆとなしたるものなり

第三十九條　民法施行前ヨリ動産《どうさん》ヲ占有《せんゆう》スル者カ民法第百九十二條ノ條件《でうけん》ヲ具備《ぐび》スルトキハ民法ノ施行ト同時ニ其動産ノ上ニ行使《かうし》スル權利ヲ取得ス

本條は動産占有《せんいう》に付《つい》ての規定にして則ち民法施行前より動産を自己《じこ》の物の如《ごと》く占有《せんいう》するものか民法第百九十二條の條件則ち平穏且公然《へいおんかつこうぜん》なること動産なること善意《ぜんい》なること等の

條件《でうけん》あるときは民法施行あるや否《いな》や其物產の上《うへ》に行ふ可き權利を得《う》ることゝなると規定したり

第四十條　遺失物《ゐしつぶつ》ハ明治九年第五十六號布告遺失物取扱規則《とりあつかひきそく》第二條ニ依リ榜示《ばうし》ヲ爲シタル後一年內ニ其所有者ノ知レサルトキハ民法施行前ニ其榜示ヲ爲シタルトキト雖モ拾得《しうとく》者其所有權ヲ取得《しゆとく》ス但漂著物ニ付テハ明治八年第六十六號布告內國船《あいこくせん》難破《あんは》及漂流物《へうりうぶつ》取扱《とりあつかひ》規則ノ規定ニ從フ

遺失物《ゐしつぶつ》を拾《ひろ》ひ得《え》たる場合には明治九年第五十六號布告遺失物の取扱規則第二條に依り榜《ばう》示《じ》則ち遺失物《いそしもの》の廣告《くわこく》を爲《な》し其日《ひ》より一年の內に遺失《おと》したる物件《もの》の所有者《もちぬし》の知《し》れざるときに於ては假令《たとひ》其榜示《はじ》は民法施行前たりと雖《いへ》ども拾《ひら》ひ得《え》たる者が其所有者と爲るも漂着物《へうちやくぶつ》即ち河海《かかい》等に漂着《へうちやく》したるものは假令《たと》ひ此《これ》を拾《ひろ》ひ得《え》たると雖《いへ》ども明治八年第六十六號の布告內國船難破《あんぱ》及び漂流物《へうりうぶつ》取扱規則によりて支配《しはい》すと爲《な》したるなり

第四十一條　埋藏物《まいざうぶつ》ニ付テハ特別法ノ施行ニ至ルマテ遺失物《ゐしつぶつ》ト同一ノ手續《てつゞき》ニ依リテ公告ヲ爲スコトヲ要ス

埋藏物《まいざうぶつ》則ち土地《とち》の中等《あかとう》に埋《うづ》れたる物《もの》に付《つい》ては其物に付ての特別法《とくべつはふ》の行《おこな》はるゝに至るまで

遺失物《おとしもの》と同一《どういつ》の手續《てつゞき》によりて公告《こうこく》せざるべからず故に明治九年第五十六號布告によらざる可からず

第四十二條　民法施行前ヨリ民法第二百四十二條乃至第二百四十六條ノ規定ニ依レハ所有權ヲ取得《しゆとく》スヘカリシ狀況《じやうきやう》ニ在ル者ハ民法ノ施行ト同時ニ民法ノ規定ニ從《したが》ヒテ所有權ヲ取得《しゆとく》ス但第三者カ正當《せいたう》ニ取得シタル權利ヲ妨《さまた》ケス

民法を施行す可き前より民法第二百四十二條乃至第二百四十六條の規定則ち附合工作《つきあひこうさく》等により所有權《しよゆうけん》を取得《しゆとく》すべかりし有樣《ありさま》に在るものは民法の施行《しかう》せらるゝと共に所有權を得ることになる然れども第三者《しや》が正當《せいとう》に取得《しゆとく》したる權利假令《たとへ》は贈與《ぞうよ》又は賣買等により得たる權利は右の如く爲すに及ばざるなり

第四十三條　共有者《きやうゆうしや》カ民法施行前ニ於テ五年ヲ超《こ》ユル期間内共有物ノ分割《ぶんかつ》ヲ爲サヽル契約《けいやく》ヲ爲シタルトキハ其契約《けいやく》ハ民法施行ノ日ヨリ五年ヲ超《こ》エサル範圍内《はんゐない》ニ於テ其效力ヲ有ス

一個《いつこ》以上の物件《ぶつけん》を二人以上にて共有《きやうゆう》し居る者が民法を行《おこな》ふ可き前に於て五年以内《いない》は其共有物を分割《ぶんかつ》せざる契約《けいやく》を爲《な》したるときは其契約は民法施行の日則ち明治三十一年七月十

六日より五年內に於てのみ有效となしたり

第四十四條　民法施行前ニ設定《せつてい》シタル地上權《ちじやうけん》ニシテ存續期間《そんぞくきかん》ノ定ナキモノニ付キ當事者《たうじしや》カ民法第二百六十八條第二項ノ請求ヲ爲シタルトキハ裁判所ハ設定《せつてい》ノ時ヨリ二十年以上民法施行ノ日ヨリ五十年以下ノ範圍內《はんゐない》ニ於テ其存續期間《そんぞくきかん》ヲ定ム

地上權者《ちじやうけんしや》カ民法施行前ヨリ有シタル建物《たてもの》又ハ竹木《ちくぼく》アルトキハ地上權ハ其建物ノ朽廢《きうはい》又ハ其竹木ノ伐採期《ばつさいき》ニ至ルマテ存續《そんぞく》ス

地上權者カ前項ノ建物ニ修繕《しうぜん》又ハ變更《へんかう》ヲ加ヘタルトキハ地上權ハ原建物ノ朽廢《きうはい》スヘカリシ時ニ於テ消滅ス

民法の施行ある前に設《まう》けたる地上權《ちじやうけん》にして其期限《きげん》の定《さだ》めなきものに付き地上權の關係者《くわんけいしや》が民法第二百六十八條第二項の規定の如き申込《まをしこみ》を爲《な》すときは裁判所は地上權を設《まう》けたるより二十年以上民法を施行したる時日《じじつ》より五十年以下《いか》の內《うち》にて其地上權の引き續《つゞ》くべき期日《きじつ》を定む地上權利者が民法を行《おこな》ふ可き前より地上《ちじやう》に建物《たてもの》又は竹木《ちくぼく》あるときは地上權は其建物の朽《く》ちるか又は其竹木の代《か》はり採《と》る期《き》に至《いた》るまで存續《そんぞく》するなり

然るに若《も》し地上權者が右の建物を修繕《しうぜん》し又は變更《へんこう》を爲したるときは地上權は原《もと》の建物《たてもの》が其儘《まゝ》あるときは何時《いつ》頃《ころ》朽《く》ちたらん則ち其朽《そのく》ちたる時迄存續《そんぞく》するなり

第四十五條 外國人又ハ外國法人ノ爲メニ設定《せつてい》シタル地上權ニハ條約又ハ命令《めいれい》ニ別段ノ定ナキ場合ニ限《かぎ》リ民法ノ規定ヲ適用《てきよう》ス

外國人又は外國法人《はふじん》等の爲めに地上權を設けたるときは條約《でうやく》又は命令《めいれい》則ち勅令《ちよくれい》等に於て特《こと》に規定あるときは其規定によるべけれど何等《なんら》の規定《きてい》あらざるときは民法の規定を用ゆと定めたり

第四十六條 民法第二百七十五條及ヒ第二百七十六條ノ期間《きかん》ハ民法施行前ヨリ同條ニ定《さだ》メタル事實《じじつ》カ始《はじ》マリタルトキト雖《いへど》モ其始《そのはじめ》ヨリ之ヲ起算ス

本條の民法第二百七十五條及び第二百七十六條の期間《きかん》とは永《えい》小作人が收益《しうえき》を得《え》ざること三年又五年小作料《こさくれう》を支拂《しはらひ》ざること二年以上なること等のことにして此期間は民法を行《おこな》ふべき前より此等《これら》の事柄が始まりたるときと雖《いへ》ども尚は右の事柄が起《おこ》りたる日より計算《けいさん》を爲すと定めたり至當《したう》の規定《きてい》と謂《い》ふ可し

第四十七條 民法施行前ニ設定《せつてい》シタル永小作權《えいこさくけん》ハ其存續期間カ五十年

ヨリ長キトキト雖モ其效力《こうりよく》ヲ存《そん》ス但其期間《きかん》カ民法施行ノ日ヨリ起算シテ五十年ヲ超《こ》ユルトキハ其日ヨリ起算《きさん》シテ之ヲ五十年ニ短縮《たんしゆく》ス

民法施行前ニ期間《きかん》ヲ定メスシテ設定《せつてい》シタル永小作權ノ存續期間《そんぞくきかん》ハ慣《くわん》習《しう》ニ依リ五十年ヨリ短《みじか》キ場合ヲ除《のぞ》ク外民法施行ノ日ヨリ五十年トス

民法上の永小作權《えいこさくけん》は五十年より長《なが》くすることを得《え》ざる規定なるも民法施行前に設《まう》けたる永小作權にして其存續《そんぞく》の期間《きかん》が假令《たとへ》ひ五十年より長《なが》きときと雖《いへ》ども矢張效力《やはりかうりよく》があると定め但書《たゞしがき》に其期間《きかん》が民法《みんぱふ》施行の日《ひ》より計算を立《た》て五十年より長きときは施行の日より計算して五十年に短縮《たんしゆく》すとなしたり

第二項は民法施行の前に期間《きかん》を定めずして設《まう》けたる永小作權あるときは民法と如何《いか》に調《てう》和《くわ》するかと云《い》ふに從來の慣習《くわんしう》により五十年より短《みじか》き永小作權なるときは其短《みじか》き期間によるべけれども其他《た》の小作權は民法《みんぱふ》施行の日《ひ》より五十年とすと定めたり

第四十八條　民法ノ規定ニ從ヘハ民法施行前ヨリ先取特權《さきどりとくけん》ヲ有スヘカリシ債權者《さいけんしや》ハ其施行ノ日ヨリ先取特權《さきどりとくけん》ヲ有ス

本條は民法の規定《きてい》より見るときは民法於行の前より先取特權《さきどりとくけん》を有《いう》し居《を》らざる可からざる債權者《さいけんしや》は民法施行と共に先取《さきどり》特權を有《いう》す假令《たとへ》ば雇人《やとひにん》の給料《きふれう》の如きは民法施行前と雖ども

慣習上先取《くわんしうじやうさきどり》特權あるべきものなれば民法施行後と雖《いへ》ども尚は其特權は有るとなり

第四十九條　民法第三百七十條ノ規定ハ民法施行前ニ抵當權《ていたうけん》ノ目的《もくてき》タル不動産《ふどうさん》ニ附加《ふか》シタル物ニモ亦之ヲ適用《てきよう》ス

民法第三百七十條の規定則《すなは》ち抵當權《ていたうけん》は抵當物《ぶつ》に附加《ふか》し一体《たい》となりたるものに及《およ》ぶとの規定にして此規定は民法の施行前に抵當權の目的《もくてき》たる不動産に附加《ふか》したるものにも之を適《てき》用《よう》すと定《さだ》めたるなり

第五十條　民法第三百七十四條ノ規定《きてい》ハ民法施行前ニ設定《せつてい》シタル抵當《ていたう》權ニモ亦之ヲ適用《てきよう》ス但民法施行ノ日ヨリ一年内ニ特別《とくべつ》ノ登記ヲ爲シタル利息《りそく》其他ノ定期金《ていききん》ニ付テハ元本ト同一ノ順位《じゆんゐ》ヲ以テ抵當權《ていたうけん》ヲ行フコトヲ得

民法第三百七十四條の規定則ち抵當權利者は利息《りそく》其他期限《きげん》の定まりたる金錢《きんせん》を請求《せいきう》する權利を有《いう》するときは滿期後《まんきと》二年分《ぶん》のみ請求《せいきう》するとの規定《きてい》にして此規定は民法施行前に設けたる抵當權《ていたうけん》にも亦適用《てきよう》す故に二年分丈《ぶんだ》け抵當の權利を以て他《た》の權利に先《さ》き立《だ》つ但《たゞ》し民法施行ありたる日より一年内に特《とく》に登記を爲《な》したる利息《りそく》其他の期限の定まりたる金錢に付ては元本《げんぽん》たる元金《もときん》と同一《どういつ》の順位《じゆんゐ》則ち元金が第一番の順位にて分配《ぶんぱい》の請求を爲《な》すことを

得《う》るときは利息又は定期金《ていききん》も第一番の順《じゆん》にて分配に加ることを得べきなり

第五十一條 民事訴訟法《みんじそしよう》第六百四十九條第二項及ヒ第三項ヲ改《あらた》メテ左ノ三項トス

不動産《ふどうさん》ノ上ニ存スル一切《いつさい》ノ先取特權《せんしゆとくけん》及ヒ抵當權ハ賣却《ばいきやく》ニ因リテ消滅ス

留置權《りうちけん》カ不動産ノ上ニ存《そん》スル場合ニ於テハ競落人《きやうらくにん》ハ其留置權《りうちけん》ヲ以テ擔保《たんぽ》スル債權《さいけん》ヲ辨濟《べんさい》スル責《せめ》ニ任《にん》ス

質權《しつけん》カ不動産ノ上ニ存スル場合ニ於テハ競落人《きやうらくにん》ハ其質權ヲ以テ擔保《たんぽ》スル債權及ヒ質權者ニ對シ優先權《いうせんけん》ヲ有スル者ノ債權《さいけん》ヲ辨濟《べんさい》スル責ニ任ス

本條は民事訴訟法《みんじそしようはふ》を修正《しうせい》したる條にして則ち同法第六百四十九條第二項及び第三項を改《あらた》め本條規定の如くなしたり則ち左の如し

第二項の規定は不動産の上《うへ》に存《そん》する處の一切《いつさい》の先取特權《さきどりとくけん》及び抵當權は不動産が賣却《ばいきやく》せられたるときは共に消滅《せうめつ》すと定め第三項は留置權が不動産の上に存する場合に於ては留置權《りうちけん》

の存《そん》する不動產を競落《せりおと》したるものは其留置權を以て擔保《たんぽ》する債權《さいけん》を支拂ふべき責に任ずと定め第四項は質權《しちけん》か不動產の上に存する場合に於ては質權のある不動產を競落《せりおと》したるものは其質權にて擔保《たんぽ》する處の債權及び質權者に向て優先權《ゆうせんけん》即ち留置權より先《さ》きに支拂を受く可き債權を支拂ふ可き責任を負《お》はざる可からずとの規定に改《あらた》めたり

第四章　債權編《さいけんへん》ニ關スル規定

本章には債權編《へん》を施行するに付《つい》ての規則を定めたり

第五十二條　明治十年第六十六號布告利息制限法《りそくせいげんほう》第三條ハ之ヲ削除《さくじよ》ス

本條は明治十年第六十六號布告利息制限法《りそくせいげんはふ》第三條法律上の利息とは人民相互《じんみんあひたがひ》の契約《けいやく》を以て利息の高を定めざるとき裁判所より言渡《いひわた》す所の者にして元金の多少に拘《かゝは》らず百分の六とすとの規定は削《けづ》ると定めたるものなり

第五十三條　民法施行前ヨリ債務《さいむ》ヲ負擔《ふたん》スル者カ其履行《りかう》ノ後ニ至リ債務ヲ履行《りかう》セサルトキハ民法ノ規定ニ從《したが》ヒ不履行ノ責《せめ》ニ任《にん》ス

前項《ぜんかう》ノ規定ハ債權者カ債務《さいむ》ノ履行《りかう》ヲ受クルコトヲ拒《こば》ミ又ハ之ヲ受クルコト能ハサル場合ニ之ヲ準用《じゆんよう》ス

民法を施行す可き前より金錢物件其他の義務《ぎむ》を負《お》ひ居《を》る者が民法施行の後に至り債務《さいむ》を

返濟《へんさい》せざるときは民法の規定により不履行《ふりかう》の責《せめ》に任《にん》ずることになるべし

第五十四條　民事訴訟法《みんじそしやう》第七百三十三條第一項ヲ左ノ如ク改ム

民法第四百十四條第二項及ヒ第三項ノ場合《ばあひ》ニ於テハ第一審《しん》ノ受訴裁《じゆそさい》判所ハ申立ニ因リ民法ノ規定ニ從ヒテ決定《けつてい》ヲ爲ス

本條は民事訴訟法第七百三十一條の第一項を改正《かいせい》したることを規定す則ち民法第四百十四條第二項及び第三項の場合作爲《さくゐ》又は不作爲《ふさくゐ》を目的《もくてき》とする場合に於ては第一審の訴を受くる裁判所は申立により民法の規定によりて決定《けつてい》を爲《な》すと改《あらた》めたり

第五十五條　民事訴訟法《みんじそしやう》第七百三十四條ヲ左ノ如ク改《あらた》ム

債務《さいむ》ノ性質《せいしつ》カ强制履行《きやうせいりかう》ヲ許ス場合ニ於テ第一審ノ受訴裁判所《じゆそさいはんしよ》ハ申立ニ因リ決定《けつてい》ヲ以テ相當ノ期間《きかん》ヲ定メ債務者カ其期間内ニ履行《りかう》ヲ爲サヽルトキハ其遲延《ちえん》ノ期間《きかん》ニ應《おう》シ一定ノ賠償《ばいしやう》ヲ爲スヘキコト又ハ直チニ損害ノ賠償《ばいしやう》ヲ爲スヘキコトヲ命スルコトヲ要ス

本條も民事訴訟法第七百三十四條を左の如くに改《あらた》めたり

債務《さいむ》の性質が强制執行《きやうせいしつかう》を許《ゆる》す場合にて第一審の訴《うつたへ》を受くる裁判所は申立により決定《けつてい》にせ

相當の期間則ち義務を行ふに付善加減《よきあげん》の期限《きげん》を定め若し債務者《さいむしや》が其定めたる期限の內に義務を行はざるときは其義務を行ふべきことか遲《おく》くなりたるか爲めに生《しやう》じたる損害《そんがい》を其時日の割合に應《おう》じ償《つぐない》を爲《な》す可きこと又は直《す》ぐ損害の償《つぐなひ》を爲《な》すべきを命《めい》ずるを要《えう》すと改めたるなり

第五十六條 金錢《きんせん》ヲ目的《もくてき》トスル債務《さいむ》ヲ負擔《ふたん》シタル者カ民法施行前ヨリ其履行ヲ怠《おこた》リタルトキハ損害賠償《そんがいばいしやう》ノ額ハ其施行ノ日以後ハ民法第四百四條ニ定メタル利率ニ依リテ之ヲ定ム但民法第四百十九條第一項但書ノ適用《てきよう》ヲ妨ケス

本條は金錢を目的とする債務《さいむ》則ち金を借り居る者が民法施行《しかう》なる可き前より期限《きげん》來たるも尚《な》は返濟を爲《な》さゞるときは爲《た》めに生《しやう》じたる損害の賠償《ばいしやう》は其民法施行の日より後は民法第四百四條に定めたる利率年《りりつねん》五分《ぶ》として償《つぐなひ》を爲す可きなり然《しか》れども民法第四百十九條第一項但書則ち約定利率《りりつ》が法定利率《りりつ》の年五分《ぶ》より超《こ》ゆるときは其約定の利率《りりつ》によるとの規定を適用《てきよう》するも差支《さしつかへ》なき故若《も》し斯くの如き利子《りし》に付て約定《やくぢやう》あるときは其約定の利率《りりつ》によ る可きものなり

第五十七條 指圖《さしづ》證券、無記名《むきめい》證券及ヒ民法第四百七十一條ニ掲《かゝ》ケタ

ル證券ハ公示催告《さいこく》ノ手續ニ依リテ之ヲ無效《むかう》ト爲スコトヲ得

指圖《さしづ》証券は則ち証券面《めん》の金額は何某に支拂ふべき旨を記載したる証券にして無記名証券は則ち何人に支拂ふ可きものなるかを記載せざる証券なり又民法第四百七十一條に掲《かゝ》げたる証券は公示催告《こうじさいこく》則ち公告して義務の履行《りかう》を催す手續《てつゞき》にして其手續によりて無効《むかう》と爲《な》すことを得るなり

第五十八條　民法施行前ニ發生《はつせい》シタル債務ト雖モ相殺《さうさつ》ニ因リテ之ヲ免《まぬか》ルヽコトヲ得

雙方《さうはう》ノ債務カ民法施行前ヨリ互《たがひ》ニ相殺ヲ爲スニ適シタルトキハ相殺ノ意思《いし》表示《へうじ》ハ民法施行ノ日ニ遡《さかのぼ》リテ其効力ヲ生ス

民法施行の日以前《いぜん》に生《しやう》じたる債務《さいむ》と雖も同じく義務に相違なければ相殺《さうさつ》則ち差引《さしひき》を爲《な》し其義務を免かるゝことを得るなり而《しか》して双方《さうはう》の債務が民法施行前より互に相殺《さしひき》を爲《な》すに適《てき》したるとき則ち相殺《さしひき》の條件が具備《ぐび》したるときは相殺《さしひき》を爲《な》す可き意思《いし》表示《へうじ》は民法施行の日《ひ》に遡《さかのぼ》りて其日《ひ》より相殺《さしひき》が生《しやう》ずることゝなるべきなり

第五十九條　民法第六百五條ノ規定《きてい》ハ民法施行前ニ爲シタル不動産《ふどうさん》ノ賃《ちん》貸借《たいしやく》ニモ亦之レヲ適用《てきよう》ス

民法第六百五條不動産の賃貸借《ちんたいしやく》は登記せざるときは他の者に對抗《たいこう》することを得ざる規定にして此規定は民法施行前《ぜん》に爲《な》したる不動産の賃貸借にも適用《てきよう》して民法施行後は登記せざるに於ては其不動産に付物權《ぶけん》を取得《しゆとく》したるものには對抗《たいかう》することを得ざるべし

第六十條　第四十五條ノ規定ハ外國人又ハ外國法人《ぐわいこくはふじん》ニ土地《とち》ヲ賃貸《ちんたい》シタル場合ニ之ヲ準用ス

第四十五條に規定したる事項《ことがら》は外國人又は外國法人《はふじん》に土地《とち》を賃貸《ちんがし》したる場合にも準用《じゆんよう》と規定《きてい》するを以て條約又は命令に別に記載しある場合は其《そ》れによるも若《も》し規定なき場合には民法の規定によるべきなり

第六十一條　刑法《けいはふ》附則第五十四條乃至第六十條ハ之ヲ削除《さくじよ》ス

本條は刑法附則第五十四條乃至第六十條は皆賠償處分《ばいしやうしよぶん》の規定にして民法施行後《ご》は之を廢《はい》止《し》すとなしたるなり

第五章　親族編《しんぞくへん》ニ關スル規定

本章は親族編《へん》を施行するに付《つ》ての規定なり

第六十二條　民法施行ノ際《さい》家族《かぞく》タル者ハ民法ノ規定ニ依レハ家族《かぞく》タルコトヲ得サル者ト雖モ之ヲ家族トス

家族《かぞく》ハ民法施行ノ日ヨリ民法ノ規定ニ從《したが》ヒテ戸主權ニ服《ふく》ス

民法を行ふ可き際《さい》に家族《かぞく》となるものは好《よ》しや民法親族編等の規定によるも家族《かぞく》たることを得ざる者と雖《いへ》ども矢張《やはり》家族となし家族たる取扱《とりあつかひ》を爲す可きものとす又家族なるものは民法を行ふ可《べ》き日《ひ》より後《のち》は民法の規定する處に從ひ戸主權《こしゆけん》に服《ふく》すべきものなり

第六十三條　民法ノ規定ニ依レハ父《ちゝ》又《また》ハ母《はゝ》ノ家ニ入ルヘキ者ト雖モ民法施行ノ際《さい》他家ニ在ル者ニハ其規定《きてい》ヲ適用《てきよう》セス

民法の規定第七百三十三條に依《よ》れば子《こ》は父《ちゝ》の家に入る父の知れざる子は母《はゝ》の家に入るべきものなれども民法を行ふべき際《さい》既《すで》に出《い》でゝ他の家に在る者は右第七百三十三條を適用《てきよう》せざるべし

第六十四條　民法施行前ニ隱居者《いんきよしや》又ハ家督《かとく》相續人カ詐欺《さぎ》又ハ強迫《きやうはく》ニ因リ隱居《いんきよ》ヲ爲シ又ハ相續ヲ承認《しやうにん》シタルトキハ民法第七百五十九條ノ規定ニ依リテ之ヲ取消《とりけ》スコトヲ得但第三十二條及ヒ第三十四條ノ適用《てきよう》ヲ妨ケス

民法第七百六十條ノ規定ハ民法施行前ニ家督相續《かとくさうぞく》人ノ債權者ト爲リ

タル者ニモ亦之レヲ適用ス

民法を施行する前《まへ》に第七百五十二條の條件《じやうけん》を具《そな》へ隱居《いんきよ》したる者又第九百六十四條の三個の場合に於て家督《かとく》相續人となりたるものが詐欺《さぎ》又は强迫《きやうはく》によりて隱居《いんきよ》又は相續を承認《しやうにん》したる者なるときは其事民法施行前に在ると雖《いへ》ども民法第七百五十九條の規定に依りて取《と》り消《け》すを得《う》但《たゞし》第三十二條及び第三十四條の適用は受けざるへからず

第二項は民法第七百六十條の規定則ち隱居《いんきよ》が取消さるゝ前に家督相續人《かとくさうぞくにん》に金を貸《か》したる者は隱居等の取消あるときは戸主に對《たい》して辨濟《べんさい》を求むることを得《う》との規定は民法を施行する前に家督相續人の債權者と爲りたる者にも亦適用するとのことなり

第六十五條　民法施行前ニ爲シタル婚姻《こんいん》又ハ養子緣組《やうしえんぐみ》カ其當時《たうじ》ノ法律《はふりつ》ニ依レハ無效《むかう》ナルトキト雖モ民法ノ規定ニ依リ有效《いうかう》ナルトキハ民法施行ノ日ヨリ有效ス

民法施行前に爲したる婚姻又は養子緣組が其爲《な》したる時分《じぶん》の法律にては無效《むかう》となる可きときと雖ども民法の規定に照《て》らせば有效なるときは民法を行《おこな》ふべき日《ひ》より有效《いうかう》とす

第六十六條　民法第七百六十七條第一項ノ期間《きかん》ハ前婚《ぜんこん》カ民法施行前ニ解消《かいしやう》シ又ハ取消《とりけ》サレタルトキト雖モ其解消又ハ取消ノ時ヨリ之ヲ起

算ス

民法第七百六十七條第一項の期間六个月は前の婚姻が民法を行ふべき日以前に解《と》け又は取消となるときと雖《いへ》ども其解《と》けたるとき又は取消されたる時より起算すとあるを以て民法施行前既に六个月を經過《けいくわ》するときは再婚《さいこん》することを得《う》るなり

第六十七條　民法施行前ニ生《しやう》シタル事實カ民法ニ依リ婚姻《こんいん》又ハ養子《やうし》緣《えん》組《くみ》ノ取消ノ原因《げんいん》タルヘキトキハ其婚姻又ハ養子緣組ハ之ヲ取消スコトヲ得但其事實カ既《すで》ニ民法ニ定メタル期間《きかん》ヲ經過《けいくわ》シタルモノナルトキハ此限ニ在ラス

民法を施行すべき前に出來《でき》たる事柄が民法に照《てら》し見るときは婚姻取消の原因となり又は養子緣組の取消の原因《げんいん》となるべきときは其婚姻又は養子緣組は取消すことを得然れども右の取消となるべき事實《じじつ》が民法に定めたる期間假令《きかんたとへ》ば婚姻取消の場合に於ける第七百八十四條第三號婚姻屆出の日より二年を過ぎたるときは取消すことを得ざるなり

第六十八條　民法施行前ニ爲シタル婚姻《こんいん》又ハ養子緣組ト雖《いへど》モ其施行ノ日ヨリ民法ニ定メタル效力《かうりよく》ヲ生《しやう》ス

本條は民法を行ふべき日《ひ》以前に取結びたる婚姻又は養子縁組と雖《いへ》ども民法を行《おこな》ふべき日より民法に定めたる效力《かうりよく》即ち妻《さい》は夫《をつと》と同居する義務ある如き又養子は養子縁組の日より養親の嫡出子《ちやくしゆつし》たる身分《みぶん》を有《いう》する如きことゝなるなり

第六十九條　民法施行《しかう》前《ぜん》ニ婚姻ヲ爲シタル者カ夫婦《ふうふ》ノ財産《ざいさん》ニ付キ別段ノ契約《けいやく》ヲ爲サヽリシトキハ其財産《ざい》關係《さんくわんけい》ハ民法施行ノ日ヨリ法定財産制ニ依ル

民法施行前ニ夫婦カ其財産《ざいさん》ニ付キ契約《けいやく》ヲ爲シタルトキハ其契約ハ婚姻屆出ノ後ニ爲シタルモノト雖《いへど》モ其效力《かうりよく》ヲ存ス但其契約カ法定《はうてい》財産制ニ異《こと》ナルトキハ民法施行ノ日ヨリ六个月内ニ其登記《とうき》ヲ爲スニ非サレハ之ヲ以テ夫婦ノ承繼人《しようけいにん》及ヒ第三者ニ對抗《たいかう》スルコトヲ得ス

民法を施行すべき前に婚姻《こんいん》したる者が夫婦の各《おのおの》が所有《しよいう》する財産に付別段何等《べつだんなんら》の契約《けいやく》を爲さゞりしときは民法施行の後《のち》は如何にするか第一項に律上《じやう》法に定めたる制《せい》によるとなせり第二項には民法を施行すべき前に夫婦の者が其所有する財産に付契約を爲したるときは其契約は婚姻屆出《とゞけいで》の後に爲したるものと雖ども尚《な》は有效のものとす然れども其契約が

法律上の財産制と異《こと》なるに於ては民法施行の日より六个月の内に登記《とうき》を爲《な》さゞるときは夫婦の承繼人《しやうけいにん》及び第三者に對抗《たいかう》することを得ざるべし

第七十條　民法施行前ニ生《しやう》シタル事件カ民法ニ依リ離婚《りこん》又ハ離縁ノ原因タルヘキトキハ夫婦又ハ養子《やうし》縁組ノ當事者《たうじしや》ノ一方ハ離婚又ハ離縁ノ訴《うつたへ》ヲ提起《ていき》スルコトヲ得

第六十七條但書ノ規定ハ前項ノ場合ニ之ヲ準用ス

民法施行前に出來《でき》たる事實《じじつ》が民法に依り離婚《りこん》の原因《げんいん》則ち第八百十三條に規定する場合の如き又離婚の原因則ち第八百六十六條に規定する場合の如きときは夫婦又は養子縁組の一方《いつぱう》のものは離婚又は離縁の訴《うつたへ》を起《おこ》すことを得《う》然《しか》れども右《みぎ》離婚の原因たる事實《じじつ》離縁の原因たる事實が民法に定めたる期間等を過《す》ぎたるものなるときは右の訴《うつたへ》を起《おこ》すことを得ざる可し則ち本條但書に規定する所なり

第七十一條　嫡出《ちやくしゆつ》ノ推定及ヒ否認《ひにん》ニ關スル民法ノ規定ハ民法施行前ニ懷胎《くわいたい》シタル子ニモ亦之ヲ適用ス

民法に定めたる所の嫡出の推定《すゐてい》則ち第八百二十條の規定及び否認《ひにん》則ち第八百二十二條の

規定は民法施行の前に懷胎《くわいたい》したる子にも適用《てきよう》するなり

第七十二條　子《こ》ハ民法施行ノ日ヨリ民法ノ規定《きてい》ニ從ヒテ父又ハ母ノ親《しん》權《けん》ニ服《ふく》ス

本條は人の子たるべきものは民法の規定に從《したが》ひて父又は母たる親《おや》の權《けん》に服《ふく》すその規定なり故に凡《すべ》て親子に關《くわん》する規定によらざるべからず

第七十三條　裁判所ハ民法施行《しかう》前《ぜん》ニ生シタル事件ニ據《よ》リテ親權又ハ管《くわん》理權《りけん》ノ喪失《さうしつ》ヲ宣告《せんこく》スルコトヲ得

裁判所は民法を施行すべき前に出來《でき》たる事實が親權《しんけん》又は管理《くわんり》する權を失ふ可きもの假令《たとへ》ば第八百九十六條の父が親權を濫用《らんよう》したるときは親の權又は管理權の喪失《さうしつ》を言渡《いひわた》すことを得るなり

第七十四條　民法第九百條第一號ノ場合ニ於テ民法施行ノ際未成年者ノ後見人タルトキハ其後見人ハ民法施行ノ日ヨリ民法ノ規定ニ從ヒテ其任務《にんむ》ヲ行フ

民法第九百條第一號未成年者に對して親權を行ふ者なきとき又は親權を行ふ者が管理權

を有《いう》せざるときに於て民法を施行《しかう》する際未成年者の後見人《こうけんにん》となる者あるときは其後見人は民法施行の日より民法の規定する所により後見人たる任《にん》を行ふとなり

第七十五條　民法第九百條第一號ノ塲合ニ於テ民法施行ノ際 未成年者カ後見人ヲ有セサルトキハ民法ニ定メタル者其後見人ト爲ル

前條の規定と同じき塲合に於て民法施行の際未成年者《みせいねんしや》が後見人を有《いう》せざるときは民法に定めたる者其後見人と爲《ゐ》る如何《いか》なるものが後見人となるかと後見の章《しやう》に於《おい》て述《の》べたれは再《ふたゝ》び贅《ぜい》せず

第七十六條　民法施行前ニ民法第七條又ハ第十一條ニ掲《かゝ》ケタル原因《げんいん》ノ爲メニ後見人ヲ附《ふ》シタル者アル塲合ニ於テ後見人 其他民法第七條ニ掲ケタル者ノ請求《せいきう》ニ因リ禁治產《きんちさん》ノ宣告アリタルトキハ 後見人ハ其宣告ノ時ヨリ民法ノ規定ニ從《したが》ヒテ後見人ノ任務《にんむ》ヲ行ヒ 準禁治產ノ宣告アリタルトキハ保佐人ノ任務ヲ行フ

民法施行前に民法第七條に掲《かゝ》げたる原因則ち心神喪失《しんしんさうしつ》又は第十一條に掲げたる原因則ち心神耗弱《かうじやく》及聾啞盲浪費者《しや》の爲めに後見人を附したる者ある塲合にて後見人其他民法第七

係に掲《かゝ》げたる者の申込により禁治産《きんぢさん》の言渡《いひわたし》あるときは後見人たるべきものは民法の規定に從ひて後見人の爲《な》すべき仕事《しごと》を爲し準禁治産の言渡あるときは保佐人《ほさにん》の仕事を行ふ可きなり

第七十七條　民法施行前ニ未成年《みせいねん》又ハ民法第七條若《もし》クハ第十一條ニ掲ケタル原因ニ非サル事由《じいう》ノ爲メニ選任《せんにん》シタル後見人ノ任務ハ民法施行ノ日ヨリ終了《しうれう》ス

未成年者ノ後見人又ハ民法第七條若クハ第十一條ニ掲ケタル原因ノ爲メニ選任シタル後見人カ民法第九百八條ニ該當《がいたう》スルトキ亦同シ

民法施行の前に未成年者又は民法第七條若くは第十一條に掲げたる原因に非ざる事由即ち外の事由により後見人を選任《せんにん》したるときは民法の施行と共に後見人の任務《にんむ》は終《をは》ることゝなる又未成年者の爲めに設《まう》けたる後見人又は民法第七條又は第十一條に掲げたる原因あり其れが爲めに後見人が民法第九百八條に當るべき者なるときは民法の施行の日に於て後見人の任《にん》は終《をは》ることゝなるべし

第七十八條　民法第九百三十七條及ヒ第九百四十條乃至《ないし》第九百四十二

條ノ規定ハ前條ノ場合ニ之ヲ準用ス

民法第九百三十八條ノ規定ハ前條第二項ノ場合ニ之ヲ準用ス

民法第九百三十七條及び第九百四十條より第九百四十二條までの規定は前條の場合に準じ用ゐ《もち》るなり而して此等《これら》の諸條《しよでう》に規定する事項は既《すで》に述《の》べたるを以て略《りやく》す又民法第九百三十八條の規定は前條第二項の場合に準用すと第二項にあるを以て後見《こうけん》の終るときは管理の計算は親族會の認可を受けざる可からず

第七十九條　第七十四條又ハ第七十六條ノ規定ニ依リテ後見人ノ任務《にんむ》ヲ行フ者ハ後見監督人《こうけんかんとくにん》ヲ選任《せんにん》セシムル爲メ遲滞《ちたい》ナク親族會ノ招集ヲ裁判所ニ請求スルコトヲ要ス若《も》シ之ニ違反《ゐはん》シタルトキハ親族會ハ其後見人ヲ免黜スルコトヲ得

第七十四條の規定により後見人の任務《にんむ》を行ふ者則ち民法施行の際《さい》未成年の後見人たる者第七十六條の規定により後見者の任務《にんむ》を行ふ者則ち民法施行前に民法第七條又は第十一條の原因の爲めに後見人となりたる者は後見監督人《かんとくにん》を選任《せんにん》せしむる爲めに速《すみや》かに親族會の招集《せうしふ》を裁判所に請求す可し若し其求《もと》めを爲さゝるときは親族會は其後見人を免《めん》ずることを得るなり

第八十條　第七十四條又ハ第七十六條ノ規定ニ依リテ後見人ノ任務ヲ行フ者ハ遲滯《ちたい》ナク被後見人ノ財產ヲ調查《てうさ》シ其目錄《もくろく》ヲ調製スルコトヲ要ス

民法第九百十七條第二項第三項第九百十八條及ヒ第九百十九條ノ規定ハ前項ノ場合ニ之ヲ準用ス

本條は前條と同じ場合に後見人の任務《にんむ》を行ふ者は速《すみや》かに被後見人の財產の高《たか》及び動產なるか或は不動產なるかを取調《とりしら》べ而して財產の目錄を作《つく》らざる可からず此場合に於ては民法第九百十七條第二項第三項第九百十八條及び第九百十九條の規定に從はざるべからず

第八十一條　民法第九百二十四條及ヒ第九百二十七條ノ規定《きてい》ハ後見人《こうけんにん》カ第七十四條又ハ第七十六條ノ規定ニ依《よ》リテ其任務《にんむ》ヲ行フ場合ニ之ヲ準用ス

民法第九百二十四條則ち後見人は其就職《しうしよく》の初《はじめ》に親族會の同意を得《え》て被後見人《ひこうけんにん》の生活敎育《けういく》等に要する入費《にうひ》及び第九百二十七條則ち後見人が被後見人の爲めに受取りたる金錢を寄《き》託《たく》すべき規定は後見人が第七十四條及び第七十六條に規定する所の後見人にも用ゐるな

り故に同條の後見人は被後見人の爲めに要する入費を豫《あらかじ》め定め又は被後見人の爲めに受領りたる金額《きがく》何程の高に達《たつ》せば寄託《きたく》するかを定《さだ》めざるべからず

第八十二條　民法第九百三十條ノ規定ハ後見人《こうこんにん》カ民法施行前《ぜん》ニ被後見人ノ財産《ざいさん》又ハ被後見人ニ對スル第三者ノ權利《けんり》ヲ讓受《ゆづりう》ケタル場合ニモ亦之ヲ適用ス

民法第九百三十條の規定《きてい》即ち後見人が被後見人の財産又は被後見人に對《たい》する第三者の權利を讓受《ゆづりう》けたるときは被後見人は之を取消すことを得るとの規定は後見人が民法施行前に被後見人の財産又は被《ひ》後見人に對《たい》する第三者の權利を讓受けたる場合にも準用《じゆんよう》するを以て矢張《やはり》被後見人は取消《とりけ》すことを得《う》るなり

第八十三條　後見人カ民法《みんぱふ》施行前ヨリ被後見人ノ財産ヲ賃借《ちんしやく》セルトキハ後見監督人《こうけんかんとくにん》ヲ選任セシムル爲メ招集《せうしふ》シタル親族會ノ同意ヲ求ムルコトヲ要ス若《も》シ親族會カ同意ヲ爲《な》サヽリシトキハ賃貸借《ちんたいしやく》ハ其效力ヲ失フ

後見人たるべきものが民法の行はるゝ前より被《ひ》後見人の財産を賃借《ちんしやく》するときは後見監督《かんとく》

人を選《えら》ぶために集めたる親族會の同意を求めざるべからず若し親族會が同意《どうい》せざるときは賃貸借《ちんたいしやく》は其效《かう》を失《うしな》ひ後見人は其賃借する所の財産は被後見人に返却《へんきやく》せざるべからず

第六章　相續編《さうぞくへん》ニ關《くわん》スル規定《きてい》

本章は相續編を施行するに付入用の規定を掲げたり

第八十四條　民法施行前ニ民法第九百六十九條及ヒ第九百九十七條ニ掲《かゝ》ケタル行爲《かうゐ》ヲ爲シタル者ト雖モ相續人タルコトヲ得ス

民法施行前に於て民法第九百六十九條及び第九百九十七條に掲《かゝ》げたる行ひを爲したる者は好《よ》しや其行民法施行前と雖ども背德の甚しきものなれば相續人と爲ることを得ずとす

第八十五條　民法第九百七十四條及ヒ第九百九十五條ノ規定ハ相續人タルヘキ者カ民法施行前ニ死亡《しばう》シ又ハ其相續權ヲ失ヒタル塲合ニモ亦之ヲ適用ス

民法第九百七十四條及び第九百九十五條の規定は相續人となるべき者が民法施行となるべき前に死し又は其相續權《けん》を失ひたる塲合にも適用《てきよう》し家督相續人を定め遺産《ゐさん》相續人を定むべきなり

第八十六條　相續人廢除《はいぢよ》ノ原因タル事實《じじつ》カ民法施行前ニ生シタルトキ

ト雖モ廢除ノ請求ヲ爲スコトヲ得

本條は相續人廢除の原因《げんいん》たる事柄《ことがら》が民法の施行前《ぜん》に生《しやう》じたるときと雖ども矢張《やはり》廢除《はいぢよ》の請求を爲《な》すことを得《う》るなり廢除の原因は民法第九百七十五條に述《の》べたれば略す

第八十七條　相續人廢除《はいぢよ》ノ取消ニ關スル民法ノ規定ハ其施行前ニ廢除シタル相續人ニモ亦之ヲ適用《てきよう》ス

民法第九百七十七條の相續人廢除《はいぢよ》の取消に關《くわん》する規定は民法施行前に廢除したる相續人にも適用す故に廢除《はいぢよ》の原因止《や》みたるときは被相續人又は推定《すゐてい》相續人は其取消を裁判所に請求することを得るなり

第八十八條　家督相續人指定《してい》ノ取消ニ關スル民法ノ規定ハ其施行前ニ指定シタル家督相續人ニモ亦之ヲ適用ス

本條は家督相續人を指定《してい》したるも法定の推定家督《かとく》相續人あるときは之を取消すとの民法第九百七十九條の規定は民法施行前に指定したる家督相續人にも適用するなり

第八十九條　民法第九百八十九條ノ規定ハ民法施行前ニ前戸主《ぜんこしゆ》ノ債權《さいけん》者ト爲リタル者ニモ亦之ヲ適用ス

民法第九百八十九條の規定は民法施行の前に前の戸主《こしゆ》の債權者《さいけんしや》と爲りたる者にも適用す

とあるを以て隱居《いんきよ》又は入夫婚姻により戸主となりたる者は前戸主に對《たい》して辨濟《べんさい》の請求を爲すことを得るなり

第九十條　民法第千七條及ヒ第千八條ノ規定ハ民法施行前ニ爲シタル贈與《ぞうよ》ニモ亦之ヲ適用ス

民法第千七條及び第千八條の規定は民法施《みんぱふし》行前《かうぜん》に爲したる贈與《ぞうよ》にも適用するを以て此等《これら》の條により相續分を定めざるべからず

第九十一條　相續ノ承認《しやうにん》、拋棄《はうき》及ヒ財産ノ分離ニ關スル民法ノ規定ハ其施行前ニ開始《かいし》シタル相續ニハ之ヲ適用セス

民法施行前に始まりたる相續に關《くわん》しては民法規定の相續承認拋棄《はうき》及財産の分離《ぶんり》に關《くわん》する規定は適用せず若《も》し之を適用するときは甚《はなは》だ不都合《ふつがふ》を生《しやう》ずればなり

第九十二條　相續人曠缺《くわうけつ》ノ場合ニ關スル民法ノ規定ハ其施行前ニ開始シタル相續ニ付テハ其施行ノ日ヨリ之ヲ適用ス

相續人の欠けたる場合の規定は民法施行の前に開始《かいし》したる相續に付き民法施行の日より適用す相續編第五章に規定したれば此《こゝ》を略《りやく》す

第九十三條　相續財産ノ管理人《くわんりにん》ガ民法第千五十七條ノ規定《きてい》ニ依リ爲ス

ベキ公告《こうこく》ハ裁判所ガ同法第千五十八條ノ規定ニ依リ爲スベキ公告ト同一方法ヲ以テ之ヲ爲《な》スコトヲ要《よう》ス

本條は相續財産を取締《とりしま》る者が民法第千五十七條の規定に依《よ》りて爲さではならぬ公告《こうこく》は裁判所が民法の第千五十八條の規定に依て爲《な》す公告と同じ仕方《しかた》にて此《この》公告をするを要すとなり

第九十四條　遺言《ゆゐごん》ノ成立《せいりつ》及ヒ取消ニ付テハ其當時《たうじ》ノ法律ヲ適用シ其效力ニ付テハ遺言者ノ死亡《しばう》ノ時ノ法律《はふりつ》ヲ適用ス

本條は遺言《ゆゐごん》に關する規定にして遺言の成立《せいりつ》及び取消に付ては其遺言の成立及び取消を爲すべき時の法律を適用し而して其效力に付ては遺言を爲したる者の死亡せる時の法律を適用するなり是れ遺言なるものは遺言者《ゆゐごんしや》の死亡によりて效力《かうりよく》を生《しやう》ずるものなれば斯《か》く定めたるなり

第九十五條　民法第千百三十二條乃至第千百三十六條及ヒ第千百三十八條乃至第千百四十五條ノ規定ハ民法施行前《しかうぜん》ニ爲シタル贈與《ぞうよ》ニモ亦之ヲ適用ス

本條は民法第千百三十二條乃至《ないし》第千百三十六條と第千百三十八條乃至第千百四十五條の規定は民法の施行《しかう》ある前に爲《な》したる贈與《ぞうよ》にも適用すとあるを以て此等《これら》諸條《しよでう》の支配《しはい》を受《う》けざるべからず

民法施行法畢

●失火者ノ責任（明治三十年三月法律第四十號）

民法第七百九條ノ規定ハ失火ノ場合ニハ之ヲ適用セス但シ失火者ニ重大ナル過失アリタルトキハ此ノ限ニ在ラス

●法人設立許可申請手續（明治三十二年四月内務省令第十號）

第一條　社團又ハ財團ニシテ民法第三十四條ニ依リ之ヲ法人ト爲スニ付内務大臣ノ許可ヲ要スルモノハ主タル事務所所在地ノ地方長官ヲ經由シ其ノ申請書二通ヲ差出スヘシ其ノ許可ヲ得テ設立シタル法人及民法施行法第十九條ノ法人ニ於テ内務大臣ノ認可ヲ要スル場合亦同シ

第二條　前條ノ法人ヨリ内務大臣ニ差出スヘキ願屆書ハ主タル事務所所在地ノ地方長官ヲ經由スヘシ

●仝（明治三十二年九月文部省令第十九號）

民法第三十四條ニ依リ學術教育ニ關スル社團又ハ財團ヲ法人ト爲サントスルモノ又ハ學術教育ニ關スル社團又ハ財團ニシテ民法施行法第十九條ニ該當スルモノハ其事務所所在地ノ地方長官ノ許可又ハ認可ヲ受クヘシ

●外人捺印其他ニ關スル規定（明治三十二年三月法律第五十號）

第一條　法令ノ規定ニ依リ署名、捺印スヘキ場合ニ於テハ外國人ハ署名スルヲ以テ足ル

捺印ノミヲ爲スヘキ場合ニ於テハ外國人ハ署名ヲ以テ捺印ニ代フコトヲ得

第二條　民事訴訟法第九十二條ニ依リ訴訟上ノ救助ヲ求ムル外國人ハ日本ニ住所、居所ヲ有セサルトキハ其ノ住所又ハ居所アル外國ノ管轄官廳ノ證明書ヲ以テ同法第九十三條ニ定メタル無資力ノ證明ヲ爲スコトヲ要ス但シ其ノ證明書ニハ日本ニ駐在スル其ノ外國ノ領事ノ認證ヲ受クヘシ

日本ニ住所又ハ居所ヲ有スル外國人ハ其ノ住所地又ハ居所地ノ市町村長ノ證明書ヲ以テ前項ノ證明ヲ爲スコトヲ要ス但シ市町村長ノ證明書ヲ提出スルコト能ハサルトキ又ハ其ノ證明カ不十分ナルトキハ裁判所ハ日本ニ駐在スル本國領事ノ認證アル本國管轄官廳ノ證明書ヲ提出セシムルコトヲ得

附　則

第三條　本法施行ノ期日ハ勅令ヲ以テ之ヲ定ム

◎私書ニ確定日附記載手數料（明治三十一年七月司法省令第十一號）

私署證書ニ確定日附ヲ附スルコトヲ登記所又ハ公證人役場ニ請求スル者ハ毎一件ニ付手數料金拾錢ヲ納ムヘシ

登記所ニ納ムヘキ手數料ハ登記用紙ヲ請求書ニ貼附シテ之ヲ納ムヘシ

民法施行中改正

（明治三十三年三月法律第七十一號）

民法施行中左ノ通改正ス

第四十七條第二項ノ次ニ左ノ一項ヲ加フ

民法施行前ニ永久存續スヘキモノトシテ設定シタル永小作權ハ民法施行ノ日ヨリ五十年經過シタル後一年內ニ所有者ニ於テ相當ノ償金ヲ拂ヒテ其消滅ヲ請求スルコトヲ得若シ所有者カ此權利ヲ拋棄シ又ハ一年內ニ此權利ヲ行使セサルトキハ爾後一年內ニ永小作人ニ於テ相當ノ代價ヲ拂ヒテ所有權ヲ買取ルコトヲ要ス

明治三十一年七月十三日印刷
明治三十一年七月十七日發行
明治三十四年十二月五日訂正第十版

（民法講義）

版權所有

講義者　細井重久
大阪市東區北久寶寺町四丁目三十五番邸

發行者　濱本伊三郎
大阪市西區阿波座一番丁六十番邸

印刷者　矢野松之助
大阪製本印刷株式會社代表者

賣捌所　濱本明昇堂
大阪市心齋橋北久寶寺町北へ入

改正民法講義　總則編 物權編 債權編 親族編 相續編
施行法　　　　　　　　　　日本立法資料全集　別巻 1172

平成29年11月20日　　復刻版第１刷発行

註釈者　細　井　重　久

発行者　今　井　　　貴
　　　　渡　辺　左　近

発行所　信　山　社　出　版
〒113-0033　東京都文京区本郷６-２-９-102
モンテベルデ第２東大正門前
電　話　03（3818）1019
ＦＡＸ　03（3818）0344
郵便振替　00140-2-367777（信山社販売）

Printed in Japan.

制作／(株)信山社，印刷・製本／松澤印刷・日進堂

ISBN 978-4-7972-7285-7 C3332

別巻　巻数順一覧【950～981巻】

巻数	書　名	編・著者	ISBN	本体価格
950	実地応用町村制質疑録	野田藤吉郎、國吉拓郎	ISBN978-4-7972-6656-6	22,000円
951	市町村議員必携	川瀬周次、田中迪三	ISBN978-4-7972-6657-3	40,000円
952	増補 町村制執務備考 全	増澤鐵、飯島篤雄	ISBN978-4-7972-6658-0	46,000円
953	郡区町村編制法 府県会規則 地方税規則 三法綱論	小笠原美治	ISBN978-4-7972-6659-7	28,000円
954	郡区町村編制 府県会規則 地方税規則 新法例纂 追加地方諸要則	柳澤武運三	ISBN978-4-7972-6660-3	21,000円
955	地方革新講話	西内天行	ISBN978-4-7972-6921-5	40,000円
956	市町村名辞典	杉野耕三郎	ISBN978-4-7972-6922-2	38,000円
957	市町村吏員提要〔第三版〕	田邊好一	ISBN978-4-7972-6923-9	60,000円
958	帝国市町村便覧	大西林五郎	ISBN978-4-7972-6924-6	57,000円
959	最近検定 市町村名鑑 附 官国幣社 及 諸学校所在地一覧	藤澤衛彦、伊東順彦、増田穆、関惣右衛門	ISBN978-4-7972-6925-3	64,000円
960	鼇頭対照 市町村制解釈 附 理由書 及 参考諸布達	伊藤寿	ISBN978-4-7972-6926-0	40,000円
961	市町村制釈義 完　附 市町村制理由	水越成章	ISBN978-4-7972-6927-7	36,000円
962	府県郡市町村 模範治績　附 耕地整理法 産業組合法 附属法令	荻野千之助	ISBN978-4-7972-6928-4	74,000円
963	市町村大字読方名彙〔大正十四年度版〕	小川琢治	ISBN978-4-7972-6929-1	60,000円
964	町村会議員選挙要覧	津田東璋	ISBN978-4-7972-6930-7	34,000円
965	市制町村制 及 府県制　附 普通選挙法	法律研究会	ISBN978-4-7972-6931-4	30,000円
966	市制町村制註釈 完　附 市制町村制理由〔明治21年初版〕	角田真平、山田正賢	ISBN978-4-7972-6932-1	46,000円
967	市町村制詳解 全　附 市町村制理由	元田肇、加藤政之助、日鼻豊作	ISBN978-4-7972-6933-8	47,000円
968	区町村会議要覧 全	阪田辨之助	ISBN978-4-7972-6934-5	28,000円
969	実用 町村制市制事務提要	河邨貞山、島村文耕	ISBN978-4-7972-6935-2	46,000円
970	新旧対照 市制町村制正文〔第三版〕	自治館編輯局	ISBN978-4-7972-6936-9	28,000円
971	細密調査 市町村便覧（三府 四十三県 北海道 樺太 台湾 朝鮮 関東州）　附 分類官公衙公私学校銀行所在地一覧表	白山榮一郎、森田公美	ISBN978-4-7972-6937-6	88,000円
972	正文 市制町村制 並 附属法規	法曹閣	ISBN978-4-7972-6938-3	21,000円
973	台湾朝鮮関東州 全国市町村便覧 各学校所在地〔第一分冊〕	長谷川好太郎	ISBN978-4-7972-6939-0	58,000円
974	台湾朝鮮関東州 全国市町村便覧 各学校所在地〔第二分冊〕	長谷川好太郎	ISBN978-4-7972-6940-6	58,000円
975	合巻 佛蘭西邑法・和蘭邑法・皇国郡区町村編成法	箕作麟祥、大井憲太郎、神田孝平	ISBN978-4-7972-6941-3	28,000円
976	自治之模範	江木翼	ISBN978-4-7972-6942-0	60,000円
977	地方制度実例総覧〔明治36年初版〕	金田謙	ISBN978-4-7972-6943-7	48,000円
978	市町村民 自治読本	武藤榮治郎	ISBN978-4-7972-6944-4	22,000円
979	町村制詳解　附 市制及町村制理由	相澤富蔵	ISBN978-4-7972-6945-1	28,000円
980	改正 市町村制 並 附属法規	楠綾雄	ISBN978-4-7972-6946-8	28,000円
981	改正 市制 及 町村制〔訂正10版〕	山野金蔵	ISBN978-4-7972-6947-5	28,000円

巻数	書　名	編・著者	ISBN	本体価格
915	改正 新旧対照市町村一覧	鍾美堂	ISBN978-4-7972-6621-4	78,000円
916	東京市会先例彙輯	後藤新平、桐島像一、八田五三	ISBN978-4-7972-6622-1	65,000円
917	改正 地方制度解説〔第六版〕	狭間茂	ISBN978-4-7972-6623-8	67,000円
918	改正 地方制度通義	荒川五郎	ISBN978-4-7972-6624-5	75,000円
919	町村制市制全書 完	中嶋廣蔵	ISBN978-4-7972-6625-2	80,000円
920	自治新制 市町村会法要談 全	田中重策	ISBN978-4-7972-6626-9	22,000円
921	郡市町村吏員 収税実務要書	荻野千之助	ISBN978-4-7972-6627-6	21,000円
922	町村至宝	桂虎次郎	ISBN978-4-7972-6628-3	36,000円
923	地方制度通 全	上山満之進	ISBN978-4-7972-6629-0	60,000円
924	帝国議会府県会郡会市町村会議員必携 附関係法規 第1分冊	太田峯三郎、林田亀太郎、小原新三	ISBN978-4-7972-6630-6	46,000円
925	帝国議会府県会郡会市町村会議員必携 附関係法規 第2分冊	太田峯三郎、林田亀太郎、小原新三	ISBN978-4-7972-6631-3	62,000円
926	市町村是	野田千太郎	ISBN978-4-7972-6632-0	21,000円
927	市町村執務要覧 全 第1分冊	大成館編輯局	ISBN978-4-7972-6633-7	60,000円
928	市町村執務要覧 全 第2分冊	大成館編輯局	ISBN978-4-7972-6634-4	58,000円
929	府県会規則大全　附 裁定録	朝倉達三、若林友之	ISBN978-4-7972-6635-1	28,000円
930	地方自治の手引	前田宇治郎	ISBN978-4-7972-6636-8	28,000円
931	改正 市制町村制と衆議院議員選挙法	服部喜太郎	ISBN978-4-7972-6637-5	28,000円
932	市町村国税事務取扱手続	広島財務研究会	ISBN978-4-7972-6638-2	34,000円
933	地方自治制要義 全	末松偕一郎	ISBN978-4-7972-6639-9	57,000円
934	市町村特別税之栞	三邊長治、水谷平吉	ISBN978-4-7972-6640-5	24,000円
935	英国地方制度 及 税法	良保両氏、水野遵	ISBN978-4-7972-6641-2	34,000円
936	英国地方制度 及 税法	髙橋達	ISBN978-4-7972-6642-9	20,000円
937	日本法典全書 第一編 府県制郡制註釈	上條慎蔵、坪谷善四郎	ISBN978-4-7972-6643-6	58,000円
938	判例挿入 自治法規全集 全	池田繁太郎	ISBN978-4-7972-6644-3	82,000円
939	比較研究 自治之精髄	水野錬太郎	ISBN978-4-7972-6645-0	22,000円
940	傍訓註釈 市制町村制 並ニ 理由書〔第三版〕	筒井時治	ISBN978-4-7972-6646-7	46,000円
941	以呂波引町村便覧	田山宗堯	ISBN978-4-7972-6647-4	37,000円
942	町村制執務要録 全	鷹巣清二郎	ISBN978-4-7972-6648-1	46,000円
943	地方自治 及 振興策	床次竹二郎	ISBN978-4-7972-6649-8	30,000円
944	地方自治講話	田中四郎左衛門	ISBN978-4-7972-6650-4	36,000円
945	地方施設改良 訓諭演説集〔第六版〕	鹽川玉江	ISBN978-4-7972-6651-1	40,000円
946	帝国地方自治団体発達史〔第三版〕	佐藤亀齢	ISBN978-4-7972-6652-8	48,000円
947	農村自治	小橋一太	ISBN978-4-7972-6653-5	34,000円
948	国税 地方税 市町村税 滞納処分法問答	竹尾高堅	ISBN978-4-7972-6654-2	28,000円
949	市町村役場実用 完	福井淳	ISBN978-4-7972-6655-9	40,000円

別巻　巻数順一覧【878 ～ 914 巻】

巻数	書　名	編・著者	ISBN	本体価格
878	明治史第六編 政黨史	博文館編輯局	ISBN978-4-7972-7180-5	42,000 円
879	日本政黨發達史 全〔第一分冊〕	上野熊藏	ISBN978-4-7972-7181-2	50,000 円
880	日本政黨發達史 全〔第二分冊〕	上野熊藏	ISBN978-4-7972-7182-9	50,000 円
881	政党論	梶原保人	ISBN978-4-7972-7184-3	30,000 円
882	獨逸新民法商法正文	古川五郎、山口弘一	ISBN978-4-7972-7185-0	90,000 円
883	日本民法鼇頭對比獨逸民法	荒波正隆	ISBN978-4-7972-7186-7	40,000 円
884	泰西立憲國政治攬要	荒井泰治	ISBN978-4-7972-7187-4	30,000 円
885	改正衆議院議員選擧法釋義 全	福岡伯、横田左仲	ISBN978-4-7972-7188-1	42,000 円
886	改正衆議院議員選擧法釋義 附 改正貴族院令,治安維持法	犀川長作、犀川久平	ISBN978-4-7972-7189-8	33,000 円
887	公民必携 選擧法規ト判決例	大浦兼武、平沼騏一郎、木下友三郎、清水澄、三浦數平	ISBN978-4-7972-7190-4	96,000 円
888	衆議院議員選擧法輯覽	司法省刑事局	ISBN978-4-7972-7191-1	53,000 円
889	行政司法選擧判例總覽―行政救濟と其手續―	澤田竹治郎・川崎秀男	ISBN978-4-7972-7192-8	72,000 円
890	日本親族相續法義解 全	髙橋捨六・堀田馬三	ISBN978-4-7972-7193-5	45,000 円
891	普通選擧文書集成	山中秀男・岩本溫良	ISBN978-4-7972-7194-2	85,000 円
892	普選の勝者 代議士月旦	大石末吉	ISBN978-4-7972-7195-9	60,000 円
893	刑法註釋 巻一～巻四(上巻)	村田保	ISBN978-4-7972-7196-6	58,000 円
894	刑法註釋 巻五～巻八(下巻)	村田保	ISBN978-4-7972-7197-3	50,000 円
895	治罪法註釋 巻一～巻四(上巻)	村田保	ISBN978-4-7972-7198-0	50,000 円
896	治罪法註釋 巻五～巻八(下巻)	村田保	ISBN978-4-7972-7198-0	50,000 円
897	議會選擧法	カール・ブラウニアス、國政研究科會	ISBN978-4-7972-7201-7	42,000 円
901	鼇頭註釈 町村制 附 理由 全	八乙女盛次、片野続	ISBN978-4-7972-6607-8	28,000 円
902	改正 市制町村制 附 改正要義	田山宗堯	ISBN978-4-7972-6608-5	28,000 円
903	増補訂正 町村制詳解〔第十五版〕	長峰安三郎、三浦通太、野田千太郎	ISBN978-4-7972-6609-2	52,000 円
904	市制町村制 並 理由書 附 直接間接税類別及実施手続	高崎修助	ISBN978-4-7972-6610-8	20,000 円
905	町村制要義	河野正義	ISBN978-4-7972-6611-5	28,000 円
906	改正 市制町村制義解〔帝國地方行政学会〕	川村芳次	ISBN978-4-7972-6612-2	60,000 円
907	市制町村制 及 関係法令〔第三版〕	野田千太郎	ISBN978-4-7972-6613-9	35,000 円
908	市町村新旧対照一覧	中村芳松	ISBN978-4-7972-6614-6	38,000 円
909	改正 府県郡制問答講義	木内英雄	ISBN978-4-7972-6615-3	28,000 円
910	地方自治提要 全 附 諸届願書式 日用規則抄録	木村時義、吉武則久	ISBN978-4-7972-6616-0	56,000 円
911	訂正増補 市町村制問答詳解 附 理由及追輯	福井淳	ISBN978-4-7972-6617-7	70,000 円
912	改正 府県制郡制註釈〔第三版〕	福井淳	ISBN978-4-7972-6618-4	34,000 円
913	地方制度実例総覧〔第七版〕	自治館編輯局	ISBN978-4-7972-6619-1	78,000 円
914	英国地方政治論	ジョージ・チャールズ・ブロドリック、久米金彌	ISBN978-4-7972-6620-7	30,000 円